国家社会科学基金
委托资助项目

当代中国社会大事典
（1978—2015）

第三卷

魏礼群　主编

2017年·北京

目　录

第六章　社会保障体系与公益慈善

一、社会保障体系建设 3
1. 社会保障载入宪法 3
2. 党中央关于建立和完善社会保障制度的决策部署 4
3. 国家发展规划对社会保障发展与改革的思路逐渐清晰 6
4. 社会保障制度体系不断完善 9
5. 社会保障管理体制改革 12

二、社会保险 15
1. 农村合作医疗章程 15
2. 城镇集体企业养老保险制度 16
3. 养老金实行社会统筹 16
4. 外商企业职工的劳动保险制度 17
5. 尘肺病防治条例 18
6. 国务院批转《关于探索建立农村基层社会保障制度的报告》 19
7. 生育保险 20
8. 公费医疗改革 21
9. 关于深化企业劳动人事、工资分配、社会保险制度改革的意见 22
10. 国务院批准《关于职工医疗制度改革的试点意见》 23
11. "两江"医疗保险制度改革试点 24

12. 企业职工养老保险实行统账结合制度 25
13. 国务院办公厅转发关于进一步做好农村社会养老保险工作意见的通知 25
14. 国务院关于建立城镇职工基本医疗保险制度的决定 26
15. 企业职工基本养老保险实行行业统筹与属地管理 28
16. 失业保险条例 29
17. 社会保险费征缴暂行条例 29
18. 国务院关于完善城镇社会保障体系的试点方案 30
19. 国务院办公厅转发关于实行国家公务员医疗补助意见的通知 31
20. 全国社会保障基金 32
21. 减持国有股筹集社会保障资金管理暂行办法 34
22. 中德签署社会保险双边协定 35
23. 建立新型农村合作医疗保险 36
24. 工伤保险条例 37
25. 企业退休人员社会化管理 38
26. 国务院关于完善企业职工基本养老保险制度的决定 41
27. 中国社会保障论坛 43
28. 建立被征地农民的就业培训和社会保障 43
29. 国务院关于开展城镇居民基本医疗保险试点的指导意见 44
30. 中华人民共和国劳动合同法 45
31. 社会保险基金 46
32. 职工基本养老保险关系转移接续办法 47
33. 劳动保障监察制度 49
34. 补充医疗保险 50
35. 中国社会保障学会成立 51
36. 企业年金 52
37. 职业年金 53
38. 中国社会保障改革与发展战略研究项目 55
39. 机关事业单位养老保险改革 56
40. 中国社会保障30人论坛 58
41. 医疗保险体制改革 59
42. 新型农村社会养老保险 60

目　录

43. 国务院关于试行社会保险基金预算的意见..........61
44. 在中国境内就业的外国人参加社会保险暂行办法..........63
45. 城镇居民基本养老保险制度..........64
46. 中华人民共和国社会保险法..........65
47. 城乡居民大病保险..........67
48. 中韩签署社会保险双边协定..........68
49. 中华人民共和国军人保险法..........69
50. 城乡居民基础养老金..........70
51. 延迟退休年龄大讨论..........71
52. 对养老保险制度进行顶层设计..........72
53. 中国社会保险学会..........73
54. 中国医疗保险研究会..........74
55. 社会保障信息化建设..........75
56. 上海社会保障基金案..........76
57. 神木全民免费医疗..........77
58. 农民工"退保潮"..........78
59. 广东企业基本养老金"倒挂"现象..........79
60. 国务院办公厅印发《关于全面实施城乡居民大病保险的意见》..........80

三、社会救助..........82

1. 国务院公布《社会救助暂行办法》..........82
2. 民政事业费使用管理办法..........84
3. 成立国务院扶贫开发领导小组..........85
4. 农村五保供养工作条例..........86
5. 国务院关于在全国建立城市居民最低生活保障制度的通知..........87
6. 提高三条社会保障线水平..........89
7. 城市居民最低生活保障条例..........90
8. 建立下岗职工基本生活保障制度..........91
9. 国务院《城市生活无着的流浪乞讨人员救助管理办法》..........93
10. 医疗救助制度..........94
11. 建立农村最低生活保障制度..........96

12. 国务院关于解决城市低收入家庭住房困难的若干意见 ... 97
13. 部委联手建立城乡最低生活保障标准动态调整机制 ... 99
14. 提高农村扶贫标准 ... 101
15. 国务院关于进一步加强和改进最低生活保障工作的意见 ... 102
16. 社会力量参与流浪乞讨人员救助服务 ... 103
17. 住房救助制度 ... 104
18. 教育救助制度 ... 106
19. 就业救助制度 ... 107
20. 国务院关于全面建立临时救助制度的通知 ... 108
21. 关于加强生活无着流浪乞讨人员身份查询和照料安置工作的意见 ... 109

四、社会福利 ... 111

1. 民政部的设立与演变 ... 111
2. 社会福利社会化 ... 113
3. 中国社会福利有奖募捐委员会的成立与演变 ... 114
4. 发行中国福利彩票 ... 116
5. 中华人民共和国老年人权益保障法 ... 117
6. 中共中央、国务院关于加强老龄工作的决定 ... 119
7. 社区老年福利服务星光计划 ... 122
8. 全面推进居家养老服务 ... 123
9. 构建社会养老服务体系 ... 124
10. 加快发展养老服务业 ... 125
11. 召开全国托幼工作会议 ... 126
12. 中国加入《消除对妇女一切形式歧视公约》 ... 127
13. 全国人大常委会批准《准予就业最低年龄公约》 ... 128
14. 国务院《女职工保健工作规定》 ... 129
15. 国务院通过《女职工劳动保护规定》 ... 130
16. 中国加入《儿童权利公约》 ... 131
17. 中华人民共和国未成年人保护法 ... 132
18. 中华人民共和国收养法 ... 134
19. 中华人民共和国妇女权益保障法 ... 135

20. 中华人民共和国母婴保健法...137
21. 国务院公布《禁止使用童工规定》...................................137
22. 孤残儿童救助制度的建立与发展.....................................138
23. 微博"打拐"...139
24. 河南"爱心妈妈"袁厉害事件...140
25. 适度普惠型儿童福利制度建设试点..................................141
26. 残疾人康复体系逐步建立...142
27. 社会福利企业的形成与发展..143
28. 残疾人自主就业..144
29. 中共中央、国务院关于促进残疾人事业发展的意见...............146
30. 国务院关于加快推进残疾人小康进程的意见......................147
31. 彩票管理条例...148
32. 关于加快推进残疾人社会保障体系和服务体系建设的指导意见...149
33. 无障碍环境建设条例...150
34. 军人抚恤优待条例..151
35. 关于做好政府购买养老服务工作的通知............................153

五、公益慈善事业..155

1. 中国宋庆龄基金会..155
2. 中国残疾人福利基金会...156
3. 中国扶贫基金会...157
4. 中国青少年发展基金会...158
5. 中华人民共和国红十字会法...159
6. 中华慈善总会..160
7. 社会福利性募捐义演管理暂行办法...................................161
8. 太阳村...162
9. 中华人民共和国公益事业捐赠法.....................................162
10. "微笑列车"...164
11. 大地之爱·母亲水窖...165
12. 中国社会福利基金会...165
13. 中华慈善奖..166

14. 慈善法的起草工作 167

15. 国务院关于促进慈善事业健康发展的指导意见 168

16. 中国慈善事业发展指导纲要（2011—2015 年）... 169

17. 中国慈善联合会 170

18. 壹基金及壹基金风波 171

19. 五部委"汇缴"玉树捐款 172

20. 中国"慈善问责"第一单 173

21. 郭美美事件 174

22. 广州放开社会组织公募权 175

23. 中基透明指数上线 176

24. 关于鼓励和规范宗教界从事公益慈善活动的意见 176

25. 公益知识产权万科案 177

26. 中华慈善博物馆 179

27. 香港捐赠雅安风波 180

28. 首届中国慈善论坛在北京举行 180

第七章　社会工作与社区建设

一、社会工作.. 185

1. 《中国社会报》、《社会工作研究》等专业社会工作刊物创办 185

2. "马甸会议"... 186

3. 高等学校设立"社会工作"专业 187

4. 工会、青年、妇女等群团组织系统社会工作快速发展 188

5. 中国社会工作协会成立 189

6. 医院首次设立社会工作部门 190

7. 中国社会工作教育协会成立 191

8. 上海浦东新区专业社会工作实践 193

9. 社会工作者入驻福利院 194

10. "社会工作"被引入社区矫正领域 195

11. "约翰·凯瑟克爵士全国优秀社会工作学生奖励" 196
12. 《社会工作者职业水平评价暂行规定》、《助理社会工作师、社会工作师职业水平考试实施办法》 196
13. 党中央提出"建设宏大的社会工作人才队伍" 197
14. 社会工作人才队伍建设试点 198
15. 《全国助理社会工作师、社会工作师职业水平考试大纲》发布 199
16. 民政部设立社会工作司 200
17. 全国社会工作者职业水平考试开考 201
18. 关于民政事业单位岗位设置管理的指导意见 202
19. 教育部设置"社会工作硕士"（MSW）学位 203
20. 社会工作者继续教育办法 205
21. 关于促进民办社会工作机构发展的通知 206
22. 北京实施"大学生社工计划" 207
23. "林护杰出社会工作奖" 208
24. 首届中国社工年会 209
25. 北京大学—香港理工大学中国社会工作研究中心揭牌 210
26. 《国家中长期人才发展规划纲要（2010—2020年）》首提"社会工作人才" 211
27. 福利彩票公益金社会工作培训项目 212
28. 首届"壹基金·社会工作奖" 213
29. 关于加强社会工作专业人才队伍建设的意见 214
30. 新疆民族地区社工服务示范站建设项目 216
31. 社会工作专业人才队伍建设中长期规划 217
32. "三区"社会工作人才支持专项计划方案 219
33. 首届全国优秀专业社会工作服务项目评选 220
34. 首届全国老年社工论坛 226
35. 社会工作者职业道德指引 227
36. 全国社会工作标准化技术委员会成立 228
37. 关于加快推进社区社会工作服务的意见 229
38. 关于加快推进灾害社会工作服务的指导意见 230
39. 《社会诊断》一书翻译出版 231
40. 关于加强青少年事务社会工作专业人才队伍建设的意见 231

41. 社会工作首次写进《社会救助暂行办法》……232
42. 民政部首次启动全国"国际社工日"主题宣传……233
43. 关于进一步加快推进民办社会工作服务机构发展的意见……234
44. 国家层面首次组织灾区社会工作支援服务……235
45. 儿童社会工作服务指南……235
46. 社会工作服务项目绩效评估指南……237
47. 民政部公布42名首批全国专业社会工作领军人才……238
48. 关于加快推进社会救助领域社会工作发展的意见……238
49. 中国社会工作学会成立……239

二、社区建设……240

1. 中国第一个村民委员会诞生……240
2. "基层群众性自治组织"载入宪法……241
3. 全国城市社区服务工作座谈会……241
4. 中华人民共和国城市居民委员会组织法……242
5. 中国第一部村民自治章程诞生……243
6. 关于加快发展社区服务业的意见……245
7. 百步亭社区模式……245
8. 民政部首次命名表彰31个全国村民自治模范县（市、区）……246
9. 全国社区服务示范城区标准……247
10. "青年文明社区"创建活动……248
11. "四个民主"写入党的全国代表大会报告……248
12. 民政部设立基层政权和社区建设司……249
13. 城市社区建设试点启动……249
14. 沈阳社区管理模式……250
15. "巾帼社区服务工程"……251
16. 关于加强社区残疾人工作的意见……252
17. 关于在全国推进城市社区建设的意见……252
18. 全国城市社区建设示范活动指导纲要……254
19. "社区建设"列入国民经济和社会发展五年计划……256
20. 全国首家"爱心慈善超市"建立……257

21. 关于推动社区就业工作的若干意见……257
22. 全国城市社区建设四平现场会……258
23. "四进社区"活动……259
24. 关于加快发展城市社区卫生服务的意见……261
25. 关于积极推进企业退休人员社会化管理服务工作的意见……262
26. 全国万家社区图书室援建和万家社区读书活动……262
27. 中组部、民政部召开全国优秀社区工作者表彰会议……263
28. 关于健全和完善村务公开和民主管理制度的意见……264
29. 关于加强和改进街道社区党的建设工作的意见……265
30. 深圳社区治理模式……266
31. "和谐社区示范单位"创建活动……266
32. 全国百城社区建设情况调查……267
33. 关于进一步做好社区组织的工作用房、居民公益性服务设施建设和管理工作的意见……268
34. 全国社区建设工作会议……269
35. "社区减灾平安行"活动……270
36. 社区工作者楷模谭竹青……271
37. 关于加强和改进社区服务工作的意见……272
38. 全国农村社区建设工作座谈会……273
39. 全国农村社区建设试验县（市、区）工作实施方案……273
40. "十一五"社区服务体系发展规划……274
41. 农村社区建设"诸城模式"……275
42. 中国社区建设展示中心……276
43. 中山市"2+8+N"模式……277
44. "农村社区建设实验全覆盖"示范活动……277
45. 全国和谐社区建设工作会议……278
46. 全国街道社区党建工作会议……280
47. 关于进一步推进和谐社区建设工作的意见……281
48. 全国综合减灾示范社区标准……281
49. 中国社区标识发布……282
50. 关于加强和改进城市社区居民委员会建设工作的意见……283

51. "村官大讲堂" 284
52. 关于加强全国社区管理和服务创新实验区工作的意见 284
53. 关于推进社区公共服务综合信息平台建设的指导意见 286
54. "展璞计划" 287

三、社会组织 288

1. 中国儿童少年基金会成立 288
2. 公益慈善类社会组织直接登记试点 290
3. 中华人民共和国企业所得税法 291
4. 社区社会组织备案制度 292
5. 北京红枫妇女心理咨询中心 293
6. 自然之友成立 295
7. 打工妹之家 296
8. 保健食品协会被民政部注销 297
9. 扶贫规划试点项目启动 299
10. 南都公益基金会启动"新公民计划" 300
11. 中国保护大熊猫及其栖息地工程 301
12. 雅安抗震救灾社会组织和志愿者服务中心 302
13. "中国妇女NGO能力建设"项目 303
14. 温州烟具行业协会应对欧盟CR法案和反倾销诉讼 304
15. 首次全国行业协会改革发展经验交流会在广州召开 305
16. 中国环保NGO（非政府组织）参加哥本哈根世界气候大会 306
17. 全国开展社会团体"小金库"治理工作 307
18. 社会组织人才队伍建设纳入国家中长期人才发展规划 308
19. 中国社会组织在联合国坎昆气候变化大会发布共同立场 309
20. 全国性社会组织首次开展联合援疆行动 310
21. 社会组织首次列入省级人代会代表类别 311
22. 民事诉讼法首次明确社会组织公益诉讼主体资格 312
23. 社会组织人才培训纳入国家专业技术人才工程 313
24. 社会组织纳入国家社会信用体系建设 314
25. 社会组织服务民生行动 316

26. 全国性行业协会商会评估授牌大会在人民大会堂隆重召开……317
27. 关于探索建立社会组织第三方评估机制的指导意见……318

四、志愿服务……320

1. 北京市第一支青年志愿垦荒队……320
2. "中学生心声热线" 3330564……321
3. 天津市和平区新兴街社区服务志愿者协会……322
4. 深入开展学雷锋活动……325
5. 深圳市义务工作者联合会……327
6. 中国青年志愿者协会成立……328
7. 中国社会工作协会社区志愿者工作委员会……329
8. 中国青年志愿者行动……331
9. 共青团中央启动"中国青年志愿者海外服务计划"……333
10. 中国志愿服务元年……334
11. 北京奥运会志愿者……336
12. 中国志愿服务联合会……337
13. 中国志愿服务基金会……339
14. 中华志愿者协会……340
15. 广东省志愿者事业发展基金会……341
16. 保护母亲河"中国青年志愿者绿色行动营计划"启动……342
17. 26℃空调节能行动……343
18. 时间储蓄银行……344
19. 山东泰安"菜单式"志愿服务……345
20. "志愿服务"成为高中生综合素质评价重要指标……346
21. "志愿服务"被纳入本科学分……348
22. 共青团关爱农民工子女志愿服务行动……349
23. 全民健身志愿服务大行动……350
24. 中国社会服务志愿者队伍建设指导纲要……352
25. 中国青年志愿者行动发展规划……354
26. 关于积极促进志愿消防队伍发展的指导意见……356
27. 关于深入开展志愿服务活动的意见……359

28. 关于深入推进学生志愿服务活动的意见 ... 361
29. 关于推进社会工作者与志愿者联动工作的实施意见 ... 363
30. 关于推进志愿服务制度化的意见 ... 366
31. 关于进一步做好新形势下社区志愿服务工作的意见 ... 368
32. 关于在全国城市推行社区志愿者注册制度的通知 ... 369
33. 关于在农村基层广泛开展志愿服务活动的意见 ... 370
34. 关于教师参与志愿服务活动的指导意见 ... 372
35. 志愿服务记录办法 ... 374
36. 全国志愿者队伍建设信息系统 ... 376
37. 共产党员志愿服务座谈会 ... 376
38. 国际志愿者日主题宣传活动 ... 377
39. 中国志愿服务标识发布 ... 377
40. 中国志愿服务大辞典 ... 378
41. 郭明义爱心团队 ... 378
42. 本禹志愿服务队 ... 379
43. 南京青奥会志愿者 ... 380
44. 志愿服务广州交流会 ... 380
45. 广东省青年志愿服务条例 ... 381
46. 北京市志愿服务促进条例 ... 383
47. 山西省志愿服务条例 ... 384
48. 大连市志愿服务条例 ... 385
49. 中国注册志愿者管理办法 ... 387
50. 中国青年志愿者协会章程 ... 387
51. 中国红十字志愿服务管理办法 ... 388
52. 中国社区志愿者注册管理办法 ... 389
53. 志愿服务信息系统基本规范 ... 390
54. 关于规范志愿服务记录证明工作的指导意见 ... 391

第八章 公共安全与应急管理

一、社会治安防控体系与平安建设...395
 1. 中共中央、国务院关于进一步加强全国安定团结的通知....................................395
 2. 广东发生群体性偷渡外逃风潮...396
 3. 中华人民共和国国籍法..398
 4. 取消"四大"（大鸣、大放、大辩论、大字报）..399
 5. 打击经济领域中严重犯罪活动...400
 6. 中国人民武装警察部队总部成立..401
 7. 中国出入境管理工作...401
 8. 中华人民共和国治安管理处罚条例..402
 9. 中华人民共和国集会游行示威法...403
 10. 拉萨发生严重骚乱事件..404
 11. 司法部《民间纠纷处理办法》..405
 12. 全国人民代表大会常务委员会关于严惩拐卖、绑架妇女、儿童的犯罪分子的决定...406
 13. 大中型水利水电工程建设征地补偿和移民安置条例....................................407
 14. 中共中央、国务院关于加强社会治安综合治理的决定.................................408
 15. 国家教育委员会关于做好学校治安综合治理工作的几点意见......................409
 16. 全国人民代表大会常务委员会关于惩治劫持航空器犯罪分子的决定............410
 17. 围歼"车匪路霸"专项斗争..411
 18. 社会治安综合治理领导责任制..412
 19. 中央社会治安综合治理委员会等《关于加强农村治保会工作的意见》...........413
 20. 中华人民共和国国家安全法...414
 21. 司法部《跨地区跨单位民间纠纷调解办法》..415
 22. 国务院《宗教活动场所管理条例》..416
 23. 中共中央、国务院关于加快西藏发展、维护社会稳定的意见........................417
 24. 中共中央办公厅、国务院办公厅转发《关于加强流动人口管理工作的意见》.........417

25. 关于进一步加强学校治安综合治理工作的意见 ... 418
26. 中华人民共和国禁毒法 ... 419
27. 《中国的禁毒》白皮书 ... 420
28. 中华人民共和国戒严法 ... 421
29. 全国中小学生"安全教育日" ... 422
30. 中华人民共和国国防法 ... 423
31. 中央社会治安综合治理委员会等《关于进一步开展基层安全创建活动的意见》 ... 424
32. 中华人民共和国预防未成年人犯罪法 ... 424
33. 开展"打拐"专项斗争 ... 425
34. 对发生严重危害社会稳定重大问题的地方实施领导责任查究制度 ... 426
35. 中国成立空中警察总队 ... 427
36. 公安部《道路交通安全违法行为处理程序规定》 ... 428
37. 司法部等《关于进一步加强律师参与涉法信访工作的意见》 ... 428
38. 信访条例 ... 429
39. 禁止传销条例 ... 430
40. 国务院研究室发布《中国农民工调研报告》 ... 431
41. 贵州瓮安群体性事件 ... 431
42. 中华人民共和国保守国家秘密法 ... 432
43. 中华人民共和国农村土地承包经营纠纷调解仲裁法 ... 433
44. 最高人民法院《关于当前形势下做好劳动争议纠纷案件审判工作的指导意见》 ... 434
45. 中共中央办公厅、国务院办公厅转发关于领导干部定期接访、定期下访、矛盾纠纷排查化解工作制度化的三个文件 ... 435
46. 湖北巴东邓玉娇事件 ... 437
47. 保安服务管理条例 ... 438
48. 加强和创新社会管理 ... 439
49. 中华人民共和国人民调解法 ... 440
50. 开展"接送流浪孩子回家"专项行动 ... 441
51. 广东增城群体性事件 ... 441
52. 利比亚大规模撤侨事件 ... 442
53. 国有土地上房屋征收与补偿条例 ... 443
54. 刑法修正案取消13个死刑罪名 ... 445

目 录

55. 中华人民共和国行政强制法 445
56. 国土资源部办公厅《关于严格管理防止违法违规征地的紧急通知》 446
57. 加强社会治安防控体系建设 447
58. 天津滨海新区"8·12"爆炸事故 449
59. 中华人民共和国国家安全法 451

二、食品安全与生产安全 455

1. 中华人民共和国食品安全法 455
2. "渤海二号"沉船事故 456
3. 煤炭工业部《煤矿安全规程》 457
4. 矿山安全条例和矿山安全监察条例 458
5. 中华人民共和国食品卫生法（试行） 458
6. 中华人民共和国海上交通安全法 459
7. 全国安全生产委员会成立 460
8. 乡镇煤矿实行行业管理 461
9. 中华人民共和国国境卫生检疫法 462
10. 大兴安岭特大森林火灾 462
11. 中华人民共和国标准化法 464
12. 国务院《特别重大事故调查程序暂行规定》 464
13. 中华人民共和国铁路法 465
14. 监察机关参加特别重大事故调查处理制度 466
15. 国务院《企业职工伤亡事故报告和处理规定》 467
16. 中华人民共和国矿山安全法 468
17. 中华人民共和国进出境动植物检疫法 469
18. 中华人民共和国产品质量法 469
19. 食品安全性毒理学评价程序 470
20. 乡镇煤矿管理条例 471
21. 国家核事故应急协调委员会成立 471
22. 卫生部《进一步改革完善公共卫生监督执法体制的通知》 472
23. 中华人民共和国动物防疫法 473
24. 安全生产领导责任制 474

15

25. 山西文水县假酒事件 ... 475
26. 饲料和饲料添加剂管理条例 ... 476
27. 煤矿安全监察条例 ... 477
28. 国家安全生产监督管理局成立 ... 478
29. 农药管理条例 ... 479
30. 农业转基因生物安全管理条例 ... 480
31. 无公害食品行动计划 ... 481
32. 食品质量安全市场准入制度 ... 481
33. 广东河源"瘦肉精"中毒事件 ... 483
34. 国务院关于特大安全事故行政责任追究的规定 ... 483
35. 危险化学品安全管理条例 ... 484
36. 中华人民共和国安全生产法 ... 485
37. 开展危险化学品安全管理专项整治工作 ... 486
38. 继续开展"安全生产万里行"活动 ... 487
39. 建设工程安全生产管理条例 ... 489
40. 国家食品药品监督管理局成立 ... 490
41. 辽宁海城豆奶中毒事件 ... 491
42. 特种设备安全监察条例 ... 492
43. 中华人民共和国道路交通安全法 ... 493
44. 国务院关于进一步加强食品安全监管工作的决定 ... 494
45. 建立安全生产控制指标体系 ... 496
46. 兽药管理条例 ... 497
47. 安徽阜阳婴幼儿奶粉事件 ... 498
48. 国务院《关于进一步加强安全生产工作的决定》 ... 499
49. 安全生产许可证条例 ... 500
50. 陕西铜川陈家山"11·28"矿难 ... 501
51. 国务院《危险废物经营许可证管理办法》 ... 502
52. 卫生部《餐饮业和集体用餐配送单位卫生规范》 ... 503
53. 修订《进出口商品检验法实施条例》 ... 504
54. 国家安全生产监督管理总局成立 ... 505
55. 铁路运输安全保护条例 ... 506

目 录

56. 国务院《关于预防煤矿生产安全事故的特别规定》……507
57. 易制毒化学品管理条例……508
58. 松花江水环境污染事件……509
59. 中华人民共和国工业产品生产许可证管理条例……511
60. 中华人民共和国农产品质量安全法……511
61. 烟花爆竹安全管理条例……512
62. 濒危野生动植物进出口管理条例……513
63. 民用爆炸物品安全管理条例……514
64. 监察部等《安全生产领域违法违纪行为政纪处分暂行规定》……515
65. 国务院《关于加强食品等产品安全监督管理的特别规定》……516
66. 开展整治非法用工打击违法犯罪专项行动……517
67. 开展安全生产隐患排查治理专项行动……518
68. 建立重特大生产安全事故责任追究部际联席会议制度……519
69. 生产安全事故报告和调查处理条例……520
70. 生猪屠宰管理条例……521
71. 乳品质量安全监督管理条例……522
72. 安全生产"隐患治理年"……523
73. 开展安全生产百日督查专项行动……524
74. 山西襄汾"9·8"尾矿库溃坝事故……525
75. 中华人民共和国消防法……526
76. 河南杞县"钴60"卡源事故……528
77. 设立国务院食品安全委员会……529
78. 食品安全百千万示范工程……530
79. 依法严惩危害食品安全犯罪活动……530
80. 河南双汇"瘦肉精"案……531
81. "7·23"甬温线动车追尾特大铁路交通事故……533
82. 依法严惩"地沟油"犯罪活动……534
83. 煤矿矿长保护矿工安全七条规定……536
84. 煤矿安全生产七大举措……536
85. 开展药品"两打两建"专项行动……537
86. 开展保健品打"四非"专项行动……538

17

87. 修订《药品经营质量管理规范》...539
88. 开展"六打六治"打非治违专项行动...540
89. 开展粉尘防爆专项治理行动...541
90. 安全生产暗查暗访制度...542
91. 国家食品药品监督管理总局《食品药品行政处罚程序规定》...543
92. 江苏昆山中荣"8·2"特大爆炸事故...544
93. 企业安全生产应急管理九条规定...546
94. 修订《食品生产许可管理办法》...547
95. 深圳滑坡事故...548

三、防灾减灾与应急管理...549

1. 中华人民共和国海洋环境保护法...549
2. 中华人民共和国海洋石油勘探开发环境保护管理条例...550
3. 中华人民共和国森林法...551
4. 中华人民共和国水污染防治法...552
5. 中华人民共和国消防条例...554
6. 中华人民共和国草原法...554
7. 中华人民共和国土地管理法...556
8. 中华人民共和国水法...557
9. 森林防火条例与森林病虫害防治条例...558
10. 国家减灾委员会成立...559
11. 中华人民共和国水土保持法...559
12. 中华人民共和国防汛条例...560
13. 水库大坝安全管理条例...561
14. 中华人民共和国草原防火条例...562
15. 中华人民共和国固体废物污染环境防治法...563
16. 中华人民共和国防震减灾法...564
17. 中华人民共和国环境噪声污染防治法...566
18. 中华人民共和国防洪法...566
19. 中华人民共和国减灾规划（1998—2010年）...567
20. 建立中央级救灾物资储备制度...568

目 录

21. 长江、松花江与嫩江流域发生特大洪涝灾害 ... 569
22. 中华人民共和国气象法 ... 571
23. 人工影响天气管理条例 ... 572
24. 建立突发公共事件应急预案工作小组 ... 573
25. 地质灾害防治条例 ... 574
26. 淮河和渭河流域发生洪涝灾害 ... 575
27. 中华人民共和国传染病防治法 ... 576
28. 国务院办公厅《应急管理科普宣教工作总体实施方案》 ... 577
29. 重大动物疫情应急条例 ... 578
30. 亚洲减灾大会在北京召开 ... 580
31. 国务院《国家突发公共事件总体应急预案》 ... 581
32. 国务院应急管理办公室成立 ... 583
33. 国务院《关于全面加强应急管理工作的意见》 ... 584
34. 中共中央、国务院关于进一步加强新时期信访工作的意见 ... 585
35. "十一五"期间国家突发公共事件应急体系建设规划 ... 586
36. 国家安全生产监督管理总局等《关于加强企业应急管理工作的意见》 ... 587
37. 中华人民共和国水文条例 ... 588
38. 国家综合减灾"十一五"规划 ... 590
39. 外交部等《中国公民出境游突发事件应急预案》 ... 591
40. "一案三制"应急管理体系基本形成 ... 592
41. 铁路交通事故应急救援和调查处理条例 ... 593
42. 病险水库除险加固工程 ... 594
43. 2008年南方低温雨雪冰冻灾害 ... 596
44. 国务院应急管理办公室发布《突发事件应急演练指南》 ... 596
45. 中华人民共和国抗旱条例 ... 597
46. "5·12"全国防灾减灾日 ... 598
47. 2009年"莫拉克"台风 ... 599
48. 华北、东北、南方部分地区发生干旱灾害 ... 600
49. 国务院办公厅《关于加强基层应急队伍建设的意见》 ... 601
50. 青海玉树"4·14"大地震 ... 602
51. 甘肃舟曲"8·8"特大泥石流 ... 603

19

52. 2010年海南特大暴雨 ... 604
53. 国家减灾委员会《关于加强城乡社区综合减灾工作的指导意见》 ... 605
54. 国家综合防灾减灾规划（2011—2015年） ... 606
55. 南方五省（市）遭受寒潮冰雪灾害 ... 607
56. 北京"7·21"特大暴雨 ... 607
57. 四川芦山"4·20"强烈地震 ... 608
58. 松花江流域发生洪涝灾害 ... 610
59. 国务院办公厅《突发事件应急预案管理办法》 ... 612
60. 中东部地区严重雾霾事件 ... 613
61. 民政部《关于加快推进灾害社会工作服务的指导意见》 ... 615
62. 云南鲁甸"8·3"地震 ... 616
63. 加快应急产业发展 ... 617
64. 水污染防治行动计划 ... 618
65. "东方之星"客轮长江翻沉事件 ... 619
66. 中华人民共和国大气污染防治法 ... 620

第六章

社会保障体系与公益慈善

当/代/中/国/社会大事典（1978—2015）

一、社会保障体系建设

1.社会保障载入宪法

中华人民共和国成立以来，先后于1954年9月20日、1975年1月17日、1978年3月5日和1982年12月4日通过四个《中华人民共和国宪法》（以下简称《宪法》），现行《宪法》为1982年通过，并历经1988年、1993年、1999年、2004年四次修订。四个不同时期的《宪法》和2004年的《中华人民共和国宪法修正案（2004年）》中均有对社会保障内容的表述。

1954年《宪法》涉及社会保障的条款为第九十三条。第九十三条规定："中华人民共和国劳动者在年老、疾病或者丧失劳动能力的时候，有获得物质帮助的权利。国家举办社会保险、社会救济和群众卫生事业，并且逐步扩大这些设施，以保证劳动者享受这种权利。"

1975年《宪法》涉及社会保障的条款为第二十七条。第二十七条规定："劳动者有休息的权利，在年老、疾病或者丧失劳动能力的时候，有获得物质帮助的权利。"

1978年《宪法》涉及社会保障的条款为第五十条。第五十条规定："劳动者在年老、生病或者丧失劳动能力的时候，有获得物质帮助的权利。国家逐步发展社会保险、社会救济、公费医疗和合作医疗等事业，以保证劳动者这种权利。"

1982年《宪法》涉及社会保障的条款为第四十四条、第四十五条。其中，第四十四条规定："国家依照法律规定实行企业事业组织的职工和国家机关工作人员的退休制度。退休人员的生活受到国家和社会的保障。"第四十五条规定："中华人民共和国公民在年老、疾病或者丧失劳动能力的情况下，有从国家和社会获得物质帮助的权利。国家发展为公民享受这些权利提供所需要的社会保险、社会救济和医疗卫生事业。国家和社会保障残废军人的生活,抚恤烈士家属,优待军人家属。国家和社会帮助安排盲、聋、哑和其他有残疾的公民的劳动、生活和教育。"

2004年3月15日,十届全国人大二次会议通过《中华人民共和国宪法修正案(2004年)》,其涉及社会保障的条款为第二十三条、第二十四条。其中,第二十三条规定:"宪法第十四条增加一款,作为第四款:'国家建立健全同经济发展水平相适应的社会保障制度。'"第二十四条规定:"宪法第三十三条增加一款,作为第三款:'国家尊重和保障人权。'第三款相应地改为第四款。"这是中国历史上第一次在宪法中使用"社会保障"概念。

2.党中央关于建立和完善社会保障制度的决策部署

1992年10月12日,党的十四大报告《加快改革开放和现代化建设步伐,夺取有中国特色社会主义事业的更大胜利》中首次提出,"深化分配制度和社会保障制度的改革","积极建立待业、养老、医疗等社会保障制度,努力推进城镇住房制度改革"。

1993年11月14日,党的十四届三中全会通过了《中共中央关于建立社会主义市场经济体制若干问题的决定》,明确了社会保障作为中国市场经济体系的五大支柱之一的地位。决定指出:"建立多层次的社会保障体系,对于深化企业和事业单位改革,保持社会稳定,顺利建立社会主义市场经济体制具有重大意义。""按照社会保障的不同类型确定其资金来源和保障方式。重点完善企业养老和失业保险制度,强化社会服务功能以减轻企业负担,促进企业组织结构调整,提高企业经济效益和竞争能力。城镇职工养老和医疗保险金由单位和个人共同负担,实行社会统筹和个人账户相结合。进一步健全失业保险制度,保险费由企业按职工工资总额一定比例统一筹交。普遍建立企业工伤保险制度。农民养老以家庭保障为主,与社区扶持相结合。有条件的地方,根据农民自愿,也可以实行个人储蓄积累养老保险。发展和完善农村合作医疗制度。""建立统一的社会保障管理机构。提高社会保障事业的管理水平,形成社会保险基金筹集、运营的良性循环机制。社会保障行政管理和社会保险基金经营要分开。社会保障管理机构主要是行使行政管理职能。建立由政府有关部门和社会公众代表参加的社会保险基金监督组织,监督社会保险基金的收支和管理。社会保险基金经办机构,在保证基金正常支付和安全性流动性的前提下,可依法把社会保险基金主要用于购买国家债券,确保社会保险基金的保值增值。"

1997年9月12日,党的十五大报告《高举邓小平理论伟大旗帜,把建设有中国特色社会主义事业全面推向21世纪》明确提出,"建立社会保障体系,实行社会统筹和个人账户相结合的养老、医疗保险制度,完善失业保险和社会救济制度,提供最基本的社会保障"。

2002年11月8日，党的十六大报告《全面建设小康社会，开创中国特色社会主义事业新局面》提出，全面建设小康社会的目标之一是"社会保障体系比较健全"，同时提出，"建立健全同经济发展水平相适应的社会保障体系，是社会稳定和国家长治久安的重要保证"，"坚持社会统筹和个人账户相结合，完善城镇职工基本养老保险制度和基本医疗保险制度。健全失业保险制度和城市居民最低生活保障制度。多渠道筹集和积累社会保障基金。各地要根据实际情况合理确定社会保障的标准和水平。发展城乡社会救济和社会福利事业。有条件的地方，探索建立农村养老、医疗保险和最低生活保障制度"。

2003年10月21日，党的十六届三中全会通过了《关于完善社会主义市场经济体制若干问题的决定》，进一步明确加快建设与经济发展水平相适应的社会保障体系。决定指出："完善企业职工基本养老保险制度，坚持社会统筹与个人账户相结合，逐步做实个人账户。将城镇从业人员纳入基本养老保险。建立健全省级养老保险调剂基金，在完善市级统筹基础上，逐步实行省级统筹，条件具备时实行基本养老金的基础部分全国统筹。健全失业保险制度，实现国有企业下岗职工基本生活保障向失业保险并轨。继续完善城镇职工基本医疗保险制度、医疗卫生和药品生产流通体制的同步改革，扩大基本医疗保险覆盖面，健全社会医疗救助和多层次的医疗保障体系。继续推行职工工伤和生育保险。积极探索机关和事业单位社会保障制度改革。完善城市居民最低生活保障制度，合理确定保障标准和方式。采取多种方式包括依法划转部分国有资产充实社会保障基金。强化社会保险基金征缴，扩大征缴覆盖面，规范基金监管，确保基金安全。鼓励有条件的企业建立补充保险，积极发展商业养老、医疗保险。农村养老保障以家庭为主，同社区保障、国家救济相结合。有条件的地方探索建立农村最低生活保障制度。"

2007年10月15日，党的十七大报告《高举中国特色社会主义伟大旗帜，为夺取全面建设小康社会新胜利而奋斗》提出"加快推进以改善民生为重点的社会建设"的重要任务，明确指出："社会保障是社会安定的重要保证。要以社会保险、社会救助、社会福利为基础，以基本养老、基本医疗、最低生活保障制度为重点，以慈善事业、商业保险为补充，加快完善社会保障体系。促进企业、机关、事业单位基本养老保险制度改革，探索建立农村养老保险制度。全面推进城镇职工基本医疗保险、城镇居民基本医疗保险、新型农村合作医疗制度建设。完善城乡居民最低生活保障制度，逐步提高保障水平。完善失业、工伤、生育保险制度。提高统筹层次，制定全国统一的社会保险关系转续办法。采取多种方式充实社会保障基金，加强基金监管，实现保值增值。"同时，提出"健全社会救助体系"。

2012年11月8日，党的十八大报告《坚定不移沿着中国特色社会主义道路前进，为全面建成小康社会而奋斗》强调"社会保障是保障人民生活、调节社会分配的一项基本制度",明确指出:"要坚持全覆盖、保基本、多层次、可持续方针,以增强公平性、适应流动性、保证可持续性为重点,全面建成覆盖城乡居民的社会保障体系。改革和完善企业和机关事业单位社会保险制度,整合城乡居民基本养老保险和基本医疗保险制度,逐步做实养老保险个人账户,实现基础养老金全国统筹,建立兼顾各类人员的社会保障待遇确定机制和正常调整机制。扩大社会保障基金筹资渠道,建立社会保险基金投资运营制度,确保基金安全和保值增值。"同时,提出:"完善社会救助体系,健全社会福利制度,支持发展慈善事业,做好优抚安置工作。"

2013年11月12日,党的十八届三中全会通过了《关于全面深化改革若干重大问题的决定》,明确建立更加公平可持续的社会保障制度。该决定指出:"坚持社会统筹和个人账户相结合的基本养老保险制度,完善个人账户制度,健全多缴多得激励机制,确保参保人权益,实现基础养老金全国统筹,坚持精算平衡原则。推进机关事业单位养老保险制度改革。整合城乡居民基本养老保险制度、基本医疗保险制度。推进城乡最低生活保障制度统筹发展。建立健全合理兼顾各类人员的社会保障待遇确定和正常调整机制。完善社会保险关系转移接续政策,扩大参保缴费覆盖面,适时适当降低社会保险费率。研究制定渐进式延迟退休年龄政策。加快健全社会保障管理体制和经办服务体系。健全符合国情的住房保障和供应体系,建立公开规范的住房公积金制度,改进住房公积金提取、使用、监管机制。""健全社会保障财政投入制度,完善社会保障预算制度。加强社会保险基金投资管理和监督,推进基金市场化、多元化投资运营。制定实施免税、延期征税等优惠政策,加快发展企业年金、职业年金、商业保险,构建多层次社会保障体系。""积极应对人口老龄化,加快建立社会养老服务体系和发展老年服务产业。健全农村留守儿童、妇女、老年人关爱服务体系,健全残疾人权益保障、困境儿童分类保障制度。"

3.国家发展规划对社会保障发展与改革的思路逐渐清晰

1986年4月12日,六届全国人大四次会议通过《中华人民共和国国民经济和社会发展第七个五年计划》,首次提出"社会保障"概念,并单独设章阐述社会保障改革和社会化问题,指出:"'七五'期间,要有步骤地建立起具有中国特色的社会主义的社会保障制度雏形。建立健全社会保险制度,进一步发展社会福利事业,继续做好优抚、救济工作。要通过多种渠道筹集社会保障基金。改革社会保障管理体制,坚持社会化管理与单位管理相结合,以社会化管理为主。继续发扬我国家庭、亲友和邻里间互助互济的优良传统。"

1991年4月9日,七届全国人大四次会议通过《中华人民共和国国民经济和社会发展十年规划和第八个五年计划纲要》,明确"努力推进社会保障制度的改革",指出:"要以改革和建立社会养老保险和待业保险制度为重点，带动其他社会保险事业和社会福利、社会救济与优抚等事业的发展。按照国家、集体和个人共同合理负担的原则，在城镇各类职工中逐步建立社会养老保险制度，扩大待业保险的范围，完善待业保险办法，实行多层次的社会保险。在农村，采取积极引导的方针，逐步建立不同形式的老年保障制度。同时，努力改革医疗保险和工伤保险制度，继续推行合作医疗保险。保护残疾人的合法权益。"

1996年3月17日，八届全国人大四次会议通过《中华人民共和国国民经济和社会发展"九五"计划和2010年远景目标纲要》，提出继续"加快社会保障制度改革"，指出要"加快养老、失业、医疗保险制度改革，初步形成社会保险、社会救济、社会福利、优抚安置和社会互助、个人储蓄积累保障相结合的多层次社会保障制度。在大力发展社会保险的同时，积极发展商业保险，发挥对社会保障的补充作用。制定相应政策，切实保护妇女、未成年人、老年人、残疾人等社会群体和优抚救济对象的合法权益。建立城市最低生活保障制度和抚恤补偿机制，依法安置退役军人，积极发展社会福利事业和社区服务。加强福利设施建设"。

2001年3月15日，九届全国人大四次会议通过《中华人民共和国国民经济和社会发展第十个五年计划纲要》，将社会保障制度视为"社会主义市场经济体制的重要支柱"。首次提出要健全社会保险制度，指出"依法扩大养老保险实施范围，继续完善社会统筹与个人账户相结合的城镇职工基本养老保险制度，在保证离退休人员基本养老金支付的基础上，实现社会统筹基金与个人账户基金的分账管理，确保个人账户的有效积累。按社会统筹和个人账户相结合的模式，全面推行城镇职工基本医疗保险制度，保障职工基本医疗需求。同步推进医疗保险制度、医疗机构和药品生产流通体制改革，建立医疗费用的分担机制、医疗机构的竞争机制和药品流通的市场运行机制。进一步完善失业保险制度，在试点的基础上逐步把国有企业下岗职工基本生活保障纳入失业保险，扩大失业保险覆盖范围。完善工伤保险和生育保险制度，逐步扩大覆盖面。适时改革并完善机关事业单位职工基本养老保险制度。鼓励有条件的用人单位为职工建立企业年金和补充医疗保险，同时发挥商业保险对社会保障体系的补充作用"。"建立可靠、稳定的社会保障资金筹措机制，通过加大征缴力度、调整财政支出结构、变现部分国有资产、扩大彩票发行规模等方式多渠道筹集社会保障资金。积极探索并建立规范的社会保障资金投资运营的方式，实现保值增值。提高社会保障资金的管理水平，加强社会保障行政监督和社会监督，推进社会保障管理和服务的社会化。加快社会保障立法步伐。""在健全社会保险制度的同时，继续发展社会福利、社会救济、优抚安置和社会互助等社会保障事业，推进社会福利的社会化进程。完善城市居民最低生活保障制度，扩大覆盖范围，根据经济发展水平和财政承受能力，逐步提高城市贫困人口救济补助标准。建立社会医疗救助制度。发展慈善事业，加强对捐助资金使用的监管。重视人口老龄化趋势,鼓励家庭养老。加强老年人服务设施建设,发展老龄事业和产业。贯彻落实妇女、儿童发展纲要,切实保障妇女、未成年人的合法权益。加强残疾人事业,帮助残疾人康复、就学和就业,创造残疾人平等参与社会生活的条件。"

2006年3月14日,十届全国人大四次会议通过《中华人民共和国国民经济和社会发展第十一个五年规划纲要》,明确进一步"健全社会保障体系",指出:"增加财政社会保障投入,多渠道筹措社会保障基金,合理确定保障标准和方式,建立健全与经济发展水平相适应的分层次、广覆盖的社会保障体系。扩大城镇基本养老保险覆盖范围,逐步做实个人账户,逐步提高社会统筹层次,增强统筹调剂的能力。推进机关事业单位养老保险制度改革。建立失业保险与促进就业联动机制,完善失业保险制度。扩大基本医疗保险覆盖范围,健全多层次的医疗保障体系。完善和落实工伤保险政策和标准,推进各类用人单位依法参加工伤保险。鼓励有条件的企业建立补充保险。建立健全生育保险制度。认真解决进城务工人员社会保障问题。规范社会保险基金征缴和监管。加强社会保障服务管理能力建设。""完善城市居民最低生活保障制度,逐步提高保障标准。建立城乡医疗救助制度,将城市居民最低生活保障对象、农村特困户和五保供养对象纳入救助范围。完善城市生活无着流浪乞讨人员特别是流浪未成年人的救助制度。鼓励开展社会慈善、社会捐赠、群众互助等社会扶助活动,支持志愿服务活动并实现制度化。"

2011年3月14日,十一届全国人大四次会议通过《中华人民共和国国民经济和社会发展第十二个五年规划纲要》,将社会保障体系的建设重点规定为"坚持广覆盖、保基本、多层次、可持续方针,加快推进覆盖城乡居民的社会保障体系建设,稳步提高保障水平"。从社会保险制度、社会救助体系建设与社会福利和慈善事业三方面进行阐述,指出:"实现新型农村社会养老保险制度全覆盖。完善实施城镇职工和居民养老保险制度,全面落实城镇职工基本养老保险省级统筹,实现基础养老金全国统筹,切实做好城镇职工基本养老保险关系转移接续工作。逐步推进城乡养老保障制度有效衔接。推动机关事业单位养老保险制度改革。发展企业年金和职业年金。扩大工伤保险覆盖面,提高保障水平,健全预防、补偿、康复相结合的工伤保险制度。完善失业、生育保险制度。发挥商业保险补充性作用。继续通过划拨国有资产、扩大彩票发行等渠道充实全国社会保障基金,积极稳妥推进养老基金投资运营。""完善城乡最低生活保障制度,规范管理,分类施保,实现应保尽保。健全低保标准动态调整机制,合理提高低保标准和补助水平。加强城乡低保与最低工资、失业保险和扶贫开发等政策的衔接。提高农村五保供养水平。做好自然灾害救助工作。完善临时救助制度,保障低保边缘群体的基本生活。""以扶老、助残、救孤、济困为重点,逐步拓展社会福利的保障范围,推动社会福利由补缺型向适度普惠型转变,逐步提高国民福利水平。坚持家庭、社区和福利机构相结合,逐步健全社会福利服务体系，推动社会福利服务社会化。加强残疾人、孤儿福利服务。加强优抚安置工作。加快发展慈善事业，增强全社会慈善意识，积极培育慈善组织，落实并完善公益性捐赠的税收优惠政策。"

4.社会保障制度体系不断完善

2000年国务院政府工作报告，开始明确提出建立健全社会保障体系的长远目标，并开始对社会保障工作进行回顾。此前，社会保障工作在政府工作报告中主要体现为减少贫困人口、减少失业人口、增加人均收入。"社会保障"的出现，标志着国家社会保障制度建设进入新的时期。该报告指出："建立健全社会保障体系，关系改革、发展、稳定的全局，意义重大，刻不容缓，必须切实抓紧抓好。当前，要坚持和完善国有企业下岗职工基本生活保障、失业保险和城镇居民最低生活保障的'三条保障线'制度。在此基础上，积极创造条件，向健全的社会保障体系过渡。"

2001年国务院政府工作报告，明确提出"加快完善社会保障制度，这是关系改革、发展、稳定全局的大事"。该报告指出："加快形成独立于企业事业单位之外、资金来源多元化、保障制度规范化、管理服务社会化的社会保障体系。"

2002年国务院政府工作报告，明确提出："进一步完善城镇社会保障体系，当务之急仍然是落实'两个确保'。"该报告指出："完善失业保险制度……强化城市居民最低生活保障制度建设。"

2003年国务院政府工作报告，明确提出"社会保障体系框架基本确立"。该报告指出："城镇基本养老保险制度和基本医疗保险制度建设迈出重大步伐。""建立了国有企业下岗职工基本生活保障制度、失业保险制度、城市居民最低生活保障制度。""对城乡特殊困难群众，要给予更多的关爱。"

2004年国务院政府工作报告，明确提出"千方百计增加就业是政府的重要职责"。该报告指出："建立与我国国情相适应、与经济发展水平相适应的社会保障体系，是一项重要而艰巨的任务。要继续做好'两个确保'工作，搞好'三条保障线'的衔接。""各级政府要把改善就业环境、增加就业岗位作为重要职责。"

2005年国务院政府工作报告，明确提出"要抓紧解决严重影响人民群众健康安全的环境污染问题"。该报告指出："奋斗目标是，让人民群众喝上干净的水、呼吸清新的空气，有更好的工作和生活环境。""要全面建成疾病预防控制体系，基本完成突发公共卫生事件医疗救治体系建设。""加快社会保障体系建设。"

2006年国务院政府工作报告，明确提出："通过加快完善社会保障体系和解决教育、医疗卫生、住房等领域的突出问题,减轻居民增加消费的后顾之忧。"该报告指出:"加快建设环境友好型社会。""高度重视解决涉及群众切身利益的问题,我们要牢记执政为民的宗旨,坚持一切为了人民,要抓紧解决广大群众最关心、最直接、最现实的利益问题,尤其要切实做好就业、社保、医疗、安全生产等工作。""突出抓好医疗卫生工作,着眼于逐步解决群众看病难、看病贵问题。""切实加强安全生产工作,安全生产责任重于泰山,经济发展必须建立在安全生产的基础上。"

2007年国务院政府工作报告,明确提出:"更加重视社会发展和改善民生。坚持以人为本,促进社会事业加快发展,积极解决人民群众最关心、最直接、最现实的利益问题,维护社会公平正义,让全体人民共享改革发展成果。"该报告指出:"坚持把扩大就业放在经济社会发展的突出位置,实施有利于促进就业的财政、税收和金融政策,积极支持自主创业和自谋职业。""在全国城乡建立最低生活保障制度,对于促进社会公平、构建和谐社会具有重大而深远的意义,要让城乡百姓特别是困难群众都能够享受到公共财政的阳光。""一些涉及群众利益的突出问题解决得不够好,食品药品安全、医疗服务、教育收费、居民住房、收入分配、社会治安、安全生产等方面还存在群众不满意的问题,土地征收征用、房屋拆迁、企业改制、环境保护等方面损害群众利益的问题仍未能根本解决,不少低收入群众生活比较困难。"

2008年国务院政府工作报告,明确提出:"更加注重保障和改善民生,特别要关心和解决城乡低收入群众的生活困难,使全体人民共享改革发展成果。"该报告指出:"一切属于人民,一切为了人民,一切依靠人民,一切归功于人民。""劳动就业、社会保障、教育、医疗卫生、收入分配、住房、产品质量安全、安全生产、社会治安等方面,还有不少问题需要认真加以解决。""完善社会保障体系,坚持实行广覆盖、保基本、多层次、可持续的方针。""抓紧建立住房保障体系。"

2009年国务院政府工作报告,明确提出"加快完善社会保障体系"。该报告指出:"推进制度建设,完善基本养老保险制度,完善失业、工伤、生育保险制度,健全城乡社会救助制度。""扩大社会保障覆盖范围,重点做好非公有制经济从业人员、农民工、被征地农民、灵活就业人员和自由职业者参保工作,多渠道增加全国社会保障基金。""提高社会保障待遇,今明两年继续提高企业退休人员基本养老金,人均每年增长10%左右,继续提高失业保险金和工伤保险金标准,进一步提高城乡低保、农村五保等保障水平,提高优抚对象抚恤和生活补助标准。"

2010年国务院政府工作报告,明确提出居民社会保障体系城乡统一覆盖问题,加快农村社会保障体系建设。该报告指出:"扎实推进新型农村社会养老保险试点,试点范围扩大到23%的县。""加快解决未参保集体企业退休人员基本养老保障等遗留问题。""将全国

130万'老工伤'人员全部纳入工伤保险范围。""积极推进农民工参加社会保险。""加强城乡低保工作，逐步提高保障水平，切实做到动态管理、应保尽保。"

2011年国务院政府工作报告，明确提出社会保障建设具体目标要求。该报告指出："城乡基本养老、基本医疗保障制度实现全覆盖，提高并稳定城乡三项基本医疗保险参保率，政策范围内的医保基金支付水平提高到70%以上，全国城镇保障性住房覆盖面达到20%左右。""坚持计划生育基本国策，逐步完善政策，促进人口长期均衡发展，人均预期寿命提高1岁，达到74.5岁。"

2012年国务院政府工作报告，明确在去年社会保障建设基础上的进一步要求。该报告指出："今年年底前实现新型农村社会养老保险和城镇居民社会养老保险制度全覆盖。扩大各项社会保险覆盖面。增加企业退休人员基本养老金。加强城乡低保和社会救助工作，加快发展社会福利事业和慈善事业。加强各项社会保障制度衔接。多渠道增加社会保障基金，加强社会保险基金、社会保障基金投资监管，实现保值增值。加强社保服务能力建设，有条件的地方可对各类社保经办机构进行整合归并，有些服务可委托银行、商业保险机构代办。加快全国统一的社会保障卡发放。"

2013年国务院政府工作报告，明确社会保障制度建设取得历史性巨大成就。该报告指出："在未来建设中，要继续坚持'全覆盖、保基本、多层次、可持续方针'，不断扩大社会保障覆盖面，提高统筹层次和保障水平，加强各项制度的完善和衔接，增强公平性，适应流动性，保证可持续性。""今年企业退休人员基本养老金继续提高10%，城乡低保和优抚对象补助标准也进一步提高。""要加大对社会养老服务体系和儿童福利机构建设的支持力度。"

2014年国务院政府工作报告，明确社会保障是民生之基。该报告指出："重点是推进社会救助制度改革，继续提高城乡低保水平，全面实施临时救助制度，为特殊困难群众基本生活提供保障，为人们创业奋斗解除后顾之忧。""建立统一的城乡居民基本养老保险制度，完善与职工养老保险的衔接办法，改革机关事业单位养老保险制度，鼓励发展企业年金、职业年金和商业保险。""完善失业保险和工伤保险制度。""落实社会救助和保障标准与物价水平挂钩联动机制。""支持慈善事业发展。"

2015年国务院政府工作报告，明确将加强社会保障和增加居民收入并提。该报告指出，"企业退休人员基本养老金标准提高10%"，"城乡居民基础养老金标准统一由55元提高到70元"，"推进城镇职工基础养老金全国统筹"，"完善最低工资标准调整机制"，"降低失业保险、工伤保险等缴费率"，"落实机关事业单位养老保险制度改革措施，同步完善工资制度，对基层工作人员给予政策倾斜"。"在县以下机关建立公务员职务和职级并行制度"，"加强重特大疾病医疗救助，全面实施临时救助制度，让遇到急难特困的群众求助有门、受助及时。""对困境儿童、高龄和失能老人、重度和贫困残疾人等特困群体,健全福利保障制度和服务体系。""继续提高城乡低保水平,提升优抚对象抚恤和生活补助标准。"

5.社会保障管理体制改革

中国对社会保障事务的管理一直是几个部门主管加几个部门协管的共同管理格局,其中劳动部门和民政部门发挥着最为重要的作用。随着中国计划经济向市场经济转轨,20世纪80年代中期以后,社会保障制度模式逐渐由原来的国家—单位保障模式向国家—社会保障模式转变,社会保障管理体制在经历了一段分散化管理的改革探索之后,又趋于相对集中。

1978年5月18日,民政部正式成立,其内设机构有办公厅、政治部、优抚局、农村社会救济司、城市社会福利司、民政司、政府机关人事局和中国盲人聋哑人协会。紧接着,地方民政工作的管理机构也开始重建。民政部基本上延续了原内务部的职能,主管的社会保障事务有优抚、复退安置、生产救灾、社会救济和社会福利,以及国家机关、事业单位工作人员的退休、退职及工资、福利。

1981年3月,国务院批准民政部设立退伍军人和军队退休干部安置局。

1982年6月,按照国务院机构改革的部署,民政部向国务院报告了《民政部门的主要任务和职责范围》。同年11月,国务院批准民政部的机构调整,负责社会保障事务的司局主要有城市社会福利司、农村社会救济司、优抚局、安置局和老干部管理局。

1979年7月,国家劳动总局增设保险福利司,各地劳动部门相继设立保险福利处(科),工会各级组织也陆续重建。

1980年3月,国家劳动总局、中华全国总工会联合发布了《关于整顿与加强劳动保险工作的通知》,对企业行政与基层工会组织、地方劳动部门与工会组织在社会保险业务工作方面的分工提出了要求,强调各级劳动部门和各级工会组织要互相配合,密切协作,共同加强对基层劳动保险工作的领导。

1982年,国务院机构改革,国家劳动总局、国家人事局等部门合并组建为劳动人事部,此后,社会保险工作由劳动人事部综合管理。

在第二次行政机构改革和社会保障制度改革探索中,尽管社会救济、社会福利和社会优抚工作一直归民政部下属的救灾救济司、社会福利司、优抚司和安置司主管,但社会保险管理体制却走向分散化管理之路。

1988年4月,国务院机构改革,撤销劳动人事部,重建劳动部和人事部,按照分工,分别管理企业和机关事业单位的社会保险和职工福利。劳动部下设的社会保险司负责城镇企业职工的基本养老保险、医疗保险、工伤保险和生育保险，就业司负责城镇企业职工的失业保险，社会保险事业管理局是受政府委托依法管理各项社会保险基金的社会保险事业机构。

1990年7月，国务院明确民政部主管农村社会养老保险制度建设工作。

1991年1月，民政部成立农村社会养老保险办公室。

1993年12月，民政部在农村社会养老保险办公室基础上组建农村社会保险司。

1986—1993年，国务院批准铁路、邮电、水利、电力、建筑、交通、煤炭、银行、民航、石油、有色金属11个部门对其直属企业职工实行养老保险的行业统筹。此外，中国人民保险公司还承担着部分城镇集体企业单位职工的养老保险，卫生部门管理机关事业单位职工的公费医疗保险，财政部社会保障司负责全国养老保险基金财务监督。

1993年10月，根据中央编办《关于劳动部社会保险事业管理局机构编制的批复》，劳动部社会保险事业管理局正式成立，负责对社会保险经办机构的监督和管理。这标志着中国社会保险工作从"政事合一"开始走向"政事分开"。

1993年11月，党的十四届三中全会通过《关于建立社会主义市场经济体制若干问题的决定》，再次提出"建立统一的社会保障管理机构"。但直到1998年3月九届全国人大一次会议审议通过国务院机构改革方案，"建立统一的社会保障管理机构"才真正被提上议事日程。

1998年，国务院机构改革，组建劳动和社会保障部，保留民政部，统一管理社会保障事务。到2002年，劳动和社会保障部与民政部"两家主管"社会保障事务的格局形成。

在1998年机构改革中，新划入劳动和社会保障部的社会保险职能有人事部承担的机关事业单位工作人员社会保险职能、民政部承担的农村社会保险职能、卫生部承担的公费医疗管理、原国务院医疗保险制度改革小组办公室承担的医疗保险制度改革职能。国务院原批准实行养老保险行业统筹的11个部门对其所属企业的养老保险管理职能，由劳动和社会保障部统一组织交由省（自治区、直辖市）人民政府承担，劳动和社会保障部实行综合规划和指导。劳动和社会保障部内设的社会保险事务管理机构包括养老保险司、失业保险司、医疗保险司、农村社会保险司和社会保险基金监督司。从内设机构来看，劳动和社会保障部对社会保障事务的管理职责仅限于社会保险事务。民政部保留了管理全国社会救济、社会福利、优抚安置等社会保障事务的职能。此外，财政部社会保障司负责管理中央财政社会保障支出，拟定社会保障资金的财务管理制度，组织实施对社会保障资金使用的财政监督。

2004年2月，民政部增设最低生活保障司，承担的主要职能有城市居民最低生活保障及医疗救助等相关工作，有农村特困户、"五保户"的救济，农村合作医疗，农村最低生活保障的探索等业务工作；救灾救济司在保留救灾处的基础上，新成立了备灾处和社会捐助处，救灾的责任分工进一步细化。

2004年3月，劳动和社会保障部将医疗保险司所负责的工伤保险工作分离出来，专门成立工伤保险司。

2008年2月，党的十七届二中全会通过《关于深化行政管理体制改革的意见》，拉开了"大部制"改革的序幕。在"大部制"改革中，劳动和社会保障部与人事部合并为人力资源和社会保障部，原劳动和社会保障部主管社会保险事务的内设机构，从机构名称到职责划分基本上原封不动地被合并进来。而民政部的社会保障职能则通过内设机构的调整有所加强，原最低生活保障司改为社会救助司，负责城乡居民最低生活保障、"五保户"的社会救济政策、健全城乡社会救助体系等工作。社会救助司的设立，体现了民政部加强社会救助职责和统筹城乡救助体系建设的职能；原救灾救济司更改为救灾司，使救灾职能从一般性的民政救济中得到剥离，凸显了救灾工作在民政体系中的重要作用，加快了中国救灾工作体系的建设步伐；原社会福利和社会事务司被拆分成社会福利和慈善事业促进司与社会事务司，这表明国家对社会慈善事业的关注已经上升到设置政府机构的层面。

总体而言，"大部制"改革并没有从根本上改变"两家主管"社会保障事务的格局，即人力资源和社会保障部主管社会保险，民政部主管社会救济、社会福利和社会优抚，"建立统一的社会保障管理机构"的任务还没有完成。此外，卫生部、住房和城乡建设部、财政部、审计署及国家发展和改革委员会均设有相应的社会保障部门，分别承担不同的管理职能。

2012年11月8日，党的十八大报告在"全面建成小康社会和全面深化改革开放的目标"这一章节中提出"健全社会保障经办管理体制，建立更加便民快捷的服务体系"。党的十八届三中全会通过的《中共中央关于全面深化改革若干重大问题的决定》明确提出要"加快健全社会保障管理体制和经办服务体系"，为实现更加公平可持续的社会保障明确了改革的体制体系保障。

二、社会保险

1.农村合作医疗章程

"文化大革命"结束后,农村合作医疗制度摆脱了极左政治带来的弊端,在更加务实的基础上不断发展并取得进步。1978年3月5日,五届全国人大通过的《中华人民共和国宪法》,其中第三章第五十条规定:"劳动者在年老、生病或丧失劳动能力的时候,有获得物质帮助的权利。国家逐步发展社会保险、社会福利、公费医疗和合作医疗等事业,以保证劳动者享受这种权利。"将合作医疗载入宪法,为农村合作医疗制度提供法律保障。

为使农村合作医疗步入正轨,卫生部会同有关部门制定了全国统一的章程和办法。1979年12月,卫生部、农业部、财政部、国家医药总局、全国供销合作总社联合发布了《关于农村合作医疗章程(试行草案)的通知》,将农村合作医疗定义为"人民公社社员依靠集体力量,在自愿互助的基础上建立起来的一种社会主义性质的医疗制度,是社员群众的集体福利事业"。该通知指出:"农村合作医疗制度的发展,对于改变农村缺医少药状况,保护社员身体健康,发挥了积极作用。望各地加强领导,不断总结经验,妥善解决存在的问题,使农村合作医疗制度进一步巩固、完善,更好地为实现农业现代化服务。"这是第一次由政府部门发布的关于农村合作医疗的正式法规性文件,其中包括:总则,任务,合作医疗举办形式和管理机构,基金和管理制度,赤脚医生和卫生员、接生员,中草药,加强领导等,共计七章二十二条内容,对合作医疗制度作了全面、细致的政策性规定。这是对20多年来农村合作医疗经验的总结,标志着合作医疗的制度化。1980年,全国农村约有90%的行政村(生产大队)实行合作医疗。

2.城镇集体企业养老保险制度

新中国成立初期,我国城镇集体企业职工参加的养老保险与国有企业完全相同,只不过在社会变革的过程中,出现了一些分化,并逐步成为国有企业养老保险制度的附属品。

"文化大革命"时期,当时的劳动部受到严重冲击,工会系统被迫瘫痪,劳动保险事务处于无人管理的状态,劳动保险基金的征集、管理和调剂使用制度也不得不停止。集体所有制企业的退休统筹制度也遭到破坏,被迫停止。城镇集体企业职工的退休养老由劳动保险倒退回企业保险。

1978年5月,经全国人大常委会批准,国务院发布《关于工人退休、退职的暂行办法》,对国有企业职工退休条件和待遇水平作出了统一规定。同时要求集体所有制企业工人的退休、退职参照国有企业工人的办法执行,但各项待遇标准不得高于国有企业工人。

1983年4月,国务院发布《关于城镇集体所有制经济若干政策问题的暂行规定》,要求城镇集体企业要根据自身经济条件,提取一定数额的社会保险基金,逐步建立社会保险制度,解决职工的年老退休、丧失劳动能力的生活保障等问题。

1983年6月,中国人民保险公司制订《城镇集体经济组织职工养老保险试行办法》,对保险费的支付及待遇标准作了规定。

1984年4月,中央财经领导小组决定,由中国人民保险公司经营城镇集体企业职工的养老保险业务。

1984年11月,国务院批转中国人民保险公司《关于加快发展我国保险事业的报告》,明确由中国人民保险公司实施城镇集体企业职工的法定养老保险。实施城镇集体企业职工的法定养老保险,使城镇集体企业职工的退休养老工作社会化。随着城乡人民生活水平的提高,各种人身保险,如带有长期储蓄性质的简易人身保险、一年为期的团体人身意外伤害保险等,也有很大发展潜力,应当积极地、有步骤地在全国城乡推广。此通知的发布,一方面,为中国人民保险公司在全国范围内实施城镇集体企业职工养老保险提供了政策依据;另一方面,明确城镇集体企业退休费用实行社会统筹,城镇集体企业养老保险制度也确立起来。伴随着国有企业职工养老保险制度的改革、完善,城镇集体企业养老保险制度最终在20世纪90年代末又与国有企业职工养老保险制度实现了统一。

3.养老金实行社会统筹

1986年7月12日,国务院发布的《国营企业实行劳动合同制暂行规定》不仅打破了以往的职工铁饭碗和终身制，而且开启了养老保险资金筹集的国家和个人责任分摊的有益尝试，也标志着劳动合同制工人养老金实行社会统筹账户的开始。

该规定包括 7 章，共 36 条，其中涉及劳动合同制工人养老金实行社会统筹账户的主要是第五章，即"退休养老期间的待遇"。第五章规定了国家对劳动合同制工人的退休养老实行社会统筹，退休养老基金的来源由企业和劳动合同制工人缴纳，退休金收不抵支时，由国家给予补贴，还规定了缴费额和养老保险待遇。

具体内容包括："第二十六条，国家对劳动合同制工人退休养老实行社会保险制度。退休养老基金的来源，由企业和劳动合同制工人缴纳。退休养老金不敷使用时，国家给予适当补助。企业缴纳的退休养老基金，在缴纳所得税前列支，缴纳的数额为劳动合同制工人工资总额的 15% 左右，由正式开户银行按月代为扣缴，转入当地劳动行政主管部门所属的社会保险专门机构在银行开设的'退休养老基金'专户。对逾期不缴者，按照规定加收滞纳金。劳动合同制工人缴纳的退休养老基金数额为不超过本人标准工资的 3%。由企业按月在工资中扣除，向当地劳动行政主管部门所属的社会保险专门机构缴纳。退休养老基金存入银行的款项，按照城乡居民个人储蓄存款利率计息，所得利息转入退休养老基金项下。""第二十七条，劳动合同制工人的退休养老待遇包括：退休费（含国家规定加发的其他补贴、补助）、医疗费和丧葬补助费、供养直系亲属抚恤费、救济费。劳动合同制工人退休后，按月发给退休费，直至死亡。退休费标准，根据缴纳退休养老基金年限长短、金额多少和本人一定工作期间平均工资收入的不同比例确定，医疗费和丧葬补助费、供养直系亲属抚恤费、救济费，参照国家有关规定执行。对缴纳退休养老基金年限比较短的工人，其退休养老费用可以一次发给。""第二十八条，劳动合同制工人退休养老工作，由劳动行政主管部门所属的社会保险专门机构管理，其主要职责是筹集退休养老基金，支付退休养老费用和组织管理退休工人。"

4.外商企业职工的劳动保险制度

1951 年，中央人民政府政务院颁布《中华人民共和国劳动保险条例》，对企业职工的劳动保险制度进行了规定。改革开放以来，随着经济体制的改革与发展，民营和外商企业职工的劳动保险问题开始得到国家和社会的普遍关注。

1986 年 4 月 12 日，六届全国人大四次会议通过《中华人民共和国外资企业法》，其中，第十二条规定："外资企业雇用中国职工应当依法签定合同，并在合同中订明雇用、解雇、报酬、福利、劳动保护、劳动保险等事项。"这标志着我国首次对外商企业职工的劳动保险问题进行立法。

1986年10月11日，国务院发布《关于鼓励外商投资的规定》，扩大了外商企业在招工、用人、工资等方面的自主权。明确指出："各级人民政府和有关主管部门应当保障外商投资企业的自主权，支持外商投资企业按照国际上先进的科学方法管理企业。外商投资企业有权在批准的合同范围内，自行制定生产经营计划，筹措、运用资金，采购生产资料，销售产品；自行确定工资标准、工资形式和奖励、津贴制度。外商投资企业可以根据生产经营需要，自行确定其机构设置和人员编制，聘用或者辞退高级经营管理人员，增加或者辞退职工；可以在当地招聘和招收技术人员、管理人员和工人，被录用人员所在单位应当给予支持，允许流动；对违反规章制度，造成一定后果的职工，可以根据情节轻重，给予不同处分，直至开除。外商投资企业招聘、招收、辞退或者开除职工，应当向当地劳动人事部门备案。"

1986年11月10日，劳动人事部为了贯彻此规定，保障外商投资企业的用人自主权，适当确定中方职工的工资、保险福利费用，发布了《关于外商投资企业用人自主权和职工工资、保险福利费用的规定》。其中，第二部分"关于职工工资，保险福利费用"对外商企业职工的劳动保险进行了要求："外商投资企业按照所在地区人民政府的规定，缴纳中方职工退休养老基金和待业保险基金。职工在职期间的保险福利待遇，按照中国政府对国营企业的有关规定执行；所需费用，从企业成本费用中如实列支。"

由此，外商企业职工的劳动保险制度开始按照中国国营企业的劳动保险制度建立起来。这一制度保障了外商企业职工的劳动权益，提高了职工的生活水平，而且给了保障职工健康的要求，极大地调动了职工在工作中的积极性。

5.尘肺病防治条例

新中国成立后，我国工业化建设进入较快发展阶段。随着矿山开采业和机械制造业的发展，干式作业和机械化生产使作业场所粉尘浓度急剧升高，随之尘肺发病率高企。1956年起，国家相继颁布了多个关于防止矽尘危害的行政规定和规章，但都没有达到立法的高度。

1987年12月3日，国务院发布并实施《中华人民共和国尘肺病防治条例》，该条例共六章，含二十八条。其中，将尘肺病定义为"在生产活动中吸入粉尘而发生的肺组织纤维化为主的疾病"。同时，要求地方各级政府"在制定本地区国民经济和社会发展计划时，要统筹安排尘肺病防治工作"。

该条例强调了企业尘肺病防治工作的主体责任。规定"企业、事业单位的负责人，对本单位的尘肺病防治工作负有直接责任，应采取有效措施使本单位的粉尘作业场所达到国家卫生标准"。同时，规定了尘肺病防治的管理制度和操作规程，即"严禁任何企业、事业单位将粉尘作业转嫁、外包或以联营的形式给没有防尘设施的乡镇、街道企业或个体工商户。中、小学校各类校办的实习工厂或车间，禁止从事有粉尘的作业"。"新建、改建、扩建、续建有粉尘作业的工程项目，防尘设施必须与主体工程同时设计、同时施工、同时投产。"即"三同时"原则。"职工使用的防止粉尘危害的防护用品，必须符合国家的有关标准。企业、事业单位应当建立严格的管理制度，并教育职工按规定和要求使用。对初次从事粉尘作业的职工，由其所在单位进行防尘知识教育和考核，考试合格后方可从事粉尘作业。"

此外，该条例还明确了对尘肺病防治工作的监督管理。"卫生行政部门、劳动部门和工会组织分工协作，互相配合，对企业、事业单位的尘肺病防治工作进行监督。""凡有粉尘作业的企业、事业单位，必须定期测定作业场所的粉尘浓度。"在对从事粉尘作业的职工提供医疗保障方面，条例也明确："各企业、事业单位对新从事粉尘作业的职工，必须进行健康检查。"若被确诊为尘肺病，职工"必须调离粉尘作业岗位，并给予治疗或疗养。尘肺病患者的社会保险待遇，按国家有关规定办理"。条例还明确规定违反《尘肺病防治条例》的九项具体行为和对单位及单位负责人的处罚方法。

《中华人民共和国尘肺病防治条例》的颁布标志着我国劳动卫生职业病防治工作开始从行政管理走向法制管理的轨道。

6.国务院批转《关于探索建立农村基层社会保障制度的报告》

1986年，《中华人民共和国国民经济和社会发展第七个五年计划》明确提出："'七五'期间，要有步骤地建立起具有中国特色的社会主义的社会保障制度雏形。建立健全社会保险制度，进一步发展社会福利事业。"为了探索建立农村社会保障制度的问题，民政部组织力量开展调查研究，进行理论探讨，并在经济比较发达的地区进行了试点。

1986年10月，民政部在江苏省沙洲县召开了"全国农村基层生活保障工作座谈会"，根据我国农村的实际情况确定：在农村贫困地区，基层社会保障的主要任务是搞好社会救济和扶贫；在农村经济发展中等地区，多数人的温饱问题已解决，基层社会保障的主要任务是，兴办福利工厂，完善五保制度，建立敬老院；在农村经济发达和比较发达的地区，发展以社区（即乡镇、村）为单位的农村养老保险。

1986年12月，民政部向国务院提交《关于探索建立农村基层社会保障制度的报告》。报告由新形势下的新情况、农村基层社会保障制度雏形的构思、资金来源、重视家庭的作用和明确主管的部门五部分组成。该报告指出："农村经济体制改革使农村产生了新的社会保障要求。适应农村新的形势，建立农村基层社会保障制度，已经成为农村经济体制改革必然的配套措施。"现阶段,农村社会保障制度的基本雏形是:"从我国国情出发,以国家、集体、个人承受能力为限度。当前,要以'社区'为单位,以自我保障为主,充分重视家庭的保障作用。"原则是:"范围要由小到大"、"内容要因地制宜,由少到多"、"标准要由低到高"。在资金来源上采用多种渠道筹集资金的办法,"不同地区要采取不同的筹措办法","贫困地区,以国家提供的救灾费、救济款、优抚费和各级财政补贴为基本保障资金";"富裕地区,要采取国家、集体、个人三方合理分担的办法"。同时,也要重视家庭的作用,通过"加强宣传教育","用法律保护老人和儿童"以及"实行鼓励家庭保障的优惠政策"来"发挥家庭保障作用",并规定民政部门为主管部门。

1987年3月,国务院批准了《关于探索建立农村基层社会保障制度的报告》,并确定"以民政部为主先行进行探索和试点"。之后,不仅农村基层社会保障制度的探索在全国逐步推开,而且民政部门对在农村必须建立起牢固的养老保险制度,变农民以家庭养老为主逐步向家庭养老与社会养老相结合方向发展等问题也达成了共识。

7.生育保险

生育保险制度是指在生育发生期间对生育行为承担者给予收入补偿、医疗服务和生育休假的社会保障制度。1951年2月26日,中央人民政府政务院颁布《中华人民共和国劳动保险条例》,其中第十六条对生育待遇作出规定,这是我国有关生育保险制度的首次立法。

1988年,国务院颁布《女职工劳动保护规定》,这是新中国成立以后第一部比较综合和完整的女职工劳动保护规定,正式明确生育保险由企业保障,并将生育保险制度的实施范围扩大到了外商投资企业和乡镇企业。此规定对于女性生育保险的待遇进行了调整,产假由原来的56天增加为90天,明确"女职工产假为90天,其中产前休假15天。难产的,增加产假15天。多胞胎生育的,每多生1个婴儿,增加产假15天"。同时,废止了1953年《中华人民共和国劳动保险条例(修正草案)》中关于女职工生育待遇的规定以及1955年《国务院关于女工作人员生产假期的通知》中关于生育待遇的规定。

该规定对女职工怀孕期间的工作待遇和安排进行明确要求,指出用人单位"不得在女职工怀孕期、产期、哺乳期降低其基本工资或解除劳动合同","所在单位不得安排其从事国家规定的第三级体力劳动强度的劳动和哺乳期禁忌从事的劳动,不得延长其劳动时间,一般不得安排其从事夜班劳动"。同时,女职工在劳动时间内进行产前检查,哺乳时间和在本单位内哺乳往返途中的时间,均算作劳动时间。

该规定也强调对女职工享受劳动保护权益的维护,明确:"女职工劳动保护的权益受到侵害时,有权向所在单位的主管部门或者当地劳动部门提出申诉。受理申诉的部门应当自收到申诉书之日起30日内作出处理决定,女职工对处理决定不服的,可以在收到处理决定书之日起15日内向人民法院起诉。""对违反本规定侵害女职工劳动保护权益的单位负责人及其直接责任人员,其所在单位的主管部门,应当根据情节轻重,给予行政处分,并责令该单位给予被侵害女职工合理的经济补偿;构成犯罪的,由司法机关依法追究刑事责任。"此外,该规定还统一了机关、事业单位和企业的生育保险制度。

1988年9月4日,劳动部为贯彻执行这一规定,颁发《劳动部关于女职工生育待遇若干问题的通知》,针对《女职工劳动保护规定》执行过程中的几个具体问题作出明确规定,如"女职工怀孕在本单位的医疗机构或者指定的医疗机构检查和分娩时,其检查费、接生费、手术费、住院费和药费由所在单位负担"。

8.公费医疗改革

随着我国公费医疗经费普遍超支,地方财政负担加重,挤占卫生事业费和各部门经费现象屡现,严重地影响到我国卫生事业的总体发展。1978年,卫生部和财政部发布《关于整顿和加强公费医疗管理工作的通知》,提出"明确公费医疗资金渠道,加强公费医疗管理工作,实行定点医疗办法,强化个人自付规定",这实际上是针对"文化大革命"期间公费医疗混乱状态作出的进一步调整。

1984年,为解决公费医疗中的药品浪费严重、经费超支严重等问题,卫生部、财政部等联合下发《进一步加强公费医疗管理的通知》,提出要严格执行公费医疗享受范围和医疗费用报销范围的相关规定,坚持分级分工医疗,实行划区定点医疗制度,并加强对转诊的管理,在具体管理办法上,可以考虑与享受单位、医疗单位或个人适当挂钩。由此,开始了对传统公费医疗制度的改革工作。

1989年8月9日,卫生部和财政部根据中央人民政府政务院《关于全国各级人民政府、党派、团体及所属事业单位的国家工作人员实行公费医疗预防的指示》和近年国家的有关规定,并结合新情况,制定颁发《公费医疗管理办法》。该办法既是对30年来公费医疗工作的总结,也是实施公费医疗改革的主要依据,具有承前启后的作用。

该办法从覆盖范围方面明确12类享受公费医疗的人员,主要包括编制内人员和一些特殊情况的编外人员。在公费医疗经费开支范围方面,对11种公费医疗项目和13种自费项目进行了具体的说明,对于能报销和不能报销的各种情况作出了详细规定,总体上加大了个人责任,强化了资金支出管理。与1952年政务院颁布的《关于各级人民政府、党派、团体及所属事业单位的国家人员实行公费医疗预防的指示》相比,更加明确并具有操作性。比如，规定"挂号费、出诊费、伙食费、特别营养费、住院陪护费、特护费、婴儿费、保温箱费、产妇卫生费、押瓶费、中药煎药费（包括药引子费）、取暖费、空调费、电话费、电炉费、病房内的电视费、电冰箱费等"属于自费范围。在公费医疗的管理上，强调"建立健全公费医疗网点，指定公费医疗医院，定点就医。""地方各级人民政府应设立由政府负责人以及卫生、财政、组织、人事、医药、工会等部门负责人组成的公费医疗管理委员会，以卫生部门为主，统一领导各级公费医疗工作，并设置办事机构，配备相应编制的专职管理人员。"在经费预算上，明确"按规定应由国家负担的公费医疗经费在国家预算中单列一款"。此外，还对实施监督等方面作出了规定。

但此次公费医疗制度并没有进行实质性的变革，还是延续了计划经济时期的制度模式。对经费超支、药品浪费等问题作出了一定的调整和控制，强化了个人责任。从后来的实施情况和效果来看，这些措施也不太理想。

9.关于深化企业劳动人事、工资分配、社会保险制度改革的意见

1992年1月25日，劳动部、国务院生产办公室、国家体改委、人事部、全国总工会联合发布《关于深化企业劳动人事、工资分配、社会保险制度改革的意见》（以下简称《意见》）。《意见》共包括十二条内容。《意见》指出："党的十一届三中全会以来，随着整个经济体制改革的推进，特别是企业内部各项制度改革的深入，企业劳动人事、工资分配和社会保险制度改革取得了一定成效，对调动广大职工积极性，转换企业经营机制，提高企业经济效益起到了积极作用。但从整体看，企业内部'铁交椅'、'铁饭碗'和'铁工资'的弊端没有完全破除，影响了职工主人翁责任感和积极性的充分发挥。深化企业劳动人事、工资分配和社会保险制度改革，在企业内部真正形成'干部能上能下，职工能进能出，工资能升能降'的机制，成为当前转换企业经营机制的重要任务。"

在劳动人事方面，实行聘任制和劳动合同制，明确"改革企业人事制度，企业管理人员和技术人员要逐步实行聘任制"，"巩固完善劳动合同制"，在建立新型的社会主义劳动关系的目标下，"逐步推行全员劳动合同制，在搞好优化（或合理）劳动组合的基础上，逐步扩大全员劳动合同制的范围"。

在工资分配方面，推行企业工资总额同经济效益挂钩办法，明确"加强工资管理，改进完善企业工资总额同经济效益挂钩办法"，根据实际情况，"合理确定工效挂钩指标，逐步由单一指标挂钩过渡到复合指标挂钩，特别要注重国有资产保值、增值、技术进步要求和劳动生产率、资金利率等综合经济效益指标"。

在社会保险制度方面，在继续推进养老社会保险制度改革的同时，适当扩大待业保险

范围，完善待业保险制度。根据《国务院关于企业职工养老保险制度改革的决定》，"逐步建立国家基本保险、企业补充保险和个人储蓄性保险相结合的多层次养老保险体系"，"加强对积累基金的管理"，"基本养老保险所需资金按照国家、企业、个人三方共同负担的原则，由社会保险管理机构统一筹集"。

意见围绕以当时的社会主义市场经济体制建设为目标，在劳动人事、工资分配、社会保险制度三个方面对企业进行了改革，也是对此前一系列有关制度的认可。在社会主义市场经济建设中，意见也是企业转换经营机制的重要标志，为进一步深化改革明确了方向，具有重要意义。

10.国务院批准《关于职工医疗制度改革的试点意见》

1993年11月，党的十四届三中全会通过《中共中央关于建立社会主义市场经济体制若干问题的决定》，提出了我国建立多层次社会保障体系的目标、原则和改革重点，强调"社会保障水平要与我国社会生产力发展水平以及各方面的承受能力相适应"，"城镇职工养老和医疗保险金由单位和个人共同负担，实行社会统筹和个人账户相结合"。

1994年4月14日，在总结各地经验和借鉴国际经验的基础上，国家体改委、财政部、劳动部和卫生部制定并发布《关于职工医疗制度改革的试点意见》，作为开展试点工作的指导性文件。该意见指出："随着经济的发展和改革的深入，我国现行的职工医疗制度缺陷日益突出。主要是医疗费用由国家、企业包揽，缺乏有效的制约机制，造成严重的浪费；缺乏合理的医疗经费筹措机制和稳定的医疗费用来源，部分企业经营发生困难时，职工甚至得不到应有的基本医疗保障；医疗保障的覆盖面窄，管理和服务的社会化程度低，不利于劳动力的流动和减轻企业的社会负担。"同时明确："考虑到此项改革关系到职工的切身利益，政策性强，涉及面广，需要经过试点取得经验后才能逐步推广。"

该意见指出：改革的目标是"建立社会统筹医疗基金与个人医疗帐户相结合的社会保险制度，并使之逐步覆盖城镇所有劳动者"。改革的基本原则包括："适应建立社会主义市场经济体制的要求"；"基本医疗保障的水平和方式要与我国社会生产力发展水平以及各方面的承受能力相适应"；"公平与效率相结合"；"建立对医患双方的制约机制，最大限度地减少浪费，保障职工基本医疗"；"公费、劳保医疗制度按照统一的新制度和政策同步改革"；"实行政事分开"。试点主要内容包括：职工医疗保险费用的筹集办法；建立社会统筹医疗基金和职工个人医疗帐户相结合的制度；建立对职工个人的医疗费用制约机制，减少浪费；加强对医疗单位有效制约，改善医疗服务；加强管理，强化监督。试点有关政策为：对特殊人员实行政策性照顾；职工供养的直系亲属的医疗保险；对低收入的家庭生活困难的职工，由于医疗费用开支过多而影响家庭基本生活时，由职工所在单位从福利费中提取补助；为了不过多增加职工负担，职工个人缴纳医疗保险费，应在增加工资的基础上进行。企业增资原则上应在新增效益工资中列支；发展职工医疗互助基金和商业性的医疗保险；在农村，积极发展和完善农民的合作医疗制度。

总体上，该意见所描述的制度较原有的公费医疗制度更加符合我国现代社会发展的公平和效率观念，经济效益性也更加明显。

11. "两江"医疗保险制度改革试点

1993年，党的十四届三中全会确定了我国养老保险和医疗制度改革，提出坚持统账结合的原则。1994年4月，国家体改委等四部委发布《关于职工医疗制度改革的试点意见》。同年11月，国务院批准江苏镇江市、江西九江市作为统账结合的医疗保险改革试点城市。从1994年底开始，两个城市先后颁布了医疗制度的改革方案，进行"社会统筹与个人账户相结合"综合改革试点。

此次试点工作的主要内容包括：其一，明确职工医疗保险费用的筹集办法，即由用人单位和职工个人共同缴纳；其二，建立社会统筹医疗基金和职工个人医疗账户相结合的制度；其三，建立职工个人的医疗费用制约机制，医疗费用首先从个人账户支付，当个人账户不足时，先由职工自付，然后由统筹基金按照比例支付；其四，加强对医疗单位的制约，制定了医疗诊治技术规范和基本药品报销目录，并规定政府有关部门和医保机构要对定点医疗机构和定点药店进行定期检查；其五，加强管理，强化监督。

此次试点的主要实施范围包括全体城镇员工。医疗保险基金按照社会统筹和个人账户相结合的方式，分成两部分，个人账户比例在九江为6.5%（45岁以下）和5%（45岁以上），在镇江为7%（45岁以下）和5%（45岁以上）。在医疗保险待遇上，探索出独特的"两江"、"三通道"模式，即不分门诊费用和住院费用，根据基本医疗费用、特殊检查和非基本医疗费用、特殊病种等不同情况，分别对待。基本医疗费用先从个人医疗账户中自付，个人账户不足支付时，由个人支付，个人支付超过本人年工资5%以上的部分，主要由统筹基金负担，同时个人根据医疗费用多少负担一定比例。统筹账户覆盖高额医疗费用，个人账户覆盖小额医疗费用，用金额大小把两个账户连通起来，组成三段通道式。

与传统医疗制度相比，"两江"改革试点工作是一个大胆的实验和探索，初步建立了职工医疗保险统账结合的模式，扩大了医疗社会保险的实施范围，建立了稳定的费用筹措机制，一定程度上缓解了企业负担，提高了医疗保险的社会化程度，并使医疗费用高速增长的势头得到了一定的控制。在"两江"试点的基础上，1996年4月，国务院又将医疗保障制度改革试点扩大到全国各地的 57 个城市，社会统筹和个人账户相结合的医疗保险制度扩大了实施范围，并且从国有企业扩展到其他类型的企业。

12.企业职工养老保险实行统账结合制度

1995 年 3 月 1 日，国务院发布《关于深化企业职工养老保险制度改革的通知》，确定了"社会统筹与个人账户相结合"的实施方案。该通知提出改革的目标是："到本世纪末，基本建立起适应社会主义市场经济体制要求，适用城镇各类企业职工和个体劳动者，资金来源多渠道、保障方式多层次、社会统筹与个人帐户相结合、权利与义务相对应、管理服务社会化的养老保险体系，基本养老保险应逐步做到对各类企业和劳动者统一制度、统一标准、统一管理和统一调剂使用基金。"

此次养老保险制度改革从"单位保险"经社会统筹，进一步发展到"统账结合"模式。在这种模式下，企业按照职工工资总额的一定比例、个人以本人上年度人均工资的一定比例承担养老保险缴费义务，两者缴费被分为两个部分，分别计入社会保险经办机构的统筹基金账户和职工个人所有的个人账户，职工的退休待遇由社会统筹部分的基础养老金和个人账户部分养老金组成。

同时，考虑到当时各地区的不同情况，国务院对实行社会统筹与个人账户相结合的具体做法提出了两个方案，"由地、市（不含县级市）提出选择意见报省、自治区人民政府批准，直辖市由市人民政府选择，均报劳动部备案，各地区还可以结合本地实际，对两个实施办法进行修改完善"。实施办法一更多地强调了个人账户，即记入个人账户的比例多一点，主要与效率挂钩，在兼顾公平的同时，强调自我保障多一些；实施办法二更多地强调了社会统筹，即记入个人账户的比例少一点，比较注重社会公平和养老金保障水平的稳定。

但在制度实际运行过程中，由于对探索建立新养老保险制度存在认识上的差异，也由于在具体操作中遇到了地方与中央、行业与地方，不同省份各级地方政府之间利益冲突问题，因而形成了城镇企业职工基本养老保险制度的多种方案并存的碎片化局面，一时间在全国产生了上百种改革方案，这也导致了地区之间养老金互相攀比，中央难以管理、调控，职工跨地区流动困难等问题。这一改革中出现的问题很快便引起了中央政府的重视，并促成了国务院 1997 年《关于建立统一的企业职工基本养老保险制度的决定》的发布。

13.国务院办公厅转发关于进一步做好农村社会养老保险工作意见的通知

1995 年 10 月，国务院办公厅转发民政部《关于进一步做好农村社会养老保险工作意见的通知》。通知指出:"在农村群众温饱问题已基本解决、基层组织比较健全的地区,逐步建立农村社会养老保险制度,是建立健全农村社会保障体系的重要措施,对于深化农村改革、保障农民权益、解决农民后顾之忧和落实计划生育基本国策、促进农村经济发展和社会稳定,都具有深远意义。各级政府要切实加强领导,高度重视对农村养老保险基金的管理和监督,积极稳妥地推进这项工作。"

该通知在充分肯定当时全国农村社会保险工作取得显著成效的前提下,对农村养老保险制度工作中存在的问题也进行了分析与总结:

首先,针对思想认识不统一、有些经济条件比较好的地区推行的难度反而比经济条件较差的地区还要大的问题。通知要求"各级政府要从我国农村经济与社会发展的全局出发,充分认识逐步建立农村社会养老保险制度对于深化农村发展改革、缩小城乡差别、保护农民权益、改善党群干群关系和落实计划生育基本国策、促进农村经济发展和社会稳定的重要意义"。经济比较发达的地区要积极引导农民参加社会养老保险,制定地方法规,完善各项管理,初步建立农村社会养老保险制度;经济中等发达地区要在现有工作基础上,积极稳妥地推进,逐步建立农村社会养老保险制度;经济欠发达地区可选择条件较好的县(市、区)和乡(镇)进行试点,逐步积累经验。

其次,针对有些地方没有制定有关法规、管理还不够规范的情况,通知要求"各级民政部门要把加强管理摆上重要位置,在实践中不断完善管理办法,推行和普及规范化操作,逐步推广和运用计算机个人帐户管理系统,提高管理质量和服务水平,确保个人保险编号、缴费情况等基本要素的完整准确"。

最后,针对少数地方出现了挪用保险基金的问题,通知指出:"农村社会养老保险积累基金数额大、周期长,各级政府要切实加强对基金的管理和监督,严肃财经纪律,严格基金运作,建立健全各项财务会计制度,保证基金安全无风险并规范运营加大增值。现阶段养老保险基金主要通过购买国债和存入银行增值,任何部门都不得挪作他用或用于直接投资。对贪污、挪用基金或由于渎职造成基金严重损失者,要按党纪政纪严肃处理,触犯刑律的要移送司法机关依法惩处。要在当地政府领导下,逐步建立由有关方面组成的基金监督委员会。"

此外,该通知在农村社会养老保险制度的宣传和推广方面也提出了切实可行的建议,对从1991年开始的农村社会养老保险制度建立工作进行了总结,并起到了进一步指导作用。

14.国务院关于建立城镇职工基本医疗保险制度的决定

经过多年的试点,1998年12月14日,国务院正式颁布《关于建立城镇职工基本医疗保险制度的决定》，这标志着新型医疗保险制度在我国的确立。该决定包括以下几个要点：

其一，在覆盖范围方面，新型医疗保险覆盖了城镇所有用人单位，明确"包括企业（国有企业、集体企业、外商投资企业、私营企业等）、机关、事业单位、社会团体、民办非企业单位及其职工，都要参加基本医疗保险。乡镇企业及其职工、城镇个体经济组织业主及其从业人员是否参加基本医疗保险，由各省、自治区、直辖市人民政府决定"。这打破了以往公费医疗仅仅覆盖国有企业、机关和事业单位的局限。

其二，在统筹层次上，新型医疗保险原则上以地级以上行政区为统筹单位，实行基本医疗保险基金的统一筹集、管理和使用，明确"基本医疗保险原则上以地级以上行政区（包括地、市、州、盟）为统筹单位，也可以县（市）为统筹单位，北京、天津、上海3个直辖市原则上在全市范围内实行统筹（以下简称"统筹地区"）。所有用人单位及其职工都要按照属地管理原则参加所在统筹地区的基本医疗保险，执行统一政策，实行基本医疗保险基金的统一筹集、使用和管理。铁路、电力、远洋运输等跨地区、生产流动性较大的企业及其职工，可以相对集中的方式异地参加统筹地区的基本医疗保险"。

其三，在制度模式上，新型医疗保险采取社会统筹和个人账户相结合的方式，明确"基本医疗保险基金由统筹基金和个人帐户构成。职工个人缴纳的基本医疗保险费，全部计入个人帐户。用人单位缴纳的基本医疗保险费分为两部分，一部分用于建立统筹基金，一部分划入个人帐户。划入个人帐户的比例一般为用人单位缴费的30%左右，具体比例由统筹地区根据个人帐户的支付范围和职工年龄等因素确定"。个人账户由个人缴费和企业缴费共同组成，统筹账户只包含了企业缴费。

其四，加强对个人的约束，新制度增加了个人自付的比例和范围，明确"统筹基金和个人帐户要划定各自的支付范围，分别核算，不得互相挤占。要确定统筹基金的起付标准和最高支付限额，起付标准原则上控制在当地职工年平均工资的10%左右，最高支付限额原则上控制在当地职工年平均工资的4倍左右。起付标准以下的医疗费用，从个人帐户中支付或由个人自付。起付标准以上、最高支付限额以下的医疗费用，主要从统筹基金中支付，个人也要负担一定比例。超过最高支付限额的医疗费用，可以通过商业医疗保险等途径解决。统筹基金的具体起付标准、最高支付限额以及在起付标准以上和最高支付限额以下医疗费用的个人负担比例，由统筹地区根据以收定支、收支平衡的原则确定"。统账结合的医疗保险模式吸收了社会统筹和个人账户二者的优点，又在一定程度上摒弃了二者的缺点，是一种模式上的创新。

总之，该决定的出台及实施，标志着我国医疗保险统账结合制度正式建立，具有极为重要的意义。

15.企业职工基本养老保险实行行业统筹与属地管理

1998年8月,国务院发布《关于实行企业职工基本养老保险省级统筹和行业统筹移交地方管理有关问题的通知》。该通知明确提出:"铁道部、交通部、信息产业部(原邮电部部分)、水利部、民航总局、煤炭局(原煤炭部)、有色金属局(原中国有色金属工业总公司)、国家电力公司(原电力部)、中国石油天然气集团公司和中国石油化工集团公司(原石油天然气总公司部分)、银行系统(工商银行、农业银行、中国银行、建设银行、交通银行、中保集团)、中国建筑工程总公司组织的基本养老保险行业统筹移交地方管理。"

同时,该通知也加大了推进省级养老保险统筹的力度,确定了在1998年底以前,各省(自治区、直辖市)实行企业职工养老保险省级统筹。明确"1998年底以前,各省、自治区、直辖市(以下简称"省、区、市")要实行企业职工基本养老保险省级统筹,建立基本养老保险基金省级调剂机制,调剂金的比例以保证省、区、市范围内企业离退休人员基本养老金的按时足额发放为原则。到2000年,在省、区、市范围内,要基本实现统一企业缴纳基本养老保险费比例,统一管理和调度使用基本养老保险基金,对社会保险经办机构实行省级垂直管理"。按照规定,行业统筹工作将于1998年8月底向当地社会保险管理机构移交完毕。明确:"在1998年8月31日以前,实行基本养老保险行业统筹企业的基本养老保险工作,按照先移交后调整的原则,全部移交省、区、市管理。"

待行业统筹移交地方管理后,明确逐步调整养老保险收费制度,提出:"1998年内,企业和职工个人缴纳基本养老保险费的比例保持不变。从1999年起,调整企业缴纳基本养老保险费的比例,起步时不低于企业工资总额的13%,以后逐步过渡到与地方企业相同的比例。根据行业的具体情况,煤炭、银行、民航企业的过渡期为5年,其他行业企业的过渡期原则上为3年。从1999年1月1日起,职工个人缴纳基本养老保险费的比例按省、区、市确定的统一比例执行,一次到位。从1998年1月1日起,统一按本人缴费工资11%的数额调整或建立职工基本养老保险个人账户,移交前后的个人账户储存额合并计算。"

该通知发布后,劳动和社会保障部与财政部于当年8月中下旬组织11个行业与31个省、自治区、直辖市直接进行交接,签署协议,按期完成1400万在职职工和421万离退休人员的养老保险移交工作,解决了多年来条块分割的矛盾。从此,我国改变了养老保险管理地区统筹和行业统筹并存的状况,向全国统筹的目标又迈进了一步。

16.失业保险条例

1998年12月16日，国务院第十一次常务会议通过了《失业保险条例》，并于1999年1月22日起颁布实施。《失业保险条例》的颁布是一个循序渐进的过程：1950年6月，经原政务院批准，原劳动部颁布《救济失业工人暂行办法》，确定了新中国成立初期的失业救济制度；20世纪80年代中期，中国进入全面改革阶段，建立现代企业制度是其中心环节，国有企业确立了新的用工制度、劳动合同制度和破产制度，国有企业不再长生不死，长期存在的隐性失业开始显性化；1986年7月，国务院颁布《国营企业职工待业保险暂行规定》，这是我国开始建立失业保险制度的标志；1993年，国务院重新颁布《国有企业职工待业保险规定》，扩大了失业保险的覆盖范围；1999年1月，国务院在之前的政策基础上颁布《失业保险条例》，标志着中国失业保险制度的基本确立。

《失业保险条例》包括六个方面的内容。一是总则，主要规定了失业保险条例的实施目的和适用范围；二是失业保险基金，主要规定了基金的收缴，城镇企业事业单位按照本单位工资总额的2%缴纳失业保险费，城镇企业事业单位职工按照本人工资的1%缴纳失业保险费，城镇企业事业单位招用的农民合同制工人本人不缴纳失业保险费；三是失业保险待遇，主要规定了失业保险金的领取条件与发放期限；四是管理与监督，主要规定劳动保障行政部门和社会保险经办机构的职责；五是罚则，主要明确了对失业人员以及经办机构人员的不法行为的处罚；六是附则，给予了地方政府相应的权限。

自《失业保险条例》颁布实施后，参加失业保险的人数大幅度增加。截止到2013年，我国参加失业保险人数为16417万人。截至2014年11月，全国失业保险基金累计结存超4300亿元。2015年2月25日，国务院常务会议确定，将失业保险费率由《失业保险条例》规定的3%统一降至2%。

17.社会保险费征缴暂行条例

20世纪90年代，我国初步建立社会主义市场经济体制，许多国有企业进行了体制改革，大量的失业人员与下岗员工涌现出来，造成了一系列的社会问题。为了维护社会的稳定，保障企业离退休人员和国有企业下岗职工的基本生活，1998年中央提出了"两个确保"的工作目标，即"确保企业离退休人员基本养老金按时足额发放，确保国有企业下岗职工基本生活费按时足额发放"。1999年1月，国务院宣布实施《社会保险费征缴暂行条例》。同年3月19日，劳动和社会保障部发布实行《社会保险登记管理暂行办法》，作为该条例的配套方案。《社会保险费征缴暂行条例》的颁布不仅为"两个确保"提供了制度支撑,也为一系列社会保险制度的顺利实施提供了物质基础。

该条例主要包括五个部分,第一部分是总则,确定了条例的实施目的、适用对象以及社会保险费的征收机构和征缴范围;第二部分是征缴管理,分别明确了缴费单位、缴费个人以及社会保险经办机构的权利和义务;第三部分是监督检查,缴费单位接受职工以及劳动行政部门的监督,社会保险经办机构接受社会监督,社会保险基金的收支管理接受财政部门与审计部门的监督;第四部分是罚则,主要规定了对缴费单位以及相关工作人员的不法行为的处罚;第五部分是附则,省、自治区、直辖市人民政府根据本地实际情况,可以决定此条例适用于行政区域内工伤保险费和生育保险费的征收、缴纳,税务机关、社会保险经办机构征收社会保险费,不得从社会保险基金中提取任何费用,所需经费列入预算,由财政拨付。

2013年9月,人力资源和社会保障部颁布《社会保险费申报缴纳管理规定》,对社会保险费申报和缴纳、未按时足额缴纳社会保险费的处理、法律责任等具体项目进行了明确规定,进一步规范了社会保险费的申报和缴纳管理工作。

总之,《社会保险费征缴暂行条例》是对基本养老保险费、基本医疗保险费、失业保险费的征收、缴纳进行规定的条例,对加强和规范社会保险费征缴工作,保障社会保险金的发放具有重要意义。

18.国务院关于完善城镇社会保障体系的试点方案

2000年12月25日,根据党的十四届三中全会、十五大和十五届五中全会关于社会保障体系建设的目标、原则的规定,经报请党中央批准,国务院印发《关于完善城镇社会保障体系的试点方案的通知》,并决定2001年在辽宁省及其他省(自治区、直辖市)确定的部分地区进行试点。

该通知明确"提高认识,加强领导,确保试点工作顺利进行","建立完善的城镇社会保障体系,是关系改革、发展、稳定的一件大事。各地区和有关部门都要充分认识做好试点工作的重大意义,切实加强对试点工作的组织领导,保证试点工作顺利进行。国务院将成立由劳动保障部牵头的国务院完善城镇社会保障体系试点工作小组,负责对试点工作的具体协调和指导。试点地区也要成立由政府主要领导负责的试点工作领导小组,具体组织试点工作"。

该通知同时规定"严格选定试点市,精心组织实施","只选择辽宁省在全省范围内进行完善城镇社会保障体系试点;其他省、自治区、直辖市自行决定是否进行试点,如决定试点，可确定一个具备条件的市进行试点。各地区确定的试点市名单要报国务院试点工作小组备案。试点市一经确定，要根据《试点方案》尽快拟定具体的工作计划和实施办法，报省级人民政府批准后实施"。

该通知还明确"及时总结试点经验，不断完善有关政策"，"各试点地区要注意研究试点过程中出现的新情况、新问题并积极探索解决问题的办法，重要情况要及时向国务院试点工作小组报告。国务院试点工作小组要切实加强对试点工作的跟踪、指导，及时总结试点经验，不断完善有关政策，切实解决工作中遇到的问题"。"除辽宁省和其他省（自治区、直辖市）的试点市外，其他地区仍然执行现行的社会保障制度和办法。各地区、各部门要积极采取措施，妥善处理改革、发展、稳定的关系，继续全力做好两个确保工作，积极推进医疗保险制度改革，认真做好各项社会保障工作，确保社会的稳定。"

此次试点的内容主要有两个方面：第一，将个人账户的规模从11%降到8%；第二，逐渐"做实"个人账户。辽宁省从2001年7月1日开始在全省进行完善城镇社会保障体系试点，经过两年多的时间，实施方案中确定的主要任务基本完成，并取得了明显成效。主要表现为：坚持和完善了统账结合的基本养老制度，基本实现了由"现收现付制"向"部分积累制"的根本转变。建立起新型用人机制，从根本上打破了原有的劳动关系模式，国有企业实现了真正意义上的用人自主。社会保障资金筹集渠道不断拓宽，形成了新的社保资金筹措机制。大多数困难职工得到了基本生活保障，有力地维护了社会稳定。

2003年，党中央、国务院决定，在黑龙江和吉林两省进行扩大完善城镇社会保障体系试点工作，提出在总结辽宁省试点经验的基础上，通过两省的试点，为完善我国城镇社会保障体系进一步积累经验。2005年12月，国务院发布《关于完善企业职工基本养老保险制度的决定》，从2006年起又将试点改革扩大到除东三省之外的八个省、自治区、直辖市，包括天津、上海、山东、山西、湖北、湖南、河南和新疆。

19.国务院办公厅转发关于实行国家公务员医疗补助意见的通知

2000年4月29日，根据《国务院关于建立城镇职工基本医疗保险制度的决定》的精神，结合当时我国公务员医疗保障的实际情况，国务院办公厅转发了劳动保障部和财政部《关于实行国家公务员医疗补助意见》，并发出了通知。

该通知主要包括以下七个方面内容：第一，医疗补助的原则。补助水平要与当地经济发展水平和财政负担能力相适应，保证国家公务员原有医疗待遇水平不降低，并随经济发展有所提高。第二，医疗补助的范围。符合《国家公务员暂行条例》和《国家公务员制度实施方案》规定的国家行政机关工作人员和退休人员；经人事部或省、自治区、直辖市人民政府批准列入依照国家公务员制度管理的事业单位的工作人员和退休人员；经中共中央组织部或省、自治区、直辖市党委批准列入参照国家公务员制度管理的党群机关，人大、政协机关，各民主党派和工商联机关以及列入参照国家公务员管理的其他单位机关工作人员和退休人员；审判机关、检察机关的工作人员和退休人员。第三，医疗补助的经费来源。医疗补助经费由同级财政列入当年财政预算，医疗补助经费要专款专用、单独建账、单独管理，与基本医疗保险基金分开核算。第四，医疗补助经费的使用。医疗补助经费主要用于两个方面，一是基本医疗保险统筹基金最高支付限额以上，符合基本医疗保险用药、诊疗范围和医疗服务设施标准的医疗费用补助；二是在基本医疗保险支付范围内，个人自付超过一定数额的医疗费用补助。第五，省级以下（含省级）机关公务员医疗补助的管理层次由各省、自治区、直辖市人民政府确定。第六，社会保险经办机构负责医疗补助的经办工作，要严格执行有关规章制度并建立健全各项内部管理制度和审计制度。各个部门要对医疗补助制度的实施进行监督。第七，原享受公费医疗待遇的事业单位工作人员、退休人员，可参照国家公务员医疗补助办法，实行医疗补助，具体单位和人员由各地劳动保障和财政部门共同审核，并报同级人民政府批准。

2001年8月4日，为保证在京中央国家机关公务员的医疗待遇水平，国务院办公厅印发了《在京中央国家机关公务员医疗补助暂行办法》的通知。医疗补助经费按上年确定的筹资标准筹集并列入中央财政当年预算，由财政部统一拨付给北京市财政局，北京市财政局通过社会保障基金财政专户向北京市社会保险经办机构核拨。

20.全国社会保障基金

全国社会保障基金是指全国社会保障基金理事会负责管理的由国有股减持划入资金及股权资产、中央财政拨入资金、经国务院批准以其他方式筹集的资金及其投资收益形成的由中央政府集中的社会保障基金。全国社会保障基金是中央政府集中的社会保障资金，是国家重要的战略储备，主要用于弥补今后人口老龄化高峰时期的社会保障需要。全国社会保障基金理事会为国务院直属正部级事业单位，是负责管理运营全国社会保障基金的独立法人机构。

2000年8月1日，为筹集和积累社会保障资金，进一步完善社会保障体系，党中央、国务院决定建立"全国社会保障基金"，同时设立"社会保障基金理事会"，负责管理运营全国社会保障基金，任命刘仲藜为理事长。

2010年10月28日，十一届全国人大常委会第十七次会议通过的《中华人民共和国社会保险法》第七十一条对全国社会保障基金的性质、资金来源、主要用途及管理运营、监督作了原则规定：国家设立全国社会保障基金，由中央财政预算拨款以及国务院批准的其他方式筹集的资金构成，用于社会保障支出的补充、调剂。全国社会保障基金由全国社会保障基金管理运营机构负责管理运营，在保证安全的前提下实现保值增值。全国社会保障基金应当定期向社会公布收支、管理和投资运营的情况。国务院财政部门、社会保险行政部门、审计机关对全国社会保障基金的收支、管理和投资运营情况实施监督。

全国社会保障基金是中央政府在国家层面设立的基金，这一点与社会保险基金在统筹地区设立不同。全国社会保障基金定位于完善社会保障体系的战略储备性资金，主要用于应对老龄化高峰时期的社会保障缺口，用于社会保障支出的补充调剂，不用于解决社会保险一般收支平衡问题，也不是专门用于弥补社会保险基金支付缺口。

全国社会保障基金的资金来源主要是中央财政预算拨款和国务院批准的其他筹资方式。目前，国务院批准的其他筹资方式有：彩票公益金、国有股减持或者转持划入资金或股权资产。先后出台了《国务院关于进一步规范彩票管理的通知》、《国务院关于印发减持国有股筹集社会保障资金管理暂行办法的通知》、《财政部、国资委、证监会、社保基金会关于印发〈境内证券市场转持部分国有股充实全国社会保障基金实施办法〉的通知》等。

全国社会保障基金的管理运营机构是全国社会保障基金理事会，它受国务院委托，管理中央集中的社会保障基金。作为国家战略储备，全国社会保障基金需要通过投资运营实现其保值增值。为了规范投资运营行为，将风险降到最低限度，国务院有关部门出台了《全国社会保障基金投资管理暂行办法》、《全国社会保障基金境外投资管理暂行规定》，从社会保障基金理事会的管理结构、投资方针、投资范围和投资目标作出规定。投资方针是安全至上、审慎投资。投资范围限于银行存款、购买国债和其他具有良好流动性的金融工具。这些金融工具有五类，包括固定收益资产、境内股票、境外股票、实业投资、现金及等价物，并明确了各自比例。理事会主要委托专业投资管理机构和托管商业银行进行投资运营。理事会直接投资运营的范围限于银行存款和在一级市场购买国债。全国社会保障基金中长期投资目标是战胜通货膨胀，收益率为 CPI 加 2%。

在全国社会保障基金的信息公开和监督方面，《全国社会保障基金投资管理暂行办法》和《全国社会保障基金理事会章程》都明确规定了信息公开义务，要求理事会每年一次向社会公布基金的资产、收益、现金流量等财务状况。对于全国社会保障基金发生的重大事件，书面报告相关行政部门，经批准后向社会公告。财政部作为国家财政主管部门有责任对财政资金的管理、使用加强监督。国务院社会保险行政部门作为社会保险的主管部门，有责任对全国社会保障基金加强监督。审计机关是行政系统内的专门监督机关，有权对主要由财政资金构成的基金进行监督。因此，国务院财政部门、社会保险行政部门、审计机关应当对全国社会保障基金的收益、管理和投资运营情况进行监督。

2001年以来，全国社保基金的投资获得了稳定的收益。尽管不同年份有波动，但过去14年间，社会保障基金投资平均年收益率也在8.5%。截至2014年末，全国社会保障基金总资产超过15000亿元，其中自有权益资产12350亿元，委托管理资产不到3000亿元。从2005年起，我国开始试点做实基本养老保险的个人账户部分，其中九省市的个人账户资金委托全国社保基金投资管理，双方签订了3.5%的协议收益率，不足部分，将以全国社保基金补偿，而多余部分，则划拨全国社保基金，弥补中央财政预算缺口。

21.减持国有股筹集社会保障资金管理暂行办法

2001年6月12日，国务院颁布《减持国有股筹集社会保障基金管理暂行办法》，正式启动国有股减持工作。国务院当时决定，以国有上市公司的非流通国有股减持收入的10%划入全国社会保障基金，并以此作为其资金的主要来源。该办法所称减持国有股（包括国家股和国有法人股）是指向社会公众及证券投资基金等公共投资者转让上市公司（包括拟上市公司）国有股的行为。

2001年10月22日，证监会紧急暂停《减持国有股筹集社会保障基金管理暂行办法》第五条关于"国家拥有股份的股份有限公司向公共投资者首次发行和增发股票时，均应按融资额的10%出售国有股"的规定。

2002年6月23日，国务院作出决定："除企业海外发行上市外，对国内上市公司停止执行《减持国有股筹集社会保障资金管理暂行办法》中关于利用证券市场减持国有股的规定，并不再出台具体实施办法。"虽然国务院于2002年暂停了国内证券市场的国有股减持，但是并没有禁止在海外上市的国有公司减持国有股以充实全国社保基金。对企业海外发行上市的公司则继续执行原来的10%现金减持办法不变，已上市的企业统一划拨国有股股权的20%给社保基金。全国社会保障基金可以在需要时，通过分红、向战略投资者协议转让等形式来充实社会保障基金。

2003年10月，党的十六届三中全会通过了《中共中央关于完善社会主义市场经济体制若干问题的决定》，该决定明确提出："采取多种方式包括依法划转部分国有资产充实社会保障基金。"

2004年9月，国务院批准成立划转部分国有资产充实社会保障基金工作小组，成员包括国务院国有资产监督管理委员会、财政部、中国证券监督管理委员会、全国社会保障基金理事会。这样，从2000年到2007年末，全国社保基金通过各种方式获得减持的国有股股权大概有501亿元，占其融资总额的18.9%。

2009年6月19日，国务院决定在境内证券市场实施国有股转持，即新老划断后，凡在境内证券市场首次公开发行股票并上市的含国有股的股份公司,除国务院另有规定的,均须按首次公开发行时股份数量的 10%,将股份公司部分国有股转由全国社保基金理事会持有,全国社保基金理事会对转持股份承继原国有股东的禁售期义务。

22.中德签署社会保险双边协定

2001 年 7 月 12 日,中国劳动和社会保障部与德国联邦劳动与社会事务部共同签署《中华人民共和国与德意志联邦共和国社会保险协定》(以下简称《中德社会保险协定》),并于 2002 年 4 月 4 日正式生效。该协定的目的是在确保中德双方驻外人员参加社会保险的前提下,避免同时承担缔约两国法律规定的参加社会保险的义务。这是中国在社会保险领域对外签署的第一个社会保险双边协定。

改革开放以来,我国与德国经济合作日益密切,人员往来频繁,双方互设机构、互派工作人员的情况不断增多。德方根据本国法律从 20 世纪 90 年代就开始对我国中资机构和工作人员征收养老和失业保险费。而实际上大多数驻德机构和工作人员在国内已依法参加了社会保险,工作人员在德工作期满后即回国,在德一般不会发生失业和养老问题。德方征费造成中资机构和工作人员双重缴纳社会保险费,企业人工成本增加、单位和个人负担加重,影响了中资机构在德国的发展,也损害了我国境外劳动者的正当权益。为解决上述问题,从 2000 年开始,中德双方通过外交途径展开谈判,经过多途径磋商,于 2001 年 7 月正式签署协定。

《中德社会保险协定》具体包括以下三个方面的内容:其一,明确互免缴纳社会保险费的范围为法定养老保险费和失业保险费(即"两费")。根据协定,对在德中资企业及中方员工和在华德资企业及德国雇员免除在当地的养老和失业保险义务,避免依照企业所在国的法律重复征收社会保险费,同时,必须保证有关企业和雇员在其中一个缔约国履行社会保险缴费义务。其二,明确适用的机构和人员。具体包括:派遣人员、子公司人员、无雇主人员、船员和外交雇员。德方适用免除在中国缴纳"两费"的人员与中方适用人员的条件类同。其三,明确协定实施的主管机关和经办机构。

为便于中德社会保险双边协定的实施,妥善处理两国在对方国内就业人员的有关社会保险问题,中德双方有关机构又于 2002 年 2 月 10 日和 18 日分别在北京和波恩签署了《关于实施中华人民共和国和德意志联邦共和国社会保险协定参保义务的行政协议》。

2009 年 12 月 14 至 16 日,中国劳动和社会保障部国际合作司和社保中心与德国劳工和社会事务部代表团签署了《中德双方会谈纪要》,对我国赴德厨师在德免缴社会保险费的问题达成了一致意见。

中德社会保险双边协定的签署，对改善投资环境，保障我国在德国中资企业和员工的合法权益，降低我国跨国公司和机构的运营成本，促进两国之间的经济发展和人才流动具有积极意义。协定生效以来，截止到2010年，我国为赴德工作的中方人员出具了中德互免证明书近4000份；德方为其在华就业的约2000名德籍员工出具了免缴证明。

23. 建立新型农村合作医疗保险

2002年10月，中共中央、国务院作出《关于进一步加强农村卫生工作的决定》，这是新中国第一个关于农村卫生问题的中央文件，它确定了农村卫生工作的目标、重点和主要措施。文件明确提出建立和完善新型农村合作医疗制度和农村医疗救助制度，各地要先行试点，总结经验，逐步推广，到2010年，新型农村合作医疗制度要基本覆盖全部农村居民。

该决定指出：农村卫生工作的目标是"根据全面建设小康社会和社会主义现代化建设第三步战略的总体要求，到2010年，在全国农村基本建立起适应社会主义市场经济体制要求和农村经济社会发展水平的农村卫生服务体系和农村合作医疗制度。主要包括：建立基本设施齐全的农村卫生服务网络，建立具有较高专业素质的农村卫生服务队伍，建立精干高效的农村卫生管理体制，建立以大病统筹为主的新型合作医疗制度和医疗救助制度，使农民人人享有初级卫生保健，主要健康指标达到发展中国家的先进水平。沿海经济发达地区要率先实现上述目标"。

在建立和完善农村合作医疗制度和医疗救助制度方面，该决定进行了具体规定和说明："逐步建立新型农村合作医疗制度。各级政府要积极组织引导农民建立以大病统筹为主的新型农村合作医疗制度，重点解决农民因患传染病、地方病等大病而出现的因病致贫、返贫问题。""对农村贫困家庭实行医疗救助。医疗救助对象主要是农村'五保户'和贫困农民家庭。医疗救助形式可以是对救助对象患大病给予一定的医疗费用补助，也可以是资助其参加当地合作医疗。医疗救助资金通过政府投入和社会各界自愿捐助等多渠道筹集。要建立独立的医疗救助基金，实行个人申请、村民代表会议评议，民政部门审核批准，医疗机构提供服务的管理体制。"

该决定强调，"在农村合作医疗和医疗救助方面，政府给予资金支持"。"省级人民政府负责制定农村合作医疗和医疗救助补助资金统筹管理办法。省、市（地）、县级财政都要根据实际需要和财力情况安排资金，对农村贫困家庭给予医疗救助资金支持，对实施合作医疗按实际参加人数和补助定额给予资助。中央财政通过专项转移支付对贫困地区农民贫困家庭医疗救助给予适当支持。"

2003年1月，国务院办公厅转发《卫生部、财政部、农业部关于建立新型农村合作医疗制度意见》，决定从 2003 年开始按照"财政支持、农民自愿、政府组织"的原则组织进行试点。新型农村合作医疗制度由此在全国全面实施，这是我国历史上政府第一次为解决农民的基本医疗卫生问题进行大规模的投入。随着新型农村合作医疗规模的不断扩大，2008 年基本实现制度全覆盖；2011 年，新农合参保人数达到 8.32 亿，参合率超过 96%。新农合使农民的基本医疗卫生需求得到一定程度的保障，这对减轻农民因疾病带来的经济负担，提高农民健康水平，推动和谐社会建设起到积极作用。

24.工伤保险条例

2003 年 4 月 27 日，国务院发布《工伤保险条例》，并于 2004 年 1 月 1 日起施行。该条例是推进工伤保险制度改革的必然要求，是社会保障法制化进程中具有里程碑意义的大事，标志着工伤保险制度改革进入了一个崭新的发展阶段。

新中国成立初期，政务院颁布《中华人民共和国劳动保险条例》，建立了企业职工工伤保险制度，对职工因工伤残后的补偿和休养康复等作出了规定。1994 年颁布的《中华人民共和国劳动法》对工伤保险作了原则性规定。1996 年，原劳动部在总结各地试点经验的基础上，发布了《企业职工工伤保险试行办法》，对沿用了 40 多年的以企业自我保障为主的工伤福利制度进行了改革。为了维护劳动者的合法权益，完善社会保障体系，特别是加强工作环境安全的保障体系，促进经济和社会的发展，《工伤保险条例》应运而生。该条例进一步改革了工伤保险制度，对现行工伤保险制度作出全面规定，丰富和完善了相关政策。具体而言，包括总则、工伤保险基金、工伤认定、劳动能力鉴定、工伤保险待遇五个方面的内容。

其一，总则。中华人民共和国境内的各类企业、有雇工的个体工商户应当依照本条例规定参加工伤保险，为本单位全部职工或者雇工（以下称职工）缴纳工伤保险费。中华人民共和国境内的各类企业的职工和个体工商户的雇工，均有依照本条例的规定享受工伤保险待遇的权利。

其二，工伤保险基金。由用人单位缴纳的工伤保险费、工伤保险基金的利息和依法纳入工伤保险基金的其他资金构成。工伤保险费根据以支定收、收支平衡的原则，确定费率。国家根据不同行业的工伤风险程度确定行业的差别费率，并根据工伤保险费使用、工伤发生率等情况在每个行业内确定若干费率档次。行业差别费率及行业内费率档次由国务院劳动保障行政部门制定，报国务院批准后公布施行。用人单位应当按时缴纳工伤保险费。职工个人不缴纳工伤保险费。用人单位缴纳工伤保险费的数额为本单位职工工资总额乘以单位缴费费率之积。

其三，工伤认定。对职工认定工伤的情形、视同工伤的情形、不得认定为工伤或者视同工伤进行了列举，并对职工发生事故伤害或者按照职业病防治法规定被诊断、鉴定为职业病提出工伤认定申请的要求进行了说明。

其四，劳动能力鉴定。主要包括劳动功能障碍程度和生活自理障碍程度的等级鉴定两个部分。

其五，工伤保险待遇。对工伤职工的医疗待遇、停工留薪期、生活护理费、一次性伤残补助金、伤残津贴及因工死亡职工直系亲属领取丧葬补助金、供养亲属抚恤金等进行了规定。

《工伤保险条例》的颁布，对于全面建立工伤保险制度，推进工伤保险工作，促进安全生产、保障职工合法权益具有重要意义。自2004年1月1日施行以来，该条例对维护工伤职工的合法权益，分散用人单位的工伤风险，规范和推进工伤保险工作，发挥了积极作用。全国参加工伤保险的职工由条例实施前的4575万人增至2010年9月的1.58亿人，其中农民工6131万人；条例实施至2009年底，认定工伤420万人，享受工伤医疗待遇1080万人次，享受伤残津贴和工亡抚恤待遇434万人；条例实施至2010年9月，工伤保险基金累计收入1089亿元，累计支出649亿元，累计结余440亿元。

25.企业退休人员社会化管理

2003年6月6日，劳动和社会保障部、中央组织部、国家发展和改革委员会、民政部、财政部、文化部、卫生部、国务院国有资产监督管理委员会、国家体育总局、全国总工会、共青团中央、全国妇联、全国老龄工作委员会办公室发布《关于积极推进企业退休人员社会化管理服务工作的意见》。2003年6月19日，中共中央办公厅、国务院办公厅转发《关于积极推进企业退休人员社会化管理服务工作的意见》。

该意见指出："近年来，各地按照党中央、国务院的部署，在基本实现企业退休人员养老金由社会服务机构发放的基础上，加大推进社会化管理服务工作的力度，取得初步成效。这对深化企业改革和经济结构调整，保障企业退休人员基本生活，维护社会稳定发挥了积极作用。但由于这项工作目前尚处于起步阶段，一些部门和地区还存在思想认识不到位、工作条件不配套、职责分工不明确、管理服务不规范等问题。"

该意见指出："企业退休人员社会化管理服务是指职工办理退休手续后，采取管理服务工作与原企业分离，养老金实行社会化发放，人员移交城市街道和社区实行属地管理，由社区服务组织提供相应管理服务。街道和社区的社会化管理服务工作主要包括：配合社会保险经办机构做好确保养老金按时足额发放工作，保障企业退休人员的基本生活；为企业退休人员提供社会保险政策咨询和各项查询服务；跟踪了解企业退休人员生存状况，协助社会保险经办机构进行领取养老金资格认证；帮助死亡企业退休人员的家属申请丧葬补助金和遗属津贴；集中管理企业退休人员的人事档案；组织企业退休人员中的党员经常开展组织活动，加强企业退休人员的思想政治工作；建立企业退休人员健康档案，有计划地开展健康教育、疾病预防控制和保健工作，提供方便的医疗、护理和康复服务；组织企业退休人员开展文化体育健身活动，指导和帮助他们通过各种形式的社会公益活动发挥余热，开展自我管理和互助服务。企业退休人员中由中央管理的领导干部的移交、管理问题，另行规定。由县（市）以上各级党委管理的企业退休领导干部，在纳入街道和社区管理时，人事档案暂不移交，街道和社区可先建立这些退休人员基本情况的信息库。"

该意见明确："企业退休人员社会化管理服务的形式。社会化管理服务的基本形式是将企业退休人员直接纳入街道和社区进行管理与服务。大中城市和其他经济比较发达、社区建设比较规范的地区，应主要采取这种形式。中央下放到地方管理的企业的退休人员，原则上应纳入其常年居住地或户口所在地的街道、社区实行属地管理，其养老保险关系和基本养老金的社会化发放工作，仍由省级社会保险经办机构负责管理。由于各地城市社区建设发展不平衡，部分地区在一定时期内还可以结合实际情况，采取一些现实可行的管理服务形式。在远离城市的独立工矿区和企业退休人员居住比较集中的企业生活区，可以委托企业主管单位或企业，确定或设立企业退休人员管理服务机构，对退休人员实行管理服务。劳动保障部门要通过统一机构名称、统一规章制度和工作职责、对工作人员进行培训考核等方式，加强对这类管理服务机构的指导和规范。有条件的地区可以将企业原有的退休人员管理服务机构、人员和设施一并移交当地政府，对企业退休人员实行集中统一管理。在社区组织不够健全、企业退休人员居住比较分散的县，可以由社会保险经办机构直接对企业退休人员进行管理服务。部分地区经当地政府确定，由有关部门、单位建立的企业退休人员管理服务机构应充分利用现有的组织、人员及活动场所，继续开展社会化管理服务工作。随着企业办社会职能的逐步移交和当地社区建设的发展，这几种管理服务形式逐步过渡到由街道和社区进行管理服务的基本形式。"

该意见也明确："尽快落实社会化管理服务的工作条件。各地区要认真贯彻《中共中央、国务院关于进一步做好下岗失业人员再就业工作的通知》精神，加强街道、社区的劳动和社会保障工作。街道和工作任务重的乡镇可设立或确定负责劳动保障事务的机构，具体由各地党委、政府根据实际情况决定。街道劳动保障机构的人员编制由各地劳动保障部门提出方案，商同级编制部门确定。街道劳动保障机构的人员和工作经费，以及社区劳动保障工作经费由财政安排。要采取措施统筹解决开展社会化管理服务的场所和设施等方面的问题，满足企业退休人员档案管理、政策查询、工作人员办公和组织开展文体活动等方面的需要。"

该意见还明确:"继续落实企业在一定时期应承担的责任。企业应加强与退休人员所在街道劳动保障机构联系,密切配合,共同做好企业退休人员的移交和社会化管理服务工作,及时解决他们的生活和思想问题。移交的人事档案要做到材料齐全、完好。企业退休人员的统筹项目外养老金,由企业继续按有关政策发放。尚未参加基本养老保险和基本医疗保险的企业退休人员的养老金和医疗费,继续由原渠道支付;企业退休人员居住的企业住房,尚未实行房改的,管理和维修工作仍由企业负责。企业不得以社会化管理为由随意减少退休人员的福利待遇。企业现有的用于退休人员活动的场所、设施,要继续发挥作用,并向社会开放。"

此外,该意见强调:"加强协调配合,共同做好企业退休人员社会化管理服务工作。企业退休人员社会化管理服务工作内容多,涉及面广,各地要在党委、政府的统一领导下,动员社会各有关方面的力量,共同把这项工作做好。各级劳动保障部门及其社会保险经办机构要加强对街道(乡镇)、社区劳动保障工作的指导,积极推进医疗保险制度改革,及时将符合条件的社区卫生服务机构纳入城镇职工基本医疗保险定点医疗机构的范围,在医药费结算方式上对社区内的企业退休人员予以适当照顾并提供方便。组织部门要加强街道和社区党建工作,指导街道和社区党组织开展经常性的组织活动,加强对企业退休人员中党员的教育管理。发展改革部门要把社区公共服务体系建设纳入当地国民经济和社会发展计划,加快发展社区服务业,加强社区公共服务设施建设。民政部门要加强社区建设,指导社区服务坚持产业化、社会化发展方向,加快社区老年服务设施和服务网络建设,将有特殊生活困难的企业退休人员纳入社会扶助范围,及时提供公益性养老服务,及时向符合享受低保条件的企业退休人员家庭提供最低生活保障。财政部门在编制预算时,要统筹考虑企业退休人员社会化管理服务工作所需经费。卫生部门要加快社区卫生服务网络建设,为企业退休人员就近医疗提供方便。文化、体育部门要加快社区文体设施建设,组织企业退休人员开展丰富多彩的文化体育健身活动。工会、共青团、妇联、老龄工作委员会等组织和机构要充分利用各自的管理服务网络,发挥自身优势,积极组织和指导社会志愿者队伍和其他社会公益组织,为企业退休人员特别是为高龄、孤寡、病残等生活困难的退休人员提供义务服务,并在维护企业退休人员合法权益方面发挥积极作用。"

该意见的发布与实施,强调企业退休人员实行社会化管理服务,是建立独立于企业事业单位之外的社会保障体系的重要内容,也是深化国有企业改革、解决企业办社会问题的重要措施。切实做好这项工作,对于保障广大企业退休人员晚年生活的安定,提高他们的生活质量,维护社会稳定,具有十分重要的意义。

26.国务院关于完善企业职工基本养老保险制度的决定

2005年12月3日,国务院发布《关于完善企业职工基本养老保险制度的决定》,提出:"随着人口老龄化、就业方式多样化和城市化的发展,现行企业职工基本养老保险制度还存在个人账户没有做实、计发办法不尽合理、覆盖范围不够广泛等不适应的问题,需要加以改革和完善。"

该决定是在充分调查研究和总结东北三省完善城镇社会保障体系试点经验的基础上,对完善企业职工基本养老保险制度作出的进一步决定。完善企业职工基本养老保险制度的主要任务是:"确保基本养老金按时足额发放,保障离退休人员基本生活;逐步做实个人账户,完善社会统筹与个人账户相结合的基本制度;统一城镇个体工商户和灵活就业人员参保缴费政策,扩大覆盖范围;改革基本养老金计发办法,建立参保缴费的激励约束机制;根据经济发展水平和各方面承受能力,合理确定基本养老金水平;建立多层次养老保险体系,划清中央与地方、政府与企业及个人的责任;加强基本养老保险基金征缴和监管,完善多渠道筹资机制;进一步做好退休人员社会化管理工作,提高服务水平。"

在"确保基本养老金按时足额发放"方面,明确:"要继续把确保企业离退休人员基本养老金按时足额发放作为首要任务,进一步完善各项政策和工作机制,确保离退休人员基本养老金按时足额发放,不得发生新的基本养老金拖欠,切实保障离退休人员的合法权益。对过去拖欠的基本养老金,各地要根据《中共中央办公厅国务院办公厅关于进一步做好补发拖欠基本养老金和企业调整工资工作的通知》要求,认真加以解决。"

在"扩大基本养老保险覆盖范围"方面,明确:"城镇各类企业职工、个体工商户和灵活就业人员都要参加企业职工基本养老保险。当前及今后一个时期,要以非公有制企业、城镇个体工商户和灵活就业人员参保工作为重点,扩大基本养老保险覆盖范围。要进一步落实国家有关社会保险补贴政策,帮助就业困难人员参保缴费。城镇个体工商户和灵活就业人员参加基本养老保险的缴费基数为当地上年度在岗职工平均工资,缴费比例为20%,其中8%记入个人账户,退休后按企业职工基本养老金计发办法计发基本养老金。"

在"逐步做实个人账户"方面,明确:"做实个人账户,积累基本养老保险基金,是应对人口老龄化的重要举措,也是实现企业职工基本养老保险制度可持续发展的重要保证。要继续抓好东北三省做实个人账户试点工作,抓紧研究制订其他地区扩大做实个人账户试点的具体方案,报国务院批准后实施。国家制订个人账户基金管理和投资运营办法,实现保值增值。"

在"加强基本养老保险基金征缴与监管"方面,明确:"要全面落实《社会保险费征缴暂行条例》的各项规定，严格执行社会保险登记和缴费申报制度，强化社会保险稽核和劳动保障监察执法工作，努力提高征缴率。凡是参加企业职工基本养老保险的单位和个人，都必须按时足额缴纳基本养老保险费；对拒缴、瞒报少缴基本养老保险费的，要依法处理；对欠缴基本养老保险费的，要采取各种措施，加大追缴力度，确保基本养老保险基金应收尽收。各地要按照建立公共财政的要求，积极调整财政支出结构，加大对社会保障的资金投入。"

在"改革基本养老金计发办法"方面，明确："为与做实个人账户相衔接，从2006年1月1日起，个人账户的规模统一由本人缴费工资的11%调整为8%，全部由个人缴费形成，单位缴费不再划入个人账户。同时，进一步完善鼓励职工参保缴费的激励约束机制，相应调整基本养老金计发办法。"此外明确："本决定实施后到达退休年龄但缴费年限累计不满15年的人员，不发给基础养老金；个人账户储存额一次性支付给本人，终止基本养老保险关系。本决定实施前已经离退休的人员，仍按国家原来的规定发给基本养老金，同时执行基本养老金调整办法。"

在"建立基本养老金正常调整机制"方面，明确："根据职工工资和物价变动等情况，国务院适时调整企业退休人员基本养老金水平，调整幅度为省、自治区、直辖市当地企业在岗职工平均工资年增长率的一定比例。各地根据本地实际情况提出具体调整方案，报劳动保障部、财政部审批后实施。"

在"加快提高统筹层次"方面，明确："进一步加强省级基金预算管理，明确省、市、县各级人民政府的责任，建立健全省级基金调剂制度，加大基金调剂力度。在完善市级统筹的基础上，尽快提高统筹层次，实现省级统筹，为构建全国统一的劳动力市场和促进人员合理流动创造条件。"

在"发展企业年金"方面，明确："为建立多层次的养老保险体系，增强企业的人才竞争能力，更好地保障企业职工退休后的生活，具备条件的企业可为职工建立企业年金。企业年金基金实行完全积累，采取市场化的方式进行管理和运营。要切实做好企业年金基金监管工作，实现规范运作，切实维护企业和职工的利益。"

在"做好退休人员社会化管理服务工作"方面，明确："要按照建立独立于企业事业单位之外社会保障体系的要求，继续做好企业退休人员社会化管理工作。要加强街道、社区劳动保障工作平台建设，加快公共老年服务设施和服务网络建设，条件具备的地方，可开展老年护理服务，兴建退休人员公寓，为退休人员提供更多更好的服务，不断提高退休人员的生活质量。"

在"不断提高社会保险管理服务水平"方面，明确："要高度重视社会保险经办能力建设，加快社会保障信息服务网络建设步伐，建立高效运转的经办管理服务体系，把社会保险的政策落到实处。各级社会保险经办机构要完善管理制度，制定技术标准，规范业务流程，实现规范化、信息化和专业化管理。同时，要加强人员培训，提高政治和业务素质，不断提高工作效率和服务质量。"

该决定的发布，标志着我国企业职工基本养老保险制度进一步完善，此项工作也是构建社会主义和谐社会的重要内容，事关改革发展稳定的大局。

27.中国社会保障论坛

中国社会保障论坛由人力资源和社会保障部（原劳动和社会保障部）发起，中共中央、国家机关及有关部门32家单位于2006年共同创办，是中国社会保障领域权威、高端的交流平台。中国社会保障论坛的宗旨是：聚合资源、开发资源、共享资源。中国社会保障论坛的主要任务是：创新社会保障理论，培育社会保障意识，宣传社会保障政策，展示社会保障成果，研讨重点难点问题，为完善中国社会保障体系、构建和谐社会服务。

中国社会保障论坛定期围绕一个主题，组织开展一次征文活动，召开一次主题年会（2006年9月23—24日，首届年会的主题是"和谐社会与社会保障"；2007年9月22日，第二届年会的主题是"建立覆盖城乡的社会保障体系"；2008年11月6日，第三届年会的主题是"中国社会保障的科学发展"；2010年8月23日，第四届年会的主题是"社会保障体系建设与可持续发展"；2013年11月7日，第五届年会的主题是"全覆盖、保基本、多层次、可持续"），出版一部论文专辑。与此同时，不定期地召开专题研讨会，研讨社会保障事业发展中的热点难点问题，为政府部门的科学决策提供理论依据；中国社会保障论坛拥有自己的交流平台——中国社会保障网，并组建了囊括国内知名社会保障及相关领域专家学者的论坛智库。中国社会保障论坛组委会秘书处设在中国社会保险学会。

28.建立被征地农民的就业培训和社会保障

2006年4月10日，国务院办公厅转批《关于做好被征地农民就业培训和社会保障工作指导意见》，该意见提出"为妥善解决被征地农民的基本生活和长远生计问题，维护其合法权益，保持社会稳定，促进城镇化健康发展，根据《国务院关于深化改革严格土地管理的决定》的有关要求，就做好被征地农民就业培训和社会保障工作提出指导意见。"

该意见包括五个方面内容：其一，基本思路和原则要求，包括"将做好被征地农民就业培训和社会保障工作作为征地制度改革的重要内容"，"明确范围，突出重点，统筹兼顾"，"根据城市规划区内外不同情况实行分类指导"；其二，努力促进被征地农民就业，包括"促进被征地农民就业","落实被征地农民就业安置责任","加强对被征地农民的培训工作";其三,积极做好被征地农民社会保障工作,包括"明确保障对象","保障基本生活和长远生计","合理确定保障水平";其四,落实被征地农民就业培训和社会保障资金,包括"落实就业培训和社会保障资金","严格资金管理";其五,加强领导,精心组织,包括"高度重视被征地农民就业培训和社会保障工作","制订具体实施办法"。

该意见体现国务院对我国被征地农民就业培训和社会保障工作的高度重视,这些具体的指导意见也有效地促进了全国不同地区被征地农民就业培训和社会保障相关工作。

29.国务院关于开展城镇居民基本医疗保险试点的指导意见

2007年7月10日,国务院发布《关于开展城镇居民基本医疗保险试点的指导意见》,提出:"1998年我国开始建立城镇职工基本医疗保险制度,之后又启动了新型农村合作医疗制度试点,建立了城乡医疗救助制度,目前没有医疗保障制度安排的主要是城镇非从业居民。为实现基本建立覆盖城乡全体居民的医疗保障体系的目标,国务院决定,从今年起开展城镇居民基本医疗保险试点。"

该意见明确了试点工作的目标和原则,即"2007年在有条件的省份选择2至3个城市启动试点,2008年扩大试点,争取2009年试点城市达到80%以上,2010年在全国全面推开,逐步覆盖全体城镇非从业居民。要通过试点,探索和完善城镇居民基本医疗保险的政策体系,形成合理的筹资机制、健全的管理体制和规范的运行机制,逐步建立以大病统筹为主的城镇居民基本医疗保险制度"。"试点工作要坚持低水平起步,根据经济发展水平和各方面承受能力,合理确定筹资水平和保障标准,重点保障城镇非从业居民的大病医疗需求,逐步提高保障水平;坚持自愿原则,充分尊重群众意愿;明确中央和地方政府的责任,中央确定基本原则和主要政策,地方制订具体办法,对参保居民实行属地管理;坚持统筹协调,做好各类医疗保障制度之间基本政策、标准和管理措施等的衔接。"

该意见明确了参保范围和筹资水平,即"参保范围:不属于城镇职工基本医疗保险制度覆盖范围的中小学阶段的学生(包括职业高中、中专、技校学生)、少年儿童和其他非从业城镇居民都可自愿参加城镇居民基本医疗保险"。"筹资水平:试点城市应根据当地的经济发展水平以及成年人和未成年人等不同人群的基本医疗消费需求,并考虑当地居民家庭和财政的负担能力,恰当确定筹资水平;探索建立筹资水平、缴费年限和待遇水平相挂钩的机制。"

该意见还明确了加强管理和服务,即"对城镇居民基本医疗保险的管理,原则上参照城镇职工基本医疗保险的有关规定执行"。"各地要充分利用现有管理服务体系,改进管理方式，提高管理效率。""将城镇居民基本医疗保险基金纳入社会保障基金财政专户统一管理，单独列账。""试点城市要按照社会保险基金管理等有关规定，严格执行财务制度，加强对基本医疗保险基金的管理和监督，探索建立健全基金的风险防范和调剂机制，确保基金安全。"

此外，该意见还提出深化相关改革，包括"继续完善各项医疗保障制度"，"协同推进医疗卫生体制和药品生产流通体制改革"。

30.中华人民共和国劳动合同法

2007年6月29日，十届全国人大常委会第二十八次会议通过《中华人民共和国劳动合同法》（以下简称《劳动合同法》），自2008年1月1日起施行。2012年12月28日，十一届全国人大常委会第三十次会议通过《关于修改〈中华人民共和国劳动合同法〉的决定》，修订条款自2013年7月1日起施行。

《劳动合同法》包括8个方面内容：其一，总则；其二，订立（第十七条规定：劳动合同应当具备的条款包括社会保险）；其三，履行和变更；其四，解除和终止（第三十八条规定：用人单位有下列情形之一的，劳动者可以解除劳动合同，包括未依法为劳动者缴纳社会保险费的；第四十九条规定：国家采取措施，建立健全劳动者社会保险关系跨地区转移接续制度；第五十条规定：用人单位应当在解除或者终止劳动合同时出具解除或者终止劳动合同的证明，并在十五日内为劳动者办理档案和社会保险关系转移手续）；其五，特别规定（第五十九条规定：劳务派遣单位派遣劳动者应当与接受以劳务派遣形式用工的单位订立劳务派遣协议，劳务派遣协议应当约定派遣岗位和人员数量、派遣期限、劳动报酬和社会保险费的数额与支付方式以及违反协议的责任）；其六，监督检查（第七十四条规定：县级以上地方人民政府劳动行政部门依法对下列实施劳动合同制度的情况进行监督检查，包括用人单位参加各项社会保险和缴纳社会保险费的情况）；其七，法律责任；其八，附则。

《劳动合同法》的颁布实施，标志着我国进一步完善了劳动合同制度，明确了劳动合同双方当事人的权利和义务。1986年国务院发布《国营企业实行劳动合同制暂行规定》，决定在国营企业中新招收的职工中实行劳动合同制，开始打破劳动用工制度上的"铁饭碗"。1994年通过的《劳动法》将劳动合同制度作为法定的用工制度，规定适用不同所有制的用人单位，劳动者也从新招用的职工扩大到所有的劳动者，不分固定工和临时工，不分管理人员和普通工人。同时，《劳动合同法》既保护了劳动者的合法权益，也保护了用人单位的合法权益。此外，《劳动合同法》还将促进我国构建和发展和谐稳定的劳动关系。

31.社会保险基金

社会保险基金是社会保险制度的物质基础。20世纪80年代,伴随着中国从计划经济向市场经济的转型,企业成为市场经济的主体,独立经营、自负盈亏。这就带来了两方面的问题,其一,不同企业的离退休员工数量不同,如果离退休员工的生活都需要由原企业来承担的话,就会造成不同企业之间负担的不公平;其二,企业成为自负盈亏的市场主体后,其退休职工的生活保障水平在很大程度上就取决于企业的盈利状况。一旦企业破产倒闭,退休职工的基本生活甚至无法得到保障。在这样的背景下,部分地区开始改革原有的企业退休金制度和公费医疗制度,尝试建立以劳资双方缴费为基础的社会保险制度。

1986年,国务院颁布《国营企业实行劳动合同制暂行规定》,第二十六条明确规定,国家对劳动合同制工人退休实行社会保险制度。退休养老基金的来源,由企业和劳动合同制工人共同缴纳。这是中国改革开放之后,最早形式的社会保险基金。伴随着社会养老保险、社会医疗保险、失业保险、工伤保险和生育保险制度的逐步建立,我国的社会保险基金项目逐步增多,基金规模逐步增大。目前,我国的社会保险基金包括基本养老保险基金、基本医疗保险基金、工伤保险基金、失业保险基金和生育保险基金。各项社会保险基金按照社会保险险种分别建账,分账核算,执行国家统一的会计制度。社会保险基金应专款专用,不允许任何组织和个人以任何形式侵占或者挪用。2013年,各项社会保险基金收入达到35253亿元,社会保险基金支出27916亿元。中国的社会保险基金来源主要包括四个方面:一、由参保人按其缴费工资基数的一定比例或按照定额缴纳的保险费;二、由参保人所在单位按本单位职工工资总额的一定比例缴纳的保险费;三、政府对社会保险基金的财政补贴;四、社会保险基金的银行利息或投资回报等。

《中华人民共和国社会保险法》(以下简称《社会保险法》)第八章专门对社会保险基金的相关问题进行了规范。在统筹层次方面,《社会保险法》明确要求,基本养老保险基金逐步实行全国统筹,其他社会保险基金逐步实行省级统筹。社会保险基金实行预算管理制度,通过预算实现收支平衡。社会保险基金按照统筹层次设立预算,按照社会保险项目分别编制。2010年,国务院颁布《关于试行社会保险基金预算的意见》,对社会保险基金预算编制的范围、编制方法、审批、执行与调整以及社会保险基金决算等内容进行了较为明确的规定。

社会保险费是社会保险基金最主要的来源,1999年,国务院颁布《社会保险费征缴暂行条例》,对社会保险费征缴管理的主体、对象、内容和流程等进行了规定。其中,在征收主体方面,规定既可以由税务机关征收,也可以由社会保险经办机构征收,由省级人民政府自行规定，由此造成全国不同省区的征收主体不同。这是当前社会保险费征缴制度面临的一个重要问题。

对于当期有结余的社会保险基金，需要通过投资来实现保值增值。1994年，财政部和劳动部颁布了《关于加强企业职工社会保险基金投资管理暂行规定》，对社会保险基金，尤其是养老保险基金的投资管理进行了规定。目前，中国的职工基本养老保险基金主要以银行存款、债券等无风险投资为主要方式，社会保险基金贬值风险较大，社会保险基金保值增值的需求非常强烈。不同类型的社会保险基金对投资回报的要求是不同的，对于现收现付型的社会保险基金，其对流动性要求较高，对投资回报率要求较低；对于个人账户等积累型的基金，其对流动性要求较低，对投资回报率要求则相对较高。但无论是哪一种类型的社会保险基金投资，都应当遵循安全至上的原则。

社会保险基金监督是社会保险监督的重要组成部分和核心的内容。《社会保险法》构建起了包括立法监督、行政监督和社会监督在内的社会保险基金监督体系。在立法监督方面，各级人民代表大会常务委员会听取和审议本级人民政府对社会保险基金的收支、管理、投资运营以及监督检查情况的专项工作报告，依法行使监督职权。在行政监督方面，财政部门、审计机关按照各自职责，对社会保险基金的收支、管理和投资运营情况实施监督；社会保险行政部门对社会保险基金的收支、管理和投资运营情况进行监督检查，发现存在问题的，应当提出整改建议，依法作出处理决定或者向有关行政部门提出处理建议。社会保险基金检查结果应当定期向社会公布。在社会监督方面，统筹地区人民政府成立由用人单位代表、参保人员代表，以及工会代表、专家等组成的社会保险监督委员会，掌握、分析社会保险基金的收支、管理和投资运营情况，对社会保险工作提出咨询意见和建议，实施社会监督。

除了各项社会保险基金之外，中国为应对人口老龄化时期的社会保险基金支付压力，于1999年设立全国社会保障基金，作为战略储备金，用于社会保障支出的补充和调剂。全国社会保障基金由全国社会保障基金管理运营机构负责管理运营，在保证安全的前提下实现保值增值。2001年12月13日，财政部、劳动和社会保障部颁布《全国社会保障基金投资管理暂行办法》，对全国社会保障基金的投资管理模式、投资渠道以及风险防控等内容进行了规定。

32.职工基本养老保险关系转移接续办法

由于我国的职工养老保险制度是从地方自发性的改革开始的，因此制度面临地区之间的分割和统筹层次较低的问题，参保者如果跨统筹区域流动，就面临养老金权益受损的困境，在很多地方还因此出现了退保的情况。针对此种情况，《中华人民共和国社会保险法》第19条明确规定，个人跨统筹地区就业的，其基本养老保险关系随本人转移，缴费年限累计计算。个人达到法定退休年龄时，基本养老金分段计算、统一支付。2009年12月，人力资源和社会保障部与财政部下发了《城镇企业职工基本养老保险关系转移接续暂行办法》，并于2010年1月1日开始实施。该办法旨在解决跨区域流动过程中的养老保险权益问题。该办法规定了职工基本养老保险关系转移接续过程中的责任主体、资金转移方式、待遇的确定方式和待遇领取地点。

就责任主体而言，该办法规定，参保人员从现有工作地返回户籍所在地就业参保的，户籍所在地的相关社保经办机构应为其及时办理转移接续手续；参保人员从现有工作地转移到新的工作地，由新参保地的社保经办机构为其及时办理转移接续手续。但对男性年满50周岁和女性年满40周岁的，应在原参保地继续保留基本养老保险关系，同时在新参保地建立临时基本养老保险缴费账户，记录单位和个人全部缴费。参保人员再次跨省流动就业或在新参保地达到待遇领取条件时，将临时基本养老保险缴费账户中的全部缴费本息，转移归集到原参保地或待遇领取地。

就资金的转移方式而言，个人账户储存额在1998年1月1日之前按个人缴费累计本息计算转移，1998年1月1日后按计入个人账户的全部储存额计算转移。统筹基金（单位缴费）以本人1998年1月1日后各年度实际缴费工资为基数，按12%的总和转移，参保缴费不足1年的，按实际缴费月数计算转移。

在待遇确定方面，当参保人员达到基本养老保险待遇领取条件时，其在各地的参保缴费年限合并计算，个人账户储存额累计计算。基础养老金的计算则按照基础养老金计发办法，根据本人各年度指数化缴费工资、缴费年限和待遇领取地对应的在岗职工平均工资计算。

就参保者退休后的待遇领取地点而言，分为四种情况：其一，基本养老保险关系在户籍所在地的，由户籍所在地负责办理待遇领取手续。其二，基本养老保险关系不在户籍所在地，而在其基本养老保险关系所在地累计缴费年限满10年的，在该地办理待遇领取手续。其三，基本养老保险关系不在户籍所在地，且在其基本养老保险关系所在地累计缴费年限不满10年的，将其基本养老保险关系转回上一个缴费年限满10年的原参保地办理待遇领取手续。其四，基本养老保险关系不在户籍所在地，且在每个参保地的累计缴费年限均不满10年的，将其基本养老保险关系及相应资金归集到户籍所在地，由户籍所在地按规定办理待遇领取手续。除此之外，该办法还对养老保险关系转移接续的工作流程、农民工中断就业或中断缴费的处理方式进行了规定。

职工基本养老保险关系转移接续办法初步适应了劳动力跨地区流动过程中养老保险权

益的保障问题，既提高了职工基本养老保险制度在地区间的可衔接性，也有利于建立统一的劳动力市场。但是，全国统筹才是从根本上解决劳动力流动过程中养老保险权益问题的治本之策。

33.劳动保障监察制度

为了规范用人单位的劳动用工制度和贯彻落实相关的社会保障制度，自 1993 年以来，中国逐步建立了劳动保障监察制度。《中华人民共和国劳动法》、《中华人民共和国行政处罚法》等法律法规规定了劳动保障监察机构的职责和工作程序。劳动保障行政部门（现在的人力资源和社会保障行政部门）依法对用人单位遵守劳动和社会保障法律法规的情况进行监督检查，对违反劳动和社会保障法律法规的行为进行制止、责令其改正，并可依法给予警告、罚款等行政处罚。任何组织和个人对于违反劳动和社会保障法律法规的行为都有权检举和控告；当事人认为劳动和社会保障行政部门在实施监察执法时侵犯了其合法权益，可以提起行政复议或行政诉讼。劳动保障监察制度是劳动保障行政监督的最主要方式。

2004 年，国务院颁布实施《劳动保障监察条例》，对劳动保障监察的主体、对象，劳动保障监察的职能、内容和方式等进行了明确的规定。在监察主体方面，明确要求由各级劳动保障行政部门主管本行政辖区内的劳动保障监察工作。在监察对象方面，明确指出既包括企业和个体工商户这样的用人单位，也包括职业介绍机构、职业技能培训机构和职业技能考核鉴定机构。

劳动保障行政部门在劳动监察方面的主要职能包括：一、宣传劳动保障法律、法规和规章，督促用人单位贯彻执行；二、检查用人单位遵守劳动保障法律、法规和规章的情况；三、受理对违反劳动保障法律、法规或者规章的行为的举报、投诉；四、依法纠正和查处违反劳动保障法律、法规或者规章的行为。劳动监察的主要内容包括：一、用人单位制定内部劳动保障规章制度的情况；二、用人单位与劳动者订立劳动合同的情况；三、用人单位遵守禁止使用童工规定的情况；四、用人单位遵守女职工和未成年工特殊劳动保护规定的情况；五、用人单位遵守工作时间和休息休假规定的情况；六、用人单位支付劳动者工资和执行最低工资标准的情况；七、用人单位参加各项社会保险和缴纳社会保险费的情况；八、职业介绍机构、职业技能培训机构和职业技能考核鉴定机构遵守国家有关职业介绍、职业技能培训和职业技能考核鉴定的规定的情况；九、法律、法规规定的其他劳动保障监察事项。

劳动保障监察的主要形式包括日常巡视检查、审查用人单位按照要求报送的书面材料以及接受举报投诉，劳动保障监察的主要措施包括：一、进入用人单位的劳动场所进行检查；二、就调查、检查事项询问有关人员；三、要求用人单位提供与调查、检查事项相关的文件资料，并作出解释和说明，必要时可以发出调查询问书；四、采取记录、录音、录像、照相或者复制等方式收集有关情况和资料；五、委托会计师事务所对用人单位工资支付、缴纳社会保险费的情况进行审计；六、法律、法规规定可以由劳动保障行政部门采取的其他调查、检查措施。

34.补充医疗保险

补充医疗保险是相对基本医疗保险而言的，是指通过保险的方式对被保险人因遭受疾病或意外伤害事故所发生的医疗费用或收入损失提供额外经济补偿的制度。补充医疗保险制度的目的是进一步降低个人的医疗费用负担。中国的基本医疗保险支付范围和支付方式遵循"保基本"的原则，设置有起付线、封顶线、报销比例以及"两个定点，三个目录"等制约条件，因此，建立补充医疗保险制度可以进一步降低个人的医疗费用负担比例。

从世界范围来看，补充医疗保险制度主要有商业健康保险计划、企业自我保险、健康维持组织、优先服务提供组织和定点服务计划等类型。从主体上看，则可以分为企业补充医疗保险、商业医疗保险和互助型医疗保险等形式。在中国的实践中，补充医疗保险运作模式主要有四种：第一是以各级政府为主体的国家公务员补充医疗保险模式。第二是社会保险模式，即由社会保险管理机构以社会保险的方式运作补充医疗保险。第三是社会保险与商业保险合作模式，即社会保险管理部门利用商业保险的资源和经验为社会保险提供服务，同时商业保险组织利用社会保险所拥有的社会信用发展自己的保险业务。第四是互助保险模式，即由工会组织经营的职工互助保险，主要利用原有的工会组织系统开展互助保险业务。

在企业补充医疗保险方面，国务院于1998年发布了《关于建立城镇职工基本医疗保险制度的决定》（以下简称《决定》），《决定》要求建立"低水平、广覆盖、统账结合、双方负担"的基本医疗保障制度，同时允许有条件的企业建立补充医疗保险。其目的就是弥补基本医疗保险保障水平的不足，解决医疗保险改革中出现的难点问题，缓解部分职工个人自付医疗费用负担过重的压力。建立补充医疗保险制度是国家医疗卫生事业的重要组成部分，也是现代企业制度下员工福利体系的重要组成部分。企业补充医疗保险是企业在参加基本医疗保险的基础上，对基本医疗保险不能覆盖的部分进行的补充。基本医疗保险不能覆盖的部分主要有：参加基本医疗保险的职工，超过《基本医疗保险药品目录》的药品费，超过《基本医疗保险诊疗项目》、《医疗服务设施范围和支付标准》的医疗费用；参加基本医疗保险的职工，起付线以下、封顶线以上的医疗费用，门诊超过账户支付限额的费用，统筹段的自负费用。以上几个方面的费用支出，可以通过补充医疗保险基金支付。

商业健康保险是另一种重要的补充医疗保险形式，无论是个人购买的商业医疗保险，还是用人单位投保的团体医疗保险，都能够进一步降低投保者个人的医疗费用负担。除此之外，商业健康保险还参与了基本医疗保险的业务。2012 年，国家发展和改革委员会等六部门联合下发《关于开展城乡居民大病保险工作的指导意见》，决定开展城乡居民大病医疗保险工作，并提出城乡居民大病医疗保险采取向商业保险机构购买的方式进行。

补充医疗保险制度确实能够降低参保者的医疗费用负担，但在中国基本医疗保险制度尚未全面定型，商业保险公司的经营理念和专业化程度还有待进一步提高的背景下，补充医疗保险在中国的覆盖面还非常有限。

35.中国社会保障学会成立

中国社会保障学会（China Association of Social Security，缩写为 CAOSS）成立于 2015 年 2 月 28 日，是由我国从事社会保障和相关领域（含社会救助、社会保险、社会福利、社会服务、优抚安置、慈善公益、职业福利及与之相关的商业保险等）的专家、学者及有关单位自愿结成的全国性、学术性、非营利性社会团体。中国社会保障学会的业务主管单位和登记管理单位是民政部。

中国社会保障学会的宗旨是，团结社会保障和相关领域专家、学者与专业人士，积极开展社会保障理论和实务研究、学术交流、教育培训、资政启民，促进社会保障学科建设和国际学术交流，为健全社会保障、提升人民福祉、促进社会和谐发展贡献力量。

中国社会保障学会的业务范围有：推动社会保障理论和实务研究，举行研讨会、报告会和专题论坛等活动，促进学术交流、信息沟通和理论、实务创新；编辑和出版学会刊物、建立门户网站，开展社会保障咨询和宣传活动，普及社会保障知识；推动社会保障学科建设与专业人才培养，开展社会保障培训活动，促进社会保障理论研究与实务工作队伍建设；推动社会保障领域的国内、国际学术交流与合作；承办有关部门或机构委托的其他工作，向社会保障政策制定机关与实施机构提出建议，开展会员欢迎、社会认可的其他活动。

中国社会保障学会的最高权力机构是会员代表大会，理事会是其执行机构。中国社会保障学会设常务理事会，由理事会选举产生，对理事会负责。中国社会保障学会实行会长负责制，设会长 1 名，经会员代表大会选举产生。2015 年 2 月 27—28 日，中国社会保障学会第一次全国会员代表大会暨第一届理事会第一次会议、成立大会暨首届学术论坛在北京举行。会议推举十一届全国人大常委会副委员长华建敏为名誉会长，推举原全国政协副主席张梅颖、原民政部部长崔乃夫、原劳动和保障部部长张左己、原国务院研究室主任魏礼群等为顾问，选举全国人大常委、中国人民大学教授郑功成为首任会长。

中国社会保障学会设立有学术委员会、教学委员会和青年委员会，分别负责推动社会保障理论研究、组织社会保障学科建设和支持青年社会保障学者发展。

与其他社会保障领域的全国性学会不同，中国社会保障学会以从事社会保障教学和研究的专家学者为主体，以整个社会保障系统为研究对象，既可以为理论研究超越部门分割的现实格局搭建综合性的交流平台，也为促进社会保障理论和政策研究的系统性、协同性创造了条件。

36.企业年金

企业年金，又称为补充养老保险、私人退休金等，是企业及其职工在依法参加职工基本养老保险的基础上，自愿建立的补充养老保险制度。从养老保障体系的角度来看，企业年金是多层次养老保障制度的重要组成部分，能够有效应对人口老龄化背景下公共养老金替代率的下降，维持老年人退休后的基本生活。从企业员工福利制度的角度看，它是企业薪酬福利的重要组成部分，对于提高职工退休待遇，增强企业的凝聚力和竞争力都具有重要作用，是企业吸引人才、留住人才的重要手段。对于员工个体来说，企业年金属于员工的私人财产，是一种延期支付的劳动报酬，员工只能在退休之后才能享用这部分财产。企业年金在财务上主要采取完全积累的模式，即在员工工作期间，由雇主和雇员双方共同缴费，计入员工的个人账户，并对个人账户的积累基金进行投资运营，当员工退休时，再将个人账户积累的资金（包含本金和投资收益）一次性或按月支付给员工。

中国企业年金的出现，始于20世纪90年代初期。当时，一些效益好的企业为了提高员工的福利，率先建立了企业年金制度。2000年12月，国务院下发了《完善城镇社会保障体系的试点方案》，首次将企业补充养老保险更名为"企业年金"，并明确企业年金举办单位可以享受税前列支的优惠政策，即企业缴费在工资总额4%以内的部分可以从成本中列支。同时，该方案还规定，企业年金基金实行市场化管理和运营。2004年1月6日，劳动和社会保障部发布《企业年金试行办法》；同年2月23日，劳动和社会保障部、中国银行监督管理委员会、中国证券监督管理委员会、中国保险管理监督委员会联合发布了《企业年金基金管理试行办法》；2004年12月31日，劳动与社会保障部又发布了《企业年金基金管理机构资格认定暂行办法》。2004年颁布的这一系列规章，对企业年金的建立与运行进行了相应的规范。但是在这个时期，由于中国的基本养老保险体系尚未定型，企业年金制度的发展相对缓慢。

2013年7月15日，人力资源和社会保障部与民政部联合发布了《关于鼓励社会团体、基金会和民办非企业单位建立企业年金有关问题的通知》，明确规定了社会组织建立企业年金的相关事宜。2013 年 12 月 6 日，为促进企业年金制度的发展，财政部、人力资源和社会保障部、国家税务总局联合下发《关于企业年金职业年金个人所得税有关问题的通知》，自 2014 年 1 月 1 日起，实施企业年金、职业年金个人所得税递延纳税优惠政策，即对符合国家规定标准的企业年金和职业年金缴纳个人所得税，由原来年金缴费环节递延到个人实际领取年金环节，这意味着所需缴纳的个税对应税率可能降低。

在管理模式方面，中国现行的企业年金管理模式是按照信托法的原理，以受托人为核心，并通过企业年金基金管理机构的专业化分工，达到分散收益人风险的目标，属于信托型管理模式。其相关主体包括委托人、受托人、账户管理人、托管人、投资管理人和中介服务机构。其中，委托人是指建立企业年金的企业及其职工；受托人可以是企业成立的企业年金理事会，也可以是其他法人受托机构，是企业年金管理的核心主体；账户管理人是指受托人委托的、具有相应资格的、管理企业年金基金账户的专业机构，主要负责账户的登记、记录等；托管人是指受托人委托的、具有相应资格的、管理企业年金基金财产的商业银行或专业机构，主要负责根据受托人指令，向投资管理人分配企业年金基金财产，执行和监督投资管理人作出的投资决策等；投资管理人是指受托人委托的、具有相应资格的、进行企业年金投资管理的专业机构，主要负责对企业年金进行投资；受托人以书面合同的方式，与账户管理人、投资管理人和托管人确定委托关系。中介服务机构则只指律师事务所、精算咨询公司、会计师事务所等提供专门服务的独立机构。

从 20 世纪 90 年代开始，我国的企业年金已开展 10 多年。截止到 2013 年，我国共有 66120 户企业建立了企业年金，参加职工人数为 2056 万人，企业年金制度仍然有很大的发展空间。

37.职业年金

职业年金是机关和事业单位为其雇员提供的补充养老保险制度，职业年金与企业年金制度相似，其区别在于设立主体和参保对象的性质不同，企业年金是企业为其雇员建立的补充养老金制度，而职业年金则是机关事业单位为其雇员建立的补充养老金制度。中国的职业年金制度是伴随着机关事业单位退休金制度改革应运而生的，也是机关事业单位养老金制度结构性改革的最主要方式。

《国民经济和社会发展"十二五"规划纲要》明确要求推动机关事业单位养老保险制度改革，国务院于 2008 年 2 月 29 日原则通过《事业单位工作人员养老保险制度改革试点方案》（以下简称《方案》），《方案》提到："为建立多层次的养老保险体系，提高事业单位工作人员退休后的生活水平，增强事业单位的人才竞争能力，在参加基本养老保险的基础上，事业单位建立工作人员职业年金制度。"此试点方案的基本要义即建立职业年金制度，作为事业单位补充养老保险形式。2009年1月20日，国务院在全国选定广东、山西、上海、浙江、重庆五省市作为先期试点省份，并首批试行事业单位建立职业年金制度作为补充养老保险的方案。2011年7月24日，国务院办公厅出台了《关于印发分类推进事业单位改革配套文件的通知》，《事业单位职业年金试行办法》作为配套文件之一出台，该试行办法适用于山西、上海、浙江、广东、重庆五个试点省市。但是，由于这些改革方案仅仅针对部分地区，仅仅针对事业单位，而没有将机关纳入其中，五个试点省市并没有取得实质性的进展。

面对机关事业单位与企业养老金水平日益拉大的社会不公现象，为了形成更加合理的机关事业单位养老金责任分担体系，逐步形成机关事业单位多层次的养老金制度，2015年1月14日，国务院发布了《关于机关事业单位工作人员养老保险制度改革的决定》，明确提出为机关事业单位工作人员建立职业年金制度。2015年3月，国务院办公厅印发《机关事业单位职业年金办法》，对职业年金制度的资金来源、管理方式、转移方式以及领取条件进行了明确规定。

在资金来源方面明确规定，职业年金所需费用由单位和工作人员个人共同承担。单位缴纳职业年金费用的比例为本单位工资总额的8%，个人缴费比例为本人缴费工资的4%，由单位代扣。单位和个人缴费基数与机关事业单位工作人员基本养老保险缴费基数一致。除了单位缴费和个人缴费之外，职业年金的基金投资运营收益和国家规定的其他收入也是职业年金基金的来源方式。在管理模式方面，中国的职业年金制度采用个人账户方式管理。个人缴费实行实账积累。对财政全额供款的单位，单位缴费根据单位提供的信息采取记账方式，每年按照国家统一公布的记账利率计算利息，工作人员退休前，本人职业年金账户的累计储存额由同级财政拨付资金记实；对非财政全额供款的单位，单位缴费实行实账积累。实账积累形成的职业年金基金，实行市场化投资运营，按实际收益计息。工作人员变动工作单位时，职业年金个人账户资金可以随同转移。领取职业年金的情况有三种：（一）工作人员在达到国家规定的退休条件并依法办理退休手续后，由本人选择按月领取职业年金待遇的方式。可一次性用于购买商业养老保险产品，依据保险契约领取待遇并享受相应的继承权；可选择按照本人退休时对应的计发月数计发职业年金月待遇标准，发完为止，同时职业年金个人账户余额享有继承权。本人选择任一领取方式后不再更改。（二）出国（境）定居人员的职业年金个人账户资金，可根据本人要求一次性支付给本人。（三）工作人员在职期间死亡的，其职业年金个人账户余额可以继承。

职业年金制度的建立是机关事业单位养老金制度改革的重要内容，它有效弥补了机关事业单位基本养老保险制度改革导致的待遇下降，初步实现了机关事业单位养老金责任体系的优化。

38.中国社会保障改革与发展战略研究项目

中国社会保障改革与发展战略研究项目，是全国人大常委、中国人民大学郑功成教授于 2007 年发起，组织全国社会保障及相关领域专家学者开展的国家重大发展战略研究项目，是中国理论界对中国社会保障改革与发展蓝图进行战略思考的集体智慧结晶。

中国社会保障改革与发展战略研究项目历经四年时间，主要分为两大阶段。前期集中研究中国社会保障的建制理念与原则、总体目标与思路、战略步骤与基本措施，形成了核心研究成果，即 2008 年由人民出版社出版的《中国社会保障改革与发展战略 —— 理念、目标与行动方案》。后期在核心研究报告的指导下，围绕养老保险、医疗保障、救助与福利设立了 30 多个子项目，由相关专家学者分别组成课题组开展研究，形成了最终研究成果，即 2011 年由人民出版社出版的《中国社会保障改革与发展战略》（包括《总论卷》、《养老保险卷》、《医疗保障卷》、《救助与福利卷》四卷）。

《中国社会保障改革与发展战略·总论卷》包括中国社会保障改革与发展战略（总报告），中国城乡社会保障制度一体化研究，中国基本社会保障服务均等化研究，中国社会保障经办体制研究，中国社会保障信息化建设研究，中国社会保障政府财政责任研究，中国军人保险发展战略研究，中国失业保险制度发展战略研究八个部分，末附中国社会保障发展战略研究进程，共九个部分。《中国社会保障改革与发展战略·养老保险卷》包括中国养老保险改革与发展战略（核心报告）：老有所养及其发展路径，中国覆盖城乡居民的社会养老保险体系研究，中国职工基本养老保险全国统筹方案研究，中国公职人员养老保障制度发展战略研究，中国农民社会养老保险制度发展战略研究，中国职业年金发展战略研究，中国基本养老保险的财政投入机制研究，中国养老保险制度改革中的中央与地方关系研究，中国职工养老保险基金投资战略研究和中国退休年龄延迟方案研究 10 个部分。《中国社会保障改革与发展战略·医疗保障卷》包括中国医疗保障改革与发展战略（核心报告）：病有所医及其发展路径，中国城乡居民医疗保障制度整合与发展研究，中国城镇职工基本医疗保险制度完善的路径研究，中国社会医疗保险制度发展中的公平与效率研究，中国西部地区医疗保障发展战略研究，中国医疗救助制度发展战略研究，中国长期护理保险制度构建研究，中国工伤保障制度发展战略研究，中国医疗保障管理体制改革与发展战略研究和中国医疗保障改革的配套措施研究 10 个部分。《中国社会保障改革与发展战略·救助与福利卷》包括中国社会救助改革与发展战略（核心报告）：从生存救助到综合救助，中国社会福利改革与发展战略（核心报告）：从照顾弱者到普惠全民，中国综合型社会救助制度发展战略研究，中国慈善事业发展战略研究，中国老年津贴制度研究，中国老年服务体系发展战略研究，中国教育福利事业发展战略研究，中国儿童福利事业发展战略研究，中国儿童福利事业发展战略研究，中国城乡社区服务体系发展研究十个部分。

该研究项目跨过五个年头，组成一个核心组和30多个分项目组，200多位专家学者和200多位各级官员参与研讨，到20多个省市区开展专题调研，召开大小规模专家研讨会30多次，到12省4部委召开征求意见会16次，召开或合作召开国际会议10多次，与德国、日本、韩国等多个国家进行了直接交流。研究成果得到多位中央领导同志批示，10多篇研究报告在第四、第五、第六届社会保障国际论坛和第四届中国社会保障论坛、首届中国社会救助论坛、第五届中欧社会保障高层圆桌会议等重要会议上报告，《人民日报》、《光明日报》、《新华文摘》等重要报刊发表或报道项目成果及观点数十次。

中国社会保障改革与发展战略研究是在中国社会保障立法和制度改革的关键时期，由理论学术界自发开展的国家重大战略研究，该项研究凝聚了理论学术界对肯定社会保障意义、健全社会保障体系、完善社会保障制度的理论共识，为当时的一些重要社会保障制度改革提供了理论背景与政策方案。此后，中国社会保障制度改革的实践也充分说明了该项研究的理论价值和对中国社会保障制度改革发展的指导意义。

39. 机关事业单位养老保险改革

机关事业单位养老金制度是我国基本养老保险体系的重要组成部分。改革开放之后，伴随着企业职工基本养老保险制度"统账结合"模式的确立与发展，机关事业单位离退休人员与企业退休职工的养老金待遇差别持续拉大，机关事业单位工作人员在工作期间无须缴纳养老保险费，但其养老金水平却普遍高于企业退休职工，由此造成的"双轨制"严重破坏了基本养老保险制度的公平性，不利于劳动力的自由流动，改革呼声日益高涨。

2008年3月，国务院发出《关于印发事业单位工作人员养老保险制度改革试点方案的通知》，要求根据分类推进事业单位改革的需要，遵循权利与义务相对应、公平与效率相结合、保障水平与经济发展水平及各方面承受能力相适应的原则，逐步建立起独立于事业单位之外、资金来源多渠道、保障方式多层次、管理服务社会化的养老保险体系。《改革试点方案》对事业单位养老保险制度的制度模式、缴费标准、待遇水平、统筹层次等内容以及改革的保障措施等进行了明确规定。

在制度模式方面，《改革试点方案》规定，实行社会统筹与个人账户相结合的基本养老保险制度。在缴费标准方面，规定事业单位基本养老保险费由单位和个人共同负担，单位缴纳基本养老保险费的比例,一般不超过单位工资总额的 20%,个人缴纳基本养老保险费的比例为本人缴费工资的 8%,由单位代扣。个人工资超过当地在岗职工平均工资 300%以上的部分,不计入个人缴费工资基数;低于当地在岗职工平均工资 60% 的,按当地在岗职工平均工资的 60% 计算个人缴费工资基数。按本人缴费工资 8% 的数额建立基本养老保险个人账户,全部由个人缴费形成。做实个人账户的起步比例为 3%,以后每年提高一定比例,逐步达到 8%。个人账户储存额只能用于本人养老,不得提前支取。参保人员死亡的,其个人账户中的储存余额可以继承。在待遇水平方面,将不同类型的人群进行了区分:第一种是《改革试点方案》实施后参加工作、个人缴费年限(含视同缴费年限,下同)累计满 15 年的人员,退休后按月发给基本养老金。基本养老金由基础养老金和个人账户养老金组成,退休时的基础养老金月标准以当地上年度在岗职工月平均工资和本人指数化月平均缴费工资的平均值为基数,缴费每满 1 年发给 1%。个人账户养老金月标准为个人账户储存额除以计发月数,计发月数根据本人退休时城镇人口平均预期寿命、本人退休年龄、利息等因素确定。第二种是《改革试点方案》实施前参加工作、实施后退休且个人缴费年限累计满 15 年的人员,按照合理衔接、平稳过渡的原则,在发给基础养老金和个人账户养老金的基础上,再发给过渡性养老金。第三种是《改革试点方案》实施后达到退休年龄但个人缴费年限累计不满 15 年的人员,不发给基础养老金,个人账户储存额一次性支付给本人,终止基本养老保险关系。第四种是《改革试点方案》实施前已经退休的人员,继续按照国家规定的原待遇标准发放基本养老金,参加国家统一的基本养老金调整。

事业单位养老金制度改革的试点方案是参照职工基本养老保险制度来设计的,但由于该改革方案只局限于部分地区,并且将机关事业单位的人员进行区分,只改革事业单位人员养老金制度,却未改革行政机关人员的养老金制度,因此在试点省市并无实质性的进展。2014 年底,国务院副总理马凯在向全国人大常委会做关于统筹推进城乡社会保障体系建设工作情况的报告时透露,机关事业单位养老金改革方案已经拟定,并经国务院常务会议和中央政治局常委会审议通过。改革的基本思路是"一个统一、五个同步"。"一个统一",即党政机关、事业单位建立与企业相同基本养老保险制度,实行单位和个人缴费,改革退休费计发办法,从制度和机制上化解"双轨制"矛盾。"五个同步",即机关与事业单位同步改革,职业年金与基本养老保险制度同步建立,养老保险制度改革与完善工资制度同步推进,待遇调整机制与计发办法同步改革,改革在全国范围同步实施。2015 年 1 月 14 日,国务院发布了《关于机关事业单位工作人员养老保险制度改革的决定》,改革方案充分体现了"一个统一、五个同步"的基本思路,与 2008 年的事业单位养老金制度框架也基本一致,只是改革对象从仅限于事业单位拓宽到机关事业单位同步改革,改革方式从部分地区试点转变为全国统一推进。

机关事业单位养老保险制度改革既是我国行政事业单位制度改革的重要组成部分，也是我国基本养老保险制度完善的重要举措，它基本解决了机关事业单位与企业职工养老保险的"双轨制"问题，通过结构优化的方式，在维持机关事业单位人员总体养老金水平的前提下，实现了责任的合理分担，提高了基本养老保险制度的公平性，也有利于促进统一劳动力市场的形成。

40. 中国社会保障30人论坛

中国社会保障30人论坛是由中国社会保障学界的有识之士，在人民网的支持下，于2009年4月酝酿、2009年9月在北京正式共同发起组成的高层学术群体。论坛宗旨是：为健全社会保障、提升人民福祉、促进社会和谐献策献力，共同推进中国社会保障理论与政策的科学发展。论坛以公益性、学术性为原则，通过论坛年会、专题研讨会、民生与社会保障讲堂等形式开展学术交流活动。论坛的定位是：秉持学术讨论与政策研究并重，既致力于澄清社会保障重大基础理论问题，发出社会保障学界理性的声音；又集中于国内社会保障技术支撑、政策选择、制度设计、立法规划方面的研究，用论坛成员研究的思想精华对中国社会保障改革及制度发展起推动作用。

中国社会保障30人论坛的活动方式主要包括五个方面：第一，论坛与人民网、中国劳动社会保障出版社等建立合作关系。作为论坛合作方，人民网提供相应的专题网页发布中国社会保障30人论坛信息、论坛成员的信息，搜集整理论坛成员的观点，提供论坛成员与网民直接交流的平台。作为论坛合作方，中国劳动社会保障出版社结集出版论坛及其成员的相关成果。由该出版社出版的《社会保障研究（京）》也是中国社会保障30人论坛的理论园地。第二，论坛年会。论坛从2010年起，每年举行一届全体会议，讨论当年度重大理论与政策问题。2010年至2014年中国社会保障30人论坛年会的主题分别为"2010年中国社会保障重大问题"、"中国社会保障改革与发展战略"、"城乡统筹：走向公平的社会保障"、"社会保障与收入分配"和"建立公平、可持续的社会保障制度"。在每一届的年会上，除了开展学术研讨和政策对话之外，还会公布由中国社会保障30人论坛成员投票选出的上年度社会保障十大事件，得到了媒体的高度关注。第三，民生与社会保障讲堂。中国社会保障30人论坛在人民网相关专栏不定期开设民生与社会保障理论和政策讲堂，由论坛成员与人民网网友直接对话。第四，专题研讨会。论坛不定期举行理论与政策研讨会，曾先后举行过社会保险法专题研讨会、珠三角社保改革研讨会、中国社会保障30人论坛上海峰会等。第五，成果发布。一是在人民网发布；二是由中国劳动社会保障出版社结集出版论坛成员年度重要成果及年会成果；三是形成的重大政策建议书用适当形式提交决策层与主管部门参考。

中国社会保障30人论坛作为中国社会保障学界的高层学术团体，有力推动了中国社会保障的理论建设、学科发展与制度建设。论坛每年召开的年会都吸引了百余名专家学者和相关部委的领导参加，进行政策对话；论坛年会发布的上一年度中国社会保障十大事件都为媒体和民众所高度关注。2015年，中国社会保障学会正式成立，中国社会保障30人论坛的历史使命基本完成。

41.医疗保险体制改革

为建立中国特色医药卫生体制，逐步实现人人享有基本医疗卫生服务的目标，提高全民健康水平，2009年3月，中共中央、国务院下发《关于深化医药卫生体制改革的意见》（以下简称《意见》），提出深化医药卫生体制改革的总体目标是建立健全覆盖城乡居民的基本医疗卫生制度，为群众提供安全、有效、方便、价廉的医疗卫生服务。

《意见》提出，建设覆盖城乡居民的公共卫生服务体系、医疗服务体系、医疗保障体系和药品供应保障体系，形成四位一体的基本医疗卫生制度。其中，医疗保障体系改革的目标是加快建立和完善以基本医疗保障为主体，其他多种形式补充医疗保险和商业健康保险为补充，覆盖城乡居民的多层次医疗保障体系。其中包括建立覆盖城乡居民的基本医疗保障体系。城镇职工基本医疗保险、城镇居民基本医疗保险、新型农村合作医疗和城乡医疗救助共同组成基本医疗保障体系，分别覆盖城镇就业人口、城镇非就业人口、农村人口和城乡困难人群。因此，医疗保险体制改革成为医疗卫生体制改革的重要组成部分。

根据《意见》的精神，2009年3月18日，国务院印发了《医药卫生体制改革近期重点实施方案（2009—2011年）》（以下简称《重点实施方案》）。《重点实施方案》指出要在2009—2011年重点抓好五项改革：一是加快推进基本医疗保障制度建设，二是初步建立国家基本药物制度，三是健全基层医疗卫生服务体系，四是促进基本公共卫生服务逐步均等化，五是推进公立医院改革试点。在加快推进基本医疗保障制度建设方面，首先是扩大基本医疗保障覆盖面，第二是提高基本医疗保障水平，第三是规范基本医疗保障基金管理，第四是完善城乡医疗救助制度，第五是提高基本医疗保障管理服务水平。

为落实医疗保险体制改革，进一步完善医疗保险制度，这个时期还出台了一系列政策，包括2009年4月人力资源和社会保障部、财政部下发《关于全面开展城镇居民基本医疗保险工作的通知》；2009年7月，卫生部等部门下发《关于巩固和发展新型农村合作医疗制度的意见》；2009年5月，人力资源和社会保障部等部门下发《关于妥善解决关闭破产国有企业退休人员等医疗保障有关问题的通知》；2009年7月，财政部、人力资源和社会保障部下发《关于进一步加强基本医疗保险基金管理的指导意见》等。这个时期的医疗保险体制改革进一步提高了医疗保险制度的覆盖面和报销比例，医疗保险谈判机制和支付方式得到进一步完善，有力支持了整个医疗卫生体制的改革。

42.新型农村社会养老保险

我国农村社会养老保险制度是从20世纪80年代中期开始探索，90年代初进行试点并逐步建立起来的。由于制度本身设计存在缺陷等种种因素的影响，农村社会养老保险在实施过程中遇到了一些困难和问题，难以推进。1999年，国务院对农村社会养老保险进行清理整顿，要求停办新业务，将农村社会养老保险逐步过渡为商业保险，使得农村社会养老保险处于停滞的状态。2002年，党的十六大报告提出"有条件的地方，探索建立农村养老、医疗保险和最低生活保障制度"，2003年，劳动和社会保障部连续下发了《关于当前做好农村社会养老保险工作的通知》和《关于认真做好当前农村社会养老保险的通知》，要求各地积极稳妥地推进农村社会养老保险工作，一些地方开始探索建立新型农村社会养老保险。其中，陕西省宝鸡市建立的由非缴费型老年津贴和完全积累的个人账户共同构成的"统账结合"的新型农村养老保险制度得到关注，并成为新型农村社会养老保险制度的基本模式。

2009年9月1日，国务院颁发《关于开展新型农村社会养老保险试点的指导意见》（以下简称《指导意见》），决定开展新型农村社会养老保险试点工作。《指导意见》提出新型农村社会养老保险试点的基本原则是"保基本，广覆盖，有弹性，可持续"，按照个人缴费、集体补助、政府补贴相结合的要求，建立新型农村社会养老保险制度。

《指导意见》对新型农村社会养老保险制度的参保对象、制度模式、筹资方式、待遇领取条件和待遇水平等进行了规定。在参保对象方面，凡是年满16周岁的非在校学生，未参加城镇职工基本养老保险的农村居民，均可以在户籍地自愿参加农村社会养老保险。在制度模式方面，新型农村社会养老保险制度实行社会统筹和个人账户相结合的模式。国家为每个新农保参保人建立终身记录的养老保险个人账户。个人缴费，集体补助及其他经济组织、社会公益组织、个人对参保人缴费的资助，地方政府对参保人的缴费补贴，全部记入个人账户。个人账户储存额每年参考中国人民银行公布的金融机构人民币一年期存款利率计息。

在筹资方式方面，新农保基金由个人缴费、集体补助、政府补贴构成。凡参加新农保的农村居民应当按规定缴纳养老保险费。缴费标准设定为每年100元、200元、300元、400元、500元5个档次，地方可以根据实际情况增设缴费档次。参保人自主选择档次缴费，多缴多得。有条件的村集体应当对参保人缴费给予补助，补助标准由村民委员会召开村民会议民主确定。鼓励其他经济组织、社会公益组织、个人为参保人缴费提供资助。地方政府应当对参保人缴费给予补贴，补贴标准不低于每人每年 30 元；对选择较高档次标准缴费的，可给予适当鼓励，具体标准和办法由省（区、市）人民政府确定。对农村重度残疾人等缴费困难群体，地方政府为其代缴部分或全部最低标准的养老保险费。

《指导意见》规定，年满 60 周岁、未享受城镇职工基本养老保险待遇的农村有户籍的老年人，可以按月领取养老金。新农保制度实施时，已年满 60 周岁、未享受城镇职工基本养老保险待遇的，不用缴费，可以按月领取基础养老金，但其符合参保条件的子女应当参保缴费；距领取年龄不足 15 年的，应按年缴费，也允许补缴，累计缴费不超过 15 年；距领取年龄超过 15 年的，应按年缴费，累计缴费不少于 15 年。在待遇水平方面，养老金待遇由基础养老金和个人账户养老金组成，支付终身。中央确定的基础养老金标准为每人每月 55 元（2015 年上调至每人每月 70 元）。其中，中央财政对中西部地区按中央确定的基础养老金标准给予全额补助，对东部地区给予 50% 的补助。地方政府可以根据实际情况提高基础养老金标准。对于长期缴费的农村居民，可适当加发基础养老金，提高和加发部分的资金由地方政府支出。个人账户养老金的月计发标准为个人账户全部储存额除以 139。参保人死亡，个人账户中的资金余额，除政府补贴外，可以依法继承；政府补贴余额用于继续支付其他参保人的养老金。除此之外，《指导意见》还对新型农村社会养老保险制度的基金管理与监督、经办管理服务以及相关制度衔接进行了规定。

新型农村社会养老保险制度首次明确了政府在农民养老保险中的责任，并在全国范围内迅速铺开，但其"捆绑参保"（即新农保制度实施时，年满 60 周岁的农村老年人领取基础养老金的前提是其符合参保条件的子女应当参保缴费）、参保对象年龄要求过低，以及因缺乏个人账户资金投资管理办法导致记账利率较低等问题也日益暴露。2014 年初，新型农村社会养老保险制度与城镇居民社会养老保险制度合并实施成为城乡居民社会养老保险制度。

43.国务院关于试行社会保险基金预算的意见

伴随着各项社会保险制度参保人数的扩大，社会保险基金的规模也日益增大，但基层的社会保险基金管理却存在诸多不规范的现象，乱用、挪用社会保险基金的情况频频发生。为了规范社会保险基金管理，提高社会保险基金的自我平衡能力，中央政府决定实施社会保险基金预算制度。社会保险基金预算与公共财政预算、政府性基金预算以及国有资本经营预算共同构成我国的预算体系，社会保险基金预算有利于实现社会保险基金的自我平衡，有利于处理好财政性资金与社会保险资金的关系。2010年1月6日，国务院公布《关于试行社会保险基金预算的意见》（以下简称《意见》），社会保险基金预算制度正式建立。《意见》对社会保险基金预算编制的范围、方法、过程、执行与调整以及基金决算等内容进行了明确规定。

《意见》指出，社会保险基金预算应遵循以下基本原则：一是依法建立，规范统一；二是统筹编制，明确责任；三是专项基金，专款专用；四是相对独立，有机衔接；五是收支平衡，留有结余。

《意见》要求，社会保险基金预算按险种分别编制，包括企业职工基本养老保险基金、失业保险基金、城镇职工基本医疗保险基金、工伤保险基金、生育保险基金等内容。同时，对各项社会保险基金预算收入和预算支出的内容也进行了明确的规定。在编制方法上，社会保险基金收入预算的编制应综合考虑统筹地区上年度基金预算执行情况、本年度经济社会发展水平预测以及社会保险工作计划等因素，包括社会保险参保人数、缴费人数、缴费工资基数等。社会保险基金支出预算的编制应综合考虑统筹地区本年度享受社会保险待遇人数变动、经济社会发展状况、社会保险政策调整及社会保险待遇标准变动等因素。统筹地区人民政府应根据社会保险基金收支、财政收支等情况，合理安排本级财政对社会保险基金的补助支出。在编制程序上，统筹地区社会保险基金预算草案由社会保险经办机构编制，经本级人力资源社会保障部门审核汇总，财政部门审核后，由财政和人力资源社会保障部门联合报本级人民政府审批，本级人民政府审批后，报上一级财政和人力资源社会保障部门。全国社会保险基金预算草案由人力资源社会保障部汇总编制，财政部审核后，由财政部和人力资源社会保障部联合向国务院报告。

《意见》要求，社会保险基金预算草案经统筹地区人民政府批准后，由财政和人力资源社会保障部门批复，社会保险经办机构具体执行。社会保险经办机构应严格按照批准的预算和规定的程序执行，并定期向本级人力资源社会保障和财政部门报告。社会保险基金预算不得随意调整。在执行中因特殊情况需要增加支出或减少收入，应当编制社会保险基金预算调整方案。社会保险基金预算调整由统筹地区社会保险经办机构提出调整方案，经人力资源社会保障部门审核汇总，财政部门审核后，由财政和人力资源社会保障部门联合报本级人民政府批准。年度终了，统筹地区社会保险经办机构应按有关规定编制年度社会保险基金决算草案，经人力资源社会保障部门审核汇总，财政部门审核后，由财政和人力资源社会保障部门联合报本级人民政府审批，本级人民政府审批后，报上一级财政和人力资源社会保障部门。全国社会保险基金决算草案由人力资源社会保障部汇总编制，财政部审核后，由财政部和人力资源社会保障部联合向国务院报告。

社会保险基金预算制度是社会保险基金管理的重要方式，它既提高了各项社会保险基金的安全性，也有利于社会保险经办部门做到心中有数，提高社会保险基金自我平衡的能力。

44.在中国境内就业的外国人参加社会保险暂行办法

随着我国改革开放程度的日益提高，在中国境内就业的外国人也日益增多，他们的社会保险问题如何解决也就提上了议事日程。1996年，当时的劳动和社会保障部发布的《外国人在中国就业管理规定》指出，在中国就业的外国人的工作时间、休息休假、劳动安全卫生以及社会保险按国家有关规定执行，但在具体操作层面，并未有相关政策给予明确规定。2011年7月1日，《中华人民共和国社会保险法》正式实施，《社会保险法》第九十七条规定，"外国人在中国境内就业的，参照本法规定参加社会保险"，第一次以国家立法的形式对外国人参保问题作出明确规定。2011年9月6日，人力资源和社会保障部颁布《在中国境内就业的外国人参加社会保险暂行办法》（以下简称《暂行办法》），对外国人参加社会保险的具体内容进行了明确和规范。

《暂行办法》明确提出，在中国境内就业的外国人，是指依法获得《外国人就业证》、《外国专家证》、《外国常驻记者证》等就业证件和外国人居留证件，以及持有《外国人永久居留证》，在中国境内合法就业的非中国国籍的人员。用人单位招用未依法办理就业证件或者持有《外国人永久居留证》的外国人的，则按照《外国人在中国就业管理规定》处理。在实践中，外国人在中国就业主要有两种用工方式，即直接雇佣和境外派遣。直接雇佣是指境内的用人单位直接与外国人建立劳动关系，签订劳动合同；而境外派遣是指外国人与境外雇主订立雇佣合同后，被派遣到中国境内的工作单位工作，这两种情况都包含在本次外籍员工参保的政策范围内。

《暂行办法》提出，依法招用外国人的用人单位，应在为其办理就业证件之日起30日内，办理社会保险登记；受境外雇主派遣到境内用人单位工作的外国人，由境内用人单位为其办理社会保险登记。

《暂行办法》要求，外国人在中国境内就业，应当依法参加职工基本养老保险、职工基本医疗保险、工伤保险、失业保险和生育保险，由单位和个人共同缴费。在社会保险待遇享受方面，可以分为三种情况：一是参加社会保险的外国人，符合条件的，依法享受社会保险待遇。二是在达到中国规定的领取养老金年龄前离境的，其个人账户予以保留，再次来中国就业的，缴费年限可以累计计算，经本人书面申请的，社会保险经办机构也可以将其个人账户储存额一次性支付给本人，并终止其职工基本养老保险关系。三是参保人死亡的，其职工基本养老保险个人账户余额可以继承。

国际上处理双重或者多重参加社会保险问题的通行做法是签订双边或者多边协议。目前，我国已与德国、韩国、丹麦签订了互免社会保险缴费的协议。根据互免双边协议的规定，对具有与中国签订互免社会保险缴费协议国的国籍，并提供协议国出具的《参保证明》的外国人可免除协议规定险种的缴费义务，同时也不享受中国社会保险待遇。

依法参加社会保险的外国人与用人单位或者境内工作单位因社会保险发生争议的，可以与中方员工一样申请调解、仲裁、提起诉讼，也可以要求社会保险行政部门或者社会保险费征收机构依法处理。社会保险经办机构应当根据《外国人社会保障号码编制规则》，为外国人建立社会保障号码，并发放中华人民共和国社会保障卡，社会保障号码终身不变。

外国人在中国境内就业时参加社会保险，既有利于维护他们的合法权益，也体现了对劳动者公平对待的原则，是中国建设公平劳动力市场环境的重要体现。到2013年，在华就业的外国人参加各项社会保险已经达到20万人次。

45.城镇居民基本养老保险制度

20世纪90年代，职工基本养老保险制度建立，2009年，新型农村社会养老保险制度开始试点，机关事业单位也有相对独立的离退休金制度，而只有城镇非就业群体尚未有相应的养老保险制度。为了实现基本养老保险制度的全覆盖，"十二五"规划和《社会保险法》都明确提出要建立和完善城镇居民养老保险制度。2011年7月1日，国务院印发《关于开展城镇居民社会养老保险试点的指导意见》（以下简称《指导意见》），决定于2011年7月1日起开展城镇居民社会养老保险试点。城镇居民基本养老保险制度的建立标志着我国的基本养老保险体系已经实现了制度全覆盖。

城镇居民基本养老保险制度的模式与新型农村社会养老保险制度基本相同。《指导意见》提出，城镇居民养老保险根据"保基本，广覆盖，有弹性，可持续"的原则，建立个人缴费、政府补贴相结合的城镇居民养老保险制度，实行社会统筹和个人账户相结合，与家庭养老、社会救助、社会福利等其他社会保障政策相配套，保障城镇居民的养老生活。

《指导意见》要求，在资金筹集的结构上，城镇居民养老保险基金主要由个人缴费和政府补贴构成。参加城镇居民养老保险的城镇居民按规定缴纳养老保险费。缴费标准设为每年100元、200元、300元、400元、500元、600元、700元、800元、900元、1000元10个档次，地方人民政府可以根据实际情况增设缴费档次。参保人自主选择档次缴费，多缴多得。

《指导意见》提出，在养老金待遇方面，政府对符合待遇领取条件的参保人全额支付城镇居民养老保险基础养老金，中央确定的基础养老金标准为每人每月55元（2015年提高到70元）。其中，中央财政对中西部地区按中央确定的基础养老金标准给予全额补助，对东部地区给予50%的补助。地方人民政府应对参保人员缴费给予补贴，补贴标准不低于每人每年30元；对选择较高档次标准缴费的，可给予适当鼓励，具体标准和办法由省（区、市）人民政府确定。对城镇重度残疾人等缴费困难群体，地方人民政府为其代缴部分或全部最低标准的养老保险费。养老金待遇由基础养老金和个人账户养老金构成，支付终身。中央确定的基础养老金标准为每人每月55元。地方人民政府可以根据实际情况提高基础养老金标准，对于长期缴费的城镇居民，可适当加发基础养老金，提高和加发部分的资金由地方人民政府支出。个人账户养老金的月计发标准为个人账户储存额除以139。参保人员死亡，个人账户中的资金余额，除政府补贴外，可以依法继承；政府补贴余额用于继续支付其他参保人的养老金。参加城镇居民养老保险的城镇居民，年满60周岁，可按月领取养老金。城镇居民养老保险制度实施时，已年满60周岁，未享受职工基本养老保险待遇以及国家规定的其他养老待遇的，不用缴费，可按月领取基础养老金；距领取年龄不足15年的，应按年缴费，也允许补缴，累计缴费不超过15年；距领取年龄超过15年的，应按年缴费，累计缴费不少于15年。

《指导意见》要求，在对社会保障基金的管理方面，城镇居民养老保险基金纳入社会保障基金财政专户，实行收支两条线管理，单独记账、核算，按有关规定实现保值增值。试点阶段，城镇居民养老保险基金暂以试点县（区、市、旗）为单位管理，随着试点扩大和推开，逐步提高管理层次；有条件的地方可直接实行省级管理。

城镇居民养老保险制度是继新型农村社会养老保险试点后，党中央、国务院为加快建设覆盖城乡居民的社会保障体系作出的又一重大战略部署。2014年初，城镇居民社会养老保险与新型农村社会养老保险合并实施，成为城乡居民社会养老保险。

46.中华人民共和国社会保险法

2004年3月，十届全国人大二次会议通过宪法修正案，在宪法的第十四条中增加了一款新的内容："国家建立健全同经济发展水平相适应的社会保障制度。"但是，在作为我国社会保障体系核心内容的社会保险领域，虽然颁布了大量的行政法规、规章和相关文件，但一直缺乏一部统一的基础性法律。各项法律法规条块化、分割化问题严重，社会保险法治化水平比较低。2003年，由原劳动和社会保障部牵头，经多方研究讨论后，形成《社会保险法（草案）》，2007年由国务院提交全国人大常委会审议。经对草案的四次审议、五易其稿，2010年10月28日，《中华人民共和国社会保险法》（以下简称《社会保险法》）由十一届全国人大常委会第十七次会议审议通过，并由国家主席胡锦涛签署第35号主席令予以颁布，自2011年7月1日起正式施行。《社会保险法》的颁布实施标志我国社会保险领域进入了有法可依的社会保障事业法治化时代。

《社会保险法》分12章98条,分别是总则、基本养老保险、基本医疗保险、工伤保险、失业保险、生育保险、社会保险费征缴、社会保险基金、社会保险经办、社会保险监督、法律责任和附则。其中,总则部分明确了社会保险的基本原则、管理主体,明确了公民的社会保险权。第二章到第六章,分章对各项社会保险制度进行了明确规定。第七章到第十章,分流程对社会保险的费用征缴、基金管理、业务经办和监督进行了规定。第十一章规定了社会保险权利义务关系中的法律责任和司法救济方式。附则对进城务工农民、被征地农民以及在中国境内就业的外国人的社会保险权予以了明确。《社会保险法》出台后,主管部门还出台了一系列实施细则,以确保《社会保险法》的贯彻落实。

《社会保险法》的制定与出台经历了一个较为漫长的过程。2007年12月,十届全国人大常委会第三十一次会议对《社会保险法(草案)》进行第一次审议。审议之后,全国人大常委、中国人民大学郑功成教授为常委会委员作了有关社会保险立法的报告。2008年12月,十一届全国人大常委会第六次会议对《社会保险法》进行第二次审议;2009年12月,十一届全国人大常委会第十二次会议对《社会保险法》进行第三次审议;2010年10月,十一届全国人大常委会第十七次会议对《社会保险法》进行了第四次审议。

《社会保险法》是我国社会法部门中的支柱性法律,是我社会保障法中的主体性法律,是社会保险的基本法。《社会保险法》是一部综合法,而非单行法,主要规定了一些原则性的内容。《社会保险法》的实质是确权与赋权,即确认劳动者和公民有哪些社会保险权利,赋予他们什么样的社会保险权利。《社会保险法》的核心就是调整利益关系,是以调整劳资利益关系为基础,同时,涉及政府、劳动者、资方三方利益关系的协调与调整。《社会保险法》是具有中国特色的一部法律。这种特色在于:首先,它是一部综合法,包括养老、医疗、失业、工伤、生育五个险种,不仅劳动者,其他公民也包括在里面。其次,它具有发展性。《社会保险法》留有发展的可能性和空间,具有灵活性。最后,它具有特殊性,即《社会保险法》既需要规范现有的社会保险关系,也需要解决历史遗留问题。

《社会保险法》解决的问题包括:第一,明确了劳动者与公民的社会保险权,即比较清晰地规定了《社会保险法》的适用范围,不同的项目之间有不同的规范。第二,明确了社会保险的责任分担机制。《社会保险法》规定了对困难群体以及基金收不抵支时政府的责任,政府应是担保人角色,承担财政兜底责任。这种责任分担机制也确保了制度的可靠性。第三,明确了社会保险的制度框架,即五大保险项目。包括基本养老保险、基本医疗保险、工伤保险、失业保险和生育保险。第四,明确了社会保险的运行监督机制。这个监督机制包括立法机关的监督,行政机关的监督,司法机关的监督,还有社会保险要接受工会的监督以及社会的监督，做到信息公开、透明。第五，明确了各主体的法律责任，即在什么情形下各主体应该承担什么样的法律责任。第六，解决了一些历史遗留问题。例如关于"视同缴费"政策，本次《社会保险法》规定由政府负责，并提供财政补贴。第七，确认了社会保险在整个社会保障制度中的地位。

《社会保险法》的颁布实施是我国社会保险法治进程中的标志性事件。与其他国家社会保障制度普遍先行立法不同，我国的社会保险制度改革实践先于社会保险立法，因此，我国的社会保险立法既明确了我国社会保险制度改革中一些关键问题，也是对实践中成熟的社会保险改革措施的立法肯定。在《社会保险法》的实施过程中，还遇到了一些新的问题，《社会保险法》也需要不断完善，不断细化。

47.城乡居民大病保险

基本医疗保险制度是社会保险的重要项目。2003年，国务院办公厅转发卫生部等部门《关于建立新型农村合作医疗制度的意见》，新型农村合作医疗制度开始建立；2007年，国务院下发《关于开展城镇居民基本医疗保险试点的指导意见》，城镇居民基本医疗保险制度开始建立。无论是新型农村合作医疗制度，还是城镇居民基本医疗保险制度，都遵循保基本的原则，缴费水平比较低，医疗费用报销比例也相应较低，从而无法有效化解遭遇重特大疾病群众的风险。在这样的背景下，2012年8月30日，国家发展改革委、卫生部、财政部、人社部、民政部、保险监督管理委员会六部委发布《关于开展城乡居民大病保险工作的指导意见》（以下简称《意见》），明确针对城镇居民医保、新农合参保（合）者大病负担重的情况，引入市场机制，建立大病保险制度，减轻城乡居民的大病负担，要求大病医保报销比例不低于50%。

《意见》指出，城乡居民大病保险的保障对象为已参加城镇居民医疗保险或新型农村合作医疗的参保人。在筹资机制方面，各地可结合当地经济社会发展水平、医疗保险筹资能力、患大病发生高额医疗费用的情况、基本医疗保险补偿水平以及大病保险保障水平等因素，科学合理确定筹资标准。同时，从城镇居民医保基金、新农合基金中划出一定比例或额度作为大病保险资金。城镇居民医保和新农合基金有结余的地区，利用结余筹集大病保险资金；结余不足或没有结余的地区，在城镇居民医保、新农合年度提高筹资时统筹解决资金来源，逐步完善城镇居民医保、新农合多渠道筹资机制。

《意见》提出，在保障范围方面，大病保险主要在参保（合）人患大病发生高额医疗费用的情况下，对城镇居民医保、新农合补偿后需个人负担的合规医疗费用给予保障。高额医疗费用，可以个人年度累计负担的合规医疗费用超过当地统计部门公布的上一年度城镇居民年人均可支配收入、农村居民年人均纯收入为判定标准，具体金额由地方政府确定。合规医疗费用，指实际发生的、合理的医疗费用（可规定不予支付的事项），具体由地方政府确定。各地也可以从个人负担较重的疾病病种起步开展大病保险。

《意见》明确提出，城乡居民大病保险采取向商业保险公司购买的方式。地方政府卫生、人力资源社会保障、财政、发展改革部门制定大病保险的筹资、报销范围、最低补偿比例，以及就医、结算管理等基本政策要求，并通过政府招标选定承办大病保险的商业保险机构。符合基本准入条件的商业保险机构自愿参加投标，中标后以保险合同形式承办大病保险，承担经营风险、自负盈亏。商业保险机构承办大病保险的保费收入，按现行规定免征营业税。《意见》还对商业保险机构承办大病医疗保险的合同管理、准入条件、管理服务水平以及加强政府对商业保险机构和医疗机构的监管进行了规定。

城乡居民大病保险是在基本医疗保障的基础上，对大病患者发生的高额医疗费用给予进一步保障的一项重要措施，但是否应当单独建制，以及承办主体商业保险公司的营利性与社会保险制度公共性之间的矛盾如何处理，仍有待实践的进一步检验。

48.中韩签署社会保险双边协定

随着中国改革开放程度的日益加深，外国来华工作的人员也越来越多。其中，韩国是来华工作人员数量较多的国家之一。在国际上，签署双边社会保险协定是解决劳动力跨国流动过程中社会保险权益的一种常用方法。为有效解决中韩两国在对方国工作的人员双重缴纳社会保险费的问题，中韩两国政府通过多轮谈判，于2012年12月26日签署了《关于实施中华人民共和国政府和大韩民国政府社会保险协定的行政协议》（以下简称《行政协议》）和《关于实施中华人民共和国政府和大韩民国政府社会保险协定议定书的谅解备忘录》。2012年10月29日正式签署了《中华人民共和国政府和大韩民国政府社会保险协定》（以下简称《协定》）和《中华人民共和国政府和大韩民国政府社会保险协定议定书》（以下简称《议定书》）。《协定》和《议定书》于2013年1月16日正式生效。

《协定》规定的互免险种范围，中国为城镇职工基本养老保险、新型农村社会养老保险、城镇居民社会养老保险、失业保险；韩国为国民年金、政府公务员年金、私立学校教职员工年金、雇佣保险。《协定》规定了中方适用免除在韩缴纳相关社会保险费的六类人员：派遣人员、短期就业人员、自雇人员和投资者、在航海船舶和航空器上受雇人员、外交和领事机构人员以及政府或公共机构受雇人员。《协定》规定了各方的主管机关、联络机构和经办机构。

《议定书》规定了韩方适用暂时免除在华人员缴纳保险费的险种、韩方适用暂时免除在华缴纳职工基本医疗保险费的人员、韩方适用暂时免除在华缴纳职工基本医疗保险费的条件以及韩方适用暂时免除在华缴纳职工基本医疗保险的期限。《行政协议》则规定了相关的申请程序、参保证明书与相关表格以及行政协助等内容。

中韩社会保险协定是我国社会保险法颁布实施以来中国政府与外国政府签署的第一个社会保险协定,妥善解决了两国有关人员在对方国工作期间的参保问题,减轻了相关企业和人员的负担。《协定》的签署将为两国在对方国家投资的企业和就业的人员提供更好的社保权益保障,进一步促进两国经贸和人员往来。

49.中华人民共和国军人保险法

军人保险是指通过国家立法,形成专门的军人保险基金,在军人遭遇到死亡、伤残、疾病、年老、退役等风险时,给予其一定经济补偿的一种社会保障制度。军人保险制度,对于激励军人安心服役,解除军人后顾之忧,促进国防和军队建设发挥了积极作用。

1995—1997年,军人保险制度经历了一个理论酝酿和论证的阶段。中央军委在《"九五"期间军队建设计划》和《"九五"期间军队后勤计划》中明确提出,要研究建立军人保险制度。为此,总后勤部专门成立军人保险论证组,对国家社会保障制度改革给军队带来的影响及对策问题,进行了大量的研究论证。1997年1月,中央军委常务会议专门开会研究军人保险问题。所有这些理论探索及其论证,为建立军人保险制度打下坚实的基础。1997年3月,八届全国人大五次会议通过的《中华人民共和国国防法》进一步明确了国家实行军人保险制度。在充分调查研究和反复酝酿的基础上,1997年3月成立了全军军人保险办公室。1998年7月经国务院、中央军委批准,总参谋部、总政治部、总后勤部和总装备部联合印发了《军人保险制度实施方案》,明确了实行军人保险制度的指导思想、原则和目标,确定设立军人伤亡保险、军人退役医疗保险、军人退役养老保险3个保险项目,以及根据国家建立多层次社会保障体系的要求和军队建设的需要,在适当时机开设其他军人保险项目。同时,还对军人保险的对象、基金筹集与管理、保险金给付标准确定、实施步骤、管理体制及其他相关问题作出了原则规定。《军人保险制度实施方案》的出台,标志着我国军人保险制度的正式建立。1998年8月1日,军人伤亡保险制度开始实施。1999年12月16日,国务院办公厅、中央军委办公厅印发了《中国人民解放军退役医疗保险暂行办法》,于2000年1月1日正式实施。

进入新世纪后,针对军人伤亡保险和军人退役医疗保险的保障水平和保障范围与广大官兵实际需要差距较大的现实情况,军队人大代表在九届全国人大三次会议提出了建立《军人保险法》的议案,受到普遍关注。九届全国人大五次会议同意了人大财经委提出的

"研究制定一部比较完整的适用军人的社会保险法律。建议由全国人大有关机构与军队有关部门共同研究起草,成熟时提请全国人大常委会审议"的立法意见,之后中央军委列入了全军年度立法计划和五年立法规划。2000年6月,经全军军人保险委员会批准,启动了《军人保险法》立法工作,标志着我国军人保险进入了新阶段。随着我国经济社会的不断发展,为了进一步满足官兵的需求,同时也给立法提供更好的制度实践,相继出台了军队干部转业进入企业养老保险制度、军人配偶随军未就业期间社会保险制度,制定了军人保险基金管理和会计核算制度等一系列规章制度。

2012年4月27日,十一届全国人大常委会第二十六次会议审议通过了《中华人民共和国军人保险法》,自2012年7月1日起施行。颁布实施《军人保险法》是军人保险事业发展史上继往开来的一个里程碑。《军人保险法》共9章51条,分别为总则、军人伤亡保险、退役养老保险、退役医疗保险、随军未就业的军人配偶保险、军人保险基金、保险经办与监督、法律责任、附则。

50.城乡居民基础养老金

2009年9月1日,国务院印发《关于开展新型农村社会养老保险试点的指导意见》,提出新型农村社会养老保险金待遇由基础养老金和个人账户养老金组成,支付终身。中央确定的基础养老金标准为每人每月55元。地方政府可以根据实际情况提高基础养老金标准,对于长期缴费的农村居民,可适当加发基础养老金,提高和加发部分的资金由地方政府支出。2011年,国务院印发了《关于开展城镇居民社会养老保险试点的指导意见》,对城镇居民养老金待遇的要求与新型农村社会养老保险制度完全相同。

城乡居民领取基础养老金的条件有两种:一是新型农村社会养老保险制度或城镇居民养老保险制度实施时,已年满60周岁,未享受职工基本养老保险待遇以及国家规定的其他养老待遇的,不用缴费,可按月领取基础养老金。二是累计缴费满15年,年满60岁,可按月领取基础养老金。从资金来源上看,基础养老金全部来源于财政资金。其中,中央财政对中西部地区按中央确定的基础养老金标准给予全额补助,对东部地区给予50%的补助。地方政府提高和加发的基础养老金则由地方财政支出。

经国务院批准,从2014年7月1日起,将城乡居民基本养老保险基础养老金最低标准提高至每人每月70元,即在原每人每月55元的基础上增加15元,并明确此次增加的金额,不得冲抵或替代各地自行提高的基础养老金。

城乡居民的基础养老金是一种非缴费型的老年津贴,是城乡居民社会养老保险待遇的重要组成部分,虽然其金额有限,但却是城乡居民基本养老保险权利的体现,是政府承担城乡居民养老责任的体现,并实际上发挥了最低养老金的功能。

51.延迟退休年龄大讨论

延迟退休年龄是指国家结合人口变化情况、就业情况、养老保障发展情况和世界各国相关经验而采取的逐步提高退休年龄的举措。由于中国国情复杂,又处于快速转型之中,养老保险制度尚未定型、就业问题也很突出,因此在是否应该延迟退休年龄、怎样延迟退休年龄等方面,社会各界意见不一,开展了关于延迟退休年龄的大讨论。

在2004年国际社会保障协会第28届全球大会召开期间就有学者提出:延长工作期是减缓老龄化压力的可行途径之一,延长退休年龄是中国应对人口老龄化的选择之一。2008年,时任人力资源和社会保障部社会保障研究所所长何平透露,"相关部门正在酝酿条件成熟时延长法定退休年龄,有可能女职工从2010年开始,男职工从2015年开始,采取'小步渐进'的方式每年延迟退休年龄"。此言一出,立即引发网民热议,逾九成网民表示反对将退休年龄延迟到65岁。2009年"两会"期间,又有多位代表委员提案建议延迟退休年龄并实现男女同龄退休。随后的多家网络调查显示,大多数网民反对延迟退休年龄。2010年10月1日起,上海市试行柔性延迟办理申请基本养老金手续。2011年3月,人力资源和社会保障部部长尹蔚民在中国发展高层论坛上表示,中国会就人口问题、就业状况、不同利益群体的诉求,全面地、慎重地、积极地研究延长退休年龄的问题。2012年6月,人民网进行了"人社部拟适时建议弹性延迟领养老金年龄,咋看?"的调查,在45万参与投票的网民中,有93.3%的人反对。2013年8月,清华大学养老改革方案提出,逐步延迟退休年龄至男女均65岁。建议从2015年开始,到2030年之前完成这项工作,再次引起网友激烈反对。2013年11月,中国共产党第十八届中央委员会第三次全体会议通过《中共中央关于全面深化改革若干重大问题的决定》指出:研究制定渐进式延迟退休年龄政策。明确了顶层设计中,延迟退休政策渐进渐行。2015年3月,在十二届全国人大三次会议记者会上,人力资源和社会保障部部长尹蔚民表示,延迟退休政策需要进一步凝聚社会共识,方案的实施时间至少在5年以后,给大家一个心理预期,希望2015年能够把方案制定出来,2016年在报经中央同意后向社会征求意见,2017年正式推出,但实施还是有一个相当长的过程。

在这场争论中,支持延长退休年龄的主要理由包括:第一,当前中国的退休年龄偏低,且已经长期没有作出调整。第二,延迟退休年龄是基于人均预期寿命延长和养老负担代际公平的需要。第三,延长退休年龄可以保持劳动力供给总量的相对稳定。第四,延迟退休年龄可以弥补养老保险基金亏空,缓解养老保险基金的压力。反对延长退休年龄的理由主要包括：第一，会加剧当前的就业问题。第二，不同群体退休后的余寿有所差别，同样的退休年龄会导致不公平现象。第三，通过延长退休来实现养老保险基金的平衡是政府推脱责任的表现。

此次退休年龄的大讨论是中国社会政策改革的一个典型案例，它一方面体现出了民众对于切身利益的关切和对重大改革政策的关心，另一方面体现出了理论争鸣对于政策的影响，或是对民众的误导（例如将缓解养老保险基金支付压力作为延长退休年龄的原因），从而充分说明社会政策变革的过程是一个多方博弈的过程。

52.对养老保险制度进行顶层设计

经过 30 多年的改革探索，中国已基本建立覆盖城乡的养老保险制度框架，对发展经济、稳定社会和改善人民生活发挥了重要作用。但随着改革的不断深化和经济社会的发展，养老保险政策不完善、机制不健全、发展不平衡和不可持续的问题仍然很突出。按照国务院的部署和要求，2013 年 5 月，人力资源和社会保障部会同国家发展改革委、财政部、全国社会保障基金理事会、全国总工会等有关部门成立了养老保险顶层设计部际研究工作小组，开展养老保险顶层设计研究工作。为了提高决策的科学性、民主性和透明度，借鉴和吸收国内外成熟经验和最新研究成果，委托世界银行、国际劳动组织、世界社会保障协会、中国人民大学、中国社会科学院、国务院发展研究中心、浙江大学国内外 7 家研究机构开展平行研究。此后，人力资源和社会保障部社会保障研究所也进行了平行研究。

深化养老保险顶层设计的研究目标是，立足我国仍将长期处于社会主义初级阶段的基本国情，坚持全覆盖、保基本、多层次、可持续方针，以增强公平性、适应流动性、保证可持续性为重点，按照《中华人民共和国社会保险法》确定的基本原则，统筹推进城乡养老保险体系建设，着力化解制约养老保险发展的深层次矛盾，加强养老保险薄弱环节建设，到 2020 年实现"人人享有基本保障、保障项目基本完备、待遇水平稳步提高、制度衔接基本顺畅、管理服务显著提升"的目标，建立与全面建成小康社会相契合、比较完善的养老保险体系，并为到 2050 年养老保险制度的可持续发展奠定基础。

顶层设计的研究任务包括五个方面：一是研究统筹推进城乡养老保险体系建设问题；二是研究进一步提高统筹层次问题；三是研究改革机关事业单位养老保险制度问题；四是研究建立兼顾城乡各类人员的基本养老金确定机制和正常调整机制问题；五是研究促进养老保险可持续发展问题。

2013 年 10 月，7 家研究机构陆续提交了相关研究报告，并举行了结题答辩。7 家研究机构的方案既取得了一些共识，也存在一些差异。这次平行研究活动充分说明了智库在中国完善养老保险制度过程中发挥的作用。从制度改革的实践来看,此次顶层设计确实为养老保险制度的进一步完善发挥了指导作用。

53.中国社会保险学会

中国社会保险学会（China Social Insurance Association,缩写为CSIA）成立于2002年6月6日,是研究中国社会保险的全国性、学术性的社会团体法人,由从事社会保险的实际工作者、理论研究者、教学工作者以及科研单位、大专院校、学术团体、社会保险机构、社会保障社团组织、企事业单位自愿结成,是非营利性社团组织。中国社会保险学会的业务主管单位是中华人民共和国人力资源和社会保障部,登记管理单位是中华人民共和国民政部。2003年5月,中国社会保险学会成为国际社会保障协会（ISSA）联系会员。

中国社会保险学会的宗旨是：以马列主义、毛泽东思想、邓小平理论和"三个代表"重要思想为指导,坚持四项基本原则,贯彻百花齐放、百家争鸣的方针,发扬理论联系实际的学风,组织会员开展社会保险的基本理论和实际问题的研究,为推动社会保险各项制度改革、促进社会保险事业发展、建立健全我国社会保险理论体系和科学的社会保险体系、构建社会主义和谐社会服务。

中国社会保险学会的业务范围有：组织开展社会保险及相关领域的研究；举办学术研讨会、报告会、讲座等学术活动,开展学术交流；开展社会保险科学研究成果的评审和推广工作；组织开展社会保险培训；组织社会保险调查研究；开展社会保险咨询服务；开展与国外和港、澳、台地区的学术交流与合作；开展社会保险宣传工作；编辑出版会刊、图书、资料；承担人力资源和社会保障部以及其他部门委托的社会保险科研工作；开展其他有关活动。

中国社会保险学会的最高权力机构是会员代表大会,理事会是其执行机构。中国社会保险学会设常务理事会,由理事会选举产生,对理事会负责。中国社会保险学会实行会长负责制,设会长1名,由人力资源和社会保障部提名,经会员代表大会选举产生。第一届中国社会保险学会会长是原劳动和社会保障部副部长、全国政协第十届全国委员会社会和法制委员会原副主任王建伦同志。2007年7月,经会员代表大会选举,王建伦同志继续担任第二届中国社会保险学会会长。

中国社会保险学会下设5个分支机构：学术委员会、教学与研究委员会、企业年金分会、农村社会保险委员会、社会保险管理服务专业委员会。中国社会保险学会的日常办事机构是秘书处,下设四个部门：办公室、学术部、宣教部、外联部。

中国社会保险学会的会员由单位会员和个人会员组成。单位会员主要是各省、计划单列市、省会城市的社会保险经办服务机构、劳动保障或社会保险学会、高等院校、科研机构及相关企事业单位；个人会员主要是人力资源社会保障部、国务院有关部门、省会城市以上的人力资源社会保障部门和社会保险经办服务机构、相关企事业单位中从事社会保险的实际工作者和理论研究者，社会保障及相关领域的专家、学者。

54.中国医疗保险研究会

中国医疗保险研究会（China Health Insurance Research Association，缩写为CHIRA）成立于2007年3月29日，是由全国从事医疗保险及相关工作的单位及个人自愿组成的全国性、学术性社会团体，属非营利性社团组织。中国医疗保险研究会的主管单位是中华人民共和国人力资源和社会保障部。

中国医疗保险研究会的宗旨是：高举邓小平理论伟大旗帜，以"三个代表"重要思想为指导，全面树立和落实科学发展观，遵守宪法、法律、法规和国家政策，遵守社会道德风尚，围绕建立多层次医疗保障体系、推动其稳健运行和可持续发展，为实现让更多的人享有医疗保障、构建和谐社会的宏伟目标服务。

中国医疗保险研究会的业务范围是：针对医疗保险理论、制度政策、管理等开展调查、研究及学术交流；利用相关数据，分析研究医疗保险运行状况，开展医疗保险政策和管理评估；开设相关学术委员会，组织开展医疗保险中长期研究，承担政府科研项目，为制订政策和发展战略提供决策依据；组织、参与医疗保险领域的技术标准和规范的研究和制定工作；利用相关资源，开展医疗保险培训；开展国际及港、澳、台地区交流与合作；出版、发行医疗保险专业刊物和著作，宣传医疗保险政策，反映政策实施效果和各地改革、发展动态，交流政策信息；转让、推广医疗保险研究成果；建立研究基金，筹集研究经费，帮助相关地区和机构开展研究。

中国医疗保险研究会设会员代表大会作为最高权力机构。会员代表大会下设名誉会长、理事会和顾问，其中，理事会为其执行机构。理事会下设常务理事会，由理事会选举产生，对理事会负责。中国医疗保险研究会采用会长负责制，设会长1名。第一届中国医疗保险研究会会长王东进同志曾任全国政协十一届社会与法制委员会副主任、劳动和社会保障部副部长。2012年12月，经会员代表大会选举，王东进同志继续担任中国医疗保险研究会会长。除会长外，中国医疗保险研究会还设名誉会长6名，顾问若干，副会长若干。

中国医疗保险研究会的日常办事机构是秘书处，下设6个部门：综合发展部、科研工作部、技术标准部、学术推广部、对外联络部和宣传信息部。

中国医疗保险研究会的会员由单位会员和个人会员组成。会员主要来自各级人力资源和社会保障行政部门、医疗保险经办机构、社会团体、定点医疗机构和定点药店、大专院校和研究机构、医药企业以及其他相关组织与个人。

55.社会保障信息化建设

20 世纪 80 年代中期开始,我国的社会保险事业发展迅猛,社会保险信息量正以前所未有的速度急剧膨胀,传统手工方式乃至小规模的计算机管理系统已不能完全满足日常管理工作的需要,社保信息化建设工作迫在眉睫。

社会保险信息化建设是我国政府信息化建设的重要组成部分。2002 年中共中央办公厅、国务院办公厅转发的《国家信息化领导小组关于我国电子政务建设指导意见》,把电子政务建设作为今后一个时期我国信息化工作的重点,明确了 12 个重点建设和完善的业务系统,社会保障是其中之一。

为贯彻国务院有关精神,建设覆盖全国的劳动保障信息服务网络,当时的劳动保障部发出《关于进一步加快劳动保障信息系统建设的通知》,对启动金保工程建设的意义、目标、任务、进度、措施作出了明确规定。金保工程是劳动保障信息化建设的总称,概括地讲,是利用先进的信息技术,以中央—省—市三级网络为依托,支持劳动和社会保障业务经办、公共服务、基金监管和宏观决策等核心应用,覆盖各级劳动和社会保障部门主要业务的全国统一的电子政务工程。金保工程的总体目标是:在政务统一网络平台上,构建中央—省—市三级劳动保障系统网络;在此基础上建立网络互联、信息共享、安全可靠的全国统一的社会保险信息服务网络;以网络为依托,优化业务处理模式,建立规范的业务管理体系、完善的社会服务体系和科学的宏观管理体系。

2007 年,劳动和社会保障部发布《劳动和社会保障信息化建设"十一五"规划》,提出"十一五"期间金保工程建设的指导思想、总体目标、重点任务和保障措施。2009 年 7 月,人社部发布《人力资源社会保障部信息化工作管理办法》。2012 年 6 月 1 日,金保工程一期建设项目竣工验收大会在北京召开。这是人力资源社会保障信息化建设历程上一个重要的里程碑,为期 8 年的金保工程一期建设项目完成全部建设任务,正式通过验收。经过 8 年的建设,一个以信息网络三级互联、应用软件基本统一、数据资源集中管理为主要特征的、统一的金保工程支撑平台已在全国基本形成,为各级人社部门开展业务经办、基金监管、公共服务和宏观决策奠定了坚实的基础,让广大老百姓和企事业单位实实在在享受到了金保工程建设带来的便利和实惠。截至 2011 年底,全国所有地级城市和省级人社部门均已建立了数据中心,32 个省级单位全部实现了与部中央数据中心的网络联结,90%以上的地市实现了与省级数据中心的联网,城域网已经联网到 92.5% 的社会保险经办机构和就业服务机构，并且延伸到街道、社区、乡镇和定点医疗服务机构，覆盖全国的人力资源社会保障信息网络架构初具规模。235个地市经人社部批准发放社会保障卡，实际持卡人数达2.17亿。

2016年12月15日，国务院印发《"十三五"国家信息化规划》，提出"十三五"信息化发展指标，其中，社会保障卡的普及率指标为2015年64.6%，2020年达90%，年均增速25.4%。同时也提出，要"推动基本公共服务城乡覆盖"，"重点围绕教育文化、医疗卫生、社会保障、住房保障等民生领域，构筑立体化、全方位、广覆盖的信息服务体系，扩大公共服务和产品供给，创新服务方式和手段，为城乡居民提供均等、高效、优质的公共服务"。

56.上海社会保障基金案

上海社保基金案，是原上海市劳动和社会保障局局长祝均一违规挪用、侵占社会保障基金经济案件，涉案金额达百亿人民币。本案中的"社保基金"并非通常意义上的社会保险基金，而主要是企业年金的基金。

2006年6月，中央派驻调查组到上海进行调查。7月17日，时任上海市劳动和社会保障局局长祝均一因涉嫌违规使用32亿元社保基金而被隔离审查，涉案金额达百亿人民币的上海社保基金案随之浮出水面。7月24日，时任福禧投资控股公司董事局主席、富豪张荣坤因涉嫌从上海社会保障基金中违规借贷32亿资金而受审。8月9日，上海电气集团股份有限公司执行董事、副总裁韩国璋被调查。张荣坤也在该公司任职，为该公司副董事长兼非执行董事。同日，上海劳动和社保局社保基金监管处处长陆祺伟、上海市劳动和社会保障局局长祝均一因涉嫌贪污32亿社保金接受调查。10日，上海沸点投资发展有限公司、福禧投资控股有限公司、昆山福禧现代工业园区建设发展有限公司资产被冻结。11日，在上海市十二届人大常委会第二十九次会议上，祝均一被免职。14日，祝均一被终止全国人大代表资格。15日，上海电气（集团）总公司董事长兼党委书记、上海电气股份有限公司首席执行官、董事长兼执行董事王成明接受调查。24日，上海市宝山区区委副书记、区长秦裕因涉嫌本案接受调查。25日，《中国证券报》报道：为彻底查清本案，中共中央纪委派出调查组常驻上海。9月24日，中共中央决定对中央政治局委员、上海市委书记陈良宇严重违纪问题立案检查。28日，原中共上海市委副秘书长、市委办公厅主任孙路一涉嫌卷入本案，协助调查。同日，上海电气总公司原党委书记、董事长王成明，中国华闻投资控股有限公司原副总裁、上海新黄浦有限责任公司原党委书记、总裁吴明烈两人被撤职并被罢免上海市人大代表职务。10月12日，国家统计局局长邱晓华被撤职，19日，国家统计局新闻发言人称邱晓华卷入上海社保基金案，中央纪委正在对其进行审查。22日，新华社发文证实：张荣坤被依法逮捕。11月4日，上海市长宁区区长陈超贤因涉嫌严重违纪，接受进一步调查处理。

2007年7月26日，中共中央政治局决定给予陈良宇开除党籍、开除公职处分，对其涉嫌犯罪问题移送司法机关依法处理。2007年9月23日，祝均一因受贿、挪用公款以及滥用职权三宗罪名，被长春市中级人民法院一审判处有期徒刑18年。2008年4月11日，陈良宇在天津市第二中级人民法院受审，被判受贿罪、滥用职权罪，判处有期徒刑18年。2008年7月9日，陈超贤在宣城受审，被判受贿罪，判处有期徒刑13年。

上海社保基金案涉及的基金规模大、牵涉的人员多，堪称改革开放以来我国社会保障基金管理领域的"第一要案"。该案件一方面给社会保障基金管理的安全性敲响了警钟，另一方面也凸显了加快制定社会保障基金投资管理相关规章制度的迫切性。因为对于积累性的社会保障基金而言，只有进行安全有效的投资管理，才能避免风险。

57.神木全民免费医疗

2009年1月神木县出台了《全民免费医疗实施细则（试行）》，作出了定点医药机构确定及管理、住院及报销管理、慢性病门诊治疗管理和监管规定；2月9日，下发《神木县全民免费医疗实施办法（试行）》，规定了对象、筹资来源、报销和监管等办法，并明确从2009年3月1日正式实行"全民免费医疗制度"。

神木县位于陕西省北部，矿产资源丰富。2005年开始，神木县开始进行新型农村合作医疗试点，2007年，神木县开始推进城乡一体化发展。2008年，全县实现地区生产总值290亿元，人均GDP高达6.87万元，财政总收入72.27亿元，其中地方财政收入16.7亿元。县域经济综合实力位居陕西省第1位。同年，神木县委成立了一个协调议事机构——康复工作委员会，办公室设在县卫生局，专门就"全民免费医疗制度"建设进行调研论证。

根据《神木县全民免费医疗实施办法（试行）》，全民免费医疗对象为全县干部职工和城乡居民。具体包括县属党政机关和事业单位的干部职工，县属国有企业、社会团体、民营企业、私营企业中神木籍户口的职工，神木籍户口的城乡居民。未参加城乡居民合作医疗和职工基本医疗保险的人员不予享受。全民免费医疗工作在县康复工作委员会统一指导下由县医保办和合作医疗办具体实施。其中，县医保办负责经办全县干部、职工免费医疗的各项业务工作；县合作医疗办经办全县城乡居民免费医疗的各项业务工作。县康复办负责全民免费医疗工作的总体协调和组织落实。全民免费医疗基金组成为：基本医疗保险基金、新型农村合作医疗基金、社会募捐的资金和县财政拨付的资金。在待遇方面，根据实施办法,在神木籍户口的城乡居民中(未参加城乡居民合作医疗和职工基本医疗保险的人员除外),实行门诊医疗卡和住院报销制。规定门诊中实行医疗卡制度,每人每年可享受100元门诊补贴,门诊医疗卡结余资金可以结转使用和继承。住院报销设定有起付线,乡镇医院住院报销起付线为每人次200元,县级医院为每人次400元,县境外医院为每人次3000元。起付线以下(含起付线)的住院医疗费用由患者自付,起付线以上的费用按规定享受免费医疗制度报销,其中乡镇医院和县级医院起付线以上的报销比例都是100%,县城外医院的报销比例是70%,封顶线是每人每年30万元。全民免费医疗实行初期设立了7家县内定点医院,包括6所民营医院和一家县级公立医院。在外地定点医院中,北京6家,省级和市级定点医院各5所,不乏协和等级别高的大型综合医院。

在制度运行初期,出现了病床爆满、费用超标现象严重等问题,针对这种现象,神木县出台了一些费用控制的政策。2010年1月到12月,全县累计报销住院患者40600人(其中居民38307人,干部2293人),累计报销医药费1.71亿元,月均1427万元。

2012年3月,为了进一步减轻患者经济负担,神木县推出了《大病医疗救助暂行办法》。大病患者年度自负的符合全民免费医疗规定范围内的住院医药费用,累计在3万元以上的,根据实际费用,可获得40%—60%不等的救助,二次报销后每人每年最高可报销45万元。

2015年3月20日,神木县又出台了《城乡居民门诊慢性病管理暂行规定》,对糖尿病、高血压、冠心病等24种门诊慢性病病种的报销标准作了明确规定。其中,慢性肾衰竭(血液透析)一项,在两年的医疗期限内,每年最高可报销6万元。

据报道,为配合医疗制度的实施,神木县还加强了对医疗卫生设施的投入。对乡镇卫生院和社区卫生服务中心进行了建设、改造,建成了全县区域卫生信息平台,并于2014年开始筹建神木县医院新村分院。

神木县的所谓"全民免费医疗制度"其实是一个城乡一体化的、报销比例较高的医疗保险制度,而非真正意义上的免费医疗制度。神木县采取这样的制度与其县域经济比较发达有关,也确实降低了群众的疾病医疗负担,总体上符合医疗保险制度的基本价值取向和制度发展方向。但由于医疗卫生服务具有供给诱导需求的特殊属性,因此在提高报销比例的同时,也要防范道德风险,避免不必要的医疗费用和过度的医疗支出。

58.农民工"退保潮"

农民工是我国城镇化和工业化进程中出现的一个规模庞大的群体,农民工退保是指由于我国职工基本养老保险制度缺乏可携带性,导致农民工转移就业地点或者回到户籍地时，养老金权益无法随之转移而导致的退保现象。退保潮在农民工聚集的珠三角地区比较突出，退保潮也是我国职工基本养老保险制度缺乏统一性和流动性所带来的不良后果之一。

2007 年，农民工退保潮初见端倪，逐渐引起社会各界的关注。据国务院研究室编写的《中国农民工调研报告》显示，中国外出农民工数量为 1.2 亿左右，其中参加养老保险的已达 15%。截至 2007 年 10 月，广东省参加企业基本养老保险的农民工达 780.1 万人，同时有调研报告显示，在农民工集中的广东省，有的地区农民工退保率高达 95% 以上，2007 年深圳共有 493.97 万人参加基本养老保险，退保的人数多达 83 万。

导致退保潮的直接原因是我国职工基本养老保险制度的可转移性较差。我国的职工基本养老保险制度由社会统筹账户和个人账户共同组成，而社会统筹账户的统筹层次长期处于较低的水平，当参保者流动时，社会统筹账户中积累的养老金权益无法随参保者流动。因此，当参保者转移到统筹区域之外的地方工作，或者回到户籍所在地时，就不得不"退保"，将个人账户中积累的资金一次性取出，并中断缴费。

为了提高职工基本养老保险制度的可转移性，2009 年 12 月 28 日，国务院办公厅转发人力资源和社会保障部、财政部《城镇企业职工基本养老保险关系转移接续暂行办法》。该办法规定，包括农民工在内的参加城镇企业职工基本养老保险的所有人员，其基本养老保险关系可在跨省就业时随同转移；同时规定，未达到待遇领取年龄前，不得终止基本养老保险关系并办理退保手续。2010 年 10 月 28 日，十一届全国人大常委会第十七次会议通过了《中华人民共和国社会保险法》，其中第 95 条规定："进城务工的农村居民依照本法规定参加社会保险"，农民工的社会权益得到了法律的保障。

59.广东企业基本养老金"倒挂"现象

自 2005 年起，由于企业退休人员基本养老金计发办法的调整和连续大幅度提高等因素，广东有部分企业退休人员的基本养老金不同程度地出现了"迟退休、待遇低；早退休，待遇高"的不公平现象，被称为基本养老金"倒挂"现象。之所以会出现基本养老金"倒挂"现象，主要原因就是基本养老金年度调整幅度高于养老金自然增长幅度。

所谓养老金自然增长，是指每年 6 月前领取养老金的退休人员，其基础养老金的计发基数是上上年度全省在岗职工平均工资，但 7 月后领取养老金的退休人员，其基础养老金的计发基数是上年度全省在岗职工平均工资。因此，新一社保年度（当年 7 月至次年 6 月）新增退休人员首次计发的基本养老金，一般高于上一社保年度退休人员首次计发的基本养老金，这属于自然增长，即养老金的增长来源于社会平均工资的增长。

至于养老金年度调整，则是上一社保年度及之前的退休人员加发的养老金。这意味着，在缴费年限、缴费水平相同的情况下，如果年度调整增长的幅度与养老金自然增长的幅度基本一致，那么前后两个社保年度之间退休人员的待遇水平也可保持基本一致。可是，如果年度调整增长的幅度高于养老金自然增长的幅度，那么，早退休人员的养老金水平将会高于新一社保年度退休人员的养老金水平，基本养老金"倒挂"现象就出现了。

针对这一现象，广东省不断采取措施予以解决。2009年广州市出台《关于提高我市企业退休人员养老保险待遇水平的通知》时，采取适当措施初步解决了部分企业退休人员养老金水平"倒挂"的问题。2012年，广东省人社厅出台《关于解决省直企业部分退休人员养老保险待遇有关问题的通知》，采用"定额、定比、计发系数"等"三要素"，解决省直单位2006年7月1日后新增退休人员养老保险待遇"倒挂"的问题。2014年11月，广州市人社局、市财局联合发布《关于解决广州市企业部分退休人员基本养老金倒挂问题的通知》，针对广州企业退休人员之前出现的养老金"倒挂"现象，以"加发基本养老金"的方式，按"定额加发＋定比加发"的标准，对广州市企业部分退休人员的养老金进行一次性调整补发。补发对象为2006年7月1日至2013年6月30日达到法定退休年龄并申请领取基本养老金，且待遇低于"早退休"人员的企业退休人员。约有24万人在政策调整范围内。

企业基本养老金"倒挂"现象的基本原因是职工基本养老保险缺乏一个正常的待遇调整机制。养老金的待遇调整机制是确保退休人员生活水平的重要方式，国际上一般参考通货膨胀率和在职职工工资增长率等因素，2005年以来，我国职工基本养老保险以每年10%的比例提高待遇，虽然有利于改善退休职工的生活水平，但也导致了养老金倒挂等问题，因此，迫切需要对这种调整机制进行改革。

60.国务院办公厅印发《关于全面实施城乡居民大病保险的意见》

为加快推进城乡居民大病保险制度建设，筑牢全民基本医疗保障网底，让更多的人民群众受益，2015年8月，国务院办公厅印发《关于全面实施城乡居民大病保险的意见》（以下简称《意见》），其主要内容是：

一、基本原则和目标。基本原则为坚持以人为本，保障大病；坚持统筹协调，政策联动；坚持政府主导，专业承办；坚持稳步推进，持续实施。主要目标：2015年底前，大病保险覆盖所有城镇居民基本医疗保险、新型农村合作医疗（以下统称城乡居民基本医保）参保人群，大病患者看病就医负担有效减轻。到2017年，建立起比较完善的大病保险制度，与医疗救助等制度紧密衔接，共同发挥托底保障功能，有效防止发生家庭灾难性医疗支出，城乡居民医疗保障的公平性得到显著提升。

二、工作举措：（一）完善筹资机制，从城镇居民基本医疗保险、新型农村合作医疗基金中划出一定比例或额度作为大病保险资金，参保群众不额外缴纳费用；（二）提高保障水平，大病保险的保障范围与城乡居民基本医保相衔接。参保人患大病发生高额医疗费用，由大病保险对经城乡居民基本医保按规定支付后个人负担的合规医疗费用给予保障，2015年大病保险支付比例应达到50%以上，并随着大病保险筹资能力、管理水平不断提高，进一步提高支付比例，更有效地减轻个人医疗费用负担；（三）加强不同保障制度衔接，做好基本医保、大病保险、医疗救助、疾病应急救助、商业健康保险及慈善救助等制度间的互补联动，明确分工，细化措施，在政策制定、待遇支付、管理服务等方面做好衔接，努力实现大病患者应保尽保，对经大病保险支付后自付费用仍有困难的患者，民政等部门要及时落实相关救助政策；（四）规范大病保险承办服务，原则上通过政府招标选定商业保险机构承办大病保险业务，商业保险机构承办大病保险获得的保费实行单独核算，确保资金安全和偿付能力，规范大病保险招标投标与合同管理，遵循收支平衡、保本微利的原则，合理控制商业保险机构赢利率；（五）严格监督管理，强化大病保险运行的监管，督促商业保险机构提高服务质量和水平，并主动接受社会监督，加强对医疗机构、医疗服务行为和质量的监管，强化诊疗规范，规范医疗行为，控制医疗费用；（六）强化组织实施，各省（区、市）人民政府和新疆生产建设兵团、各市（地）人民政府要将全面实施大病保险工作列入重要议事日程，进一步健全政府领导、部门协调、社会参与的工作机制，抓紧制定实施方案，细化工作任务和责任部门，明确时间节点和工作要求，确保2015年底前全面推开。

城乡居民大病保险是基本医疗保障制度的拓展和延伸，是对大病患者发生的高额医疗费用给予进一步保障的一项新的制度性安排。《意见》的出台对于推动医保、医疗、医药联动改革，促进政府主导与发挥市场机制作用相结合，提高基本医疗保障管理水平和运行效率，缓解因病致贫、因病返贫问题具有重大意义。

三、社会救助

1.国务院公布《社会救助暂行办法》

2014年2月21日,国务院正式公布《社会救助暂行办法》,自2014年5月1日起施行。《社会救助暂行办法》(以下简称《办法》)是我国社会救助领域法制建设的一项重要成果,是我国建立健全保民生、促公平的托底性、基础性制度的一件大事,同时也是我国社会救助政策迈向体系化、科学化、法制化的重要一步。

新中国成立后,党和政府对传统社会救济制度进行了重大改革和推进。在国民经济恢复和社会主义改造时期(1949—1955年),面对数以千万计的民众遭受贫困、饥饿、瘟疫和死亡的威胁,开展了大规模的紧急救助。1950年4月,中央人民政府组织召开了中国人民救济代表会议,成立了中国人民救济总会,在财政异常困难情况下,拨出了大量物资和经费,对不同类型的困难群众给予不同的救济。随着国家经济形势的好转,社会救济开始由突击性的紧急救济走上了常态化、规范化轨道。

进入全面建设社会主义时期(1957—1977年),城市有劳动能力的人员在国营或集体单位就业,享受吃住、医疗方面的福利,形成了就业与保障一体化的单位保障制度。农村居民生老病死则主要由生产队负责。同时,国家还下拨大量救济款物救济农村贫困户,以弥补集体经济力量的不足。这一时期,社会救济工作的一项重要创新是建立了农村"五保"供养制度,即对农村村民中无法定赡(扶)养人、无劳动能力、无生活来源的老人、残疾人和未成年人在吃、穿、住、医、葬和未成年人义务教育方面给予生活照料和物质帮助。

改革开放前期(1978—1992年),农村贫困救济一直是社会救济工作的重点。1983年,国务院第八次全国民政会议确定的救济方针为"依靠群众,依靠集体,生产自救,互助互济,辅之以国家必要的救济和扶持"。

1992 年以后，社会救济工作开始进入新的发展时期。国家适时调整了城市农村社会救济政策和救济办法，陆续出台了一批单项制度、法规，社会救济工作更加规范完善，包括 1994 年的《农村五保供养条例》、1999 年的《城市居民最低生活保障条例》等。2002 年，国务院第十一次全国民政会议明确要求，社会救助工作要着力建立以救灾工作分级负责、救灾经费分级负担制度为基础、社会动员机制为补充、应急措施相配套的灾害救助体系；建立以城市居民最低生活保障和农村"五保"供养制度为基础、临时社会救济为补充、各项政策优惠相配套的社会救济体系；建立以经常性社会捐助制度为基础、临时帮困和送温暖活动为补充、社区服务相配套的社会互助体系，之后又在全国城乡开展医疗救助试点工作；改革城市流浪人口社会救助制度，颁布了《城市衣食无着流浪人口社会救助办法》。到 2002 年底，将所有符合条件的城市救助对象纳入最低生活保障范围，基本实现"应保尽保"。

2007 年，国务院下发《关于在全国建立农村最低生活保障制度的通知》，同年底，农村低保制度实现全国全面推开。到 2010 年底，已将所有符合条件的农村救助对象纳入最低生活保障范围，基本实现"应保尽保"。至此，在全国范围，已建立和实施了城市、农村居民最低生活保障制度、救灾制度、农村五保供养制度、农村特困户救助制度和衣食无着的流浪人口社会救助制度以及医疗救助、教育救助、住房救助、法律援助等专项救助制度。

从立法层面上说，社会救助的法治化进程可以追溯至 1994 年。社会救济法案曾先后列入八届、九届、十届全国人大常委会立法规划，2005 年更名为社会救助法。2006 年，全国人大内司委介入立法工作并进行了相关调研。2008 年，民政部公布了《社会救助法（征求意见稿）》，并列入十一届全国人大常委会立法规划。2009 年 11 月和 2010 年 11 月，国务院常务会议先后两次审议，并提出需要进一步论证。国务院法制办和民政部针对有关问题对草案作进一步修改后，列入 2011 年全国人大立法工作计划。2012 年 10 月，民政部在全国人大常委会上作了《国务院关于社会救助工作情况的报告》。在分组审议时，与会者提出，社会救助投入的资金巨大，如果没有立法规范，产生的问题将很大。2013 年中，《社会救助法（草案）》再次进行了修改。与旧版相比，新版中与城乡最低生活保障制度相配套的医疗救助、教育救助、住房救助等内容没有体现。10 月 30 日，李克强总理主持召开国务院常务会议，讨论建立健全社会救助制度，明确提出要以法治方式织牢保障困难群众基本生活的安全网。12 月 25 日，李克强总理再次主持召开国务院常务会议，审议《社会救助暂行办法（草案）》，决定向社会公开征求意见。2014 年 2 月 21 日国务院令第 649 号发布，最终以国务院行政法规形式出台《社会救助暂行办法》（以下简称《办法》）。

以法治方式建立健全社会救助体系，织牢保障困难群众基本生活的安全网，是《办法》遵循的重要思路，代表着社会救助的发展方向。《办法》将最低生活保障、特困人员供养、受灾人员救助、医疗救助、教育救助、住房救助、就业救助和临时救助8项制度以及社会力量参与作为基本内容,分别设专章予以规范,形成了完整清晰的社会救助制度体系。这些制度相互衔接,形成了具有中国特色的社会救助制度体系新格局。

2.民政事业费使用管理办法

国家预算安排的民政事业费是国民收入再分配中消费基金的一部分,是贯彻执行优抚安置、救灾救济、社会福利工作方针政策的主要财力保证。1949年新中国成立初期,在国家实行集中财力、统收统支阶段,民政事业经费由财政直接管理。随着内务部、各大行政区民政部门的建立,民政事业经费才从国家财政收支中单列出来,政府预算收支项目中设置了社会事业费科目,而且交由民政部门管理。内务部、财政部制定了《社会事业费管理使用的几项规定》。省、直辖市、自治区民政部门开始建立事业财务机构,县级民政部门也逐步配置了事业经费会计。从此,民政事业经费的保障职能作用开始被重视。1954年内务部、财政部制订了《优抚救济事业费管理使用暂行办法》。1962年内务部、财政部根据中央和国务院关于加强财务管理、严格财政制度、严肃财经纪律的要求,重新修订《抚恤和社会救济费管理使用办法》,对民政事业费的使用原则、使用范围、发放办法、预决算制度和机构人员等作出了更明确的规定,此办法于1963年召开的全国民政财务工作会议上专门布置贯彻。1964年、1965年内务部与中国农业银行先后商定,将用于农村的抚恤费和救济费交由农业银行监督拨付。1978年民政部成立后,专设了事业财务机构,并与财政部重新印发了1962年的《抚恤和社会救济费管理使用办法》,又指派专人着手起草新的经费管理制度,以适应新时期的民政工作需要。

党的十一届三中全会以来,国家财政体制进行了改革,民政工作情况发生了很大变化,原办法的有些内容已不能适应民政工作开创新局面的需要。1984年民政部、财政部在广泛征求意见的基础上,重新制订了《民政事业费使用管理办法》(以下简称《办法》)。新办法既保留了原办法中经过实践证明行之有效的部分,同时增加了一些新的内容。

《办法》总共七章。第一章总则规定,国家预算安排的民政事业费是国民收入再分配中属于消费基金的一部分,是贯彻执行优抚安置、救灾救济、社会福利工作方针政策的主要财力保证。使用好此项经费,对于促进部队建设、促进社会安定、促进社会主义物质文明和精神文明建设,体现社会主义制度的优越性,具有重要意义。第二章使用原则规定,民政事业费是国家用于民政事业的专款,必须按照规定的使用范围,实行专款专用。第三章使用范围规定,民政事业费使用范围包括抚恤事业费,离休、退休、退职费,社会救济和福利事业费,自然灾害救济事业费及其他民政事业费。第四章是民政事业费预算管理,

第五章是民政事业费财务管理，第六章是民政事业费财务监督，第七章是附则。

新《办法》总结了新中国成立以来民政事业费使用管理经验，强调了管好用好民政经费的重要意义，重新明确了经费使用原则、使用范围，划清了与其他资金的界限，规定了民政、财政各自不同的职责和权限，集中反映了新时期民政财务工作的职责和任务，为民政工作开创新局面提供了财力保证。

3.成立国务院扶贫开发领导小组

改革开放以后，我国在全国范围实施了以家庭联产承包责任制和价格调整为主要内容的农村经济体制改革，极大地提高了农民生产积极性，促进了农村经济快速增长，农村贫困人口数量大幅减少。但是，经济增长在区域间是不均衡的，农民参与、受益程度也不平衡。靠一般的发展政策难以解决贫困人口集中地区的经济发展问题，因此，从20世纪80年代中期开始，在全国范围内开展了以解决农村贫困人口温饱问题为主要目标，以改变贫困地区经济文化落后状态为重点的大规模扶贫开发。

扶贫开发作为一项全国性举措在1984年首次被提出来。国务院扶贫开发领导小组作为国务院的议事协调机构，成立于1986年5月16日，当时名称为国务院贫困地区经济开发领导小组，1993年12月28日改用现名。目前领导小组由国务院副总理兼任组长，成员包括国务院办公厅、总政治部、发展改革委、财政部、农业部、人民银行、教育部、科技部、民委、民政部、人力资源和社会保障部、国土资源部、环境保护部、交通运输部、水利部、商务部、文化部、卫生部、人口计生委、广电总局、统计局。领导小组的基本任务是组织调查研究，拟订贫困地区经济开发的方针、政策和规划，协调解决开发建设中的重要问题，督促、检查和总结交流经验。具体任务包括9项：研究拟定扶贫开发工作的政策、规划并组织实施；协调社会各界的扶贫工作，协调组织中央国家机关定点扶贫工作和东部发达地区支持西部贫困地区的扶贫协作工作；拟定农村贫困人口和国家扶贫开发工作重点县的扶持标准，研究提出确定和撤销重点县的意见；组织对扶贫开发情况进行统计和动态监测，指导扶贫系统的统计监测工作；协调拟定中央扶贫资金分配方案，指导、检查和监督扶贫资金的使用，指导跨省区重点扶贫项目；组织开展扶贫开发宣传工作；负责有关扶贫的国际交流与合作；承担全国贫困地区干部扶贫开发培训工作；承办国务院扶贫开发领导小组交办的其他事项。

相关省、自治区、直辖市和地（市）、县级政府也成立了相应的组织机构，负责本地区的扶贫开发工作。扶贫开发实行分级负责、以省为主的行政领导扶贫工作责任制。各省、自治区、直辖市，特别是贫困面积较大的省、自治区，都把扶贫开发列入重要议程，根据国家扶贫开发计划制定本地区的具体实施计划。中央的各项扶贫资金在每年年初一次下达到各省、自治区、直辖市，实行扶贫资金、权力、任务、责任"四个到省（自治区、直辖市）"。所有到省的扶贫资金一律由省级人民政府统一安排使用，并由各有关部门规划和实施项目。

国务院扶贫开发领导小组的成立，标志着我国反贫困的组织系统正式确立。按照统一部署，各省（区）、地（市）、县（旗）也分别建立起负责贫困地区经济开发工作的组织机构，即从中央到地方（省、市、区）的扶贫领导小组、扶贫办公室。各种扶贫政策和扶贫资金通过这个行政管理系统贯彻落实，极大地降低了管理成本。

4.农村五保供养工作条例

20世纪50年代中后期，我国农村大都实行了集体经济，村级组织开始有能力对无儿无女的孤寡老人和失去父母的孤儿进行物质生活方面的照顾。1953年，中央人民政府内务部制定了《农村灾荒救助粮款发放使用办法》，把无劳动能力、无依无靠的孤老残幼，定为一等救助户。1956年在全国人大通过的《高级农业生产合作社示范章程》中规定：农业合作社对缺乏劳动能力，生活没有依靠的老、弱、孤、寡以及残疾社员，在生产和生活上给予适当的安排和照顾，保证他们的吃、穿和柴火供应，保证年幼的受到教育和年老的死后安葬，使他们的生养死葬都有依靠。因为这份文件规定了对生活没有依靠的老、弱、孤、寡、残疾社员，给予保吃、保穿、保燃料、保教育、保安葬五个方面的保障，人们便把能够受到这种待遇的户简称为"五保户"。以后的"五保"又增加了保住和保医的内容。1978年，在研究"五保"工作立法时，又把"五保"对象进一步界定为无法定抚养义务人、无劳动能力、无生活来源的老年人、残疾人和未成年人，形成了"三无"人员的完整概念。

20世纪80年代在农村普遍实行联产承包责任制以后，原有的集体经济组织和群众共同负担五保对象的供养体制缺乏有效的组织管理手段，使得原有的供养方式无法继续有效运行，必须进行相应的改革和完善。1994年1月23日国务院发布了《农村五保供养工作条例》（以下简称《条例》），该条例对五保供养的对象、内容、形式及财产处理和监督管理作了明确的规定，对原有的五保供养制度进行了改革。《条例》规定，开始实行《五保协议书》制度。《条例》规范了"五保"工作的程序及内容，规定了评定、登记"五保户"的法定程序，即先由个人申请、交群众评议，再经村民委员会审查后，报乡（镇）人民政府批准。《条例》也统一了"五保"经费来源，五保供养所需经费和实物，应从村提留或者乡统筹中列支，但不得重复列支，在有集体经营项目的地方，可以从集体经营的收入、集体企业上缴的利润中开支。与此同时,民政部发布了《敬老院管理暂行办法》,明确规定五保供养为农村集体福利事业,并进一步加强了农村敬老院的建设。

步入21世纪后,随着农村税费改革逐步推进,我国农村取消了村提留和乡统筹,1994年颁布的《农村五保供养工作条例》中关于农村五保供养资金从"村提留或乡统筹费中列支"的规定已经不适应现实需要。一些地方的五保供养政策、经费落实出现了困难,五保供养工作面临着一些新情况、新问题。在新的形势下,我国出台了新的《农村五保供养工作条例》,并于2006年3月1日起正式实行。新修订的《条例》重点修改了有关农村五保供养资金渠道的规定,明确五保供养资金在地方人民政府预算中安排,中央财政对财政困难地区的农村五保供养给予补助。修改的主要内容还包括改革农村五保供养的审批管理程序,强化监督管理,建立五保供养标准自然增长机制,加强五保供养服务机构建设与管理,保障五保对象的合法财产权利等。

2014年2月国务院颁布的《社会救助暂行办法》(以下简称《办法》)将传统的农村五保供养制度和城镇"三无"人员进行统一,并确定为"特困人员"。《办法》规定,特困人员是指无劳动能力、无生活来源且无法定赡养、抚养、扶养义务人,或者其法定赡养、抚养、扶养义务人无赡养、抚养、扶养能力的老年人、残疾人以及未满16周岁的未成年人。特困人员供养的内容包括:一、提供基本生活条件;二、对生活不能自理的给予照料;三、提供疾病治疗;四、办理丧葬事宜。特困供养人员可以在当地的供养服务机构集中供养,也可以在家分散供养。

5.国务院关于在全国建立城市居民最低生活保障制度的通知

20世纪50年代初期社会主义改造基本完成后,中国形成了统一的计划经济体制。在这种体制下,单位作为社会基层组织,不仅为城市职工提供工资,还提供养老、医疗、住房、生育、工伤等福利型社会保障,对于个别干部职工及其家属的生活困难也由单位酌情补助,只有极少数特殊困难人员才可能进入国家社会救济的范围。在计划经济向市场经济转轨的过程中,随着企业改革的推进,特别是1995年国有企业改革力度加大后,许多国有企业由于种种原因难以和市场机制接轨,经济效益下降,甚至生产难以为继,大量企业亏损、停产、破产,产生了大量的失业下岗人员。同时,不少经济效益差的企业职工和退休人员的工资、退休金被减发或停发,在职职工和离退休人员的生活水平受到很大影响。但是,传统的社会救济制度不仅存在着救济覆盖面狭窄、救济标准低、救济经费不足等问题,而且由于法制不健全、制度不完善、标准不明确、程序不规范等原因,导致社会救济工作没有科学规范的标准、社会救济工作具有很大的随意性。因此不改革原有的救济制度，便不能适应经济体制改革与社会发展的需要，城市居民最低生活保障制度正是在这样的社会背景下应运而生。

上海市是我国启动城市居民最低生活保障制度最早的城市。上海作为中国的经济中心城市之一，20世纪90年代初开始的由计划经济体制向市场经济体制转型的过程中，最先感受到来自社会救济工作方面的压力。由于传统的社会救济体制的缺陷，上海出现了一部分"政府管不上、企业靠不上、家庭顾不上"的"三不管"人员。这部分人员的生活困难状况引起了上海市政府的重视，上海市民政局在进行调研、反复论证的基础上，明确提出了确定一条能够随物价指数进行调整的最低生活保障线。1993年5月7日，上海市民政局、财政局、劳动局、人事局、社会保险局、市总工会联合发布《关于本市城镇居民最低生活保障线的通知》，宣布自1993年6月1日起在全市范围内实施最低生活保障制度，标准为120元。

上海市建立最低生活保障制度的做法得到了中央领导和民政部的关注和肯定。民政部派出调研组至上海总结经验，并在1994年5月召开的第十次全国民政会议上明确将"对城市社会救济对象逐步实行按当地最低生活保障线标准进行救济"列入"民政工作今后五年乃至本世纪末的发展目标"。会议之后，民政部门积极推进低保制度的调研和试点工作。探索城市居民最低生活保障的工作也一直受到党和政府的关注。1996年，八届全国人大四次会议批准的《中华人民共和国国民经济和社会发展"九五"计划和2010年远景目标》中明确提出要建立城市居民最低生活保障制度。1997年中国共产党第十五次全国代表大会报告中也提出要实行保障城镇居民基本生活的政策。到1997年8月底，全国建立居民最低生活保障制度的城市达到了206个，约占全国城市的1/3。

1997年9月2日，《国务院关于在全国建立城市居民最低生活保障制度的通知》（以下简称《通知》）颁布。《通知》共分5个部分，由建立城市居民最低生活保障制度的重要意义、时间要求、保障对象、保障标准、保障资金、配套政策和部门分工等内容构成。重点有两个：一是提出了在全国建立城市居民最低生活保障制度的时间表。《通知》要求："1997年底以前，已建立这项制度的城市要逐步完善，尚未建立这项制度的要抓紧做好准备工作；1998年底以前，地级以上城市要建立起这项制度；1999年底以前，县级市和县政府所在地的镇要建立起这项制度。"二是对城市居民最低生活保障工作提出了一些最基本的要求，主要是保障对象的范围要覆盖三类人员，包括无生活来源、无劳动能力、无法定赡养人或抚养人的居民；领取失业救济金期间或失业救济期满仍未能重新就业，家庭人均收入低于最低生活保障标准的居民；在职人员和下岗人员在领取工资或最低工资、基本生活费后以及退休人员领取退休金后，其家庭人均收入仍低于最低生活保障标准的居民；保障标准要按照当地基本生活必需品费用和财政承受能力确定；保障资金要统一到由地方各级人民政府财政负担等。

《通知》第一次提出了在全国建立城市居民最低生活保障制度的目标和时限要求,极大地加快了城市居民最低生活保障制度在全国的推进速度,是我国城市居民最低生活保障制度从探索阶段进入全面推广实施阶段的重要标志。

6.提高三条社会保障线水平

三条保障线即下岗职工基本生活保障、失业保险制度和城镇居民最低生活保障制度,是特定历史条件下有中国特色社会保障制度的重要组成部分,对保障职工和城市居民基本生活,促进深化改革,保持社会稳定,具有十分重要的作用。

为保障国有企业下岗职工的基本生活,1999年4月29日原劳动保障部、民政部、财政部颁布了《关于做好国有企业下岗职工基本生活保障失业保险和城市居民最低生活保障制度衔接工作的通知》(以下简称《通知》),对做好三条保障线衔接工作,作出了如下规定:一、国有企业下岗职工在再就业服务中心期满未实现再就业的,与企业解除劳动合同。原企业要及时为其出具相关证明,告知按照规定享受失业保险待遇的权利,并将失业人员名单自终止或解除劳动合同之日起7日内报失业保险经办机构办理失业登记。失业保险经办机构对符合条件的失业人员,要按时足额发放失业保险金。二、失业人员享受失业保险待遇期满仍未实现再就业,需要申请城市居民最低生活保障金的,由失业保险经办机构提供有关证明,并将享受失业保险待遇期满人员名单提前1个月通知民政部门。民政部门要对此类人员进行专门登记,对符合条件者及时给予救济。三、对按省级人民政府规定建立了再就业服务中心的城镇集体企业下岗职工,实施基本生活保障、失业保险和城市居民最低生活保障时,参照上述办法执行。没有建立再就业服务中心的城镇集体企业的下岗职工,需要申请城市居民最低生活保障金的,由企业出具相关证明,由当地民政部门或职工所在街道办事处提出申请。

在《通知》的基础上,1999年8月2日,劳动保障部、民政部、财政部、国家计委、国家经贸委又联合下发了《关于做好提高三条社会保障线水平等有关工作的意见》(以下简称《意见》)。《意见》提出:一、关于提高国有企业下岗职工基本生活保障水平。从1999年7月1日起,将国有企业下岗职工基本生活费水平提高30%,具体标准由各地根据实际情况确定。对1999年6月底前已经进入企业再就业服务中心(以下简称"中心")并签订基本生活保障和再就业协议(以下简称"协议")的下岗职工,应按新标准发放基本生活费;对1999年7月1日以后进入中心的下岗职工,要在签订协议后按新标准发放基本生活费。要加强中心为下岗职工代缴社会保险费的工作,缴费标准相应调整。二、关于提高失业保险金水平。从1999年7月1日起,将失业保险金水平提高30%,具体标准由各地根据实际情况确定。当年已经对失业保险金标准作过调整的地区,在这次调整中相应冲减。对合同期满未续订或提前解除劳动合同的农民合同制工人所支付的一次性生活补助标准,各地可根据实际情况进行调整。三、关于提高城镇居民最低生活保障水平。从1999年7月1日起,已实施城镇居民最低生活保障制度的地区,将最低生活保障水平提高30%,具体标准由各地根据实际情况确定。尚未实施城镇居民最低生活保障制度的地区,要在当年下半年组织实施,切实将符合条件的城镇贫困居民都纳入保障范围。此外《意见》还对提高企业离退休人员基本养老金水平、一次性补发拖欠的基本养老金、解决企业职工工资管理中出现的新情况和新问题以及最低工资标准与三条社会保障线水平保持的合理关系等问题提供了指导意见。

《意见》是党中央、国务院关于做好经济工作的重要部署,提高三条社会保障线水平是党中央、国务院实施积极财政政策,进一步扩大国内需求的一项重大举措,充分体现了党和国家对广大群众特别是中低收入居民的关怀,对加快建立社会保障体系、维护社会稳定、促进经济发展具有重要意义。要求各级部门切实做好提高国有企业下岗职工、失业人员、城镇贫困居民、企业离退休人员的收入水平和加强企业工资管理等方面的工作。

7.城市居民最低生活保障条例

城市居民最低生活保障制度的建立,使部分最低工资、基本生活费、失业保险等制度仍然不能解决问题的困难职工家庭有了最后一道安全网,起到了促进国有企业改革顺利进行的重要作用。但是,1997年《国务院关于在全国建立城市居民最低生活保障制度的通知》下发之后,各地在探索建立城市居民最低生活保障制度的工作中,常常遇到文件规定落实难的问题,迫切要求提高相关规定的法律效力,提高法规层次。1999年9月28日,国务院颁布了《城市居民最低生活保障条例》(以下简称《条例》),对城市居民最低生活保障制度的保障原则、保障对象、管理部门及其职责、资金来源及管理保障标准的确定及调整、审批程序、低保金的发放及其监督以及违纪违法行为的处罚等相关内容作了比较明确的规定。《条例》的主要内容包括:

城市居民最低生活保障制度的保障范围。《条例》第二条规定:"持有非农业户口的城市居民,凡共同生活的家庭成员人均收入低于当地城市居民最低生活保障标准的,均有从当地人民政府获得基本生活物质帮助的权利。"其中收入是指共同生活的家庭成员的全部货币收入和实物收入,包括法定赡养人、扶养人或者抚养人应当给付的赡养费、扶养费或者抚养费,不包括优抚对象按照国家规定享受的抚恤金、补助金。

城市居民最低生活保障的保障标准。《条例》第六条规定:"城市居民最低生活保障标准,按照当地维持城市居民基本生活所必需的衣、食、住费用,并适当考虑水电燃煤(燃气)费用以及未成年人的义务教育费用确定。"关于城市居民最低生活保障标准的测定方法,《条例》没有专门规定,各地在实践中较多使用市场菜篮法、恩格尔系数法、收入比例法或生活形态法来确定。

城市居民最低生活保障的资金来源。《条例》第五条规定:"城市居民最低生活保障所需资金,由地方人民政府列入财政预算,纳入社会救济专项资金支出项目,专项管理,专款专用。""国家鼓励社会组织和个人为城市居民最低生活保障提供捐赠、资助;所提供的捐赠资助,全部纳入当地城市居民最低生活保障资金。"这一规定明确了地方政府是城市居民最低生活保障资金的主要负责者。

城市居民最低生活保障金的审核、审批和发放。《条例》第七条规定:"申请享受城市居民最低生活保障待遇,由户主向户籍所在地的街道办事处或者镇人民政府提出书面申请,并出具有关证明材料,填写《城市居民最低生活保障待遇审批表》。城市居民最低生活保障待遇,由其所在地的街道办事处或者镇人民政府初审,并将有关材料和初审意见报送县级人民政府民政部门审批。""管理审批机关为审批城市居民最低生活保障待遇的需要,可以通过入户调查、邻里访问以及信函索证等方式对申请人的家庭经济状况和实际生活水平进行调查核实。申请人及有关单位、组织或者个人应当接受调查,如实提供有关情况。"第八条规定:"县级人民政府民政部门经审查,对不符合享受城市居民最低生活保障待遇条件的,应当书面通知申请人,并说明理由。""管理审批机关应当自接到申请人提出申请之日起的30日内办结审批手续。""城市居民最低生活保障待遇由管理审批机关以货币形式按月发放;必要时,也可以给付实物。"

《条例》的颁布和实施,标志着我国城市居民最低生活保障工作步入了法制化的轨道。

8.建立下岗职工基本生活保障制度

下岗职工是中国改革开放时代和经济社会转型期的特有现象,它是伴随着大规模国有企业改革的推进而出现的独特现象。1996年,全国出现下岗职工815万人,而自1998年国有企业三年脱困目标确立以后,下岗职工人数连续数年均是数以百万计。在20世纪90年代中后期到21世纪初,中国国有企业下岗职工总数达到3000多万。尽管让工人下岗是国有企业改革的需要,但将失去工作的劳动者赶入就业市场,不仅对劳动者的权益造成更为严重的损害,而且极易酿成社会风险。对于大多数下岗职工而言,他们在为改革付出成本和代价,并且无法享受失业保险待遇。为解决国有企业下岗工人的基本生活,1998年6

月9日，国务院发出《关于切实做好国有企业下岗职工基本生活保障和再就业工作的通知》（以下简称《通知》）。《通知》确立了下岗职工基本生活保障制度是具有失业保险功能的过渡性制度，确立了下岗职工基本生活保障制度与再就业服务中心作为双轨制劳动力市场条件下应对大规模结构性失业的过渡性措施以及"三三制"（下岗职工生活保障金由政府、企业和失业保险基金共同承担）的资金来源原则。

为了进一步做好解决困难职工群众基本生活问题的工作，2003年1月7日，国家经贸委、教育部、民政部、财政部、劳动保障部、人民银行发布《关于解决国有困难企业和关闭破产企业职工基本生活问题的若干意见》（以下简称《意见》），《意见》提出了以下几个方面的要求：

继续扎实做好"两个确保"工作，巩固"三条保障线"。要进一步深化基本养老保险制度改革，增强基本养老保险基金收支平衡能力。各级财政部门要进一步调整财政支出结构，逐步加大对基本养老保险的资金投入，确保企业离退休人员基本养老金按时足额发放。

采取有效措施，切实做好困难企业职工最低生活保障工作。为完善现有政策，进一步做好低保工作，今后凡申请最低生活保障金的在职职工，无论其是在岗职工还是下岗职工，如因所在企业长期亏损、停产、半停产的原因，连续6个月以上领不到或未足额领到工资或基本生活费，经当地劳动保障和经贸部门认定并出具证明后，可据实核算本人实际收入，符合低保标准的纳入低保范围，确保其基本生活。

进一步完善关闭破产企业离退休人员医疗保险有关政策措施。各地政府在扩大医疗保险覆盖面的同时，要尽快通过建立社会医疗救助制度，对暂时无力缴费、没有参加医疗保险的困难企业职工，提供必要的医疗救助。

切实关心困难企业和关闭破产企业职工子女就学问题。各级教育、民政、财政等部门，要采取有效措施，加大对这类企业职工子女上学的资助力度。各地要认真做好企业自办中小学校分离移交工作。要首先将困难企业所办的普通中小学校移交地方政府管理，保证其职工子女完成义务教育。要认真落实资助经济困难大学生的各项政策，及时为特困职工子女上大学提供必要的帮助。

进一步做好国有企业实施政策性关闭破产工作。在确保企业和社会稳定前提下，加大国有企业实施政策性关闭破产的工作力度，让那些已不具备市场生存条件的企业尽快退出市场。

妥善解决实施关闭破产的中央企业及中央下放地方企业拖欠职工个人费用问题。

加快社区建设，完善社会保障平台。社区管理机构要将国有企业的下岗职工、就业转失业人员（包括有偿解除劳动关系的人员）、破产企业职工、退休人员等纳入管理范围，协助政府有关部门做好这部分人员的社会保障和再就业服务等工作，帮助他们解决实际困难。

9.国务院《城市生活无着的流浪乞讨人员救助管理办法》

新中国建立以来,对流浪乞讨人员的救助管理经历了从管制到救助、从强制到自愿、从管理到服务的政府职能转变过程。

我国从1951年开始实施收容遣送,当时的收容对象是国民党散兵游勇、妓女、社会无业游民等人群。政府通过组织其劳动改造,转化为从业人员予以安置。此时,收容遣送是一种行政救济措施。三年自然灾害期间,大量灾民涌入城市,收容救济灾民成了收容遣送的主要任务。20世纪60年代,为限制农民进城,1961年11月11日中共中央批转了公安部《关于制止人口自由流动的报告》,决定在大中城市设立"收容遣送站",以民政部门为主,负责将盲目流入城市的人员收容起来,遣送回原籍,公安机关负责对收容对象进行审查、鉴别。这实际上既是收容遣送制度的发端,也是收容审查制度的开始,二者系"同根同源"。

1978年改革开放以后,大量的农民开始进城务工,直至后来形成所谓的"民工潮",给当时带来了治安混乱、城市就业压力增大等许多的社会问题。为了解决这些问题,中国政府总结以往经验,正式制定了收容遣送制度,即1982年5月12日由国务院发布的《城市流浪乞讨人员收容遣送办法》(以下简称《收容遣送办法》)。根据《收容遣送办法》的规定,收容遣送制度的目的在于"救济、教育和安置城市流浪乞讨人员,以维护城市社会秩序和安定团结"。但是,收容遣送制度有明显的弊端。对于执行单位,它是创收的手段;对于公安机关,它是治安管理和侦查的工具;对于地方政府,它能方便地实现地方利益保护。而随着社会文明的发展和公民权利意识的不断觉醒,人权保障越来越成为公众所重视的价值追求。另一方面,随着依法治国理念的提出,执政党的执政方式也在不断趋向转变与成熟,社会救助、保障基本人权被确立为价值目标。在这一背景下,新的救助制度呼之欲出,大学生孙志刚在收容站被殴致死引发了强烈的社会震动,成了政府顺应民意、实现制度转变的催化剂。

2003年6月20日国务院公布、8月1日起施行的《城市生活无着的流浪乞讨人员救助管理办法》(以下简称《救助管理办法》)取代了原有的收容遣送制度,对救助的宗旨、范围、措施、管理等作了大幅调整,被认为是我国政府职能转变的重要标志之一。

《救助管理办法》第一条确定了救助的宗旨,是对在城市生活无着落的流浪、乞讨人员实行救助,保障其基本生活权益,完善社会救助制度。在机构设置上,要求县级以上城市人民政府应当根据需要设立救助站,并应当采取积极措施及时救助流浪乞讨人员,将救助工作所需经费列入财政预算予以保障,强调了政府的救助责任;明确了民政部门作为本办法的执法主体，负责流浪乞讨人员的救助工作，并对救助站进行指导、监督；公安、卫生、交通、铁道、城管等部门承担各自职责范围内的责任；行政机关对发现的流浪乞讨人员应告知其向救助站求助，对其中行动不便的人员要引导、护送到救助站。

《救助管理办法》详细列举了救助工作人员的禁止性行为，如不准拘禁、变相拘禁受助人员，不得打骂、体罚受助人员，不准敲诈、勒索受助人员，不得限制受助人员离开救助站。《救助管理办法》明确了受助人员的权利和义务，让受助人员明确这是一项临时性措施，接受救助应当如实提供本人基本情况，并应遵守法律法规和救助站的各项规章制度。救助站不履行救助职责的，求助人可以向当地民政部门举报，由民政部门查处。

从收容遣送到救助管理体现了以自愿救助、无偿救助为核心的新型社会救助，体现了政府对弱势群体的关怀，体现了创建服务型政府、责任型政府的宗旨，也体现了以人为本的观念。维护基本人权是社会的基本责任，因此，社会救助制度也是实现和保障人权的一项基本制度。国家对生活无着的流浪乞讨人员从"收容遣送"到"救助管理"的立法发展，表现了政府立法观念的飞跃。

10.医疗救助制度

医疗救助是由政府主导，保障少数困难群体基本医疗服务需求的制度安排，在整个医疗保障体系中处于最底层，起到"兜底"的作用。对于满足少数困难群体的医疗服务需求，缓解困难群众"看病难、看病贵"具有重要作用。

1949年新中国刚成立时，医疗救助只是作为社会救济制度中的一部分，并没有单独建制。20世纪50年代中期，农村实行合作化以后，农民的生、老、病、死就基本上依靠集体经济来给予保障。"五保"制度的建立，保证无依无靠无劳动能力的孤寡老人、残疾人和孤儿的"吃、穿、住、医、葬（教）"。此外，合作医疗在当时全国农村范围内广泛建立。20世纪70年代覆盖率达到90%，保证了广大农民最基本的医疗服务需求。到改革开放前，基于集体经济，依托于合作医疗和五保制度，医疗救助虽然没有单独建制，但是患病的贫困农民确实可以得到低水平的救助。

改革开放以后，随着经济体制改革和家庭联产承包责任制的建立，农村集体经济逐渐瓦解，导致合作医疗制度和五保制度功能逐渐弱化；此外，政府卫生投入的减少，医疗费用的快速上涨，使得群众"看病难、看病贵"问题凸显。20世纪80年代，医疗救助的概念和做法主要用于我国农村扶贫或加强农村初级卫生保健的工作中；20世纪90年代，随着贫困人口的剧增，一些地方开始通过政府下发专门文件甚至通过地方立法开展医疗救助，医疗救助成为政府的一项职责。上海市率先在全市探索建立医疗救助制度。1990年上海市民政局、卫生局和财政局联合制定了《上海市城市贫困市民急病医疗困难补助办法》，对于无直系亲属依靠、无生活来源和无生产劳动能力，生活依靠政府救济的孤老、孤儿和孤残人员，民政部门给予定期定量救济的其他各类特殊救济对象，家中无人在业和无固定经济收入的社会困难户，市和区、县党政领导机关交办的个别特殊对象，给予门诊补助和住院补助，农村疾病补助经费来源于农村集体经济，由民政部门负责管理。

2002年，国务院召开了全国农村工作会议，并作出了《中共中央国务院关于进一步加强农村卫生工作的决定》，指出"建立和完善农村合作医疗制度和医疗救助制度"，"对农村贫困家庭实行医疗救助。医疗救助对象主要是农村'五保户'和贫困农民家庭。医疗救助形式可以是对救助对象患大病给予一定的医疗费用补助，也可以是资助其参加当地合作医疗。医疗救助资金通过政府投入和社会各界自愿捐助等多渠道筹集"。

2003年，《民政部、卫生部、财政部关于实施农村医疗救助的意见》（以下简称《救助意见》）中对农村医疗救助的内涵、目标原则、救助对象和救助办法作了更为具体的规定。《救助意见》中指出"农村医疗救助制度是政府拨款和社会各界自愿捐助等多渠道筹资，对患大病农村'五保户'和贫困农民家庭实行医疗救助的制度。力争到2005年，在全国基本建立起规范、完善的农村医疗救助制度"。为加强农村医疗救助基金管理，保证农村医疗救助基金运行安全，财政部和民政部于2004年制定了《农村医疗救助基金管理试行办法》，其中对基金的使用、筹资和管理作了明确的规定。为缓解城市困难群众医疗难，2005年3月14日，国务院办公厅转发了民政部、卫生部、劳动和社会保障部、财政部《关于建立城市医疗救助制度试点工作意见》，提出：从2005年开始，用2年时间在各省、自治区、直辖市的部分县（市、区）进行试点，之后再用2—3年时间在全国建立起管理制度化、操作规范化的城市医疗救助制度。

至此，在我国历史上医疗救助制度第一次从国家层面上单独建制，并明确了政府的筹资责任，界定了救助对象，建立了管理机构，确定了发展目标，医疗救助制度从此进入了快速、规范化建设阶段。2013年12月3日，财政部、民政部发布《城乡医疗救助基金管理办法》，以规范城乡医疗救助基金的管理和使用，提高使用效益。2014年《社会救助暂行办法》发布，明确规定"国家建立健全医疗救助制度，保障医疗救助对象获得基本医疗卫生服务"。最低生活保障家庭成员、特困供养人员以及县级以上人民政府规定的其他特殊困难人员均可申请相关医疗救助。2015年，国务院办公厅转发民政部等部门《关于进一步完善医疗救助制度全面开展重特大疾病医疗救助工作意见》的通知，要求整合城乡医疗救助制度，规范门诊救助，完善住院救助，合理界定医疗救助对象，资助参保参合，完善医疗救助；科学制定实施方案，合理确定救助标准，明确就医用药范围，全面开展重特大疾病医疗救助工作。

到目前为止，城乡医疗救助在全国范围内基本建制，救助制度逐步完善，救助水平逐渐提高，它在满足城乡困难群众基本医疗服务需求，缓解困难群众"看病难、看病贵"方面发挥了越来越大的作用。

11.建立农村最低生活保障制度

在农村最低生活保障制度建立之前，对于农村居民的社会救助以农村五保制度和大规模的社会扶贫救助制度为主。五保制度主要保障的是农村"五保户"的生活不得低于该地区平均生活水平，是建立在低保制度之上的一种保障特定人群生活的制度。社会扶贫救助则是农村低保制度的前身。我国大规模的扶贫开发始于1986年。在1994年起实施的《国家八七扶贫攻坚计划》，使贫困人口减少到了2000年底的3000万。对于剩余的3000万贫困人口，扶贫开发工作的成效已经收效甚微。这部分人通过扶贫和自身努力方式摆脱贫困的希望很小，而且成本很高。对于这部分人，通过常规的、制度化的农村最低生活保障制度保障其最低的生活水平，其作用比扶贫工作收效大。农村最低生活保障制度从试点到推广大体可以分为两个阶段：

第一阶段，低保制度的试点过程。1994年国务院召开第十次全国民政会议提出，到20世纪末"在农村初步建立起与经济发展水平相适应的层次不同、标准有别的社会保障制度"。于是，山西、山东、浙江、河北、湖南、河南、广东等省相继开始试点。同年，山西阳泉市颁布了《阳泉市农村社会保障试行办法》，规定县、乡、村根据各自经济发展水平的不同状况，确定基本保障线，对生活在保障线以下的贫困户，以户建档，逐年核定，实行救助，使其生活水平达到基本保障线。1994年9月，山西省民政厅下发了《关于加快建立和完善农村社会保障制度的通知》，并转发了阳泉市的试行办法。1995年3月，山西省政府向全省推广阳泉经验。同年，广西壮族自治区武鸣县的农村最低生活保障制度虽然属于初步制度，但就其内容而言，已经基本具备最低生活保障制度的框架，它规定："凡该县农村户口的孤、老、残、幼或因病、灾等特殊情况造成家庭经济收入达不到最低生活标准的村民，即为保障对象。"保障线的标准是每人每月40元，五保对象每人每月65元。保障资金为县和乡镇分级负担，县财政负担65%，乡镇财政负担35%。

1996年1月召开的全国民政厅局长会议首次明确提出了改革农村社会救助制度，积极探索农村居民最低生活保障制度的任务。会后，确立了山东烟台市、河北平泉县及甘肃永昌市等发达、中等发达和欠发达三种不同类型的农村社会保障体系建设的试点县市。这几个县市各自形成了自己鲜明的特点：如山西阳泉市是保障标准有高有低，重在制度建设；山东烟台是各项保障项目齐全，立法力度大；河北平泉是以建章立制起步，党政联手互动,工作扎实细致,量力而为。

在各地试点的基础上,民政部正式印发了《关于加快农村社会保障体系建设的意见》(以下简称《意见》),制定了《农村社会保障体系建设指导方案》(以下简称《方案》)。《意见》要求积极稳妥地建立农村居民最低生活保障制度。《方案》就这项新的制度建设提出原则性指导意见。此后,由于经济、社会发展水平的差异及对这项工作认识程度的不同,各地的农村低保制度建设也存在着发展不平衡的现象。为了统一认识,促进工作顺利进行,1997年,民政部就提出了按照巩固、扩大东部试点,积极启动西部试点,抓两头、带中间,因地制宜、稳定推进的总体要求,分别在东部、北部、西部召开会议,推动农村最低生活保障制度的试点工作。到1997年底,全国已经有997个市县初步建立了农村低保制度,但是由于受到当时发展条件制约,农村低保对象的增加速度始终较慢。

第二阶段,低保制度在全国建立。党的十六大以来,农村低保制度建设进程明显提速。2006年底的中央农村工作会议则首次明确提出,要"在全国范围内建立农村最低生活保障制度。各地应根据当地经济发展水平和财力状况,确定低保对象范围、标准,鼓励已建立制度的地区完善制度,支持未建立制度的地区建立制度,中央财政对财政困难地区给予适当补助"。这标志着农村低保已经基本完成试点探索的过程,进入了全面推进的新阶段。2007年3月5日的政府工作报告指出,全国已有25个省(自治区、直辖市)、2133个县(市、区)初步建立了农村低保制度,1509万农民享受了农村低保。

2007年7月11日,国务院下发了《关于在全国建立农村最低生活保障制度的通知》,明确提出切实解决农村贫困人口的生活困难,2007年在全国建立农村最低生活保障制度;对我国农村最低生活保障制度的目标和总体要求,合理确定农村最低生活保障标准和对象范围,农村最低生活保障管理、落实,以及加强领导,确保农村最低生活保障制度的顺利实施作了全面部署。我国大陆31个省、自治区、直辖市都按照国务院的统一要求和部署建立了农村最低生活保障制度,基本实现了应保尽保,使农村的贫困人口的生活得到基本保障。

12.国务院关于解决城市低收入家庭住房困难的若干意见

改革开放以来,我国不断深化城镇住房制度改革,城市绝大多数居民的住房条件得到了较大改善。但随着住房社会化、商品化程度的提高,我国住房市场在快速发展中,也出现了一些矛盾和问题,特别是城市廉租住房制度建设相对滞后,经济适用住房制度不够完善,部分城市低收入家庭住房还比较困难。为解决城市低收入家庭住房困难,2007年8月13日国务院下发的《关于解决城市低收入家庭住房困难的若干意见》(以下简称《意见》)

明确表示，加快建立健全以廉租住房制度为重点、多渠道解决城市低收入家庭住房困难的政策体系。

《意见》明确了指导思想、总体要求和基本原则，进一步建立健全城市廉租住房制度，改进和规范经济适用住房制度，逐步改善其他住房困难群体的居住条件，完善配套政策和工作机制 5 部分 22 条。

《意见》要求以城市低收入家庭为对象，建立健全城市廉租住房制度，同时改进和规范经济适用住房制度，加大棚户区、旧住宅区改造力度，力争到"十一五"期末，使低收入家庭住房条件得到明显改善，农民工等其他城市住房困难群体的居住条件得到逐步改善。根据我国实际情况，《意见》提出了以下基本原则：一是立足我国现阶段经济社会发展的特点，以满足基本住房需要为原则，合理确定住房保障的标准；二是要坚持统筹规划，有计划、有步骤解决低收入家庭的住房困难；三是政府作为解决低收入家庭住房困难的主体，要发挥主导作用，同时引导社会各界积极参与；四是要坚持在国家统一政策的基础上，各地区结合实际情况，因地制宜；五是明确责任主体，要求省级负总责，市县抓落实。

我国廉租住房保障范围主要是住房困难的低保家庭，其他多数低收入住房困难家庭由于没享受这一政策，既无力购买经济适用住房，也不能享受廉租住房保障，住房困难很大。为使更多的低收入家庭得到基本的住房保障，分享改革和发展的成果，《意见》提出，"十一五"期末，廉租住房制度保障范围要扩大到低收入住房困难家庭。东部地区和其他有条件的地区，要在 2008 年底之前达到这项要求。其中，2007 年底前，设区城市要对符合规定住房困难条件、申请廉租住房租赁补贴的城市低保家庭实现应保尽保；2008 年底前，所有县城要实现应保尽保。这次发布的《意见》，在扩大廉租住房保障范围的同时，再次明确经济适用住房供应对象为城市低收入住房困难家庭。这样，低收入住房困难家庭租赁或购买住房的需求，在廉租住房制度和经济适用住房制度的基本政策框架内，可以得到基本解决。

廉租住房保障对象和保障标准由各城市人民政府根据当地经济发展水平和住房价格水平确定。其中，家庭收入和住房困难认定标准，依据民政部、建设部等部门制定的有关原则，由各城市人民政府按当地人均收入和人均住房水平的一定比例确定；廉租住房的保障面积标准，考虑当地平均住房水平及财政承受能力等因素统筹研究确定。廉租住房制度主要有两种保障方式：第一是对在市场承租住房的家庭发放租赁补贴；第二是直接提供廉租住房，即实物配租。

为了保证廉租住房制度的实施，《意见》提出，地方财政要将廉租住房保障资金纳入年度预算安排；住房公积金增值收益净收入要全部用于廉租住房建设；土地出让净收益用于廉租住房保障资金的比例不得低于 10%，各地还可根据实际进一步适当提高。中西部地区土地出让净收益和公积金增值收益净收入少,财力薄弱。

为解决部分地区供应对象和上市交易管理不到位,户型面积偏大,部分地区供应不足等问题,同时重申经济适用住房购房人拥有有限产权的有关规定,《意见》作出了针对性很强的规定:一是经济适用住房供应对象限定为低收入住房困难家庭;二是将建设标准控制在套型建筑面积 60 平方米左右;三是规定购买经济适用住房 5 年内不得上市交易,确需转让的由政府按照原价格并考虑折旧和物价水平等因素回购。购房满 5 年以后转让时,要按照同地段普通商品住房和经济适用住房价格差额的一定比例缴纳土地收益等价款,政府优先回购。

《意见》明确要求,单位集资合作建房的建设标准、供应对象、产权关系等均按照经济适用住房的有关规定执行。适用范围仅限于距离城区较远的独立工矿企业和住房困难户较多的企业,且只能利用自用土地组织实施。各级国家机关一律不得搞单位集资合作建房;任何单位不得新征用或新购买土地搞集资合作建房;单位集资合作建房不得向非经济适用住房供应对象出售。

《意见》还规定:一、加快集中成片棚户区改造。对这些住宅设施和基础设施不完备的地区,城市人民政府要因地制宜制定改造计划,坚持妥善解决居民住房困难、改善居住环境和居民合理负担相结合的原则。二、积极推进旧住宅区综合整治。要按照政府组织、居民参与的原则,进行房屋维修养护、配套设施完善、环境整治和建筑节能改造,力戒大拆大建,保护历史文化街区。三、改善农民工居住条件。在进一步强调用工单位责任的基础上,强调城中村改造时要考虑农民工的居住需要,集中建设向农民工出租的集体宿舍。有条件的地方,可比照经济适用住房优惠政策,政府引导,市场运作,建设适应农民工支付能力的出租住房。

随着《意见》等有关解决城市低收入家庭住房困难政策的颁布,全国很多地方积极贯彻实施,保障性住房建设速度逐渐加快。可以预见,随着各地经济适用住房、廉租房及普通商品住房等政策得以深入贯彻实施,保障性住房不断深入发展,我国新的住房保障机制将会形成。《意见》作为我国未来保障性住房体系建立的纲领性文件之一,在我国住房保障制度乃至住房制度的构建中将发挥重要作用。

13.部委联手建立城乡最低生活保障标准动态调整机制

自 1993 年上海市率先探索建立城市居民最低生活保障制度以来,中国最低生活保障制度已覆盖到包括农村居民在内的全体公民,"社会安全网"的作用日益显现。各地按照《城市居民最低生活保障条例》和国务院《关于在全国建立农村最低生活保障制度的通知》

的要求，在科学制定和调整低保标准方面不断探索完善，取得了一定成效。但是，在制度实施之初，由于无经验可资借鉴，各地多沿用传统社会救济中的定性方法划定救助标准，基本没有建立最低生活保障标准调整机制。在实施最低生活保障制度的过程中，地方政府（主要是县政府）结合自身特点，探索了不同的最低生活保障标准计算方法，如预算标准法（市场菜篮法）、恩格尔系数法、比例法等。上述方法，有些已隐含了价格或收入调查机制，但是大部分计算方法没有自动调整机制，因而需要根据价格或收入的变化进行相应调整。

从全国情况看，城乡低保标准的制定和调整工作存在很多问题，主要包括：一些地方的低保标准缺乏必要论证和科学测算，简单参照扶贫标准或全国平均低保标准来制定和调整低保标准，难以真实反映当地居民的基本生活需求，甚至导致保障面过宽而影响了低保对象劳动就业的积极性；还有一些地方没有及时根据经济社会发展水平和财政承受能力，随着生活必需品的价格变化和人民生活水平的提高而适时调整低保标准，影响了低保制度实施效果和困难群众基本生活保障力度。经过十多年的运行，随着经济和社会环境的变化，传统方法遇到价格波动和收入增长等问题的严峻挑战。最低生活保障标准机制的建立成为一个迫切需要解决的现实问题。为确保城乡低保制度平稳运行，真正发挥好最后一道"社会安全网"的保障作用，民政部、国家发展和改革委员会、财政部、国家统计局联合印发《关于进一步规范城乡居民最低生活保障标准制定和调整工作的指导意见》（下简称《指导意见》），该意见的下发标志着我国城乡低保标准动态调整机制正式建立。

《指导意见》指出，要深入贯彻落实科学发展观，按照党的十七届五中全会关于"努力实现居民收入增长和经济发展同步，低收入者收入明显增加"和"实现城乡社会救助全覆盖"的总体要求，坚持科学性、合理性、动态性、规范性等基本原则。

《指导意见》规定，各地要运用基本生活费用支出法、恩格尔系数法或消费支出比例法制定城乡低保标准，建立和完善城乡低保标准与物价上涨挂钩的联动机制，并随着当地居民生活必需品价格变化和人民生活水平的提高定期调整。

《指导意见》要求，各地成立由民政、财政、发展改革委（价格）、统计（调查队）等部门组成的城乡低保标准制定和调整工作小组，明确职责，相互配合，共同做好城乡低保标准制定和调整工作。城乡低保标准测算完成后，要报请本级人民政府审批。需要备案的，要同时报上一级地方人民政府备案。根据本级人民政府的批复，要通过网站、报纸等媒体以适当方式，将新的城乡低保标准向社会公告，并按批复要求的时间执行。省级人民政府民政部门、财政部门要发挥好指导和调控作用，注意引导经济社会发展水平相近地区逐步缩小地区间城乡低保标准差距。条件成熟的地方，也可试行制定本辖区内相对统一的区域城乡低保标准。

14.提高农村扶贫标准

改革开放以来，我国大力推进扶贫开发，特别是随着《国家八七扶贫攻坚计划（1994—2000年）》和《中国农村扶贫开发纲要（2001—2010年）》的实施，扶贫事业取得了巨大成就。截至2010年，全国农村贫困人口已减至2688万人，占农村人口的比重下降到2.8%。与此同时，随着经济社会发展和扶贫开发形势发生重大变化，我国在不同历史阶段的扶贫标准也在不断发展变化。

我国在2008年前有两个扶贫标准，第一个是1986年制定的206元的绝对贫困标准，该标准以每人每日2100大卡热量的最低营养需求为基准，再根据最低收入人群的消费结构来进行测定。后来此标准随物价调整，到2007年时为785元。第二个是2000年制定的865元的低收入标准，到2007年底，调整为1067元。2008年，绝对贫困标准和低收入标准合一，统一使用1067元作为扶贫标准。此后，随着消费价格指数等相关因素的变化，标准进一步上调至1196元。随着经济社会发展，物价指数上涨和消费需求普遍提高，特别是中国扶贫开发工作从以解决温饱为主要任务的阶段，进入巩固温饱成果、加快脱贫致富、改善生态环境、提高发展能力、缩小发展差距的新阶段，1196元的新扶贫标准仍被认为偏低。

为了弥补"贫困地区"这一全面建成小康社会的"短板"，2011年11月29日至30日在北京召开的中央扶贫开发工作会议，总结我国扶贫开发工作取得的成就和经验，分析当前和今后一个时期扶贫开发的形势和任务，全面部署《中国农村扶贫开发纲要（2011—2020年）》（以下简称《纲要》）贯彻落实工作，动员全党全社会力量，坚决打好新一轮扶贫开发攻坚战。中央决定，将农民人均纯收入2300元（2010年不变价）作为新的国家扶贫标准，这个标准比2009年1196元的标准提高了92%，对应的扶贫对象规模到年底约为1.28亿人，占农村户籍人口比例约为13.4%。

经过此次大幅上调，中国国家扶贫标准线与世界银行的名义国际贫困标准线的距离为史上最近。世界银行2008年宣布，将国际贫困标准从每天生活费1美元提升至1.25美元。按照2011年11月29日人民币市场汇价1美元兑6.3587元人民币计算，中国新的国家扶贫标准大致相当于每日1美元。

提高扶贫标准，最直接的影响是让更多低收入群体享受到政策的扶持，逐步解决收入差距过大的问题。此外，提高扶贫标准是扶贫事业取得巨大成就、进入新阶段、向更高目标迈进的必然要求。新标准既有利于覆盖更多扶贫对象，使刚越过温饱线的贫困农民尽快实现脱贫致富，又充分体现了中央解决好农村民生问题，努力缩小城乡与区域发展差距的坚强决心。

15.国务院关于进一步加强和改进最低生活保障工作的意见

我国最低生保障制度自 1999 年国务院颁布了《城市居民最低生活保障条例》并在全国推广以来，总体运行规范有序。但与面临的新形势和新任务相比，还存在明显不足，突出表现在：一是服务意识亟待加强，服务方式亟待改进。一些低保工作人员对群众困难不够重视，解决问题不够及时，服务保障不够到位。二是责任落实亟待加强，监管机制亟待改进。一些地方不同程度存在着责任边界不清晰、监管机制不到位、责任追究不严格等问题，骗保、漏保、关系保、人情保等问题时有发生。三是能力建设亟待加强，工作程序亟待改进。低保工作力量、经费、手段与任务要求不相匹配，工作程序上还存在不方便快捷、不公开透明等问题。

为了有效解决上述突出问题，更好地保障困难群众基本生活、切实维护困难群众基本生活权益，2012 年 9 月 26 日，国务院颁布了《关于进一步加强和改进最低生活保障工作的意见》（以下简称《意见》）。《意见》对今后一个时期加强和改进低保工作的总体要求、基本原则、政策措施和保障措施作出了全面部署，主要内容包括：

一、加强和改进低保工作的总体要求和原则。要以科学发展观为指导，以保障和改善民生为主题，以强化责任为主线，坚持保基本、可持续、重公正、求实效的方针，进一步完善法规政策，健全工作机制，严格规范管理，加强能力建设，努力构建标准科学、对象准确、待遇公正、进出有序的低保工作格局，不断提高低保制度的科学性和执行力，切实维护困难群众基本生活权益。同时，《意见》明确了低保工作要坚持的四个基本原则：一是坚持应保尽保，确保把所有符合条件的困难群众全部纳入低保范围；二是坚持公平公正，做到审批过程公开透明，审批结果公平公正；三是坚持动态管理，做到保障对象有进有出、补助水平有升有降；四是坚持统筹兼顾，做到低保标准与经济社会发展水平相适应，低保制度与其他社会保障制度相衔接。

二、完善低保对象认定条件的新要求。先前低保制度主要依据户籍，以家庭人均收入低于当地城市或者农村低保标准作为低保对象认定条件。但在实践中，家庭财产特别是住房、机动车、银行存款、有价证券等大额财产，也是认定低保对象必须考虑的因素。因此，《意见》提出：户籍状况、家庭收入和家庭财产是认定低保对象的三个基本条件，各地要明确核算和评估低保申请家庭收入和财产的具体办法。财产条件的提出，是对现行低保制度的重大完善。同时，《意见》要求健全低保标准动态调整机制和救助标准与物价上涨挂钩的联动机制，逐步缩小城乡差距、区域差距。

三、进一步规范低保工作程序。《意见》要求从六个方面进一步规范低保工作程序：

一是规范申请程序，明确凡认为符合条件的城乡居民都有权直接向其户籍所在地的乡镇政府（街道办事处）提出低保申请，申请低保要以家庭为单位，书面声明家庭收入和财产状况。二是规范审核程序，明确乡镇政府（街道办事处）是审核责任主体，要对低保申请家庭逐一入户调查。三是规范民主评议，明确民主评议由乡镇政府（街道办事处）组织，主要对申请人声明的家庭收入、财产状况以及入户调查结果的真实性进行评议。四是规范审批程序，明确县级人民政府民政部门是审批责任主体，要全面审查乡镇政府（街道办事处）上报的调查材料和审核意见，按照不低于30%的比例入户抽查。五是规范公示程序，明确在社区设置统一的固定公示栏，由乡镇政府（街道办事处）公示入户调查、民主评议和审核结果，县级人民政府民政部门将低保家庭成员、收入和保障金额等情况长期公示。六是规范发放程序，明确全面推行低保金社会化发放，按照财政国库管理制度将低保金直接支付到低保家庭账户，确保低保金足额、及时发放到位。

四、进一步加强低保对象动态管理。为加强低保对象动态管理，将全面建立低保家庭人口、收入和财产状况定期报告制度，根据低保家庭人口结构和收入来源进行分类管理。低保经办机构要针对低保家庭成员变化和家庭经济状况报告情况，分类定期开展核查，及时办理低保金停发、减发或增发手续。对于无生活来源、无劳动能力又无法定赡养、抚养、扶养义务人的"三无"人员，每年核查一次；对于短期内收入变化不大的家庭，每半年核查一次；对于收入来源不固定、成员有劳动能力和劳动条件的低保家庭，原则上要城市按月、农村按季核查。

《意见》的实施，标志着低保工作向着科学化、规范化、精确化、专业化管理服务方向又迈进一步，意义重大而深远。

16.社会力量参与流浪乞讨人员救助服务

2003年6月，国务院发布了《城市生活无着的流浪乞讨人员救助管理办法》（以下简称《救助管理办法》），7月，民政部公布了《城市生活无着的流浪乞讨人员救助管理办法实施细则》并于同年8月1日起施行。《救助管理办法》的颁布和实施，标志着我国社会救助制度的发展和完善。但是，对城市生活无着流浪乞讨人员进行救助保护不仅是政府的责任，也离不开社会的自治与公民的参与。为了充分发挥社会力量在流浪乞讨人员救助服务中的积极作用，引导和支持社会力量参与救助服务，2012年12月28日，民政部下发《关于促进社会力量参与流浪乞讨人员救助服务的指导意见》（以下简称《意见》），要求各地充分调动社会力量参与主动救助服务的积极性，引导企事业单位、工商业者为流浪乞讨人员救助提供资金、物品、设施设备和智力支持。通过购买服务、项目合作、经费补贴、

"以奖代补"等方式，解决流浪乞讨人员生活照料、医疗救治、教育救助等服务需求。

具体而言，民政部门和救助管理机构可通过购买服务，由爱心家庭和依法登记的福利机构、护理机构为特殊受助人员提供生活照料服务；可通过与社会工作机构、心理咨询机构、康复治疗机构、教育培训机构等开展项目合作，为流浪乞讨人员提供心理疏导、教育矫治、行为干预、康复训练和技能培训等专业救助服务。政府还可引导慈善捐赠面向流浪乞讨人员救助服务。对于社会力量救助，有关部门要定期评估，一旦发现有虐待、伤害流浪乞讨人员或非法用工嫌疑的，及时报告警方或劳动监督部门依法处理。

《意见》从政策创制层面对社会力量参与流浪乞讨人员救助服务的指导思想、基本原则、具体内容、支持政策和监督评估措施进行制度设计，是"以人为本、改善民生"的政府工作理念的根本要求，是创新社会管理和公共服务体制的重要举措，是完善流浪乞讨人员救助工作机制的重要方面。有利于引导和规范社会力量参与流浪乞讨人员救助服务，推进救助管理工作模式变革，对于推进各地贯彻落实国务院关于加强和改进流浪乞讨人员救助服务工作的政策措施，统一救助保护理念和工作方式，规范救助保护流程，推进救助保护工作在深度和广度上向精细化、专业化、科学化服务延伸和拓展具有重要的促进意义。

17.住房救助制度

中国的住房问题是城市化与住房制度改革、经济体制改革共同作用的产物。1998年下半年，我国基本完成了传统的福利性住房制度向商品性住房制度的历史性转变，城镇居民开始转向通过市场主渠道解决住宅问题。但在发挥市场机制优化配置住房资源的同时，引起了许多地方房价快速攀升。与此同时，在新的经济体制下，城市居民的收入差距越来越大，相当部分居民收入的增长速度慢于房价上涨速度，形成了住房供应的绝对短缺。住房市场发展的事实也已证明，仅仅依靠市场机制并不能妥善解决我国住房问题。因此，需要充分发挥政府的作用，通过政府的住房救助来解决低收入群体的住房问题。

住房救助是指政府向低收入家庭和其他需要保障的特殊家庭提供住房租金补贴或以低廉租金配租住房的一种社会救助，其实质就是由政府承担住房市场费用与居民消费能力之间的差额，解决部分居民居无定所的问题。我国目前的住房救助主要包括廉租房、经济适用房、住房补贴等形式。

廉租房是由政府在住房领域实施社会保障职能，向具有城镇常住户口的最低收入家庭，或者说是住房弱势群体（或家庭）提供的租金相对低廉的普通住房，以保障其住房达到社会最低标准。廉租房具有以下特点：一是保障性。廉租房的建设目的是为最低收入者提供住房保障，满足其最低的住房需求。二是定向性。廉租房的供应对象是最低收入者，这些最低收入者没有购买或租住商品房的经济能力。三是非营利性。政府建造廉租房不以营利为目的，房租以成本租金为限。

廉租房配租主要有三条实施途径：一是实物配租。即由政府直接向被保障家庭提供符合基本居住功能要求和面积标准的住房。二是租金配租。即由政府向被保障家庭发放一定数额的租金补贴，由其自主到市场上租赁住房。三是租金减免。即由产权单位在一定时期内对现已承租公有住房的城镇最低收入家庭给予租金核减。廉租房的来源主要有以下几种：腾退的并符合当地人民政府规定的廉租住房标准的原有公住房；最低收入家庭承租的符合当地人民政府规定的建筑面积或者使用面积和装修标准的现有公有住房；政府和单位出资兴建的用于廉租的住房；政府和单位出资购置的用于廉租的住房；社会捐赠的符合廉租住房标准的住房；市、县人民政府根据当地情况采用其他渠道筹集的符合廉租住房标准的住房。

廉租房救助资金以各级政府财政预算安排的资金为主，其他来源为补充，多渠道筹措，如财政专项拨款、住房公积金增值收益提成、社会福利债券提取、社会捐助等。廉租住房的租金标准实行政府定价。除最低收入家庭承租的符合当地人民政府规定的建筑面积或者使用面积和装修标准的现有公有住房的租金标准可以根据现有公房的租金标准和政策确定外，其他来源的廉租住房的租金标准，原则上按照维修费和管理费两项因素确定，并随着最低收入家庭收入水平的提高而适当提高。

经济适用房是指以微利价格出售给广大中低收入家庭的商品房。它是具有社会保障性质的商品住房，具有经济性和适用性的特点。经济适用房具有一般商品房的共性，也有其自身的特殊性。它具有一般商品房的共性主要是指经济适用房的开工建设必须遵循市场经济运行规律，建立在市场需求的基础上，以销定产。经济适用房是由国家推出的带有半福利性质的房屋。它与商品房在房屋的售价、销售对象、所有权及法律法规保障体系等几个方面都有差别：

一是售价差异。经济适用房是由国家推出的带有半福利性质的房屋，享受政府的扶持政策，具有政府行为。因此，经济适用房的建造成本比商品房低，而且对于参与建设经济适用房的开发商，限制其利润为微利，因此经济适用房的最终售价与市场上的同类型、同档次商品房比价格要相对便宜许多。二是销售对象不同。经济适用房的销售对象主要是中低收入家庭，所以不是任何人都能够在市场上购买到的。商品房的销售对象则相当广泛，它包括所有有购买力的公民。三是所有权不同。所有权的不同主要体现在房产交易、房产出租、房产抵押与房产继承方面的限制与规定，而商品房在这些方面的限制相对较少。由于经济适用房所占土地为政府划地，因此购买后欲转让其房产时，应就转让价格高于房产价值的部分向国家交纳土地收益金，或者须在补交相关土地出让金后才能将该房产连同土地使用权转让；如欲出租房屋，则除按国家有关规定缴纳相关税费外，还应向国家缴纳土地收益金；此外，经济适用房不能办理抵押登记手续，且目前也没有有关经济适用房继承问题的相关法律法规。四是法律法规保障体系不同。目前有关经济适用房法律法规、监督体系尚不完善，而商品房市场经过多年的发展，目前已经基本形成一套比较完备的法规保障、监督体系。现阶段，经济适用房的来源主要有三种：一是由政府提供专项用地，通过统一开发、集中组织建设的经济适用住房。二是将房地产开发企业拟作为商品房开发的部分普通住宅项目调整为经济适用房。三是单位以自建和联建方式建设的，出售给本单位职工的经济适用房。

住房救助的另一种形式就是住房补贴。政府主要采取三种住房补贴方式：一是发放房租补贴。这种补贴主要是针对低收入家庭，依照家庭人口、收入高低和房租多少，以及房租占家庭收入的比重，来确定其享受资格。对申请者发放不同额度的房租补贴，一般都有住房面积限制。二是实施建房补贴。主要是为了鼓励私人建房，平衡住房供求，补贴对象主要是多子女、残疾者的家庭，目标是"居者有其屋"，补贴方式是优惠贷款利率，由政府直接实施补贴。三是奖励住宅储蓄。这是对住宅储蓄提供国家资助，鼓励通过个人和家庭的积累解决住房问题。一般政府规定一个最高储蓄额度，其下储户均可得到一定比例的住房储蓄奖励。

18.教育救助制度

教育救助作为国家和社会对教育投资不足的一种补充，对于缩小贫困人口教育差距、实现教育均衡发展和构建社会主义和谐社会具有非常重要的意义。由于自然、社会等各方面原因的影响，我国还存在大量的教育贫困人口，政府和全社会有责任对此高度重视并给予特殊的照顾。

贫困生问题的出现是随着我国教育成本分担改革而产生的，并且随着这一改革的深入而逐步凸显。新中国成立初期，我国中小学的教育政策几乎是全免费的。到20世纪80年代初国家九年制义务教育开始普及，且配套实施义务教育阶段的免收学杂费，非义务教育阶段的缴费上学的政策。"上学难、上学贵"这些问题降临到部分困难学生家庭。20世纪80年代中期开始探索建立教育救助制度，主要解决的是贫困学生不辍学问题。总体看来，我国教育救助制度的发展先后经历了实行免费教育政策阶段、普及义务教育阶段、探索建立教育救助制度三个历史演变阶段。经过30多年的实践和发展，已初步构建起了以"两免一补"、经常性助学政策以及对高等学校在校困难学生进行资助政策为主干的教育救助制度。

义务教育阶段救助的对象包括：城乡低保家庭的学生，国有企业特困职工家庭学生，烈士子女、孤儿，困难家庭残疾学生，社会福利机构监护的学生，残疾人特困家庭子女，没有经济来源的单亲家庭子女，因受灾、疾病等导致不能维持基本生活家庭的子女。中等职业教育阶段教育救助的对象包括：经市（州）及以上教育行政部门或劳动保障行政部门注册、取得中等职业教育正式学籍的中等职业学校全日制在校一、二年级所有农村户籍的学生和县（含县级市、农业区）镇非农户口的学生以及城市家庭经济困难学生（含城市残疾学生）。高等教育阶段教育救助的对象包括：城镇低保特困家庭以及无收入来源和能力支付首次入学费用的家庭子女，农村家庭人均年收入在贫困线以下以及无收入来源和能力支付首次入学费用的家庭子女，因天灾人祸、家庭丧失劳动能力、失去生活来源的学生，家庭困难的烈属子女及没有经济来源的孤儿，残疾人特困家庭子女。

对于符合条件的义务教育阶段的救助对象，减免学杂费，对其中特困家庭学生免费提供教科书。对特殊教育学校的学生减免学杂费，并免费提供教科书，对特困家庭住宿学生补助生活费。对于符合条件的高中教育阶段的救助对象，由学校根据实际情况对符合上述条件的学生进行资助，资助标准原则上不超过计划生学费标准，对特殊困难的学生可适当补助生活费。对于普通本科高校、高等职业学校和中等职业学校家庭经济困难学生的救助，目前形成了以国家奖学金、国家励志奖学金、国家助学金、国家助学贷款、师范生免费教育、勤工助学、学费减免等多种形式并存的高校家庭经济困难学生资助政策体系。

免学杂费补助资金由中央财政和地方财政共同承担。中央和地方分担比例分别为：西部地区 8：2，中部地区 6：4，东部地区除直辖市外，按照地方财力状况，分省确定中央和地方分担比例。东部地区未享受中央补助的省份，其免学杂费资金全部由地方财政承担。对贫困学生提供免费教科书资金，中西部地区由中央财政全额承担，东部地区由地方自行承担；对贫困寄宿学生的生活费补助，由地方承担。

教育救助制度的建立，对于帮助我国贫困学生顺利完成学业、保障教育公平，促进我国教育事业的稳定和长期发展以及构建社会主义和谐社会都发挥着重要作用。

19.就业救助制度

我国经过多年的改革探索和发展，以城乡最低生活保障制度为主体，初步形成了包括长期生活类救助、临时应急类救助和分类专项救助等多项具体救助项目在内的社会救助体系框架，不仅从制度层次上赋予了国民基本生活保障权益，而且救助力度持续增强，发挥的作用越来越大。但是，这一社会救助体系却因其设计和建设中的漏洞，内在地存在着生存型贫困救济局限，无力促进有劳动能力的贫困者就业自救。就业救助制度不仅可以帮助贫困人口克服贫困，而且对于有劳动能力的贫困者，通过就业激励机制和就业救助制度可以促其经济自立。

自2014年5月1日起施行的《社会救助暂行办法》(以下简称《办法》)第八章专门规定了就业救助的内容。《办法》规定,国家对最低生活保障家庭中有劳动能力并处于失业状态的成员,通过贷款贴息、社会保险补贴、岗位补贴、培训补贴、费用减免、公益性岗位安置等办法,给予就业救助。最低生活保障家庭有劳动能力的成员均处于失业状态的,县级以上地方人民政府应当采取有针对性的措施,确保该家庭至少有一人就业。申请就业救助的,应当向住所地街道、社区公共就业服务机构提出,公共就业服务机构核实后予以登记,并免费提供就业岗位信息、职业介绍、职业指导等就业服务。

最低生活保障家庭中有劳动能力但未就业的成员,应当接受人力资源社会保障等有关部门介绍的工作;无正当理由,连续3次拒绝接受介绍的与其健康状况、劳动能力等相适应的工作的,县级人民政府民政部门应当决定减发或者停发其本人的最低生活保障金。对于吸纳就业救助对象的用人单位,按照国家有关规定享受社会保险补贴、税收优惠、小额担保贷款等就业扶持政策。

20.国务院关于全面建立临时救助制度的通知

我国目前已经建立了以最低生活保障、特困人员供养、受灾人员救助等基本生活救助和医疗、教育、住房、就业等专项救助制度为支撑的社会救助体系,绝大多数困难群众得到了及时、有效的救助。但是,社会救助体系仍存在"短板",特别是解决一些遭遇突发性、紧迫性、临时性生活困难的群众救助问题仍缺乏相应的制度安排,迫切需要全面建立临时救助制度,发挥救急功能,使城乡所有困难群众基本生活都能得到有效保障。为此,2014年10月3日国务院下发了《关于全面建立临时救助制度的通知》(以下简称《通知》)。

《通知》指出,临时救助是国家对遭遇突发事件、意外伤害、重大疾病或其他特殊原因导致基本生活陷入困境,其他社会救助制度暂时无法覆盖或救助之后基本生活暂时仍有严重困难的家庭或个人给予的应急性、过渡性救助。全面建立临时救助制度,对于填补社会救助体系空白,补"短板"、扫"盲区",编实织密困难群众基本生活安全网,具有重要意义。

《通知》强调,临时救助制度实行地方各级人民政府负责制。国务院民政部门统筹全国临时救助制度建设。国务院民政、卫生和计生、教育、住房和城乡建设、人力资源和社会保障、财政等部门,按照各自职责做好相关工作。开展临时救助要坚持应救尽救,确保有困难的群众都能求助有门,并按规定得到及时救助;坚持适度救助,既要尽力而为,又要量力而行;坚持资源统筹,做到政府救助、社会帮扶、家庭自救有机结合。

《通知》对临时救助的对象范围、申请受理、审核审批、救助方式等制度内容进行了规范。凡认为符合救助条件的城乡居民家庭或个人均可以向所在地乡镇人民政府（街道办事处）提出临时救助申请；对于具有本地户籍、持有当地居住证的，由当地乡镇人民政府（街道办事处）受理；上述情形以外的，当地乡镇人民政府（街道办事处）应当协助其向县级人民政府设立的救助管理机构申请救助。为确保临时救助制度全面实施，《通知》要求各地建立"一门受理、协同办理"机制、社会救助信息共享机制、社会力量参与机制以及临时救助资金筹集机制等工作机制。

《通知》强调，地方各级人民政府要将建立完善临时救助制度列入重要议事日程，抓紧完善配套政策措施，确保2014年底前全面建制；要将临时救助等社会救助工作列入地方领导班子和领导干部政绩考核评价指标体系，考核结果纳入政府领导班子和相关领导干部综合考核评价的重要内容，作为干部选拔任用、管理监督的重要依据。《通知》对加强临时救助能力建设、监督管理和政策宣传也提出了明确要求。

建立临时救助制度是填补社会救助体系空白、提升社会救助综合效益、确保社会救助安全网网底不破的必然要求，对于全面深化改革、促进社会公平正义、全面建成小康社会具有重要意义。

21.关于加强生活无着流浪乞讨人员身份查询和照料安置工作的意见

为建立有效衔接的工作联动和信息共享机制，切实保障生活无着流浪乞讨人员合法权益，2015年8月，民政部、公安部联合下发《关于加强生活无着流浪乞讨人员身份查询和照料安置工作的意见》（以下简称《意见》），其主要内容是：

一、加强流浪乞讨人员身份查询工作：各地民政部门和公安机关应当按照职责分工，建立流浪乞讨人员身份快速查询机制、寻亲服务机制和滞留人员身份查询长效机制，帮助其及时回归家庭。（一）建立身份快速查询机制，公安机关发现流浪乞讨人员的，应当告知其向救助管理机构求助；（二）建立寻亲服务机制，对经快速查询未能确认身份的受助人员，救助管理机构应当在其入站后24小时内通过广播、电视、报纸、全国救助管理信息系统、全国救助寻亲网站等适当形式发布寻亲公告，公布受助人员照片等基本信息，并在其入站后7个工作日内报请公安机关采集DNA数据；（三）建立身份查询长效机制，对经快速查询和寻亲服务后仍无法查明身份信息的滞留人员，救助管理机构应当经常与其接触、交流，采集其叙述内容，分析地名、人名、口音等关键信息并及时甄别核实。

二、建立滞留人员多元化照料安置渠道：对于无法查明身份信息、在站救助时间超过10天的滞留人员，各地可根据当地救助管理工作实际情况，采取以下一种或多种方式予以妥善照料安置。(一)开展站内照料服务,救助管理机构应当充分利用现有救助场所和设施设备,在站内开展照料服务;(二)开展站外托养服务,因现有设施设备不足、无法提供站内照料服务的,各地可根据滞留人员的年龄、智力、心理、生理状况,实施站外分类托养;(三)纳入特困人员供养,对超过三个月仍无法查明身份信息的滞留人员,救助管理机构应当及时向所属民政部门提出安置申请,由民政部门提出安置方案,报同级人民政府予以安置;(四)做好滞留未成年人救助保护工作,对于暂时无法查明家庭情况的流浪乞讨等生活无着的未成年人,未成年人救助保护机构应当从有利于未成年人健康成长的角度,认真履行临时监护职责。

三、保障措施:(一)加强组织协调,各地要依托救助管理工作领导小组或联席会议机制,加强民政、公安、新闻宣传等有关单位的工作联动和信息共享,要指导、督促乡镇人民政府(街道办事处)做好返乡流浪乞讨人员回归稳固工作;(二)加强经费保障,各级民政部门要协调同级财政部门,建立稳定的滞留人员救助工作经费保障机制;(三)整合各方资源,各级民政部门要统筹规划,充分利用现有福利院、养老院、敬老院、精神病院等社会福利资源,对符合条件的滞留人员予以供养或托养;(四)加强评估监督,各地民政部门和救助管理机构要强化责任意识,认真履行身份查询、寻亲服务等救助程序;(五)推进通报制度。各级民政部门、公安机关要逐步建立流浪乞讨人员身份查询和照料安置工作通报制度。

《意见》的下发对进一步加强流浪乞讨人员身份查询和照料安置工作,切实维护其合法权益,有效维护社会稳定具有重要意义。

四、社会福利

1.民政部的设立与演变

在党的十一届三中全会召开前夕，为适应新时期的要求、尽快恢复各项被"文化大革命"干扰破坏的民政工作、确立统管民政工作的政府机构，1978年3月5日，五届全国人大一次会议通过决议，设立中华人民共和国民政部。同年5月，民政部正式成立，其内设机构有：办公厅、政治部、优抚局、农村社会救济司、城市社会福利司、民政司、政府机关人事局和中国盲人聋哑人协会。之后又在第七次全国民政会议上，根据党中央和国务院的指示，明确规定了民政工作的主要任务：优抚、复退安置、生产救灾、社会救济和社会福利，并承办行政区划、婚姻登记和殡葬改革等工作。至此，正式确立民政部为中国社会福利事务的政府主管部门，并一直延续至今。

在之后的30多年间，随着经济社会的发展，民政部的机构设置与工作职能又经历了多次调整，其中主管社会福利的内设机构及其工作内容也发生了一系列变化。1982年7月10日，中央政法委员会在北京召开全国政法工作会议。会议认为民政部门的主要任务是促进社会安定，并把农村基层政权的建设列为重要任务之一。根据会议精神，民政部的主要任务被确定为：在四项基本原则的指导下，通过做好地方政权建设、优抚安置、救灾救济、社会福利等工作，发展社会主义民主，健全社会主义法制，促进基层政权的巩固，促进部队建设，促进社会安定，为以经济建设为中心的社会主义现代化建设服务。1988年4月9日，七届全国人大一次会议批准国务院机构改革方案，民政部属于保留的部。同年7月，在李鹏主持召开的国家机构编制委员会第二次会议上，审议并批准了民政部机构改革"三定"方案，确认民政部是国务院负责社会行政管理的职能部门，明确其主要任务之一就是通过发展社会福利与社会保障事业，推进公共福利事业的社会化，并确定设立14

个职能司（厅）和机关党委。与改革前相比，撤销了民政司，增加了社会福利司、国际合作司等7个单位。这次改革摒弃了城乡分治的机构设置，首次统一设立社会福利司，其工作职责包括主管全国社会福利工作，研究制定社会福利工作的方针、政策和法规；负责城市社会福利院、儿童福利院、精神病院和农村敬老院等福利事业单位的工作；指导残疾人的康复工作；协调老年人工作；指导城市社区服务和农村五保工作；指导有劳动能力的残疾人就业；指导福利企业技术培训、技术改造、质量管理和标准计量工作；对城乡福利生产进行宏观政策指导；研究制定福利生产保护与扶持政策；主管假肢科研与生产等。1993年3月，八届全国人大一次会议批准国务院机构改革方案，民政部本着转变职能、理顺关系、精兵简政、提高效率的指导思想，对内设机构和业务范围再次进行调整，加强了社会救济、社会福利、优抚安置及农村养老保险等社会保障的宏观管理机构。同年12月，国务院办公厅印发《民政部职能配置内设机构和人员编制方案》，保留了社会福利司，并新增农村社会保险司。次年9月，根据国务院领导同志关于加强对社会福利资金管理的指示，中募委原承担的部分行政管理职能交民政部，奖券发行中心更名为中国社会福利彩票发行中心，更加注重利用社会力量办好社会福利事业。随后又在1997年1月3日，由中编办批准成立民政部社会福利中心，参与社会福利工作的政策法规、发展规划、理论研讨和各类服务机构标准评定的调研、论证工作。1998年，国务院再次进行机构改革，根据九届全国人大一次会议批准的国务院机构改革方案和《国务院关于机构设置的通知》，设置民政部，在机构设置上将社会福利司与社会事务司合并为社会福利和社会事务司。1999年10月20日，为了加强对老龄工作的领导，党中央、国务院批准成立全国老龄工作委员会，负责统筹规划和协调指导全国的老龄工作，研究、制定老龄事业发展战略和重大政策，协调和推动有关部门实施老龄事业发展规划，指导、督促和检查各地老龄工作，办公室设在民政部，体现出对老年福利的重视。2008年7月10日，国务院办公厅根据十一届全国人大一次会议批准的国务院机构改革方案和《国务院关于机构设置的通知》印发《民政部主要职责内设机构和人员编制规定》，改原社会福利和社会事务司为社会福利和慈善事业促进司，主要负责拟订社会福利事业发展规划、政策和标准；拟订老年人、孤儿和残疾人等特殊群体权益保护政策；拟订社会福利机构管理办法和福利彩票发行管理办法；管理本级彩票公益金；拟订社会福利企业扶持政策；组织拟订促进慈善事业发展政策；组织和指导社会捐助工作。

在历次国务院机构改革中，民政部都是保留单位，"上为中央分忧，下为百姓解愁"的基本职能和宗旨一直没有改变。特别是在建立社会主义市场经济的过程中，全国的社会福利事业得到了全面恢复，社会福利工作在民政部职能中所占比例越来越重，负责社会福利的内设机构一直保留，职能不断扩展，促进我国社会福利事业逐步从救济型向福利型转型、从特殊人群福利向普惠福利转型,从公办福利向公私合作转型,为推动我国社会福利事业的发展作出了巨大贡献。

2.社会福利社会化

新中国成立以后,中国政府在计划经济体制下,为满足工农业的发展,适应城市人民生活、生产的需要,逐步建立起一套国家负责、官方包办的传统福利制度,较好地解决了战争时期遗留下来的无依无靠人群的生活安置问题和市民的生活就业问题,但存在着责任主体单一、市民专利与多元分割、就业关联与工资福利相混同等制度性缺陷。

1978年,党的十一届三中全会的召开,全党把工作重点转移到了社会主义现代化建设上来,中国的社会福利制度也开始了适应社会主义现代化建设需要的改革和探索。1984年,全国社会福利事业单位改革整顿工作经验交流会在福建漳州召开,会议提出了"社会福利社会化"的改革思路,制定了社会福利事业要进一步向国家、集体、个人一起办的体制转变,进一步由救济型向福利型转变,由供养型向供养康复型转变,由封闭型向开放型转变的发展战略和改革方向,极大地推动了社会福利事业的全面改革。1986年,民政部又提出"必须依靠群众,树立社会福利社会办的思想,动员社会各方面的力量,发展各种形式的民办组织来办社会福利事业"。从这以后,我国社会福利制度亦随着我国的改革事业和社会保障制度的变革而走向新改革和调整时期,福利的社会化成为重构中国社会福利制度的基本取向。

进入20世纪90年代以后,民政部全面推开了社会福利社会化的理论探讨和实践试点。1998年,首届全国社会福利社会化座谈会由民政部政策研究中心与社会福利和社会事务司在北京联合召开,来自全国30多个省市的社会福利界代表参加了会议。时任民政部部长多吉才让从服务对象的社会化、资金来源的社会化、管理形式的社会化及服务队伍的社会化阐述了社会福利社会化的内容。同年,民政部在全国13个城市进行社会福利社会化试点,社会力量举办的社会福利机构大量出现。截至1999年底,社会福利社会化格局已经形成,国有社会福利单位拥有床位21.2万张,占总数的19.5%;集体所有制福利单位拥有床位85.9万张,占78.9%;民办福利单位拥有床位1.7万张,占1.6%。

在总结实践基础之上,国务院办公厅于2000年转发民政部等部门《关于加快实现社会福利社会化的意见》,该意见指出了社会福利社会化的总体要求,包括投资主体多元化、服务对象公众化、服务方式多样化及服务队伍专业化。至此,社会福利社会化突破民政部的局限,上升为整个政府层面的行为,也标志着我国社会福利社会化从政策探索走向制度安排。之后民政部又出台了一系列政策文件,如《关于支持社会力量兴办社会福利机构的意见》、《关于加强和改进社区服务工作的意见》、《关于鼓励民间资本参与养老服务业发展的实施意见》等，不断深入推动社会福利的社会化。

改革开放后，我国社会福利事业的发展正是不断推进社会福利社会化的过程。实践证明，推进社会福利社会化进程，极大地促进了我国社会福利事业的发展，进一步满足了人民群众日益增长的福利服务需求，是一项利国利民的重要政策。尤其是福利制度背后的价值理念由单一的国家福利模式变为多元化的福利模式，这也是今后很长一段时间内，我国社会福利领域的发展方向。

3.中国社会福利有奖募捐委员会的成立与演变

新中国成立以来，我国社会福利事业取得成绩，有了很大发展。1986年，全国共办起35000多所福利院、敬老院（其中集体办的33000多所），19000多个福利厂（其中乡、镇、街道办的17000多个），收养了一大批社会孤老残幼人员，安排了一大批有劳动能力的盲聋哑残人员。但是，随着社会的发展，尚有一系列社会问题亟待解决，其中突出的是老年人、残疾人、孤儿和困难户的问题。由于资金不足和渠道单一，尽管国家作了很大努力，社会福利事业仍不能适应社会发展的需求。1985年国家预算支出民政事业费34亿元，其中绝大部分是人头费和救灾费，能用于社会福利的经费约4亿元。民政部调研了国外发展社会福利工作的经验，并结合当时我国城乡人民的收入水平和承受能力，认为每年发行10亿元的有奖募捐券是可行的，建议成立中国社会福利有奖募捐委员会。

1987年6月3日，经党中央、国务院批准，中国社会福利有奖募捐委员会（以下简称"中募委"）在京成立。这是新中国成立后的第一家彩票经营、管理机构。其章程明确中募委是全国性的社会福利团体，受民政部领导，负责福利彩票的政策制定、发行销售和福利资金的使用管理。中募委下设中国社会福利有奖募捐券发行中心和中募委办公厅，发行中心负责奖券的印制、发行、资金回收；办公厅负责中募委的日常行政事务和福利资金的管理使用。1987年，为了规范社会福利彩票的发行和管理，国家批准发行"社会福利有奖募捐券"，筹集社会福利资金，发展以"安老、扶幼、助残、济困"为主要内容的社会福利事业，收到了良好的效果。

但之后几年时间里，一些地方、部门、企事业单位甚至个人自行发行了多种彩票，致使彩票市场秩序严重混乱，不仅给正常的彩票发行带来了困难，也侵害了人民群众的利益，败坏了政府的形象，造成了不良的社会影响。于是，国务院在1991年和1993年先后出台了《国务院关于加强彩票市场管理的通知》和《国务院关于进一步加强彩票市场管理的通知》，赋予人民银行管理彩票的部分职能，中国人民银行逐步介入彩票管理的有关工作，使中募委及民政部从此不能在彩票问题上独自决定，使中募委的存在弱化。

1993年2月25日，根据民政部批复，中国社会福利有奖募捐券发行中心更名为中国社会福利奖券发行中心。这是福利彩票机构第一次更名。10月15日，在国际彩票组织（Intertoto）第十二届大会上，中国社会福利奖券发行中心被正式接纳为该组织会员，成为中国第一个取得国际彩票组织会员资格的组织，标志着中国福利彩票步入国际舞台。1995年，福利彩票机构第二次更名，经民政部批准，中国社会福利奖券发行中心更名为中国福利彩票发行中心，但仍接受中募委的监督管理。直到1999年，民政部发出《关于中国福利彩票管理工作有关问题的通知》，决定不再保留中国社会福利有奖募捐委员会及其办事机构，同时明确了福利彩票的管理体制，中国福利彩票的发行工作，是在国务院领导下，由民政部主管，中国福利彩票发行中心具体实施。中国福利彩票发行中心作为民政部直属单位，由民政部直接领导和管理。各地也照此办理。这种体制说明，中国福利彩票发行中心作为国家唯一授权的福利彩票发行机构，既要发行彩票，又具有一定的行业管理职能。同年12月23日，中国人民银行、财政部联合发出《关于移交彩票监管工作的通知》，将中国人民银行对彩票发行机构的监管职能移交至财政部。从此，福利彩票开始接受财政部的监管。2001年7月15日，根据中央机构编制委员会办公室《关于社会福利有奖募捐委员会更名为中国福利彩票发行管理中心的批复》，中国社会福利有奖募捐委员会更名为中国福利彩票发行管理中心。这是福利彩票机构第三次更名。

至此，中国福利彩票发行管理中心正式成立，是民政部直属事业单位，负责全国的福利彩票发行和组织销售工作，主要职责是：制定全国福利彩票发行销售的发展规划、管理制度、工作规范和技术标准等；建立全国福利彩票的发行销售系统、市场调控机制、激励约束机制和监督管理机制；组织彩票品种的研发，申请开设、停止彩票品种或者变更彩票品种审批事项，经批准后组织实施；负责组织管理全国福利彩票销售系统数据、资金归集结算、设备和技术服务、销售渠道和场所规划、印制和物流、开奖兑奖、彩票销毁；负责组织管理全国福利彩票的形象建设、彩票代销、营销宣传、业务培训、人才队伍建设等工作。

在理顺管理体制之后，我国彩票市场得到了迅速发展，截至2003年底，全国福利彩票发行了200.06亿元，突破了200亿元大关。随后通过拓宽销售渠道、创新销售方式、新增彩票种类，销售额不断攀上新高，到2014年，全国福利彩票销售已达2059.68亿元，筹集公益金约586亿元。鉴于中国福利彩票发行管理中心为我国社会福利事业和公益事业作出了重要贡献，2006年1月13日，国家民政部给中国福利彩票发行管理中心记集体一等功，表彰他们在"扶老、助残、救孤、济困"方面作出的卓越贡献。

4. 发行中国福利彩票

进入20世纪80年代，改革开放使我国国民经济步入了有史以来发展最为迅猛的时代。随着社会主义市场经济的不断深化，社会福利由国家包办的传统方式已难以适应社会和经济发展的需要。据1985年的统计资料显示：我国的优抚、救济对象人数达1.5亿以上，年成灾人口3.16亿，残疾人口近5000万，而城乡各种福利院床位数仅49.1万张；福利企业只有1.5万个，大多数残疾人就业问题无法解决；没有一个社区服务设施。全国还有约1500个县级单位没有福利院，一半以上的乡村没有敬老院，原有的福利院、敬老院，其容量也难以满足需要；散居社会的孤老残幼，仅城镇就有90万人左右，农村则更是难以统计。全国已有的社会福利院、光荣院、荣军院等福利事业单位约有50%属危旧房急需改造的；各类福利设施中约20%没有常规医疗设备和专业医生。另外，逐年增多的弃婴、每年受灾地区被毁的福利设施重建、流浪儿童收容设施建设、革命伤残军人假肢换装、孤残儿童助医等，这些问题，光靠政府财政拨款是难以解决的，必须走社会福利社会办的改革之路，开通向社会筹集资金的渠道。发行福利彩票正是这一改革思路的具体体现。

1986年12月20日，经国务院第128次常务会议讨论，批复了民政部《关于开展社会福利有奖募捐活动的请示》，同意由民政部组织"中国社会福利有奖募捐券发行中心"，在全国范围内开展有奖募捐活动。1987年6月3日，中国社会福利有奖募捐委员会在北京成立。1987年7月27日，第一批价格为1元的福利彩票博彩在河北省石家庄市销售，标志着中国当代彩票业的诞生。

福利彩票现已有近30年的历史了，其发展历程大致可以分为以下三个阶段：

1987年至1989年的起步阶段。福利彩票在这段时间没能被人们充分接受，甚至出现无人问津的现象。全国10个试点省市在1987年的彩票销售额只有1739.5万元，1989年，一些省市的博彩推出了实物奖品、灵活设奖的小奖组，开始探索集中的大批量销售彩票的方法，当年的销售额达到3.76亿元，且1987年至1989年两年半的时间里，全国福利彩票销售总额为7.768亿元。1988年之后，彩票市场出现混乱。为此，国务院先后三次通知各地各部门进一步加强彩票市场的管理，将彩票发行批准权等收归国务院。

1990年至1994年的平稳发展阶段。1990年以后，彩票销售额逐年增加，1992年部分省市采取大奖组、大场面、大声势以及高奖额、低奖面、多奖级的形式销售福利彩票即开票，开始尝试百万元大奖组销售方式，当年福利彩票销量达13.76亿元，比上年增长56%，在此阶段，全国人大于1993年颁布了《反不正当竞争法》。1994年5月中央办公厅、国务院第四次通电全国，要求严格彩票市场管理，禁止地方擅自发行彩票，并明确规定中国人民银行是国务院主管彩票的机关,这对彩票市场起到了强有力的规范作用。

1995年至今的巩固提升阶段。一方面,进入1995年,随着体育彩票的入市,中国彩票市场形成了福利彩票和体育彩票共存的局面。鉴于彩票的特点,彩票的经营管理可以进行适度的竞争和营销。另一方面,从1994年开始,电脑彩票博彩网进入市场,2000年后现代技术设备全面应用,不断改进发行销售方式,全力丰富彩票品种,形成高速发展的状态,福利彩票销售额从1995年的57.3亿元增加到2007年的630多亿元,为社会福利事业作出了重大的贡献。此阶段的另一个重要特点是:财政部全面接管彩票的管理工作,确定了现行的彩票管理体制,建立和完善了彩票的管理制度。

从1987年至2014年底,中国福利彩票累计发行销售11700多亿元,年销售额已从1987年的1700万元增长到2014年的2059.68亿元,为国家筹集公益金约3600亿元,资助各类设施类和非设施类社会福利和公益慈善类项目30多万个,惠及数亿人次。票种也从单一的传统型发展到传统型、即开型、即开传统结合型和电脑型四大类,数十个品种,上千种画面。已基本形成了比较完整的福利彩票玩法和销售体系,通过发行销售福利彩票所筹集的社会福利基金已经成为发展我国社会福利事业的重要经济支柱,使老年人、残疾人、孤儿和其他特殊困难群体受益,有效地弥补了各级财政对社会福利事业投入的不足,缓解了政府的压力,为民政工作的改革和福利事业的发展作出了贡献。

5.中华人民共和国老年人权益保障法

新中国成立后,随着人民生活和健康水平的逐步提高,中国人口平均寿命已由新中国成立前的35岁左右延长到90年代的70岁左右。按照国际标准,一个国家的老年人占人口总数的比例达到10%,即为老龄化社会。1996年我国老年人口已经达到一亿一千多万,是世界上老年人口最多的国家,预计2000年前后中国将进入人口老龄化社会。由于种种原因,当时中国的老年事业发展明显滞后,由此产生的一些新的社会问题需要及时研究解决。另一方面,改革开放以来,随着社会生活的变化和经济体制的转轨,传统的养老观念和养老方式受到了一定冲击,老年人的合法权益在一些地方得不到保障,亟须通过立法,调整老年人与家庭和社会的关系,以保障和维护老年人的合法权益。

于是,内务司法委员会根据五年立法计划的要求,经过调查研究,反复论证、修改,拟订了老年人权益保障法草案,并于1996年6月28日,向八届全国人大常委会第二十次会议提交议案,提请审议老年人权益保障法草案。经八届全国人大常委会第二十一次会议审议通过,《中华人民共和国老年人权益保障法》(以下简称《老年人权益保障法》)于1996年10月1日开始实施。

《老年人权益保障法》的立法宗旨是以宪法为依据，坚持实事求是，从国情出发，保持家庭养老的传统和特点，重点突出老年人需要特别保护的权益。大力发展老年事业，为老年人参与社会发展创造条件。在重视老年人物质生活保障的同时，也注意满足老年人精神文化方面的需求。

《老年人权益保障法》的主要内容包括总则、家庭赡养与扶养、社会保障、参与社会发展、法律责任、附则6章，共50条。关于家庭赡养与扶养：该法规定老年人养老主要依靠家庭，赡养人应当履行对老年人经济上供养、生活上照料和精神上慰藉的义务；妥善安排老年人的住房；义务耕种老年人承包的田地，照管老年人的林木和牲畜等。对患病的老年人，赡养人应当提供医疗费用和护理。并规定赡养人不得以放弃继承权或者其他理由，拒绝履行赡养义务。考虑到赡养人的配偶是家庭中的重要成员，该法还规定，赡养人的配偶应当协助赡养人履行赡养义务。这就明确了儿媳、女婿对公婆、岳父母应当承担的责任，有利于家庭和睦与稳定。此外，该法对保护老年人的人身权、婚姻自由权、房屋居住权、财产处分权和继承权等，也都作了相应的规定。关于社会保障：依照该法，国家应逐步建立养老保险制度和医疗保险制度，保障老年人的基本生活和医疗需要；发展老年教育，丰富老年人的精神文化生活。老年人依法享有的养老金和其他待遇应当得到保障。有关组织必须按时足额支付养老金，不得无故拖欠，不得挪用。此外，对无劳动能力、无生活来源、无赡养人和扶养人的"三无"老年人，该法还规定，在城市的，由当地人民政府给予救济；在农村的，由农村集体经济组织负担保吃、保穿、保住、保医、保葬的五保供养。关于参与社会发展：考虑到随着经济和社会的发展，养老观念正在发生变化，许多老年人身体尚好，不满足于居家养老，他们愿意投身社会，用自己的技能和经验为社会服务。因此，该法规定，老年人在自愿和量力的情况下，根据社会的需要，可以开展优良传统教育，传授文化和科技知识，兴办社会公益事业，参与维护社会治安、协助调解民间纠纷，依法从事生产经营、科技开发和应用等活动。关于发展老年事业：考虑到我国老年人数量大，长期以来国家和社会对老年事业投入不足，老年福利设施基础薄弱，为此，该法规定，各级人民政府应当将老年事业纳入国民经济和社会发展计划，逐步增加对老年事业的投入，并鼓励社会各方面投入，使老年事业与经济、社会协调发展。关于法律责任：该法规定，为切实保障老年人的合法权益，人民法院和有关部门，对老年人有关赡养、扶养、住房、财产等方面的控告和申诉，都应当依法及时受理，不得推诿、拖延。对赡养人和其他家庭成员侮辱、诽谤、虐待、遗弃老年人，暴力干涉老年人婚姻自由，盗窃、抢夺老年人财物等行为，应当根据情节轻重，追究法律责任。

《老年人权益保障法》是我国历史上第一部保护老年人权益的专门法律，也是一部有中国特色的保护老年人权益的法律。其特点主要体现为坚持以家庭养老为主、强调家庭养老与社会保障相结合、提倡积极养老、为老年人提供法律援助等。它的制定和颁布实施,初步形成了我国对特定人群权益保障的法律体系,标志着我国老年人权益保障工作从此走上法制化的轨道。

随后,《老年人权益保障法》又经历两次修订,第一次是根据2009年8月27日十一届全国人大常委会第十次会议《关于修改部分法律的决定》修正,第二次是2012年12月28日十一届全国人大常委会第三十次会议修订,2012年12月28日中华人民共和国主席令第72号公布,自2013年7月1日起施行。2013年开始实施的《老年人权益保障法》,新增社会服务、社会优待、宜居环境三章,体现出以下亮点:一是集中规定了老年人享有的基本权利,主要是从国家和社会获得物质帮助、享受社会服务和社会优待、参与社会发展和共享发展成果等权利,这些权利大都体现了老年人的特殊要求;二是规定积极应对人口老龄化是国家的一项长期战略任务。这一规定从法律上明确了应对人口老龄化的战略定位,对于从国家战略层面谋划和推进老龄工作具有重要意义;三是对老年人社会保障体系和社会养老服务体系以及老年优待作出原则规定;四是从经费保障、规划制定和老龄工作机构职责三个层面进一步明确政府发展老龄事业、做好老年人权益保障工作的职责(第六条);五是强化了老龄宣传教育,以进一步增强全社会老龄意识,营造敬老、养老、助老的良好氛围;六是增加了有关老龄科研和老年人状况统计调查和发布制度的规定;七是增加了对参与社会发展作出突出贡献的老年人给予表彰奖励的规定,以鼓励老年人继续为国家建设做贡献;八是规定每年农历九月初九为老年节。另外,新法规定,家庭成员应当关心老年人的精神需求,不得忽视、冷落老年人。与老年人分开居住的家庭成员,应当经常看望或者问候老年人。这也被媒体解读为"常回家看看写入法律",引起热议。

新《老年人权益保障法》的内容,体现了对老年人精神慰藉问题更多的关注,在保障"老有所养、老有所医"的基础之上全面促进"老有所教、老有所学、老有所为",最终实现"老有所乐",将对老年人的保障提升到了新高度,为亿万老年人安度、乐享晚年提供了法律保护,并促进社会、经济、文化进一步健康、稳定、持续地发展。

6.中共中央、国务院关于加强老龄工作的决定

中共中央、国务院在2000年8月发布《关于加强老龄工作的决定》(以下简称《决定》),号召全党全社会从改革、发展、稳定的大局出发,高度重视和切实加强老龄工作,发展老龄事业,大力营造全社会敬老养老助老风气。

《决定》指出,我国人口年龄结构已开始进入老龄化阶段。今后一个时期我国老年人口还将以较快速度增长。采取积极措施,加强老龄工作,是一项重要而紧迫的战略任务。

党和人民政府历来十分关心老年人，新中国建立后特别是改革开放以来，国家颁布实施了一系列维护老年人权益的法律法规和政策，加强了尊老爱幼思想教育，初步建立了养老、医疗等社会保障制度，老年福利、卫生、文化、教育、体育等事业有了一定发展，老年人的生活水平和生活质量不断提高。老龄工作取得的进展和成绩，对推动经济建设和社会发展起到了重要作用。

老年人是社会的重要组成部分，在中国革命和建设事业中他们作出了重要贡献。满足广大老年人日益增长的物质和文化生活需要，让老年人共享经济建设和社会发展的成果，是中国共产党全心全意为人民服务根本宗旨的体现，是国家和社会义不容辞的责任。在社会主义市场经济条件下，弘扬中华民族传统美德，形成敬老、养老、助老以及代际和谐的良好社会风尚，是社会主义精神文明建设的一项重要内容。正确处理和解决人口老龄化过程中出现的各种矛盾和问题，切实保障老年人的合法权益，对促进经济建设和社会发展具有重要意义。

《决定》对我国老龄工作的指导思想和加强老龄工作、发展老龄事业要遵循的原则以及今后一个时期我国老龄事业发展的主要目标都作了明确规定。

《决定》指出，全社会都要依据《中华人民共和国宪法》和《中华人民共和国老年人权益保障法》等法律法规，切实维护和保障老年人的合法权益。要加强法制建设，进一步完善有关维护老年人权益的法律法规，加大执法和监督力度，依法处理和打击侵犯老年人合法权益的不法行为。依法取缔伤害老年人身心健康、宣传迷信邪说、侵害老年人合法权益的非法组织。要在全社会积极开展维护老年人合法权益的法制教育和普法工作。要健全法律援助制度，加强老年人法律服务工作。要大力弘扬中华民族传统美德，在全社会广泛开展敬老、养老、助老的道德教育，并与开展文明社区、文明村镇、文明家庭创建活动结合起来，在全社会树立尊重、关心、帮助老年人的社会风尚。

《决定》指出，要完善社会保障制度，逐步建立国家、社会、家庭和个人相结合的养老保障机制，确保老年人生活、医疗等方面的基本需求。在城镇，要建立起以基本养老保险、基本医疗保险、商业保险、社会救济、社会福利和社会互助为主要内容的比较完善的养老保障体系。在农村，要坚持以家庭养老为主，进一步完善社会救济和以保吃、保穿、保住、保医、保葬为内容的"五保"供养制度，倡导村民互助。

《决定》指出，老年人有受赡养的权利，赡养人特别是子女要依法履行赡养义务。要维护老年人婚姻自由的权利。要重视发挥老年人的作用，坚持自愿和量力、社会需求同个人志趣相结合的原则，鼓励老年人从事关心教育下一代、传授科学文化知识、开展咨询服务、参与社会公益事业和社区精神文明建设等活动。

《决定》指出，要加强社区建设，依托社区发展老年服务业，进一步完善社区为老年人服务的功能。各地要充分利用现有设施，积极兴办不同形式、不同档次的老年福利院、老年护理院、老年公寓、托老所等，为老年人提供生活照料、文化、护理、健身等多方面的服务。各级医疗卫生机构要大力开展多种形式的老年医疗保健服务，逐步建立起完善的社区卫生服务机构，健全老年医疗保健服务网络，提高服务质量。各级文化、体育、广播电视等部门和工会、妇联等群众团体要进一步加强老年文化体育工作，发展老年文化体育事业。要建立社区老年活动中心或活动站，满足老年人的精神文化需求，丰富老年人的精神文化生活。各地要重视发展老年教育事业，发展广播、电视、网络和函授教育，鼓励和指导社会力量按照有关规定兴办各类老年学校。要培育和发展老年消费市场，引导老年人合理消费，满足老年人不同层次、不同类型的消费需求。

《决定》要求，各级人民政府要把老龄事业纳入国民经济和社会发展中长期规划和年度计划。要高度重视社区建设，认真做好"十五"期间社区建设规划。要坚决贯彻落实党中央、国务院有关方针政策，确保城市居民最低生活保障金和离退休人员基本养老金按时足额发放，不得拖欠，并随着经济发展合理增长。要进一步完善农村"五保"供养制度，提高供养水平，扩大农村敬老院的服务范围。要鼓励社会力量兴办老年福利服务设施。

《决定》指出，要进一步加强和改进老年思想政治工作，认真研究解决老年群体中的各种思想问题。要积极研究和探索新形势下加强和改进老年思想政治工作的新形式、新办法，把老年思想政治工作做实、做活、做深、做细，使广大老年人以丰富健康文明的生活方式安享晚年。要充分发挥基层党组织在老年思想政治工作中的战斗堡垒作用，重视和发挥老年党员的政治优势和先锋模范作用。所有老年党员都要编入党的基层组织，参加党组织的活动。

《决定》指出，老龄工作是党和政府工作的重要组成部分。各级党委和人民政府要统一思想，提高认识，加强领导，把老龄工作列入日常工作议程，及时研究解决工作中出现的新情况和新问题。要充分发挥各有关部门和工会、共青团、妇联等群众团体及老龄组织的作用，共同做好老龄工作。

《决定》最后要求，加强老龄工作，发展老龄事业，是党中央、国务院面向新世纪作出的重大决策。各级党委和人民政府要认真贯彻落实本决定精神，在以江泽民同志为核心的党中央领导下，高举邓小平理论伟大旗帜，努力开创我国老龄事业的新局面，为实现社会主义现代化建设的宏伟目标作出更大贡献。

在我国人口老龄化日益突出的新形势下，中共中央、国务院于世纪之交出台《关于加强老龄工作的决定》，是我国社会福利制度建设中的一件大事，是党中央、国务院面向新世纪的一项带有全局性、战略性的重大决策，反映了亿万人民群众的心声，具有重大的现实意义。

7. 社区老年福利服务星光计划

全国社区老年福利服务星光计划（简称"星光计划"）是民政部部署的在全国统一实施的、主要由福利彩票资金资助的一项民心工程，是应对人口老龄化挑战、做好老龄工作的重大举措，是推进社会福利社会化的有效形式，是现阶段社会福利社会化的重要内涵，是政府为民解愁的"民心工程"。由于这项计划立足社区、面向老人、方便实用、小型分散、星罗棋布、形成网络，故称为"星光计划"，并于2001年6月8日起正式启动。

"星光计划"的目的是，在老龄化速度加快和老年人福利服务供给不足的背景之下，加快发展社区老年福利事业，尽早建设一大批立足社区、面向老人，小型分散、方便实用，星罗棋布、形成网络的老年福利服务设施和活动场所，建立健全社区老年福利服务体系。其主要特点有：第一，立足社区、服务社区。以街道、社区居委会的老年福利服务设施建设为重点，"星光计划"首先从大中城市开始，逐步向其他城市和农村扩展；第二，以老人为本，强调为普通老年人提供方便周到、价廉质优的福利服务；第三，"星光计划"是一项社会工程，建成的设施和场所，属于社区、属于社会。

"星光计划"的主要内容是，在3年内使用各级彩票中心发行福利彩票筹集的福利基金的80%（约50亿元人民币）和各级政府及社会各界投资的50亿元人民币，在全国10万个社区居委会和农村乡镇新建或改扩建一批城市社区老年福利服务设施、活动场所和农村乡镇敬老院，以供老年人娱乐、健身和学习。至2005年底，"星光计划"总投资134亿元人民币，建成"星光老年之家"3.2万个，涵盖老年人入户服务、紧急援助、日间照料、保健康复和文体娱乐等多种功能，受益老年人超过3000万。2005年，全国平均每个街道有1.32个城市老年福利机构，每9.8个社区居委会有1个城市老年福利机构。

"星光计划"分三个阶段、逐步推广、逐年深入地推进：2001年主要在省会城市的社区中建成了7278个"星光老年之家"，共投入了30.77亿元；2002年，主要在全国地级城市的社区中建成了14943个"星光老年之家"，共投资52.56亿元；2003年，主要在县城镇和农村乡、镇建起了10269个"星光老年之家"，共投资51.52亿元。在资金投入方面，民政部本级福利彩票公益金投入了13.53亿元，地方福利彩票公益金投入26.33亿元，地方财政投入43.36亿元，项目单位自筹和社会力量投入51.63亿元。至2004年6月，"星光计划"实施三年，成绩斐然。三年间累计投入资金134.85亿元，新建和改建社区"星光老年之家"总量达32490个。众多星光计划设施的建成，为满足我国老年居民的文化与精神需求提供了极好的条件。已建成的星光老年之家，为居家养老提供了支持、为社区照料提供了依托、为老年人活动提供了场所，真正成为为老年人服务的载体，是社会老年服务体系的重要构成部分。

8.全面推进居家养老服务

居家养老服务，是指以家庭为核心、以社区为依托、以专业化服务为依靠，为居住在家的老年人提供以解决日常生活困难为主要内容的社会化服务，其形式主要有两种：由经过专业培训的服务人员上门为老年人开展照料服务；在社区创办老年人日间服务中心，为老年人提供日托服务。

较之于国外，我国的居家养老经历一个相对漫长的摸索过程。20世纪80年代之前，我国的居家养老服务主要体现在以家庭服务及企事业单位福利服务领域。而对于特别困难的老年人，由政府通过一系列途径出资建设的福利院敬老院等养老机构负责照料。随着工业化、城镇化快速发展和市场经济体制改革的深入推进，传统意义上的家庭养老的功能陆续弱化。与此同时，职工的养老服务也有逐渐脱离单位走向独立发展的趋势。在此情况下老年人对社会服务的需求不断增加。20世纪80年代，我国逐渐开展为老年人服务的社区试点以及推广工作。进入21世纪我国各地逐渐兴起开展居家养老服务的试点工作。例如上海、西安、宁波、杭州、广州、大连等城市都较早地开始推行居家养老服务，并正在朝标准化、正规化的道路迈进，呈现出良好的发展势头。其中，涌现出一些典型模式，包括大连的居家养老院模式、上海政府购买服务模式、宁波的非营利组织参与模式，都是在实践中不断改革创新的发展成果。

在总结实践经验的基础之上，2008年2月，全国老龄办等10部门联合制定的《关于全面推进居家养老服务工作的意见》（以下简称《意见》）颁布实施。《意见》强调了全面推进居家养老服务的重要意义，是破解我国日趋尖锐的养老服务难题，切实提高广大老年人生命、生活质量的重要出路；是弘扬中华民族尊老敬老优良传统，尊重老年人情感和心理需求的人性化选择；是促进家庭和谐、社区和谐和代际和谐，推动社会主义和谐社会建设的重要举措；也是加快发展服务业，扩大就业渠道和促进经济增长的重要途径。《意见》明确提出了"十一五"期间城乡居家养老服务工作的目标任务。在城市，所有社区都要力争在"十一五"实现居家养老服务网络全覆盖。在农村，通过努力使80%左右的乡镇拥有一处综合性老年福利服务中心，1/3左右的村委会和自然村拥有一所老年人文化活动和服务站点。《意见》的出台对居家养老服务进行宏观指导和具体引导，也加大了政府投入力度和政策优惠，加快了各地居家养老服务的建设和发展。

之后针对老年人的特殊需要，国家又陆续出台一系列有关居家养老服务的政策，尤其是党的十八大报告提出要"积极应对人口老龄化，大力发展老龄服务事业和产业"，表明发展居家养老服务已成为有效解决我国养老服务难题的重要方式。

9.构建社会养老服务体系

自1999年我国步入老龄化社会以来,人口老龄化加速发展,老年人口基数大、增长快并日益呈现高龄化、空巢化趋势,需要照料的失能、半失能老人数量剧增。第六次全国人口普查显示,我国60岁及以上老年人口已达1.78亿,占总人口的13.26%。过去,中国人以多子女、祖孙几代同堂为荣,长辈是大家庭的核心。如今,中国家庭的结构已发生明显改变,传统意义上的大家庭越来越少,老人与子女分居或子女不在身边的"空巢"家庭迅速增多。到2010年,我国城乡空巢家庭超过50%,部分大中城市达到70%;农村留守老人约4000万,占农村老年人口的37%,城乡家庭养老条件明显缺失。但我国社会养老服务体系建设仍然处于起步阶段,养老机构数量少、结构不合理、发展不平衡、功能不完善,缺乏优秀社工等问题突出,因而加快发展社会养老服务事业,有效应对人口老龄化问题,已成为重大民生问题。

2007年,党的十七大确立"老有所养"的战略目标。之后在2010年召开的党的十七届五中全会也提出"优先发展社会养老服务"的要求。根据会议精神,2011年国务院办公厅印发《社会养老服务体系建设规划(2011—2015年)》(以下简称《规划》),明确我国的社会养老服务体系主要由居家养老、社区养老和机构养老三个有机部分组成,指出我国社会养老服务体系建设要从我国基本国情出发,坚持政府主导、政策扶持、多方参与、统筹规划。在"十二五"期间,初步建立起与人口老龄化进程相适应、与经济社会发展水平相协调,以居家为基础、社区为依托、机构为支撑的社会养老服务体系,让老年人安享晚年,共享经济社会发展成果。《规划》的出台促使我国的社会养老服务体系建设取得了长足发展。以养老服务设施为例,2011年共计投入37.9亿元推进社会养老服务设施建设;截至2011年底,全国老年公寓、福利院、敬老院等各类养老机构已有4万个,养老床位315万张。

为贯彻落实第十三次全国民政会议精神和《规划》,2012年3月,全国社会养老服务体系建设工作会议在邯郸市召开。会议主要部署开展"社会养老服务体系建设推进年"活动,向全国推广河北建设"多院合一"型民政事业服务中心、创新农村互助养老模式、建设覆盖城乡的居家养老呼叫服务网络等养老服务体系建设典型经验。

在民政部与社会各界的共同努力之下,我国已初步建立了以居家为基础、社区为依托、机构为支撑的社会养老服务体系。截至2013年底,在提供住宿的养老服务中,全国各类养老服务机构42475个,拥有床位493.7万张,比上年增长18.9%(每千名老年人拥有养老床位 24.4 张，比上年增长 13.9%），其中社区留宿和日间照料床位 64.1 万张，收留抚养老年人 307.4 万人，比上年增长 5.5%。在老龄服务中，全国共有老龄事业单位 2571 个，老年法律援助中心 2.1 万个，老年维权协调组织 7.8 万个，老年学校 5.4 万个、在校学习人员 692.0 万人，各类老年活动室 36.0 万个。

10. 加快发展养老服务业

早在 2006 年，国务院办公厅就转发了全国老龄委办公室和发展改革委等部门《关于加快发展养老服务业的意见》，定义养老服务业是为老年人提供生活照顾和护理服务，满足老年人特殊生活需求的服务行业，并突出了要加大投入发展老年社会福利事业，大力发展社会养老服务机构，鼓励发展居家老人服务业务，支持发展老年护理、临终关怀服务业务，促进老年用品市场开发，加强教育培训，提高养老服务人员素质等工作重点。

之后，我国养老服务业快速发展。但总体上看，养老服务和产品供给不足、市场发育不健全、城乡区域发展不平衡等问题还十分突出。我国已经进入人口老龄化快速发展阶段，2012 年底我国 60 周岁以上老年人口已达 1.94 亿，2020 年将达到 2.43 亿，2025 年将突破 3 亿。积极应对人口老龄化，加快发展养老服务业，不断满足老年人持续增长的养老服务需求，是全面建成小康社会的一项紧迫任务，有利于保障老年人权益，共享改革发展成果，有利于拉动消费、扩大就业，有利于保障和改善民生，促进社会和谐，推进经济社会持续健康发展。

2013 年 8 月 16 日，国务院总理李克强主持召开国务院常务会议，研究确定深化改革加快发展养老服务业的任务措施。会议提出"到 2020 年全面建成以居家为基础、社区为依托、机构为支撑的覆盖城乡的多样化养老服务体系，把服务亿万老年人的'夕阳红'事业打造成蓬勃发展的朝阳产业，使之成为调结构、惠民生、促升级的重要力量"。根据国务院常务会议精神，国务院印发了《关于加快发展养老服务业的若干意见》（以下简称《意见》），提出了加快发展养老服务业的总体要求、主要任务和政策措施，将为破解养老难题、拓展消费需求、稳定经济增长发挥重要作用。同年 10 月，按照国务院关于加快健康服务业、养老服务业发展的有关决策部署，中央财政将健康服务业、养老服务业纳入促进服务业发展专项资金支持范围，并下拨 22.2 亿元资金，由地方统筹用于健康服务业、养老服务业、民生商贸服务业、市场监管、市场监测等公益性服务业发展。

《意见》体现出了以下亮点：一、明确提出要充分发挥社会力量的主体作用；二、明确提出政府要坚持保障基本；三、明确提出了养老服务业发展目标；四、明确了打造养老产业集群方向；五、解决了养老设施规划落实问题；六、高度重视农村养老服务；七、明确提出要繁荣养老服务消费市场；八、明确提出要推进医疗卫生与养老服务相结合；九、注重发挥公益慈善组织积极作用。另外，《意见》在养老人才培养和就业政策、强化行业监管、建立完善养老服务业统计制度等方面也有许多创新的亮点。

2013年12月民政部又发布了《养老服务业标准化建设规划（2013—2017年）》，计划用5年时间基本建立覆盖全面、重点突出、结构合理的养老服务业标准体系。

2015年2月，民政部、发展改革委、教育部等十部委联合发布《关于鼓励民间资本参与养老服务业发展的实施意见》（以下简称《实施意见》），提出鼓励民间资本参与居家和社区养老服务、机构养老服务、养老产业发展的具体举措，并就推进医养融合发展、完善投融资政策、落实税费优惠政策等出台相关规定和政策优惠。《实施意见》的发布进一步推动了我国养老服务业快速发展，使得养老服务业更加多元化与多样化。

11. 召开全国托幼工作会议

新中国成立以来，根据毛泽东"好好地保育儿童"的教导，在党和政府的领导下，我国托幼工作采取了公办和民办"两条腿走路"的方针，调动一切积极因素，从实际出发，办起了多种形式的托儿所、幼儿园，取得了很大成绩。但在"文化大革命"中，托幼事业遭到严重摧残。"文化大革命"结束后，城乡各类园所逐渐恢复和发展。为进一步推动托幼工作，解决以上问题，五届全国人大二次会议《政府工作报告》指出："要十分重视发展托儿所、幼儿园，加强幼儿教育。"随后，经中央批准，教育部、卫生部、劳动总局、全国总工会和全国妇联于1979年7月24日至8月7日联合召开了全国托幼工作会议。

会议指出：新中国诞生以来，在党和政府的领导下，全国托幼工作坚持自力更生，勤俭办园办所，坚持公办和民办并举的"两条腿走路"方针，在培养祖国的幼苗和为生产服务、为人民生活服务方面，起了积极的作用。"文化大革命"中，林彪、"四人帮"推行极左路线，大批优秀的保教工作者被扣上"福利主义"、"培养修正主义苗子"等帽子，遭到批斗。许多幼儿园、托儿所被解散，房屋被挤占，设备被破坏，幼儿师范等培训保教人员的机构几乎被全部砍掉，托幼事业受到严重摧残。粉碎"四人帮"两年多来，托幼工作在逐步恢复和发展。上海、江苏、山东、福建省泉州、吉林省和龙县等省、市、地、县的婴幼儿入所入园率，已超过了"文化大革命"以前的水平。全国已有五所大专师范院校恢复了学前教育专业，恢复和新建的幼儿师范学校已达十八所。但是，大多数城乡的托儿所和幼儿园恢复和发展都比较缓慢。

会议认为，托幼工作恢复和发展缓慢的主要原因，是不少领导干部对托幼工作的重要意义认识不足，重视不够。有些同志认为政府只要管好生产就可以了，孩子的事政府可以不管。有的甚至把办好托幼工作和发展生产对立起来。参加会议的许多同志根据科学论据和实践经验提出，就一个人的健康成长的全过程来说，婴幼儿时期是奠基时期，在这个时期，做好保教工作，对孩子们今后德、智、体的发育和发展有极大的关系。因此，一定要从关心国家民族的前途出发，把做好婴幼儿的保健和教育工作当作一项战略任务来抓。会议还认为，做好托幼工作，是体现党和国家关心群众疾苦，减轻职工和社员家务拖累，使他们能够集中精力干"四化"的一项重要措施。做好托幼工作，对于搞好计划生育，彻底解放妇女，也有重要的意义。到会同志们希望能将托幼工作纳入国家计划和各级政府的议事日程。各级领导机关和社会舆论，对托幼工作应当给以足够的重视。

会议就如何加强托幼工作领导，各有关部门如何分工合作，怎样尽快恢复、发展、巩固、提高各类园所，以及培训保教队伍、提高保教质量和经费来源等问题，进行了认真的讨论，并且提出了一些解决办法、建议和要求。特别是会议建议国务院设立托幼工作领导小组负责规划推动托幼工作。

1980年1月，国务院托幼工作领导小组举行第一次会议，讨论了领导小组的工作和今后托幼工作的主要任务。会议认为，全国托幼工作会议以后，在各级党委的重视下，托幼工作的发展情况是好的，广大保教工作者，正为进一步办好托幼工作而努力。会议指出：1980年领导小组的主要任务是，贯彻执行《全国托幼工作会议纪要》的精神，根据"四化"建设的需要，组织力量有计划地深入城市、农村进行调查研究，了解托幼工作的新情况、新问题，总结交流先进经验，推动托幼工作的开展。之后，托幼工作有了创造性的发展。全国城市幼儿园1981年比1979年增长12.7%，比1980年增长10.46%；入园儿童1981年比1979年增长22.22%，比1980年增长13.45%。并建立起了一支年轻、有文化的保教队伍。例如江苏省11个市，大集体园所保教人员中，年龄在35岁以下的占80.35%，初中以上文化程度的达90.35%。

12.中国加入《消除对妇女一切形式歧视公约》

《消除对妇女一切形式歧视公约》（The Convention on the Elimination of All Forms of Discrimination Against Women，简称CEDAW）是一项有关妇女权利的国际公约，是联合国为消除对妇女的歧视、争取性别平等制定的一份重要国际人权文书。联合国在1979年12月18日的大会上通过该有关议案，并于1981年9月起生效。中国政府于1980年7月17日签署该公约，同年11月4日交存批准书，12月4日该公约对中国生效。中国成为公约最早的缔约国之一。

该公约确立规则，保障妇女在政治、法律、工作、教育、医疗服务、商业活动和家庭关系等各方面的权利。公约建构了一个妇女与男子享有平等权利、妇女人权受到保障的法律框架，被称为国际妇女权利宪章。CEDAW 在序言中指出"歧视妇女的现象仍然普遍存在"；界定了"对妇女的歧视"的定义（第1条）；要求缔约国承诺通过立法及其他措施消除性别歧视（第2条）。公约鼓励缔约国采取特别临时措施旨在加速男女事实上的平等（第4条）。在第6条至第16条实体条款中，公约发展了具体的平等议程，可以说涵盖了所有领域：政治权利（第7—8条）；教育、就业、健康权以及经济和社会活动（第10—13条）；民事能力和经济事务（第15条）；婚姻与家庭（第16条）；国籍（第9条）；以及计划生育（第16E款）。公约特别关注农村妇女问题（第14条），并呼吁禁止贩卖妇女和通过卖淫剥削妇女（第6条）。通过这些条文，《公约》对妇女权利进行了全面、综合和系统的规定，将以往国际人权文书忽略的问题引入立法范畴，超越了公共／私人领域的划分。《公约》尤其强调平等与非歧视原则、实质平等原则和政府承担义务原则。强调消除习俗、惯例、文化和社会行为模式中的歧视。正是在这个意义上，《公约》成为第一个全面关注妇女在社会中的角色和地位、系统规定妇女权利的、统一的国际人权公约；不仅规定了妇女权利、两性平等方面的目标，同时规定了具体的措施。

该公约在我国的生效时长已经超过了30年，从多个方面影响着我国妇女保障体制的发展，可以说，它伴随着改革开放后我国妇女权益保障体系真正确立的整个过程。根据公约的第17条、第18条，联合国设立了专门的委员会——消除对妇女歧视委员会，用以审查《公约》的执行和进展情况，各成员国也被要求提交定期报告，将本国实施公约过程中采取的措施及取得的进展记录在报告之中。目前，我国已经参与了8轮审议，提交了5次报告，委员会对前四次报告已经给予了结论性意见。在每轮国家报告中，我国就公约在国内的实施状况作出了很多详细的说明，在与国家进行互动对话之后，委员会针对我国发布结论性意见。

13. 全国人大常委会批准《准予就业最低年龄公约》

1973年6月26日，国际劳工组织在日内瓦举行其第58届大会，通过了《准予就业最低年龄公约》。1998年12月29日，九届全国人大常委会第六次会议审议通过，批准《准予就业最低年龄公约》在中国生效。

对童工和未成年工给予必要的特殊保护，是最先受到各国劳动立法重视的问题之一。工业革命后，滥用童工成为资本家追逐高额利润的一种重要手段。国际劳工组织成立后，在它的章程里把保护童工和未成年工作为自己的一项迫切任务，1919年国际劳工大会通过的《工业最低就业年龄公约》（第5号公约）规定，任何公营或私营工业企业都不得雇用 14 岁以下的儿童。从 1919 年到 1972 年间，国际劳工组织先后分别在不同行业制定了 10 个准许就业的最低年龄公约，包括 1919 年工业最低年龄公约、1920 年海上最低年龄公约、1921 年农业最低年龄公约、1921 年扒炭工和司炉工最低年龄公约、1932 年非工业就业最低年龄公约、1936 年海上最低年龄公约（修订）、1937 年工业最低年龄公约（修订）、1937 年非工业就业最低年龄公约（修订）、1959 年渔民最低年龄公约以及 1965 年井下工作最低年龄公约。

围绕童工保护，国际劳工组织还制定了一系列公约和建议书，主要有核心公约和建议书、时新公约（uptodate instruments）和建议书等，包括：1973 年《最低就业年龄公约》（第 138 号公约）、1973 年《最低就业年龄建议书》（第 146 号建议书）、1999 年《禁止和立即行动消除最恶劣形式的童工劳动公约》（第 182 号公约）、1999 年《禁止和立即行动消除最恶劣形式的童工劳动建议书》（第 190 号建议书）、1946 年《未成年人就业体格检查公约（工业）》（第 77 号公约）、1946 年《未成年人就业体格检查公约（非工业）》（第 78 号公约）、1965 年《未成年人（矿山井下作业）就业体格检查公约》（第 124 号公约）等。这些公约和建议书主要涉及童工保护中准许就业的最低年龄、禁止和消除最恶劣形式的童工劳动、强制体格检查、限制夜间工作、采矿业未成年人保护的主题，其主线是保护儿童的身心健康发育，对童工和未成年工人给予必要的特殊保护。除此以外，在一般国际劳工标准中，如关于职业安全和卫生、工作时间、带薪年休假、废除强制劳动，以及关于就业、职业指导与职业培训等的公约和建议书里，也都有针对童工和未成年工人的特殊规定。

14.国务院《女职工保健工作规定》

中国的女职工劳动保护，产生于 20 世纪的 50 年代，体现了社会主义国家和企业对女职工生理特征的认识及对女职工的尊重与关怀，在企业不计成本的计划经济时代起到积极的作用，成为女职工参与经济社会发展的重要支柱。新中国成立后，为了确保妇女免受歧视，不仅完全否定和彻底废除了旧中国遗留的那些歧视、压迫、残害广大妇女的法律，而且还及时地颁布了体现男女平等、保护妇女权益的新法律，以法律的形式对妇女的权益加以确认和保护。从 1949 年制定的起临时宪法作用的《共同纲领》，到 1954 年颁布的第一部宪法，再到 1975 年宪法和 1978 年宪法、1982 年宪法，它们之间虽因制定时的历史条件各异而在内容上各有不同，但在保障妇女人权、坚持男女平等方面却是一脉相承并逐步发展的，在妇女的健康权方面也是如此。特别是在改革开放以来，我国出台了一系列法律和政策，有效地保护了包括妇女在内的公民的健康权，形成了包括宪法和有关民事、经济、行政、社会、刑事等方面的法律在内的多方面、多层次的法律保护体系。

1993年11月26日卫生部、劳动部、人事部、全国总工会、全国妇联发布关于颁发《女职工保健工作规定》的通知。该规定包含5章，共24条，对组织措施、保健措施及监督管理进行了规定。特别对针对女性生理特征设定的保健项目进行了详细地规定，具体包括月经期保健、婚前保健、孕前保健、孕期保健、产后保健、哺乳期保健、更年期保健等。对维护女职工的合法权益，减少和解决女职工在劳动和工作中因生理特点造成的特殊困难，保护其健康，发挥了重大作用。

15.国务院通过《女职工劳动保护规定》

改革开放以来，我国女性进入职场的人数不断增加，在1988年这一人数已接近1亿。全民和集体企事业单位已有正式女职工4800多万人，在2100万个体劳动者中，妇女约占40%，农村目前已有3500多万妇女进入乡镇企业。但女性在生理机能上与男性还是有很大差别，在同等劳动负荷下，女性的心血管系统、呼吸系统、神经系统的紧张程度大于男性而肌耐力小于男性，这使得妇女难以在特殊劳动环境中承受高强度的体力劳动。因此，对女工的劳动保护不仅有利于调动人们的劳动积极性，而且有益于民族的繁衍昌盛。

1988年6月28日，《女职工劳动保护规定》（以下简称《规定》）由国务院第十一次常务会议通过，《规定》自1988年9月1日起施行。《规定》是新中国成立以来第一个由国家正式公布实施的妇女劳动保护法规，是我国劳动立法工作取得的一项新的成果。《规定》条文虽然不多，但内容很全，主要包括保障妇女就业权利、保护妇女身体健康、实行妇女"四期"保护和妇幼保健设施等，且适用范围广、所定标准高，受到了全国女职工的热烈拥护，激发了女职工生产劳动的积极性，保护了女职工健康权益和就业权利。

但是，随着经济体制的改革和产业结构调整的深入，国有企业的女职工在劳动保护方面的合法权益被侵害的现象也有发生。与此同时，作为维护女职工合法权益的重要法规，《女职工劳动保护规定》已显现出种种缺失与不足，主要表现在：法规内容过于简单，女职工在劳动过程中的许多合法权益没有得到充分体现；有些规定过于原则化，在实践中难以操作；有的劳动标准偏低，立法技术滞后等。

2012年4月28日，国务院第200次常务会议通过的《女职工劳动保护特别规定》生效，与此同时，《女职工劳动保护规定》废止。《女职工劳动保护特别规定》呈现四大亮点：一是生育津贴标准明确；二是产假适当延长；三是增强了执法监督的力度；四是女职工禁忌劳动范围的法律效力提升。

16.中国加入《儿童权利公约》

1959年11月20日,联合国大会通过了《儿童权利宣言》,明确了各国儿童应当享有的各项基本权利。但一些儿童工作者指出,宣言不具有法律约束力,不能起到更大的作用。1978年,联合国大会决定制定一份具有法律效力的《儿童权利公约》并成立了起草工作组。1989年11月20日第44届联合国大会第25号决议通过了《儿童权利公约》(以下简称《公约》),这是第一部有关保障儿童权利且具有法律约束力的国际性约定,旨在为世界各国儿童创建良好的成长环境。1990年9月2日,《公约》在获得20个国家批准加入后正式生效。

《公约》共有54项条款。根据《公约》,凡18周岁以下者均为儿童,除非各国或地区法律有不同的定义。《公约》规定了世界各地所有儿童应该享有的数十种权利,其中包括最基本的生存权、全面发展权、受保护权和全面参与家庭、文化和社会生活的权利。《公约》还确立了4项基本原则:无歧视、儿童利益最大化、生存和发展权以及尊重儿童的想法。

《公约》通过确立卫生保健、教育以及法律、公民和社会服务等多方面的标准来保护儿童的上述权利,明确了国际社会在儿童工作领域的目标和努力方向。

《公约》指出,缔约方应确保儿童均享受《公约》中规定的各项权利,不因儿童以及其父母或法定监护人的种族、肤色、性别、语言、宗教、政治身份、出身、财产或残疾等不同而受到任何歧视。缔约方为确保儿童的福祉,应采取一切适当的立法和行政措施。各相关部门和机构在制定相关政策和落实中以儿童利益最大化作为首要考虑。

中国于1991年12月29日批准《儿童权利公约》。同时声明,中国将在符合《中华人民共和国宪法》第25条关于计划生育的规定的前提下,并据《中华人民共和国未成年人保护法》第2条的规定,履行《公约》第6条所规定的义务。

加入《儿童权利公约》后,中国政府依据公约的要求,颁布了《九十年代中国儿童发展规划纲要》,确定了到2000年中国儿童生存、保护和发展的十大目标。随后10年间,中国在降低婴儿死亡率和5岁以下儿童死亡率、提高免疫接种率、降低儿童营养不良发生率等方面取得了重大进展;中国实施的"希望工程"和"春蕾"计划,使大批失学的贫困地区儿童重返校园。并在宣传和实施《公约》方面取得了显著的成果,不仅在发展中国家居领先地位,在某些方面甚至可以成为发达国家的表率。

纵观20世纪90年代我国保护儿童权利工作,一个政府领导、社会参与、家庭与学校密切配合保障儿童权利的良好格局在全国各地已经形成,整个社会营造了关怀儿童、爱护儿童，为儿童做好事办实事的良好氛围，公民依法保护未成年人合法权益的意识得到进一步加强。其次，加强保护儿童权利的法制建设，加快有关儿童权利保护方面的立法。

17.中华人民共和国未成年人保护法

到1990年，在中国11.6亿人口中，18周岁以下的未成年人约有4亿，约占全国总人口的1/3以上。这些未成年人分别生长在2.7亿多个家庭之中，他们将是21世纪我国社会主义现代化建设的主力军，他们今天的素质就是明天的生产能力、科研能力、战斗能力，寄托着国家和民族的希望。然而，未成年人处在向成年人过渡时期，知识和经验不足，辨别是非能力不够，模仿性强，易于感情用事，所以是全社会都应重视的受教育和受保护的特殊人群。另外，由于中国仍处于社会主义的初级阶段，各地对未成年人的保护存在严重缺失，失学与"三童"（童工、童农、童商）现象大量存在，更时有虐童、拐卖儿童的事件发生。面对这些侵害未成年人合法权益的现象，迫切需要制定一部保护未成年人的专门法律，以便社会有共同遵循的行为准则，能够进行综合治理，依法严惩侵害未成年人合法权益的行为，保护未成年人的健康成长。

经过三年的酝酿、制定和反复修改，《中华人民共和国未成年人保护法》（以下简称《保护法》）终于经1991年9月4日七届全国人大常委会第二十一次会议通过，并于1992年1月1日起施行。其内容包括7章，共56条，重点从家庭保护、学校保护、社会保护和司法保护四个方面进行了阐述。该法的诞生，填补了我国法制建设上的一大空白，使中国长期以来对未成年人保护的很多措施上升为法律，成为任何组织和个人都必须严格遵守的准则，一切违反它的行为都将受到法律的追究，因而使我国教育、培养、保护未成年人健康成长的工作纳入了法制化的轨道。

该法颁布实施之后，全国人大相关部门又多次对法律的执行情况进行了检查。1992年9月5日至28日，内务司法委员会组成执法检查组对《保护法》的执法状况进行了检查。检查组分赴甘肃省、新疆维吾尔自治区和北京市的12个地、市、县（区），分别听取了各级人大、政府及有关职能部门、司法机关和群众团体的汇报；与未成年人及其家长座谈，了解他们对贯彻执行《保护法》的愿望与要求，实地考察了未成年人活动相对集中的中小学校、少年宫、文化市场等场所。检查组认为，上述3个省、自治区和直辖市为保证《保护法》的贯彻执行，在加强法律宣传、完善地方立法、净化文化市场、清理童工及早婚、落实司法保护以及加强法律监督等方面做了大量工作，取得了初步成绩。由于这部法律实施时间不长，基本上还处在宣传教育阶段，在贯彻执行过程中难免存在一些问题。随着我国政治、经济、文化的发展，社会法律意识的提高和法律监督工作的加强，这些问题将会逐步得到解决。随后，全国人大常委会执法检查组又于2003年7月，对《保护法》和《中华人民共和国预防未成年人犯罪法》（以下简称"两法"）的实施情况一并进行了检查。通过检查认为，"两法"实施的总体情况是好的，各级领导比较重视，社会各界广泛参与，采取了不少有力的措施，取得了比较明显的成效：一是齐抓共管的工作格局逐步形成，已有29个省、自治区、直辖市和多数市（地）县（区）成立了未成年人保护委员会，各地还普遍成立了妇女儿童工作委员会、关心下一代工作委员会、预防青少年违法犯罪领导小组等。二是未成年人的受教育状况明显改善。全国基本普及九年义务教育的地区人口覆盖率由1998年的73%提高到2002年的91.22%。与未成年人保护法实施前的1991年相比，小学入学率由96.8%提高到98.6%，初中入学率由69.7%提高到90%，高中入学率由28.4%提高到42.8%。但也存在着许多问题，特别是在检查过程中，不少地方反映，未成年人保护法已颁布12年，有些规定已经不适应当前的情况，有些规定过于原则化，缺乏可操作性，建议全国人大常委会将修改《保护法》列入本届立法规划。

根据这些建议，并结合未成年人保护领域出现的新情况、总结工作中的新经验，形成了《中华人民共和国未成年人保护法（修订草案）》，并于2006年12月29日召开的十届全国人大常委会第二十五次会议审议通过，自2007年6月1日正式实施。修订后的未成年人保护法从1991年未成年人保护法的56条增加到72条，其中，有25条是新增加的；另外47条中，32条有实质性修改，11条有文字性修改，未改的仅有4条，可以说是一次全面的修订。这次修订从我国现阶段的国情出发，针对未成年人保护方面存在的突出问题，进一步明确了未成年人的权利和保护未成年人的原则，进一步明确了政府及其有关部门的职责，全面充实了家庭、学校、社会和司法四大保护的内容，强化了法律责任。该法的修订进一步完善了未成年人保护法律制度，为维护未成年人合法权益，促进未成年人健康成长提供了更好的法律保障，充分体现了党和国家对未成年人的关心和爱护。

在2012年《中华人民共和国未成年人保护法》施行20周年之际，十一届全国人大常委会第二十九次会议决定对《中华人民共和国未成年人保护法》进行第二次修正。将第五十六条第一款修改为："讯问、审判未成年犯罪嫌疑人、被告人，询问未成年证人、被害人，应当依照刑事诉讼法的规定通知其法定代理人或者其他人员到场。"并在2013年1月1日重新公布实施。

回顾保护未成年人立法至今，中国未成年人保护工作取得了很大成绩，积累了宝贵的经验。在法律的指导下，我国政府、社会、家庭与时俱进推动未成年人保护工作，充分尊重未成年人的特殊利益，坚持法制化方向推动未成年人保护工作规范化发展，着力于基础建设推进未成年人保护工作实现事业化发展。

18.中华人民共和国收养法

收养子女涉及公民的人身关系和财产关系,是一种重要的民事法律行为,而且数量较大。从 1981 年到 1990 年的 10 年间,仅到公证处办理收养公证的,全国就有 184691 件。随着我国对外开放政策的进一步贯彻实施,外国人要求到中国,海外侨胞、港澳同胞和台湾同胞要求到内地(大陆)收养子女的也越来越多。但是,当时我国仅在《中华人民共和国婚姻法》中规定"国家保护合法的收养关系",尚未制订收养子女的专门法律,收养关系成立的条件、收养的效力等还没有明确的规定,只有一些部门从本部门工作角度出发,对涉及收养的问题作过某些规定。但这些规定是零散的,不具有普遍的法律约束力。由于没有法律规定,因收养而产生的子女上学、就业、迁移户口、继承财产等有关问题得不到解决。社会上还出现了一些搞假弃婴,以达到多生育子女的现象。一些人甚至利用部分公民急于收养子女的心理,进行拐卖人口、买卖儿童等犯罪活动。因此,迫切需要制定一部适合我国国情的收养法律,以利于维护公民的人身权利和财产权利,促进家庭和睦、稳定和社会安定。

经过多次审议和修改,终于在 1991 年 12 月 29 日七届全国人大常委会第二十三次会议通过《中华人民共和国收养法》(以下简称《收养法》),自 1992 年 4 月 1 日起施行。《收养法》包含 6 章,共 33 条,对收养需遵循的原则、收养关系成立的条件、收养的效力、收养关系的解除及法律责任作出了规定。《收养法》的颁行,结束了我国收养行为长期无法可依的状况。《收养法》对调整收养关系,促进婚姻家庭的和睦稳定,维护收养关系各方当事人的合法权益,起着重要的作用。

然而,《收养法》实施六年来在发挥重要作用的同时,也暴露出一些问题,其中最主要的,一是对收养条件规定得过严,致使一些有抚养能力又愿意收养儿童的人难以收养,而多数社会福利机构却超负荷抚养孤儿、弃婴;二是收养程序不统一。为了更加合理地确定收养条件、规范收养程序、保护合法的收养关系,最大限度地保护被收养儿童的权益,民政部和国务院法制办经过认真调查研究,总结实践经验并同司法部、外交部、公安部、国家计生委、最高人民法院以及专家学者共同研究、论证,拟订了《中华人民共和国收养法(修订草案)》,并在 1998 年 11 月 4 日第九届全国人大常委会第五次会议审议通过。本次修订的《收养法》在以下三个方面放宽了收养条件:一是放宽社会福利机构抚养查找不到生父母的儿童条件,对这类儿童的收养,不再受收养人无子女和只能收养 1 名子女的限制;二是降低收养人的年龄下限,将收养人必须年满 35 周岁降低到 30 周岁,婚后经确诊无生育能力的不受 30 周岁限制;三是允许无配偶的人年满 55 周岁无子女或者夫妻双方均年满 55 周岁无子女的，可以收养 1 名 14 周岁以上的子女。本次修改的另一个原则是进一步完善收养程序，规定收养关系统一由民政部门登记成立；外国人在我国收养子女，应当事先经其所在国主管机关依照其本国法律审查同意，并且提供身体健康、无犯罪记录等合法有效的证明材料，证明材料在提交我国驻该国使领馆认证前，须经收养人所在国外交机关或外交机关授权的机构认证。

《收养法》的颁布与修订，弥补了我国在这一领域法律的空白，从法律层面规范了收养行为，最大限度地保障了被收养儿童的合法权益。

19.中华人民共和国妇女权益保障法

20 个世纪 70 年代后期，中国进入了改革开放的新时期，国家既迎来了新的机遇，也遇到了新的挑战。妇女权益保护遇到了新问题，其中表现最突出的是妇女的"三难"问题：参政难、就业难、入学难。同时，拐卖妇女儿童的事件屡屡发生；卖淫嫖娼重新出现，妇女的人身权益受到很大的侵害。在此期间，虽通过了新婚姻法、修改了宪法和刑法，强调保护妇女儿童和老人的合法权益，严惩侵犯妇女人身权利的犯罪行为，但仍缺乏保障妇女权益的专门法律。

在此背景之下，为适应新时期保障妇女权益的需求，1985 年，全国妇联首先倡议制订一部全国性的妇女法，并组织一部分法学界的专家学者起草了妇女法的试拟稿。1987 年、1988 年，全国人大代表、政协委员以及妇女代表大会的代表又多次提出议案、提案和建议，要求中央成立保障妇女权益的机构，制订全国性的保护妇女的法律。这些议案和提案得到了中央的重视和采纳。1989 年 5 月，由内务司法委员会委托全国妇联、民政部会同总工会及有关方面的专家，成立了妇女法起草小组，由 20 多人组成，开始进行拟订工作。在妇女权益保障法起草的近 3 年时间里，起草小组分赴外地、少数民族地区，进行了广泛深入的调查研究，召开有关地方、部门和专家的座谈会。同时，还参考了全国 28 个省、自治区、直辖市制定的保护妇女权益的地方法规，并借鉴了国外有关的法律，经反复的修改论证，形成妇女法草案，最终于 1992 年 4 月 3 日由七届全国人大五次会议通过，颁布《中华人民共和国妇女权益保障法》，自 1992 年 10 月 1 日起施行。

"重在保障"的立法思路是 1992 年妇女权益保障法的主要特色。这部法律根据我国宪法的有关规定确定了妇女在政治、文化、教育、劳动、财产、家庭等方面的六大权益，在保障妇女权益的基础上重申了男女平等的基本原则。同时，为解决"三难"问题，设定了更具针对性的规定。可以说，《中华人民共和国妇女权益保障法》是一部综合性的专门保障妇女权益的基本法，它既包含程序性规定，也包括实体性规定；既有民事内容，也有刑事内容,是地位仅次于宪法的基本法之一。这部法律的问世,不仅进一步维护了妇女的各项权益,为我国男女平等以及人人平等奠定了基础,而且尽可能规定了保障措施。所以,立足于保障就是这部法律的立法宗旨,"妇女权益保障法"的名称也由此而来。总之,《中华人民共和国妇女权益保障法》是中国妇女解放运动实践经验的光辉总结,也是指导妇女事业不断发展的宏伟目标,它的颁布和实施,是中国政府忠实履行国际公约的具体体现。

至此,我国的妇女权益保障工作已经走上了法制化、规范化的轨道,从而形成了以宪法为基础、以妇女权益保障法为主体,包括刑法、民法、婚姻法、劳动法以及各部委各地方颁布的行政法规在内的一整套保护妇女权益、促进社会发展的法律体系。

进入21世纪,我国经济、社会和文化教育等各个方面都发生了巨大变化,妇女权益领域出现了许多新情况、新问题,现行妇女权益保障法已不能有效应对这些情况和问题,因此,修订妇女权益保障法成为当时一项重要的立法任务。《全国人民代表大会常务委员会关于修改〈中华人民共和国妇女权益保障法〉的决定》由十届全国人大常委会第十七次会议于2005年8月28日通过,自2005年12月1日起施行。

修改后的妇女权益保障法较之以前,有了很大的进步。首先,在总则部分进一步完善了保障妇女人权的指导原则,规定"实行男女平等是国家的基本国策",将男女平等基本国策上升为法律;旗帜鲜明地规定了"国家采取必要措施消除对妇女一切形式歧视";进一步明确了妇女儿童工作委员会的法律地位和职责,执法主体更为确切,强化了政府责任;规范了妇联在维护妇女权益中的作用。其次,有针对性地充实了妇女六大权益的具体内容:政治权利部分,明确规定了村(居)民委员会的成员中妇女应当有适当名额,要求国家采取措施提高各级人大女代表比例;文化教育权益部分,明确了国家保证贫困、残疾和流动人口的适龄女性儿童少年完成义务教育的责任;劳动和社会保障权益部分,在原有劳动权益的基础上,增加了社会保障权益,对生育保险作了规定,同时提出反对就业中的性别歧视;财产权益部分,增加规定农村土地承包、集体经济组织收益分配、土地的征收和征用补偿费使用等,妇女享有与男子平等的权利;人身权利部分,将禁止对妇女实施性骚扰写入其中,同时禁止通过大众传媒或其他方式贬损妇女人格;在婚姻家庭权益部分,增加规定了国家和政府相关部门预防、制止家庭暴力和救助受害人的责任和义务。最后,修改后的妇女权益保障法明确规定了仲裁制度、法律援助制度和司法援助制度,强化了前后章节在行为和处理上的对应关系,明确了行政责任、民事责任以及刑事责任的区别,从而提高了法律的可操作性,加大了保障的力度。

从1992年妇女权益保障法的出台到2005年的重新修订,十多年间,我国的妇女维权工作有了长足的进步。党和国家十分重视对妇女权益的保护,不断探索、采取新的措施,我国妇女地位得到了极大的提高,妇女权益受到了切实的保护。时代在发展,社会在进步,妇女法也必将随之提升、完善和进一步发展。

20.中华人民共和国母婴保健法

为了保障母亲和婴儿健康、提高出生人口素质,八届全国人大常委会第十次会议于1994年10月27日通过《中华人民共和国母婴保健法》(下简称《母婴保健法》),自1995年6月1日起施行。

《母婴保健法》坚持以下立法原则:从实际出发,分级分类指导;医学指导和提供保健措施保护母婴健康;明确权利和义务,实行严格管理。其内容共7章39条,适用范围包括三大类:第一类是受《母婴保健法》保护的育龄妇女、孕产妇和新生儿,主要是引导她们主动按医疗保健人员的建议自觉地接受婚前保健、孕产妇保健服务;第二类是医疗保健机构及其工作人员,这是法律适用范围的主体部分;《母婴保健法》中的第二、第三、第四、第五、第六章规定了医务人员的任务、职责、职能及应承担的法律责任;第三类是地方各级人民政府和卫生行政部门的任务,《母婴保健法》明确规定各级人民政府在母婴保健工作中的领导职责,确立了各级卫生行政部门是执法的管理机构。《母婴保健法》的立法宗旨是保障母亲和儿童健康,提高出生人口素质。

《母婴保健法》作为我国第一部保护妇女和儿童健康的法律,充分体现了党和国家对妇女儿童健康的高度重视和关怀,标志着我国母婴保健工作走上了法制的轨道,推动了我国母婴保健事业的发展。《母婴保健法》是我国母婴保健工作的基本法,旨在运用法律手段加强母婴保健工作,从宪法规定的国家发展医疗卫生事业,保护人民健康的前提出发,提出国家扶持和发展母婴保健事业,为母婴获得保健服务提供必要的条件和物质保证,并鼓励和支持母婴保健领域的教育和科研工作,还规定各级政府要将母婴保健工作纳入国民经济和社会发展的整体规划中,加强对母婴保健工作的领导,这必将促进我国母婴保健工作的进一步发展。同时,《母婴保健法》和《中华人民共和国婚姻法》、《中华人民共和国妇女权益保障法》共同成为我国维护和保障妇女合法权益的三大法律支柱。这3部法律互为补充,体现了国家对妇女的生育、健康、婚姻、家庭以及社会政治经济地位和作用的全面保护。

21.国务院公布《禁止使用童工规定》

为保护未成年人的身心健康,2002年10月1日,国务院公布了《禁止使用童工规定》,共14条,禁止用人单位招用不满16周岁的未成年人。根据规定,包括国家机关、社会团体、企业事业单位、民办非企业单位、个体工商户在内的用人单位,均不得招用不满16周岁的未成年人,也就是童工;同时禁止任何单位或个人为不满16周岁的未成年人介绍就业,禁止不满16周岁的未成年人开业从事个体经营活动。不满16周岁的未成年人的父母或其他监护人有义务保障其不被用人单位非法招用,用人单位在招用人员时也须核查被招用人员的身份证,县级以上各级人民政府劳动保障行政部门、公安、工商行政管理、教育、卫生等行政部门以及工会、共青团、妇联等群众组织负有相关义务。

凡用人单位使用童工的,由劳动保障行政部门按照每使用一名童工每月处5000元罚款的标准给予处罚;在使用有毒物品的作业场所使用童工的,从重处罚;用人单位在规定期限内仍不改正的,将按照每使用一名童工每月处1万元罚款的标准给予处罚,并吊销营业执照或撤销民办非企业单位登记。单位或个人为不满16周岁的未成年人介绍就业的,按照每介绍一人处5000元罚款的标准给予处罚。拐骗童工,强迫童工劳动,使用童工从事高空、井下、放射性、高毒、易燃易爆以及国家规定的第四级体力劳动强度的劳动,使用不满14周岁的童工,或造成童工死亡或严重伤残的,依法追究刑事责任。劳动保障部门、公安机关、工商行政管理部门等国家行政机关工作人员玩忽职守、滥用职权,构成犯罪的,也将依法追究其刑事责任。

对照1991年颁布的《禁止使用童工规定》,新规定有以下三个特点:

一、无自由裁量权。新《禁止使用童工规定》设置的处罚标准,没有"多少元以下",而是直接规定"劳动保障行政部门按照每使用一名童工每月处5000元罚款标准给予处罚",没有给执法机构留下自由裁量的空间。

二、加大了预防力度。新《禁止使用童工规定》首次对预防使用童工设置了具体措施。规定用人单位招用人员时,必须核查被招用人员的身份证;录用人员的录用登记、核查材料应当妥善保管。并相应设置了罚则。这为劳动保障执法部门从查处童工向预防使用童工工作重心的转移提供了法律保证。

三、对不作为设置了处理办法。新《禁止使用童工规定》规定劳动保障等有关部门工作人员在禁止使用童工的监督检查工作中发现使用童工情况后不予制止、纠正、查处的,将依法给予记大过或者降级的行政处分;情节严重的,依法给予撤职或者开除的行政处分;构成犯罪的,依照《刑法》关于滥用职权罪、玩忽职守罪或者其他罪的规定,依法追究刑事责任。

22.孤残儿童救助制度的建立与发展

在我国历史上,国家在孤残儿童救助上很早就承担了重要责任。从商周时代开始,对鳏寡孤独的照顾,就被认为是善政的代表性象征。唐代关于"悲田养病坊"的记载,宋代建立收养弃婴的慈幼院，清代建立的育婴堂等，这些都反映了我们古代政府和民间力量在孤残儿童救助保护方面作出的积极努力。

新中国建立以后，我国开始逐步建立和发展新的孤残儿童救助制度，主要是为孤残儿童提供基本生活救助和替代性养活的制度，分正式和非正式两种救助制度。正式的救助制度主要包括城市儿童福利院制度等，非正式的救助制度主要是亲属网络对孤残儿童提供生活救助和替代性养护，具体包括亲属抚养、机构养育、家庭寄养和依法收养，其中，从20世纪50年代到90年代中期，儿童福利院对孤残儿童的集中式养护占主导地位，家庭寄养在当时并不被政府看好。政府承担着照料孤残儿童的全部经济和服务供给的责任。

直至2010年，国务院发布《关于加强孤儿保障工作的意见》。这一文件突出家庭照料在孤残儿童救助中的中心地位，指明了儿童福利制度发展和完善的方向，表明政府对孤残儿童家庭寄养的重视，第一次对养护方式作出规定，改变以往集中式养护一边倒的旧观念，强调保障孤残儿童权利。国家主导的新型儿童福利制度成为我国儿童福利制度的发展方向。2010年，民政部与财政部发出《关于发放孤儿基本生活费的通知》，2011年，民政部又发出《关于进一步完善保障孤儿基本生活有关工作的意见》，解决各地在实施中遇到的问题，进一步完善保障孤儿基本生活有关工作。

23. 微博"打拐"

2010年9月，《凤凰周刊》记者邓飞在新浪和腾讯微博上发布了一张被拐儿童彭文乐的照片。随后该微博被转发6000多次。2011年2月初，一位关注此事的大学生通过寻亲网站提供重要线索；2月8日，公安机关借此线索，帮助其父彭高峰找到了被拐三年之久的儿子。这一奇迹是在全国网友的"接力棒"中诞生的，在此期间，包括王菲、赵薇、郑钧等在内的明星也都转发了此条微博。这是众网友齐心协力的结果，是民间力量的聚集与推动，更是微博"打拐寻子"的一次成功。

2011年1月25日，中国社会科学院农村发展研究所教授于建嵘在新浪网开设微博"随手拍照解救乞讨儿童"，呼吁网友将街头看到的乞讨儿童拍下，连同时间、地点等信息一同发上来，希望借此帮助家长寻找丢失的孩子。该微博仅开通10天时间，便吸引了57万多博友的关注。截至2月初，已有7000多张乞儿照片被上传，信息以几何裂变的方式增长着。这场引发众网友共同参与的行动，已逐渐发展成为一场全体社会力量的整合，包括网友个人、明星、专家学者、人大代表、政协委员、民间团体、资深媒体、公安部门等，形成了强大的传播力量。

《人民日报》"人民时评"评价"微博打拐"是验证民众智慧理性。"随手拍照解救乞讨儿童"是网络时代典型的公民行动,不仅有大量社会名人参与街拍,还有多个慈善基金参与进来,以求建立数据库和培训志愿者。各地警方也接连出警调查核实,公安部以及许多地方公安机关都明确表态支持这样的民间行动,部分全国人大代表还表示准备在两会上就此提案。这一系列连锁反应,验证了社会力量的强大与智慧,也体现了政府部门对群众力量的认同与支持。无疑,充分重视社会力量在更多的领域内发挥良性作用,将助推社会建设的进程。可以说,此次"微博打拐"是民间力量参与社会建设的一块试金石,证明了社会力量可以帮助政府作为,民间行动可以助推制度完善。当大众力量通过与专业机构协作,通过与政府部门进行良性互动,可以发展成为一种社会润滑剂,以其智慧与理性来形成强大合力,对社会建设起到重要作用。

24.河南"爱心妈妈"袁厉害事件

袁厉害是兰考县的一名村妇,从1987年收养第一名兔唇男婴开始,20多年的时间里收养的弃婴已超过百名。因其自费收养这些先天性残疾的弃婴获得了"爱心妈妈"的美誉。但也有人指责她"拿弃婴骗低保"、"利用孩子拢财",不断向政府部门"伸手"提条件等。在公众眼里,她是个备受争议的人物。而2013年的一场火灾事故再次把她推向了舆论的风口浪尖。

2013年1月4日,河南兰考县城关镇一居民楼发生火灾事故,"爱心妈妈"袁厉害收养的孩童中7人不幸丧生,引发火灾的原因被鉴定为住宅内的儿童玩火。在火灾事故发生后,其余的孩子都被送到了兰考县救助站由政府进行接管。兰考政府对这场事故的回应是:"袁厉害没有能力、没有条件收养弃婴,也没有相关手续,属于违法收养。"事件引起了社会各界的广泛关注,舆论纷纷谴责当地政府的不作为,认为若不是袁厉害收养这些孩子,大部分孩子早就饿死了。袁厉害不应该为火灾负责,政府对弃婴的不作为才是导致悲剧的原因。也有人质疑袁厉害的收养动机,认为她是在利用这些孩子为自己谋利。

然而无论"袁厉害事件"的真相如何,这个事件都折射出了我国孤残儿童社会福利中存在的诸多问题,一是收养法贯彻执行不到位,导致"事实收养"大量存在;二是家庭寄养的法律支持不足;三是政府和社会对寄养收养家庭的监督不到位等。特别是在"袁厉害事件"中,兰考县政府以"国家级贫困县几十年没有能力建福利院"为由推卸责任,而开封市福利院又拒收有生理或心理残疾的"孬孩子",政府官员对袁厉害的收养行为采取默许甚至支持的态度,用兰考县副县长吴长胜的话说,"政府采取了默许的态度"。"默许"与"放手"的背后,是对政策上一些有风险"灰色地带"的放任,也在某种程度上折射出相关部门法律意识的淡薄。不能因为是"爱心行为",就逃脱了法律的规范。调查显示,袁厉害的收养行为,在兰考不是个案。在这样的情况下,更应规范相关制度,即便"财政乏力",即便有低保支持,也应在法律的界限内行事,这才是对爱心最大的保护,对生命最大的尊重。

悲剧的发生也引发社会各方对国家儿童福利制度的反思。民政部在"兰考大火"发生后的第三天,就组织了为期一个月的大排查,并已提请制订《儿童福利条例》,并要创造条件,适时提出修订与儿童权益保护有关的法律法规,让所有孤儿在同一片蓝天下健康成长。

25.适度普惠型儿童福利制度建设试点

加快以改善民生为重点的社会建设,进一步推进儿童福利和儿童权利保护工作是儿童工作面临的一项重要任务。2011 年,国务院颁布实施的《中国儿童发展纲要(2011—2020年)》,将"儿童与福利"作为儿童发展的重点领域,提出了扩大儿童福利范围,推进由弱势儿童群体的补缺型福利体系向更多儿童群体的普惠型福利体系转变的目标和策略措施。但连续发生的几起儿童受伤害事件,包括贵州毕节市 5 名男孩在垃圾箱内生火取暖,导致一氧化碳中毒死亡;河南兰考县一收养孤儿和弃婴的私人场所发生火灾,造成 7 名儿童死亡;以及江西贵溪市一幼儿园班车翻车造成儿童伤亡事故,暴露了我国在儿童福利和保护救助方面的缺失和问题,引发了大众对儿童权利和儿童保护救助制度的反思以及对加快建立适度普惠型儿童福利制度的期盼。

为深入贯彻国务院《中国儿童发展纲要(2011—2020 年)》,切实履行联合国《儿童权利公约》,全面建立与我国经济社会发展状况相符合、与儿童生存和发展需要相适应的适度普惠型儿童福利制度,进一步提高儿童福利工作水平,2013 年民政部决定在江苏省昆山市、浙江省海宁市、河南省洛宁县、广东省深圳市等地开展适度普惠型儿童福利制度建设试点工作。要求各试点地区本着"适度普惠、分层次、分类型、分标准、分区域"的理念,按照"分层推进、分类立标、分地立制、分标施保"的原则和要求,立足当地经济社会发展状况、儿童生存与发展需要和社会福利制度的发展,全面安排和设计儿童福利制度。

在中国建立适度普惠型儿童福利制度的尝试,是继孤儿基本生活保障制度和艾滋病感染儿童基本生活保障制度建立之后,中国儿童福利制度建设的又一重大进展,国家更多地承担起对儿童福利的责任,标志着中国儿童福利建制理念的重大转变,使得儿童福利制度的建设进入了一个稳定的、高速度发展的阶段。

26.残疾人康复体系逐步建立

残疾人康复是指政府和社会为保障残疾人享受医学康复、教育康复、职业康复和社会康复而实施的经济、实物和服务保障措施的总称。20世纪80年代，我国的残疾人康复保障工作基本呈空白状态。1988年，残疾人康复被列入国家发展规划，中国康复研究中心作为中国第一个现代化综合性的残疾人康复研究机构也于同年10月成立，并主要在技术上支持残疾人康复工作，此外，各省、地、市及部分县相继建立起康复中心、康复站等康复训练服务机构。同时，国家开展了抢救性的"三项康复"工作，1991年5月起实施的《中华人民共和国残疾人保障法》将"康复"列为专章。

自1988年开始，我国连续实施了5个残疾人五年计划纲要，通过这些计划纲要的实施，初步建立起残疾人康复保障体系。尤其是进入21世纪，我国的残疾人康复工作继续发展，康复模式的理念也经历转变，残疾人个人责任观有所改观，政府开始承担起帮助残疾人康复的责任，残疾人康复工作开始朝着"一手抓机构建设，一手抓社区康复"的工作方向发展，社区康复成为与机构康复齐头并进的工作方式。1996—2000年，全国有300万人得到不同程度的康复；2001—2005年，有510万人得到不同程度的康复；2006—2010年，有830万残疾人得到不同程度的康复。

但目前，我国残疾人康复仍侧重于传统的医学康复，而忽视残疾人的教育、职业和社会康复。传统的康复模式受传统医疗模式残疾人观的影响，是一种专业医学模式，强调残疾人个体功能的调整和恢复，注重残疾人的个体责任，其技术难度大且费用较高。医学康复是全面康复中最基本、最重要的一步，它能够使残疾人的身体功能以及心理功能得到最大限度的恢复。在此基础上，残疾人全面康复的其他内涵可以更加行之有效，起到事半功倍的效果。在我国康复事业建立初期，医学康复担当过十分重要的角色；在今后相当长的时期内，医学康复仍然要作为康复事业的核心内容继续加强。但传统康复工作涉及的领域比较狭窄，服务层次较低，主要为机构治疗。自"八五"开始，我国康复工作已带有社会模式的特点，国家更多地承担起了责任。1996年，卫生部发布了《关于综合医院康复科管理规范的通知》，标志着现代康复医学研究和实践开始进入我国。但到目前为止，这种专业医疗康复的模式也远未和职业康复、教育康复结合起来成为一个完整的康复体系。1998年，中国残疾人康复协会成立，致力于推动残疾人的全面康复，包括医疗康复、教育康复、职业康复、社会康复和康复工程等。目前，《残疾预防和残疾人康复条例》正在调研、制定中，已列入2015年条例审查工作时间安排。

27.社会福利企业的形成与发展

社会福利企业是指集中安置有劳动能力的残疾人就业的特殊经济组织（企业），其福利特征表现为安置残疾人的人数占企业人员总数的一定比例，国家对这类经济组织（企业）给予减免税收优惠，所减免的税金全部作为企业发展基金和集体福利基金。

我国的社会福利企业经历了一个逐步形成和发展的过程。中国工业合作协会（1938年成立）所支持的、安置伤残战士参加生产的慈善组织"伤兵之友"，边区人民政府管辖的"残废院"，国民政府社会部下属的"重庆实验救济院残废教养所"等，均属社会福利企业的前身。中华人民共和国建立后，各地在1950年前后广泛建立了由民政部门领导的，由烈属、军属、残废军人、贫民组成的生产单位。这些生产单位具有优抚、救济和社会福利等多重性质，人员组成和名称均不统一，50年代中期以后，发展成为有一定规模的社会福利工厂。1957年，国家在税收及产、供、销方面提出了保护和扶持措施。1959年，国家计划委员会和内务部决定将社会福利生产统一纳入地方计划，60年代中期，产、供、销、劳动工资和统计等也纳入计划轨道。

1978年3月，中央政府设立中华人民共和国民政部，福利企业由工业部门交由民政部门管理。为促进福利企业的发展，政府相关部门发布了一系列优惠政策。1980年2月28日，民政部、财政部发出《关于民政部门举办的福利生产单位缴纳所得税问题的通知》，对"四残"人员占比在35%以上的民政部举办的福利生产单位免缴所得税。1983年，中国人民银行对民政部门福利工厂贷款给予优惠。1984年，财政部对残疾人员占比在50%以上的生产单位免征建筑税，后又免征销售增值税。1983年10月1日，民政部、劳动人事部发出《关于进一步做好城镇待业盲聋哑残青年就业安置的通知》，提出用"三结合方针"发展多渠道就业，即民政部门举办社会福利工厂集中安置就业、劳动部门介绍或组织介绍就业、街道组织生产安置就业。1985年9月，民政部在大连召开全国福利生产改革工作经验交流会议，对福利企业改革提出明确意见，要求大力扶持和发展福利企业。在一系列政策的扶持下，社会福利生产单位逐步发展为社会福利企业，数量有较大的增长，企业管理逐步向科学化的方向发展。到1989年底，城乡已建成社会福利企业41611个，拥有职工163.4万人，其中残疾职工71.9万人，占该类企业职工总数的44.0%；全年总产值261.5亿元，实现利润17.3亿元。

1990年，民政部联合国家计委等相关部门发布《社会福利企业管理暂行办法》，明确了福利企业的资格条件，进一步规范了对福利企业的管理。1992年1月4日，民政部发布《关于加强社会福利生产管理工作的决定》，提出适当控制社会福利企业的发展数量，确立了"集体、小型、分散"的办厂方针,发展一批街道、厂矿、乡镇福利企业。这一时期,是我国福利企业发展的扩张期。

1995年开始,受宏观经济的影响,福利企业经营遭遇困难。1999年9月30日,国务院办公厅转发劳动和社会保障部等部门《关于进一步做好残疾人劳动就业工作的若干意见》,要求继续扶持和稳定集中就业,推进福利企业健康发展;对改制后的福利企业给予政策上的扶持保护;大力扶持残疾人个体就业和资源组织起来就业。但这些措施没能阻止福利企业数量下滑的趋势。"十一五"期间的前两年,福利企业降幅高达10.5%。

2006年,财政部和国家税务总局选择辽宁、上海等7个省市进行调整完善福利企业税收优惠试点。为配合试点工作的顺利进行,政府相继下发《关于调整完善现行福利企业税收优惠政策试点工作的通知》、《关于调整完善现行福利企业税收优惠政策试点实施办法的通知》和《进一步做好调整现行福利企业税收优惠政策试点工作的通知》三个配套文件。2007年6月29日,民政部又印发《福利企业资格认定办法》,再次明确规定福利企业的资格条件和认定办法,同时,将原来"补企业"的政策改为"补人头",税收优惠不再与企业的销售收入和纳税额挂钩。

新政策的出台,有利于遏制假冒福利企业的出现,扩大了福利企业认证范围,有利于扩大残疾人就业,也有利于维护残疾职工的合法权益。同时,新政策也大幅度压缩了企业的利润空间,福利企业增值税税率较大幅度下降,许多企业因此出现经营困难,开始考虑转行。

经过数十年的发展,我国福利企业取得很大发展,但也暴露出不少的问题。20世纪90年代后,福利企业快速走向市场,逐步形成自主经营、自我发展的局面,而各级政府对福利企业的管理却逐渐缺位,同时,调整后新政策在设计上和执行中存在的问题,导致福利企业安置残疾人的数量下降:一方面,随着市场化程度越来越高,处于低端的福利企业越来越萎缩,到2006年,全国福利企业共3万多家,只安排了56万残疾人就业;另一方面,自1995年以来,全国福利企业的利润在逐年递增,而企业个数和安置残疾人就业人数却逐年下降,经济效益和社会效益相对失衡。2014年第一季度的《社会服务统计季报》显示,当前我国共有福利企业17876家,吸纳的残疾人数量总计有52.9万人。而2007年第四季度《民政事业统计季报》显示,当时我国共有福利企业25969家,吸纳的残疾人人数为55.6万人。7年间,我国的福利企业数量减少了8093家,而福利企业中的残疾人数量也从55.6万人减少到52.9万人。

28.残疾人自主就业

自主就业政策,是指残疾人从事独立的生产、经营活动,取得劳动报酬或者经营收人,是伴随着我国的改革开放和社会主义市场经济发展起来的,包括个体就业以及其他灵活性就业。

残疾人个体户是我国最早的残疾人自主就业形式。自从20世纪80年代初中国出现个体工商户以来,个体就业就成为残疾人就业的主要形式之一,相关部门也随之出台了相应的扶持政策。1984年《关于对残疾人员个体开业给予免征营业税照顾的通知》规定:对残疾人员个人从事劳务、修理、服务性业务取得的收入,免征营业税;对残疾人员个人从事商业经营的,如营业额较小,纳税后生活有困难的,可由省、自治区、直辖市税务局给予定期减免税照顾。1991年国务院《关于贯彻实施〈中华人民共和国残疾人保障法〉的通知》规定:要严格执行已经制定的有关残疾人劳动就业的政策,如个体或集体从事工业、商业、运输业、建筑业的税收减免;对残疾人个体开业免征营业税的规定。1999年中国残联、财政部、劳动和社会保障部、国家工商行政管理局《关于积极扶持残疾人个人或自愿组织起来从事个体经营的通知》是第一个专门针对残疾人个体就业的优惠政策,这一政策确立了我国残疾人个体就业扶持政策的基本框架。

近年来,随着社会主义市场经济的发展,我国个体从业人员增长迅速,个体就业在残疾人就业中的作用和地位日益突出。据统计,2013年,全国以个体及其他形式就业的残疾人总数为193.8万,年度新增14.6万,已然成为我国吸纳残疾人就业的最大途径。

目前的残疾人自主就业扶持政策主要有:第一,税收优惠政策。《财政部国家税务总局关于促进残疾人就业税收优惠政策的通知》规定,对残疾人个人为社会提供的劳务免征营业税,对残疾人个人提供的加工、修理修配劳务免征增值税,对残疾人个人取得的劳动所得,按照省(不含计划单列市)人民政府规定的减征幅度和期限减征个人所得税。具体所得项目包括工资薪金所得、个体工商户的生产和经营所得、对企事业单位的承包和承租经营所得、劳务报酬所得、稿酬所得、特许权使用费所得等。第二,特惠政策,主要指中央康复扶贫贷款,部分地区也有残疾人贷款贴息政策,康复扶贫贷款是国家专项用于残疾人扶贫开发工作的信贷资金。2008年,中国残疾人联合会等部门出台了《关于康复扶贫贷款管理体制改革的通知》,康复扶贫贷款指导性计划每年不少于8亿元,中央财政在一年的贴息期内,对到户贷款按年利率5%、项目贷款按年利率3%的标准给予贴息。第三,残疾人个体养老保险补贴,2005年,财政部、劳动保障部与中国残联共同下发了《关于城镇贫困残疾人个体户参加基本养老保险给予适当补贴有关问题的通知》,这也有利于减轻个体残疾人负担并帮助残疾人创业,在具体实施中,一些地方对非贫困、非城镇的个体残疾人也给予了养老保险补贴。据2009年中国残疾人事业发展统计公报数据显示,全国全年共投入4982万元资金对14.7万个体就业残疾人参加养老保险进行补贴。

各地在残疾人创业扶持方面也有不少探索。2003年,上海出台《关于促进本市残疾人劳动就业的暂行办法》,从事个体创业的残疾人在拿到营业执照以后,可以直接向所在区县的残疾人劳动服务中心申请5000元的创业启动资金。2009年4月起,北京市发布《北京市用人单位安排残疾人就业岗位补贴暂行办法》和《北京市扶持残疾人自主创业个体就业暂行办法》,扶持对象为具有北京市户籍、持有残疾人证、在法定劳动年龄内(男年满16周岁、不满60周岁,女年满16周岁、不满50周岁)自主创业或从事个体经营实现就业的失业残疾人,对自主创业并取得了《企业法人营业执照》的残疾人,按照最高不超过2万元的标准给予创业扶持;对租赁场地的,再给予最高不超过2万元的场地租赁费扶持。

随着改革开放的进一步深化,劳动力市场竞争日趋激烈。尽管国家和地方政府出台了一些保护残疾人就业的特殊措施,但这些就业扶持措施在具体实施过程中,还缺少良好的环境配合,因而影响了残疾人就业。支持和鼓励残疾人自谋职业、自主创业,进一步拓宽残疾人就业门路,还需要在全社会大力营造良好的创业环境,尤其是融资环境。对自主创业的残疾人,各级政府要给予政策上的扶持,如依法给予税收优惠,优先办理营业执照、免收工商管理费,健全对工商户的养老保险办法、解除残疾人创业的后顾之忧等。同时,需要积极倡导现代文明的残疾人观,努力营造有利于残疾人自主创业的社会舆论环境。

29. 中共中央、国务院关于促进残疾人事业发展的意见

2008年3月28日,中共中央、国务院发布《关于促进残疾人事业发展的意见》(以下简称《意见》)。这是党中央、国务院出台的第一个专门关于残疾人事业发展的文件,是在全面建设小康社会的关键时期,对促进残疾人事业发展作出的重大部署。《意见》深刻阐明了促进残疾人事业发展的重大意义、指导思想、工作原则和目标任务,是指导新时期我国残疾人事业发展的纲领性文件,成为我国残疾人事业发展的一个里程碑。

《意见》明确提出促进残疾人事业发展的总体要求,要"坚持政府主导、社会参与、国家扶持、市场推动、统筹兼顾、分类指导、立足基础、面向群众"。具体讲,就是各级政府要切实履行职责,发挥主导作用,将残疾人事业纳入经济社会发展大局之中统筹考虑,同时广泛动员、引导社会力量,整合社会资源,支持残疾人事业发展;国家对残疾人事业给予扶持,同时发挥市场机制对残疾人事业的积极推动作用;按照统筹经济与社会、城市与农村、发展与环境、东中西部不同地区、不同类别残疾人需求的要求,切实将残疾人工作纳入各项统筹之中,根据不同地区的经济发展水平采取更有针对性的政策促进发展,同时鼓励各地区因地制宜,创造性地开展工作;各项工作和服务要立足基础,直接面向广大残疾人群众,扎扎实实为残疾人办实事,做好事,解难事。

《意见》以保障残疾人的生命健康权、生存权和发展权为主线,紧紧围绕全面建设小康社会奋斗目标,强调着力解决残疾人最关心、最直接、最现实的利益问题。为进一步贯彻落实党中央、国务院在《意见》中提出的"健全残疾人社会保障制度,加强残疾人服务体系建设,缩小残疾人生活状况与社会平均水平的差距,实现残疾人事业与经济社会协调发展"的任务要求,加快推进残疾人社会保障体系和服务体系(以下简称"两个体系")建设,2010 年,国务院办公厅转发中国残联等部门和单位《关于加快推进残疾人社会保障体系和服务体系建设的指导意见》。

在《意见》的指导和"两个体系"建设的推进下,近几年来,我国残疾人事业快速发展,成绩显著。《2013 年度中国残疾人状况及小康进程监测报告》显示,2013 年,残疾人家庭人均收入明显提高;残疾人接受康复服务比例、残疾儿童接受义务教育的比例均有所提高;残疾人的社会保障状况有所改善,其中,城乡残疾人参与社会保险的比例都有提高,领取最低生活保障金的比例略有下降;残疾人生活的社会环境有所改善,残疾人接受社区服务比例有所上升,城镇残疾人对无障碍设施的满意度提高等。总体上来看,残疾人的生存及生活状况在逐渐改善,但与全国平均水平相比还有差距,发展状况水平较低,就业率较低,还需进一步努力!

30.国务院关于加快推进残疾人小康进程的意见

目前我国 8500 万残疾人中,还有 1230 万农村残疾人尚未脱贫,260 万城镇残疾人生活十分困难,城乡残疾人家庭人均收入与社会平均水平差距还比较大。没有残疾人的小康,就不是真正意义上的全面小康。保障和改善残疾人民生,加快推进残疾人小康进程,是全面建成小康社会、实现共同富裕、促进社会公平正义的必然要求。为加快推进残疾人小康进程,国务院于 2015 年 1 月 20 日发布《关于加快推进残疾人小康进程的意见》(以下简称《意见》),对保障和改善残疾人民生,帮助残疾人共享发展成果、同奔小康作出部署。

《意见》要求以邓小平理论、"三个代表"重要思想、科学发展观为指导,健全残疾人权益保障制度,完善残疾人基本公共服务体系,使改革发展成果更多更公平惠及广大残疾人,促进残疾人收入水平大幅提高、生活质量明显改善、融合发展持续推进,让残疾人安居乐业、衣食无忧,生活得更加殷实、更加幸福、更有尊严。

《意见》指出,推进残疾人小康进程,要坚持普惠与特惠相结合,既要通过普惠性制度安排给予残疾人公平待遇,保障他们基本的生存发展需求;又要通过特惠性制度安排给予残疾人特别扶助和优先保障,解决他们的特殊需求和特殊困难。坚持兜底保障与就业增收相结合。既要突出政府责任,兜底保障残疾人基本民生,为残疾人发展创造基本条件;

又要充分发挥社会力量和市场机制作用,为残疾人就业增收和融合发展创造更好环境。坚持政府扶持、社会帮扶与残疾人自强自立相结合。既要加大政府扶持力度、鼓励社会帮扶,进一步解决好残疾人生产生活中存在的突出困难;又要促进残疾人增强自身发展能力,激励残疾人自强自立。坚持统筹兼顾和分类指导相结合,既要着眼于加快推进残疾人小康进程,尽快缩小残疾人生活状况与社会平均水平的差距;又要充分考虑地区差异,使残疾人小康进程与当地全面小康进程相协调、相适应。到2020年,实现残疾人权益保障制度基本健全、基本公共服务体系更加完善,残疾人事业与经济社会协调发展;残疾人社会保障和基本公共服务水平明显提高,帮助残疾人共享我国经济社会发展成果。

《意见》指出,要扎实做好残疾人基本民生保障,进一步完善社会保障制度体系,加大残疾人社会救助力度、建立完善残疾人福利补贴制度、帮助残疾人普遍参加基本养老保险和基本医疗保险、优先保障城乡残疾人基本住房。要千方百计促进残疾人及其家庭就业增收,依法推进按比例就业和稳定发展集中就业、大力支持残疾人多种形式就业增收、加大农村残疾人扶贫开发力度、切实加强残疾人就业服务和劳动保障监察。要着力提升残疾人基本公共服务水平,强化残疾预防、康复等服务,提高残疾人受教育水平,强化残疾人服务设施建设,全面推进城乡无障碍环境建设。要充分发挥社会力量和市场机制作用,大力发展残疾人慈善事业、广泛开展志愿助残服务、加快发展残疾人服务产业、加大政府购买服务力度。要加强对推进残疾人小康进程的组织领导,健全组织领导机制、完善工作保障机制、强化残疾人权益保障机制。

31.彩票管理条例

2009年4月22日,国务院第五十八次常务会议通过《彩票管理条例》(以下简称《条例》),并于2009年7月1日起正式施行。作为我国第一部比较健全的彩票行政管理条例,《条例》规范了彩票发行管理、监管和公益金使用等主要问题,明确了彩票是特许发行,明确了彩票发行、销售、开奖、兑奖和资金管理的原则是"公开、公平、公正和诚实信用"。明确规定财政部门"审批开设彩票品种申请,应当实行专家评审制度,并通过听证会、座谈会等方式听取社会意见"。这是一个重大的进步,相比以往审批的行政监管方式,更具有科学性和客观性,有助于彩票监管的规范化。

《条例》的一个重大的突破在于没有规定彩票最高中奖限额,而"由国务院财政部门根据彩票品种和市场发展情况决定"。长期以来,我国彩票奖金实行单注奖金额上限封顶,单注奖金额最高不得超过500万元人民币,其初衷是抑制彩票市场的过度投机行为,但彩民往往会采取多倍投注的方法突破上限。这条规定就给了彩票发行机构更大的发展空间。

关于彩票资金的各项比例，《条例》明确规定由国务院财政部门确定，显示了很大程度上的灵活性。原来规定的"返奖比例不得低于50%，发行费用不得高于15%，彩票公益金比例不得低于35%"，在实际操作中显得较为生硬。实际上，体育彩票中的个别彩票品种的返奖率已经达到65%。

《条例》明确规定彩票公益金的筹集、分配和使用情况，应当向本级政府提交报告并向社会公告。同时规范了彩票发行机构和彩票零售者的销售行为。例如，彩票零售者应当在销售场所"张贴理性购买彩票的警示标语"。同时，对于彩票发行机构、彩票销售机构和彩票零售者的四大不正当行为予以禁止。

《条例》还增加了对彩票开奖活动监督的规定并明确了法律责任问题，对于维护公益彩票的发行，打击私彩和地下彩票、境外彩票发挥了重要作用。

《条例》的颁布和实施有助于加强彩票管理，规范彩票市场发展，维护彩票市场秩序，保护彩票参与者的合法权益，促进社会公益事业发展。

32.关于加快推进残疾人社会保障体系和服务体系建设的指导意见

2010年，为进一步贯彻落实党中央、国务院的要求，加快推进残疾人社会保障体系和服务体系（以下简称"两个体系"）建设，健全残疾人社会保障制度，加强残疾人服务体系建设，缩小残疾人生活状况与社会平均水平的差距，实现残疾人事业与经济社会协调发展，中国残联、教育部、民政部、人力资源和社会保障部、卫生部、中央宣传部、发展和改革委、科技部、司法部、财政部、住房和城乡建设部、交通运输部、工业和信息化部、文化部、人民银行、扶贫办提出了《关于加快推进残疾人社会保障体系和服务体系建设的指导意见》（以下简称《指导意见》）。

《指导意见》明确了加快推进残疾人社会保障体系和服务体系建设的重要意义：改革开放以来，残疾人社会保障与服务状况得到了明显改善，但还存在着体系不完备、覆盖面较窄、城乡区域差别较大、投入不足、服务设施和专业人才队伍匮乏等问题，难以有效解决残疾人最关心、最直接、最现实的特殊困难和基本需求。残疾人是一个数量众多、特性突出、特别困难的社会群体，是社会保障和公共服务的重点人群。推进残疾人"两个体系"建设是《中共中央、国务院关于促进残疾人事业发展的意见》的核心内容，是深入学习实践科学发展观、维护社会公平正义、保障和改善民生、促进经济社会协调发展的必然要求，是帮助残疾人改善基本生活条件、促进残疾人全面发展、实现残疾人共享改革发展成果的根本举措。应当坚持以人为本，促进残疾人全面发展；坚持残疾人"两个体系"建设与经济社会发展水平相适应，保基本、广覆盖、多层次、可持续；坚持将残疾人"两个体系"纳入国家总体社会保障和公共服务体系,并予以优先发展;坚持政府主导与社会参与相结合,重点保障与特殊扶助相结合,一般性制度安排与专项制度安排相结合;坚持统筹兼顾,把解决当前突出问题与完善制度体系相结合;坚持资源共享,充分依靠现有公共服务体系和保障制度为残疾人服务;坚持分类指导,促进城乡区域均衡发展;加强残疾人社会保障和服务政策理论研究,建立健全法律法规和基本制度,构建残疾人"两个体系"建设的长效机制。任务目标是到2015年,建立起残疾人"两个体系"基本框架,使残疾人基本生活、医疗、康复、教育、就业等基本需求得到制度性保障,残疾人生活状况进一步改善。到2020年,残疾人"两个体系"更加完备,保障水平和服务能力大幅度提高,残疾人都能得到基本公共服务,实现残疾人人人享有基本生活保障,人人享有基本医疗保障和康复服务,残疾儿童少年全面普及义务教育,残疾人文化教育水平明显提高,就业更加充分,参与社会更加广泛,普遍达到小康水平。

《指导意见》要求:完善残疾人社会保障体系,将残疾人纳入覆盖城乡居民的社会保障体系并予以重点保障和特殊扶助,研究制定针对残疾人特殊困难和需求的社会保障政策措施,扩大残疾人社会保障覆盖面,提高残疾人社会保障待遇;加强残疾人社会救助,落实残疾人社会保险补贴和各项待遇,着力提高残疾人社会福利水平;加强残疾人服务体系规划和制度建设,有效整合各方资源,统筹发展残疾人康复、教育、就业、扶贫、托养、无障碍、文化体育、维权等专项服务,不断扩大残疾人服务覆盖面;制定、完善残疾人服务机构建设、服务、技术和绩效考核标准,完善行业管理制度和评价机制,推进残疾人服务体系的规范化和专业化,全面提高为残疾人服务的能力和水平;完善社会化康复服务网络,逐步实现残疾人人人享有康复服务;完善残疾人教育服务体系,不断提高残疾人受教育水平;建立健全残疾人就业服务网络,促进残疾人稳定就业;加强农村残疾人扶贫服务,促进残疾人脱贫;健全残疾人托养服务体系,大力发展居家助残服务;加快推进无障碍建设,方便残疾人生活;发展残疾人文化体育服务,丰富残疾人精神文化生活健全残疾人法律服务体系,维护残疾人合法权益;建立完善残疾人社会保障体系和服务体系建设的体制机制,加强组织领导,完善政策法规,加强宣传引导,发挥残疾人组织作用。

33.无障碍环境建设条例

我国的无障碍环境建设与残疾人、老年人的特殊需求比,还存在着经费投入不足、科研力量薄弱、建设不规范、发展不平衡等问题。随着我国经济社会发展水平的不断提高,无障碍环境建设亟须依法推进。

2012年6月28日,中华人民共和国国务院令第622号公布《无障碍环境建设条例》

(以下简称《条例》)。该条例分总则、无障碍设施建设、无障碍信息交流、无障碍社区服务、法律责任、附则共6章35条，自2012年8月1日起施行。这项条例是我国第一部关于无障碍环境建设的行政法规，标志着我国无障碍环境建设步入了法制化轨道，标志着我国残疾人事业在科学发展的道路上进入了新的发展阶段。它也是回应国际公约以及《中华人民共和国残疾人保障法》（以下简称《残疾人保障法》），探索如何落实相关法律的一个重要行政法规。

《条例》的总则部分对应了《残疾人保障法》的第五十二、五十三、五十四和五十七条，第二章对应《残疾人保障法》的第五十三与五十五及五十八条，第三章对应《残疾人保障法》第五十四条；第四章对应《残疾人保障法》第五十五与五十六条。《条例》基本落实了《残疾人保障法》对无障碍环境权利的保护，并进一步提出了具体实施的要求，对《残疾人保障法》的法律保护作出了行政制度与保障安排，是一个巨大的进步。

《条例》的颁布实施，适应了经济社会发展的客观要求和残疾人事业进步的迫切需要，必将在实践中产生重大而深刻的影响。《条例》的目的是为了创造无障碍环境，保障残疾人等社会成员平等参与社会生活。《条例》采取县级以上人民政府负责组织编制无障碍环境建设发展规划并组织实施的方针，无障碍环境建设包括无障碍设施建设、无障碍信息交流、无障碍社区服务等。

贯彻落实《条例》，有助于保障残疾人、老年人、伤病人及有特殊需求的人参与社会生活权益。无障碍，是残疾人、老年人最具体最现实的诉求之一，是他们走出家门参与社会生活的必要条件。搞好无障碍环境建设，更有利于残疾人接受康复和教育、实现就业，展示自身价值奉献社会。贯彻落实《条例》，推进无障碍建设，将惠及全社会成员。无障碍环境建设与全社会成员密切相关，是每一位社会成员走出家门、充分参与社会生活、共享社会物质文化成果的重要条件。无障碍建设是完善城市功能不可或缺的一个基本元素，将提升城乡现代化建设和管理水平。贯彻落实《条例》，有助于进一步彰显我国尊重和保障人权的良好国际形象。2008年6月26日，全国人大常委会正式批准我国加入《残疾人权利公约》。《残疾人权利公约》将"无障碍"作为一项基本原则，并对无障碍作出了详细系统的规定。我国是该公约的积极倡导者和支持者，积极履行公约规定的义务，大力推进无障碍环境建设，是我国政府对国际社会的庄严承诺。

34.军人抚恤优待条例

《军人抚恤优待条例》由中华人民共和国国务院、中华人民共和国中央军事委员会于2004年8月1日颁布，2004年10月1日在全国实施。2011年7月29日，国务院、中央军事委员会发布修改决定，修改稿2011年8月1日起施行。现行《军人抚恤优待条例》（以下简称《条例》）包括总则、死亡抚恤、残疾抚恤、优待、法律责任和附则，共6章52条。

现行《条例》对抚恤金标准进行了较大调整。首先，将烈士的抚恤金由原来的40个月工资提高到80个月，因公牺牲的由20个月调整到40个月，因病死亡的由10个月调整到20个月。一次性抚恤金标准比之前翻番，不仅突出了国家抚恤的激励作用，还可以褒扬英烈精神、弘扬社会正气。其次，烈属（三属）的定期抚恤金标准参照全国城乡居民家庭收入水平确定，残疾军人的抚恤金标准参照全国职工平均工资水平确定。从根本上消除了抚恤补助标准调整长期存在的"不确定性"，且充分体现了"保障优抚对象的抚恤优待与国民经济的发展相适应，保障优抚对象生活水平不低于当地的平均生活水平"的原则，切实提高优抚对象的生活保障水平。标志着我国重点优抚对象抚恤补助标准自然增长机制的确立。

现行《条例》确定了各类对象的医疗待遇：国家对一级至六级残疾军人的医疗费用按照规定予以保障，由所在医疗保险统筹地区社会保险经办机构单独列账管理。七级至十级残疾军人旧伤复发的医疗费用，已经参加工伤保险的，由工伤保险基金支付，未参加工伤保险，有工作的由工作单位解决，没有工作的由当地县级以上地方人民政府负责解决。残疾军人、复员军人、带病回乡退伍军人以及烈士遗属、因公牺牲军人遗属、病故军人遗属享受医疗优惠待遇。中央财政对抚恤优待对象人数较多的困难地区给予适当补助，用于帮助解决抚恤优待对象的医疗费用困难问题。这一款是重要突破，明确了中央财政对优抚对象的医疗保障责任。

现行《条例》在放开对精神病评残的同时，对评残对象的范围作了必要调整，即改变只在义务兵中评定病残的规定，增加了初级士官也可以评残的条款。解决这类士兵的评残问题，可以保障他们今后生活，解除本人和家属的后顾之忧，避免病员长期滞留部队，影响部队和军营稳定。

现行《条例》参照我国目前试行的企业工伤人员的残级划分和其他部门对伤残的鉴定级别，同时借鉴国外对残疾军人的伤残等级划分，结合近年来暴露出来的因地区残级不统一造成残疾军人残疾待遇不落实或难落实的实际，把原条例确定的"四等六级"修订为"一至十级"。根据残疾性质和因残疾情况造成劳动功能的障碍程度以及影响生活能力程度，评定残疾军人的残疾级别。

为全面维护和保障优抚对象权益，现行《条例》还设定了多项关系优抚对象切身利益的具体优待条款。除了医疗待遇外，其他应该提及的还有：在住房待遇方面，根据我国现行住房制度改革政策，将过去所谓的"优先权"规定修改为重点优抚对象承租、购买住房依照有关规定享受优先、优惠待遇；居住农村的抚恤优待对象住房困难的，由地方人民政府帮助解决。在交通优待方面，明确规定残疾军人免费乘坐市内公共汽车、电车和轨道交通工具；优先乘坐境内运行的火车、轮船、长途公共汽车和民航班机，并享受减收正常票价 50% 的优待；对现役军人的交通优待也作了原则性规定。

为保证国家各项军人抚恤优待政策的贯彻实施，现行《条例》增加了"法律责任"一章，对军人抚恤优待管理单位及其工作人员、负责发放抚恤补助金的单位及其工作人员、履行优待义务的单位、优抚对象等违反规定所应承担的法律责任予以明确。《条例》第 46 条规定强化了民政部门作为军人抚恤优待工作主管部门的权力，对维护优抚对象的基本权益产生深远影响。

35.关于做好政府购买养老服务工作的通知

"政府购买养老服务"是一种以家庭服务保障为基础，以社区照顾为依托，以机构供养为补充的养老模式。为贯彻党的十八届三中全会关于推广政府购买服务的战略部署，加快推进政府购买养老服务工作，财政部、发展和改革委、民政部、全国老龄办于 2014 年 9 月联合下发《关于做好政府购买养老服务工作的通知》（以下简称《通知》），其主要内容是：

一、工作目标：到 2020 年，我国将基本建立比较完善的政府购买养老服务制度，促进形成与经济社会发展相适应、高效合理的养老服务资源配置机制和供给机制，推动建成功能完善、规模适度、覆盖城乡的养老服务体系。

二、基本原则：（一）坚持需求导向，注重创新机制。以老年人基本养老服务需求为导向，将政府购买服务与满足老年人基本养老服务需求相结合。立足各地经济社会发展实际，积极探索，不断创新政府购买养老服务机制，改进购买服务的方式方法。（二）坚持政府引导，培育市场主体。政府要加强对购买养老服务的组织领导、制度设计、政策支持、财政投入和监督管理。充分发挥市场配置资源的决定性作用，按照公开、公平、公正原则，坚持费随事转，通过竞争择优的方式选择承接政府购买养老服务的社会力量，确保具备条件的社会力量平等参与竞争。（三）坚持规范操作，注重绩效评估。明确各方责任、权利和义务，建立以项目申报、项目评审、资质审核、组织采购、合同签订、项目监管、绩效评估等为主要内容的规范化购买流程，有序开展工作。加强绩效管理，建立评估机制和动态调整机制，降低成本，提高效率，增强政府购买养老服务的针对性和有效性。（四）坚持体制创新，完善政策体系。要做好相关政策的完善和相互衔接，及时总结行之有效的管理办法和政策措施，尽快形成各方衔接配套、操作性强的政府购买养老服务政策体系。

三、积极有序地开展政府购买养老服务工作：（一）明确购买主体。政府购买养老服务的主体是承担养老服务的各级行政机关和参照公务员法管理、具有行政管理职能的事业单位。(二)界定承接主体。各地可根据确定的原则和养老服务的要求,规定承接主体的具体条件。(三)确定购买内容。政府购买养老服务内容应突出公共性和公益性,按照量力而行、尽力而为、可持续的原则确定。(四)规范服务标准。各地应根据所购买养老服务的项目特点,制定统一明确、操作性强、便于考核的基本服务标准,方便承接主体掌握,便于购买主体监管。(五)提供资金保障。政府购买养老服务资金在现有养老支出预算安排中统筹考虑。对于新增的养老服务内容,地方各级财政要在科学测算养老服务项目和补助标准基础上,列入同级财政预算。(六)健全监管机制。各地要加强政府购买养老服务的监督管理,完善事前、事中和事后监管体系,要严格遵守相关财政财务管理规定,确保政府购买养老服务资金规范管理和使用,不得截留、挪用和滞留。(七)加强绩效评价。各地要建立健全由购买主体、养老服务对象以及第三方组成的综合评审机制,加强购买养老服务项目绩效评价。

四、落实政府购买养老服务的工作责任:各地要高度重视政府购买养老服务工作,要建立健全政府统一领导、财政部门牵头、民政等有关职能部门协同、社会广泛参与的工作机制。同时,要充分利用各种宣传媒体,广泛宣传实施政府购买养老服务工作的重要意义、主要内容、政策措施,充分调动社会参与的积极性,为推进养老服务工作营造良好的舆论氛围。

《通知》的下发体现了我国政府以具体举措适应老龄化社会到来的要求,对于加快完善政府购买养老服务制度具有重要意义。

五、公益慈善事业

1.中国宋庆龄基金会

中国宋庆龄基金会是一家全国性公募基金会，兼具群众团体和公益慈善机构双重属性。多年来，该基金会在国际友好、两岸交流、扶贫助教、科学普及、文学艺术、体育卫生等领域赢得了良好的声誉。

1982年5月29日，中共中央、全国人大常委会、国务院在宋庆龄故居庭院举行仪式，隆重纪念宋庆龄逝世一周年，为了继承和发扬她的未竟事业，在邓小平倡导下，"纪念宋庆龄国家名誉主席儿童科学公园基金会"成立。同年12月21日，中共中央办公厅发文批准"纪念宋庆龄国家名誉主席基金会"成立，邓小平任名誉主席，廖承志任顾问，康克清任主席。2005年9月，经第五届理事大会审议通过，更名为"中国宋庆龄基金会"（以下简称"基金会"），英译名为China Soong Ching Ling Foundation，缩写CSCLF。2009年末，《福布斯》中文版首次发布"中国慈善基金榜"，以透明度、效率、治理结构和可持续性为主要指标，基金会位列第三名。

基金会宗旨是："继承和发扬宋庆龄毕生致力的增进国际友好，维护世界和平；开展两岸交流，促进祖国统一；关注民族未来，发展少儿事业。"基金会的主要任务是：一、弘扬孙中山、宋庆龄伟大思想和精神，深入挖掘其学术和人文价值；二、扩大同国际知名组织、公益机构、友好人士的交往、联系与合作；三、联络孙中山、宋庆龄亲友及后代，团结海内外爱国同胞，广聚人才和智力资源；四、推动与台、港、澳地区多领域、多层次的交流与合作；五、发展公益慈善事业，多渠道、多形式募集基金；关注民生，扶危济困，促进社会和谐；六、创办有益于少年儿童健康成长和妇幼福利事业发展的公益服务设施，组织开展相关业务与活动。

基金会的机关职能部门有办公室（下设秘书处、调研处、宣传处、行政财务处）、基金部（下设基金财务处、公益合作处、公益项目处）、联络部（下设国际处、台港澳处、理事工作处）、事业发展部（下设资产管理合作处、审计室）、机关党委（人事保卫部，下设办公室、人事处、离退休干部处），直属事业单位有宋庆龄故居管理中心（中国宋庆龄基金会研究中心）、宋庆龄儿童科学技术馆、中国宋庆龄基金会培训交流中心、中国宋庆龄基金会事业发展中心、中国宋庆龄基金会机关服务中心。

基金会现开展中国海油大学生助学基金、星巴克大学生环保实践者、未来工程——大学生奖助学项目、中国西部妇幼健康计划、西部园丁培训计划、宋庆龄少年儿童发明奖、全国少年儿童电子琴大赛、少儿足球项目、喜舍基金助教项目、爱心字典行动、孙平化日本学学术奖励基金项目、儿童权益保护项目、青少年健康与食品安全项目等多个公益项目。

2.中国残疾人福利基金会

中国残疾人福利基金会是一家全国性公募基金会，该基金会自成立以来，高举人道主义旗帜，大力倡导扶残助困的良好社会风尚，积极筹集资金，努力改善残疾人康复、教育、就业等方面状况。

伴随国家改革开放的步伐，中国残疾人事业迎来了前所未有的机遇，也给残疾人渴求平等地参与社会生活带来了希望。与此同时，中国政治、经济、文化、卫生等各方面的对外交流活动不断增加，使人们进一步开阔了视野，增强了全社会对残疾人和残疾人问题的关注。1984年3月15日，中国残疾人福利基金会应时而生，英文译名为 China Foundation for Disabled Persons，缩写为 CFDP。1988年，联合国授予中国残疾人福利基金会"和平使者奖"，授予邓朴方"残疾人十年特别奖"；2008年，在民政部首次对基金会的评估考核中，中国残疾人福利基金会被评为5A级基金会；2010年，民政部授予其"全国先进社会组织"称号；2013年9月，荣获"2013年度信息披露情况抽样调查卓越组织——慈善透明榜样"称号；2014年，中国残疾人福利基金会在"福布斯中国慈善基金榜"中排名第14位。

中国残疾人福利基金会的使命与宗旨是："弘扬人道，奉献爱心，全心全意为残疾人服务。"理念是"集善"，即集合人道爱心，善待天下生命。工作目标是努力建设成为公开、透明、高效率和高公信力的世界一流基金会。

中国残疾人福利基金会的业务范围包括：一、宣传残疾人事业，呼吁社会理解、尊重、关心、帮助残疾人，鼓励残疾人自尊、自信、自强、自立；二、举办募捐活动为本基金会筹集资金；三、接受自然人、法人或其他组织捐赠的财产；四、管理和使用残疾人福利基金，在国家政策法律许可的范围内进行基金保值增值；五、开展和资助有利于残疾人康复、教育、劳动就业、文化生活、社会保障、社会服务和残疾预防等的社会公益活动；六、奖励残疾人优秀人才和为残疾人事业作出杰出贡献的个人和团体；七、开展与国内外友好团体、机构、人士以及港澳台同胞、海外侨胞的交流与合作；八、支持、推动并组织实施残疾人问题的研究工作；九、加强与地方残疾人福利基金会的联系，帮助其共同开展业务工作。

中国残疾人福利基金会由理事会领导，监事会监管，理事会办公室下设综合办公室、财务法律部、宣传活动部、项目一部、项目二部、项目三部、国际合作部和资产管理部八大部门。

成立30多年来，中国残疾人福利基金会培育了"集善嘉年华"、"启明行动"、"中国信息无障碍论坛"等一批有社会影响力的公益项目；形成了"集善工程"这一公益项目品牌。目前，该基金会的重点公益项目有"我送盲童一本书"、"阳光伴我行"、"集善如新儿童蜜儿餐"和"集善华爱助我行"等公益项目。

3. 中国扶贫基金会

中国扶贫基金会是一家全国性公募基金会，一直以关注疾苦、传递关爱、促进和谐为己任。20多年来，基金会坚持扶贫公益理念，贯彻对捐赠人和受援人高度负责的原则，奉行公开透明的方针，提倡艰苦奋斗的志愿精神，以严密的内部管理和优异的业绩，获得了党和国家领导人以及社会各界高度评价，现在已经成长为中国规模最大、实力最强的专职扶贫公益机构。

中国扶贫基金会成立于1989年3月，英文译名为China Foundation for Poverty Alleviation，缩写CFPA，由国务院扶贫开发领导小组办公室主管，是对海内外捐赠基金进行管理的非营利性社会组织，是独立的社会团体法人。2007年4月，中国扶贫基金会提出了"由操作型基金会向筹资型基金会转变和国际化发展"的总体发展战略。2007年，在民政部组织的全国基金会等级评审中，中国扶贫基金会被评为最高等级5A级基金会。

中国扶贫基金会以"扶持贫困社区和人口改善生产条件、生活条件、健康条件并提高其素质和能力，实现脱贫致富和持续发展"为宗旨，以"遵循善心，播善扶贫，修炼自身，成就他人"为使命，服务对象包括：因灾难和急变导致疾苦与不安的弱势群体；寻求自立自强的弱势群体；社会转型中社会参与和倡导的志愿群体。目标是"最好的产品设计；最大限度地瞄准贫困弱势人群；最大限度地提高单位资金的扶贫效益；尽可能地推动受援人参与和制度创新；打造具有广泛影响力的资助型国际公益组织；永远的创新，持续的倡导"。

中国扶贫基金会下设秘书处、行政法务部、人力资源部、计划财务部、监测研究信息部、品牌传播部、国际合作部、资源发展部、小额信贷部、母婴平安项目部、公众捐赠部、新长城项目部、紧急救援项目部、项目合作部共14个部门。此外，基金会还设有广东办事处。

中国扶贫基金会开展公益倡导项目（包括善品网、捐一元献爱心送营养、一路有你晚会、银联在线月捐、银行月捐、中国消除贫困奖、为了你、第三部门观察报告、善行100、善行者等项目）、扶贫援助项目（包括儿童发展计划、爱心包裹、新长城高中生项目、国际发展、紧急救援项目、筑巢行动、新长城大学生、溪桥工程、母婴平安120行动、教育援建等项目）和NGO发展项目（包括四川招标项目、玉树招标项目、公益未来项目、公益同行项目）等。

4.中国青少年发展基金会

中国青少年发展基金会，简称"中国青基会"，是一家全国性公募基金会。基金会成立十余年来，致力于促进教育、科技、文化、卫生、环保等领域的发展，并积极探索中国非营利组织建设和发展的创新道路，推动跨区域、跨行业、跨国界的交流与合作，为社会进步和发展作出了巨大贡献。

1988年，我国颁布了第一部关于基金会的法律性文本——《基金会管理办法》，第一次以立法的形式明确了基金会的性质和地位。这一年，共青团第十二次代表大会通过了体制改革的决议，会议后成立了共青团中央事业开发委员会，委员会的工作内容之一就是筹办中国青少年发展基金会。1989年3月，中国青少年发展基金会成立，英文译名为China Youth Development Foundation，缩写为CYDF。中国青少年发展基金会在2008年、2012年民政部的评估工作中被评为5A级社会组织，于2010年2月被民政部授予"全国先进社会组织"，于2010年8月被中共中央、国务院、中央军委授予"全国抗震救灾英雄集体"。其运行的"希望工程"、"圆梦行动"、"2007媒体慈善关爱行动"、"希望厨房"等项目分别在2005年、2007年、2008年、2012年获得民政部授予的"中华慈善奖"。

中国青少年发展基金会倡导"社会责任、创造进取、以人为本、追求卓越"的价值观，宗旨是"通过资助服务、利益表达和社会倡导，帮助青少年提高能力，改善青少年成长环境"。业务范围包括组织实施符合本基金会使命的资助、服务和救灾援助项目；组织开展和资助开展有益于青少年身心健康的各项活动；支持并组织实施青少年研究和非营利组织发展的研究；奖励青少年优秀人才及为青少年事业作出杰出贡献的个人和团体；开展与台港澳同胞、海外侨胞、国外友好团体和人士以及国际青少年组织、非营利组织的友好交流与合作。

中国青少年发展基金会的理事会由理事会执行小组、品牌与战略管理小组、财务与资产小组、公益资源开发小组四个组构成,由监事对其进行监督。理事会下设秘书处,管理办公室、人力资源与研究部、战略发展部、共同体建设部(监察部)、学生资助部、希望小学部(紧急救灾助学部)、教师培训办公室、环境与卫生部、科学部、伙伴关系部(1—3部)、海外部、公众推广部、品牌传播部、网络事业部、流程控制部、财务管理部和资产管理部,共17个部门。

中国青少年发展基金会于1989年10月发起实施的希望工程,是我国社会参与最广泛、最富影响的民间公益事业,目前希望工程学生资助项目包括"希望工程1+1"、"希望之星"、"希望工程圆梦行动"、"希望工程激励行动"、"希望社区"、"百年职校"等子项目。此外,基金会还开展了"希望小学建设"、"希望医院(卫生室)"、"保护母亲河行动"、"紧急救灾助学"等项目。

5.中华人民共和国红十字会法

中国红十字会是中华人民共和国统一的红十字组织,是从事人道主义工作的社会救助团体,是国际红十字运动的成员。中国红十字会以发扬人道、博爱、奉献精神,保护人的生命和健康,促进人类和平进步事业为宗旨。为了对中国红十字会事业提供法律保障,全国八届人大常委会第四次会议于1993年10月31日审议通过了《中华人民共和国红十字会法》。

《中华人民共和国红十字会法》是为了保护人的生命和健康、发扬人道主义精神、促进和平进步事业、保障红十字会依法履行职责而制定的法规,充分体现了国家对发展红十字事业的重视和支持,为中国红十字事业的健康发展提供了重要的法律保障。该法由总则、组织、职责、标志、经费与财产、附则6章28条组成。总则规定了中国红十字会的性质、地位、宗旨、与政府的关系以及同各国红十字会和红新月会的关系。第二章明确了红十字会的组织构成、理事会选举办法、各机构的社会团体法人资格。第三章列举了红十字会的若干职责和权利。第四章说明了红十字标志使用的相关规则。第五章对红十字会的经费、财产的使用等作了规定。附则指出了本法的相关国际公约依据。

1993年《中华人民共和国红十字会法》颁布以后,由于有了可靠的法律依据和有序的政策环境,中国红十字会的事业取得了较大发展。然而,随着中国慈善事业的发展和社会环境的变化,中国红十字会也遇到了新的情况和挑战。随着国家法治进程的加快,《中华人民共和国红十字会法》以及依据该法制定的《红十字会章程》，越来越显得滞后。2010年7月，全国人大常委会副委员长、中国红十字会会长华建敏提出在全面深入调研的基础上，争取对《中华人民共和国红十字会法》进行修改，进一步促进和规范红十字事业的发展。2012年7月，国务院出台《关于促进红十字事业发展的意见》，提出要着力推进红十字事业改革创新，不断优化红十字事业发展的社会环境，为了加强和规范新形势下红十字会的工作，有必要对现行《中华人民共和国红十字会法》作出系统、全面的修订。2013年4月，十二届全国人大常委会第二次委员长会议分别通过了全国人大常委会2013年立法工作计划、监督工作计划，修改红十字会法被列入立法预备项目。目前，由全国人大常委会科教文卫委员会牵头的《中华人民共和国红十字会法》修订工作正在进行中。

6.中华慈善总会

中华慈善总会（China Charity Federation）是经中国政府批准依法注册登记，由热心慈善事业的公民、法人及其他社会组织志愿参加的全国性非营利公益社会团体，目前在全国拥有361个会员单位。中华慈善总会始终坚持公开、公正、依法、自律的财务理念，社会公信力稳步提高。中华慈善总会是新中国第一个旗帜鲜明地以"慈善"二字命名的全国性慈善组织，是我国现代慈善事业发展的重要见证者和有力推动者。

中华慈善总会的宗旨是：发扬人道主义精神，弘扬中华民族扶贫济困的传统美德，帮助社会上不幸的个人和困难群体，开展多种形式的社会救助工作。主要业务范围是：筹募善款；赈灾救助；扶贫济困；慈善救助；公益援助；交流与合作；举办符合本会宗旨的非营利机构，并开展其相关的业务活动；开展慈善宣传和业务培训，普及慈善意识，进行慈善理论与发展战略研究，探索具有中国特色的慈善事业发展道路；对本会单位会员的工作进行业务指导，促进地方慈善事业的发展；总结各地慈善工作经验，推广典型，表彰先进慈善工作集体和个人；加强与国内各公益机构的往来；反映各界人士的意见、建议和要求，为国家制定有关方针、政策和法规提供咨询性意见。

中华慈善总会自1994年成立至今，始终坚持恪守总会宗旨，积极倡导慈善意识，努力开拓慈善工作的服务领域，广泛动员社会力量，多方筹措慈善资金，配合政府有关部门在紧急救援、扶贫济困、安老助孤、医疗救助、助学支教等方面做了大量工作，取得了显著成绩。1998年，总会加入了国际联合劝募协会，成为该组织中唯一的中国会员。中华慈善总会作为中国慈善组织的代表，已经开始成为联系海内外华人和国际友人、共同促进我国慈善事业稳步发展的一条新纽带。

中华慈善总会下设办公室、筹募部、项目部、对外联络部、财务部和新闻办公室六个部门，并设监事会监督理事会遵守法律和章程的情况。总会实行严格的财务制度和审计制度，聘请了知名会计师事务所进行年度财务审计，重大募捐活动接受国家审计署的审计，并随时接受社会监督。

近几年来，中华慈善总会特别注意发挥其本身所特有的涵盖面较为宽泛的特点，开展了救灾、扶贫、安老、助孤、支教、助学、扶残、助医8大方面几十个慈善项目（如"儿童为本、小区扶贫"项目、微笑列车唇腭裂修复慈善项目等），逐步形成了遍布全国、规模巨大的慈善援助体系。截至目前，数以千万计的困难群众得到了中华慈善总会提供的不同形式的救助。

7.社会福利性募捐义演管理暂行办法

20世纪八九十年代开始，随着经济的快速发展与政府的积极鼓励，民间慈善活动开始活跃，受到广大群众的热情赞扬和积极参与。但同时，由于其运作的非正规性和欠规范性，也导致政府和群众心生忧虑。特别是一些个人和企业以营销产品、拓展市场为动机，以慈善名义组织开展街头劝捐、义卖、义演、义赛等行为，给不明真相的热心群众造成了经济上的损失，伤害了广大群众的慈善感情，扰乱了正常的社会捐赠活动。在这种背景下，1994年11月30日，中华人民共和国民政部通过《社会福利性募捐义演管理暂行办法》（以下简称《暂行办法》），自发布之日起施行。

《暂行办法》共有15条，从募捐义演的定义、申办主体、申办资格、申办程序、募捐义演收入的处理、禁止行为等方面，对募捐义演行为进行规范和约束。

根据《暂行办法》的规定，社会福利性募捐义演是指社会各界为帮助社会救济对象、支援灾区、扶持贫困地区的发展和援救其他突发性灾害中遭遇困难的人们募集款物而举办的不以营利为目的的演出活动。义演活动必须遵守国家有关法规和政策，同时受国家法律保护并享受国家有关政策优惠。

就募捐义演资格而言，《暂行办法》指出，国家专门从事社会福利性的机关、社会团体及其他组织可以单独举办社会福利性募捐义演。其他机关、团体、企事业单位或个人申请举办社会福利性募捐义演，必须与受捐单位联合举办。

募捐义演申请方面，《暂行办法》规定社会福利性募捐义演申办者需要向民政部门提交以下材料：申请书，申办单位的介绍信或申办个人的有效身份证件，银行或国家认可的会计师事务所开具的资信证明，演出计划、募集款物使用计划、活动经费预算计划。未经民政、文化行政管理部门批准，任何单位和个人不得举办社会福利性募捐义演，违者由当地民政部门会同文化行政管理部门予以查处，没收全部违法所得用于社会福利事业。

关于募捐义演所得收入的处理，《暂行办法》要求义演主办单位应设立专门机构负责接收和管理捐赠款物和其他收入，单独立户，专账管理。义演主办单位接受捐赠款物，要给捐赠者开具收据和捐赠证书。义演所得收入，包括捐赠款物、广告赞助及门票、声像等收入，必须按国家财会制度进行结算，经审计部门审计和公证部门公证后，除必要的成本支出外，必须全部移交受捐单位。受捐单位应当通过新闻媒体或洽谈形式将捐赠款物的使用情况向社会公布，接受社会公众监督。

《暂行办法》的出台，有利于实施对社会福利性募捐义演的管理，维护了捐赠者和受捐赠者的合法权益，保证了社会福利性募捐义演得以健康开展和持续发展。

8.太阳村

太阳村，是一个非政府性质的慈善组织，以无偿代养代教服刑人员未成年子女为己任，对他们开展特殊教育、心理辅导、权益保护及职业培训服务，以使他们在一个相对安定温馨的大家庭里像其他孩子一样受到保护、得到教育，健康快乐地成长。

1996年，曾在监狱系统任一级警官的张淑琴在陕西省三原县创办成立了第一所太阳村，无偿照顾服刑人员一个月至18岁的孩子，承担孩子们所有的开支（包括生活费、婴儿奶粉、尿不湿、教育费、医疗费、服装鞋袜以及生活用品，还有每年最少看望父母一次的交通费）。经费来源于国内外各公司、团体以及个人的捐助，太阳村的自办产业（如绿色蔬菜园、葡萄园、樱桃园、蔬菜和草莓大棚等农场项目和回收变卖二手衣服物品、义卖孩子们的手工作品等商业项目）以及政府的专款扶持。

目前，太阳村在全国六个省市建有9个太阳村中心，包括北京市太阳村儿童教育咨询中心、太阳村西安分中心（陕西省回归儿童救助中心）、太阳村陇县分中心（陇州孤儿院）、太阳村鄱阳湖儿童救助中心（江西都昌）、新乡市太阳村儿童救助中心（河南）、太阳村青海朔山儿童救助中心（青海）、大连阳光溢鸿儿童村（辽宁）、朝阳市双塔太阳村儿童老年救助中心（辽宁）、太阳村东方书院儿童救助中心（江西南昌），代养代教了超过800名中国各地服刑人员的子女，在与多方募捐者和志愿者的共同协作下救助了超过6000名孩子，除此之外，还对超过3000名没有生活在太阳村的各地服刑人员子女给予了物资上的支持与救助。

9.中华人民共和国公益事业捐赠法

为了鼓励捐赠，规范捐赠和受赠行为，保护捐赠人、受赠人和受益人的合法权益，促进公益事业的发展,九届全国人大常委会第十次会议于 1999 年 6 月 28 日通过《中华人民共和国公益事业捐赠法》(以下简称《捐赠法》),自 1999 年 9 月 1 日起施行。该法的公布实施,对保护慈善捐赠行为,拓宽捐赠渠道,保证捐赠款物的正确使用,促进慈善公益事业发展发挥了重要作用。

《捐赠法》是规范我国慈善活动、调整捐赠行为的重要法律,共有 6 章 32 条,分别为总则、捐赠和受赠、捐赠财产的使用和管理、优惠措施、法律责任、附则。

根据《捐赠法》的规定,其规制的公益事业涉及四个方面:一是非营利的救助灾害、救济贫困、扶助残疾人等困难的社会群体和个人的活动;二是非营利的教育、科学、文化、卫生、体育事业;三是非营利的环境保护,社会公共设施建设;四是非营利的促进社会发展和进步的其他社会公共和福利事业。因此,不以营利为目的是公益事业的本质特征。

《捐赠法》规定,捐赠行为需符合如下四项基本原则:一是自愿无偿原则;二是尊重捐赠人意愿,符合公益目的使用捐赠财产原则;三捐赠不违背社会公德,不损害公共利益和其他公民合法权益原则;四是公益性团体或单位受赠的财产受国家法律保护,任何单位和个人不得侵占、挪用和损毁原则;

为鼓励自然人、法人和其他组织积极参与公益事业捐赠,《捐赠法》亦在第二、第三、第四章规定了捐赠者的权利和义务。第一,捐赠者拥有选择权,即第九条规定"自然人、法人或者其他组织可以选择符合其捐赠意愿的公益性社会团体和公益性非营利的事业单位进行捐赠";第二,第十二条第一款规定"捐赠者有权决定捐赠的数量、用途和方式";第三,捐赠者具有留名、命名权;第四,捐赠者拥有查询权,即第二十一条规定"捐赠人有权向受赠人查询捐赠财产的使用、管理情况";第五,捐赠者享有税收优惠权。然而,捐赠者也负有及时如数移交捐赠财产,并与受赠人订立捐赠协议的义务。

与此同时,《捐赠法》亦明确了受赠人的责任。第一,"受赠人在接受捐赠后,需向捐赠人出具合法、有效的收据,将受赠财产登记造册,妥善保管"(第十六条);第二,受赠人在捐赠的公益事业工程项目竣工后,"应当将工程建设、建设资金的使用和工程质量验收情况向捐赠人通报"(第十三条);第三,"受赠人应当公开接收捐赠的情况和受赠财产的使用、管理情况,接受社会监督"(第二十二条);第四,受赠人应当与捐赠人订立捐赠协议,受赠人应当按照其宗旨或捐赠协议合理使用捐赠财产,"不得擅自改变捐赠财产的用途"(第十七、第十八条);第五,"受赠人应当依照国家有关规定,建立健全财务会计制度和受赠财产的使用制度,加强对受赠财产的管理"(第十九条);第六,受赠人要为境外捐赠人办理捐赠财务入境许可证申领或入境手续(第十五条);第七,"公益性社会团体应当严格遵守国家的有关规定,积极实现捐赠财产的保值增值"(第十七条)。

政府作为公益慈善事业的积极推动者,承载着大力扶持和有效监管的重要责任。按照

《捐赠法》要求，政府首先应采取鼓励性措施，"对公益性社会团体和公益性非营利的事业单位给予扶持和优待"（第八条第一款）；其次，政府应实施税收优惠政策，并对公益事业捐赠有突出贡献者予以表彰（第八条）；第三，政府应加强对受赠人使用和管理受赠财产的监督和管理（第二十条）。

《捐赠法》的颁布，是明确公益事业主体各方权利的需要，亦是界定主体各方责任的现实使然，它对推动我国公益慈善事业规范发展方面具有重要意义。

10."微笑列车"

"微笑列车"是美籍华人王嘉廉先生于1999年在美国发起并正式注册的非营利性慈善组织。组织的宗旨是为贫困的唇腭裂患者实施矫治手术。组织的具体工作有三个方面：出资培训当地医生；为患者提供手术费用；为唇腭裂研究提供一定的资金。组织的目标是最终消灭唇腭裂。

1999年1月，由美国微笑列车基金会负责资金配备，中华慈善总会负责组织实施，"微笑列车"唇腭裂修复慈善项目在中国开展，为贫困的儿童唇腭裂患者进行初期矫治手术。2007年10月，美国微笑列车基金会在与中华慈善总会继续合作的基础上，与中华人民共和国卫生部和中华口腔医学会缔结正式合作关系，四方共同开展微笑列车唇腭裂修复慈善项目。为保证项目的顺利实施，加强对项目的指导和协调，中国卫生部、中华慈善总会、中华口腔医学会、中国宋庆龄基金会和美国微笑列车基金会共同组成微笑列车中国项目指导小组，对项目的实施给予总体的支持、指导和协调。2013年12月，经中华人民共和国民政部批准，微笑列车基金会（美国）北京代表处正式注册成立。

实施"微笑列车"项目的组织管理体系如下：中华慈善总会直接对美国"微笑列车"总部负责；中华慈善总会全权负责"微笑列车"项目的一切事宜；各省慈善、民政部门受中华慈善总会委托负责管理本地区的项目运作；各"微笑列车"项目定点医院在各省级项目执行机构领导下完成"微笑列车"项目的各项医疗工作；中华慈善总会项目部具体承办该项目的各项管理工作；"微笑列车"医疗指导小组是此项目的专业技术指导。凡年龄在3个月至40周岁的贫困唇腭裂患者（包括唇裂、腭裂、唇腭裂、唇腭隐裂以及需要二次修复的唇腭裂），均可持当地乡（镇）以上政府部门出具的贫困证明，到所在省慈善、民政部门或当地"微笑列车"定点医院登记预约手术。

目前，"微笑列车"已经发展成为一个集慈善、民政、医疗多部门大协作的全国性慈善项目。它的手术地区已经从最初的4个省的4家医院拓展到全国30个省、市、自治区的140多家医院，手术患者的年龄也从最初的贫困儿童扩大到40周岁以下的贫困成年患者，且已有 8 万余名贫困患者完成了唇腭裂的初期矫治。由于此项目涉及面积广，救助人员多，操作规范，社会效益好，于 2005 年获得国家民政部颁发的"中华慈善奖"荣誉。

11. 大地之爱·母亲水窖

"大地之爱·母亲水窖"是中国妇女发展基金会实施的慈善项目，是一项集中供水工程，重点帮助西部地区老百姓特别是妇女摆脱因严重缺水带来的贫困和落后。该项目通过向社会募集善款，为西北缺水地区捐修混凝土构造的水窖，使西北地区人民能利用屋面、场院、沟坡等集流设施，有效地蓄积到有限的雨水，以供一年之基本饮用水。

2000 年，在联合国千年发展目标制定之时，为了配合国家西部大开发的战略和全国妇联提出的"举全国妇女之力、建西部美好家园"的号召，帮助西部贫困干旱地区人民解决饮水困难问题，全国妇联、北京市政府、中央电视台主办，中国妇女发展基金会承办了"情系西部·共享母爱"世纪爱心行动大型公益活动，募捐善款 1.16 亿元，设立了"大地之爱·母亲水窖"项目专项基金，并于 2001 年开始实施。2001 年 10 月，"母亲水窖"项目被载入国务院《中国农村扶贫开发白皮书》，当年年底被评为中国女性十大新闻。2003 年 11 月，"母亲水窖"项目被评选为"中国十大公益品牌"之一。2005 年 11 月，项目荣获首届"中华慈善奖"。

"母亲水窖"项目实施 12 年来，采取"带动辐射、立体扶贫、扩大效益、整体推进"的方式，有效解决了项目地区群众的饮水安全困难。与水利部共同开展的"母亲水窖"饮水安全计划，形成了公益组织与政府部门合作开展公益项目的典型范例。"母亲水窖"项目作为政府饮水安全工程的重要补充，在维护妇女获得饮水安全权利、宣传动员社会力量、促进公众参与机制建立、配合政府解决群众饮水安全困难等方面进行了有效探索，对加快推进中国农村饮水安全进程起到了积极推动作用。截至 2014 年，"母亲水窖"项目已向以西部为主的 25 个省（区、市）实施，修建集雨水窖近 13.5 万口，小型集中供水工程近 1650 处，直接受益人口近 240 万人。项目实施资金规模达 8.5 亿元人民币。

12. 中国社会福利基金会

中国社会福利基金会是一家全国性公募基金会。2005 年 6 月，中国社会福利教育基金会成立。2011 年 7 月 15 日，经民政部批准，基金会更名为"中国社会福利基金会"，英文译名为 China Social Welfare Foundation，缩写为 CSWF。

2013 年 5 月，中国社会福利基金会成立了联合劝募中心，为社会优秀的草根公益组织提供公募平台，帮助他们募集善款开展公益活动。2013年10月，中国社会福利基金会组建了全国性公募基金会设立的首支志愿者性质的民间救援队——蓝豹救援队，该救援队自成立以来参与了"7·22甘肃地震救援"、"天水洪灾"、"11·29青海玛多雪灾"等重大自然灾害的救灾救援工作。

中国社会福利基金会以"以民为本、关注民生、扶危济困、共享和谐、服务社会福利"为宗旨，业务范围包括：资助社会福利机构儿童、残障儿童、孤儿和贫困家庭儿童，帮助他们完成学业；支持社会老年福利机构和困境中的老年群体，改善教育和生活质量；支持贫困地区、灾区、少数民族地区和革命老区解决在社会福利教育事业发展过程中遇到的特殊困难；开展或资助与社会福利教育相关的公益文化宣传活动；开展与社会福利教育相关的国际合作与业务交流；支持社会管理与社会福利方面的高等教育和职业教育，培养社会管理人才；支持和开展社会福利理论研究、学术交流活动等。

中国社会福利基金会下设公共服务部门和项目管理部门两大部门。公共服务部门包括办公室、基金管理部和法务监督部。项目管理部门包括联合劝募中心、项目管理一部到项目管理五部、救灾救援部（管辖蓝豹救援队）。

成立以来，中国社会福利基金会开展的公益项目包括暖流计划（帮助贫困山区学童募集基本的生活、学习物资）、灯塔行动（流浪儿童服务体系建设与发展干预）、MD关爱项目（进行性肌营养不良症儿童救助）、适龄孤儿职业技能培训项目、手牵手项目（改善中国贫困地区学龄前儿童的早期教育及养育状况）、大爱无疆项目、自闭症儿童救助项目、童爱计划——先心病救助项目和健康的脚项目（孤残儿童的足部康复治疗）等。

中国社会福利基金会先后获得了"2011年度十大法治人物奖"、"2011中国教育年度十大公益品牌"、"2011年中国慈善推动者奖"、"2012优秀公益项目奖"、"2012年中国慈善推动者奖"、"2012年第二届中国社会创新奖"、"2013年中国慈善推动者奖"、2012年"中华慈善奖"和2013年"中华慈善奖"。

13.中华慈善奖

中华慈善奖是由国家民政部颁发的、我国政府最高规格的慈善奖项，于2005年设立，现已成为中国慈善领域最权威、最有影响力、参与度最高的奖项，旨在褒扬在赈灾、扶老、助残、救孤、济困、助学、助医以及支持文化艺术、环境保护等公益慈善领域作出突出贡献的个人、机构及项目。

"中华慈善奖"的前身是国家民政部每年一度的"爱心捐助奖"。2003年12月21日，为了推动社会捐助工作制度化、规范化，倡导社会各界开展扶危济困，弘扬"一方有难、八方支援"的传统美德,营造人人关心、帮助困难群众的社会氛围,促进我国公益事业健康、持续发展,根据《中华人民共和国公益事业捐赠法》的有关规定,民政部设立"爱心捐助奖",首批授予 208 个单位和个人。2005 年,民政部将"爱心捐助奖"更名为"中华慈善奖",并按照《"中华慈善奖"评选表彰办法》定期评比表彰在各公益慈善领域作出突出贡献的个人、机构及项目。2014 年 5 月 19 日,民政部第九次部长办公会议修订通过《"中华慈善奖"评选表彰办法》,在"中华慈善奖"的评选方法上作出了重大改革。2014 年 7 月 25 日上午,民政部举行首个例行新闻发布会,公布了"中华慈善奖"评选方法的九项改革。

中华慈善奖按爱心捐赠、志愿服务、慈善项目三类分别评选,设置"最具爱心捐赠企业"、"最具爱心捐赠个人"、"最具影响力慈善项目"、"最具爱心慈善楷模"等奖项。2014 年之前每年评选一次,2014 年之后改为每两年评选一次。表彰名额原则上不超过 50 个,提名奖原则上不超过 100 名。每届"中华慈善奖"评选表彰活动启动前,民政部自评委库中选取 25 名评委组成当届"中华慈善奖"评委会,其中 8 名指定评委由民政部领导和相关司局负责同志担任,其余为随机抽取。

自 2005 年以来,中华慈善奖已连续评选了 10 年,成为中国慈善领域最权威、最有影响力、参与度最高的奖项。

14.慈善法的起草工作

2005 年,民政部向全国人大和国务院法制办公室提出起草《慈善事业促进法》的立法建议。2006 年,慈善事业法即进入了立法程序,其后数易其稿。2008 年底,慈善法草案起草完毕,历经修改完善后民政部将慈善法草案上报国务院。但是,因为社会各界的分歧较大,争议颇多,最终未能完成国务院系统内的立法程序,从而并未提交全国人大常委会审议。其后数年,由于社会各界分歧仍大、争议仍多,慈善法一再被搁置。

2013 年 11 月,慈善事业立法被列入十二届全国人大常委会立法规划第一类项目,并由全国人大内务司法委员会牵头起草,由全国人大内务司法委员会主任委员马馼担任组长,领导小组成员来自全国人大内务司法委员会和民政部,这也显示了国家对发展慈善事业的重视。在政府、专家、学者、媒体的推动下,一度搁置的慈善法的立法工作又开始逐步推进。

2014 年初,十二届全国人民代表大会内务司法委员会召开慈善事业立法领导小组第一次全体会议,列出了立法时间表和路线图。根据初步计划,2014 年的主要工作任务是开展广泛调研,召开专题会议,在充分调研与听取各方意见的基础上,借鉴国外慈善事业发展的经验，争取尽快形成正式的法律草案稿。2015年12月，十二届全国人大常委会第十八次会议审议了《慈善法（草案）》二次审议稿，并决定将草案提请十二届全国人大四次会议审议。

中国制定慈善事业法已经具备了相应的基础。1999年6月，九届全国人大常委会通过《中华人民共和国公益事业捐赠法》，并于同年9月1日起正式实施；2007年，新修订的《中华人民共和国企业所得税法》明确提出，企业发生的公益性捐赠支出，在年度利润总额12%以内的部分，准予在计算应纳税所得额时扣除。此外，除上述提到的民政部早已进行过相关立法工作外，我国部分地区（如江苏、广州、湖南、宁夏等地区）立法机关亦率先制定了一些地方性慈善事业法规。2014年11月24日，国务院印发《关于促进慈善事业健康发展的指导意见》，这个新中国成立以来首次由中央政府出台的促进慈善业发展的文件，要求落实和完善减免税政策，按照国务院分工安排，财政部、国家税务总局2015年10月出台相关政策。另外，要求民政部、国家税务总局、证监会、知识产权局、财政部等单位，探索捐赠知识产权收益、技术、股权、有价证券等新型捐赠方式，于2015年6月前出台相关政策。

此次由内务司法委员会牵头起草的慈善法吸引了全国各界人士的积极参与，开门立法成为众人热议的慈善法立法的重要特点。2014年底，有5部慈善法民间建议稿同时公布。它们分别是由北京大学法学院非营利组织法研究中心和清华大学公共管理学院NGO研究所、中国社会科学院法学研究所、北京师范大学中国公益研究院、上海交通大学第三部门研究中心、中山大学中国公益慈善研究院6家机构提交的。

15.国务院关于促进慈善事业健康发展的指导意见

2014年11月24日，国务院印发《关于促进慈善事业健康发展的指导意见》（以下简称《意见》），确定鼓励和规范慈善事业发展的一系列重大政策措施。《意见》分总体要求、鼓励和支持以扶贫济困为重点开展慈善活动、培育和规范各类慈善组织、加强对慈善组织和慈善活动的监督管理、加强对慈善工作的组织领导五部分。这是新中国成立以来，第一个以中央政府名义出台的指导、规范和促进慈善事业发展的文件。

《意见》指出，改革开放以来，我国慈善事业蓬勃兴起，以慈善组织为代表的各类慈善力量迅速发展壮大，社会慈善意识明显增强，各类慈善活动积极踊跃，在灾害救助、贫困救济、医疗救助、扶老助残和其他公益事业领域发挥了积极作用。但是，我国慈善事业依然存在政策法规体系不够健全、监督管理措施不够完善、慈善活动不够规范、社会氛围不够浓厚、与社会救助工作衔接不够紧密等问题，影响了慈善事业健康发展。

《意见》围绕扶贫济困、衔接社会救助工作确立了慈善事业发展的总体要求，明确突出了扶贫济困、坚持改革创新、确保公开透明、强化规范管理等原则，提出到 2020 年，慈善监管体系健全有效，扶持政策基本完善，体制机制协调顺畅，慈善行为规范有序，慈善活动公开透明，社会捐赠积极踊跃，志愿服务广泛开展，全社会支持慈善、参与慈善的氛围更加浓厚，慈善事业对社会救助体系形成有力补充，成为全面建成小康社会的重要力量的目标要求。

《意见》鼓励、支持社会力量以扶贫济困为重点开展慈善活动，畅通了捐赠渠道，丰富了参与途径；积极倡导党政机关、企事业单位、人民团体、社会组织、宗教场所、城乡社区和有能力的家庭、个人，以困难群众为对象，按自身条件提供资金、物资帮助或志愿服务，汇聚更多爱心扶贫济困。《意见》鼓励社会各界特别是市场主体为慈善活动提供资金、场所和服务等方面的支持。

《意见》坚持培育与规范并重，指出优先发展具有扶贫济困功能的慈善组织，探索培育网络慈善，通过公益创投、政府购买服务等方式对慈善组织提供支持。为确保慈善组织规范透明运行，《意见》对慈善组织的自我管理、募捐行为、款物使用、信息公开等提出了明确要求。

着眼于发挥政府对慈善事业的鼓励和支持，《意见》提出健全社会救助和慈善资源信息对接机制、落实和完善税收优惠政策、建立健全组织协调机制、完善慈善表彰奖励制度、完善人才培养政策、加大宣传力度等举措。同时，针对监管工作薄弱的现状，意见指出构建由行政监管、行业自律和社会监督相结合的慈善事业综合监管体系，并建立了严格的责任追究制度。

16.中国慈善事业发展指导纲要（2011—2015年）

慈善是中华民族传统美德，慈善事业是中国特色社会主义事业和社会保障体系的重要组成部分。加快发展慈善事业，对于新形势下调节利益分配、缓解社会矛盾、促进社会公平、增进社会和谐，对于提高公民社会责任意识、营造良好社会风气、促进社会主义精神文明建设、增强民族凝聚力，具有重要作用。

"十一五"时期，我国慈善事业快速发展，取得了帮扶困难群众、支持社会发展的显著成绩，积累了培育发展慈善事业主体、广泛动员社会力量的宝贵经验，形成了"十二五"时期更好推进慈善事业发展的良好基础。但与此同时，仍存在慈善捐赠总量与人均捐赠数量相对较少，慈善法规政策与慈善事业发展要求不相适应，公益慈善组织自身能力与承担的社会责任不相适应，慈善事业专业人才与公益慈善组织发展需求不相适应等问题。

在2011年7月15日举行的第七届"中华慈善奖"表彰大会上，民政部在公开征求社会公众意见的基础上发布了《中国慈善事业发展指导纲要（2011—2015年）》（以下简称《纲要》），以指导和促进"十二五"时期我国慈善事业健康发展。

首先，《纲要》回顾了"十一五"期间我国慈善事业的发展状况，并分析了"十二五"时期我国慈善事业面临的有利形势。其次，《纲要》指明了发展我国慈善事业的指导思想，明确了平等自愿、公开透明、鼓励创新、依法推进的基本原则，树立了发展的主要目标。第三，《纲要》提出了完善慈善事业法规政策体系、促进公益慈善组织发展、加强慈善事业人才和志愿者队伍建设、不断拓展慈善资源、完善慈善事业监管体系和加强慈善文化建设六项重点任务。最后，强调加强对慈善事业发展的组织协调，包括完善组织协调机制、切实履行民政部门职责以及推动《纲要》的落实。

《纲要》明确了五年内中国慈善事业的发展目标。到2015年，我国将基本形成制度完善、作用显著、管理规范、健康有序的慈善事业发展格局；慈善事业在改善民生、促进社会和谐、推动社会文明进步方面的作用明显增强；推动慈善事业逐步与国家经济社会发展水平相一致、与人民群众需要相适应。

17.中国慈善联合会

中国慈善联合会（China Charity Alliance，缩写为CCA）是由致力于我国慈善事业的社会组织、企事业单位等有关机构和个人自愿结成的联合性、枢纽型社会组织，具有社会团体法人资格，成立于2013年4月19日。2013年6月19日，中国慈善联合会在国家民政部民间组织管理局注册成为全国性社会团体，业务主管单位和社团登记管理机关为民政部，接受民政部的业务指导和监督管理。

联合会的宗旨是："联合慈善力量、沟通社会各方、促进行业自律、推动行业发展。"联合会的业务范围包括：弘扬慈善文化，参与政策制订，维护会员权益，推动跨界合作，开展评估表彰，开展专业培训，促进国际交流，推动行业自律，承办政府部门、会员和其他机构委托办理的其他事项。

中国慈善联合会的决策机构为会员大会，由会员大会选举产生理事会和常务理事会。常务理事会设立秘书处，由秘书处负责联合会的日常运营管理。秘书处下设办公室、财务部、会员部、传播部、协调部和国际部六个部门。

中国慈善联合会的99名团体理事和个人理事中，慈善组织占45%，捐赠企业和个人占30%，社会各界人士占15%，政府部门代表占10%。中国慈善联合会不开展募捐活动，不从事慈善项目运作，当慈善领域发生重大事件时，中国慈善联合会组成独立的第三方调查委员会，进行独立客观公正的调查，并将事情真相公之于众。

自成立以来，中国慈善联合会全力推动中国慈善事业的发展。2014年1月17日，由中国慈善联合会主办的第四届中国慈善年会在京举行，展现了2013年度中国公益慈善事业的发展成就，提高了公益慈善事业的社会影响力。2014年8月16日，由中国慈善联合会主办、老牛基金会协办的首届"中国慈善论坛"在京举行，论坛以"开启善时代"为主题，围绕"改革、创新、可持续发展"等时代关键词，通过主题演讲和高端对话等形式，共同探讨全球慈善发展趋势和全面深化改革背景下中国慈善事业发展道路等诸多议题。2015年1月16日至17日，为贯彻落实国务院《关于促进慈善事业健康发展的指导意见》，帮助广大慈善组织准确把握政策导向，民政部社会福利和慈善事业促进司、中国慈善联合会共同举办了面向全国省级民政部门的培训，共有70余名来自各省（自治区、直辖市）民政厅局的负责同志参加；此外，中国慈善联合会还积极参与《慈善法》的起草，为规范我国慈善事业发展秩序出力。

18.壹基金及壹基金风波

壹基金，全称为深圳壹基金公益基金会，英文译名为 Shenzhen One Foundation，缩写为 SOF，为地方性公募基金会。作为中国公益行业的倡导者和实践者，壹基金致力于传播创新的、人人参与的公益文化，搭建公信透明的、可持续发展的公益平台，以推动公益事业的发展，同时尽可能地为各种自然灾难提供人道主义援助。

2007年4月，李连杰创立与中国红十字总会合作设立中国红十字会李连杰壹基金计划，以独立运作的慈善计划和专案的形式在中国大陆开展公益事业。2008年10月，为了保证公益项目更高效地实施，上海李连杰壹基金公益基金会以非公募基金会的形式在上海注册成立，向中国红十字会李连杰壹基金计划进行专项的汇报与结算并接受年度审计。2010年12月3日，深圳壹基金公益基金会在深圳注册成立，拥有了独立从事公募活动的法律资格，成为国内首家民间地方性公募基金会。深圳壹基金公益基金会注册原始基金为5000万元，发起机构为上海李连杰壹基金公益基金会、老牛基金会、腾讯公益慈善基金会、万通公益基金会及万科公益基金会，每家发起机构出资1000万元。中国红十字会李连杰壹基金计划及上海李连杰壹基金公益基金会清算注销，其项目、资金及工作人员由深圳壹基金承接。2011年1月11日，深圳壹基金公益基金会举行揭牌仪式，宣布壹基金正式成立。

壹基金的公益愿景为"尽我所能，人人公益"。壹基金战略模式为"一个平台+三个领域"，即搭建专业透明的公益平台，专注于灾害救助、儿童关怀、公益人才培养三个公益领域。壹基金由理事会进行日常管理，监事会对理事会的行为进行监督。基金会下设项目管理中心、合作发展中心、公众参与中心、综合支持中心和财务管理中心。

2014年4月，微博实名认证为"中国知名的时政思想评论类网站"的四月网发布微博称"截止到2014年4月20日8点02分，全国219家基金会参与雅安地震募捐，接收社会捐款16.96亿元，目前已支出款物6.45亿元，占总收入的38%。壹基金收了近4个亿的捐款，目前拨付4000多万，仅占9%"，据此质疑尚未拨付的3亿多元赈灾善款被壹基金"贪污"。4月23日，壹基金秘书长杨鹏在微博上发布长文解释称，壹基金的灾后重建诸多项目正在进行中，项目正式落实前不会拨付救助资金。4月24日，杨鹏在微博上发布对四月网微博诽谤壹基金一事的律师函，指责四月网故意歪曲和捏造事实、误导公众的行为，要求其澄清事实、赔礼道歉。

壹基金风波反映了目前我国慈善事业发展中的诸多政策与实践脱钩的问题，如僵化的年度支出占比、组织机构的属地化管理、慈善组织工作人员的薪酬限制等。早在2013年5月，芦山地震发生后，在华NEC集团公司发动其全国十几个机构及公司员工为地震捐款，并选择通过深圳市壹基金公益基金会进行捐款。然而，由于壹基金的免税资格在异地取得认可有争议，北京地区依据壹基金的捐赠发票无法为NEC集团办理企业所得税的抵扣。除了NEC集团，还有一些向壹基金捐赠的企业也遇到了同样的问题。比如，广州雅芳有限公司、贝恩公司等。受此影响，约有3000万元捐款在进入壹基金后无法办理免税，另有近1000万元的捐款由于免税问题没有完全解决，捐赠企业仍处观望状态，不敢贸然进行捐赠。类似于公益机构的属地化管理以及捐赠异地扣除等的法律政策规定，实际上给我国慈善事业发展设置了诸多障碍，亟须完善。

19.五部委"汇缴"玉树捐款

2010年4月14日上午7时49分，青海省玉树藏族自治州玉树县发生两次地震，最高震级7.1级，地震震中位于县城附近。灾情牵动了全国人民的心，民间慈善捐赠热情高涨。4月18日，民政部下发第一个有关救灾捐赠工作的文件，要求民政部协调中国红十字总会、中华慈善总会和其他基金会将所募资金统筹用于灾区抗震救灾和恢复重建；国务院抗震救灾总指挥部在4月30日下发的《青海玉树地震抗震救灾捐赠资金使用管理监督办法》中，15家全国性社会组织和公募基金会可与政府部门协商沟通，按照灾区恢复重建规划认领重建项目；5月27日，国务院发布《关于支持玉树地震灾后恢复重建政策措施的意见》，也提出"地方政府根据规划项目和轻重缓急统筹做好中央财政资金、省级财政资金、捐赠资金和其他自筹资金的安排使用"。

在重建过程中，青海省方面认为玉树地震灾后恢复重建任务十分艰巨繁重，并面临高寒缺氧、施工期短、交通不便、生态脆弱和建筑资源严重不足等特殊困难，资金过于分散，不利于统筹使用和灾后重建，坚持要求善款统一归口。2010年7月7日，民政部会同国家发改委、监察部、财政部、审计署五部委发布《青海玉树地震抗震救灾捐赠资金管理使用实施办法》，其中规定，玉树地震中慈善组织募集的善款，需要全部拨付到青海省，连同青海省接收的捐赠资金，统一纳入灾后恢复重建规划，由青海省统筹安排用于恢复重建。民政部接收和各地汇缴到民政部的捐赠资金，统一汇缴至民政部中央财政汇缴专户后，由财政部按照救灾捐赠资金管理使用协调机制确定的意见和财政国库管理制度有关规定核拨民政部，再由民政部将捐赠资金拨付青海省民政厅。社会组织接收的捐赠资金，由社会组织分别负责拨付事宜，其中中国红十字会总会（含各地红会接收汇缴）将捐赠资金拨付青海省红十字会；中华慈善总会（含各地慈善会接收汇缴）将捐赠资金拨付青海省慈善总会；13个全国性基金会分别将捐赠资金拨付青海省民政厅、红十字会、慈善总会任一账户。

该实施办法招致部分慈善基金会的困惑乃至明确的反对，认为这将剥夺民间慈善基金会在灾后重建中的权利，因而一个月后，除了接收捐款较多的中国红十字会总会（含红十字基金会）、中华慈善总会已与各自青海分会基本确认资金拨付框架协议，其余多家全国性慈善组织尚未最终明确资金汇缴、拨付事宜。民政部表示，我国政府历来鼓励和支持社会力量参与灾害应对，此次主要是考虑到玉树地震灾区的特殊情况，因而要求捐款要统筹安排，青海省人民政府对玉树地震灾后恢复重建工作负总责，国务院有关部门按照职能分工加强指导和做好相关协调工作。

此后，慈善财产的管理、慈善组织的权益以及慈善领域的权利规则等问题引发热议，迫切需要通过慈善立法解决和规制。

20.中国"慈善问责"第一单

2010年4月，在玉树地震央视赈灾晚会"情系玉树、大爱无疆"抗震救灾大型募捐活动上，曹德旺、曹晖父子以个人名义捐款人民币1亿元，同时正式宣布，"将向西南灾区捐款2亿元"。赈灾晚会后的第2天，扶贫基金会便向曹德旺表达了合作意愿，希望能够接收这笔捐款，然后再通过扶贫基金会发到灾民手上。之后曹德旺提出了三个苛刻条件：第一，善款下发后，曹德旺的监督委员会随机抽查10%，如有超过1%的不合格率，扶贫基金会要按照1%部分缺损比例的30倍进行赔偿；第二，项目运转的管理费用只能收取1.5%，即300万元，这远远低于相关管理条例规定的10%上限；第三，所有项目都必须在2010年11月30日前完成,否则,善款将被全部收回。这三个条件,一个比一个苛刻,在中国慈善史上可谓"前无古人",是"几乎不可能完成的任务"。

犹豫再三后,扶贫基金会决定迎难而上,要在中国慈善史上留下一个慈善组织公信力典范。后经协商,双方将项目管理费用调整为3%,即600万元。

2010年5月19日,在云南省武定县插甸乡的小龙潭村,2亿元善款的试点发放揭开了序幕。2010年11月30日,在协议所规定的期限内,扶贫基金会终于完成了1亿8430万资金的发放工作。云南、贵州、广西、四川、重庆5省区共92150户灾民,每户获得善款2000元;除去600万元管理费,剩余970万元全部用作四川通江县沙溪镇的大桥修建费用;在曹德旺的独立监督委员会抽样评估的705户受资助农民中,只有6户不合格,错差率仅0.85%。至此,扶贫基金会以踏实的工作态度和高效的工作表现,最终向曹德旺交出了一份优秀的答卷,也为2亿元善款的"西南路径"画上了一个圆满的句号。

21.郭美美事件

2011年6月21日,新浪微博上一个认证身份为"中国红十字会商业总经理"的名叫"郭美美baby"的网友因在其微博上经常公然炫耀奢华生活而引发了公众的强烈质疑,"中国红十字会商业总经理"这一道和中国红十字会扯不清、理还乱的关系,让郭美美和中国红十字会陷入了舆论暴风眼中。

郭美美事件爆发后,中国红十字总会连下三道声明,公开回应:红十字会中没有红十字商会的机构,也没有商业总经理的职位,更没有郭美美其人。但中国红十字总会的多次声明并没有使得"郭美美事件"偃旗息鼓,相反,每一次声明几乎都会激起网民的质疑。网友先后扒出了中国红十字会"万元帐篷"、"虚假发票"、"天价公务餐"等事件,令中国红十字会甚至整个慈善界陷入严重的信任危机。中国红十字会的捐款因此受到严重影响。据报道,2011年,各级红十字会系统接受社会捐赠约28.67亿元,占全国捐赠总量的3.4%,同比减少59.39%。

时隔两年,郭美美事件仍让公众对中国红十字会难以重建信任。为挽回公信力,中国红十字会社会监督委员会新闻发言人王永于2013年4月24日表示,将于5月中下旬重新调查"郭美美事件"。不料,又引发公众对社会监督委员会独立性的质疑。2013年6月13日,中国红十字会社会监督委员会在京召开了2013年中期会议,16名委员中有14名委员参会。会议决定,关于对"郭美美事件"重启调查还有待进一步征集实证;以后所有社监委委员的监督均采用自愿义务服务形式参与,不能再与红会有任何利益关系。

2014年8月7日,针对公众关注的郭美美"红会炫富"事件,根据警方的调查和郭美美本人的供述：她以及她的资金来源都与中国红十字会毫无关系。

社会对郭美美事件的评价不一，普遍认为郭美美"黑"了红十字会，导致红十字会甚至正要蓬勃的中国慈善事业跌入低谷，也有人认为郭美美事件推进了中国慈善事业的透明化，加速了中国慈善组织的成长。

22.广州放开社会组织公募权

2011年10月26日，经广州市十三届人大常委会第四十五次会议通过，2012年1月9日由广东省人民代表大会常务委员会批准通过，2012年2月2日广州市第十四届人民代表大会常委会公告第2号公布，《广州市募捐条例》正式出台，并于2012年5月1日起实施。我国首部放开公益慈善组织公募权的地方性法规由此诞生。这意味着，长期以来由红十字会、慈善会等具有政府背景的少数社会组织独享公募权的垄断格局被打破。

根据《广州市募捐条例》第五条规定，为扶老、助残、救孤、济困或赈灾目的而设立的公益性社会团体、民办非企业单位和非营利性事业单位经申请取得募捐许可后，在许可范围和期限内开展募捐活动。红十字会、慈善会和公募基金会可以开展募捐活动，但应当在其章程规定的宗旨、业务范围和地域范围内开展，并向市民政部门备案。广州的这一重大突破，立刻成为国内公益慈善界关注的焦点。这预示着由红十字会、慈善会、公募基金会垄断公募的格局就此终结，官办与半官办慈善机构将与依法取得募捐资格的民间组织同台竞技。

《广州市募捐条例》的最大亮点是放开公募权，但亦要求拥有公募资格的民间慈善组织适应变革，在提高自身能力的前提下接受公众监督，公开、透明地做慈善。值得一提的是，为增强募捐财产使用的透明度，该条例第二十条规定，募捐组织应当委托有资质的会计师事务所或者审计师事务所对募捐财产的使用情况进行审计，募捐财产使用期限在一年以上的，还应当进行年度审计。

除了对募捐组织的工作成本进行严格规定外，该条例还在监督权、知情权和问责权等方面对捐赠人的权利予以保障，并亦相应增加了捐赠人的责任。

然而，该条例仍然存在很多地域限制，广州注册的社会组织只能在广州区域募捐，外地机构不能在广州发起募捐，而且跨界筹款存在被管理部门注销的风险。根据属地管理原则，广州的公益组织，其服务对象也应当以当地为主，当地筹款、当地使用且在当地接受审计部门的审计。

其实，从该条例中可以发现，民间公益组织与红十字会、慈善会、公募基金会的地位仍有区别，前者需要先审批通过后方才可以进行募捐，后者则只需向市民政部门备案。

23.中基透明指数上线

透明度低是我国公益组织一直以来面临的主要问题。由于透明度低，2011年以来，公益领域遭受了巨大的信任危机，由此引发了部分基金会捐赠款大幅度下降。对于慈善组织而言，公开透明是其获得社会公众信任的基础，同时也是回应公众问责的关键。

增强透明度、获取公众信任是基金会发展的必然趋势，然而，我国公益领域一直缺乏量化的指标来衡量这一问题，行业自律大多停留在倡导层面，缺乏约束性和激励性。2012年8月，经过近百名基金会领导人和学术专家参与研发，中基透明指数FTI正式上线，成为推动我国基金会乃至整个公益行业专业与透明方面的一大突破。

中基透明指数是由基金会中心网开发，清华大学廉政与治理研究中心提供咨询。它是一套综合指标、权重、信息披露渠道、完整度等参数，以排行榜单为呈现形式的基金会透明标准评价系统。排行榜按照基金会最新透明分数每周更新一次，排名越靠前表示基金会透明度越高。

最新的中基透明指数的指标体系总共包含41个指标，并根据德尔菲法对不同指标附不同权重，满分为100分。该指标体系包括四部分信息，对基金会透明工作而言，有两方面的信息至关重要，其一是基金会自身的信息；其二是基金会的核心业务。此外，围绕基金的运转流程，设置了三类指标：财务信息、项目信息以及捐赠信息。其中基本信息总分为13.2分，重要的指标包括完整年度工作报告、章程以及工作制度等；财务信息总分为24分，其中基金会的审计报告、捐赠收入、公益支出等是最重要的几个指标；项目信息总分为39.2分，其中信息化指标有3个，包括项目立项、受助方公示等；捐赠及内部建设信息总分为23.6分，这主要是为了方便捐赠人查看自己的捐赠情况。

因此，中基透明指数能反映每一家基金会基本组织情况、财务收支情况和项目运行情况，并做到实时对外披露。就其功能而言，一方面，基金会可以根据得分与排名了解自身透明程度在全国范围的位置，发现自身差距，并以此不断改进工作，进而不断增加自身透明度；另一方面，社会公众可以透明指数作为捐赠的参考，进一步了解基金会的项目情况、管理水平和其他需要了解的信息，最终决定是否捐赠，从而促进整个慈善行业透明度的增加和公信力的增强。

24.关于鼓励和规范宗教界从事公益慈善活动的意见

宗教乃慈善之母。慈善是各种宗教的共性，两者有着密切的历史渊源。宗教团体的慈善行为也是慈善事业最初的实践萌芽,是我国社会公益慈善事业中的重要组成部分。与传统宗教慈善行为相比,现代宗教慈善事业通常是由宗教社会团体、宗教基金会及民办非企业单位设立有固定对象的长期慈善项目,这些组织以现代社会组织的方式注册登记及运行,慈善项目也按照现代项目管理的方式运作,在资金募集、运行方式、慈善效果等方面与传统宗教慈善不可同日而语。然而,长期以来,宗教界从事慈善活动均存在规模小、专业人才少、活动不够规范、缺乏长期规划等问题。许多宗教团体及宗教界人士开展公益慈善活动时,囿于自身筹款能力弱、专业人才匮乏、重视程度不够、制度保障不足等原因,难以形成规模效应,社会影响有限。

2012年2月16日,国家宗教局、中央统战部、国家发改委、财政部、民政部和税务总局六部门联合印发《关于鼓励和规范宗教界从事公益慈善活动的意见》(以下简称《意见》),为宗教界开展公益慈善活动提供政策指导。

《意见》强调,对宗教界从事公益慈善活动要积极支持和鼓励,同时依法进行规范和管理,要按照"积极支持、平等对待、依法管理、完善机制"的原则,进一步明确相关政策,完善管理协调机制,加大政策执行力度,进一步增强宗教界从事公益慈善活动的主动性、规范性与可持续性。

《意见》提出了宗教界从事公益慈善活动的主要范围、基本形式,可以享受的扶持优惠政策以及应当遵守的基本原则,并对相关部门的职责和分工作出了明确要求。《意见》指出,重点支持宗教界在以下领域开展公益慈善活动:灾害救助;扶助残疾人;养老、托幼;扶危济困;捐资助学;医疗卫生服务;环境保护;社会公共设施建设;法律和政策允许的、适合宗教界人士和信教群众发挥积极作用的其他公益活动。宗教界从事公益慈善活动的基本形式包括捐款捐物、设立公益慈善项目、设立公立慈善组织等。

服务社会、利益人群是我国各宗教共同的传统。近年来,我国宗教界积极参与社会公益慈善事业,产生了良好社会效果。《意见》的出台将进一步激发宗教界投身公益慈善事业的热情,使其活动更加规范有序、健康发展。

25.公益知识产权万科案

2012年6月1日,禾邻社执行长田晓耕通过邮件找到万科公益基金会秘书长沈彬,向其推荐"全民植物地图"项目。2012年9月8日,万科公益基金会与禾邻社以甲、乙双方的名义签署了"熟悉的新朋友'全民植物地图'——万科假日风景项目"合作协议。根据合作协议,乙方禾邻社作为项目执行方,将在上海万科假日风景项目社区开展"全民植物地图"的实施工作,具体包括2次植物地图制作和1次植物地图发放推广活动。乙方拥有制作项目中所有材料的知识产权和版权,包括工作方法和模式,工作坊教材等。未经书面许可,任何人不得影印、复制、抄袭、传播或用作其他商业用途。

2012年10月20日、28日和11月3日,合作协议项目正式在上海万科假日风景社区开展,项目整体执行完结总共花费34791元,涉及项目制作、推广、行政和税款四部分,该费用由协议甲方万科公益基金会提供。合作至此,禾邻社与万科公益基金会双方都较为满意。同年11月5日,禾邻社向万科基金会表示,希望总结活动得失,开启下一阶段合作,并于7日向万科公益基金会与上海万科地产公司以邮件形式发送项目总结报告和新的项目预算。为进一步表达合作意向,禾邻社又在2013年2月26日,将拟定的"2013年全年全民植物地图——万科"邮件发送给万科公益基金会,并提交附件《社区植物地图的计划书》。

2013年3月1日,万科公益基金会邮件答复"经讨论2013年社区活动由各一线公司自行操作,费用由一线公司自行承担,同时建议上海万科在更多社区开展活动,并直接与禾邻社联系"。同时,禾邻社也接到了万科集团全国各地分公司以微博、微信、电话等方式表达对"全民植物地图"项目感兴趣,希望合作的意愿。2013年3月4日,广东佛山万科公司来电;2013年4月1日,江苏南京万科公司来电,并且南京公司称已经获得实施"全民植物地图"项目的合作资金,且已筹备过半,准备在4月13日、14日进行,但项目前期实施效果并不理想,希望禾邻社提供相应解决方案。

突如其来的大批量合作,令禾邻社短期内无法给出详细的解决方案,于是,禾邻社表示,会与万科公益基金会沟通,在万科全国社区推广这一方案。同时,禾邻社也感受到了地图扩散可能会对组织的知识产权保护不利。在接到江苏南京万科公司来电寻求合作的当天,禾邻社就向万科公益基金会邮件发送了《万科植物地图合作问题》一文,提出如果万科要在各地分公司推广开展"全民植物地图"项目,希望万科公益基金会"一次性购买使用权",否则涉及侵权,但这一要求并未得到万科公益基金会的响应。不仅如此,万科公益基金会还表示"不涉及侵权、不再进行协商调解"。

同日下午,即2013年4月3日17点39分,禾邻社通过官方微博发出《万科公益基金会违约——草根公益组织禾邻社公开事件经过》的帖子,指万科公益基金会未按照协议规定,在未得到禾邻社书面授权的情况下,将"全民植物地图"及总结报告向全国各地分公司进行推送,属于违约。在获知全国万科相关公司已经获取"全民植物地图"并已经开始实施后,禾邻社认为侵犯了其作品著作权。在禾邻社这条微博发出后仅2天,2013年4月5日,万科公益基金会就通过官方微博向禾邻社发出致歉函,表示未经禾邻社许可就将"全民植物地图"向全国万科进行推广实属不妥,但也提出项目并非完全按照禾邻社全民植物地图实施,也有按照和"全民植物地图"相似的、国外公益组织实施过的"绿地图"

方式进行项目实施。禾邻社认为，道歉函"没有诚意"，还刻意用"绿地图"来有意弱化禾邻社的智力成果"全民植物地图"，调解也无实质内容，随即不接受此份道歉函。此后，双方在调解中也未达成共识。

2013年5月20日，禾邻社向上海市徐汇区人民法院提起诉讼，追究对方的违约责任，但7月4日在法院主持的庭前调解也最终宣告失败。后经与代理律师商议，禾邻社在上海法院撤诉，改在万科公益基金会注册地深圳市盐田区法院以侵犯著作权为由起诉，主张要求对方赔礼道歉、停止侵权、赔偿侵权所导致的损失2万元、承担律师费、公证费等开支暂计15500元，并在2014年初成功立案。一审判决，万科被判定为侵权，万科不服，上诉至深圳市中级人民法院。2014年10月23日二审判决，万科上诉理由法院不予采纳，维持原判。至此，禾邻社与万科公益基金会关于"全民植物地图"的知识产权纠纷经历了20个月的波折终于尘埃落定。

26.中华慈善博物馆

中华慈善博物馆是在中国由传统慈善向现代慈善转型发展的关键时期，特别是公众对慈善事业空前关注的背景下进行建设的。中华慈善博物馆是我国慈善领域国家级专题博物馆，将收集、整理和展出中华五千年丰富的慈善文物、史料，包括古今代表性慈善人物、典型的慈善活动、慈善事件、慈善思想精神等，展示中华慈善事业的历史源流，为传承和发展中华慈善事业提供综合性的场所。

作为中国慈善领域第一家国家级的专题博物馆，中华慈善博物馆落户江苏省南通市。2010年5月，民政部批准南通筹建中华慈善博物馆，并列入民政部与江苏省人民政府签署的《共同推进江苏民政事业率先发展合作协议》。南通慈善事业底蕴深厚，以清末实业家张謇先生为代表的慈善家在南通创办了大量慈善机构，在中国近代慈善历史上具有重要地位；同时，南通文博事业长足发展，目前已经建立30多家各类博物馆，是我国著名的"文博之乡"，因此，南通有着建设中华慈善博物馆的优势和条件。

中华慈善博物馆由民政部和江苏省民政厅等提供支持，由南通市具体组织建设。中华慈善博物馆选址于张謇先生创办的通棉二厂旧址，项目总建筑面积约30000平方米，投资规模（不含文物史料征集和开办费用）初步估算为3.46亿元。建设费用将由南通市财政承担一部分，其余资金将通过社会募集、争取上级支持等渠道解决。在布展理念方面，中华慈善博物馆拟分为历程篇、思想篇、团体（组织机构）篇、人物篇、重大活动事件篇等板块，将收集、整理和展出中华五千年丰富的慈善文物、史料，包括历史上和当代社会中最具代表性的慈善人物、最典型的慈善活动、最有影响力的慈善事件、最深邃的慈善思想、最闪亮的慈善精神等，展示中国内地和港澳台地区在内的中华慈善事业的宏大历史篇章，为传承和发展中华慈善事业提供综合性场所。2014年5月18日（国际博物馆日）中华慈善博物馆正式运营。

27.香港捐赠雅安风波

2013年4月20日8时02分，四川省雅安市芦山县发生7.0级地震。

4月22日，香港特区行政长官梁振英宣布，香港政府将向立法会财务委员会建议拨出1亿港元注入赈灾基金，为四川提供捐助赈灾工作，港府已征得财委会主席张宇人同意，尽快召开特别会议审议拨款。

4月24日，香港特区立法会财务委员会就拨出1亿港元注入赈灾基金、捐助给四川省政府的建议举行拨款赈灾特别会议，但经过两小时辩论仍然无法达成共识。支持捐款的意见认为香港与内地血浓于水，港人每次都发挥大爱无疆精神，筹款协助救灾，特区政府伸出援手也是责无旁贷；反对捐款的意见则表示由于监管机制的缺失，难以保证捐款全部到达灾民手中，建议把1亿元拨款全数交予非政府组织（NGO）及志愿机构，或者购买物资直接援助灾民而非捐给四川省政府。最终，由于该次会议上议员对于捐助意见分歧较大而流产。少数反对捐款的香港人士称"内地现在有钱了，港人不需要捐了"，甚至有少数网民发起了"一毫子（一毫子即10分钱，是香港最小货币单位）都不捐"运动。

对于以上反对意见，香港舆论认为受捐地区是否有钱不应是捐款的必要条件，而且认为反对派以内地善款缺乏监督为由在地震灾民亟待援手之时发起所谓"抗捐运动"，是一个站不住脚的借口，其实质是要将赈灾政治化，是"反国教"的延续。4月28日，特区政府政务司司长林郑月娥也表示，救灾如救火，如因为审议程序延迟通过拨款，会失去原先赈灾的意义。希望立法会尽快通过赈灾基金拨款，以援助四川雅安地震受灾群众。

5月3日下午，历经两个小时的投票表决，以37票同意、23票反对、1票弃权的结果，香港立法会终于通过决议，同意特区政府拨款1亿港元注入赈灾基金，支持雅安地震救灾工作。截至5月26日，香港社会各界通过中联办向地震灾区捐款累计总额逾1.5亿港元，已到账7350余万港元；捐赠奶粉1万罐。

28.首届中国慈善论坛在北京举行

为促进中外慈善组织的经验交流与合作，在中国搭建具有广泛社会影响力的慈善价值传播平台，由中国慈善联合会主办、老牛基金会协办的首届"中国慈善论坛"于2014年8

月 16 日在北京举行，300 多位国际国内公益慈善界领袖、专家学者、社会贤达齐聚京城，共商慈善发展大计。

论坛以"开启善时代"为主题，围绕"改革、创新、可持续发展"等时代关键词，通过主题演讲和高端对话等形式，共同探讨全面深化改革背景下中国慈善发展道路等诸多议题。论坛主论坛围绕"共享创造价值"，探讨全球慈善发展趋势和全面深化改革背景下中国慈善事业发展道路；四个分论坛——全球慈善论坛、中国城市慈善论坛、社会救助论坛、青年慈善论坛，对应主题分别为："开启中外慈善合作新时代"、"慈善与城市治理模式创新"、"政社合作，共建社会救助新格局"、"青年善则中国善"，分别探讨交流中国能为全球慈善贡献什么、慈善与社会治理模式创新经验、如何构建"救急难"社会救助体系等问题。

论坛期间，还同期举办以"探索可持续发展之路"为主题的中国慈善组织服务创新项目展览，展出近 50 个优秀的慈善组织服务项目。8 月 16 日晚，"第三届中国城市公益慈善指数发布典礼"在北京会议中心隆重举行，本次慈善指数由中民慈善捐助信息中心编制发布，共 294 个城市参与，慈善指数通过对城市社会捐赠、志愿服务、慈善组织、慈善经济贡献、政府支持慈善事业发展和城市慈善文化这 6 个方面的 29 个指标进行综合计算，评出了中国城市慈善百强榜，揭晓中国城市公益慈善指数，并发布中国城市公益慈善百强榜，全国 109 个县级以上城市榜上有名。在上届排名第一的基础上，北京以总指数 94.63 再次排名第一，蝉联中国"最慈善"城市，上海和深圳分别以 93.28 和 93.06 位列第二、第三位。此外，当天还发布了中国慈善城市星级评定结果（2012—2013），北京市等 32 个城市当选慈善七星级城市。

此次中国慈善论坛的召开有利于推动我国公益事业的发展以及慈善组织的建设，以人为本，服务于民，使慈善事业在社会治理当中发挥重大作用。

本章撰写负责人：谢琼
成员：鲁全、俞贺楠、姚建平、郭林

第七章

社会工作与社区建设

当/代/中/国/社会大事典（1978—2015）

一、社会工作

1.《中国社会报》、《社会工作研究》等专业社会工作刊物创办

社会工作的专业报刊陆续问世，这是专业社会工作拓展的一个重要方面。在专业社会工作正式恢复和重建前夕，民政部主办的《中国社会报》于1986年4月出版。《中国社会报》由国家民政部主办主管，是以民政业务为核心，对社会建设和社会管理有重要推动作用的专业化主流媒体，设有要闻版、新闻版、专题版和副刊版，集时事性、指导性、服务性、知识性、可读性于一体，内容丰富，文风清新，雅俗共赏。报纸的使命就是：通过及时、快捷地采集、制作和传播高品质的新闻、信息产品，推动民政事业，服务于社会管理和社会建设。该报是我国唯一的以社会发展与进步为主要报道内容的报纸，是专门研究和报道社会现象、社会问题、社会发展与进步和社会行政事务管理的综合性报纸，为关注中国社会状况的国内外读者提供最权威的信息。该报反映与人民群众切身利益密切相关的社会政策，关注社会热点，反映社会动态，引导社会舆论，督导社会行为，倡导社会文明，报道社会变迁中的新人新事新风貌，宣传社会行政事务管理的新成就、新经验，介绍国内外社会学界的新思想、新观念、新动向，探讨中国社会发展和社会工作的理论和实践。

《社会工作研究》1988年创办，2009年1月，经国家新闻出版总署批准后改名《中国社会工作》。这是由民政部主管、中国社会报社主办的全国首份指导社会工作的国家级期刊。《中国社会工作》推崇社会工作中生命和人的主题，致力于引领全国专业化、职业化、大众化社会工作发展，力求做一本"可读的专业杂志"。该刊重点报道全国社会工作发展前沿，注重探讨社会工作理论和实践本土化模式，以传播社会工作理念和价值、创新公益服务模式为己任。《中国社会工作》集社会工作政策解读、社会工作经验交流、社会工作知识普及、社会问题观察于一体，努力在政府、研究者、公益社会服务组织、社会工作者

之间搭建交流和宣传的平台。

此外，在初创期，一些陆续出版的社会工作相关著作在推进专业社会工作的发展方面也起到了重要作用。如袁华音、王青山的《社会工作概论》（黄河出版社 1990 年版）、王刚义的《社会工作学》（吉林大学出版社 1990 年版）、卢谋华的《中国社会工作》（中国社会出版社 1991 年版）、隋玉杰的《社会工作：理论、方法与实务》（中国社会科学出版社 1996 年版）、王思斌主编的《社会工作概论》（高等教育出版社 1998 年版）等。社会工作专业辞书有：《中国大百科全书：社会学》"社会工作"篇（卢谋华主编，中国大百科全书出版社 1991 年版）、陈良瑾主编的《中国社会工作百科全书》（中国社会出版社 1994 年版）等。

2."马甸会议"

"文化大革命"期间，高校取消社会学专业，原内务部被撤销，中国社会工作发展停滞。1983 年，民政部首先倡导社会工作教育，在第八次全国民政会议上号召民政系统要建立各种教育机构，培养培训各类民政专业人才。1984 年，民政部派团考察香港社会福利制度和高校的社会工作专业，从考察中认识到了社会工作对社会福利服务的重要作用，开始推动恢复重建专业社会工作。

经过前期的酝酿准备，1987 年 9 月，民政部在北京马甸桥旁的北京对外经济交流中心大厦举办社会工作教育发展论证会（简称"马甸会议"）。社会学界的专家学者以及原国家教委有关部门负责人与会研讨。会议由民政部人事教育司李宝库司长主持，崔乃夫部长致辞并作主题报告，社会学元老雷洁琼出席会议并作重要讲话。雷洁琼从理论到实践，从国外到国内，系统而深刻地阐明了创办社会工作学院、发展社会工作教育事业，以适应社会主义现代化建设事业需要的必要性。会议最大成果就是达成了以下共识：我国创办社会工作学院不仅是必要的，而且也是现实可行的。同时，在社会学得到恢复和重建 8 年之后，社会工作作为一门学科也终于得到恢复与重建。

此外，北京"马甸会议"还有几项具体成果，如民政部与北京大学商定联合办学，即由民政部出资 100 万元人民币，从 1988 年起连续 10 年内，北京大学为民政部培养 100 名社会工作专业硕士研究生。这件事正是在"马甸会议"期间，由李宝库司长代表民政部，同北大周尔鎏副校长、袁方教授（在雷老在场下）最后确定下来的。又如应邀的国家教委负责同志，正是在会议休息室，同雷老以及崔部长、国家计委负责同志等交谈中，特意表明了可在第二年（即 1988 年）先在一二所高校组建社工专业的意向。

"马甸会议"主要是论证创办中国社会工作学院的必要性与可行性。民政部准备在济南民政学校、长沙民政学校、重庆民政学校等基础上创办中国的社会工作学院，培养新时期的社会工作专业人才，推动中国社会工作事业发展，从而推动民政事业的改革与发展，尤其推动民政工作的现代化发展。

"马甸会议"重新确认了社会工作专业的学科地位，为社会工作专业教育在中国的恢复和发展奠定了基础，从而标志着新时期中国社会工作专业教育的开端。1988年，民政部资助北京大学100万元设立的社会工作专业，成为改革开放后的第一个社会工作专业，开启了专业社会工作恢复和重建的新阶段。

3.高等学校设立"社会工作"专业

高校社会工作专业的设立经历了大约三年的论证和准备。1985年9月，国家教育委员会组织社会科学本科专业的目录修订工作，12月在广州召开部分高等院校教学改革研讨会。雷洁琼教授在会议上提出，社会学恢复和重建已有6年，可是社会工作尽管有民政工作在实践中作支撑，但作为一门学科，至今没有得到真正的恢复，更谈不上重建。她希望国家教育委员会认真研究，应有前瞻性，应看到伴随社会主义现代化事业的不断深入发展必将出现的对社会工作的需求。1987年9月，"马甸会议"上初步形成了在高校设立社会工作专业的意向。1987年10月，国家教育委员会公布《普通高等学院社会科学本科专业目录与专业简介》，将"社会工作与管理"列为"试办"专业。

北京大学社会学系建立社会工作与管理专业后，中国人民大学、吉林大学也先后建立了同样的专业。经过师资培训及课程准备，北京大学于1989年开始招收首批社会工作与管理专业本科生和该专业方向的硕士研究生，中断30多年的社会工作教育开始恢复。此后，社会工作专业在各个高等院校得到较快发展。

民政部管理干部学院、长沙民政职业技术学院、重庆社会工作职业学院等民政系统的大中专院校，自1988年开始，相继设立了社会工作专业（系）。

中国青年政治学院社会工作与管理系于1993年初正式成立。这是中国大陆第一个系级社会工作专业教育机构。该系分设社会工作、劳动与社会保障、社会学三个本科专业方向，学制四年；一个应用心理学（青少年心理咨询）第二学士学位专业，学制两年。

华东理工大学于1996年在上海率先设立社会工作专业本科教学点，开始招收本科学生。它是上海地区第一所开设社会工作专业的院校。此外，一些国家教育委员会直属院校和地方院校也陆续开设了社会工作课程。

2009年国务院学位委员会批准33所高校获得社会工作专业硕士（MSW）学位教育的授权。2010年，首届MSW正式开始招生。

经过多年的努力，高等院校的社会工作专业初步形成了大专、本科、硕士研究生三个办学层次。在此期间,上海、重庆、内蒙古、山东、江苏、浙江、福建、山西等部分省、直辖市、自治区还相继建立了社会工作与管理专业自学考试制度。

4.工会、青年、妇女等群团组织系统社会工作快速发展

工会、共青团、妇联等群团组织系统从20世纪90年代初期开始在本系统的高校发展了从大专到本科的社会工作专业教育。2006年以后则进入较为全面的政策研究和服务试点等多层次发展阶段。

新中国成立以来,工会一直担负着为会员和劳动者群体在社会福利、社会保障、社会保险、社会救助、劳动就业、劳动安全、医疗保健、文化教育、休闲娱乐、身心健康、婚姻家庭等方面提供社会工作服务的责任。工会完善的组织体系、工作机制和工会工作平台,使工会社会工作更具有了其他社会组织和机构不可比拟的影响党和政府决策、调动社会资源、采取社会行动、提供社会服务的优势、特色和实效。大批工会干部在为广大工会会员服务过程中积累了丰富的开展职工社会工作的实践经验;健全的组织系统、设施,使直接服务职工的工会社会工作自成体系,且内容丰富,富有实效,这是我国本土社会工作的宝贵资源。

2008年,团中央下发了《关于确定全国首批青少年事务社会工作者试点城市（城区）的通知》,经共青团中央、中央综治委预防青少年违法犯罪工作领导小组、中央综治办、民政部、人力资源和社会保障部等相关部门共同研究,北京市海淀区、上海市浦东新区、广西壮族自治区南宁市、湖北省武汉市、四川省成都市等13个城市（城区）被确定为全国首批青少年事务社会工作试点地区。

2008年全国妇联下发了《关于妇女工作社会化体系建设的指导意见》,提出要多渠道吸纳具有专业社会工作知识和技能的人才充实到妇联干部队伍中,建立一支热爱妇女工作、了解妇女儿童需求、掌握专业工作技能、具有较强性别平等意识的骨干队伍。近些年来,各地政府相继出台了一系列支持社会工作发展的有利政策,这给妇女社会工作的开展,特别是给为妇女提供服务的各类组织和机构提供了很好的平台。2009年9月,浙江嘉兴市妇联在家庭服务领域积极探索新型社会工作模式,试行政府购买专业化职业化社工服务项目,实施了"单亲妈妈家庭专业社工服务项目",为单亲母亲的子女教育、身心健康、就业等问题提供专业服务。深圳市"阳光家庭综合服务中心"以购买服务的方式引入社会工作理念、方法和专业社工队伍,满足社区妇女、家庭、儿童的公共服务需求。

5.中国社会工作协会成立

1991年7月5日,中国社会工作者协会成立,举行了成立大会,民政部部长崔乃夫兼任会长。1992年7月该协会加入国际社会工作者联合会并成为正式会员。2000年,该协会经过较大规模改组,更名为中国社会工作协会。该协会由从事和关注社会工作的单位和个人自愿组成,按照章程开展活动,是非营利、公益性、联合性、行业性、全国性的社会团体,是经过中国社会团体登记机关核准登记、国家民政部主管的全国性专业社会团体,是中国唯一代表从事社会工作的单位和社会工作专业人员的权威组织。协会宗旨是:坚持以人为本的科学发展观,遵守宪法、法律、法规和国家政策,以为民解困和助人自助为己任,推动社会工作专业化、职业化、规范化建设,开展社会服务,推进社区建设和社会福利、社会救助、社会公益事业的发展,维护社会公平,促进社会进步,推动社会主义和谐社会建设。

中国社会工作协会自成立后,就把工作重点放在致力于推动全国行业组织的培育和发展上,推动各省(自治区、直辖市)建立社工协会或学会组织。作为社工行业的全国性组织,协会注重推动行业服务,近年来更是着力推动行业组织的发展与提升,取得了一定成绩,如协会已连续四年举办全国社会工作协会工作会议,推广行业组织发展经验与典型,促进省、地、市社会工作行业组织建设。

与此同时,协会自成立以来,就不断扩展服务范围,积极推动各领域的社会工作布局。目前,协会设有16个分支机构,服务范围涵盖全国社会养老、婚姻家庭、康复医疗、儿童救助、婚介婚庆、城乡社区、企业公民、心理健康、社会工作师、民办社工服务机构等多个领域。同时,还在与相关部门、机构合作筹备企业、青少年、学校、司法等领域的全国性社工组织。因此,协会在行业联合上实际起到了桥梁纽带的作用。

近年来,协会还进一步调整和充实职能部门作用,加强了会员部等部门力量,新设实务发展部、信息工作部,同时与国家开放大学联合开办社会工作学院,筹备组建现代社会工作研究院,形成了以《公益时报》、《社会与公益》、《中国民康医学》杂志为主体的较强的宣传媒体资源。2014年协会主办的社工中国网正式开通,成为全国社会工作宣传的门户网站和重要交流平台。同时协会每两年出版一本社会工作行业发展蓝皮书,阶段性地总结社工行业的实务、理论、人才队伍、行业组织、社工机构等方面的发展成果。

在社会工作人才培养方面,协会也取得了积极效果。既有在部社工司直接领导下、依托中央级福利彩票公益金开展的社工专业人才轮训,也有针对骨干社工的社工实务督导培训,总受训人数已达1.5万多人次。同时协会从2009年开始,每年都举办"中国社工年会"，盘点年度社工领域大事，开展十大社工人物以及优秀社工、最美社工的评选活动，通过表彰先进、宣传典型、树立榜样，增加了社工对行业的认同感和成就感，促进提升了社工队伍的整体素质。

为适应社会工作事业更好更快发展需要，2015年2月，经民政部批准，中国社会工作协会更名为中国社会工作联合会，更名后的中国社会工作联合会将成为同性质、同类别社会组织的中枢组织和联合平台，明确定位为政府的参谋助手、行业的发展推手和会员的桥梁纽带，充分发挥服务政府、服务行业、服务会员的职能和加强行业自律、规范行业行为、反映行业诉求、维护行业权益、促进行业发展的作用。

更名后的中国社会工作联合会将围绕"开展行业调研，为政府决策服务"，"推进行业合作，促进行业交流"，"抓好理论研究，推广实务建设"，"促进人才培养，开展评估表彰"，"加强行业自律，规范行业行为"，"加强行业管理，推动行业发展"，"维护会员权益，反映会员诉求"，"加强行业宣传，扩大行业影响"，"加强国际合作，促进对外交流"九大方面业务展开工作，并积极承办政府部门委托办理的相关事项。

6.医院首次设立社会工作部门

1991年中国康复研究中心正式开始在内部开展专业社会工作。随着社会工作教育的发展及国际交流的日益频繁，全国各较大城市及发达地区首先开始了医务社会工作的尝试，继中国康复研究中心后逐渐在北京、上海等近30家公立医院设立了"社会工作部"。

作为中国最早的医务社会工作践行者，上海东方医院从2000年就正式成立了全国第一个社工部，注重患者就医体验、链接社会资源、加强医护互动、提升自我潜能，提高治疗依从性。积极开展包括个案、小组、社区、公益慈善等在内的医务社会工作专业服务，运用西方医务社会工作的专业理论，探索本土化的实践经验，形成以医务社工为主导、医务社工与医院志愿服务相结合的东方模式和服务品牌，成为国内该领域的先行典范。经过12年的努力，东方医院社工部共完成病房探访2万人次、个案干预3000人次；组建糖尿病、肿瘤、心脏病、乳腺癌等十几个病友小组，并一直坚持活动；构建了医院志愿服务体系，注册义工（志愿者）1900多人，累计服务16万小时，服务人次60万；开展系列公益慈善活动，募集两千多万善款，用于救治来自全国20个省份1000多名患者。

2013年9月11日，同济大学附属东方医院在肿瘤科进行了首次"医务社工查房"，这是东方医院在医院开展医务社会工作和医院志愿者服务品牌建设的基础上，又一次创新性尝试，医院社工部的5名专职医务社工、肿瘤病房的专项志愿者、复旦大学和福建医科大学社工系的实习学生，以及肿瘤科的主任、床位医生和护士长参加了此次查房，查房由医院党委书记、临床心理专家孟馥主持。查房中，主管医生在充分听取医务社工对两位住院肿瘤患者进行访谈、社会心理评估，以及干预计划制定的基础上，还与患者进行了床边的病情询问和心理疏导，协调患者与家属、患者与医护、患者与患者之间的关系，进一步挖掘患者社会支持系统的资源，帮助患者提升信心、积极应对，增加对于医学治疗的依从性；还根据两位患者不同的具体情况进行了干预方案优化和指导。

2009年4月6日，国务院发布《关于深化医药卫生体制改革的意见》，医改方案中首次明确规定了"开展医务社会工作，完善医疗纠纷处理机制，增进医患沟通"，医务社会工作在构建和谐医患关系方面受到了充分的重视。

2010年12月，"首届全国医务社工论坛"在北京举行，此次论坛的主题是"医院社会工作"。来自全国27个医院的46个医务社工代表和相关专家、社会组织代表以及新闻媒体出席了会议。会议就医院建立社会工作部门以及目前医务社会工作的工作状况进行了交流和讨论，会议讨论并通过了"关于建立全国医院社会工作联盟"的倡议。

7.中国社会工作教育协会成立

1994年12月，中国社会工作教育协会经民政部批准注册成立，这是一个以推进社会工作教育和专业社会工作发展为目的的非营利组织，属于全国性一级学术社团，主管单位是中华人民共和国民政部，接受民政部的业务指导和监督管理。

中国社会工作专业教育始于20世纪80年代，经教育部批准，起初有北京大学等四所普通高等学校开办社会工作与管理专业，并于80年代末招收本科生。90年代，中国的社会工作教育获得进一步发展，并出现了社会工作系。随着改革开放的进一步深入和社会主义市场经济的快速发展，各种社会矛盾和社会问题日益显现出来，社会问题加剧和社会弱势群体大量出现，原来的社会保障机制已不能完全适应新情况的要求。于是，培养大量掌握专业社会工作知识、具备专业价值理念的专门人才成为社会发展的内在要求。

在这种背景下，中国社会工作专业教育机构开始着手筹建自己的专业组织，以支持发展社会工作教育事业，并于1994年经民政部注册成立中国社会工作教育协会。2001年底，协会顺利通过了民政部社会团体重新登记注册程序并被批准予以保留。重新登记注册（社证字第4613号）后的协会业务范围从以前的"学术交流、咨询服务"扩大为"学术交流、理论研究、业务培训、国际合作、咨询服务"。协会的法定代表人由袁方教授变更为王思斌教授。中国社会工作教育协会是一个以推进社会工作教育和专业社会工作发展为目的的非营利组织，属于全国性一级学术社团。团体会员皆为开办社会工作专业的院校或专业，个人会员为该领域的资深学者和专家。协会宗旨是："团结国内从事社会工作教育的教学、科研和实际工作者，同心同德，互相合作，促进中国社会工作事业发展。"协会的职能是加强国内社会工作各界人士的学术交流和联系；与国外社会工作教育团体和个人建立联系，开展国际学术交流；举办国内和国际社会工作教育学术会议与专业教育培训及相关学术活动，编辑出版有关学术著作；建立专业规范体系和评估指标体系。

截至 2013 年，协会已经成功主办了九届年会。其中，1997 年在民政管理干部学院（北京）举办了第一届年会。历届年会，协会围绕不同时期社会工作教育发展的主题，邀请国内外及香港地区学者出席会议，并组织国内学者对此展开深入讨论。这些年会为全国社会工作同仁提供了重要的交流平台，为中国社会工作教育发展规划了未来的方向，在中国社会工作专业教育发展史上意义重大。

此外，协会对社会工作专业师资培训方面也作了积极的推动工作。近几年来，协会已组织了五批专业教师赴香港学习访问，多次派出教师参加国际社会工作会议。2002 年夏季在长沙举办了"首届社会工作专业师资培训班"，培训了社会工作导论、个案工作、小组工作、社区工作 4 门主干课程；2003 年，协会邀请港台及内地资深学者，在天津主办了"中国社会工作专业实习师资培训班"，上述活动都取得了比较显著的效果，有力地推动了专业化师资的发展。

协会还一向重视专业化、本土化教材的建设和社会工作科研的发展。近几年来，协会出版了《社会工作概论》、《小组工作》、《中国社会工作研究》等书刊。一系列主干教材、社会工作实务教材等正在编写中。为了进一步推动教学科研的发展，在香港凯瑟克基金会（Keswick Foundation Limited,Hong Kong）的资助下，协会还从港台购买了一批社会工作图书并发放给内地部分开设社会工作专业的高校，这批图书在推动区域社会工作教育发展上起到了极为重要的作用。在实习基地建设方面，协会除在北京地区建立了两个实习基地，武汉、福建等地的基地也处于启动状态。2003 年初，第一批"约翰爵士凯瑟克奖励（Sir John Keswick Award）"的获得者（内地社会工作专业高年级学生）赴香港进行了为期 7 天的交流学习。此外，协会还编印了《中国社会工作教育通讯》发放给会员单位及相关机构。协会工作得到了国内外同行的充分认可。

协会正在实施五年发展计划，在师资培训、专业教材建设、社会工作实习基地建设、社会工作研究等方面开展了大量工作，得到了香港凯瑟克基金会在资金方面的大力支持。今后，协会将在提高教学人员的专业水平、建立专业规范体系和评估指标体系、提高社会工作的学术水平和在中国学术领域的地位、提高社会工作专业的社会地位、发展社会工作专业教育网络等方面积极开展活动。

8.上海浦东新区专业社会工作实践

中国的专业社会工作实践以1997年上海市率先开展社会工作实务试验为起点，其中尤以上海浦东新区的探索为代表。

上海市在改革开放的过程中，深切感受到传统的社会服务实务领域，从服务内容、服务方式和方法、服务人员的专业素质到服务的运行和管理模式，都难以适应各项社会改革的要求，迫切要求转变传统的社会服务观念，探索现代专业社会工作模式，录用专业社会服务人才，大力提高现有的社会服务人员的素质，推进现代社会工作实务。社会工作实务的试验首先在上海市浦东新区开始。浦东新区社会发展局从1997年开始，从高等学校社会工作专业的毕业生中招聘专业人才，建立专业社会服务机构，进行社会工作实务的试点工作。专业社会工作实践主要从以下几个方面展开：

一、招聘录用专业社会工作人才。浦东新区为推进社会工作实务试点所做的一项前期探索工作，是支持建立罗山市民会馆，引进专业社会工作者管理社区服务机构。罗山市民会馆于1996年3月建立，是一个新型民间服务机构，由上海市基督教青年会受托管理，政府提供房屋，新区社会发展基金会提供设备，上海基督教青年会、女青年会派出专业社会工作人员负责日常工作。罗山市民会馆策划了各种形式的专业社会工作服务，受到社区居民的欢迎。

1997年，浦东新区社会发展局决定引进首批社会工作本科毕业生，推荐他们到社区和福利机构从事社会工作实务。这一接纳社会工作专业人才的举措，促进了社会工作实务上海本土化的探索，拓展了社会工作专业人才的就业渠道。

二、培育社会工作实务组织。浦东新区社会工作者协会于1999年成立。该协会是由上海浦东的社会工作者、社会工作实务与研究机构及相关机构自愿组成的非营利性社会组织，在民政、社区、教育、卫生、司法等领域内推进社会工作的专业化与职业化。协会的专职人员为招聘的具有社会工作专业本科和硕士学历的职业社工。2000年5月，上海市浦东新区社会工作者协会又设立了潍坊新村街道社工站、沪东街道社工站、东方医院社工站、洋泾中学社工站，开展相关服务，并与香港基督教服务处签订合作协议，邀请香港基督教服务处对社工站进行指导培训。2003年浦东新区孕育了我国第一个非政府性质的专业社会工作服务机构——上海乐群社工服务社。

三、创建社会工作实务实习基地。浦东新区社会工作者协会与复旦大学、华东理工大学、华东师范大学、华东政法学院等9所高校签订协议，提供包括老年社工、医务社工、学校社工、家庭社工等10个领域的25个实习基地，为社会工作专业在校学生搭建学习平台,并按政府相关规定给予职业见习补贴。

9. 社会工作者入驻福利院

进入21世纪,中国的老年社会工作及其实务开始有了较快的发展,一些地方福利院逐渐探索引进社会工作的人才、理念。社会工作者入驻福利院主要有两种形式,一种是在福利院中设置社会工作的相关部门和岗位,另一种是政府相关部门向社会工作服务机构购买服务,向福利机构派驻社会工作人员和服务。

各地的探索首先是从在福利院设置社会工作岗位开始的。上海市第一福利院从2000年开始引进具有专业化知识背景的社会工作者,逐渐形成了专业社会工作介入上海市第一福利院的良好局面:2001年在三年发展规划中制定了系统的社会工作介入计划,2002年在社会福利院护理部主管的竞聘条件增加了"要有社会工作背景"这一条件,2004年在院内成立民政部系统第一个主管社工发展、老年人活动和义工服务的社会工作部;苏州市社会福利院从2001年开始招收社工为老人服务;北京市第五福利院于2003年引进第一位专业社工;2004年7月,广州市老人院在原来的领导小组的基础上成立社工部,直接受院办公室领导,主要负责老年社会工作的开展、老年活动的策划以及义工的管理与服务、编写专门刊物《社工部通讯》等工作,并从中山大学和中国青年政治学院引进两名专业社工,同时还邀请香港圣公会的老年服务专家作为顾问;北京市第一社会福利院于2005年在香港圣公会社会福利协会及其社会工作者的支持和指导下设立社工部;黑龙江省社会福利院于2005年引入社会工作;长沙市第二福利院社工站于2006年挂牌,正式开展老年人社会工作服务;2007年10月19日,宁波市社会福利院(光荣院)举行庆祝第20个"老人节"联欢会暨首届社工活动展览。民政福利机构中的社会工作是城乡社会服务体系的重要内容,福利机构中的社会工作人才队伍是加强社会建设和社会管理的重要力量。自2007年民政部组织开展社会工作人才队伍建设试点以来,已在社会福利、社会服务、慈善救助、优抚安置等民政事业单位开发设置了8000多个社会工作岗位。

通过政府购买服务的方式向福利院派驻社工的探索是从深圳开始的。特别值得一提的是,深圳的社会工作及其实务有后来居上的态势,深圳市相关福利院的社工引入尝试了政府购买服务的方式进行。2007年7月,深圳市社会福利中心以政府购买的方式向深圳市鹏星社会工作服务社"购买"了7名社工,分别安排在儿童福利院(4人)、老人院(2人)和康复医院(1人),为那里的老人、儿童及康复患者提供专业的服务。2008年3月,深圳市东西方社工服务社以民政局购买服务的方式,向深圳老人院派驻了若干名具有专业背景的社工,尝试为老人提供比较专业的服务。

10. "社会工作"被引入社区矫正领域

社会工作作为专业服务介入社区矫正是在2002年。2002年8月，在上海市政法委领导下开展的社区矫正试点工作被誉为"观念创新、制度创新、实践创新"的工作。这里的制度创新是指上海市在开展社区矫正试点工作时，并没有沿袭以往由政府直接开展工作的办法，而是在创新的理念下，组建了一个"民办非企业"团体——上海市新航社区服务总站，社区矫正的相关工作由"总站"招聘工作人员进行，政府通过购买服务来进行社区矫正服务。2002年11月，第一批从监狱干警、事业单位及社会招聘的61名社区矫正社会工作者在华东理工大学社会工作系进行了为期40天的专业培训后，在上海市徐汇区等四个试点地区正式上岗开始工作。2004年2月18日，上海市新航社区服务总站正式挂牌，共招聘400多名社区矫正社会工作者开展工作。

2003年7月10日，最高人民法院、最高人民检察院、公安部、司法部发出《关于开展社区矫正试点工作的通知》，确定在北京、天津、上海、浙江、江苏、山东六个省（直辖市）开展社区矫正试点工作，运用社会工作方法，整合社会资源和力量对社区矫正罪犯进行教育和改造。2003年8月，中共上海市委决定，运用社会工作理念，采用政府购买服务的模式，建立一支专业化、职业化的社工队伍，在全市推进预防和减少犯罪的工作体系建设。2008年底出台的《关于在全国试行社区矫正工作的意见》中提出：经中央政法委批准，最高人民法院、最高人民检察院、公安部、司法部决定，从2009年底开始在全国试行社区矫正工作。其中特别提到"建立健全"社会工作者的"聘用、管理、考核、激励机制"。2009年，随着社会工作人才队伍建设工作的深入推进，司法部门在社区矫正工作中设立专门的社会工作岗位，聘用社会工作人员，使得社区矫正工作向着专业化方向逐步推进。2012年1月，由最高人民法院、最高人民检察院、公安部、司法部联合印发的《社区矫正实施办法》（以下简称《办法》）开始实施，使社区矫正工作有了法律依据。该《办法》规定，"司法所承担社区矫正日常工作。社会工作者和志愿者在社区矫正机构的指导下参与社区矫正工作"。2012年11月，"全国司法社工论坛——预防犯罪及更生康复服务的机遇和挑战"在深圳举行，来自北京、黑龙江、云南等省市的专家学者、高校代表、社会组织代表等200多人参加了论坛。这次会议为全国司法社会工作者提供了交流平台，共同研究社区矫正、禁毒、预防犯罪等工作所面临的机遇和挑战。

11. "约翰·凯瑟克爵士全国优秀社会工作学生奖励"

"约翰·凯瑟克爵士全国优秀社会工作学生奖励"是由香港凯瑟克基金会赞助设立，经由中国社会工作教育协会严格评审，每年评选出 20 名优秀社会工作专业学生，全额资助其赴香港社会工作院校及社会工作服务机构进行专业学习和交流。自 2003 年以来，中国社会工作教育协会每年评选一次，用以奖励内地社会工作专业高年级优秀学生，旨在更好地推动我国社会工作专业教育的发展，培养学生对专业价值理念的深层次认同感和实践取向。

"约翰·凯瑟克爵士优秀社会工作学生奖励"有着非常严格的评选标准：认同社会工作专业理念与价值观，注重在专业中的个人成长，有团队合作精神；热爱社会工作专业，具备继续从事社会工作专业的潜质及热情，专业课程学习成绩优秀，有一定的专业研究能力；有较强的英语阅读和听说能力；自觉地将助人自助的专业理念运用于社会服务实践，热心公益事业，积极参与志愿活动，在校期间参加专业培训和社会服务实践累计 300 小时或以上；并且要求学生在香港期间能够认真完成各项学习交流任务，返回后能及时全面地和老师、同学交流在港考察的经历，并向中国社会工作教育协会提交正式考察报告。

中国社会工作教育协会资助优秀社工学生赴香港参观考察，目的在于更好地推动我国社会工作教育的发展，开阔学生的专业社会工作实务眼界，培养学生对社会工作专业价值理念的深层次认同和实践取向，为推动内地社会工作专业建设与服务作出努力。

12.《社会工作者职业水平评价暂行规定》、《助理社会工作师、社会工作师职业水平考试实施办法》

人事部和民政部于 2006 年 7 月颁发《社会工作者职业水平评价暂行规定》和《助理社会工作师、社会工作师职业水平考试实施办法》，这标志着我国社会工作者职业水平评价制度正式建立。

《社会工作者职业水平评价暂行规定》是根据国家职业资格证书制度的有关规定制定的，目的是规范社会工作者的职业行为、提高社会工作者的专业能力、加强社会工作者的队伍建设。这项规定适用于在社会福利、社会救助、社会慈善、残障康复、优抚安置、卫生服务、青少年服务、司法矫治等社会服务机构中，从事专门性社会服务工作的专业技术人员。

社会工作者职业水平评价分为助理社会工作师、社会工作师和高级社会工作师三个级别。通过职业水平评价，取得社会工作者职业水平证书的人员，表明其已具备相应的专业技术岗位所需要的水平和能力。

国家建立社会工作者职业水平评价制度，并将其纳入全国专业技术人员职业资格证书制度统一管理。人事部、民政部共同负责社会工作者职业水平评价制度的组织实施工作，并按职责分工对该制度的实施进行指导、监督和检查。凡中华人民共和国公民，遵守国家法律、法规，恪守职业道德，并符合助理社会工作师或社会工作师报名条件的人员，均可申请参加相应级别的考试。助理社会工作师、社会工作师职业水平评价实行全国统一大纲、统一命题、统一时间、统一组织的考试制度，原则上每年举行一次。民政部负责组织专家拟定考试科目、考试大纲，组织命题，研究建立考试题库，提出考试合格标准的建议。人事部负责组织专家审定考试科目、考试大纲和试题，会同民政部确定考试合格标准，并对考试实施等工作进行指导、监督和检查。

《社会工作者职业水平评价暂行规定》和《助理社会工作师、社会工作师职业水平考试实施办法》的出台，标志着我国社会工作者职业水平评价制度的正式建立，这是我国社会工作发展史上具有里程碑意义的大事，对于进一步发挥社会工作的专业优势，实施社会政策、化解社会矛盾、解决社会问题、维护社会稳定、促进社会公平、推进和谐社会建设，都具有十分重要的现实意义和深远的历史意义。第一，建立社会工作者职业水平评价制度是推进社会主义和谐社会建设、创新社会管理体制的重要举措。第二，建立社会工作者职业水平评价制度是解决社会问题、维护社会稳定的内在要求。第三，建立社会工作者职业水平评价制度是密切党和人民群众联系的桥梁和纽带。第四，建立社会工作者职业水平评价制度是加强社会工作队伍建设的重要抓手。

13.党中央提出"建设宏大的社会工作人才队伍"

2006年10月，党的十六届六中全会通过的《中共中央关于构建社会主义和谐社会若干重大问题的决定》（以下简称《决定》），对构建社会主义和谐社会若干重大问题作出了决定，其中在第八部分特别提出，要建设宏大的社会工作人才队伍，造就一支结构合理、素质优良的社会工作人才队伍，是构建社会主义和谐社会的迫切需要；建立健全以培养、评价、使用、激励为主要内容的政策措施和制度保障，确定职业规范和从业标准，加强专业培训，提高社会工作人员职业素质和专业水平；制定人才培养规划，加快高等院校社会工作人才培养体系建设，抓紧培养大批社会工作急需的各类专门人才；充实公共服务和社会管理部门，配备社会工作专门人员，完善社会工作岗位设置，通过多种渠道吸纳社会工作人才，提高专业化社会服务水平。这一战略部署强有力地推动了我国社会工作职业化、专业化的发展。

为贯彻落实党的十六届六中全会这一重大决策部署，2006年12月，民政部在深圳召开全国民政系统社会工作人才队伍建设推进会，民政部部长李学举在会上作了重要讲话。李学举提出要深刻认识加强社会工作人才队伍建设对于构建社会主义和谐社会的重大意义。他认为加强社会工作人才队伍建设，是转变政府职能、创新社会管理体制的重要举措，是完善社会保障体系、促进社会公平正义的内在要求，是解决社会问题、维护社会安定有序的有力手段，是建设和谐文化、营造诚信友爱良好社会氛围的重要保障，是创新党的群众工作方式、加强基层基础工作的迫切要求。李学举对民政与社会工作人才队伍建设的关系进行了论述。他提出，民政是推进我国社会工作发展、加强社会工作人才队伍建设的重要依托。发展社会工作，加强社会工作人才队伍建设，是转变民政管理和服务方式的重要保证。发展社会工作，加强社会工作人才队伍建设，是提高民政整体服务水平和增强民政基层力量的重要手段。

党的十六届六中全会把建设宏大社会工作人才队伍写入《决定》，是党管人才原则的重要体现，也是社会工作人才队伍建设沿着正确方向前进的根本保证。民政部要求认真贯彻中央精神，根据构建社会主义和谐社会的战略任务和民政事业发展的实际需要，开拓创新，统筹规划，扎实工作，充分发挥民政在社会工作人才队伍建设中的职能作用。

14.社会工作人才队伍建设试点

2007年2月，民政部下发了《关于开展社会工作人才队伍建设试点工作的通知》。试点工作采取条块和点面相结合的方式，优先在省会城市、计划单列市进行。各省、直辖市、自治区民政部门可选择一批市辖区围绕四个方面的内容进行综合试点：一是开展教育培训工作，组织参加职业水平考试；二是加快民政服务类事业单位改革，研究开发社会工作岗位；三是推进和谐社区建设，壮大社会工作人才队伍；四是促进民办社会工作服务机构的发展，健全社会工作服务网络体系。试点也可选择一些民政服务类事业单位进行单项试点。试点的主要任务是通过在社会福利、社会救助、社区建设、残障康复、优抚安置、社会公益类民间组织和家庭生活服务等领域进行试点，普及社会工作知识，储备社会工作人才，明确社会工作岗位，积累社会工作人才评价经验，为中央有关部门制定和完善社会工作人才队伍建设政策法规提供依据，为民政系统和民政范围全面推进社会工作人才队伍建设创造条件。

第一批试点包括了全国75个区（县/市）、90个社会福利单位，北京市东城区、西城区，上海市浦东新区，深圳市南山区、龙岗区，江西省的万载县等区（县、市）以及上海市社会福利中心、广东省少年儿童救助保护中心等单位被批准成为第一批试点单位。2009

年 3 月,民政部派出 9 个工作组分赴全国 28 个省、直辖市、自治区逐一对试点地区和单位进行了检查评估。在试点经验基础上,民政部下发《关于开展社会工作人才队伍建设试点示范创建活动的通知》,通过试点单位申报和综合评定,2009 年 11 月,民政部命名了上海市浦东新区等 7 个区(县、市)为第一批社会工作人才队伍建设试点示范区(县、市),北京市第一社会福利院等 15 家单位为第一批社会工作人才队伍建设试点示范单位。

继 2007—2009 年第一批社会工作人才队伍建设试点工作顺利告一段落后,2009 年 9 月,民政部下发《关于开展第二批社会工作人才队伍建设试点工作的通知》,经过申报、推荐和审核,最后确定了天津市河东区等 88 个区、市、县、乡镇为民政部第二批社会工作人才队伍建设试点地区,确定民政部国家减灾中心等 169 个单位为民政部第二批社会工作人才队伍建设试点单位。在对 2007 年以来的试点单位进行评估总结基础上,为深化试点工作效果,2010 年 9 月,民政部下发《关于组织申报第二批"全国社会工作人才队伍建设试点示范区(县、市)"和"全国社会工作人才队伍建设试点示范单位"的通知》。经过各单位的申报和民政部的综合评定,民政部确定天津市南开区等 15 个区(县、市)为第二批社会工作人才队伍建设试点示范区(县、市),确定民政部国家减灾中心等 14 家单位为第二批社会工作人才队伍建设试点示范单位。

15.《全国助理社会工作师、社会工作师职业水平考试大纲》发布

按照人事部、民政部发布的《社会工作者职业水平评价暂行规定》和《助理社会工作师、社会工作师职业水平考试实施办法》的要求,由民政部组织编写了《全国助理社会工作师、社会工作师职业水平考试大纲》,经人事部审定,于 2007 年 12 月 21 日正式发布。该大纲的发布,标志着全国助理社会工作师、社会工作师职业水平考试工作提上议程。社会工作者职业水平考试与其他考试不同,因此大纲有其独特之处。一是因为社会工作既是一门职业,也是一门专业,从业者必须具备专业素质、持守专业理念、运用专业方法为社会提供服务,对社会工作者开展职业水平评价,也必须考核其专业水平,考试大纲在编写框架和内容设计上都体现了专业性的特点。二是社会工作作为一门直接服务于人且带有很强的文化和价值取向的专业和职业,设置评价标准时,必须立足于我国的国情和文化,充分吸收我国社会工作发展的经验。同时,考试大纲充分考虑了考生的接受能力,在确保专业性标准的同时,尽量回避了过宽、过深、过难的内容,文字表述也力求通俗易懂,言简意赅。三是社会工作者职业水平考试注重考察社会工作从业人员应用相关知识,有效解决实际问题的能力,而不是仅仅考察社会工作从业人员的理论和知识水平。考试大纲在体系上打破了学校教育的知识框架以及教科书编写模式,删除了对概念、定义、理论观点的要

求，重点围绕《社会工作者职业水平评价暂行规定》对助理社会工作师、社会工作师的职业能力来确定评价标准。

根据《助理社会工作师、社会工作师职业水平考试实施办法》的规定，助理社会工作师的考试科目为《社会工作综合能力（初级）》、《社会工作实务（初级）》。社会工作师的考试科目为《社会工作综合能力（中级）》、《社会工作实务（中级）》和《社会工作法规与政策》。

16.民政部设立社会工作司

2008年，国务院通过机构改革"三定"方案，在民政部设立了社会工作司，成立了两个专门处室，赋予其拟定社会工作发展规划、政策和职业规范，推进社会工作专业人才队伍建设和相关志愿者队伍建设等政府职能。这标志着民政部门作为社会工作业务主管部门的地位正式确立。

在这前后，地方政府也纷纷成立社会工作事务的专门负责机构。2004年6月，上海市机构编制委员会批准市民政局增设"职业社会工作处"，该处的主要职责包括以下几个方面：一、贯彻执行国家有关职业化社会工作的方针、政策和法律、法规、规章；研究起草有关社会工作的立法建议；调查研究并拟定社会工作的发展规划和政策措施。二、拟定开展社会工作服务的相关政策。负责政府出资的社会工作服务项目的落实，评估其效率。三、组织职业社会工作机构和社会工作项目的绩效评估并向社会公布。四、指导本市职业社会工作机构建立、健全各项管理制度。五、负责拟定本市职业社会工作者队伍建设的规划、政策、管理办法并组织实施。负责拟定本市各类社会工作职业岗位的设置标准。六、负责拟定本市社会工作者职业资格考试标准、职业资格制度建设，指导、协调和监督社会工作者职业资格认证考试。七、负责指导职业社会工作机构的工作，代表政府委托职业社会工作机构开展各项服务。八、承办市政府交办的有关社会工作的其他事项。

这标志着上海市政府率先确立了社会工作的职能部门。

北京市于2007年12月成立了中共北京市委社会工作委员会，其主要职责是：一、贯彻执行党的路线、方针、政策和市委关于加强本市社会建设的决议、决定，研究提出工作意见并组织实施。二、研究提出本市社会建设的总体规划、重大方案和重要政策，为市委宏观决策服务。三、宏观指导、统筹协调和督促检查本市社会建设重点任务的落实。四、拟订并组织实施本市社会管理体制改革和社会领域社会动员体制机制建设的规划和政策措施。五、负责综合研究和统筹协调本市街道管理体制改革相关工作。六、负责本市社会领域党建工作，拟订并组织实施社会领域党建工作的规划和政策措施，协调指导各区县、各有关单位开展社区党建、社会组织党建和新经济组织党建工作。七、协调指导本市社会工作人才队伍建设工作，拟订并组织实施社会工作人才队伍建设的规划和政策措施，建立健全以培养、评价、使用、激励为主要内容的制度和机制。八、综合协调本市志愿者工作，拟订并组织实施志愿者工作的规划和政策措施。九、负责对各区县社会建设工作进行指导和督促检查。十、承办市委交办的其他事项。

广东省于2011年8月成立社会工作委员会。新设立的广东省社会工作委员会，既是省委的工作部门，又是省政府的职能机构。其主要职责是按照"党委领导、政府负责"的要求，牵头制定并组织实施社会工作总体规划和重大政策，协调相关部门起草社会工作方面的政策法规；宏观指导和综合协调全省社会工作，督促检查工作落实情况；参与拟定劳动就业、社会保障、教育、卫生、文化、体育等方面的政策；推进和创新群众工作，协调建立健全群众利益协调、诉求表达、矛盾调处、权益保障机制；配合推进社会领域党建工作；研究推动社会建设和管理体制改革创新。

17.全国社会工作者职业水平考试开考

全国社会工作者职业水平考试，是2008年首次在全国范围内举行的一种针对社会工作者进行能力甄别的级别考试，合格者可以获得由国家认定的社会工作师职业资格证书。根据人事部、民政部发布的《社会工作者职业水平评价暂行规定》和《助理社会工作师、社会工作师职业水平考试实施办法》的规定，全国社会工作者职业水平考试分为助理社会工作师、社会工作师二个类别。

助理社会工作师考试报名条件：一、取得高中或者中专学历，从事社会工作满4年；二、取得社会工作专业大专学历，从事社会工作满2年；三、社会工作专业本科应届毕业生；四、取得其他专业大专学历，从事社会工作满4年；五、取得其他专业本科及以上学历，从事社会工作满2年。

社会工作师考试报名条件：一、取得高中或者中专学历，并取得助理社会工作师职业水平证书后，从事社会工作满6年；二、取得社会工作专业大专及以上学历或学位，从事社会工作满4年；三、取得社会工作专业大学本科学历，从事社会工作满3年；四、取得社会工作专业硕士学位，从事社会工作满1年；五、取得社会工作专业博士学位；六、取得其他专业大专及以上学历或学位，其从事社会工作年限相应增加2年。

助理社会工作师考试科目分为《社会工作综合能力（初级）》和《社会工作实务（初级）》2科，考生须一次通过2科方可取得助理社会工作师职业资格证书；社会工作师考试科目分为《社会工作综合能力（中级）》、《社会工作实务（中级）》和《社会工作法规与政策》3科，为滚动考试，考生可在连续两个年度内通过全部科目后，获得社会工作师职业资格证书。

《社会工作实务（中级）》科目为主观题，在专用答题卡上作答。其余科目为客观题，在答题卡上作答。考生应考时，应携带黑色钢笔或黑色签字笔、2B铅笔，不得携带计算器。各科试卷卷本可作草稿纸，考试结束时收回，不再另发草稿纸。

2008年6月，首次全国社会工作者职业水平考试开考，报考人数达13.78万人。2009年，又有8.42万人报名参加了社会工作者职业水平考试。2010年第三次社会工作者职业水平考试时全国有6.9万人报名参加考试，有7945人考试合格并获颁相关证书，其中2621人获得社会工作师的职业资格，5324人获得助理社会工作师资格。2011年第四次社会工作者职业水平考试，全国共7.8万人报名参加，有9554人考试合格并获颁证书，其中1382人获得了社会工作师的职业资格，8172人获得了助理社会工作师的职业资格。2012年第五次社会工作者职业水平考试，全国共13.4万人报名参加考试，有6104人获得了社会工作师的职业资格，有23826人获得了助理社会工作师的职业资格。2013年17万人报名参加社会工作者职业水平考试，有3.9万人通过考试，几乎是前5年通过考试总人数的一半。2014年报名人数第一次突破20万人，有28431人取得助理社会工作师资格，有7427人取得社会工作师资格。2015年报名人数突破32万人，有29万多人通过资格审查，有34274人取得助理社会工作师资格，有13155人取得社会工作师资格。

18.关于民政事业单位岗位设置管理的指导意见

2008年10月，民政部联合人力资源和社会保障部印发了《关于民政事业单位岗位设置管理的指导意见》（以下简称《指导意见》），这是我国社会工作制度建设和民政事业发展的一件大事。

2006年7月民政部和国家人事部联合发布了《社会工作者职业水平评价暂行规定》和《助理社会工作师、社会工作师职业水平考试实施办法》后，民政部就一直在研究专业社工岗位的开发设置问题。2007年民政部就组织有关业务司局分业务领域进行了"民政业务领域社会工作岗位设置研究"，写出了研究报告和政策建议。这一时期，正值我国事业单位人事制度进行深入全面改革的关键时期。正是在国家加强社会工作人才队伍建设和对事业单位普遍进行岗位设置管理的大背景下，民政部向人事部提出了联合制定发布民政事业单位岗位设置管理意见的建议。经过多次沟通协商，2008年10月，民政部和人力资源和社会保障部终于在全国首批助理社工师、社工师取得职业水平证书的同时，联合印发了《指导意见》。

《指导意见》主要有三方面内容：

一是范围，主要指单位范围和人员范围。单位包括各级民政部门举办的各类主要由财政拨款、部分由财政支持和经费自理的事业单位，以及使用事业编制的民政类社团、基金会，依据单位服务性质分为以提供专业技术服务为主、以承担社会管理职责为主和以承担技能操作维护、服务保障为主三类单位。人员是指对现有在册的所有正式工作人员，包括所有管理人员、专业技术人员、工勤技能人员，所谓"在册的正式工作人员"是指所有签订聘用协议、从事主要业务工作的人员，不完全是编制内人员。

二是岗位，包括岗位类别、等级、名称、条件、待遇。岗位类别是指管理岗、专业技术岗（民政事业单位原则上以社会工作岗位为主体专业技术岗位）、工勤技能岗；岗位等级是指管理岗分 8 个等级，专业技术岗分高、中、初级 13 个等级，工勤技能岗分 5 个等级；岗位名称主要是指民政事业单位主体专业技术岗位名称，即助理社工师和社工师（高级专业技术岗位名称待高级社工师评价办法出台后另行规定）；岗位条件主要是指各级别管理岗、专业技术岗、工勤技能岗各自基本任职条件（民政部门各类单位还需要根据自己的工作特性制定各自具体的岗位条件）；岗位待遇主要是指，我国事业单位从业人员的工资待遇，都是由各级人事部门按照身份或岗位职级核定的，所以本文件规定："经核准的岗位设置方案作为聘用人员、确定岗位等级、调整岗位以及核定工资的依据。"

三是程序，岗位设置管理的程序主要包括岗位设置的审核程序和聘用程序。审核程序要求各类民政事业单位在民政部门的指导下，按照人事部印发的《事业单位岗位设置管理试行办法》、《实施意见》和《民政事业单位岗位设置管理指导意见》的要求，制定《岗位设置方案》，填写《岗位设置审核表》，报当地人事部门核准。岗位聘用程序要求依据批准的岗位设置方案，按照"按需设岗、竞聘上岗、按岗聘用"的原则，确定具体岗位职责任务和任职条件，明确岗位等级，聘用工作人员，签订聘用合同，特别要说明的是，现在考取了全国社工师或助理社工师资格的所有正式在册人员，均有资格申请社工专业技术岗位，不论原来是什么身份。

19.教育部设置"社会工作硕士"（MSW）学位

2009 年 2 月 20 日国务院学位委员会下发了《社会工作硕士专业学位设置方案》，方案共十二条。全文如下：

一、为了深入贯彻落实科学发展观，更好地坚持以人为本，建设宏大的社会工作人才队伍，促进社会主义和谐社会建设，决定设置社会工作硕士专业学位。

二、社会工作硕士专业学位的英文名称为 Master of Social Work，英文缩写为 MSW。

三、社会工作硕士专业学位教育的人才培养目标是：具有"以人为本、助人自助、公平公正"的专业价值观，掌握社会工作的理论和方法，熟悉我国社会政策，具备较强的社会服务策划、执行、督导、评估和研究能力，胜任针对不同人群及领域的社会服务与社会管理的应用型高级专业人才。

四、社会工作硕士专业学位研究生的招生对象，一般为具有一定社会工作实践经验的学士学位获得者。

五、入学考试采用全国统考或联考、初试与复试相结合的办法。

六、教学内容坚持理论与实践相结合，突出社会工作实务能力训练，兼顾研究能力培养。

七、教学方式采用课程讲授、案例研讨和专业实习等多种形式，重视实践教学。

八、承担专业课程教学任务的教师应具有较丰富的社会工作实践经验及相应的教学和研究能力。

九、学位论文应与社会工作实践紧密结合，可采用社会服务项目设计与评估、实务研究、政策研究等形式。

十、课程考试合格，完成社会工作专业实习并通过学位论文答辩者，授予社会工作硕士专业学位。

十一、社会工作硕士专业学位由国家批准的社会工作硕士专业学位研究生培养单位授予。

十二、社会工作硕士专业学位证书由国务院学位委员会办公室统一印制。

2009年7月21日国务院学位委员会办公室批准首批33所研究生培养单位开展社会工作硕士专业学位研究生教育试点工作，包括北京大学、清华大学、中国人民大学、北京师范大学、首都经济贸易大学、中国社会科学院研究生院、南开大学、内蒙古师范大学、吉林大学、长春工业大学、复旦大学、华东理工大学、上海大学、山东大学、南京大学、苏州大学、浙江师范大学、厦门大学、福建师范大学、安徽大学、江西财经大学、武汉大学、华中科技大学、华中农业大学、华中师范大学、中山大学、郑州大学、广西师范大学、四川大学、西南大学、贵州大学、西北大学、西北师范大学。社会工作硕士专业学位招生从2010年开始，列入全国硕士研究生统一招生计划管理。

2009年9月15日国务院学位委员会、教育部下发通知，决定成立全国社会工作硕士专业学位教育指导委员会。全国社会工作硕士专业学位教育指导委员会由民政部原部长任主任委员，王思斌、柳拯任副主任委员，田毅鹏等16人担任委员，秘书长由谢立中兼任，秘书处设在北京大学。

2010年，首批社会工作硕士专业学位点开始招生。在首批试点的单位中，有31家开始正式招生，总计计划招生902人，报名人数为1526人，平均每所院校计划招生29.1人，而 31 所招生院校中,报名人数超过计划招生人数的有 26 所。其中,计划招生人数最多的学校有 1 所,计划招收 100 人;计划招生人数最少的学校有 5 所院校,计划招生数均为 10 人,计划招生最多与最少的数量相差 10 倍。

20.社会工作者继续教育办法

为推进社会工作者继续教育工作,根据人事部、民政部《社会工作者职业水平评价暂行规定》要求和国家有关专业技术人员继续教育规定,2009 年 9 月 1 日,民政部部长办公会议通过了《社会工作者继续教育办法》(以下简称《办法》)。2009 年 9 月 7 日,民政部下发了《关于印发社会工作者继续教育办法的通知》,要求各省、自治区、直辖市民政厅(局),新疆生产建设兵团民政局遵照执行。

《办法》指出,社会工作者继续教育的目的是使社会工作者保持良好的职业道德,不断更新、补充知识,提高专业水平和能力,提高服务质量。根据《社会工作者继续教育办法》,助理社会工作师、社会工作师和高级社会工作师应当接受继续教育,助理社会工作师、社会工作师和高级社会工作师要在专业价值观和伦理,相关法律、法规、规章及政策,社会工作实务以及相关理论知识等方面接受针对性的教育。不同级别的社会工作者在每一登记有效期内接受继续教育的时间不同。助理社会工作师在每一登记有效期(3 年)内接受社会工作专业继续教育的时间累计不得少于 72 小时。社会工作师、高级社会工作师在每一登记有效期(3 年)内接受社会工作专业继续教育的时间累计不得少于 90 小时。在申请社会工作者职业水平证书再登记时提交有效的继续教育证明。《办法》对社会工作者接受继续教育的时间计算方法作了明确说明。

《办法》明确了社会工作继续教育的四种形式,社会工作者可以自愿选择:

一、在社会工作者继续教育主管部门备案并予以公布的社会工作者继续教育机构所组织的社会工作培训;

二、社会工作者继续教育主管部门组织的社会工作培训;

三、国家承认的社会工作专业学历教育;

四、社会工作者继续教育主管部门认可的其他形式。

《办法》对社会工作者继续教育的管理部门作了规定。民政部负责全国社会工作者继续教育管理工作,制定社会工作者继续教育政策和管理办法,组织社会工作者继续教育示范培训,指导各省、自治区、直辖市社会工作者继续教育工作。各省、自治区、直辖市民政厅(局)和新疆生产建设兵团民政局负责本地区社会工作者继续教育的组织管理工作。

根据该《办法》,社会工作者所在单位要为其继续教育提供经费支持。此外,该《办法》还对继续教育机构的资格、培训内容的设置、培训费用等作了相应规定,明确了培训机构的责任。

《办法》颁布后,我国社会工作者继续教育工作有序推进。国家层面上,民政部培训中心、中国社会工作协会、依托教育部"高等学校继续教育示范基地"和中国残疾人联合会组建的"中国残疾人事业发展研究基地"作为三支主要的社会工作者继续教育队伍,开展了多种形式的继续教育。地方层面上,各地陆续出台了符合本地实际的社会工作者继续教育政策,在考前培训、领导干部社会工作知识普及、专题研究,以及取得社会工作师水平证书的专业化、资质化的培训方面对各地社会工作者进行继续教育。

总之,《办法》对规范社会工作者继续教育,促进我国社会工作人才队伍建设有重要指导意义。

21.关于促进民办社会工作机构发展的通知

2009年10月,民政部发布了《关于促进民办社会工作机构发展的通知》(以下简称《通知》),明确提出要"充分发挥民办社会工作服务机构的重要载体和阵地作用,推进社会工作及其人才队伍建设深入开展"。该《通知》主要明确了如下内容:

一是民办社工机构的内涵和外延。《通知》指出,民办社工机构是"以社会工作者为主体,坚持'助人自助'宗旨,遵循社会工作专业伦理规范,综合运用社会工作专业知识、方法和技能,开展困难救助、矛盾调处、权益维护、心理疏导、行为矫治、关系调适等服务工作的民办非企业单位"。凡申请登记的民办社工机构,应在章程中明确其社会工作服务宗旨、业务范围和服务方式。为保证民办社工机构的专业性,《通知》要求"民办社工机构发起人中至少有一人取得社会工作师职业水平证书或至少有两人取得助理社会工作师职业水平证书,专职工作人员中至少有1/3以上通过全国社会工作者职业水平考试并在民政部门登记"。

二是民办社工机构的业务主管部门。《通知》区分了两种情况,一是"对于社会需要而又找不到业务主管单位、登记难的民办社工机构,各级民政部门要区分情况帮助其联系或落实业务主管单位,为其顺利登记创造条件";二是"对于综合性或优抚安置、减灾救灾、社会救助、社区服务、社会福利、慈善公益等类型的民办社工机构,民政部门可直接担任其业务主管单位"。

三是发展民办社工机构的保障措施。《通知》指出,民政部门作为政府主管社会工作及其人才队伍建设的职能部门,一方面自身要主动提供力所能及的支持,另一方面要积极建议政府及有关部门支持民办社工机构的发展,加大资金等支持力度,建立政府购买社会工作服务制度，明确购买服务范围，严格购买服务程序，加强引导和宣传，支持民办社工机构人才队伍建设。

四是加强对民办社工机构的管理。《通知》要求，各级民政部门要从以下几方面加强对民办社工机构的管理：一、健全内部治理结构。"要指导民办社工机构建立健全以章程为核心的各项规章制度，健全理事会、监事会制度，进一步完善法人治理结构"。二、完善社会监督。"要建立公开、公平、公正的民办社工机构评估体系，形成客观、科学的第三方评估体制"；"要指导和督促民办社工机构接受社会监督，真实、准确、完整地公布有关信息，恪守非营利原则，提高各类资金使用的效率和透明度"；"要加强对民办社工机构经常性的管理和监督，将年检工作与日常监督、绩效管理、信用建设、执法查处相结合，严肃惩处违纪违法行为"。三、加强党建工作。督促符合条件的民办社工机构成立党组织，将不符合单独建立党组织条件的民办社工机构联合起来成立党组织，充分发挥党组织的作用，保证民办社工机构的政治方向。四、推进行业自律。各地要充分发挥社会工作行业组织自律作用，促进民办社工机构遵循专业伦理规范，保证服务质量。

《通知》对促进民办社工机构发展，推进社会工作及其人才队伍建设发挥了重要作用。

22.北京实施"大学生社工计划"

北京市从 2009 年开始实施"大学生社工计划"，连续三年共选聘 5000 名首都高校应届毕业生担任专职社区工作者，到城市社区工作。这是北京继选聘大学生"村官"、基本实现每村有两名大学生目标后采取的又一重大举措。

2007 年 12 月 2 日，北京市在全国率先成立市委社会工作委员会、市社会建设工作办公室。这个新机构的主要职能是加强社区管理与服务、社会组织管理与服务、社会工作者队伍建设、志愿者工作和社会领域党建等，以促进经济与社会事业的同步协调发展。北京市委市政府一直重视社会建设工作，2008 年召开社会建设大会，出台社会建设"1+4"文件，提出社区工作者要实现专业化和职业化的目标。过去社区工作者大部分都是返聘离退休的人员，还有（下岗的）"40"、"50"人员。随着城市化推进，上述人员难以满足社区服务和管理的需求。2009 年金融危机蔓延，中国的就业形势非常严峻，特别是大学生就业出现了困难。在这种背景下，北京提出"大学生社工计划"，三年面向高校应届毕业生和合同期满的大学生"村官"选聘 5000 名社区工作者。2009 年招 2000 名、2010 年招 2000 名、2011 年招 1000 名高校应届毕业生到社区党组织、社区居委会、社区服务站、商务楼宇社会工作站工作，力争用 3—5 年时间，建设一支专业化、职业化的社会工作者队伍，从总体上改变社区现有工作人员年龄偏大、工作方式偏于传统等与现代化社区建设要求存在较大差距的局面。

"大学生社工计划"实施以来,不仅通过面向高校招聘,各个区县和市级层面还面向社会选聘。从2009年以来,通过社区"两委"换届选举,通过面向社会招聘,大约有一万五千名大专以上学历的大学生到了社区。截至2011年底,北京市三万多社区工作者当中,具有大专以上学历的达到了70%以上,彻底改变了社区工作者的知识结构、年龄结构,(平均年龄41岁左右),一支专业化和职业化的社区工作者队伍初步形成。

在2012年北京市社区党委换届中,有41人当选社区党委书记,239人当选社区党委副书记,1072人进入社区党组织班子。

23. "林护杰出社会工作奖"

随着社会工作的推进,全国范围内出现了许多优秀社会工作人才和社会工作项目,在社会工作领域作出了突出贡献,取得了良好的社会效益。为表彰这些优秀社工人才及项目,2009年开始,林护基金会与香港理工大学、北京大学合作,设置"林护杰出社会工作奖",支持中国大陆社会工作发展。

"林护杰出社会工作奖"每两年进行一次项目评选,设置奖项四类,分别是林护杰出社会工作学人奖2名,奖金10000元,参选人必须在提名期间任职内地院校,任教社会工作专业或相关之课程逾三年;杰出社会工作项目奖2个,奖金20000元,此项目必须以社会服务为宗旨,由个人、院校或机构提名,项目需于提名截止日期前18个月内完成;杰出社会工作学生奖4名,奖金5000元,参选人必须在提名期间就读内地院校社会工作专业;杰出社会工作实习项目奖4个,奖金10000元,由个人、院校或机构提名,项目必须以社会服务为宗旨,由学生策划及执行,实习项目需要在提名截止日期前18个月内完成。学人奖和学生奖是以个人为单位,表扬和鼓励他们对社会工作教育及储备人才所作的贡献。社会工作服务项目包括实习项目和工作项目,前者以学校为单位,后者以机构/单位/部门为单位,目标是为了争取社会群众或社会中某些特殊及弱势群体的利益,利用民间资源开展一系列公益项目。

四类奖项的评选标准如下:

林护杰出社会工作学人奖:能整合教学、研究及实践于推动专业社会工作教育的发展;

林护杰出社会工作学生奖:能应用社会工作理念及价值观于实践中,并透过反思去提升其实务能力;

林护杰出社会工作实习项目奖及林护杰出社会工作项目奖:

一、有创意;

二、针对服务对象之需要而设计；

三、可以提升社会工作在内地专业的认受性；

四、可以体现社会工作的价值观及理论于实践；

五、促进社会工作在内地本土化的发展；

六、促进社会和谐与稳定，为提升服务对象的福祉所作的努力；

七、结合社会工作理论与实践。

截至2015年，共举办了三届林护社会工作奖颁奖典礼。2010年3月12日在北京大学举办了首届林护杰出社会工作奖颁奖典礼。北京协作者、上海闵行区"旭日心航"项目获得"林护杰出社会工作项目奖"，西南石油大学党建文、中国青年政治学院房光宇等人获得"林护杰出社会工作学生奖"；中国青年政治学院"北京市未成年人保护救助中心的港湾团队"实习项目、浙江工商大学"社会工作介入脑瘫儿童家长互助小组的功能研究"项目、云南大学"残疾学生学校精神健康服务实习项目"、山东大学"济南市家庭寄养基地进驻式实习项目"被评为"林护杰出社会工作实习项目奖"；中国青年政治学院青年发展研究院院长陆士桢教授、高鉴国教授获荣获"林护杰出社会工作学人奖"；2011年11月3—7日，云南大学社会工作学院承办了第二届林护社会工作奖颁奖典礼。西南石油大学的彭州灾区彩虹桥服务、华中师范大学的医疗社会工作实习、徐州师范大学少年涉案的社会工作介入、浙江工商大学的社会工作实习分别获得杰出社会工作实习项目奖；中华女子学院曹雨欣、青海师范大学郭金龙、北京大学何凯波、中国人民大学谢立黎分别获得杰出社会工作学生奖；上海市自强社会服务总社、中国青少年发展基金会分别获得杰出社会工作项目奖；中山大学张和清教授获得杰出社会工作学人奖。2014年5月29日至31日第三届林护杰出社会工作学生奖颁奖礼在北京大学举办。北京行在人间文化发展中心、四川海惠助贫服务中心（国际小母牛中国项目）获得项目奖；武汉理工大学谢飞、华东理工大学洪佩、西南石油大学吴金斌和中国青年政治学院彭宁获得学生奖；浙江工商大学、华中农业大学文法学院社会学系、沈阳师范大学社会学学院、中国青年政治学院获得实习项目奖。

林护杰出社会工作奖是内地社会工作专业恢复以来设立的首个全国性的社会工作奖项，为社会工作行业树立了典范，对推动社会工作发展产生了积极作用。

24.首届中国社工年会

2010年2月2日，首届中国社工年会在北京隆重举行。全国政协副主席白立忱、十届全国人大常委会副委员长司马义·艾买提、原中国社会工作协会会长徐瑞新、民政部副部长孙绍骋、国务院侨办副主任任启亮等领导出席年会。年会由民政部指导,中国社工协会主办,公益时报社承办,是一场由全国各地社会工作协会参与、各大公益组织支持、各大媒体高度关注的中国社工领域年度盛事。党和国家领导人、民政部及有关部委领导、全国各社工组织机构代表、著名公益组织和国际组织代表、地方政府领导和社会名流等400多人出席了年会。

年会以"传播社工理念,弘扬社工精神"为宗旨,首次系统盘点年度社会工作,致力于让社会更加了解和关注中国社会工作的发展,提升社会工作整体形象和影响力。

年会首次推选了"年度十大社工人物"。十届全国人大常委会副委员长蒋正华因长期关注和参与社会工作而被推选为"2009年度中国十大社工人物",与蒋正华一同当选的还有徐祥龄、陆士桢、刘京、喇英才、李国强、刘晓、郭长江、高润霖、马伊里等。徐祥龄老先生在香港做过30多年专职社工,是香港地区第一个研究并实践"外展社工"的先行者,素有"香港外展社工之父"之称;陆士桢在2009年4次参加中国社会工作协会组织的专家组赴四川地震灾区调研和督导,提出了"培育一批民办社工服务组织、培养一批社会组织职业经理人、建设一个社工组织联盟"的设想,并对灾区试点社工服务中心进行具体指导,在社工理论与社工实务,尤其是社会工作介入灾后重建方面作出了突出贡献;刘京2001年创办中国首份公益主题的报纸——《公益时报》,长期致力于对公益和社会工作的深入研究;郭长江作为中国红十字总会、中国红十字基金会的领导者,是中国公益事业发展过程中的先锋,以其特殊的技能和专业的社会工作方法,为社会领域的改革和发展开了先河。

首届社工年会还公布了十大社工事件:全国范围内的社会工作者职业水平证书登记工作开始、"社会工作服务组织试点工程"得到国务院和民政部领导的高度关注、首部《中国社会工作发展报告(1988—2008)》蓝皮书出版发行、"两岸四地社区服务工作实务论坛"召开、北京在全国率先实施"大学生社工计划"等10个事件被评为2009年度全国社会工作领域十大事件。

年会上,主办方举行了"共铸中国心"大型公益项目启动仪式和北京爱晚中心启动揭牌仪式,向长期支持和参与社会工作的明星和企业家颁发了"荣誉会员"证书。

25.北京大学—香港理工大学中国社会工作研究中心揭牌

2010年3月11日,由北京大学和香港理工大学共同筹建的中国社会工作研究中心正式揭牌。时任北京大学常务副校长林建华、北京大学副校长张国有、香港理工大学校董会主席杨敏德女士、民政部人事司副司长柳拯、利丰集团主席冯国经、林护纪念基金有限公司主席林柏年、香港理工大学副校长阮曾媛琪、中国社会工作教育协会会长、北京大学社会学系教授王思斌、青年发展基金会会长蔡元云等领导和嘉宾出席了开幕式并为中心落成剪彩。北京大学常务副校长林建华、香港理工大学校董会主席杨敏德女士在开幕式上致辞，代表两校对莅临中心的各位领导和嘉宾表示了诚挚的欢迎。民政部人事司副司长柳拯博士对中心的开幕表示热烈祝贺，表达了对中心进一步发展壮大的殷切希望。利丰集团和林护基金会是中心的重要资助机构，其代表冯国经博士和林柏年先生表示将继续支持中心的建设和发展。时任中联办社会工作部部长张铁夫和中国老龄事业发展基金会会长、民政部原副部长李宝库也到会致贺词。

　　社会工作培训项目于20世纪20年代首次引入中国的大学，50年代初期曾一度停办。改革开放以来，伴随而来的社会问题和社会矛盾日显突出，社会工作事业重新引起了学界的关注与国家的重视。1988年以来，北京大学与香港理工大学建立起紧密的合作关系，一同致力于中国社会工作事业的发展。自2000年起，联合开办"社会工作硕士学位教育项目"，培养了一批又一批杰出的社会工作专业教师。在多年的通力协作下，两校于2005年签署了共建中国社会工作研究中心的决议。北京大学—香港理工大学中国社会工作研究中心由北京大学与香港理工大学共同筹建，致力探讨中国社会工作理论与实践研究的道路，丰富、发展和完善本土中国社会工作专业的理论与实践知识体系，提高社会工作专业解决社会问题和参与社会发展的能力。同时，中心也希望通过学术研究与专题项目的开展，培养理论与专业水平兼备的社会工作及社会政策研究人才。中心立足于中国本土社会，运用多学科交叉的研究方法，探讨中国经济和社会发展以及社会政策与社会工作专业化过程中的重要理论及实践问题，注重学术研究与实践应用的结合，推动社会工作研究服务于社会。中心与政府、高校等相关机构紧密合作，提供高水平的社会服务管理、社会工作教学及实务的培训，积极推动中国社会工作的发展和进步。同时致力于成为连接中国与国际社会工作交流的重要平台，促进社会工作、社会政策与社会发展等相关领域的国际合作，提升中国社会工作研究和实践的国际影响力。

26.《国家中长期人才发展规划纲要（2010—2020年）》首提"社会工作人才"

　　2010年6月6日，中共中央、国务院颁发《国家中长期人才发展规划纲要（2010—2020年）》（以下简称《纲要》），这是新中国成立以来第一部中长期人才发展规划纲要，确定了当今和今后一个时期国家对各方面人才的需求和培养规划。《纲要》对我国的人才队伍进行了细化，分别是党政人才队伍、企业经营管理人才队伍、专业技术人才队伍、高技能人才队伍、农村实用人才队伍、社会工作人才队伍。《纲要》对六大类人才划分实际上是一大创新，而首次提出的社会工作人才队伍则是规划的最大亮点。

与 2006 年党的十六届六中全会提出"建立宏大的社会工作人才队伍"的要求相呼应，《纲要》将社会工作人才与党政人才、企业经营管理人才、专业技术人才、高技能人才、农村实用人才一起，作为 6 支主体人才队伍进行了全面部署。

《纲要》提出要培养造就"一大批职业化、专业化的高级社会工作人才"，并提出非常具体的量化指标和主要举措："适应构建社会主义和谐社会的需要，以人才培养和岗位开发为基础，以中高级社会工作人才为重点，培养造就一支职业化、专业化的社会工作人才队伍。"《纲要》规定了"宏大的社会工作人才队伍建设"的量化目标："到 2015 年，社会工作人才总量达到 200 万人。到 2020 年，社会工作人才总量达到 300 万人。"

《纲要》还明确提出了发展社会工作人才的主要举措，包括：建立不同学历层次教育协调配套、专业培训和知识普及有机结合的社会工作人才培养体系；加强社会工作学科专业体系建设；建设一批社会工作培训基地；加强社会工作从业人员专业知识培训；制定社会工作培训质量评估指标体系；建立健全社会工作人才评价制度；加强社会工作者队伍职业化管理；加快制定社会工作岗位开发设置政策措施；推进公益服务类事业单位、城乡社区和公益类社会组织建设，完善培育扶持和依法管理社会组织的政策；组织实施社会工作服务组织标准化建设示范工程；研究制定政府购买社会工作服务政策；建立社会工作人才和志愿者队伍联动机制；制定加强社会工作人才队伍建设意见。

与其他 5 支人才队伍相比，社会工作人才实际上是一个"短板"。社会工作的社会认知度还不高，人们对如何发挥社会工作的作用还不清楚。《纲要》将社会工作人才提升为主体人才队伍，纳入国家人才工作大局，这对社会工作人才培养、社会工作职业化和社会工作的长期发展具有重要的促进作用。

27.福利彩票公益金社会工作培训项目

2011 年 8 月 1 日民政部发布《关于开展 2011 年度福利彩票公益金社会工作培训项目的通知》（以下简称《2011 年度通知》）。该项目从 8 月至 12 月，历时 5 个月，共投入中央级福利彩票公益金 1000 万元，其目的是提高社会工作从业人员能力素质，进一步推进社会工作人才队伍建设。

这是社会工作培训首次获得福彩公益金的支持，项目任务由民政部社会工作司委托中国社会工作协会社会工作师委员会和民政部培训中心执行，严格按照民政部培训工作的有关纪律要求组织实施。项目各培训班对学员不收取培训费，培训费用（含培训费、书费、食宿费等）由 2011 年度福彩公益金支持，往返交通费由学员自理。

《2011年度通知》要求，各单位要高度重视2011年度福利彩票公益金社会工作培训项目实施，将项目开展与本地区社会工作人才培养统筹考虑，积极配合做好学员报名等相关培训协调工作，充分发挥福利彩票公益金支持社会工作培训项目的效益。

该项目共举办49期培训班。每月至少有6期培训班开展，每期培训班时间5天至10天不等。49期培训班中，中国社会工作协会社会工作师委员会举办了17期社会工作师知识更新培训班、14期社会工作骨干培训班、8期社会工作初级督导培训班、3期社会工作督导师资班、1期社区社会工作研修班、1期老年社会工作高级研修班，民政部培训中心举办3期社会工作管理者培训班、2期社区社会工作者培训班。

2012年4月民政部办公厅印发《关于征集2012年度福利彩票公益金社会工作培训项目选题的通知》（以下简称《2012年度通知》）。《2012年度通知》要求，为加强社会工作专业人才队伍建设，推动我国专业社会工作事业发展，民政部将继续实施福利彩票公益金社会工作培训项目。这是继2011年民政部投入1000万元部本级彩票公益金用于社工培训项目后，第二年继续开展该项目。从2012年6月份持续到11月份，针对全国社工人员共举办48期培训班，开展时间交叉进行，每期培训班培训时间5天至10天不等。48期培训班中，由中国社会工作协会社会工作师委员会、民政部培训中心分别举办38期和10期社工培训班。

2013年福利彩票公益金社会工作培训项目投入1000万元，主要包括对社会工作行政管理部门干部、社会工作行业机构管理人员、社会工作服务机构管理人员和督导以及社会工作服务机构、城乡社区的一线社会工作服务人员进行培训。2013年共培训学员4976人，平均每期培训天数为5—7天。

28.首届"壹基金·社会工作奖"

2011年，深圳壹基金公益基金会与深圳市社会工作者协会携手合作，设立"壹基金·社会工作奖"项目，培育、激励专业社会工作公益人才，共同搭建支持公益发展的平台。

首届壹基金社工奖以深圳为试点，经过一系列评选程序后，从深圳1500余名社工中脱颖而出的5名优秀督导、20名优秀社工、26名优秀案例作者、11名援建新疆社工及6家援建新疆机构受到了表彰。

12月30日上午，2011年度"壹基金·社会工作奖"表彰大会在深圳市民政局18楼会议室隆重举行。

本次壹基金社工奖表彰，极大地鼓舞了深圳社会工作者们的工作热情，调动了广大社工们的工作积极性，增强了社工们对社会工作行业的归属感与凝聚力。通过激励表彰，为整个社会工作行业树立了良好的典范,增进了社会各界对社会工作行业的认同与肯定,促进了社会工作人才队伍的稳定与发展。2012年,壹基金社工奖在全国范围内推行,对全国各地在社会工作服务中取得优秀成绩的社会工作者及社会工作服务机构进行了表彰。

"壹基金·社会工作奖",是由民间社会组织设立,非政府主导,标志着民间社会组织和民间力量在更大的范围和更广的舞台发挥作用。奖项的开展,是壹基金践行服务理念,推动公益事业发展,培育、激励社会工作专业人才,助推社会工作专业化发展的重要举措。

29.关于加强社会工作专业人才队伍建设的意见

2011年10月,中组部、民政部、财政部等18部委、群团组织联合发布《关于加强社会工作专业人才队伍建设的意见》(以下简称《意见》),这是为了贯彻《国家中长期人才发展规划纲要(2010—2020年)》,中央有关部委、群团组织联合发布的第一个系统建构社会工作制度、推进社会工作专业人才队伍建设的专门文件。

《意见》全文共有6部分,围绕社会工作专业人才队伍建设提出了一系列新思想、新观点、新论断、新举措。主要体现在七个方面:

一是在发展定位上,第一次将"社会工作专业人才"界定为"具有一定社会工作专业知识和技能,在社会福利、社会救助、慈善事业、社区建设、婚姻家庭、精神卫生、残障康复、教育辅导、就业援助、职工帮扶、犯罪预防、禁毒戒毒、司法矫治、人口计生、应急处置等领域直接提供社会服务的专门人员",第一次明确提出社会工作专业人才在解决社会问题、应对社会风险、促进社会和谐、推动社会发展方面的重要基础性作用。这一界定既反映了社会工作专业人才的本质要求,也赋予了社会工作专业人才以新的时代内涵。

二是在发展思路上,第一次明确了"以人才培养为基础,以人才使用为根本,以人才评价激励为重点,以政策制度建设为保障"的总体要求。《意见》立足国情、着眼长远,根据人才成长的规律,针对当前社会工作专业人才数量缺口很大、能力素质不高等突出问题,提出了"以人才培养为基础"的重要方式,力求通过专业教育和专业培训相结合的途径,走出一条多出人才、快出人才的新路子;针对当前社会工作专业人才岗位平台缺乏、结构不合理等突出问题,提出了"以人才使用为根本"的重要思想,力求通过开发社会工作专业岗位、发展社会工作服务机构、建立社会工作专业人才流动机制等方式,实现"以用为本"的根本目的;针对当前社会工作专业人才薪酬待遇偏低、职业发展空间不足等突出问题,作出了"以人才评价激励为重点"的重要决策,力求通过建立健全人才评价制度、薪酬保障机制和表彰奖励制度,调动社会工作专业人才的积极性、主动性和创造性;针对当前社会工作政策制度和体制机制不健全、不完善、不配套等实际状况,提出了"以政策制度建设为保障"的重要部署,力求通过社会工作政策制度建设,为社会工作专业人才发展提供有力的法制保障。

三是在发展方向上,第一次确立了坚持"党的领导、政府推动、社会参与、突出重点、立足基层、中国特色"的指导原则。《意见》确立的"24字方针",一方面遵循了社会工作专业人才队伍建设的一般规律,体现了世界不同国家和地区社会工作专业人才队伍建设的共性原则,另一方面遵循了共产党执政规律和中国特色社会主义建设规律,立足于我国历史传统和现实国情,是中国特色社会工作专业人才队伍建设的基本方针。

四是在发展目标上,第一次系统提出了今后一个时期社会工作专业人才队伍、制度、环境建设的战略目标。在队伍建设上,《意见》提出了建立数量充足、结构合理、素质优良的社会工作专业人才队伍的战略目标。在制度建设上,《意见》要求,今后一个时期,围绕社会工作专业人才队伍建设关键环节,逐步建立比较完善的政策法规体系。在环境建设上,《意见》要求通过各方共同努力和卓有成效的工作,在全社会形成认知认同社会工作专业人才、共建共享社会工作专业人才队伍建设成果的良好社会氛围与发展环境。这一战略目标,符合我国社会服务、社会管理、社会建设的当前和长远需求,符合广大社会工作从业人员和服务对象的意愿,符合社会工作事业发展的实际,是科学合理的。

五是在发展政策上,第一次围绕"培养、评价、使用、激励"四个重要环节提出了一系列创新性、配套性政策措施。为加快健全社会工作专业人才培养体系,《意见》从职业道德建设、开展专业培训、发展专业教育三方面提出了若干针对性较强的培养政策。为加快健全社会工作专业人才使用体系,《意见》重点就城乡社区、相关单位、社会组织、社会服务部门四类主体提出了若干导向性较强的岗位开发和人才使用政策。为加快健全社会工作专业人才评价和激励保障体系,《意见》提出完善社会工作专业人才职业水平评价制度,建立健全以薪酬待遇、岗位津贴、社会保险、奖励表彰为主要内容的激励保障制度。为保证各项政策创制工作落到实处,形成行之有效的长效机制,《意见》明确要求建立以财政投入为主体、社会投入为补充的完善的经费保障机制,制定政府购买社会工作服务政策,加快推进与社会工作专业人才队伍建设有关的法律制度建设。这些重大政策的提出以及制定与实施,对解决当前制约社会工作专业人才发展的重大问题,推动社会工作专业人才队伍创新发展,具有重要推动作用。

六是在发展举措上,第一次设计了一批具有引领性、示范性的重大人才工程与计划。实施重大人才工程计划是许多国家打造人才竞争优势、参与国际竞争的重要经验。为实现社会工作专业人才队伍建设的跨越式发展,《意见》在确定一批急需发展、任务明确、工作基础较好、近期能够突破的优先政策的基础上,进一步突出重点,筛选出社会工作服务人才职业能力建设工程、社会工作管理人才综合素质提升工程、高层次社会工作专业人培养工程、社会工作教育与研究人才培养引进工程、社会工作服务标准化建设工程、社会工作专业人才服务新农村建设计划以及社会工作专业人才服务边远贫困地区、边疆民族地区和革命老区计划7项具有引领性、创新性、示范性的重大工程与计划,作为推动工作的重要抓手。这些工程与计划与《国家中长期人才发展规划纲要(2010—2020年)》和即将发布的《社会工作专业人才队伍建设中长期规划(2010—2020年)》相衔接,涵盖了人才队伍建设的主要方面,其组织实施对整体推进社会工作专业人才队伍建设具有重要意义。

七是在发展力量上,第一次明确了党委政府统一领导、组织部门牵头抓总、民政部门具体负责、有关部门密切配合、社会力量广泛参与的社会工作专业人才推进格局。社会工作专业人才是社会建设人才的重要组成部分,具有跨部门、跨行业、跨所有制、高度分散的特点。为此,《意见》确立推进格局,为整合分散在各部门、各行业、各领域的社会工作资源,形成推进社会工作专业人才队伍建设的强大合力提供了长效保障机制。

30.新疆民族地区社工服务示范站建设项目

2011年7月,中国社会工作协会携手爱德基金会、新疆维吾尔自治区民政厅在新疆开展的社会工作服务新疆社会管理创新项目——新疆民族地区社工服务示范站建设项目在乌鲁木齐启动,共确定了13个社会工作服务示范站,发育社工服务组织,培养专业人才,开展专业服务。项目启动后,中国社会工作协会分别在乌鲁木齐举办了社工专题研讨班,在北京举办了民族宗教领域民办社工服务机构研讨会,对基层民政局和社区干部进行专业知识培训,为创建示范站奠定了思想理论和政策知识基础。

"社工服务示范站建设项目"主要以培训、指导、扶持、培育新疆社工服务组织为主要内容,培养站点带头人、社工骨干、社工伙伴,加强站点人员和站点自身能力建设,发挥其引领、示范、孵化作用,推动新疆民族地区民办社工服务的发展,吸纳、培养熟悉宗教和少数民族事务的社会工作专业人才,开展社会工作专业服务,从而培养一批扎根民族地区开展社会服务的民办社工服务机构,建设一支社工专业人才队伍,促进民族地区繁荣发展。

2012年7月,在国家民政部民间组织管理局和人事司的支持下,中国社会工作协会将争取的中央财政30万元引入新疆维吾尔自治区,再次帮助首批社工示范站开展专业服务。随后,中国社会工作协会组织了以全国政协常委、中央党校原副校长李君如,中国社会工作协会专家委员会执行主任、中国青年政治学院原党委书记兼常务副院长陆士桢为主的专家宣讲团一行9人,赴新疆进行了为期20天的社会工作巡回讲座活动,同时,推进了"试点工程"和中央财政支持项目。

2012年8月，中国社工协会为首批13个社工站授牌。首批13家示范社工服务机构已经基本实现了组织机构、职业经理人、专业社工、志愿者和专业督导落实，争取了政府购买服务和专业教育机构介入，加强了机构自身建设，搭建起专业社工服务平台。它们分别在南疆、北疆和东疆三个区域，发挥着示范引领和孵化辐射作用，对于构建起以民办社工服务机构为支撑的、具有新疆特色的社工实务体系建设具有重要价值和作用。

31.社会工作专业人才队伍建设中长期规划

2012年4月，中组部、国家发改委、民政部等19部委、群团组织联合发布了《社会工作专业人才队伍建设中长期规划（2011—2020年）》（以下简称《规划》）。

《规划》是我国第一个关于社会工作专业人才队伍建设的中长期规划，是继中央18个部委和群团组织发布《关于加强社会工作专业人才队伍建设的意见》之后出台的推进专业社会工作事业发展及其人才队伍建设的又一纲领性文件。制定实施《规划》，是贯彻落实中共中央、国务院发布的《国家中长期人才发展规划纲要（2010—2020年）》的重要举措，是加快推进我国社会工作专业人才队伍建设的迫切需要，对于积极发展中国特色专业社会工作事业、加强创新社会管理、构建社会主义和谐社会，具有重大意义。

《规划》共分序言、指导思想、基本原则、战略目标、主要任务、体制机制、重大政策、重点工程和保障措施等方面内容。

《规划》强调要按照实现全面建设小康社会奋斗目标、构建社会主义和谐社会的总体要求，切实增强推进社会工作专业人才队伍建设的使命感和责任感，像高度重视选拔培养经济建设人才那样，高度重视选拔培养社会工作专业人才。同时，提出到2015年，我国一线社会工作专业人才总量增加到50万人，其中具有社会工作师职业水平证书或达到同等能力素质的中级社会工作专业人才达到5万人，具有高级社会工作师职业水平证书或达到同等能力素质的高级社会工作专业人才达到1万人。到2020年，我国一线社会工作专业人才总量增加到145万人，其中中级社会工作专业人才达到20万人、高级社会工作专业人才达到3万人。

《规划》提出今后一个时期，要适应公共服务和社会管理转型需要，满足人民群众日益增长的个性化、专业化社会服务需求，培养造就一支数量足、结构优、能力强、素质高的社会工作服务人才队伍。要适应社会工作行政管理、行业组织建设、服务机构发展和专业实务推进的需要，培养造就一批政治立场坚定，具有宏观视野、战略思维与专业眼光，善于推动事业发展的社会工作行政和行业管理人才；培养造就一批具有社会使命感、懂运营、会管理、通晓社会服务专业知识的社会工作机构管理人才；培养造就一批熟练掌握专业督导方法与技术、具备丰富实务经验、善于解决复杂专业问题,能够带动社会工作服务人才成长、推动专业实务发展的社会工作督导人才。要适应社会工作专业教育、理论、政策与实务发展需要,培养造就一批理论功底深、实务能力强、系统掌握国内外社会工作法规政策、能够推动本土社会工作理论和政策实务发展、具备开展国际交流合作能力的社会工作教育与研究人才。

围绕完成这些战略目标与任务,《规划》提出:要按照党管人才原则,建立健全符合社会工作专业人才发展规律、体现中国特色的管理体制机制;以国家发展和社会需求为导向,以专业化、职业化为核心,建立健全不同学历层次教育共同发展,专业培训和知识普及有机结合的社会工作专业人才培养政策;要坚持以职业道德、能力和业绩为导向,以社会工作专业人才职业水平评价为基础,逐步完善符合国情、与国际接轨、科学合理的社会工作专业人才评价政策;要坚持以用为本原则,着眼于发挥社会工作专业人才作用、推动社会工作专业人才合理流动需要,以开发专职岗位和培育服务载体为重点,以畅通人才流动渠道为保障,逐步完善社会工作专业人才使用政策;要以激发社会工作专业人才积极性、稳定人才队伍、充分实现人才价值为目标,综合运用物质激励和精神激励方式,建立健全有利于社会工作专业人才长期、安心扎根基层、服务一线的激励保障政策。

《规划》针对社会工作专业人才队伍建设急需加强的薄弱环节,提出要实施好10项重点工程:

一是实施社会工作服务人才职业能力建设工程,每年培训1万名取得助理社会工作师、社会工作师和高级社会工作师职业水平证书人员。到2020年,实现所有在岗社会工作服务人员系统接受良好的专业教育和培训。

二是实施社会工作管理人才综合素质提升工程,到2020年培养8万名具有社会使命感,掌握现代组织管理知识,拥有丰富管理经验,能够有效整合资源、协调关系、凝聚队伍的社会工作机构管理人才;培养8万名具有扎实理论知识基础、丰富实务经验且能够指导解决重大复杂专业问题、引导推动社会工作服务人才成长发展的专业督导人才。

三是实施社会工作教育与研究人才培养引进工程,到2020年,依托现有资源,建立500家社会工作专业重点实训基地。加快推进社会工作硕士专业学位教育发展,到2020年培养和引进3万名社会工作硕士专业学位研究生,300名社会工作专业博士,3000名"双师型"专业教师。

四是实施社会工作知识普及工程,到2020年基本完成对主管社会服务与管理有关部门或相关工作的地厅(局)级和县(处)级领导干部社会工作知识轮训。

五是实施社会工作专业人才服务社会主义新农村建设计划,到2015年在国家扶贫开发工作重点县通过依托社区服务中心或新建等方式培育发展200个农村社会工作服务站,到

2020 年基本实现每个国家扶贫开发工作重点县有一家社会工作服务站，带动培养 5 万名农村社会工作专业人才。

六是实施社会工作专业人才服务边远贫困地区、边疆民族地区和革命老区计划，每年为边远贫困地区、边疆民族地区和革命老区培养 500 名急需紧缺社会工作专业人才，同时每年组织选派 1000 名社会工作专业人才到边远贫困地区、边疆民族地区和革命老区工作或提供服务。

七是实施社会工作专业人才培训基地和教材建设工程，到 2020 年，重点扶持发展 300 家社会工作专业人才培训基地，其中国家层面发展 50 家并纳入国家专业技术人才知识更新工程国家级继续教育基地建设范围，逐步形成覆盖全国的社会工作培训与继续教育网络。分类制定社会工作培训课程大纲，形成一批针对性、实务性和科学性强的社会工作培训教材。

八是实施民办社会工作服务机构孵化基地建设工程，逐步建立 50 个国家级民办社会工作服务机构孵化基地，到 2020 年，培育发展 8 万家民办社会工作服务机构。

九是实施社会工作服务标准化建设示范工程，到 2020 年建立 200 个社会工作服务标准化示范地区、1000 个社会工作服务标准化示范单位和 2000 个社会工作服务标准化示范社区，引导和推动社会工作服务发展，扩大社会工作服务覆盖面。

十是实施社会工作信息系统建设工程，到 2015 年建立能够支撑 200 万用户在线，全面覆盖所有县（区、市）的管理信息系统平台，实现社会工作专业人才需求预测、就业预警、在线登记注册、信息查询、行业自律和社会监管。

《规划》是实施《关于加强社会工作专业人才队伍建设的意见》（以下简称《意见》）的具体措施和步骤，体现了政府和社会对专业社会工作者的需求，是对《意见》的延伸和可操作化的部署，两者共同构成了对社会工作人才队伍建设和专业社会工作发展的双重制度保障，对发展本土化的社会工作服务和创新社会管理具有重大意义。

32. "三区"社会工作人才支持专项计划方案

2012 年 9 月 28 日，中组部、民政部、教育部、财政部、人社部和国务院扶贫办联合发布了《边远贫困地区、边疆民族地区、革命老区社会工作人才支持专项计划实施方案》（以下简称《实施方案》），这是为落实《关于加强社会工作专业人才队伍建设的意见》、《社会工作专业人才队伍建设中长期规划（2011—2020 年）》和《边远贫困地区、边疆民族地区、革命老区人才支持计划实施方案》、加快"三区"社会工作人才队伍建设步伐而采取的一项重大举措。

《实施方案》以社会工作专业人才队伍建设、社会工作制度建设和提高社会工作服务水平为发展目标,采取引入外部人才和培养当地人才的双重策略,鼓励发展较快地区的社会工作人才投身"三区"社会工作发展和领办民办社会工作服务机构,以及运用外部资源培养"三区"本地社会工作人才,从资金和政策两个方面为服务"三区"的社会工作专业人才提供了较大力度的保障,提供一系列优惠政策,如考核合格且自愿留在"三区"的选派人员,协助解决子女就学、配偶就业等。

《实施方案》是我国第一个支持"三区"社会工作发展的专门文件,注重专业社会工作在不同地区和城乡之间的平衡发展,推动专业社会工作从东部向西部、从发达地区向欠发达地区协调发展,对缩小我国社会工作发展的区域差异、城乡差异和实现社会工作服务均等化目标具有较好的推动作用。

2013年3月13日,民政部下发了《关于做好首批边远贫困地区、边疆民族地区和革命老区社会工作专业人才支持计划实施工作的通知》,对这项工作进行了专门部署。根据通知,民政部第一批选派1000名社会工作专业人员到国家确定的中部和西部地区集中连片特殊困难地区覆盖的县、国家扶贫开发工作重点县和省级扶贫开发工作重点县以及新疆生产建设兵团困难团场提供专业服务,同时为这些困难地区培养500名社会工作专业人才。

2014年,民政部继续实施"三区"社会工作专业人才支持计划,支持选派1000名社会工作专业人才到国家确定的中西部地区集中连片特困地区覆盖的县、国家扶贫重点县、重大自然灾害受灾地区以及新疆生产建设兵团困难团场,以农村留守儿童、留守妇女、留守老人和受灾人员为重点,开展专业社会工作服务,同时为这些困难地区培养500名社会工作专业人才。2014年"三区"社会工作专业人才支持计划选派人员经费标准为:西部省份和比照执行西部开发政策地区选派服务人员工作经费每人每年由中央财政支持2万元;中部省份选派服务人员工作经费每人每年由中央财政支持1万元。当地省级财政按照不低于1∶1比例进行配套。

目前,"三区"社会工作人才支持专项计划仍在持续推进。

33.首届全国优秀专业社会工作服务项目评选

2012年6月,为深入贯彻落实《关于加强社会工作专业人才队伍建设的意见》、《社会工作专业人才队伍建设中长期规划(2011—2020年)》和全国社会工作专业人才队伍建设会议精神,民政部组织开展了"首届全国优秀专业社会工作服务项目评选活动",计划从2006年以来社会福利、社会救助、慈善事业、社区建设、婚姻家庭、精神卫生、残障康复、教育辅导、就业援助、职工帮扶、犯罪预防、禁毒戒毒、矫治帮扶、人口计生、纠纷调解、应急处置等社会服务领域的专业社会工作服务项目中评选出首届全国优秀专业社会工作服务项目。

2012年11月28日，经过申报推荐、专家评审和社会公示，最终评选出80个全国优秀专业社会工作服务项目，其中一等奖10个，二等奖20个，三等奖30个，优秀奖20个，具体名单如下：

一等奖（10个）

一、社区老人善终安宁服务项目

项目单位：上海市闸北区春晖社工师事务所

二、"城乡合作、公平贸易、共创生态文明与可持续生计"项目

项目单位：广东绿耕社会工作发展中心

三、"抗逆小童星"社会工作服务项目

项目单位：南京大学社会学院社会工作硕士教育中心

四、"联和一家·幸福联和"家庭综合服务项目

项目单位：广州市中大社工服务中心

五、"爱满新航"未成人关爱行动项目

项目单位：上海市新航社区服务总站

六、农民上楼新村社区社会工作服务项目

项目单位：北京市朝阳区近邻社会服务中心

七、"涅槃重生"同伴教育辅导服务项目

项目单位：上海市自强社会服务总社

八、"和谐家园"深圳市反家暴社工援助服务项目

项目单位：深圳市鹏星社会工作服务社

九、农民工新市民意识、新生活能力建设与社区服务项目

项目单位：北京市协作者社会工作发展中心、南京市协作者社区发展中心

十、温江农民集中居住区"三社互动"社会工作服务项目

项目单位：成都市温江区民政局、西南财经大学社会工作发展研究中心

二等奖（20个）

一、北川灾害救助社会工作创新项目

项目单位：西南财经大学社会工作发展研究中心、北京中公未来教育咨询有限公司

二、地震伤残人员生计扶持与社区发展项目

项目单位：绵竹市青红社工服务中心

三、社会工作介入拆迁服务项目

项目单位：长沙市开福区众仁社会工作服务中心

四、孤独症儿童家庭社会支持网络构建项目

项目单位：长春市朝阳区民政局

五、浦东新区"社区共融"民族社会工作服务项目

项目单位：上海乐群社工服务社

六、心灵成长工作坊项目

项目单位：华中师范大学社会学院

七、广州市荔湾区"农转居"社区海龙街家庭综合服务项目

项目单位：广州市大同社会工作服务中心

八、社区为本的家庭病房养老综合服务项目

项目单位：厦门市湖里区霞辉老年社会服务中心

九、北京西城区银龄老年公寓社会工作服务项目

项目单位：北京市西城区社会工作者联合会、中国青年政治学院

十、社区参与式互助服务项目

项目单位：成都市锦江区爱有戏社区文化发展中心

十一、康乐社区"星火行动"——社区党建与社区建设双赢共建项目

项目单位：福建省厦门市湖里区湖里街道康乐社区居委会

十二、老城区精神病患者和家庭康复及照顾服务项目

项目单位：广州利康家属资源中心

十三、"阳光相伴"——嘉定区重度肢残人员长期照顾者之关爱服务项目

项目单位：上海嘉定区嘉定镇街道阳光彩虹社工事务所

十四、新疆民族地区社工服务示范项目

项目单位：中国社会工作协会

十五、"金色朝阳·关爱成长"服务项目

项目单位：福建省厦门市湖里区湖里街道康乐社区居委会

十六、无锡市锡山区困境儿童社会工作援助项目

项目单位：无锡市锡山区民政局、无锡市锡山区慈善会、无锡市锡山区乐助社工事务所

十七、点亮康复希望、重塑精彩人生——长沙心翼"会所模式"社区精神康复项目

项目单位：长沙市第三社会福利院长沙心翼会所

十八、"共创成长路"——华师京城大哥哥大姐姐计划

项目单位：华东师范大学社会工作实训中心、华东师范大学拾星者社工服务社、上海海星之家社工师事务所

十九、社工服务进军营项目

项目单位：深圳市盐田社工服务中心

二十、精神残障蓝丝带服务项目

项目单位：无锡市崇安区七彩家园社工服务中心、无锡市崇安区江海蓝丝带社工服务社

三等奖（30个）

一、黑龙江省社会福利院机构养老社会工作服务项目

项目单位：黑龙江省社会福利院、黑龙江工程学院

二、广东省妇联执行反对对儿童暴力项目

项目单位：广东省妇联

三、"阳光新希望"未成年人考察教育项目

项目单位：上海市阳光社区青少年事务中心

四、"维稳妈妈"——上海市浦东新区家庭社会工作介入项目

项目单位：上海公益社工师事务所

五、"阳光影视"——无障碍影视社区公益活动项目

项目单位：上海静安区静安寺街道阳光助残社工师事务所

六、汶川县以儿童为焦点的社会工作综合服务项目

项目单位：汶川县大同社会工作服务中心

七、社会工作专业介入未成年人检察工作综合服务项目

项目单位：首都师范大学少年司法社会工作研究与服务中心

八、临终关怀·器官捐献与社会工作服务项目

项目单位：广东省深圳市融雪盛平社工服务中心

九、以发展型社会工作模式回应城市流动人口社区服务需求项目

项目单位：云南连心社区照顾服务中心

十、北京市第二医院社会工作服务项目

项目单位：北京市西城区社会工作者联合会、中国青年政治学院

十一、东莞市白玉兰家庭服务中心运营项目

项目单位：东莞市妇联

十二、搬迁后老人社区融入项目

项目单位：东莞市正阳社会工作服务中心

十三、社会工作在少年审判实务中的应用项目

项目单位：深圳市铭晨社会工作服务社

十四、深圳福田区禁毒社工服务项目

项目单位：深圳市春雨社会工作服务社

十五、云南艾滋高发区大学生性健康社区干预项目

项目单位：云南财经大学社会工作与社区发展研究中心

十六、精神病患者社会服务项目

项目单位：昆明市盘龙区新天地康复托养服务中心

十七、"与你同行"住院恢复期精神病人康复计划

项目单位：河北省荣军医院

十八、"流金岁月·欢乐晚年"社会工作服务项目

项目单位：青岛市社会福利院

十九、音乐心理干预服务项目

项目单位：成都市救助管理站

二十、城中村青少年关怀计划项目

项目单位：深圳市志远社会工作服务社

二十一、"健康驿站·快乐荣康"精神康复社会工作服务项目

项目单位：河南省洛阳荣康医院

二十二、"青春家园"社区青少年社工服务项目

项目单位：深圳市新现代社工服务中心

二十三、引入社工义工联动机制开展空巢老人服务项目

项目单位：广州市义务工作者联合会

二十四、重庆市儿童爱心庄园孤残儿童社会工作志愿服务行动项目

项目单位：重庆市儿童爱心庄园、重庆市工商大学

二十五、"派驻社工+本土社工"助残志愿服务行动项目

项目单位：重庆市第二社会福利院

二十六、企业社会工作服务项目

项目单位：深圳市龙岗区至诚社会工作服务中心

二十七、喜憨儿延吉社区外展项目

项目单位：上海知行社工师事务所、杨浦区延吉街道残疾人联合会

二十八、"福利满天星"服务项目

项目单位：济南市社会福利院

二十九、养老机构社会工作服务项目

项目单位：重庆市第一社会福利院、重庆理工大学

三十、"一米阳光"残疾人社会工作服务项目

项目单位：宜昌市第二社会福利院

优秀奖（20个）

一、河南省艾滋病致孤儿童安置工作中的社工介入服务项目

项目单位：河南省社会福利协会

二、流浪未成年人救助社会工作专业服务项目

项目单位：重庆市救助管理站、重庆师范大学

三、社会企业残友集团残障员工帮扶计划

项目单位：深圳市残友社工服务社

四、反家暴和婚姻辅导服务项目

项目单位：陕西省妇女理论婚姻家庭研究会

五、广州市长洲街家庭综合服务中心社会工作服务

项目单位：广州市同心社会工作服务中心

六、流动青少年正面成长学校社会工作服务项目

项目单位：苏州科技学院人文学院社会学系社会工作教研室、苏州市民政局

七、逢源街家庭综合服务中心运营项目

项目单位：广州市荔湾区逢源街家庭综合服务中心

八、守望相助、绽放人生——嘉兴市"单亲妈妈"家庭专业社工服务项目

项目单位：嘉兴市民政局、嘉兴市阳光家庭社工事务所

九、"枫叶红了"独居空巢老人关爱服务项目

项目单位：克拉玛依市区胜利路街道胜利社区乐龄社工服务社

十、失能、失智老人音乐治疗服务项目

项目单位：福州市社会福利院

十一、机构引入高校专业力量深化未成年人救助保护社会工作服务项目

项目单位：北京市未成年人救助保护中心、中国青年政治学院社会工作与管理学院

十二、桂城长者颐乐中心社会工作人才队伍建设试点项目

项目单位：佛山市南海区扬帆社会工作服务中心

十三、西科公寓青年工人社会工作专业服务项目

项目单位：重庆城市管理职业学院、重庆仁爱社会工作服务中心

十四、西宁市儿童福利院社区儿童康复服务项目

项目单位：西宁市儿童福利院

十五、"同心、同行、同成长"大龄孤残儿童安置社工服务项目

项目单位：北京市儿童福利院

十六、"与爱同行"——孤残儿童成长计划

项目单位：海宁市民政局、海宁市春苗社会工作室

十七、养老机构老年人健康社会工作服务项目

项目单位：海盐县民政局、海盐县乐龄社工事务所

十八、在高校社工系毕业班开展"助残班"促进就业项目

项目单位：北京慧灵智障人士社区服务机构

十九、北落马营社区青少年俱乐部社会工作服务项目

项目单位：杭州市上城区北落马营社区居委会

二十、"银龄乐园·生命之花"社会工作开展整体规划项目

项目单位：昆明市社会福利院

这些影响广、特色强、效果好的专业社会工作服务项目，创造了很多具有重要推广价值的专业社会工作服务经验，在增进社会融合、维护社会稳定、促进社会和谐、推动社会发展方面取得了良好成效。评选结果对激励广大社会工作服务机构和从业人员主动参与、积极从事专业社会工作服务，推动社会工作事业更好更快发展有积极意义。

34.首届全国老年社工论坛

2012年12月13日，首届全国老年社工论坛在广州开幕。

论坛由中国社会工作协会社会养老工作委员会主办，民政部社会工作研究中心、广州市社会工作协会、深圳市社会工作协会协办，广州市老人院、广州市友好老年公寓、广州市越秀区东山福利院等单位提供了大力支持。此次论坛的主题是"老年社工，让老年人生活更美好"。来自全国各省、自治区、直辖市社会工作协会，社会工作服务机构，老年社工团体，养老机构代表和相关专家以及《神州·养老》杂志、中国养老社工网等新闻媒体单位120余人参加了会议。

会议围绕建立健全社会养老服务体系、发展养老机构、探索创新老年社会工作等问题展开研讨，分享了"区域中心、四级联动、差异服务、统筹管理"的社会养老服务新模式、新经验，力图通过不懈努力，帮助老年朋友有尊严地生活和工作，共同推进老年社会工作事业科学发展。会上还表彰了"首届老年社工案例征集活动"中获奖的单位及个人。

党的十六届六中全会以来，我国社会工作得到了迅猛发展，老年社会工作也进入新的历史发展阶段，正在逐渐成为建立健全社会养老服务体系中不可缺少的具有现实意义的重要组成部分。老年社会工作涉及老龄事业的方方面面，养老机构的发展，离不开社会工作的专业支持。大力发展老年社会工作已成为健全社会养老服务体系，改善老年人生活状态，提高为老年人服务水平的重要方法和途径。目前，我国很多养老机构和社区设立了养老社工部门，开展了老年社会工作的探索和实践，取得了很好的成绩。但从全国来看，老年社会工作的专业化建设还缺少成熟的经验，对老年社会工作的切入点和落脚点还缺少清晰的定位和认识，对老年社工实务还有待总结、提高。此次通过交流研讨的方式，总结经验、分析问题、寻找对策、建立共识，探索和创新老年社工发展，进而形成可借鉴、可推广的模式，由此推进全国老年社会工作的发展。这是此次论坛召开的主要目的。党的十八大会议确定了2020年全面建成小康社会的宏伟目标。老年人是全社会的特殊群体，他们过去为革命和建设作出了不可磨灭的贡献，在建设小康社会中理应受到普遍的尊敬和关爱。要通过不懈努力，帮助老年朋友将有尊严的生命价值与和谐更好生活融为一体，推进老年社会工作事业科学发展。

35.社会工作者职业道德指引

2013年1月，民政部发布《社会工作者职业道德指引》（以下简称《指引》），明确社会工作者不得利用与服务对象的专业关系，谋取私人利益或其他不当利益，损害服务对象的合法权益。《指引》旨在推动社会工作者职业道德建设，引导社会工作者积极践行专业价值理念、规范专业服务行为、履行专业服务职责。这是我国社会工作领域第一份关于社会工作者的职业伦理守则，是所有从事社会服务工作的专业社会工作者应共同遵守的行为准则。

《指引》所指的社会工作者是指通过全国社会工作者职业水平评价，提供专业社会工作服务的人员。

《指引》着力规范了社会工作者与服务对象之间的关系，要求其尊重服务对象，全心全意服务。《指引》规定，社会工作者应以服务对象的正当需求为出发点，全心全意为服务对象提供专业服务，最大限度地维护服务对象的合法权益。社会工作者应平等对待和接纳服务对象，不因民族、种族、性别、户籍、职业、宗教信仰、社会地位、教育程度、身体状况、财产状况、居住期限等因素而区别对待。《指引》还特别要求社会工作者应培养服务对象自我决定的能力，尊重和保障服务对象对与自身利益相关的决定进行表达和选择的权利。根据《指引》，社会工作者应尊重服务对象的知情权，确保服务对象在接受服务过程中，了解自身和机构的权利、责任和义务，以及获得服务的情况和可能由此产生的结果。应在不违反法律、不妨碍他人正当权益的前提下，保护服务对象的隐私，对在服务过程中获取的信息资料予以保密。

此外，《指引》还要求社会工作者应与同事建立平等互信的工作关系。社会工作者应认同机构使命和发展目标，遵守机构规章制度，按照机构赋予的职责开展专业服务；在提供专业服务时，应诚实、守信、尽责，积极维护专业形象；应在自身专业能力和服务范围内提供服务，运用专业视角，发挥专业特长，参与相关政策法规的制定和完善，维护社会公平正义，增进社会福祉，等等。

36.全国社会工作标准化技术委员会成立

2013年11月，经国家标准委批准，全国社会工作标准化技术委员会成立，其主要任务是社会工作标准管理、标准研制、标准审查、标准实施与评估，从而提升社会工作服务质量，强化社会工作管理成效，提高社会工作制度化、规范化、科学化水平。

11月13日，民政部社会工作司在北京召开全国社会工作标准化技术委员会成立会议。会议审议通过了社工标委会章程和秘书处工作细则，提出了2014年标委会工作计划建议，论证了《社会工作服务项目评估指南》和《儿童社会工作服务指南》，研究了推进社会工作标准化建设的思路与举措。民政部社会工作司司长柳拯、国家标准委服务业标准部主任杨泽世出席会议并讲话。民政部社会工作司副司长孟志强主持会议。

教育部基础教育二司、公安部禁毒局、司法部社区矫正管理局、全国妇联组织部、中国就业培训技术指导中心、上海市民政局、嘉兴市民政局的分管领导和相关同志，全国社会工作标准化技术委员会委员及其委托的代表，社会工作标准化领域的专家学者以及社会工作行业组织和服务机构的代表共40余人参加了会议。

全国社会工作标准化技术委员会成立后不断推进社会工作服务各领域的标准创制和起草工作。2014年出台的《社会工作服务项目绩效评估指南》和《儿童社会工作服务指南》纳入2014年民政部政策创制重点任务；在标准起草方面，将《社会工作基本术语》、《政府购买城镇社区老年人社会工作服务指引》和《志愿服务信息系统技术规范》纳入民政部行业标准制定计划。2015年《志愿服务信息系统基本规范》正式颁布实施，对指引全国志愿服务信息化建设，实现全国志愿服务信息共享交换和资源整合利用，提升志愿者队伍建设科学化、信息化水平，推动志愿服务规范化、制度化发展具有重要意义。《老年社会工作服务指南》发布实施，有力促进了老年社会工作服务规范化、科学化发展，推动深化老年社工服务内涵、保障老年社工服务品质。

全国社会工作标准化技术委员会开启了我国社会工作和志愿服务标准化建设统一推进的新历程。

37.关于加快推进社区社会工作服务的意见

2013年11月15日，民政部、财政部联合印发《关于加快推进社区社会工作服务的意见》（以下简称《意见》），要求各地加大财政投入，通过政府购买服务等方式，将更多社会工作服务转由社会组织承接。

《意见》明确了当前和今后一个时期推进社区社会工作服务的总体目标是，要建立健全社区社会工作服务政策制度，建立完善的社区社会工作服务标准体系，形成协调有力的社区社会工作服务体制机制；加快培养一支高素质的社区社会工作专业人才队伍，发展一批数量充足、服务专业的社区社会工作服务组织，科学设置社区社会工作专业岗位；争取到2020年广大城乡社区自治组织成员、基层党组织成员、社区专职工作者、社区服务人员能够普遍掌握应用社会工作专业理念、知识与方法参与社区管理与服务，有效满足社区居民服务需求，促进社区和谐发展。

《意见》明确了加快推进社区社会工作服务的指导思想、工作原则，并指出推进社区社会工作服务的五大任务：大规模培养和使用社区社会工作专业人才队伍；不断拓宽社区社会工作服务平台；分类推进社区社会工作服务；建立健全社区、社会组织和社会工作专业人才联动服务机制；建立健全社区社会工作专业人才引领志愿者服务机制。

在资金保障方面，《意见》要求落实《关于政府购买社会工作服务的指导意见》（民发〔2012〕196号），将社区社会工作服务纳入政府购买服务范围，逐步加大财政投入力度，确保社区社会工作服务开展有场地、有人员、有资金；每年从民政部门留用的福利彩票公益金中安排一定资金，用于支持开展社区社会工作服务；鼓励社会资金支持购买社区社会工作服务。政府购买社会工作服务，是政府利用财政资金，采取市场化、契约化方式，面向具有专业资质的社会组织和企事业单位购买社会工作服务的一项重要制度安排。2012年12月，为建立健全政府购买社会工作服务制度，加强以保障和改善民生为重点的社会建设，民政部、财政部联合发布《关于政府购买社会工作服务的指导意见》，首度对政府购买社会工作服务进行顶层制度设计。《意见》的出台，正是对我国政府推进购买社会工作服务的细化完善。

38.关于加快推进灾害社会工作服务的指导意见

2013年12月26日,为贯彻落实《国家综合防灾减灾规划(2011—2015年)》、《国家防灾减灾人才发展中长期规划(2010—2020年)》和《关于加强社会工作专业人才队伍建设的意见》中关于加强灾害社会工作服务及其人才队伍建设的要求,积极发挥社会工作在灾前预防、灾中应急与灾后重建中的专业作用,民政部印发《关于加快推进灾害社会工作服务的指导意见》(以下简称《指导意见》)。

《指导意见》指出,近年来,我国灾害社会工作服务在应对汶川特大地震、玉树强烈地震、舟曲特大山洪泥石流、芦山地震等重大自然灾害过程中得到了快速发展,但是,我国灾害社会工作服务起步较晚、基础薄弱、服务范围有限,还存在着政策制度不健全、专业人才不充足、专业服务推进不深入等问题,与防灾减灾工作需要和广大人民群众现实需求相比还存在较大差距,必须充分认识加快推进灾害社会工作服务的重要性和紧迫性,加快培养和使用灾害社会工作服务人才,加强灾害社会工作服务探索,着力提升灾害社会工作服务水平。

《指导意见》提出了加快推进灾害社会工作服务的基本要求,即今后一个时期,要以邓小平理论、"三个代表"重要思想、科学发展观和习近平总书记十八大以来系列讲话精神为指导,坚持政府与社会协作、应急和常态结合、预防和重建并重、城市和农村统筹、治标和治本兼顾的原则,以完善政策制度和体制机制为重点,建立符合中国国情、体现专业要求、反映时代特色的灾害社会工作服务政策制度与标准规范,建构统一指挥、反应灵敏、协调有序、运转高效的灾害社会工作服务机制;以提升灾害社会工作服务能力为核心,建设专兼结合、多学科结合的灾害社会工作服务队伍,建成覆盖广泛、布局合理、功能完善的灾害社会工作服务网络,培育针对性强、惠及面广、成效显著的灾害社会工作服务项目,建立政府主导、部门联动、校地结合、社会协同的灾害社会工作服务格局,建构适应中国国情的灾害社会工作服务体系,为有效满足灾区人民群众的社会服务需求、促进灾区社会和谐发展提供专业支撑。

《指导意见》还明确提出了加快推进灾害社会工作服务的主要任务:要发展灾害社会工作服务队伍,建构灾害社会工作服务平台,健全灾害社会工作服务政策,增强灾害社会工作服务成效。

《指导意见》还要求建立健全加快推进灾害社会工作服务的运行机制,包括灾害社会工作服务动员与资源整合机制、灾害社会工作服务投入机制、灾害社会工作服务交流合作机制。

39.《社会诊断》一书翻译出版

《社会诊断》一书是社会工作领域最早的一本专业理论著作，1917年由美国纽约拉塞尔·塞奇基金会出版，作者为美国社会工作的先驱者、专业个案工作的创始人M.理查蒙。作者多年实地考察了当时慈善组织协会（COS）"友善访问员"的个案调查工作和美国纽约慈善学校的个案工作训练课程的经验，并加以整理、概括和提炼，写出了这本具有学术意义和专业内容的书籍，第一次把个案工作作为一个独立的社会工作方法和技巧的知识体系予以专门的研究和讲授，从而奠定了社会工作的专业知识基础。理查蒙通过系统地分析和诊断案主存在的问题，提出了个案工作一系列原理和原则，如个案的个别化原则、案主的自我决定原则，等等。依据这些原则，社会工作者将由访谈及其他方式所得到的有关案主的人格、家庭情况、社会经济背景以及案主对问题的看法等资料，以客观的态度加以综合分析，确定案主的问题及其成因，以便对症下药，对案主问题提供最有效的帮助。

全书共分3篇28章：第一篇是"社会证据"，共有5章，论述了经济背景、调查研究、医疗方式等与社会工作的关系；第二篇是"诊断的程序"，共有14章，讨论生活环境、家庭关系对案主的影响以及各种社会资源的运用等；第三篇是个案诊断的实例分析，详细叙述了各类个案的分析与诊断。

《社会诊断》一书是个案工作专业化的里程碑，它的问世使个案工作成为正规的社会工作专业教育课程的一部分，从而使社会工作摆脱了以往仅仅是一种"纯伦理"的慈善事业的形象，而成为一门专业。

40.关于加强青少年事务社会工作专业人才队伍建设的意见

青少年人群是社会工作服务的重要对象，青少年事务社会工作是整体社会工作的重要组成部分。2007年，团中央联合中央综治办、民政部、原人事部、中央综治委预防青少年违法犯罪工作领导小组下发了《关于开展青少年事务社会工作者试点工作的意见》，确定了13个城市（城区）作为全国首批青少年事务社会工作者试点城市（城区）。2014年1月，共青团中央与民政部等部门认真总结各地试点经验，研究起草、协调出台了《关于加强青少年事务社会工作专业人才队伍建设的意见》（以下简称《意见》），其主要内容如下：

一、主要目标。提出到2020年，全国重点扶持发展10家培养青少年事务社会工作专业人才的高等教育机构，建立30家具有青少年事务社会工作继续教育资质的培训机构、50家青少年事务社会工作重点实训基地、100个青少年事务社会工作服务标准化示范单位，初步建立 20 万人的青少年事务社会工作专业人才队伍,并形成运行管理机制和配套政策制度框架。

二、主要举措。《意见》从三个方面进行了说明。

(一)主要服务领域。《意见》强调青少年事务社会工作的主要领域有以下三个方面:一是服务青少年成长发展;二是维护青少年合法权益;三是预防青少年违法犯罪。

(二)主要任务。《意见》从以下七个方面对青少年事务社会工作的主要任务进行了说明:第一,研究制定青少年事务社会工作专业岗位设置标准;第二,发展青少年事务社会工作服务机构;第三,构建青少年事务社会工作专业人才培养体系;第四,建立青少年事务社会工作专业人才考核评估制度;第五,建立青少年事务社会工作专业人才薪酬保障机制;第六,建立青少年事务社会工作专业人才与志愿者队伍联动服务体系;第七,建立青少年事务社会工作专业人才合理流动机制。

(三)工作要求。《意见》提出通过全社会工作合力、政府加大资金投入、舆论广泛宣传引导的措施,促进青少年事务社会工作健康发展。

《意见》是第一个民政系统外推动领域社会工作发展的专项政策,对加快青少年事务社会工作健康发展具有重要促进作用,对推动其他行业和领域社会工作发展具有重要引领、示范和带动作用。

41.社会工作首次写进《社会救助暂行办法》

2014年2月21日,国务院发布《社会救助暂行办法》(以下简称《办法》),其中,第一次将社会工作写入国家法规。

《办法》第十章《社会力量参与》对社会力量参与社会救助的形式、政策支持都予以明确。第五十五条明确提出县级以上地方人民政府应当发挥社会工作服务机构和社会工作者作用,为社会救助对象提供社会融入、能力提升、心理疏导等专业服务。

社会工作起源于社会救助领域,同社会救助是两项密不可分、相辅相成的制度安排。《办法》将社会工作纳入其中,无论是对完善社会救助体系还是对发展社会工作,都具有重大意义。

首先,社会工作首次写进《办法》为完善社会救助体系提供了法律指引。随着改革发展的深入和经济社会结构的调整,单纯依靠政府提供物质和资金的方式已无法有效满足救助对象日益增长的物质和心理需求。《办法》围绕"托底线、救急难、可持续"的立法宗旨,对现行各类社会救助制度进行了整合,确立了社会力量和社会工作在社会救助中的重要地位,必将有力推动社会救助向物质保障、生活帮扶、精神慰藉、心理疏导、能力提升相结合的专业化、个性化、发展型救助转型,为救助对象提供全方位的安全保障。

其次,社会工作首次写进《办法》为社会工作参与社会救助提供了法律保障。社会工作秉承以人为本、助人自助的价值理念,把帮助特殊困难群体,恢复和发展社会功能确立为核心使命。在许多国家,大批社会工作者和社会服务机构依据相关法律,积极为救助对象提供专业服务,解决资源不足、救助依赖、贫困代际传递、社会功能失调等问题。《办法》的出台,为社会工作介入社会救助领域形成以救助对象为重点的规范化制度安排提供了法律依据。

此外,社会工作首次写进《办法》为社会工作纳入其他相关法律提供了立法示范。社会工作的服务领域除社会救助外,还广泛涉及社会福利、慈善事业、社区建设等领域。《办法》的出台,为社会工作从社会救助领域向其他领域延伸、完善社会工作法律制度、提供了立法示范。

最后,社会工作首次写进《办法》为社会工作团结凝聚群众、巩固党的执政基础提供了制度保证。社会工作是现代社会治理的重要构成,是践行为民服务宗旨、做好群众服务工作的新生力量,是党和政府连接社会的重要纽带。《办法》明确了社会工作等社会力量参与社会救助的要求,有助于从制度上更好地发挥社会工作在落实社会救助政策、开展专业服务方面的重要作用,帮助特殊困难人群过上有尊严、有保障、有盼头的生活,使他们真正感受到党和政府的关怀,增强亿万群众对我国社会制度的自信心和凝聚力。

42.民政部首次启动全国"国际社工日"主题宣传

民政部决定,从2014年起,每年围绕国际社工日各级民政部门集中组织开展一次社会工作主题宣传普及活动。

2007年3月27日,在国际社会工作者联合会(英文缩写为IFSW,简称国际社工联)成立50周年之际,该组织主席大卫·琼斯博士倡导发起"第一个世界社会工作日"(The First World Social Work Day),并与国际社会工作学校联盟(IASSW)一起举办了庆祝活动。国际社工联确定从2007年开始每年春季选择一天为"世界社会工作日"。2008年是第二个"世界社会工作日",国际社会工作者联盟把这个纪念日确定在4月15日,并与国际社会工作学校联盟联合举办纪念活动。国际社工联盟在2008年向联合国正式申报4月15日为"国际社工日"。在未获得批准之前按照国际社会工作者联盟2008年8月一年一度的IFSW全体会议决定,"世界社工日"定为每年三月份的第三个星期二。

2014年是第八届国际社工日,根据国际社会工作者联合会确定的2014年国际社工日宣传主题"社会与经济危机——社会工作的解决路径"(Social and Economic Crises—Social Work Solutions),结合社会工作核心宗旨与本质特点,落实国务院发布的《社会救助暂行办法》关于"县级以上地方人民政府应当发挥社会工作服务机构和社会工作者作用,为社会救助对象提供社会融入、能力提升、心理疏导等专业服务"的宣传贯彻要求,民政部决定将2014年国际社工日的中国主题定为"弘扬社工精神,服务困境人群"。

2014年3月18日,民政部首次组织开展国际社工日主题宣传活动,中国社会工作协会及各地民政部门、行业组织积极响应,掀起了全国社工宣传活动新高潮。民政部首次在全国开展了社工日主题宣传活动。民政部领导同志出席了宣传活动启动仪式。当年主题宣传活动从3月18日开始持续到3月28日,共计10天。全国各地的系列活动一起参与其中,对提高社会工作的社会知晓度,营造关心、理解、接纳、支持和参与社会工作的良好氛围非常重要。

43.关于进一步加快推进民办社会工作服务机构发展的意见

基于新形势、新要求,民政部于2014年4月9日出台了《关于进一步加快推进民办社会工作服务机构发展的意见》(以下简称《意见》),其主要内容如下:

一、基本原则和主要目标。(一)基本原则:坚持积极扶持、规范发展,坚持突出重点、统筹兼顾,坚持改革创新、整合资源。(二)主要目标:到2020年,在全国发展8万家管理规范、服务专业、作用明显、公信力强的民办社会工作服务机构,有效承接政府社会服务职能,满足人民群众专业化、个性化的社会工作服务需求。

二、主要举措。《意见》提出从以下几个方面推动民办社工服务机构的发展。

(一)完善民办社会工作服务机构管理制度。主要通过改进登记方式、强化监督管理、推动信息公开的方式。(二)加强民办社会工作服务机构能力建设。《意见》提出从以下四个方面推进社会工作服务机构能力建设:第一,进一步增强民办社会工作服务机构内部治理能力;第二,着力提升民办社会工作服务机构服务水平;第三,建立健全民办社会工作服务机构联系志愿者制度;第四,加强民办社会工作服务机构党群组织建设。(三)切实发挥社会工作行业组织促进民办社会工作服务机构发展的功能作用。《意见》从社会工作行业组织方面提出:第一,支持社会工作行业组织发展;第二,推进民办社会工作服务机构行业自律;第三,积极做好民办社会工作服务机构行业服务。(四)建立健全民办社会工作服务机构支持保障体系。《意见》从三个层面指导社会工作服务机构支持保障,主要包括:第一,加快推进政府购买社会工作服务;第二,加大对民办社会工作服务机构扶持力度;第三,鼓励社会力量支持和参与民办社会工作服务机构发展。(五)加强对民办社会工作服务机构发展的组织领导。主要措施如下：第一，建立健全领导体制和工作机制；第二，加大对民办社会工作服务机构发展的经费投入；第三，营造民办社会工作服务机构发展的社会环境。

《意见》致力于进一步解决制约民办社工机构发展的登记管理、能力建设、行业管理、支持保障等突出问题，为各地加快推进民办社工服务机构发展明确了方向，提供了依据。

44.国家层面首次组织灾区社会工作支援服务

2014年9月，民政部实施鲁甸地震灾区社会工作服务支援计划。

鲁甸地震灾区社会工作服务支援计划由民政部社会工作司联合云南省民政厅具体实施。五支社会工作服务队分别由北京市民政局、上海市民政局、广东省民政厅、四川省民政厅和中国社会工作协会组建，每支服务队先期派10名左右社会工作者，与云南本地社会工作者一起赴云南省昭通市鲁甸县和巧家县受灾群众较为集中的临时安置点和板房学校，重点为丧亲家庭、老年人、儿童青少年、残疾人、因灾致贫人群提供哀伤辅导、心理抚慰、生命教育、关系修复、互助网络建设、社区建设与发展等方面服务。社会工作督导培训组依托云南大学、四川大学—香港理工大学灾后重建管理学院社会工作专家力量组建，先期有10余名专家对灾区社会工作服务进行专业督导，对灾区有关干部、社会工作者和志愿者进行相关培训。根据支援计划安排，9月10日前，社会工作服务队和督导培训组陆续进驻灾区工作；12月中旬后，社会工作服务队陆续撤离灾区，并把服务移交给本地社会工作者和社会工作服务机构，社会工作督导培训组则会对灾区社会工作服务开展情况提供持续指导。

经过3个多月的努力，在灾区的重建过程中切实帮助当地政府和群众解决实际困难，成功孵化当地的社工组织，为社工在后期重建中持续发挥积极作用打下了良好的基础，发挥了重要作用。中国社会工作协会服务队还针对当地实际情况，组织编写了《鲁甸地震灾难社会工作手册》。

这是首次从国家层面统筹社会工作专业力量，专业社工有序参与灾后重建尝试，为灾区群众提供心理援助与社会支持服务，也是对重大灾害发生后有序组织社会工作介入救援模式的一次探索。各支服务队在服务的同时引领和培养本土社工发展，接受当地社工加入队伍，一起摸索服务，开发项目，希望在社工服务队撤离后，本地社工可以继续开展服务。

45.儿童社会工作服务指南

为引导和推动儿童社会工作服务专业化、职业化建设，进一步提高全国儿童社会工作从业人员的能力和素质，配合民政部等18部门《关于加强社会工作专业人才队伍建设的意见》和《社会工作专业人才队伍建设中长期规划（2011—2020年）》中提出的社会工作专业人才能力素质不断提升、社会工作专业人才效能不断增强的目标，2014年12月24日，民政部发布了《儿童社会工作服务指南》（以下简称《指南》），主要包括10个方面的规定和8个表格附录，其主要内容如下：

一、儿童社会工作服务范围以及相关术语的定义。在范围上，指出《指南》适用于为有需要的儿童提供的社会工作服务。在术语界定上，对儿童需要、儿童社会工作、儿童服务机构进行了界定。

二、儿童社会工作服务原则。《指南》强调的儿童社会工作服务原则包括：优先原则、利益最大原则、伤害最小原则、平等参与原则、生态系统原则。

三、儿童社会工作服务的主要类型。《指南》强调的儿童社会工作服务主要类型包括：支持性服务、保护性服务、补充性服务、替代性服务。

四、儿童社会工作服务流程。《指南》强调儿童社会工作遵循社会工作实务的通用过程，分为接案、预估、计划、介入、评估和结案6个阶段或步骤，每个阶段或步骤均有不同的工作任务，并强调社会工作的专业性及每个阶段需注意的事项。

五、儿童社会工作服务方法。《指南》指出儿童社会工作的服务方法分为直接服务方法和间接服务方法。直接服务方法指针对儿童及家庭提供的服务，包括个案工作、小组工作和个案管理方法；间接服务方法指需协调外部资源进行的服务，主要包括对服务对象相关资源的整合及政策倡导等。

六、儿童社会工作督导。在督导方面，《指南》首次明确了督导是儿童社会工作服务的重要环节，并对督导的主体、客体及内容作出规定。

七、儿童社会工作服务管理。在服务管理方面，《指南》说明了儿童社会工作服务质量管理的目标与计划、服务质量规范的制定、服务质量的评估机制、反馈机制，以及儿童社会工作行政中的制度建设、岗位设置和档案管理等内容。

八、儿童社会工作的人员要求。《指南》对儿童社会工作者提出的资格要求如下：儿童社会工作者应获得社会工作者职业水平证书并按照《社会工作者继续教育办法》等级或具备社会工作专业专科及以上学历。同时，也对儿童社会工作者提出了包括隐私保护在内的伦理要求和继续教育的要求。

《指南》是我国社会工作领域首批全国性行业标准之一，对于引导专业社会工作进入儿童福利及儿童保护领域，并对现有工作进行进一步指导和规范，以提高服务水平和服务效果，促进儿童福祉，具有重大意义。

46.社会工作服务项目绩效评估指南

2012年11月14日,民政部、财政部印发了《关于政府购买社会工作服务的指导意见》(以下简称《指导意见》),其中提出了关于政府购买社会工作服务的具体要求。结合我国政府购买社会工作服务规范化发展的实际需要,2014年12月24日,民政部发布了《社会工作服务项目绩效评估指南》(以下简称《评估指南》),其主要内容如下:

一、范围以及相关术语定义。在范围上,指出《评估指南》适用于财政性资金购买社会工作服务项目的评估,其他资金购买或委托实施的社会工作服务项目评估可参照使用。在术语界定上,对社会工作服务、社会工作服务项目进行了界定。

二、评估目标。《评估指南》指出社会工作服务项目绩效评估目标主要包括三个:第一,评估社会工作服务项目目标的实现程度、专业服务效果及项目资金的使用情况;第二,总结社会工作服务经验,提炼社会工作服务技巧,提升社会工作服务水平;第三,作为社会工作服务项目结项的依据以及为项目购买方确定项目执行方继续承担相关社会工作服务项目的资质提供依据。

三、评估原则。结合我国各地政府购买社会工作服务的实际情况以及评估实践具体特点,《评估指南》提出社会工作服务项目绩效评估坚持客观性、专业性、系统性、可操作性原则。

四、评估主体。《评估指南》指出社会工作服务项目绩效评估的主体主要包括评估组织者、评估执行方。需要指出的是,《评估指南》对评估执行方的人数、专业、学历、职业资格、实务经验等都作出了明确要求。

五、评估内容。《评估指南》从社会工作服务项目开展的实际过程出发,从项目方案、项目实施、项目管理、项目成效四个方面对评估的具体内容进行了规定。对项目方案,主要是从项目策划、服务计划、服务对象、服务需求分析、项目预算五个方面进行规定;对项目实施,从专业人员配置与使用、物资配置、专业服务价值理念、专业理论、专业方法运用等方面进行规定;对项目管理,从项目的行政管理、专业规范性管理、项目进度管理、服务质量体系与督导、风险管理与应急预案、项目资金管理六个方面进行规定;对于项目成效,从目标实现程度、满意度和社会效益三个方面进行规定。

六、评估方法。《评估指南》具体规定的评估方法有资料分析法、观察法、问卷法、访谈法。

七、评估程序。《评估指南》规定的评估一般程序包括制定评估方案、组织人员、发送通知、实施评估、出具报告五大环节。

八、评估报告运用。《评估指南》中从项目购买方、项目执行方两方面明确了评估报告的主要用途。

《评估指南》对于确定社会工作服务的评定标准和质量评估标准、完善评估制度、建立事前评定、事中监管、事后评估相结合的综合绩效评价体系具有重大意义，为有效规范政府购买社会工作服务的评估监管工作，为《指导意见》及相关政策的落实提供有力保障。

47.民政部公布42名首批全国专业社会工作领军人才

2015年1月，民政部公布了42名首批全国专业社会工作领军人才。这些领军人才涵盖老年社会工作、儿童青少年社会工作、妇女社会工作、流动人口社会工作、司法矫治社会工作、精神卫生社会工作等领域。

专业社会工作领军人才是全国社会工作领域层次较高且具有突出贡献的管理人才或服务人才。民政部从2014年3月就开始启动首批全国专业社会工作领军人才选拔活动，经各地推荐、资格初审、专家评审、社会公示等环节，最终确定42名首批全国专业社会工作领军人才。其中，来自民办社会工作服务机构的有27人，来自事业单位的有9人，来自社区的有4人，来自其他社会组织的有2人。

首批全国专业社会工作领军人才的评选对培养造就高素质社会工作专业人才，优化社会工作专业人才队伍结构，促进专业社会工作发展具有重要意义。

48.关于加快推进社会救助领域社会工作发展的意见

为贯彻落实国务院《社会救助暂行办法》和国务院办公厅《关于政府向社会力量购买服务的指导意见》，促进构建现代社会救助体系，发展专业社会工作，2015年5月4日，民政部、财政部共同印发《关于加快推进社会救助领域社会工作发展的意见》（以下简称《意见》）。其主要内容如下：

一、提出了加快推进社会救助领域社会工作发展的总体要求。《意见》提出争取到2020年社会救助领域社会工作的可及范围和受益人群显著扩大，专业作用和服务效果不断增强的主要目标。

二、加快推进社会救助领域社会工作发展的任务与路径。（一）针对社会救助领域社会工作服务内容不明晰的问题，《意见》明确了社会救助领域社会工作服务机构和社会工作者的服务内容主要为提供社会融入服务、能力提升服务、心理疏导服务、资源链接服务和宣传倡导服务。（二）针对社会工作介入社会救助路径不顺畅的问题，《意见》提出建立健全社会工作服务需求发现报告机制、服务承接机制、服务转介机制。(三)针对社会救助领域社会工作成效评估不规范的问题,《意见》提出构建政府部门、服务对象、专业机构等协同配合的服务评估模式,从行政监管、服务成效、项目管理、社会影响等多个方面对社会救助领域社会工作服务进行综合评估,保证社会救助领域社会工作服务的职业化、专业性、规范化发展方向。

三、明确加强社会救助领域社会工作的支持保障。从加大政府投入力度、推进教育培训、加强研究宣传和开展试点示范等方面提出了要求。

《意见》是贯彻落实《社会救助暂行办法》的一项重要措施,是对法规条文的细化和实化。除此之外,对于化解因救助对象心理行为偏差引发的个体和社会问题,创新社会救助及其服务提供的理念、内涵与方式,建立健全物质资金帮扶与心理社会支持相结合、基本救助服务与专业化个性化服务相补充、政府主导和社会参与相衔接的新型社会救助服务模式具有重大意义。

49.中国社会工作学会成立

2015 年 5 月,经国务院批准,民政部登记注册,社会工作领域的国家一级学术团体——中国社会工作学会在北京正式成立。

中国社会工作学会是从事社会工作专业教育研究、社会工作行政管理、社会工作实务及关心、支持社会工作事业发展的组织和个人自愿组成的全国性、学术性、非营利的社会组织。学会章程明确规定的工作内容主要包括:组织会员开展社会工作研究、交流与合作,承接全国社会工作者职业水平评价相关工作,承接全国社会工作标准化技术委员会秘书处日常工作,面向社会开展社会工作服务评估等。

中国社会工作学会首批会员有 200 余名。北京大学教授王思斌当选中国社会工作学会首任会长,北京社会管理职业学院院长、民政部社会工作研究中心主任邹文开当选副会长兼秘书长。

中国社会工作学会的成立,顺应了国务院关于推进简政放权、放管结合、职能转变的总体要求,回应了专业社会工作急需在学术理论和政策实践上破题的内在需求,为进一步推进建设具有中国特色的社会工作理论体系、标准体系和人才评价体系构造了新阵地、搭建了新平台,对中国社会工作事业的快速、健康、有序发展必将产生重要而深远的影响。

中国社会工作学会将在社会工作研究上发挥平台作用,在社会工作者职业水平评价上发挥好承接作用,在社会工作标准化建设上发挥推动作用,在会员联系服务方面发挥桥梁纽带作用。

二、社区建设

1.中国第一个村民委员会诞生

　　1980年，广西宜山县三岔公社合寨大队（现宜州市屏南乡合寨村）的6个生产队85户农民，以户为代表，以无记名投票方式选举产生第一届果作村民委员会。这是我国第一个村民委员会，揭开了中国农民"直接行使民主权利，依法管理自己的事情，创造自己幸福生活"的历史序幕。村民自治与包产到户、乡镇企业一起，被誉为中国农民改革开放以来的三个伟大创造。

　　合寨是一个壮族聚居村，该村1980年已开始实行土地承包责任制，随着分田到户，原生产大队的凝聚力和约束力逐渐减弱，合寨大队管理委员会对日益严重的赌博、偷盗等现象束手无策。再加上合寨大队地处三县交界，耕牛经常被盗，当地农民对于治安混乱的状况感到不满，于是，合寨大队果作屯第一生产队队长、党小组长韦焕能把该屯其他五名生产队的队长召集在一起，商议治安问题。此后，在村民们的共同商议下，韦焕能等人决定通过选举成立一个组织，共同维护屯里的治安。

　　1980年2月5日，果作村民委员会的选举在宜山县三岔公社合寨大队果作屯的一颗大樟树下进行。果作屯的100多个农户中，有85户派出了代表以无记名投票的方式，选举产生了由5名成员组成的自治组织，全票当选的韦焕能将这个新组织命名为"村民委员会"，他本人则成为村民委员会主任。

　　此后不久，经过民主商议，果作村委会制定了"村规民约"和"封山公约"。村规内容包括：严禁赌博；不准在路边、田边、井边挖鸭虫；不准盗窃等。

　　实行村民自治后，当地治安明显好转，经济建设也快速发展，合寨大队也随后改为村委会，周边县份的村屯纷纷效仿建立村委会。村民自治组织的出现引起了当时政府部门的重视,全国人大法制委员会、民政部等迅即派出工作组实地考察,充分肯定了广西农民的创举。1982年颁布施行的《中华人民共和国宪法》规定,村民委员会是中国农村的基层群众性自治组织。1988年,《中华人民共和国村民委员会组织法(试行)》开始实施,我国逐渐在全国范围内推广村民自治的做法。1998年,修订后的《中华人民共和国村民委员会组织法》正式施行,村民自治走上规范化、制度化、法制化轨道。

2."基层群众性自治组织"载入宪法

1982年12月4日,中华人民共和国第四部宪法在五届全国人大五次会议上正式通过并颁布。这部宪法全文共4章138条,有许多重要的新规定。

宪法修改委员会副主任委员彭真受叶剑英主任委员的委托,代表宪法修改委员会,在会上作了关于宪法修改草案的报告。报告分六个部分,对宪法修改草案的基本内容作了说明。报告指出,要在中央的统一领导下,加强地方政权的建设。同时,总结各地的历史经验和教训,废止人民公社制度,改变农村人民公社的政社合一的体制,设立乡政权,人民公社将只是农村集体经济的一种组织形式。确立基层政权的组织形式为乡(民族乡)、镇政府,并明确规定居民委员会和村民委员会是基层群众性自治组织。

1982年通过的《中华人民共和国宪法》第一百一十一条规定:"城市和农村按居民居住地区设立的居民委员会或者村民委员会是基层群众性自治组织。居民委员会、村民委员会的主任、副主任和委员由居民选举。居民委员会、村民委员会同基层政权的相互关系由法律规定。居民委员会、村民委员会设人民调解、治安保卫、公共卫生等委员会,办理本居住地区的公共事务和公益事业,调解民间纠纷,协助维护社会治安,并且向人民政府反映群众的意见、要求和提出建议。"通过根本大法的形式,确认了城乡基层群众性自治组织的地位。

彭真指出,这一宪法是对1954年制定的新中国第一部宪法的继承和发展,将成为我国新的历史时期治国安邦的总章程。改革开放以来,随着经济社会经历广泛而深刻的变革,我国分别在1988年、1993年、1999年、2004年对现行宪法作过四次修改,但是,居民委员会和村民委员会是基层群众性自治组织的性质始终没有改变。

3.全国城市社区服务工作座谈会

1987年,国务院批准了民政部《关于加强城市街道居民委员会工作的报告》。同年9月6日,民政部在武汉召开"全国城市社区服务工作座谈会",对社区服务的内涵作了定义，提出了社区服务的发展方向。从此，社区概念逐渐被政府部门、党政干部和社会各界广泛应用。这次会上还总结交流了武汉、上海、北京、天津和常州等20个城市开展社区服务的经验，崔乃夫部长提出"具有中国特色的社区服务"的概念，进一步明确了我国社区服务工作的内容和任务。

从那以后，"社区"这个社会学的专业术语逐步成为妇孺皆知的名称；相应地，街道、城区也都建立了不同类型的社区服务机构，标志着我们国家的基层组织已开始从政府管理型向社会自治和服务管理型的变迁。在此次会议的推动下，我国开展了城市社区建设改革，街道办事处和居民委员会的职能开始朝社会管理和服务的方向转变。

截止到1995年底，全国有街道办事处5596个，其中直辖市所属354个，计划单列市所属280个，省会城市所属1199个，地级市所属2582个，县级市所属1181个。大城市街道办事处管辖的人口一般为5万—8万人，中小城市街道办事处管辖的人口一般为2万—5万人。街道的机构设置包括：一是党的系统，即街道党委（或工委），一般设书记、副书记，下设组织、宣传、纪委、办公室以及团委、妇联、工会、武装部等工作部门。二是政府系统，即街道办事处，设主任、副主任，下设行政、民政、城管、市容、人防、环卫、文教、计划生育、劳动力管理等；有些地方设财政、工商税务、物价、司法。三是经济组织，这一点在各地名称不一，隶属关系也不同，它们与街道办事处的关系大致可分为两种情况：一种是受街道办事处领导，另一种是与街道办事处平行。街道办事处的人员编制由市、区一级政府下达。

据民政部的统计，到1995年底，居委会有11.19万个，拥有48万居委会成员，平均每个街道办事处下辖大约20个居委会。按照居委会组织法，居民委员会根据居民自治的原则，一般在100户至700户的规模内设立。居委会由主任、副主任和委员5—9人组成，由居民直接或每户派代表民主选举产生。截至2013年底，我国基层群众自治组织共计68.3万个，其中居委会94620个，居民小组135.7万个，居委会成员48.4万人。

4.中华人民共和国城市居民委员会组织法

《中华人民共和国城市居民委员会组织法》是为了加强城市居民委员会的建设，由城市居民群众依法办理群众自己的事情，促进城市基层社会主义民主和城市社会主义物质文明、精神文明建设的发展，根据宪法制定的一部法律。该法于1989年12月26日七届全国人大常委会第十一次会议通过，1989年12月26日中华人民共和国主席令第二十一号公布，自1990年1月1日起施行。1954年12月31日全国人大常委会通过的《城市居民委员会组织条例》同时废止。

《中华人民共和国城市居民委员会组织法》规定，居民委员会是居民自我管理、自我教育、自我服务的基层群众性自治组织。居民委员会的任务包括：宣传宪法、法律、法规和国家的政策，维护居民的合法权益，教育居民履行依法应尽的义务，爱护公共财产，开展多种形式的社会主义精神文明建设活动；办理本居住地区居民的公共事务和公益事业；调解民间纠纷；协助维护社会治安；协助人民政府或者它的派出机关做好与居民利益有关的公共卫生、计划生育、优抚救济、青少年教育等项工作；向人民政府或者它的派出机关反映居民的意见、要求和提出建议。

该法规定了居委会的设立和组织原则：居民委员会根据居民居住状况，按照便于居民自治的原则，一般在 100 户至 700 户的范围内设立。居民委员会由主任、副主任和委员共五至九人组成；多民族居住地区，居民委员会中应当有人数较少的民族的成员；居民委员会主任、副主任和委员，由本居住地区全体有选举权的居民或者由每户派代表选举产生；根据居民意见，也可以由每个居民小组选举代表 2 至 3 人选举产生。居民委员会每届任期 3 年，其成员可以连选连任。年满 18 周岁的本居住地区居民，不分民族、种族、性别、职业、家庭出身、宗教信仰、教育程度、财产状况、居住期限，都有选举权和被选举权；但是，依照法律被剥夺政治权利的人除外。

同时，该法还规定了居民会议组织原则和召开方法：居民会议由 18 周岁以上的居民组成；居民会议可以由全体 18 周岁以上的居民或者每户派代表参加，也可以由每个居民小组选举代表 2 至 3 人参加；居民会议必须有全体 18 周岁以上的居民、户的代表或者居民小组选举的代表的过半数出席，才能举行；会议的决定，由出席人的过半数通过；居民委员会向居民会议负责并报告工作；居民会议由居民委员会召集和主持；有 1/5 以上的 18 周岁以上的居民、1/5 以上的户或者 1/3 以上的居民小组提议，应当召集居民会议；涉及全体居民利益的重要问题，居民委员会必须提请居民会议讨论决定；居民会议有权撤换和补选居民委员会成员。

5.中国第一部村民自治章程诞生

1991 年 6 月 7 日，山东省章丘县埠西村召开第三届第三次村民代表会议，79 名村民代表一致通过了《埠西村村民自治章程》，这是我国第一部村民自治章程。村民们形象地称之为"小宪法"。

其主要内容包括：

第一章总则（5 条），重点阐述制定章程的目的、依据、原则、通用范围和执行。

第二章村民组织（5 节 15 条），包括以下内容。一、村民会议的组成、职权，村民代表会的组成、性质、职权范围、活动方式、村民代表的产生办法,村民代表会的召集与主持;村民代表会的会议制度、议事决策程序;明确规定村内人事由村民代表会讨论决定。二、村民委员会的性质、组成、职责、工作制度等内容。明确规定了村民委员会是在国家法律、法规范围内由村民自我管理、自我教育、自我服务的群众性自治组织,规定了村委会下设的工作委员会;明确规定了村委会的工作制度包括:学习制度、会议制度、任期目标和年度目标及分工负责制度、村务公开制度等。三、村民小组。主要规定村民小组的性质、组成、划分和村民小组长的职责、任期。四、村民。主要规定村民的权利和义务。如明确规定具有"遵守村民自治章程,执行村民代表会和村委会决定、决议","按时完成村委会分配给的各项任务"等项义务。五、村干部。主要规定了对村干部的要求,如规定村干部必须牢固树立全心全意为人民服务的思想,立足本职工作,努力为民造福,要求村干部"以身作则。各项工作中起带头模范作用。""执行会议决议,共同开展好工作。"

第三章经济管理(6节40条),主要包括:一、劳动积累。规定了义务工、基建工"两工"的有关制度。二、土地管理。主要规定村有土地范围、产权关系、土地承包、土地保护、土地开垦、土地调整、土地转让、土地管理档案等制度。三、承包费的收取和使用。主要规定承包费的性质、收取范围、承包或租赁办法、土地承包费的收取标准、农收承包费的使用办法等制度。四、生产服务。主要规定农村农业服务公司等组织,明确其管理内容及服务的项目。五、财务管理。主要规定全村各企业、事业单位的财务管理制度。财务人员的职责,村财务办公室的组成、职责、工资、资金制度;固定资产的购置、使用制度;审计制度等。六、村办企业。规定了村办企业的性质、管理制度、企业承包制度、利润分配制度等。

第四章社会秩序(6节39条),主要包括:一、社会治安。主要规定有关维护社会治安的制度和对违反者的处理办法。二、村风民俗。主要规定农村社会主义精神文明建设的有关制度,如喜事新办、丧事从俭、搞好公共卫生、维护村容整洁等。三、相邻关系。主要规定正确处理邻里关系的有关制度,如在经营、生活、借贷、社会交往中,应遵循平等、自愿、互利的原则等。四、婚姻家庭。主要规定正确处理家庭关系有关制度。如男女平等、一夫一妻、婚姻自由、赡养父母、抚养子女、财产继承等。五、计划生育。主要规定了计划生育的具体措施和对村民的要求。六、村民档案。主要规定建立村民档案的要求、管理办法。

第五章附则(3条),主要规定村民自治章程执行、监督、解释权的归属。

村民自治章程是一个村关于村民自治各种制度的系统化、规范化,它属于村规民约的一种类型,与一般的村规民约相比,村民自治章程更为规范,更为全面,更为系统,也更具权威性。村民自治章程的制定,标志着村民自治进入了一个新的阶段。村民自治章程制度的建立，标志着村民自治由探索逐步走向成熟。

6.关于加快发展社区服务业的意见

1993年8月27日，民政部联合中央14个部、委、局出台了《关于加快发展社区服务业的意见》（以下简称《意见》），指出社区服务业是在改革开放中发展起来的新兴社会服务业，对我国经济社会发展具有重要的作用。社区服务业是在政府倡导下，为满足社会成员多种需求，以街道、镇和居委会的社区组织为依托，具有社会福利性的居民服务业。社区服务业由社区福利服务业、便民利民服务业和职工社会保险管理服务业组成，是社会保障体系和社会化服务体系中的一个重要行业。

《意见》确定了社区服务业的发展目标：到20世纪末，基本建成多种经济成分并存，服务门类齐全，服务质量和管理水平较高的社区服务网络。社区服务业产值每年要以13.6%的速度增长；每千人口拥有的服务网点要有很大增长，各类社区服务设施达到26万个；85%以上街道各兴办一所社区服务中心、一所老年公寓（托老所）、一所残疾人收托所和一所以上托幼机构。

《意见》要求各级政府增加对社区服务业的投入。要求广泛吸收社会资金和引进国外资金用于发展社区服务业；各级民政部门要增加社会福利有奖募捐对社区服务业的投入；使其基本建设、更新改造投资的比重得到提高。鼓励国有企事业单位、城镇集体经济、民办企业及个人以资金、房产、设备、技术、信息、劳务等形式投入社区服务业；鼓励港澳台同胞、海外侨胞和国外人士、团体、企业在中国兴办社区服务设施。

《意见》要求有关部门应尽可能对社区服务中经营性服务提供开办营业执照、税收减免、用房优惠等政策的扶持。但这一政策在街道具体落实时遇到了很大困难，主要是因为工商管理部门认为社区服务涵盖面太广，特别是便民利民项目不容易界定，有偿服务、经营性服务、无偿服务的标准和比例不容易测算和划分。

7.百步亭社区模式

百步亭社区是1995年由百步亭集团开发建设的新型住宅区，位于湖北省武汉市江岸区，占地4平方公里，入住13万人。该社区是全国第一个推行"建设、管理、服务"三位一体管理模式的社区，率先推行了"党的领导、政府服务、居民自治、市场运作"运行机制，成为新时期全国探索和创新和谐社区发展模式的一面旗帜。

居民入住多年来，社区治安状况良好，居民关系和谐。没有一户居民家中被盗，没有一辆自行车被偷，没有一起刑事案件，没有一起交通事故，没有一桩大的邻里纠纷，没有一个越级上访，没有一起黄赌毒，没有一起未成年人犯罪，没有一起火灾，等等。居民反映有时上街买菜忘记锁门，家里从未丢过东西。多年来"路不拾遗，夜不闭户"的憧憬，在这里已成为活生生的现实。

百步亭社区的创新表现在三个方面：在社区管理体制方面是全国第一个没有街道办事处的社区，直接隶属武汉市江岸区委区政府；在社区公共服务模式方面，是由企业主导、志愿者广泛参与的公共服务模式；在社区自治机制方面，以楼栋为单位建立全覆盖的社区自治网络。

百步亭社区先后获得中国人居环境范例奖、全国先进基层党组织、全国文明社区示范点、全国和谐社区建设示范社区、全国城市物业管理优秀示范区等荣誉称号，被誉为"当代中国一张靓丽的社区名片"、"一个和谐社会的缩影"和"全国社区建设排头兵"。中央宣传部、中央文明办、建设部、文化部四部委联合发文向全国推广百步亭社区经验。湖北省文明委、武汉市委市政府分别作出了《向百步亭花园社区学习》的决定，百步亭社区成为全国社区建设的一面旗帜，成为中国和谐社会的一个缩影，成为展示武汉人文风貌的一个窗口。

8.民政部首次命名表彰31个全国村民自治模范县（市、区）

1990年，民政部为推动贯彻落实《村民委员会组织法（试行）》、探索推动农村基层民主有效途径，组织开展了村民自治示范活动。1995年11月，民政部在北京召开全国村民自治示范工作经验交流暨表彰会议，并发布了《民政部关于表彰全国村民自治模范县（市、区）的决定》，首次命名表彰了31个"全国村民自治模范县（市、区）"。这是示范活动中涌现出的第一批村民自治示范单位。

在民政部组织开展的村民自治示范活动中，吉林省梨树县等31个村民自治模范县（市、区），领导高度重视，科学制订规划，采取措施，严格标准，检查督促，切实按照《全国农村村民自治示范活动指导纲要》的要求，坚持民主选举、民主决策、民主管理、民主监督，坚持与农村整体工作相结合，使村民自治示范工作取得了显著成效，有力地保证了党的方针、政策和国家的法律、法规在农村的贯彻落实，促进了全县社会主义物质文明和精神文明建设的蓬勃发展，保持了农村社会的持续稳定，充分发挥了示范单位的典型、带动和辐射作用，为本省和全国的村民委员会建设工作提供了经验，为推进我国农村基层的社会主义民主政治建设作出了贡献，为全国农村村民委员会建设树立了学习的样板。

首次命名为"全国村民自治模范县（市、区）"的包括：吉林省梨树县、湖南省临澧县、福建省古田县、辽宁省宽甸满族自治县、河南省汝南县、山西省临猗县、山东省招远市、河南省新野县、黑龙江省青冈县、福建省宁化县、山东省安丘市、山西省河曲县、甘肃省天水市北道区（2005年起改为麦积区）、江苏省太仓市、四川省彭山县、山东省莱西市、宁夏回族自治区中卫县（2003年设立中卫市）、湖北省京山县、新疆维吾尔自治区焉耆回族自治县、山东省章丘市、黑龙江省泰来县、江苏省昆山市、湖南省望城县、甘肃省敦煌市、辽宁省大连市甘井子区、陕西省华阴市、河北省晋州市、内蒙古自治区通辽市、北京市平谷县（现为平谷区）、上海市闵行区、广东省深圳市宝安。

9.全国社区服务示范城区标准

1995年12月，民政部等14部委印发了《关于加快发展社区服务业的意见》（以下简称《意见》）。为配合该意见的贯彻实施，民政部发布了《全国社区服务示范城区标准》，提出了社区服务示范城区的总体要求和具体条件，为各地推动社区服务标准化、提高社区服务水平提供了衡量标准和评价依据。

《全国社区服务示范城区标准》要求各地在城区政府的统一领导和民政部门的直接管理下，依托街道办事处、居民委员会等组织，建立起与当地经济、社会发展相适应，社会互助广泛开展、群众参与率较高、服务设施和项目齐全、服务质量和管理水平较高、服务效益较好的城市社会福利服务网络，满足社区居民的多种服务需求。

《全国社区服务示范城区标准》还从组织管理、政策扶持和资金筹集、服务内容、设施建设、服务队伍、效益等方面，对全国社区服务示范城区建设提出了明确的要求：区、街道对社区服务业投入资金的平均年增长速度不低于区财政收入和街道收入的增长速度；社区服务项目的设置从社区居民的需求出发，确保福利服务，首先满足老年人、残疾人、优抚对象、少年儿童等特殊困难群体的特殊需要，同时合理安排经营服务项目，服务于社区全体居民；各街道至少有一所多功能的社区服务中心或具有养老、助残、康复医疗、青少年活动和托幼等5所单项特殊群体的服务设施。各街道社区服务中心具有福利性、公益性服务项目6个以上，每千人建筑面积达到10平方米以上；养老服务设施每千名老年人拥有床位2张以上；助残服务设施容纳20个名额以上；青少年活动站容纳30个名额以上；托幼园所容纳50个名额以上。每个居委会有一个场所固定、面积30平方米以上的社区服务站；拥有一批稳定的具有实践经验的专职服务人员。其中专职管理人员不超过80%，文化程度达到高中以上；具有各种服务专业特长的技术服务人员的比例达到10%以上；社区居民对社区服务的参与率达到10%以上；社区单位对社区服务的参与率达到80%以上；经常接受服务的居民达到全体居民的80%以上；经常接受福利服务的特殊对象达到特殊困难对象的 95% 以上；社区服务设施的使用率达到 95% 以上；设施完好率达到 90% 以上。

10. "青年文明社区"创建活动

"青年文明社区"是指在社区居民委员会辖区内，以团组织为主要力量、联合政府有关部门、动员组织广大青少年积极参与社区两个文明建设，建立良好的社区秩序、优美的社区环境、完善的社区服务体系，提高社区青少年素质，形成和谐的社区人际关系的城市社区。

"青年文明社区"创建活动是团中央联合民政部、建设部、国家工商行政管理总局于1996年共同发起的。"青年文明社区"创建活动以社区团建为基础，以社区服务项目为重点，围绕"建立良好的社区秩序、美化社区环境、完善社区服务、形成和谐的社区人际关系、提高社区青少年素质"这一总体目标取得了积极成效，形成了"青年文明社区"创建11491的工作模式，即：建立一套现代社区理念；建立一个社区青少年服务中心；建立四套组织，包括团组织、青年工作委员会、团的外围组织、社区少工委；建立九个项目，包括社区志愿服务、"青年文明社区大家乐"、社区校外教育、维权服务、"青年文明号助万家"、大学生社区援助、青少年教育培训、环境保护、社会治安；建立一套社区制度。

1997年5月，团中央等四部委联合评选出了全国"青年文明社区"创建活动100个示范点。1998年5月23日，联合命名表彰了全国首批60个"青年文明社区"。截至2007年，全国已有国家级"青年文明社区"及示范点约1000个，省、地（市）级"青年文明社区"近3000个，促进了社区群众性精神文明建设的发展。

11. "四个民主"写入党的全国代表大会报告

1997年9月12日，中国共产党第十五次全国代表大会在北京召开。江泽民代表第十四届中央委员会向大会作了题为《高举邓小平理论伟大旗帜，把建设有中国特色社会主义事业全面推向二十一世纪》的报告。

这次大会上，"民主选举、民主决策、民主管理和民主监督"第一次被写进党的全国代表大会报告。报告指出，共产党执政就是领导和支持人民掌握管理国家的权力，实行民主选举、民主决策、民主管理和民主监督，保证人民依法享有广泛的权利和自由，尊重和保障人权。发展社会主义民主，制度更带有根本性、全局性、稳定性和长期性。扩大基层民主，保证人民群众直接行使民主权利，依法管理自己的事情，创造自己的幸福生活，是社会主义民主最广泛的实践。

报告还要求城乡基层政权机关和基层群众性自治组织，都要健全民主选举制度，实行政务和财务公开，让群众参与讨论和决定基层公共事务和公益事业，对干部实行民主监督。坚持和完善以职工代表大会为基本形式的企事业民主管理制度，组织职工参与改革和管理，维护职工合法权益。坚决纠正压制民主、强迫命令等错误行为。

12.民政部设立基层政权和社区建设司

1998 年机构改革中，国务院赋予民政部"指导社区服务管理工作、推动社区建设"的职能，民政部"基层政权建设司"也因此更名为"基层政权和社区建设司"。由此，国务院正式认可"社区建设"概念，并责成新组建的民政部基层政权和社区建设司指导社区管理工作，推动社区建设，从而使我国社区建设有了组织体制上的保证。

基层政权和社区建设司的职能是：拟订城乡基层群众自治建设和社区建设政策；指导社区服务体系建设；提出加强和改进城乡基层政权建设的建议；推动基层民主政治建设。该司下设农村社区建设（综合）处、城乡基层民主（村务公开）处、城市社区建设处、基层政权建设处 4 个职能处室。

13.城市社区建设试点启动

1999 年 1 月，为研究新时期我国城市社区建设的基本思路，民政部选择了北京、上海、天津、重庆、杭州、沈阳、石家庄、南京、海口、合肥、哈尔滨、西安、青岛、厦门、本溪、漯河 16 个城市的 26 个城区作为首批"社区建设实验区"进行试点，社区建设的内容由社区服务等单项活动的开展向居民委员会体制改革、政府职能转变以及承担更大范围的经济、社会体制改革后转移的职能上拓展。同时，有 20 多个省（自治区、直辖市）确定了近 100 个省（市）级社区建设实验区。各实验区积极探索，总结出了许多好的经验。

天津、沈阳、本溪、南京、青岛、武汉、西安、哈尔滨等城市，借鉴国外经验，结合当地实际，把社区规模定位在城市基层自然形成的地域。一般按照 1000—2000 户的规模，对居委会的管辖范围进行了调整，确保基层社会管理与服务到位。

上海、南京、沈阳、武汉、西安、石家庄等城市积极探索新时期党的基层组织建设新方法，充分发挥在职党员、离退休党员的参与作用，大力开展社区党建工作，增强了基层党组织在社区的凝聚力和战斗力，使广大党员的先锋模范和旗帜作用日益明显。南京市玄武区广泛开展了在职党员志愿者服务活动，广大在职党员积极参加各类社区义务服务。

各实验区还加强了城市社区居民自治组织建设，普遍设立了居民群众自我管理、自我教育、自我服务、自我监督的社区居民委员会。居民通过社区成员代表会议，对社区内的重大事项进行讨论、评议。北京、上海、青岛、武汉、南京、乌鲁木齐等城市还尝试居民直接选举居委会主任，并制定了居民委员会选举办法。一个以民主选举、民主决策、民主管理、民主监督为主要内容的社区居民自治体制在各实验区逐步形成。

在实验过程中，各实验区严格按照"权随事走，费随事转"的原则，大力转变政府职能，将该由社区管理的职权还给社区。沈阳市东陵区泉园街道办事处赋予社区决策权、财务权、协调权、监督权。过去，社区对财务管理没有自主权，一切财务收支都由街道审批。在调整中，街道把原来所有权归街道的房屋使用权交给社区经营，连同社区有偿服务的收入都交社区自行支配。市、区、街三级财政拨付的办公费用，街道全额、按时拨付，由社区自己管理、合理支配。

通过实验和探索，整合社区资源和社区力量共同建设社区，倡导社区居民、驻社区机关、团体、部队、企事业单位以及各种社会团体"广泛参与"成为大家的共识。社区建设实验中也逐步形成了党委和政府领导、民政部门牵头、有关部门配合、社区居委会主办、社会力量支持、群众广泛参与的推进社区建设的领导体制和工作机制。以社区党建为核心、以社区居民自治组织为主体、以社区社会组织为补充的社区管理和服务体制逐步形成。

14.沈阳社区管理模式

1999年10月16日，民政部基层政权和社区建设司在沈阳市召开社区体制改革专家论证会。参加会议的专家、学者、实际工作者对沈阳社区建设经验给予了高度评价，称之为"沈阳模式"。沈阳的社区管理是："一个大会，两个机构"模式，一个大会即社区成员代表大会，两个机构即社区执行机构和社区居民委员会或社区管理委员会。"沈阳模式"在国内产生了较大影响，成为其他实验区学习和借鉴的榜样。全国大多数实验区在社区划分和社区组织机构的设置及构建上，都借鉴了沈阳经验。

沈阳市社区管理体制改革，主要包括三个方面内容：

一是社区定位。从有利于推进民主和优化资源配置出发，将社区定位在小于街道办事处、大于原来居委会的范围内。全市按照居民实际居住地重新调整了社区规模，小的1000多户，大的在2000—3000户之间。市内5个区有2011个居委会，共组建了832个新社区，比原来减少58.6%。

二是社区划分。依据居民居住的地缘关系、心理认同感等社区构成要素，按照有利于群众自治和管理服务、优化资源配置、提高工作效能的原则，将社区划分为四种类型：按照居民居住和单位自然地域划分的"板块型社区"，以封闭型的居民小区为单位的"小区型社区",以职工家属聚居区为主体的"单位型社区"和根据功能特点划分的"功能型社区"。

三是社区组织体系。这个组织体系包括决策层、执行层、议事层和领导层。决策层为社区成员代表大会,由社区居民和社区单位代表组成,定期讨论决定社区重大事项。执行层为社区管理委员会,它与规模调整后的居委会实行一套班子、两块牌子,由招选人员、户籍民警、物业管理公司负责人组成,对社区成员代表大会负责并报告工作,其职能是教育、服务、管理和监督。议事层为社区协商议事委员会,由社区内人大代表、政协委员、知名人士、居民代表、单位代表等组成,在社区代表大会闭会期间行使对社区事务的协商、议事职能,有权对社区管理委员会的工作进行监督。领导层为社区党组织,即根据党章规定,设立社区党委、总支和支部。

15. "巾帼社区服务工程"

1999年11月12日,全国妇联、民政部、劳动和社会保障部、建设部、国家税务总局、国家内贸局联合下发《关于实施"巾帼社区服务工程"推动社区建设和下岗女工再就业工作的意见》,联合发起了以安置下岗女工、满足社区居民物质和精神生活需要为主要内容的"巾帼社区服务工程"。"巾帼社区服务工程"的总体要求是:建立一支以妇女为主体的社区服务骨干队伍,发展一批具有较高服务质量的社区服务机构,兴办一批妇字号社区服务实体,培养一批"巾帼创业带头人",激励更多的下岗女工进入社区服务领域再创新业。

文件要求各地积极开拓社区服务领域,扩大再就业渠道,鼓励和引导下岗女工从事与居民生活密切相关的社区服务工作;鼓励用人单位优先招用下岗女工,凡适合下岗女工从事的岗位,在招工时优先招收一定数量的下岗女工;积极组织各种资本联合和劳动联合,促进社区组织和有条件的企业联合兴办服务实体,支持扶助下岗女工从事个体经营或开办私营企业,发挥个体私营经济在社区服务业中的作用;各级妇联要大胆探索,采取自办、联办等多种方式,大力发展以妇女为主体的妇字号社区服务实体,坚持社会效益与经济效益的统一,在开拓就业门路、方便群众生活的同时,增强妇联自身的凝聚力和经济实力;各级妇联要积极配合政府,利用妇女再就业指导中心、职业介绍机构、妇女培训学校等阵地,开展多门类、多层次的职业技能培训。充分发挥劳动和社会保障部门培训机构以及社会各方面的作用。培训内容要根据本地区发展社区服务业的需求来确定,使下岗女工掌握从事社区、家庭服务的基本技能;劳动和社会保障部门对妇联系统组织的下岗女工职业技能培训,按有关规定给予经费支持,鼓励下岗女工参加职业资格培训和职业技能鉴定,并按有关规定对考试合格者颁发职业资格证书;内贸系统的职业技能培训中心和商业学校也要面向下岗女工开展定向、分层培训,并为她们提供再就业专业技术培训服务;各地要加强社区服务再就业示范培训基地建设,推动社区服务工作走向规范化、制度化;要加大对社区服务妇女骨干力量和"巾帼创业带头人"的培训力度,努力培养一支具有较高素质的社区服务专业工作者和志愿工作者队伍,发挥她们在发展社区服务、组织互助互济活动、帮助下岗女工解困中的骨干带头作用;有关部门要积极支持下岗女工和妇联组织参与社区服务工作,创办社区服务实体,按国家有关规定给予政策引导、财政支持和信贷保障。

16.关于加强社区残疾人工作的意见

2000年8月29日,民政部、教育部、公安部、司法部、劳动保障部等14部委联合发布《关于加强社区残疾人工作的意见》,对加强社区残疾人工作提出了总体思路和具体要求。文件明确社区残疾人工作的基本原则是:坚持以政府为主导,社区为依托,有关部门密切配合,社会各界共同参与的社会化工作方式;将社区残疾人工作纳入社区建设总体规划,融为一体、同步发展、共建共享;建立以社区居民委员会为核心、社区残疾人组织为纽带、社区服务机构为基础的工作机制,促进残疾人平等参与社会生活。

文件就如何推进残疾人社区康复、为残疾人提供切实服务、活跃残疾人的文化生活、建设社区无障碍环境、保障残疾人合法权益等方面的工作进行了部署,要求各级政府要高度重视社区残疾人工作,在规划和部署社区建设工作时,将残疾人工作列入总体规划,纳入社区建设的内容之中,并将社区残疾人工作作为有关部门工作考核的重要评价指标。地方各级政府社区建设协调领导机构,要吸收同级残联为成员单位,发挥残联在社区建设中的作用;各级民政部门,在推进社区建设工作中要听取残联的意见,把社区残疾人工作列入社区建设工作计划,给予具体指导。各级教育、公安、司法、劳动保障、建设、文化、卫生、体育、文明办、工会、共青团、妇联等部门、组织,要把社区残疾人工作纳入各自的社区建设工作领域,兼顾特性,同步实施;各级残联要在党委、政府领导下,积极参与社区建设,与各有关部门密切合作,做好社区残疾人工作。要将社区残疾人工作纳入自身职责,加大工作力度,采取切实措施,发挥综合、协调、服务作用,并及时总结、交流经验,推动社区残疾人工作深入健康发展。

17.关于在全国推进城市社区建设的意见

2000年11月19日中共中央办公厅、国务院办公厅转发了民政部《关于在全国推进城市社区建设的意见》,这是我国指导推动城市社区建设的第一份纲领性文件。

文件要求各级党委和政府要高度重视城市社区建设，把社区建设工作摆上重要议事日程，切实帮助解决城市社区建设中的困难和问题。政府各有关部门和人民团体要充分发挥各自的作用，共同推动城市社区建设向前发展。

文件首先明确了社区建设的含义以及我国社区建设需求：社区建设是指在党和政府的领导下，依靠社区力量，利用社区资源，强化社区功能，解决社区问题，促进社区政治、经济、文化、环境协调和健康发展，不断提高社区成员生活水平和生活质量的过程。社区建设是一项新的工作，大力推进社区建设，是我国城市经济和社会发展到一定阶段的必然要求，是面向新世纪我国城市现代化建设的重要途径。1999年底，我国有667个城市，749个市辖区，5904个街道办事处，11.5万个居民委员会。随着改革开放的不断深入，特别是社会主义市场经济体制的初步确立，包括街道办事处、居民委员会在内的城市基层社会结构面临改革和调整的任务，社区的地位和作用显得十分重要，社区建设的要求非常迫切。

文件明确了城市社区建设的指导思想，就是以邓小平理论和江泽民同志关于"三个代表"的重要思想为指导，认真贯彻落实党的十五大精神，从我国基本国情出发，改革城市基层管理体制，强化社区功能，巩固党在城市工作的组织基础和群众基础，加强城市基层政权和群众性自治组织建设，提高人民群众的生活质量和文明程度，扩大基层民主，密切党群关系，维护社会政治稳定，促进城市经济和社会的协调发展。

文件明确了城市社区建设的基本原则。主要是：一、以人为本、服务居民。坚持以不断满足社区居民的社会需求、提高居民生活质量和文明程度为宗旨，把服务社区居民作为社区建设的根本出发点和归宿。二、资源共享、共驻共建。充分调动社区内机关、团体、部队、企业事业组织等一切力量广泛参与社区建设，最大限度地实现社区资源的共有、共享，营造共驻社区、共建社区的良好氛围。三、责权统一、管理有序。改革城市基层社会管理体制，建立健全社区组织，明确社区组织的职责和权利，改进社区的管理与服务，寓管理于服务之中，增强社区的凝聚力。四、扩大民主、居民自治。坚持按地域性、认同感等社区构成要素科学合理地划分社区；在社区内实行民主选举、民主决策、民主管理、民主监督，逐步实现社区居民自我管理、自我教育、自我服务、自我监督。五、因地制宜、循序渐进。坚持实事求是，一切从实际出发，突出地方特色，从居民群众迫切要求解决和热切关注的问题入手，有计划、有步骤地实现社区建设的发展目标。

文件明确了城市社区建设的主要内容及推进路径。要求各地积极拓展社区服务、发展社区卫生、繁荣社区文化、美化社区环境、加强社区治安等。要求各地将城市社区建设纳入当地国民经济与社会发展计划，同时党政主要领导要亲自过问，经常给予指导，分管领导要切实负起责任，将工作落到实处。尤其是城市和城区的党委、政府，要切实加强对社区建设工作的领导，把社区建设工作摆上重要议事日程，帮助解决推进社区建设中的困难和问题。各级民政部门要在同级党委和政府的领导下,积极发挥职能作用,当好参谋助手,主动地履行职责,把社区建设作为城市民政工作的主要依托,作为今后五年城市民政工作的重点积极推进。在总结试点经验的基础上,开展社区建设示范活动。要充分发挥工会、共青团、妇联、残联以及老龄等组织在推进社区建设中的重要作用,努力形成党委和政府领导、民政部门牵头、有关部门配合、社区居委会主办、社会力量支持、群众广泛参与的推进社区建设的整体合力。

18.全国城市社区建设示范活动指导纲要

为贯彻落实中共中央办公厅、国务院办公厅《关于转发〈民政部关于在全国推进城市社区建设的意见〉的通知》(以下简称《通知》)和《国民经济和社会发展第十个五年计划纲要》精神,2000年11月3日,民政部印发《全国推进城市社区建设示范活动指导纲要》(以下简称《指导纲要》),从此拉开了在全国开展社区建设示范活动的序幕。

《指导纲要》首先明确了开展示范活动的目的和意义,指出在全国开展社区建设示范活动,是进一步摸索城市社区建设的经验和方法,充分发挥典型引路、以点带面的作用,推动和促进全国社区建设不断向广度和深度发展的需要,是促进经济和社会协调发展,提高人民的生活水平和生活质量,扩大基层民主,巩固基层政权,维护社会稳定,推动城市改革与发展的需要。

《指导纲要》明确了示范活动的目标和任务。提出社区建设示范活动的目标是:从2001年开始,各省、自治区、直辖市要选择有一定工作基础的大中城市和市辖区作为示范单位,有组织、有计划、有步骤地开展社区建设示范活动。2001年、2002年两年重点是抓好大中城市尤其是直辖市、省会城市和计划单列市的示范活动,逐步向中小城市和城镇发展,力争创建一批社区建设示范城、示范街道和一大批示范社区,并能发挥其示范作用。到2005年,全国直辖市、省会城市和计划单列市的社区建设都能达到《通知》的要求。社区建设示范单位的任务是:以邓小平理论和"三个代表"重要思想为指导,认真贯彻《中华人民共和国居民委员会组织法》,全面贯彻落实《通知》精神,改革城市基层管理体制,转变政府职能,明确社区责权,理顺社区关系,建立与社会主义市场经济体制相适应的社区管理体制和运行机制;加强社区组织和队伍建设,扩充社区管理职能,规范社区管理,完善各项制度,通过民主选举、民主决策、民主管理和民主监督的社区居民自治活动,建立自我管理、自我教育、自我服务、自我监督的社区组织体系和工作机制;以拓展社区服务为龙头,发展社区卫生,繁荣社区文化,美化社区环境,加强社区治安,完善社区功能,不断丰富、提高社区建设的内容和水平;全面增强和提高社区居民委员会和居民群众的自治意识和能力,发动和依靠群众,努力建设一批管理有序、服务完善、环境优美、治安良好、生活便利、人际关系和谐的新型现代化社区。

《指导纲要》明确了示范活动的工作原则和要求。一是要求突出重点,注重实效。社区建设示范活动重点在城市,工作基础是社区,必须把工作重点放在大中城市,放在城市基层。要结合本地实际,从大中城市的基础工作抓起,从创建示范街道、示范社区的基层单位抓起,把示范活动的各项任务落到实处。要发挥居民群众在社区建设中的主体作用,坚持以人民群众高兴不高兴、拥护不拥护、满意不满意为标准,一切从实际出发,不搞形式,不走过场,使示范活动成为解决实际问题、为群众办好事办实事的过程,成为提高创建工作水平,推动社区建设深入发展的过程。二是大胆探索,勇于创新。社区建设是一项综合性的改革工程。各示范单位在工作中要坚持解放思想,转变观念,以改革创新的精神,大胆探索和实践。要注重城市基层社会管理与服务体制和机制的创新,通过开展示范活动,进一步转变政府职能,理顺各种关系,健全社区组织,明确各方责权,完善各项制度,规范工作程序,改进社区的管理和服务,推动具有本地特色的社区建设深入发展。三是以点带面,分步推进。各地要注意总结示范单位的经验,加强先进典型的宣传,有计划地组织各种形式的交流活动。推广示范单位的经验,充分发挥典型示范的引导、带动和辐射作用,逐步将社区建设向面上普及和推进,做到点与面的有机结合,进一步推动社区建设工作整体水平的提高。工作中要区别中心城市和其他城市、新城区与老城区的不同情况,根据城市和社区的实际,因地制宜,分类分步推进。四是严格标准,保证质量。要严格按照社区建设示范单位的标准,结合当地实际,制定切实可行的社区建设示范活动方案和规划,提出具体要求和措施,并抓好督促检查和验收工作。创建社区建设示范单位,要坚持标准,保证质量,真正把那些具有示范作用的先进典型树立起来。工作中既要严格程序,又要删繁就简,防止搞烦琐的层层评比和劳民伤财的突击行动。

《指导纲要》明确了示范单位的范围、验收和确认程序。社区建设示范单位的范围是:社区建设示范社区、示范街道和示范市、区。社区建设示范单位分全国和省(自治区、直辖市)级。全国社区建设示范城的范围为:县级以上城市和市辖区。省一级社区建设示范城的范围,由各省、自治区、直辖市自行确定。示范活动采取"分层选点、分级负责"的办法,即民政部负责全国社区建设示范市、区基本标准的制定,并组织实施。各省、自治区、直辖市参照民政部制定的标准,制定本地区的示范社区、示范街道和省级示范城的具体标准,并组织实施。民政部负责验收确认全国社区建设示范市、区;省、自治区、直辖市负责验收确认省一级社区建设示范城;地市级负责验收确认示范街道;市辖区(县)负责验收确认示范社区。验收的程序:在自查的基础上,凡验收合格者可逐级申报,经审核确认。各省、自治区、直辖市推荐申报全国社区建示范城,必须是本省范围内具有示范作用的单位,经全国社区建设示范城评审委员会(由民政部牵头,有关部门参加)验收审定,报民政部确认。申报时,应附有各级验收情况和开展社区建设工作的典型材料。

《指导纲要》要求加强示范工作的组织领导。明确指出,开展城市社区建设示范活动,是一项涉及方方面面的系统工程,一定要坚持地方党委、政府的统一领导,有关部门密切配合,社会各界大力协作,形成整体合力。要充分认识开展社区建设示范动的重要意义,把这项工作作为推动本地区社区建设全面发展的重要措施,认真规划,精心组织,切实抓紧抓好。各级民政部门作为社区建设工作的职能部门,要在当地党委和政府的领导下,恪尽职守,主动当好参谋和助手,发挥牵头组织、综合协调和监督检查的职能作用,与各部门密切协作,认真负责地抓好示范工作的开展,确保社区建设示范活动扎扎实实、富有成效。

19. "社区建设"列入国民经济和社会发展五年计划

2001年3月5日至15日,九届全国人大四次会议在北京举行。朱镕基在会上作《关于国民经济和社会发展第十个五年计划纲要的报告》(以下简称《报告》)。《报告》提出,今后五年经济和社会发展的主要目标是:国民经济保持较快发展速度,经济结构战略性调整取得明显成效,经济增长质量和效益显著提高,为到2010年国内生产总值比2000年翻一番奠定坚实基础;国有企业建立现代企业制度取得重大进展,社会保障制度比较健全,社会主义市场经济体制逐步完善,对外开放和国际合作进一步开展;就业渠道拓宽,城乡居民收入持续增加,物质文化生活有较大改善,生态建设和环境保护加强;科技、教育加快发展,国民素质进一步提高,精神文明建设和民主法制建设取得明显进展。会议表决通过了关于国民经济和社会发展第十个五年计划纲要及其报告。

《中华人民共和国国民经济和社会发展第十个五年计划纲要》第十九章第四节指出,推进社区建设是新时期我国经济和社会发展的重要内容,要坚持政府指导与社会参与相结合,建立与社会主义市场经济体制相适应的社区管理体制和运行机制。加强社区组织和队伍建设,扩充社区管理职能,承接企业事业单位、政府机关剥离的部分社会职能和服务职能。以拓展社区服务为龙头,不断丰富社区建设的内容,发展社区卫生,繁荣社区文化,美化社区环境,加强社区治安,完善社区功能,努力建设管理有序、服务完善、环境优美、治安良好、生活便利、人际关系和谐的新型现代化社区。这是社区建设第一次纳入我国经济和社会发展规划。

20.全国首家"爱心慈善超市"建立

2001年,上海在全国率先成立的慈善捐赠救助物资服务中心向区县延伸,新建20多个"慈善连锁超市",募集各类新物资39.7万多件、旧物资9.4万余件。上海市慈善基金会在上海镇宁路405弄164号开办的"爱心慈善超市"为全国首家爱心超市。

慈善超市开办的初衷在于,上海慈善基金会成立捐赠救助物资服务中心后,在三年的时间里收到捐物价值突破4000万元,亟须将一部分捐赠的物资快速变现,以最大程度地发挥作用。相关负责人认为,通过慈善超市,仓库里的捐赠品可以物尽其用,在变现的过程中实现两次助困。首先,低收入者买到了超低价必需品;其次,变现的钱又可有效帮助更困难的家庭。同时,低保家庭凭"助困券"到慈善超市来,选取他们真正急需的生活用品,同样也是一种变现。各取所需,物尽其用,这是济贫扶弱的一种有效形式。

在上海第一家慈善超市成立后,青岛、广州等城市也纷纷效仿,创办了慈善超市。2003年3月12日,青岛市金门街道办事处开办了青岛市第一家慈善捐助超市,凡街道辖区内享受最低生活保障的居民,可凭街道发放的"社会救助一卡通",每年到超市免费领取200元物品。该超市占地100平方米,物品以衣物、学生用品为主,包括米面油盐、锅碗瓢盆,共计84种、4万多件,这些物品都是超市开业前社会各界的捐赠。广州市首个"慈善助困超市"在东山区试点开业,区内低保户凭民政部门发放的"超市领取卡"和"低保证",能免费领取或只付1—5元获得如二手的电脑、冰箱、空调等各种社会捐赠物品,每户每年限买三件。还将成立专门监督机构,防止冒充低保人员到超市购物,或是将购来的大件物品转手倒卖。

21.关于推动社区就业工作的若干意见

2001年5月8日,劳动部、发展委员会、经贸会、财政部、民政部、建设部、中国人民银行、工商总局、国家税务总局联合发布《关于推动社区就业工作的若干意见》,要求各地要紧密结合产业结构调整和城市社区建设的发展进程,以城市社区为依托,以市场需求为导向,按照产业化的发展方向,大力开发社区就业岗位,促进下岗职工和失业人员再就业。

文件要求各地多渠道开发社区就业岗位,大力开发托幼托老、配送快递、修理维护等便民利民服务岗位,特别是面对居民家庭和个人的家政服务岗位;结合驻社区企业事业单位、政府机关剥离部分社会服务职能的需要,开发物业管理、卫生保洁、商品递送等社会化服务岗位；结合对企业退休人员实行社会化管理的需要，开发健身、娱乐以及老年生活照料等工作岗位；结合社区组织建设、公共管理和公益性服务的需要，大力开发社区治安、市场管理、环境管理等社区工作岗位，特别是开发社区保洁、保安、保绿、车辆看管等社区公益性就业岗位，对下岗职工和失业人员中年龄较大、再就业困难且家庭收入低的人员实施就业援助。鼓励下岗职工和失业人员以个体、私营等各种经济形式，兴办投资少、机制灵活、适应性强的社区服务型小企业从事社区服务，实现自谋职业。鼓励企事业单位、街道基层组织等兴办以安置下岗职工和失业人员为主的就业型中小企业、劳动就业服务企业等社区就业实体。

文件要求各级公共就业服务机构要积极探索社区就业服务的有效方法，通过开展有针对性的职业指导、开设专门服务窗口、实行劳动保障事务代理等措施，帮助下岗职工和失业人员切实转变就业观念，并为他们提供代管档案、代缴保险、代办有关证明等项就业服务，引导他们在社区实现再就业。

文件要求加强再就业培训，提高社区就业人员的就业能力。结合社区就业实际需求，努力开发适应社区就业岗位需要的再就业培训项目和培训课程，采取实用有效的培训方式方法，为下岗职工和失业人员在社区就业创造有利条件。大力推广创业培训，培养一批创办社区就业实体的带头人，以培训促进创业，以创业带动就业。

22.全国城市社区建设四平现场会

2001年7月，民政部在山东省青岛市召开了全国城市社区建设工作会议，提出了全面推进社区建设的要求，明确了全面推进社区建设的目标任务，制定了社区建设的发展战略，确定了全面推进社区建设的措施，掀起了全面推进社区建设的热潮。2002年9月8日，民政部在吉林省四平市召开了全国城市社区建设现场会。会议总结了青岛会议以来社区建设的新进展和新经验，进一步明确了社区建设的任务和目标，强调要以社区为平台、社区组织为依托、信息技术为手段整合城市民政工作，坚持"一手抓推进，一手抓研究"的工作思路，提出了抓基础工作夯实社区建设的根基，抓关键问题促进社区建设深入发展，抓示范活动提高社区建设水平的任务和要求。

民政部部长多吉才让、副部长李学举，吉林省省长洪虎、副省长李斌出席了四平会议。中央和国家机关相关部委的有关领导、民政部和各省、自治区、直辖市民政部门的负责人及全国社区建设示范城、区的有关负责同志500余人参加了会议。

李学举在会上讲话。他指出，这次会议是自去年"青岛会议"后又一次专题研究部署社区建设工作的重要会议。会议选定在四平市召开，采取现场会的形式，是经部里多次调查，反复研究确定的。"青岛会议"一年多来，各级党委、政府采取有效措施，加大工作力度，形成了党委、政府高度重视，人民群众广泛参与，社会各界大力支持，大中小城市你追我赶的大好局面，社区建设呈现出由点到面开展、由大城市向中小城市延伸、由东部发达地区向中西部地区快速推进的态势，取得了可喜的成绩。社区建设工作之所以能够迅猛推进，有经济、社会发展的客观需要，有适应经济体制、政治体制改革的必然要求，有党中央、国务院的正确领导，有各级党委、政府的高度重视，有居民群众和有关部门、社会各界的认同支持。各级民政部门为社区建设付出的精力和心血，也是推进社区建设的重要力量。正是这些因素，创造了社区建设的新经验，取得了社区建设的新成就，涌现出了一批又一批社区建设的典型。四平市就是其中的一个典型。这个典型具有代表性、示范性和推广价值。

会议宣读了民政部《关于命名全国社区建设示范城的决定》。河北保定市等全国27个城市、北京市西城区等148个城区在这里被民政部授予"全国社区建设示范市、区"光荣称号，这也是民政部首次命名全国社区建设示范市区。

"四平会议"后，社区建设呈现出强大的生命力和巨大的社会效益，成为新形势下城市工作的重要内容，成为建设现代化城市的基础工作，也为新时期民政工作开创了新局面。

23."四进社区"活动

2002年1月，中国科学技术协会、国家体育总局、中央文明办、全国妇女联合会、共青团中央、中央综办、卫生部、文化部联合发布《关于开展科教文体法律卫生四进社区活动的通知》，要求在全国范围内开展科教、文体、法律、卫生"四进社区"活动。活动主要包括：

第一，科技进社区。由中国科协牵头，围绕"讲科学生活、建文明社区"的主题，组织有关方面的专家、学者、科普工作者和科普志愿者在社区与居民共同举办科普读书、科普讲座、科普报告、科普咨询、科普培训、科普竞赛、科普讲演、科普文艺和科普影视巡演等各种活动；办好社区科普画廊、科普宣传栏、制作科普公益广告等；在4、5月份，结合"全国科技活动周"，组织"万种科普书刊"、"万套科普挂图"进社区，举办"万场科普报告会"、"万场科普咨询服务"、"万场科普影视放映"等活动，形成科教进社区的高潮。通过开展生动活泼、形式多样的科普教育活动，宣传科学生活观念，普及科学生活知识，引导社区居民增强科学意识和鉴别能力，破除愚昧思想和落后习俗，建立科学文明的生活方式，提高社区居民的生活质量，让科学思想在社区广泛传播，科学精神在群众心中深深扎根。

第二，文体进社区。活动由文化部、国家体育总局、团中央、全国妇联牵头，努力建设和开辟更多面向广大群众、便于居民参与的公益性文化体育场所，充分利用社区各类文体活动中心、图书室、影剧院、文化宫、俱乐部、体育场（馆）、健身站（点）等文体设施，经常组织有社区特色、丰富多彩的群众性文体活动，如歌咏、摄影、书画、演讲、曲艺、体操、舞蹈、健身等表演和展示。各地文体部门可采取多种形式组织开展社区文体表演和展示活动。为集中展示社区文体活动的成果，适当时候举行全国性社区文化汇演和趣味体育赛、表演展示活动。

第三，法律进社区。由各地综治办会同宣传、司法行政等部门牵头，配合"四五"普法，深入社区开展法制宣传教育工作，举办社区法制讲座、法律知识竞赛、法律咨询、法制园地等多种形式的活动，向社区居民赠送法律知识读物和宣传资料，宣传普及与社区居民日常生活密切相关的法律常识。同时，建立健全市民行为规范，引导社区居民增强遵纪守法意识、安全防范意识，自觉同违法犯罪行为作斗争。落实各项防范和管理措施，切实保障社区居民的人身和财产安全。青少年是一个特殊群体，各地可依托社区青少年服务中心、社区法律学校等阵地，对青少年开展有针对性的法律知识普及教育。建立社区社会治安综合治理网络，及时排查和调处各类矛盾纠纷，严厉打击各种违法犯罪行为，坚决扫除黄、赌、毒等社会丑恶现象。

第四，卫生进社区。由卫生部牵头，结合城镇医药卫生体制改革和发展健全社区卫生服务站，依靠社区卫生服务站，动员各级各类卫生机构、卫生人员和志愿者，为社区居民进行健康检查和常见病治疗，开展卫生常识宣传咨询，普及医疗卫生知识，为残疾人、孤寡老人、下岗职工和困难家庭等弱势群体送医送药上门。

2002年4月21日，全国科教、文体、法律、卫生"四进社区"活动启动仪式在北京市海淀区举行，标志着全国"四进社区"活动正式开始。据全国25个省区市的初步统计，当年在4、5月份掀起的"四进社区"第一个高潮——"科教进社区"活动中，共举办科普讲座、咨询、培训竞赛、演讲、展览、文艺巡演、影视放映、青少年课外科技活动等11万余场，直接参与活动和受教育的群众达3400多万人次。随后，"四进社区"活动在全国范围内全面铺开。

为了进一步满足人民群众不断增长的精神文化需要，提高居民文明素质和生活质量，促进社会主义和谐社会建设，2005年5月，中央文明办、中央综治办、文化部等部门联合发布了《关于进一步深化科教、文体、法律、卫生"四进社区"活动，努力为构建社会主义和谐社会创造良好环境的通知》，要求相关部门进一步深入开展"四进社区"活动。

24.关于加快发展城市社区卫生服务的意见

为加快发展城市社区卫生服务，鼓励社会各方面力量共同构建以社区卫生服务为基础、合理分工的新型城市卫生服务体系，增加基层卫生服务供给，更好地满足广大群众日益增长的健康需求，2002年8月20日，卫生部、民政部等11个部门联合印发《关于加快发展城市社区卫生服务的意见》。该意见包括以下几方面内容：

一是实行政府调控与市场配置卫生资源相结合，推进城市卫生资源配置结构的战略性调整，加快部分卫生资源向社区转移，逐步完善医院和社区卫生服务机构的资源配置比例，增强社区卫生服务供给能力。对公立一级医院和部分二级医院要按社区卫生服务的要求进行结构与功能改造，允许大、中型医疗机构举办社区卫生服务机构。

二是打破部门垄断和所有制等界限，鼓励企业事业单位、社会团体、个人等社会力量多方举办社区卫生服务机构，健全社区卫生服务网络。社区卫生服务网络既包括提供综合服务的社区卫生服务中心（站），也包括为社区居民提供专项服务的护理院（站）、诊所等。社区卫生服务中心（站）是社区卫生服务网络的主体，原则上按照非营利性医疗机构要求及区域卫生规划设置。其他社区卫生服务机构在社区卫生服务网络中发挥重要的补充作用，按照关于城镇医疗机构分类管理的有关规定，可分为营利性和非营利性。鼓励部分国有中、小型医疗机构转制为民办社区卫生服务机构，或实行国有民营。

三是引入竞争机制，根据公平、择优的原则，采用公开招标方式，选择具备提供社区卫生服务基本条件、独立承担民事责任的法人或自然人举办社区卫生服务机构，建立精简高效的社区卫生服务运行机制。在确定社区卫生服务机构举办者的过程中，应充分听取社区居民委员会和广大居民的意见。

四是在卫生资源缺乏，且没有社会力量举办社区卫生服务机构的地区，当地人民政府有责任按区域卫生规划及配备标准进行卫生资源调整，举办或委托举办社区卫生服务机构。

五是社区卫生服务机构要根据居民需求积极应用中医药、中西医结合与民族医药的适宜技术，充分发挥中医药在社区卫生服务中的特色和优势。

该意见还明确了促进社区卫生服务发展的具体措施。包括：地方各级人民政府要加大对社区卫生服务的扶持力度；各省、自治区、直辖市应依据国家有关规定制定本地社区预防保健等公共卫生服务的具体项目和补助标准，所需经费纳入财政预算；各地人事部门应根据国家有关规定，参照本地综合性医院的工资水平合理核定政府举办的社区卫生服务机构工资总额，搞活内部分配，吸引优秀卫生技术人员进社区工作；各地劳动保障部门应将符合条件的社区卫生服务机构纳入城镇职工基本医疗保险定点医疗机构范围，规定医疗保险基金应支付的社区卫生服务项目,参保人员在社区卫生服务机构就诊费用的个人自付比例应低于在二级医院和三级医院就诊自付的比例等。

25.关于积极推进企业退休人员社会化管理服务工作的意见

2003年6月19日,中共中央办公厅、国务院办公厅批转了劳动和社会保障部、中央组织部、国家发展和改革委员会、民政部等部门《关于积极推进企业退休人员社会化管理服务工作的意见》(以下简称《意见》)。

企业退休人员社会化管理服务是指职工办理退休手续后,其管理服务工作与原企业分离,养老金实行社会化发放,人员移交城市街道和社区实行属地管理,由社区服务组织提供相应的管理服务。《意见》明确了街道和社区的社会化管理服务工作主要内容,包括:配合社会保险经办机构做好确保养老金按时足额发放工作,保障企业退休人员的基本生活;为企业退休人员提供社会保险政策咨询和各项查询服务;跟踪了解企业退休人员生存状况,协助社会保险经办机构进行领取养老金资格认证;帮助死亡企业退休人员的家属申请丧葬补助金和遗属津贴;集中管理企业退休人员的人事档案;组织企业退休人员中的党员经常开展组织活动,加强企业退休人员的思想政治工作;建立企业退休人员健康档案,有计划地开展健康教育、疾病预防控制和保健工作,提供方便的医疗、护理和康复服务;组织企业退休人员开展文化体育健身活动,指导和帮助他们通过各种形式的社会公益活动发挥余热,开展自我管理和互助服务。

《意见》还明确社会化管理服务的基本形式是将企业退休人员直接纳入街道和社区进行管理与服务。大中城市和其他经济比较发达、社区建设比较规范的地区,应主要采取这种形式。中央下放到地方管理的企业的退休人员,原则上应纳入其常年居住地或户口所在地的街道、社区实行属地管理,其养老保险关系和基本养老金的社会化发放工作,仍由省级社会保险经办机构负责管理。同时,要加强街道、社区和企业党组织建设,做好企业退休人员党组织关系的接转工作,开展党的组织活动。尚未建立党组织的社区,要加快党组织建设的步伐,努力实现"一社区一支部(总支、党委)"的目标。

26.全国万家社区图书室援建和万家社区读书活动

2003年7月,民政部、中央文明办、新闻出版总署、国家广电总局联合启动开展了"万家社区图书室援建和万家社区读书活动"。该活动受到社区居民、社会各界的热烈欢迎和积极参与。许多社会团体、企事业单位、共驻共建单位主动参与到活动中来,第一期活动受援社区达 1.3 万个。其中,江苏省、四川省、黑龙江省、辽宁省、山东省、浙江省和青岛市各超过了 500 个。

之后又陆续开展了几期援建活动,截止到 2009 年 6 月底,全国共援建城乡社区图书室 11.8 万家,支援图书 3900 余万册,约 3 亿城乡居民从中获益。其中,江苏省南通市、浙江省宁波市已率先在所有城市和农村社区援建了图书室;天津、河北、宁夏、福建省厦门市、吉林省长春市、安徽省芜湖市、新疆乌鲁木齐市也实现了城市社区图书室全覆盖,其中天津还援建了农村社区图书室 1744 个,占农村社区总数的 50%;辽宁省 55% 的城市社区、17% 的村委会已建起图书室;新疆生产建设兵团 596 个社区中的 70% 有了图书室;广东省完成援建的城市社区图书室达 4159 家,农村社区图书室达 2364 家,分别占全省城市社区、农村村委会总数的 68% 和 12%;广东省深圳市在完成城市社区和街道图书室援建计划后,又为 620 多个社区图书室续援图书 17 万册。此外,部分省份还制定了明确的援建计划,如甘肃省计划每年援建 1000 个农村图书室,5 年援建 5000 个;福建省计划 2008 年完成 1000 个农家书屋、300 个农村中小学"爱心图书室"和 50 个社区文明图书室。

活动开展期间,活动组织者还开展了"全国社区文明风采书画摄影比赛"、"和谐社区中的感人故事"和"社区托起明天的太阳"有奖征文、"红军长征路图书长廊"援建、"夕阳红图书室"和"蓝天图书室"援建、"情系农家、共创文明"系列公益文化活动,涌现了一大批学习型街道、学习型社区、学习型楼道、学习型家庭和学习型个人,有力地促进了当地社区建设的深入开展,丰富了城乡基层群众的文化生活。

27.中组部、民政部召开全国优秀社区工作者表彰会议

2003 年 9 月 15 日,中组部、民政部联合召开了全国优秀社区工作者表彰会议,500 名社区工作者获得"全国优秀社区工作者"荣誉称号。中共中央政治局委员、国务院副总理回良玉出席会议并作了重要讲话。

回良玉指出,1998 年以来,在党中央、国务院的高度重视和正确领导下,在中组部、民政部的具体组织下,通过全国 400 多万社区工作者的辛勤努力,我国社区建设全面推进,蓬勃发展,取得了显著成绩;社区规模调整基本完成,社区组织逐步健全;社区服务领域拓宽、内容拓展、覆盖面扩大;社区民主制度逐步规范,社区居民民主自治建设健康发展。广大社区工作者战斗在社区建设第一线,是社区建设的实践者和推动者。他们为政府分忧,为社会解难,为居民服务,在平凡的岗位上作出了不平凡的业绩,特别是在帮助社区弱势群体,大力推进社区就业再就业,维护社会稳定,以及抗击非典斗争中发挥了积极作用。回良玉强调指出,推进新时期社区建设要把为社区居民服务作为社区一切工作的

出发点和落脚点,把解决困难群体生活和社区就业再就业问题作为社区工作重点,把完善居民自治作为社区建设的重要目标,把提高社区工作者素质作为社区建设的基础环节,把加强社区党建作为社区建设的组织保证。

全国优秀社区工作者评选活动从2003年6月份开始,由各省、自治区、直辖市党委组织部和民政厅(局)负责评选推荐,共推选出500名全国优秀社区工作者。评选活动采取自下而上的方式进行,公开推荐人选条件、推荐程序和推荐结果,并通过问卷调查、民主评议等方式充分听取社区群众意见,接受居民群众监督。这次受表彰的社区工作者得到了广大社区居民的拥护,居民抽样问卷调查满意率均达到90%以上。

28.关于健全和完善村务公开和民主管理制度的意见

在中共中央办公厅、国务院办公厅下发的《关于在农村普遍实行村务公开和民主管理制度的通知》和《中华人民共和国村民委员会组织法》施行的基础上,2004年6月22日,中共中央办公厅、国务院办公厅发布《关于健全和完善村务公开和民主管理制度的意见》(以下简称《意见》),其目的在于认真贯彻落实党的十六大提出的"健全基层自治组织和民主管理制度,完善公开办事制度,保证人民群众依法直接行使民主权利,管理基层公共事务和公益事业,对干部实行民主监督"的要求,适应农村发展的新形势,进一步推进农村社会主义物质文明、政治文明、精神文明协调发展。

《意见》指出,我国正处在全面建设小康社会、加快推进社会主义现代化的新的发展阶段,农村改革、发展和稳定的任务十分繁重。实行村务公开和民主管理,是实践"三个代表"重要思想,维护农民群众根本利益的具体体现;是完善村民自治,发展社会主义民主的重要内容;是顺利推进农村改革和发展,加快农村全面建设小康社会进程的必然要求;是促进农村党风廉政建设,密切党群干群关系的有效途径。近年来,全国各地推行村务公开和民主管理取得了积极成果,但我们也应清醒地看到,一些地方在村务公开和民主管理中还存在着重形式、轻实效,制度不健全、决策不民主等问题。这与农村改革发展稳定的新形势新任务不相适应,在一定程度上影响了农村经济和社会的发展。

《意见》要求各地进一步健全村务公开制度,保障农民群众的知情权;进一步规范民主决策机制,保障农民群众的决策权;进一步完善民主管理制度,保障农民群众的参与权;进一步强化村务管理的监督制约机制,保障农民群众的监督权。具体的做法包括:将土地征用补偿及分配、农村机动地和"四荒地"发包、村集体债权债务、税费改革和农业税减免政策、村内"一事一议"筹资筹劳、新型农村合作医疗、种粮直接补贴、退耕还林还草款物兑现,以及国家其他补贴农民、资助村集体的政策落实情况,及时纳入村务公开的内容;各地农村应坚持实际、实用、实效的原则,在便于群众观看的地方设立固定的村务公开栏,同时还可以通过广播、电视、网络、"明白纸"、民主听证会等其他有效形式公开;设立村务公开监督小组;建立听取和处理群众意见的工作机制,要求村委会在10日内解释和答复群众疑问;推进村级事务民主决策;明确村级民主决策的基本组织形式是村民会议和村民代表会议;规范村级民主决策的程序;建立决策责任追究制度;推进村级事务民主管理;建立村民委员会换届后的工作移交制度;加强村民民主理财制度建设;规范农村集体财务收支审批程序;加强对农村集体财务的审计监督;推行民主评议村干部工作制度;建立和完善村干部的激励约束制度等。

29.关于加强和改进街道社区党的建设工作的意见

2004年10月4日,中共中央办公厅转发了中共中央组织部《关于加强和改进街道社区党的建设工作的意见》(以下简称《意见》),明确街道、社区党组织的主要职责和任务,对新形势下的街道、社区党建工作提出了明确要求。

《意见》指出,街道、社区是党在城市工作的基础,街道、社区党建工作,是党的基层组织建设的重要组成部分。在全面建设小康社会、加快推进社会主义现代化的新的发展阶段,我国城镇化进程不断加快,城市综合实力不断增强,城市基层管理体制改革不断深化,街道、社区在城市工作中的地位越来越重要,街道、社区党组织承担的任务日益繁重。新经济组织、新社会组织大量涌现,迫切需要依托街道、社区党组织加强这些组织中的党建工作,不断扩大党在城市工作的覆盖面;越来越多的"单位人"转为"社会人",大量退休人员、下岗失业人员和流动人员进入社区,迫切需要街道、社区党组织转变管理和工作方式,做好新形势下的群众工作,形成社区群众各尽其能、各得其所而又和谐相处的局面,巩固党执政的社会基础;社区群众的物质文化需求日益呈现出多层次、多样化的趋势,迫切需要增强街道、社区党组织的领导、协调功能和街道、社区的服务功能,全面推进社区建设。

《意见》明确了街道、社区党组织的地位及党建工作的指导思想,指出街道党(工)委和社区党支部(总支、党委)是党在街道、社区全部工作和战斗力的基础,是街道、社区各种组织和各项工作的领导核心。街道、社区党的建设工作的指导思想是:以邓小平理论和"三个代表"重要思想为指导,紧紧围绕城市改革发展稳定的大局,紧密结合城市社区建设的实际,以保持党同人民群众的血肉联系为核心,以服务群众为重点,构建城市社区党建工作新格局,提高街道、社区党组织的创造力、凝聚力和战斗力,扩大党在城市工作的覆盖面,为创建管理有序、服务完善、环境优美、文明祥和的新型社区,促进城市现代化建设提供坚强的组织保证。

《意见》要求各地街道、社区党组织要坚持党的群众路线，牢固树立群众观点，不断增强服务意识，坚持把服务群众作为街道、社区党建工作的重要任务，把群众满意不满意作为检验街道、社区党建工作的重要标准，把工作重点从注重创收进一步转移到搞好社区管理和服务上来。要建立健全社区服务体系，开展社区服务活动。同时还要不断扩大党在城市工作的覆盖面，凡有3名以上正式党员的社区，都要单独建立社区党组织。发挥在职党员在社区建设中的模范带头作用。

30.深圳社区治理模式

2004年12月，深圳市委、市政府召开全市社区工作会议，明确提出设立社区工作站，实行社区工作站与居委会分设的社区治理模式。目前，深圳已设立445个社区工作站，这一社区治理模式引起各方面的高度关注。

此前，我国部分城市开始探索设立社区工作站，根据其与居委会的关系，主要有两种模式：一是下设模式，如北京西城区实行"两会一站"（社区成员代表大会、社区居委会和社区工作站），青岛实行"一会两站"（社区居委会、社区工作站和社区服务站），都是设立社区工作站作为居委会下设的工作机构；二是分设模式，如上海实行"居站分设"（社区工作站与居委会分设），其社区工作站是政府延伸到社区的服务机构，政府通过购买服务等方式委托其为社区居民提供公共服务。

《深圳市社区建设工作试行办法》明确规定，社区工作站是政府在社区设立的工作平台，是政府在社区开展行政性管理服务的组织者和提供者，其主要职责是承接从居委会剥离出来的行政性管理工作；而居委会则主要从事居民自我管理、自我教育、自我服务和自我监督的工作，凸显其作为居民自治组织的职能。目前，除部分"村改居"社区外，深圳已全面设立社区工作站，实行社区工作站与居委会分设。

31."和谐社区示范单位"创建活动

2005年2月20日，胡锦涛总书记在省部级主要领导干部提高构建社会主义和谐社会能力专题研讨班上的讲话中指出，要加强城乡基层自治组织建设，从建设和谐社区入手，使社区在提高居民生活水平和质量上发挥服务作用，在密切党和政府同人民群众的关系上发挥桥梁作用，在维护社会稳定、为群众创造安居乐业的良好环境上发挥促进作用。

2008年10月6日，民政部下发了《关于切实做好全国和谐社区建设示范单位命名表彰工作的通知》，决定命名表彰一批全国和谐社区建设示范城区（市）、全国和谐社区建设示范街道、全国和谐社区建设示范社区。

随后不久，民政部印发了《全国和谐社区建设示范单位指导标准（试行）》，从经济社会发展、就业和社会保障、社会救助、社区卫生、社区文化、社区治安、社区环境、社会评价、社区服务、居民参与等多个角度，给出了创建和评选和谐社区建设示范城区（市）、示范街道、示范社区的指标。

2009年10月12日，民政部发布《关于命名表彰全国和谐社区建设示范单位的决定》，将北京市西城区等188个城区（市）命名为全国和谐社区建设示范城区（市）、北京市东城区东华门街道等253个街道命名为全国和谐社区建设示范街道、北京市丰台区丰台街道永善社区等500个社区命名为全国和谐社区建设示范社区。

32.全国百城社区建设情况调查

2005年4月29日，民政部召开"全国百城社区建设情况调查"启动暨培训视频会议，民政部副部长出席会议并讲话，宣布"全国百城社区建设情况调查"正式启动。这次"百城社区建设情况调查"，是开展社区建设工作以来第一次在全国范围内进行的大规模抽样调查。

调查的对象包括城区、县级市政府负责人、社区居委会负责人、居民等，调查的内容包括政府关注的群体、政府与社区居委会的关系、居民需求、社区环境、社区文化教育、社区治安、居民参与等方面。

其中，中国城市社区建设调查（社区居委会）基础情况统计表的调查对象分别为260个社区居委会，共发出问卷256份，回收问卷243份，回收率为94.92%；其中有效问卷235份，有效问卷率为96.70%。调查结果显示，大多数社区面积、人口适中，少数社区过小或"超大"。在235个社区中，有47.66%的社区面积在0.3—20平方公里之间，有69.36%的社区户数在501—3500之间，有56.17%的社区人口在3001—9000之间。从居委会成员的年龄、学历、性别等情况来看，社区建设开展以来，居委会工作人员具有年轻化、知识化的特点，女性在居委会工作人数占多数。居委会工作人员以高中、大学学历居多，小学学历很少。同时，也有少量研究生加入了居委会工作行列。社区工作人员的产生，主要以居民代表选举为产生方式，其次是其他方式（政府部门委派），再次是直接选举和户代表选举。居委会办公用房面积呈"两极分化"现象，30.64%的社区居委会办公房面积在201平方米以上，有25.53%的社区办公房面积在50平方米以下，有18.3%的社区办公房面积在51—100平方米之间，值得关注的是有2.98%的社区未填。

调查结果还显示,抽样调查的社区收入普遍偏低。社区收入情况,2004年社区总收入在1万元以下的占235个社区的27.66%,收入在1万—8万元的占31.91%,8万元以上的只有13.62%,有26.81%的社区未填。社区收入偏低的重要原因是政府拨款太少。有28.09%的社区每年政府拨款在5000元以下,有13.62%的社区政府拨款在5000元到15000元之间,只有25.96%的社区政府拨款在15000元以上,且有33.19%的社区未填。居委会日常工作经费偏少,甚至有相当一部分社区没有工作经费。同时,居委会工作经费也呈"两极分化"趋势。有38.3%的社区月工作经费在600元以下,也有21.7%的社区月工作经费在601—2000元之间,另有9.36%的社区月工作经费有2001元以上,值得关注的是有31.49%的社区未填。与居委会工作经费相比,党组织工作经费很少甚至没有。在235个社区中,有13.19%的社区月工作经费在151—300元之间,11.49%的社区月工作经费在51—150元之间,有57.02%的社区基本没有固定工作经费。

社区事务的多少可以从居委会挂牌数量、居委会主任兼职和政府下派事务的多少反映出来。调查显示,有45.53%的社区居委会挂牌在5块及以下,有25.11%的社区挂牌在6—10块之间,有14.89%的社区挂牌在11—20块之间。从居委会主任兼职情况来看,大部分居委会主任兼职在3个以下,有12.77%的居委会主任兼职在4—9个;同时,居委会主任在社区内兼职多于在社区外兼职,有近一半人社区内兼职在3个以下,有16.6%的人社区内兼职在4—9个。居委会主任在社区外的兼职不多,有20%的人社区外兼职没有或只有1个,有69.79%的人社区外兼职未填。

33.关于进一步做好社区组织的工作用房、居民公益性服务设施建设和管理工作的意见

2005年6月2日,民政部、中共中央组织部、中央文明办、国家发展改革委、财政部、国土资源部等10个部门联合发布《关于进一步做好社区组织的工作用房、居民公益性服务设施建设和管理工作的意见》(以下简称《意见》)。该意见指出,近年来,全国各地普遍加大了社区组织的工作用房和居民公益性服务设施(以下简称"工作用房和公益性服务设施")建设的力度,对于改善社区组织的工作条件,提高居民生活质量和水平,促进城市社会管理和社区建设发挥了重要作用。但不少地方工作用房和公益性服务设施建设和管理工作存在的问题依然很多,有的社区组织的工作用房陈旧简陋,有的社区组织没有工作用房和公益性服务设施,特别是老年人、青少年活动的公益性服务设施,有的工作用房和公益性服务设施管理不善,没有发挥应有的作用,不能适应新形势下城市改革发展稳定的要求。

《意见》要求各地加大对工作用房和公益性服务设施建设规划实施的管理力度，按照社区的实际情况，分别制定符合当地经济、社会发展现状和趋势，符合本社区居民特点和要求的工作用房和公益性服务设施建设规划。工作用房和公益性服务设施的使用面积，应当根据当地经济社会发展水平，并结合社区居民和实际居住人口的数量合理确定，以保证社区组织工作和居民活动的正常有效开展。室内活动用房要有必要的活动设施和用品，并有一处面积较大的单体空间，便于居民开展集体活动。室外活动设施要有供居民开展健身、休闲等活动的场地和必要的设备。

《意见》强调，各地要调动各方面力量，通过多种途径解决工作用房和公益性服务设施建设。一是目前工作用房和公益性服务设施，凡租借财政拨款的行政事业单位公房的，原租借单位应当继续优惠、优先租借。二是从国有企业剥离出来的、整合后主要服务于原企业的，这些国有企业应当继续长期租借给社区组织使用。上述企业如遇企业改制、分离办社会职能、出售职工住房等情况，应当将租借给社区组织的房产产权无偿划转给社区组织。各级政府及其部门管理的企业无偿划转的上述资产，由同级财政部门或国有资产管理监督机构直接核减企业国有权益，其中省级以上人民政府及其部门管理的企业应当事先向市（地）级社区建设主管部门和所在区人民政府通报。三是对社区组织原经批准自建一些临时建筑作为社区组织办公、居民活动场所使用，并符合城市规划要求的，经市（县）级土地规划主管部门审批，可以批准为永久性建筑，社区组织可以向有关部门申请权属登记，符合房屋权属登记条件的，有关部门应当给予办理，同时减免有关费用。四是除企业以外的单位型社区，可以由单位提供工作用房和公益性服务设施，供社区组织和居民使用。五是旧城区改建和新建社区的工作用房和公益性服务设施，应当按照规划设计的要求，由开发建设单位同步建设。六是对无力承担新建、扩建、购买、租借用于工作用房和公益性服务设施的费用及维修、物业管理、水电、取暖等费用的社区，当地政府应根据不同情况予以必要的财政补助。七是倡导各种不同所有制企业参与建设，驻区单位自愿赞助。

《意见》还明确要求各地加强对工作用房和公益性服务设施管理，重点开发利用好工作用房和公益性服务设施办理公共事务、组织居民活动、提供社区服务三方面的功能。

34.全国社区建设工作会议

2005年8月，民政部在吉林召开全国社区建设工作会议，民政部部长李学举发表题为《建设和谐社区，为构建和谐社会奠定基础》的讲话。李学举表示，以《民政部关于在全国推进城市社区建设的意见》为标志，全面推进社区建设已经走过了五年历程。五年来，在党中央、国务院高度重视、地方各级党委、政府坚强领导、有关部门大力协作和全社会的广泛参与下，社区建设取得了很大进展，全国城市社区建设取得明显成效。主要表现在：各地紧紧抓住社区体制和制度创新等关键环节，积极构筑以社区党组织为核心的社区组织体系，社区党组织组建率已达到98.5%；全国社区居委会和居民代表会议、协商议事会议制度已普遍建立，社区民主选举的制度化、规范化程度进一步提高；培育和发展了一批社区民间组织。目前，76%的社区建立了志愿者组织、68%的社区建立了残疾人组织、72%的社区建立了老年人组织，所有社区都有一个以上的社区民间组织；在理顺基层政府与社区组织关系方面进行了积极探索；进一步强化了社区党组织在社区工作中的领导核心地位；初步理顺了社区内部各类组织的关系；加大了对社区设施的投入力度，全国40%的社区组织服务用房已达到100平方米以上，87%的社区有社区服务中心（站），93%的社区有劳动保障所（站），80%的社区有警务室，85%的社区建有卫生服务站（点），70%的社区有图书室；加大了社区服务的统筹规划力度，拓展了服务领域；改进了社区服务的方式和方法；社区居委会干部队伍建设得到加强，全国社区居委会成员共有42.5万人，其中，50岁以下的占75%，高中（中专）以上的占77%。一大批思想好、作风正、能力强、愿意为群众服务的居民走上了居委会工作岗位；积极探索社区工作的职业化、专业化，我国现有社区志愿者组织已达7万多个，人数1600多万。

会议提出，根据构建社会主义和谐社会的主要任务和今后社区建设工作的总体要求，我们所要建设的和谐社区，应当是居民自治、管理有序、服务完善、治安良好、环境优美、文明祥和的社区。建设和谐社区，必须遵循以下原则：必须坚持以"三个代表"重要思想为指导，用科学发展观统领建设和谐社区的各项工作；必须坚持以人为本、服务居民，始终把广大居民群众的根本利益作为各项工作的出发点和落脚点，不断满足居民群众日益增长的物质文化和生活需要；必须坚持党委领导、政府负责、社会协同、居民参与的工作机制，形成不断推进的整体合力；必须坚持整体推进、分类指导、与时俱进、创新发展，在构建社会主义和谐社会的历史进程中不断发挥社区建设的基础作用。同时要切实完善居民自治，推进基层社会民主；切实加强社区管理，提高基层治理水平；切实拓展社区服务，提高居民生活质量；切实搞好社区治安，促进社会稳定；切实繁荣社区文化，促进社会进步；切实改善人居环境，促进人与自然和谐发展；切实搞好社区党建，为建设和谐社区提供保证。

35. "社区减灾平安行"活动

为深入开展面向全社会的减灾宣传教育，进一步推进减灾工作，国家减灾委员会、民政部于2005年10月12日正式启动"社区减灾平安行"活动。国务院副总理、国家减灾委员会主任回良玉要求深入扎实地开展防灾减灾活动，增强全社会的减灾意识和应对灾害能力。

回良玉指出，中国是世界上自然灾害最为严重的国家之一，防灾减灾既是各级政府的重要职责，也是全社会的共同责任。开展"社区减灾平安行"和"国际减灾日"活动，有利于提高全民防灾减灾意识，增强全社会应对灾害的能力。他要求各地区、各有关部门要高度重视，加强领导，精心组织，广泛动员社会力量，扎扎实实地开展防灾减灾活动，进一步加强宣传教育，完善和强化各项防灾减灾措施，以有效应对各种自然灾害，更好地保障人民群众生命财产安全，确保经济社会顺利发展。

"社区减灾平安行"活动的主要内容是，在城市和农村社区、机关、企事业单位、学校开展一系列减灾活动，创建"减灾示范社区"，增强基层减灾能力。一是利用广播、电视、报刊、网络等各种媒体，开展形式多样、内容丰富的宣传活动，树立公共安全意识和社会责任，增强公众的减灾意识。二是普及减灾知识，提高公众的自救互救能力。通过各种媒体的专栏、专版、专题、专刊、公益广告以及编制科普读物、音像制品、宣传册、海报、展板，举办专题讲座、科普展览、知识竞赛等介绍和普及应急知识，让公众了解公共安全知识，掌握避险、自救、互救常识。三是针对不同对象，有针对性地开展减灾教育培训。四是制定救灾应急预案。每个社区（村）了解本社区所面临的灾害风险，制定相应的救灾应急预案，同时举行救灾应急演练。

36.社区工作者楷模谭竹青

谭竹青是吉林省长春市人，1931年生，小学文化程度，生前系长春市二道区东站街道十委社区党委书记、居委会主任。谭竹青是迄今为止全国社区工作领域中唯一荣获"社区工作者楷模"殊荣的优秀干部。

谭竹青在长春市二道区东站街道十委社区工作长达48年。1978年，当看到社区居民买早餐排长队的情景时，谭竹青决定发展委办经济。没有资金，谭竹青就把家里仅有的450元积蓄拿出来。为了节约每一分钱，谭竹青带领委里的老干部自己干，办起了十委社区第一个买卖——"如意小吃部"。此后，谭竹青带领大家又先后办起了服装厂、制鞋厂、印刷厂、皮革加工厂等大小17个企业，不仅没向国家要一分钱，没向银行贷一笔款，而且还向国家缴纳税金几百万元。应得的奖金，谭竹青一分也不拿，全部用在十委社区发展经济和救济困难户上。

谭竹青用"燕子垒窝"的精神，从一点点的小事做起，一步步改变着十委社区的面貌。拆除棚户区、修路、种草、栽树、修花坛、盖凉亭，建起社区服务中心，昔日"都市里的村庄"彻底改变了模样。

谭竹青始终把居民利益放在第一位。谭竹青所在的十委社区居民中有90%以上都是贫困人群,下岗职工多,接受低保救济的人多。谭竹青竭尽所能,举办了美容理发、服装裁剪、家政、烹调等培训班,使下岗职工掌握一技之长,先后安置了1000多名下岗职工,使社区居民"虽下岗,不失业"。

谭竹青视社区居民为亲人,家长里短她调解,贫困人群她接济,失足青年她帮教……走百家门、知百家情、解百家难、暖百家心,谭竹青成为居民群众的贴心人,被人们亲切誉为"小巷总理"。

2005年12月3日,谭竹青不幸病逝。长春市成千上万的干部群众自发为她送行。谭竹青先后被授予"全国优秀党务工作者"、"全国劳动模范"、全国优秀居委会主任"孺子牛"奖、全国"三八"红旗手等170多项称号。她去世后不久,被中央组织部、民政部授予"社区工作者楷模"荣誉称号。

37.关于加强和改进社区服务工作的意见

2006年4月9日,国务院发布了《关于加强和改进社区服务工作的意见》(以下简称《意见》),明确了加强和改进社区服务工作的指导思想、基本原则和主要任务,要求各地要积极推进公共服务体系建设,充分发挥社区居委会在社区服务中的作用,培育社区服务民间组织,组织开展社区志愿服务活动,鼓励和支持各类组织、企业和个人开展社区服务,加强领导和政策指导,强化社区服务监管。

《意见》明确了我国加强和改进社区服务工作的指导思想就是以邓小平理论和"三个代表"重要思想为指导,贯彻落实科学发展观,推进社会主义和谐社会建设,以不断满足社区居民的物质、文化、生活需要为出发点,充分发挥政府、社区居委会、民间组织、驻社区单位、企业及居民个人在社区服务中的作用,整合社区资源,健全服务网络,创新服务方式,拓宽服务领域,强化服务功能。

《意见》明确了加强和改进社区服务工作的基本原则。主要包括三条。一是坚持以人为本。着眼于居民多层次、多样化的物质文化需求,特别是对居民最关心、最需要、通过努力又可以解决的问题及时提供服务,为社区居民排忧解难。二是坚持社会化。发挥政府、社区居委会、民间组织、驻社区单位、企业及个人在社区服务中的作用,政府提供公共服务,鼓励、支持社区居民和社会力量参与社区服务。三是坚持分类指导。按照政企分开、政事分开原则,区分不同类型的社区服务,实行分类指导。既要整体推进,又要解决薄弱环节、重点项目和关键问题;既要坚持广受居民欢迎的传统服务方式,又要善于运用现代科学技术手段，不断提高社区服务水平。

《意见》明确了加强和改进社区服务工作的主要目标，就是通过努力，逐步建立与社会主义市场经济体制相适应、覆盖社区全体成员、服务主体多元、服务功能完善、服务质量和管理水平较高的社区服务体系，努力实现社区居民困有所助、难有所帮、需有所应。

38.全国农村社区建设工作座谈会

2007年3月19日，全国农村社区建设工作座谈会在青岛胶南召开。民政部副部长姜力出席会议并作了重要讲话。中组部、中宣部、中纪委、中农办、国家发改委、公安部、建设部、教育部、农业部等9部委有关领导出席会议；来自中国社会科学院等单位的专家学者、全国各省、市、自治区有关部门和农村社区建设试点单位的负责人参加会议。会议分析了农村社区建设工作的形势，探讨了推进农村社区建设的工作思路，介绍了青岛市开展农村社区建设试点的经验，实地考察观摩了青岛胶南农村社区建设示范社区，对在全国范围内开展农村社区建设试点工作进行了部署。

姜力副部长在会议上指出，这次会议是具体落实党的十六届六中全会提出的"积极推进农村社区建设"要求的一次重要会议，是民政部就农村社区建设工作召开的第一次会议；各地要积极开展农村社区建设试点工作，民政部门要在农村社区建设中充分发挥职能作用；妥善处理好5个方面的关系：即正确认识农村社区建设与新农村建设之间的关系；正确认识和处理农村社区建设与村民自治之间的关系；正确认识和处理政府主导与农民群众主体之间的关系；正确认识和处理立足当前与着眼长远的关系；正确认识和处理农村社区建设与城镇化之间的关系。

会上，来自天津、江西、江苏、浙江、福建、湖北的有关领导和有关专家，同与会代表交流了开展农村社区建设的经验做法和理论研究成果。代表们通过会议进一步提高了抓好农村社区建设的认识，增强了推进农村社区建设的信心，决心通过搞好农村社区建设促进社会的和谐。

39.全国农村社区建设试验县（市、区）工作实施方案

2007年3月29日，民政部印发《全国农村社区建设实验县（市、区）工作实施方案》，决定从全国有条件的县（市、区）中确定一批"全国农村社区建设实验县（市、区）"，用1—2年时间开展农村社区建设实验活动，为开展"全国和谐社区建设示范县（市、区）"创建活动提供样板。

建立"全国农村社区建设实验县(市、区)"的目的是,在实践中探索农村社区建设工作,总结经验,明确思路,制定政策;根据各地实际,逐步完善农村社区建设的组织管理体制和运行模式,为其他县(市、区)提供经验;形成各实验县(市、区)的"农村社区建设发展规划",为其他县(市、区)提供借鉴;为开展"全国和谐社区建设示范县(市、区)"创建活动提供样板;为编辑全国农村社区建设工作培训教材,提供范例。

"全国农村社区建设实验县(市、区)"承担的主要任务是:推动农村社区管理体制和工作机制创新;制定农村社区发展规划,探索农村社区建设的主要内容;推进公共服务向农村延伸;开展农村社区互助服务;组织农村社区建设宣传和培训;进行农村社区社会工作人才队伍建设政策研究,积极推进农村社会工作发展。

为了保证实验效果,农村社区建设实验县工作遵循"标准优先、兼顾区域、宁缺毋滥"的原则,不搞照顾,不分配名额,由县(市、区)人民政府提出申请,省民政部门申报,民政部确定,并颁发匾牌。凡被确定为"全国农村社区建设实验县(市、区)"的单位,半年内工作无进展、成效不明显的,将取消实验县(市、区)资格。申报"全国农村社区建设实验县(市、区)"的条件包括:县(市、区)党委、政府主要领导认识明确,高度重视,并得到上级党委、政府的有力支持;乡(镇、街道)、村委会建设走在省(区、市)或本市(地、州)前列,村委会干部队伍坚强有力;县(市、区)农村社区建设工作已经有一定的工作思路和工作基础;县(市、区)经济条件较好,具有保障农村社区建设正常开展的财力;县(市、区)民政部门坚强有力,具备素质较高的专职工作人员。

2007年9月,民政部公布了全国农村社区建设实验县(市、区)名单,北京市通州区,河北省石家庄市桥西区、藁城市、赵县等251个县、区、市入选。

40. "十一五"社区服务体系发展规划

2007年5月14日,国家发展和改革委员会、民政部联合印发了《"十一五"社区服务体系发展规划》(以下简称《规划》),这是我国社区服务体系建设领域的第一个国家专项规划。《规划》明确了"十一五"期间社区服务体系建设的指导思想与发展目标。《规划》提出,到2010年,全国每个街道基本拥有一个综合性的社区服务中心;每万名城镇居民拥有约4个社区服务设施,每百户居民拥有的服务设施面积不低于20平方米;70%以上的城市社区具备一定现代信息技术服务手段,初步建立起覆盖社区全体成员、服务主体多元、服务功能完善、服务质量和管理水平较高的社区服务体系。

《规划》部署了"十一五"期间社区服务四项重点任务,即"十一五"期间,发展社区服务体系要重点完成四方面的任务:

一是要加快发展全方位、多层次的社区服务业，尤其是社区公共服务，以满足居民公共服务和多样化的生活需求，如群众日常生活所需的便民利民服务，社区就业和保险服务，社区救助服务，社区卫生和计划生育服务，社区安全服务，社区文化、教育和体育服务，社区老年服务，社区环境服务等。

二是要以社区服务站为重点，加强社区服务设施建设，构建社区、街道、区（市）社区服务机构分工协作的社区服务网络。

三是要大力推进社区信息化建设，构建社区信息服务网络，推动形成"资源共享、协同服务、便民利民、安全可控"的社区服务信息化发展格局，在全国范围内培育一批"社区信息化示范社区"。

四是以体制改革和机制创新为动力，建立健全社区服务组织体系，最大限度地调动和发挥各个服务主体的积极性。

为加快社区服务体系的建设，《规划》提出由中央预算内投资 6 亿元，民政部本级福利彩票公益金投资 1.3 亿元，支持社区服务体系重点工程项目的建设，在全国范围内规划建设约 3000 个示范性的综合性社区服务设施，其中，城市社区服务信息网络 100 个，街道社区服务中心 500 个，社区服务站 2400 个。

《规划》还对社区服务体系建设的组织领导、法规建设、人才培养、建设主体责任、投入保障机制、扶持政策等问题作出了明确规定。

41.农村社区建设"诸城模式"

山东省诸城市是 7 个首批"全国农村社区建设实验全覆盖示范单位"之一，2007 年以来，按照"政府主导、多方参与、科学定位、贴近基层、服务农民"的农村社区化服务与建设方针，规划建设 208 个农村社区，打造"2 公里服务圈"，农村社区服务覆盖率达到 100%，初步形成了城乡一体化的公共服务体系。诸城模式的特点包括：

一是农村社区公共服务实现全覆盖。"现在社区里买东西有超市，生病有卫生室，上学有幼儿园……感觉比城里还好！"对于身边的新变化，辛兴镇辛兴社区的冯术启难掩喜悦之情。诸城坚持以小城镇的标准规划建设农村社区，夯实县域城镇化战略基点，构建起中心城区一镇街驻地一农村社区的新型城镇体系。他们把全市 1249 个村庄规划建设为 208 个农村社区，形成了"多村一社区"的"诸城模式"。在社区服务中心设置"四站四室一厅"，配套土地流转服务中心、金融服务站等要素服务平台。在全市农村社区全部开通公交车，自来水普及率、有线电视和油路通村率、城乡生活垃圾无害化处理率全部达到 100%，实现了城乡基础设施建设一体化。

二是农民享受市民待遇。诸城充分发挥市、镇街、农村社区三级社区学院作用,每年免费培训万名农村劳动力,转移2.5万人以上,真正实现了"转移一人,一家脱贫;培训一家,带动数家"的效应。健全农村社会保障标准持续增长机制,新农合参合率达到100%,新农保实现全覆盖并与城居保合并实施,农村五保集中供养率达85%。推动城乡学校共建和城乡教师交流,完成社区幼儿园、学校标准化建设和校舍安全工程。所有镇街卫生院和农村社区卫生室均达到省规范化标准。

三是镇街管理服务功能增强。诸城将108项审批管理权限下放到镇街,增强了镇街、社区管理服务功能;调整市镇财政分配体制,加大市镇财政对社区建设的投入。鼓励工商资本下乡,促进城乡要素自由流动、均衡配置。深化农村集体资产产权制度改革,依法选举产生1238个经济联合社。建立市级领导联系包靠责任制,带头包社区联农户促和谐谋发展。提升社区化发展工作在镇街综合考核中的比重,以社区化发展的新成效加快新型城镇化进程。

42.中国社区建设展示中心

2008年11月10日,国家民政部正式批复浙江省民政厅和杭州市人民政府,同意建设"中国社区建设展示中心"。仅用一年时间,在新中国第一个居委会——上羊市街社区辖区内,与胡雪岩故居相邻的朱智故居内,一座富有中国江南传统特色,古朴典雅的中国社区建设展示中心正式建成并开馆,不仅弥补了我国城市居民委员会和社区建设无专门展示场馆的空白,也为纪念《中华人民共和国城市居民委员会组织法》颁布20周年献上一份厚礼。

1949年10月23日,新中国首个居民委员会——杭州市上羊市街居民委员会在浙江省杭州市金钗袋巷成立。上羊市街居委会成为新中国基层群众自治组织建设的发祥地,标志着中国基层组织建设的一个新起点,折射了杭州市乃至中国社区建设的发展史。在新中国第一个居民委员会诞生地建立中国社区建设展示中心,具有划时代的历史意义。

中国社区建设展示中心作为反映中国社区建设发祥、发展的专题类场馆,中心占地面积约3000平方米,建筑面积约2000平方米,展示中心集史料陈列、文物展示、理论研究、文献收藏、社区实务于一体,以期成为中国社区建设的历史课堂、研究基地、实践样板和对外窗口。

中国社区建设展示中心大量运用高科技布展手段,突破原有展馆以平面、被动式为主的展示方式,运用4D影院、三维虚拟系统、语音导览系统、二维动画系统等富含科技元素的技术与设备,力求给人一种动感、新奇、全面的感官效果。展览中心采用连环画、图版、浮雕及实物等方式,系统地展示中国城市居民委员会的发展历程。通过照片、投影、沙盘、影像等多种形式，设计了票选法、烧洞法、投纸团法、背箱子和乍胳臂等选举方式的场景模拟，展现不同时期的基层组织选举方式的演变。

中国社区建设展示中心共分五个展馆：第一展馆介绍中国城市居民委员会发展，第二展馆介绍中国社区建设发展，第三展馆为中国社区建设文献史料馆藏，第四展馆为现代社区工作展示，第五展馆为现代社区服务中心。

43. 中山市"2+8+N"模式

广东省中山市从2008年开始探索社区建设"2+8+N"模式，在2011年成为荣获"全国农村社区建设实验全覆盖示范单位"称号的唯一地级市。"2+8+N"模式中的"2"指各村民居委会组建一个农村社区建设协调委员会、一个社区服务中心；"8"指各社区服务中心承担八项主要职能，即党员服务、群团和志愿服务、民政残联、劳动社保、人口计生、文化体育、国土城建、综治信访维稳；"N"指根据农村社区和村民生产生活需要而设立的各类服务机构，以及通过政府购买服务存在的NGO。中山市创新农村基层管理体制，以群众工作为主线，推进政经分离、政社分离，推进社区的和谐善治，丰富群众的有序参与，实现自上而下的行政管理与自下而上的基层自治良性互动。该模式实现了三个创新：一是促进经济先发地区社区基本公共服务均等化的机制创新；二是促进异地务工人员参与基层民主的机制创新；三是促进外地人与本地人沟通融合的机制创新。这些机制创新激发各阶层民众社区参与热情，加速了人的城镇化，构建起了管理有序、服务完善、有利于新老居民融合的社会生活共同体。

2013年9月，该模式被评为广东省社会创新试点项目，成为省级社会创新实验基地。中山市的社区治理模式也给其他人口结构相似的城市，尤其是外来务工人员较多的经济较发达城市，提供了经验和示范。

44."农村社区建设实验全覆盖"示范活动

2009年3月10日，民政部印发《关于开展"农村社区建设实验全覆盖"创建活动的通知》，规定了农村社区建设领导协调机制、社区建设规划、社区综合服务设施、社区各项服务、社区各项管理五项全覆盖创建标准，启动农村社区建设实验全覆盖创建活动。

首先，领导协调机制的全覆盖。县乡两级建立由党委政府领导、民政部门牵头、有关部门协同、社会力量参与的农村社区建设领导体制和工作机制，各有关职能部门在农村社区建设中职责明确，政策到位，工作有力，形成推进农村社区建设整体合力。社区（村）

一级成立有相应的协调共建机制。农村社区建设工作纳入党委政府重要议事日程，纳入本地区经济社会发展规划，纳入政府财政预算，有稳定的经费投入机制，各项资金合理统筹。

第二，社区建设规划的全覆盖。制定有农村社区建设规划，农村社区建设的指导思想、工作原则、目标任务和保障措施明确，农村社区的设置模式、分布范围、功能定位、社区服务设施建设标准和投资方式合理，农村社区建设的步骤可行。社区建设规划既能满足农村社区化管理服务的新要求，又能与本地经济社会发展规划和新农村建设规划有机衔接。辖区内全部农村地区都按照规划要求开展了农村社区建设实验工作。

第三，社区综合服务设施的全覆盖。农村社区全部建有或规划建有综合服务中心，初步形成了以综合服务设施为主体、专项服务设施为配套、服务站点为补充的社区服务设施网络。社区服务设施辐射半径一般不超过2—3公里，社区居民步行前往一般不超过20分钟。综合服务设施布局合理、功能整合、使用方便、利用率高，能够为农村居民提供安全、方便、就近、快捷的生产生活服务，建设和维护所需的资金和人员落实到位。

第四，社区各项服务的全覆盖。初步构筑起社区基本公共服务、志愿服务和互助服务、社区服务业相衔接的农村社区服务体系。以社会救助、社会福利、社会治安、医疗卫生、计划生育、文教体育为主要内容的公共服务覆盖到农村社区，群众性的志愿服务和互助服务活动普遍开展。兴建了一批有助于改善农民生产生活条件、方便农民消费需求的农资供销、农产品经营、农村金融、农业科技类社区服务业网点。农民群众对社区服务能力和服务质量基本满意。

第五，社区各项管理的全覆盖。农村社区组织体系完善，社区党组织（村党组织）领导的充满活力的基层群众自治机制健全，社区民间组织、驻社区单位和社区居民在社区管理中的作用充分发挥。建立了一支专兼职相结合的农村社区工作队伍，其工资和福利待遇得到切实解决。推行了社区志愿者登记注册制度，初步形成一支较为稳定的志愿者队伍。外来人口能参与社区管理与服务，驻在农村社区的机关、部队、学校和企事业单位与社区建立了多种形式的资源共享、共驻共建机制。

7月29日，民政部印发《关于命名首批"全国农村社区建设实验全覆盖示范单位"的决定》，按照上述标准评比并命名江苏省海门市、江苏省张家港市、浙江省嘉兴市南湖区、浙江省平湖市、山东省诸城市、山东省青岛市黄岛区、甘肃省阿克塞哈萨克族自治县7个县（市、区）为首批"全国农村社区建设实验全覆盖示范单位"。

45.全国和谐社区建设工作会议

2009年10月19日，全国和谐社区建设工作会议在江苏省苏州市召开。中共中央政治局委员、国务院副总理回良玉出席会议并讲话。民政部李学举部长作工作报告,姜力副部长宣读了《民政部关于命名表彰全国和谐社区建设示范单位的决定》,孙绍骋副部长就贯彻落实会议精神讲话。

回良玉在讲话中强调,社区是社会的基本单元,加强社会管理的重心在社区,改善民生的依托在社区,维护稳定的根基在社区。党中央、国务院对社区建设高度重视,胡锦涛总书记、温家宝总理都提出了明确要求。各地区、各有关部门要把和谐社区建设作为构建社会主义和谐社会的基础工程,摆在更加突出的位置,采取切实有效措施,在管理有序上动真格、在服务完善上下功夫、在文明建设上用力气、在安定祥和上出实招,把城乡社区建设成为人民安居乐业的社会生活共同体、国家长治久安的基石。

推进和谐社区建设,一要坚持把服务居民、造福群众作为和谐社区建设的出发点和落脚点,把居民群众满意不满意、高兴不高兴作为想事情、做工作的标准。二要坚持把建设管理有序、服务完善、文明祥和的社会生活共同体作为和谐社区建设的基本目标,建立健全社区组织,完善社区服务体系,优化社区环境,实现居民邻里间的和睦相处。三要坚持把统筹推进城乡社区建设作为和谐社区建设的重要方针,推进城乡社区交流与合作,形成以城带乡、以乡促城、优势互补、共同提高的城乡社区和谐发展新格局。四要坚持把体制机制创新作为和谐社区建设的根本动力,把创新贯穿于和谐社区建设的各个环节、各个领域,构建党委领导、政府负责、民政部门组织协调、相关部门协同配合、社会力量广泛参与的工作格局。五要坚持把加强以社区党组织为核心的社区组织体系和社区工作者队伍建设作为和谐社区建设的基础保证,发挥社区党组织在和谐社区建设中的领导核心作用,培养和造就一支政治可靠、业务过硬、作风扎实、结构合理的社区工作者队伍。

回良玉要求,各地区要把和谐社区建设纳入重要议事日程,纳入当地经济社会发展规划,加大政策支持力度、财政投入力度,确保有人做事、有钱办事。要激发广大居民群众参与社区建设的积极性、主动性、创造性,组织、动员、调动社区各方面力量,共建美好家园,共创美好生活。

李学举在会上作工作报告时表示,在新的起点上深入持久地推进和谐社区建设,力争用五年的时间,把全国80%以上的城乡社区建设成为管理有序、服务完善、文明祥和的社会生活共同体,到我们党成立100年时,把所有城乡社区全面建设成为管理有序、服务完善、文明祥和的社会生活共同体。当前和今后一个时期,要健全社区管理体制机制,在提高社区治理水平上取得新进展;要完善社区服务体系,在满足居民群众生活需求上取得新进展;要繁荣社区文化,在提高社区居民文明素质上取得新进展;要切实改善人居环境,在促进人与自然和谐发展上取得新进展;要积极推进农村社区建设,在统筹城乡社区建设上取得新进展;要推进社区党建全覆盖,在增强城乡基层党组织的生机活力上取得新进展。

会上授予北京市西城区等188个城区（市）为全国和谐社区建设示范城区（市），北京市东城区东华门街道等253个街道为全国和谐社区建设示范街道，北京市丰台区丰台街道永善社区等500个社区为全国和谐社区建设示范社区。

46.全国街道社区党建工作会议

2009年11月11日，全国街道社区党的建设工作经验交流会在郑州召开。中共中央政治局委员、中央书记处书记、中央组织部部长李源潮出席会议并讲话。他指出，要全面贯彻落实党的十七届四中全会《关于加强党的建设几个重大问题的决定》和胡锦涛总书记重要讲话精神，以开展深入学习实践科学发展观活动为契机，落实"三有一化"要求，全面推进街道社区党组织建设，打牢党在城市工作的组织基础和群众基础。

李源潮在讲话中指出，要深刻认识城市化快速推进给城市党建工作带来的新挑战，增强抓好街道社区党组织建设的紧迫感、责任感。

要抓住第三批学习实践活动机遇，认真落实党的十七届四中全会精神，把加强党组织建设作为街道社区学习实践活动的重点，把街道党（工）委建设成为党在城市基层执政的坚强领导核心，切实抓好社区党组织建设，扩大组织和工作覆盖面，全面加强街道社区党组织建设。

要主动适应城市化和城市现代化加快发展的新形势，进一步强化街道社区党组织服务和管理功能。在服务群众、凝聚人心、优化管理、维护稳定上下功夫。

要以"三有一化"为重点，加强以党组织书记为重点的社区工作者队伍建设，做到有人管事，建立健全社区党组织经费保障机制，做到有钱办事，加强社区组织活动场所和服务设施建设，做到有场所议事，要按照条块结合、优势互补原则整合党建资源，着力构建城市基层区域化党建格局。李源潮强调，做好街道社区党建工作，加强领导是关键。各级党委要把这项工作作为贯彻落实十七届四中全会精神、搞好学习实践活动的重要任务抓紧抓实。市、区（县）党委要担负起直接领导责任，党委书记要认真履行第一责任人职责，领导班子成员要落实"一岗双责"和工作联系点制度。要研究制定推进"三有一化"的具体措施，明确目标任务和阶段性要求。党委组织部门要切实担负起领导和指导街道社区党建工作的重要职责，充分发挥牵头部门的作用。民政部门是各级政府抓社区工作的重要职能部门，要把街道社区党组织建设和作用发挥作为和谐社区创建活动的重要内容。人力资源和社会保障、财政、住房和城乡建设、公安、司法等部门，要加大对街道社区党建工作的支持力度，指导有关工作，帮助解决实际问题。

人力资源和社会保障部、财政部、住房和城乡建设部、公安部、司法部有关司局负责人,各省(自治区、直辖市)、副省级城市、省会城市和新疆生产建设兵团党委组织部、民政厅(局)分管负责人参加了会议。

47.关于进一步推进和谐社区建设工作的意见

为深入贯彻落实党的十七大和十七届三中、四中全会精神,充分发挥社区在构建社会主义和谐社会中的重要基础作用,加快形成城乡经济社会发展一体化新格局,2009年11月23日民政部发布了《关于进一步推进和谐社区建设工作的意见》。该意见明确指出,做好和谐社区建设工作,对于保障城乡困难群众的基本生活权益,满足普通居民群众多层次、多样化的物质文化生活需求,对于夯实我们党的执政基础,激发广大人民群众参与社会建设的积极性、主动性、创造性,为经济社会发展创造更加良好的社会环境,具有重要的现实意义和深远的历史意义。文件要求各地民政部门要在党委、政府统一领导下,从贯彻落实科学发展观的高度,从我国经济社会发展的新要求和人民群众过上美好生活的新期待的高度,把和谐社区建设摆在更加突出的位置,切实抓紧抓好,抓出更大成效。

和谐社区建设工作的目标是,力争用五年的时间,把全国80%以上的城乡社区建设成为管理有序、服务完善、文明祥和的社会生活共同体;到建党100周年时,把所有城乡社区全面建设成为管理有序、服务完善、文明祥和的社会生活共同体。

文件明确了进一步推进和谐社区建设工作的主要任务,包括进一步健全以基层群众自治为基础的新型社区管理体制机制,不断提高基层治理水平;进一步完善以民生需求为导向的新型社区服务体系,不断提高社区居民生活水平;进一步繁荣以增强社区凝聚力为宗旨的城乡社区文化,不断提高社区居民文明素质;进一步加强以城乡统筹为重点的社区党建工作,不断提高基层党组织的战斗力;进一步推进农村社区建设工作,不断扩大农村社区建设的覆盖面和受益面。文件要求各地切实加强进一步推进和谐社区建设工作的组织领导,把和谐社区建设摆在更加突出的位置,推动建立健全领导体制和工作机制,切实加强社区工作者队伍建设,继续深入开展和谐社区示范创建活动。

48.全国综合减灾示范社区标准

2010年5月5日,国家减灾委员会办公室印发了《全国综合减灾示范社区标准》。为适应新时期我国城乡社区综合减灾工作的新形势、新要求,进一步规范全国综合减灾示范社区创建工作,国家减灾委员会办公室对《全国综合减灾示范社区标准》进行了修订。2013年9月6日,新的《全国综合减灾示范社区标准》发布。

新的全国综合减灾示范社区标准包括：在组织管理层面，应成立社区综合减灾工作领导小组，负责综合减灾示范社区的创建、运行、评估和改进等工作；应制定社区综合减灾规章制度，建立社区综合减灾工作机制，规范开展风险评估、隐患排查、灾害预警、预案编制、应急演练、灾情报送、宣传教育、人员培训、档案管理、绩效评估等工作；对各渠道筹集的社区防灾减灾建设资金严格管理，规范使用。

在灾害风险评估方面，能够定期开展社区灾害风险排查，列出社区内潜在的自然灾害、安全生产、公共卫生、社会治安等方面的隐患，及时制定防范措施并开展治理；具有社区脆弱人群清单，包括老年人、儿童、孕妇、病患者和残障人员等，明确脆弱人群结对帮扶救助措施。城市社区应具有空巢老人等脆弱人群清单，农村社区应具有空巢老人、留守儿童等脆弱人群清单；具有社区居民住房和社区内道路、广场、医院、学校等公共设施安全隐患清单，制定治理方案和时间表；具有社区灾害风险地图，标示灾害风险类型、强度或等级，风险点或风险区的时间、空间分布及名称。

在应急预案方面，应制定社区综合应急预案，预案应结合社区灾害隐患、脆弱人群、救援队伍、志愿者队伍、救灾资源等实际情况，明确启动标准，明确协调指挥、预警预报、隐患排查、转移安置、物资保障、信息报告、医疗救护等小组分工，明确预警信息发布方式和渠道，明确应急避难场所分布、安全疏散路径、医疗设施及指挥中心位置，明确社区所有工作人员和脆弱人群的联系方式以及结对帮扶责任分工等，具有较强的针对性和可操作性，并根据灾害形势变化、社区实际及时修订；定期开展社区应急演练，演练内容包括组织指挥、隐患排查、灾害预警、灾情上报、人员疏散、转移安置、自救互救、善后处理等环节。演练应吸纳社区居民、社区内企事业单位、社会组织和志愿者等广泛参与。演练过程有照片或视频记录。演练结束后应及时开展演练效果评估，进行社区居民满意度调查，针对演练发现的问题，不断完善预案。城市社区演练每年不少于两次，农村社区演练每年不少于一次。

此外，还包括社区在宣传教育培训、减灾设施和装备、居民减灾意识与技能、社会多元主体参与、日常管理与考核、档案管理、创建特色等方面的标准。

49.中国社区标识发布

2010年7月12日，民政部在北京举办"中国社区"主题标识征集活动新闻发布会，面向社会公开征集统一的城乡社区标识。此次标识征集活动的应征作品应符合四项要求：一是应能体现社区作为城乡居民社会生活共同体的特点，体现"服务居民、造福群众"的城乡社区建设宗旨，体现"管理有序、服务完善、文明祥和"的建设目标，突出统筹城乡

社区建设的工作要求，具有明确象征意义；二是必须为图案或字母的结合体，形式简明、色彩丰富、创意新颖，兼具时代感和艺术美感，表现出强烈感染力和亲和力，易于为社区居民接受、识别和记忆，便于宣传推广；三是后续延展性强，适合在城乡社区基础设施、社区服务设施和社区公共空间长期固定使用，并能满足衍生的印刷品、纪念品等各种材质制作需要；四是不能与其他标识近似和雷同。征集活动从当年7月12日开始，至8月30日结束，共收到应征作品910幅。国家民政部基层政权和社区建设司、北京市民政局社区工作处、市社区服务中心有关人员及专家组成了预筛选工作组，按照《民政部关于开展"中国社区"主题标识征集活动的公告》要求，从提交作品是否符合提交要求角度逐份进行预筛选，选出80幅作品进行初审。入选的作品公布在人民网上，由社区居民投票选出获奖作品。

2012年4月17日，民政部正式公布"中国社区"标识。标识由图案与文字组合而成，作品以汉字"区"、挽手的人和中国结作为基本造型元素，整体色彩以中国红为主色调，体现了鲜明的中国特色，寓意吉祥。图形整体呈开放的菱形，内部包含中国结图案，菱形与中国结象征汉字"区"字，标示出社区对特定地域的依着关系。民政部在同日印发的《民政部关于做好"中国社区"标识启用工作的通知》中指出，"中国社区"标识是城乡社区的共同象征，展现了城乡社区建设蓬勃发展、城乡社区居民团结向上的良好风貌，有助于增强城乡居民社区认同感、归属感，调动社会各界共同建设社区美好家园的积极性。

50.关于加强和改进城市社区居民委员会建设工作的意见

2010年11月9日，中共中央办公厅、国务院办公厅印发了《关于加强和改进城市社区居民委员会建设工作的意见》。该意见指出，我国正处于全面建设小康社会、加快推进社会主义现代化建设的新的历史起点，城市基层正在发生新的深刻变革，社区居民委员会承担的社会管理任务更加繁重、维护社会稳定的功能更加突出，居民群众对社区居民委员会的服务需求更加迫切，但不少社区居民委员会还存在着组织不健全、工作关系不顺、工作人员素质偏低、服务设施薄弱、工作经费难以落实等问题，影响了社区居民委员会功能作用的发挥，影响了城市社区建设的整体推进。为此，中共中央办公厅、国务院办公厅就加强和改进城市社区居民委员会建设工作提出指导意见。

加强和改进城市社区居民委员会建设工作的基本原则是：坚持党的领导，把握正确方向；坚持以人为本，服务居民群众；坚持政府主导，社会共同参与；坚持因地制宜，注重工作实效。

加强和改进城市社区居民委员会建设的目标任务是：到2020年，努力使全国城市社区居民委员会的组织体系更加健全，社区居民的组织化程度明显提高；社区居民群众享有更多更切实的民主权利，社区居民自治范围进一步扩大，社区民主管理制度日趋完善；干部队伍结构进一步优化，社区管理和服务能力显著增强；工作用房和居民公益性服务设施能够满足社区居民群众的基本服务需求；政府投入与社会投入相结合的经费保障机制基本建立；内外关系更加协调，全社会尊重、关心和支持社区居民委员会工作的良好氛围进一步形成。

文件进一步明确城市社区居民委员会的主要职责包括：依法组织居民开展自治活动；依法协助城市基层人民政府或者它的派出机关开展工作；依法依规组织开展有关监督活动。

文件要求相关部门不断健全城市社区居民委员会组织体系，努力壮大城市社区居民委员会工作队伍，积极完善城市社区党组织领导下的社区居民自治制度，切实改善城市社区居民委员会服务设施，逐步理顺城市社区居民委员会与相关组织的工作关系、大力加强对城市社区居民委员会建设工作的领导，努力把社区居民委员会建设成为功能完善、充满活力、作用明显、群众满意的基层群众性自治组织，进一步健全完善以社区党组织为核心的城市社区组织体系，为构建社会主义和谐社会奠定组织基础。

51."村官大讲堂"

为增强各地干部群众对村民委员会的认同感，推进我国村民自治不断深化、发展，民政部依托中国村民自治展示中心创办"村官大讲堂"。2011年11月29日，全国首届"村官大讲堂"在中国第一个村民委员会的诞生地——广西宜州开班。与会的专家、学者、村干部代表就如何当好村官以及我国村民自治的发展进程、特点进行了交流探讨。

2014年11月25日至27日，第二届全国"村官大讲堂"在广西宜州市举行。近200名来自31个省（自治区、直辖市）的村干部和专家学者代表参加了本届"村官大讲堂"。

第二届"村官大讲堂"以"深化农村依法治理、推进农村改革发展"为主题。9位村干部就"完善乡村治理机制"、"培育新型农业生产经营主体"和"强化农村社区服务功能"等内容作了交流发言，30位村干部代表提交了书面交流材料。中央电视台"最美村官"方月萍等村干部代表还与与会代表进行了治村经验的互动交流。

52.关于加强全国社区管理和服务创新实验区工作的意见

为提升实验区的创新能力和示范作用，2013年1月15日，民政部发布《关于加强全国社区管理和服务创新实验区工作的意见》（以下简称《意见》）。

该《意见》明确了加强实验区工作的指导思想和工作原则。指导思想就是以邓小平理论、"三个代表"重要思想、科学发展观为指导，贯彻党的十八大精神，紧扣"推进社区治理，增强社区自治和服务功能"主题，创新体制机制、拓展理论实践、完善制度规范，围绕社区治理多元化、社区自治法制化和社区服务标准化等重点领域攻坚克难，促进基层社会服务管理水平的全面提高。

工作原则是：坚持创新引领、示范带动，坚持以人为本、问需于民，坚持统筹规划、重点突破，坚持因地制宜、形成特色。

《意见》明确了实验区探索创新的重点内容。一是提高社区治理水平。转变基层政府职能，加快服务型政府建设，推进基层管理体制改革，探索通过区直管社区或街道"中心制"等方式，实现人力、财力、物力向社区下沉。完善社区治理结构，形成社区党组织领导，社区居委会主导，社区公共服务机构、社区社会组织、业主组织、驻区单位和社区居民多元参与、共同治理的格局。推动"社区、社团、社工"三社联动，建立以社区为平台、社会组织为载体、专业社会工作人才队伍为支撑的运行机制。推行政府购买服务制度，建立公益创投机制，充分发挥社区社会组织作用，引导其他社会组织和专业社会工作人才进入社区。

二是增强社区自治功能。完善发展社区居民自治的具体制度，稳步提高社区居委会直接选举比例，构建农村进城务工人员融入社区、参与社区管理机制。发展院落（楼宇、门栋）自治、业主自治、社团自治等民主形式，拓宽社区媒体、互联网络、移动设备等参与渠道。加强议事协商，推进基层协商民主实践，健全民情恳谈、社区听证、社区论坛、社区评议等对话机制，建立党代表、人大代表、政协委员联系社区制度。强化权力监督，推进社区党风廉政建设，进一步完善社区党务、居务、财务、服务等信息公开制度，健全社区信息公开目录。

三是提升社区服务能力。认真落实《社区服务体系建设规划（2011—2015年）》（国办发〔2011〕61号），推进社区综合服务设施建设，扩大社区服务设施网络覆盖，提高社区服务设施使用效率。推动基本公共服务项目对社区居民和农村进城务工人员全覆盖，推进社区志愿服务制度化和社区便民利民服务多样化，建立行政机制、志愿机制和市场机制互联互补的社区服务供给方式。推进社区信息化建设，建立以区（县）管理信息系统为中心，街道和社区综合信息平台为辐射，社区自助终端、个人服务终端为节点的信息网络。实施社区信息化建设运营方式改革，强化政府支持，发挥社会组织作用，引进合格市场主体，建立社区信息化建设多元筹资机制。

四是创新社区党建工作。健全和优化社区党组织设置，发挥社区党组织的领导核心作用。建立社区党建工作联席会议制度,加大驻社区单位设施开放、人员交流和资金帮扶力度,整合发挥社区公共资源效能。逐步实行社区党组织领导成员直接选举,健全社区党员代表议事制度,探索党内基层民主的多种实现形式。完善社区"两委"议事协调机制,改进社区党组织的工作方式,有效发挥支持社区自治功能。加快推进学习型、服务型、创新型社区党组织建设,建立在职党员到社区报到机制,开展社区党员志愿服务、结对帮扶等活动。

《意见》还明确了实验区探索创新组织保障措施,包括:优化实验布局、完善申报程序、落实实施责任、加强工作指导等。

53.关于推进社区公共服务综合信息平台建设的指导意见

为发挥社区信息化在提升社区自治和服务功能方面的积极作用,切实满足居民公共服务需求,推动基层社会服务管理创新,2013年10月31日,民政部、国家发展和改革委员会、工业和信息化部联合发布了《关于推进社区公共服务综合信息平台建设的指导意见》(以下简称《意见》)。

《意见》指出,社区信息化建设是国家信息化发展的重点环节,社区公共服务综合信息平台建设是社区信息化建设的基础工程。积极推进社区公共服务综合信息平台建设,有利于扩大政务信息共享,降低行政管理成本,增强行政运行效能,推动基层政府向服务型政府转型;有利于减轻社区组织的工作负担,改善社区组织的工作条件,优化社区自治环境,提升社区服务和管理能力;有利于保障基本公共服务均等供给,改进基本公共服务提供方式,拓展社区服务内容和领域,为建立多元化、多层次的社区服务体系打下良好基础。实践证明,加强社区公共服务综合信息平台建设,能够有效解决社区信息化统筹规划薄弱、建设经费投入分散、跨部门业务协同和信息共享不足等长期制约社区信息化发展的瓶颈问题。

《意见》明确了推进社区公共服务综合信息平台建设的主要原则和总体目标。遵循的主要原则是:政府引导,社会参与;服务为本,均等覆盖;统筹规划,资源整合;标准先行,规范建设。总体目标是:到"十二五"期末,社区公共服务综合信息平台建设试点工作全面推开;到2020年,除部分不具备条件的地区外,全国大部分街道均应用社区公共服务综合信息平台,乡镇应用比例大幅度提高,政府基本公共服务事项主要依托社区公共服务综合信息平台统一办理,逐步实现社区公共服务事项的全人群覆盖、全口径集成和全区域通办,切实改善社区信息技术装备条件,提高社区管理运行效率,增强部门协同服务能力,提升居民群众使用率和满意度。

推进社区公共服务综合信息平台建设的重点任务包括：建设社区公共服务信息系统、整合社区公共服务信息资源、完善社区公共服务综合信息平台规划布局、加强社区公共服务综合信息平台运行管理。

54. "展璞计划"

2013年11月19日，民政部和李嘉诚基金会合作项目——"展璞计划——农村社区发展项目暨村'两委'和民政基层干部能力建设"——项目座谈会暨启动仪式在陕西省咸阳市渭城区大石头村举办，李嘉诚先生和民政部、陕西省有关领导出席座谈会和项目启动仪式，同村"两委"女干部代表亲切座谈，并为"展璞计划"项目揭牌，向项目承办省份和高校颁发了项目牌匾，标志着这项造福村"两委"女干部和基层民政干部能力提升的项目正式实施。

"展璞计划"是由李嘉诚基金会和全国妇联在皖、桂、粤等地实施的村"两委"女干部培训试点项目"启璞计划"的基础上发展而来的。由李嘉诚基金会捐资人民币2000万元，民政部按比例配套，"展璞计划"项目实施期限为2013年至2016年，由民政部与李嘉诚基金会合作，中组部、全国妇联支持，在湖南、陕西、广东、新疆、广西等省区的部分地区开展，通过系统整合政府、高校、网络媒体的资源，以基层妇女干部和基层干部培训为切入点，为村"两委"女干部和基层民政干部提供高校集中培训和远程学习服务；同时，以小额资助金（"种子计划"）资助鼓励农村综合发展项目，扶持关切民生、教育、环境、扶贫等不同领域。此项目的实施将直接惠及项目省（区）3800名村"两委"正副职女干部和500名县乡级民政干部，从而有效地提升女性干部在村庄管理和农村经济发展中的领导力，为维护农村妇女合法权益，推动村民自治和社区管理创新与发展作出积极的贡献。

三、社会组织

1.中国儿童少年基金会成立

1981年4月23日经中央书记处第100次会议通过，1981年7月28日中国儿童少年基金会正式成立。中国儿童少年基金会是中国第一个以募集资金的形式，为儿童少年教育福利事业服务的全国性社会团体，是一个具有独立法人资格的非营利性社会公益组织。其宗旨是：为抚育、培养、教育儿童少年，辅助国家发展儿童少年教育福利事业，特别是贫困地区和少数民族地区的儿童和少年教育福利事业。其业务主管单位为全国妇联。历任理事长（会长）为康克清、陈慕华、顾秀莲、陈至立，现任理事长为全国妇联党组书记、副主席、书记处第一书记宋秀岩。

作为中国公益基金会的先驱，中国儿童少年基金会自成立以来，充分发挥公益组织在社会保障体系中的重要补充作用。中国儿童少年基金会资助了全国各地的幼儿园、儿童福利院、少年宫、SOS儿童村、儿童活动中心、学校等儿童生活、学习和活动场所，还通过开展各种形式的公益活动，为促进儿童的身心健康发挥了重要作用。其精心打造和深化拓展的公益品牌项目主要有：

一、"春蕾计划"。1989年，在全国妇联领导下，中国儿童少年基金会发起并组织实施了一项救助贫困地区失学女童重返校园的社会公益项目——"春蕾计划"。2009年6月，又推出了"春蕾计划"四项行动，即"春蕾计划—助学行动"：为贫困地区生活困难的小学生和初中生提供生活补助，改善贫困地区学校的教学条件；"春蕾计划—成才行动"：资助考入高中和大学的"春蕾生"完成学业；"春蕾计划—就业行动"：在农村大龄女童中开展实用技术培训；"春蕾计划—关爱留守儿童特别行动"：为农村留守儿童捐建幼儿园、学生宿舍和"留守儿童之家"。受益对象从接受九年义务教育的女童到女高中生、女大学生，从农村贫困家庭儿童到留守流动儿童,由对大龄女童进行实用技术培训到春蕾教师培训,由资助女童学业到关爱女童安全,项目内涵日益丰富,资助领域不断拓展,资助范围不断扩大,形成了关爱儿童特别是女童教育、安全、健康的资助体系。2014年是春蕾计划实施25周年,联合国教科文组织"促进女童和妇女教育特使"彭丽媛接受全国妇联、中国儿童少年基金会授予的"春蕾计划促进女童教育特使"荣誉称号,表示愿意尽其所能帮助更多孩子尤其是女童争取接受良好教育。25年来,"春蕾计划"累计募集社会爱心捐款14.58亿元,资助女童251.7万人次,捐建春蕾学校1154所,对52.3万人次女童进行实用技术培训,编写发放儿童特别是女童性安全宣传教育手册100万套,资助范围以西部和少数民族地区为重点,并实现了全国34个省(区、市)全覆盖,成为我国民间公益组织促进女童教育发展最成功、最有影响力的范例之一。

二、"安康计划"。"安康计划"是中国儿童少年基金会于2000年推出的一项儿童公益品牌,以帮助儿童少年实现"远离失学、远离疾病、远离伤害、远离犯罪"为目标,其救助领域将主要集中在儿童安全与健康两大领域,通过实施"安康计划"三项工程,即大力实施"安康计划—儿童安全应急教育工程"、"安康计划—儿童营养健康工程"和"安康计划—儿童医疗救助工程",扎实推进"安康计划"的深入发展。先后推出了"儿童弱视专项基金"、"安康图书馆"、"安康计划校园安全应急教育工程"、"中国儿童保险专项基金"等儿童公益项目,并通过开展"安康计划西部行"等大型公益活动,为孩子们送医送药、送衣送物、送知识、送健康,为孩子们的安全健康成长营造了良好的社会氛围,提供了有力的物质支持。此外,"安康计划"还充分发挥品牌优势,针对我国南方特大冰雪灾害、四川汶川和青海玉树特大地震灾害,及时开展紧急募集和救助工作,先后募集救助款物折合人民币达6亿多元。特别是筹集资金1亿多元,在四川双流县扩建1所小学、1所中学学校,捐建1所"安康家园",建成全国最大的灾区孤困儿童安置基地,安全救助转移并妥善安置712名地震灾区孤困儿童,还将全额资助这些孩子们生活、学习费用直至完成最高学业。

"春蕾计划"和"安康计划"作为人权事业发展的成就,被载入中国政府《中国的儿童状况》、《中国的扶贫与开发》、《公益中国爱心满世界》、《2000年中国人权事业的进展》白皮书和2001—2010年《中国儿童发展纲要》。

根据新时期儿童需求的变化,中国儿基会在近年来相继推出了"消除婴幼儿贫血行动"、"儿童快乐家园"、"幸福万家·母婴1000天健康行动"等公益项目,形成了较为完善的儿童教育资助、大病救助、安全健康、灾后紧急援助立体化资助服务体系。

30多年来,中国儿童少年基金会竭诚服务儿童少年教育福利事业,为推进中国慈善事业蓬勃发展起到了不可或缺的作用,得到了社会各界的广泛关注、支持和赞誉,先后被授予"全国文化科技卫生'三下乡'先进集体"、"抗击'非典'先进全国性社会团体"、"全国先进社会组织"、"全国'三八'红旗集体"、"中国扶贫奖'劝募模式创新奖'"、"中华慈善奖"、"抗震救灾重建家园'工人先锋号'"、"国家西部大开发突出贡献集体"等荣誉称号。

2.公益慈善类社会组织直接登记试点

2011年7月4日,民政部有关领导在2011年民政工作年中分析会上表示,民政部门对公益慈善类、社会福利类、社会服务类社会组织履行登记管理和业务主管一体化职能。这意味着公益慈善类等三类社会组织将可直接登记,改变了之前的双重管理门槛。上述三类社会组织,是首批纳入民政部门对社会组织直接登记范围的。

社会组织双重管理体制就社会组织登记而言,是一种单一高门槛管理。社会组织如想在民政部门登记注册,必须首先找到业务主管单位。这种管理体制使得一部分无法通过民政局注册的民间组织为了继续生存,或在工商部门登记为企业,按章纳税,加重负担;更多的则是不注册法人,成为黑户。

面对公益事业和社会组织的蓬勃发展,个别地方政府率先试水改变一刀切的双重管理体制,开展了社会组织直接登记试点工作。

2008年,深圳率先对社会组织管理进行探索,对工商经济类、社会福利类、公益慈善类三类社会组织实行"无主管登记"。

2010年2月,北京首次明确社会组织"直接登记"试点,中关村园区的社会组织设立可以直接向民政局登记,不再需要挂靠。2011年初,北京民政局将试点推广到全市,规定工商经济类、公益慈善类、社会福利类、社会服务类四大类组织可直接在民政部门登记注册。

2010年6月,成都开展社会组织登记制度改革,工商经济类和社会福利类社会组织登记时,申请人可直接在登记管理机关办理登记手续。

2013年5月,安徽省出台了《关于加强和创新社会组织建设与管理的意见》,除政治法律类、宗教类社会组织和境外非政府组织在皖代表机构外,对其他各类社会组织在全省范围内全面实行直接登记。

据统计,截至2014年9月底,全国共有27个省、自治区和直辖市开展或试行了社会组织直接登记工作,有18个省、自治区和直辖市先后出台了推进社会组织登记制度改革的相关政策文件。

在地方政府对双重管理先行改革基础上,民政部提出在公益慈善等四类社会组织范围内开展直接登记试点工作，表明政府已经加快了双重管理体制改革的步伐。

公益慈善等四类社会组织直接登记试点，是一次对社会组织一刀切的双重管理局面的破局之举，是社会组织登记管理体制改革进程中的重要一步。

3.中华人民共和国企业所得税法

2007年3月16日，十届全国人大五次会议通过《中华人民共和国企业所得税法》，自2008年1月1日起施行。2007年11月28日国务院第197次常务会议通过《中华人民共和国企业所得税法实施条例》。

之前的《中华人民共和国企业所得税暂行条例》规定，纳税人用于公益、救济性的捐赠，在年度应纳税所得额3%以内的部分准予在企业所得税税前扣除，而超额部分需要缴纳企业所得税。这就很容易出现企业多捐赠却未必能少纳税的现象，在一定程度上抑制了企业参与公益性捐助的积极性。并且对于获得税收优惠组织的确定往往以个案方式进行，缺少统一的认定标准，抑制了公益组织发展的积极性和热情。新税法及实施条例对上述问题作了重大修改。

一、国家对公益性捐赠税前扣除比例大幅提高，将企业公益性捐赠税前扣除比例从原来的年度所得额的3%调整为年度利润的12%。《中华人民共和国企业所得税法》第九条规定，企业发生的公益性捐赠支出，在年度利润总额12%以内的部分，准予在计算应纳税所得额时扣除。同时《中华人民共和国企业所得税法实施条例》第五十一条规定，公益性捐赠支出，是指企业通过公益性社会团体或者县级以上人民政府及其部门，用于《中华人民共和国公益事业捐赠法》规定的公益事业的捐赠。

二、对于公益性社会团体免税方面，明确规定符合条件的公益性社会团体可以免税，并确定公益性社会团体的认定标准。《中华人民共和国企业所得税法》第二十六条规定，符合条件的非营利组织的收入为免税收入。《中华人民共和国企业所得税法实施条例》第五十二条所称公益性社会团体，是指同时符合下列条件的基金会、慈善组织等社会团体：（一）依法登记，具有法人资格；（二）以发展公益事业为宗旨，且不以营利为目的；（三）全部资产及其增值为该法人所有；（四）收益和营运结余主要用于符合该法人设立目的的事业；（五）终止后的剩余财产不归属任何个人或者营利组织；（六）不经营与其设立目的无关的业务；（七）有健全的财务会计制度；（八）捐赠者不以任何形式参与社会团体财产的分配；（九）国务院财政、税务主管部门会同国务院民政部门等登记管理部门规定的其他条件。

《中华人民共和国企业所得税法》及其实施条例的出台，体现了政府对公益性事业的支持，肯定了公益组织对社会的贡献。将税收作为一种调节杠杆，有利于激发企业的社会责任意识，为公益社会组织提供了良好的发展环境。

4.社区社会组织备案制度

社区社会组织是社区建设的重要力量，也是推进社区公益慈善事业发展的主力军，更是社区群众参与社区事务的有效组织形式。构建和谐社区，关键在于大力培育发展社区社会组织。但与此同时，社区社会组织的发展主要存在两个方面的问题：一是社区社会组织自身方面，存在着活动不正常、运作不规范、结构不合理、机制不健全、发展不平衡等问题，整体上还处于初级发展阶段；二是政府部门登记管理方面，存在着登记条件苛刻、备案制度未实施、政策扶持不到位、法律法规不健全、监督管理不得力等问题，亟待寻求制度上的突破。

2002年6月24日，青岛市市委、市政府下发了《关于加强社区民间组织培育与管理的意见》（以下简称《意见》），提出对达不到登记条件的社区民间组织实行备案制。青岛市民间组织管理局根据《意见》精神，于2002年6月底研究制定了《青岛市加强社区民间组织培育与管理试点工作方案》，对社区民间组织实行备案制试点工作进行了详细部署，并决定了市内四区为试点区。2002年9月底，试点工作圆满顺利完成，青岛市于2003年发布了《青岛市民间组织管理局关于建立社会团体登记工作备案制度的通知》，研究决定，自2003年起在青岛市建立社会团体登记工作备案制度。

2007年，民政部决定将江西省、北京市等地列为民间组织备案制改革的试点，其中，江西是作为农村民间组织备案制度的试点省份，北京市主要是对社区民间组织引入备案制度。2008年，国家民间组织管理局又决定将上海市、深圳市、广东省、云南省、青岛市、新疆维吾尔自治区设立为社会组织"改革创新观察点"，其中青岛市为"基层社会组织改革发展观察点"。

目前，社区社会组织备案制在我国大部分省市都得到推广实施。但是，在基层社会组织的改革试点中，江苏省南京市的社区社会组织备案制改革最为全面。

南京市2006年出台了《南京市基层民间组织备案管理暂行办法》，全面推行社区民间组织备案制，该文件被视为全国最早对基层民间组织备案管理的规范性文件之一。

随着南京市社区建设的不断推进，南京市把推进社区社会组织登记管理工作的创新与发展作为构建和谐社区的一项基础性工程，进行了大胆的改革与探索。就基层社会组织备案制的内容方面，与其他城市相比，南京市在全国首创"两级登记、两级备案"的管理体制。在青岛市，对于符合登记备案条件的社区民间组织按照社区、街道、区和市四级进行自下而上的逐级备案，先是由社区居委会对社区社会组织进行审查，对符合备案条件的社区社会组织进行备案登记并提交街道办事处民政科审核；街道办事处民政科审核备案后提交区社会组织管理局审核，区社会组织管理局审核备案后再提交市社会组织管理局审核备案。北京市实行了区、街道、社区三级备案制，福建晋江则建立了"统一登记（备案）、双重审查管理、三级指导监督"的社区社会团体一体化管理体系。与其他城市相比，《南京市基层民间组织备案管理暂行办法》授权社区居委会或其他具备条件的组织作为社区民间组织的业务主管单位，在街道备案，并由街道负责日常管理工作。区县民政部门负责本辖区内社区民间组织的综合协调、指导和管理工作。市民政局负责全市社区民间组织的统筹规划、监督管理和指导协调工作。这种管理体制既降低了社区民间组织的登记门槛，促进了社区民间组织发展，又较好地解决了市、区（县）、街道及居委会之间的职能分工，更有利于社区民间组织的有效发展。

截至 2009 年 6 月，南京市共有各类社区社会组织 8426 家（其中，登记 473 家，备案 7953 家），约占全省社区社会组织总数的 40%，数量位居全省第一、全国同类城市前列，年均增速达到 30% 以上，每个社区均有 10 个以上社区社会组织，形成了门类齐全、层次有别、覆盖广泛、作用明显的社区社会组织网络体系，开创了独具南京特色的"南京社区社会组织发展模式"，并因此被列为 2008 年"中国社会组织发展十件大事"。

备案制的实行，在我国社会组织管理体制改革没有实现真正突破的情况下，无疑是个制度的创新。社区社会组织备案制度的实施，解决了基层社会组织的行政合法性问题，降低了社区民间组织备案门槛，促进了社会组织的规范化管理和建设，提高了其社会认可度和社会化程度，加快了社区民间组织的发展，同时也强化了街道和居委会的管理责任，加强了对社区民间组织的监督管理，有利于更为有效地引导社区民间组织更好地服务于和谐社区建设。

5.北京红枫妇女心理咨询中心

北京红枫妇女心理咨询中心，原名中国管理科学研究院妇女研究所，由妇女问题专家王行娟女士和一批热心妇女事业的知识女性于 1988 年 10 月创办，于 1996 年与中国管理科学院脱离挂靠关系后更名为北京红枫妇女心理咨询中心。

北京红枫妇女心理咨询服务中心的宗旨是，为城乡的妇女、儿童与家庭提供心理咨询与社会服务，开展社会性别和以人为本的研究与政策倡导，推动和谐社会建设。具体职能有四个方面：一、普及心理健康知识，提高女性心理健康水平，为妇女提供心理咨询服务。将心理咨询服务推进到社区；二、关注弱势妇女群体的心理需要，开展多种服务，帮助她们调适心理、缓解压力、提高生活质量；唤起妇女的主体意识，挖掘妇女的潜力，促进妇女的成长；三、实行服务与研究并举的方针，研究和反映妇女的需要，向有关部门提出政策性建议和意见，为保护妇女的权益，实现男女平等，为妇女的自我实现创造良好的外部条件；四、通过培训等多种形式和渠道传播社会性别、以妇女为本的观念，推进社会性别观念纳入社会主流，纳入到社会经济和社会政治生活的方方面面。

红枫妇女心理咨询服务中心成立至今，先后开设妇女热线，开办方舟家庭中心，创建半边天家园，开展农民工家庭教育项目等，为需要帮助的人群提供切实有效的服务。

妇女热线：创办于1992年9月，是全国第一条无偿提供心理、法律、妇幼保健、婚姻家庭等咨询服务的妇女热线，已连续开通23年。除了综合热线，还开设有专家热线、老年妇女热线和反家庭暴力热线等分类热线，每天累计开通20小时，受益者遍布全国和海外。

方舟家庭中心：1998年成立，至今已有17年历史，主要为单亲家庭提供心理与社会服务。创建于2004年的单亲家庭温馨工程，在北京市宣武区展开，以开办单亲母亲成长小组、单亲子女快乐成长活动站、单亲温馨俱乐部（站）等形式，帮助单亲人士和子女实现心理成长。具体活动包括主题讲座、心理咨询与治疗、朋辈互助小组和单亲联谊等。

半边天家园：这是红枫妇女心理咨询服务中心与天津市妇联合作，于2001—2005年创建的妇女社区维权的新模式，该模式已在天津市推广，并被全国妇联列为优秀品牌。

农民工家教每天3个10分钟：创立于2007年，是红枫妇女心理咨询服务中心创建的农民工家教新模式，以入户辅导、家长课堂等方式，帮助农民工家庭掌握"爱的交流10分钟，学习做人10分钟，学习知识10分钟"的方式方法，促进农民工子女的健康成长。流动子女新公民素质教育：开展于2008年，以"创建家庭、学校、社区三位一体联动教育机制，培养新公民健康人格"为宗旨，通过辅导农民工家教、促进学校教育、鼓励和组织农民工子女参与社区活动等内容，优化流动子女的教育环境，提升他们的综合素质。

同时，对当代妇女问题、家庭问题和社会问题开展了大规模的调查研究，出版了包括三套《妇女热线丛书》和《电话心理咨询的理论与实践》、《在社区赋权妇女》、《快乐生活、快乐成长——单亲家庭温馨工程介绍》等在内的大量著作，并就家庭暴力、性骚扰等问题向国家相关机构递交立法提案和建议。

红枫妇女心理咨询服务中心在妇女NGO的生存、发展和服务女性、服务社会的诸多方面进行了大胆的尝试、探索和创新，建立了自己独特的服务模式，其所开创的事业被誉为"红枫现象"。

北京红枫妇女心理咨询服务中心成立于世界妇女大会在中国召开之前，这一组织的出现表明改革开放后中国社会内部出现多样性利益要求，计划经济时代被掩盖的性别问题出现时，女性开始自觉地组织起来关注自身发展的问题。此前虽然已有一些研究性妇女组织和互益性妇女组织出现，但是这些组织的政府色彩都比较浓。北京红枫妇女心理咨询中心的成立主要来自民间的力量。

6.自然之友成立

20世纪中国的生态环境形势严峻,生态破坏的范围扩大,程度加剧。90年代初,中国政府开始加大环境保护工作力度。但在当时,中国的环境问题基本上是政府一家在那儿管,没有民间的参与。正是因为中国环境日益恶化,以及受国际上民间环保团体推动国家环境保护启发,一些关注国家命运关注环境发展的知识分子和有识之士萌生了创建民间环保组织的想法。

1993年6月5日,全国政协委员、中国文化书院导师梁从诫,北京理工大学教授杨东平等知识分子在北京的玲珑园公园举办了第一次民间自发的环境讨论会——玲珑园会议。

1994年3月31日,自然之友正式成立,创始人是梁从诫、杨东平、梁晓燕和王力雄。自然之友的宗旨是:推动群众性环境教育、提高全社会的环境意识、倡导绿色文明、促进中国的环保事业以争取中华民族得以全面持续发展。该组织开展的活动主要包括:

一、宣传教育。其代表活动有绿地图项目。绿地图是指用一套世界通用的图示,在地图上清楚地标示出环境中与日常生活息息相关的生态与文化景点。它帮助人们换一个角度重新认识自己的居住环境。自从1992年第一份"绿地图"——纽约是绿色生活地图诞生以来,绿地图的概念已经在世界各大洲扎根落户,到今天,有超过300个国家和地区成立了"绿地图"小组,公开出版了274份绿地图。自然之友是绿地图系统在中国大陆的第一个正式合作伙伴。自然之友希望通过绿地图项目,在市民中倡导绿色文化概念,同时成为介绍北京社区风貌,传达环保人文理念的宣传媒介。目前已经完成或正在进行的绿地图有:什刹海绿地图、北京798艺术区绿地图、皇城周边绿地图、北京植物园绿地图、原北方交通大学校园绿地图、北京东四社区绿地图、诺基亚企业绿地图等。

二、行为改善。其代表活动有夏至关灯,即在每年夏至日这一天,号召公众关掉室内的电源,以实际行动来支持节能。同时,居民可以走到户外,参与各种社区活动,体验自然夏夜的美好,培养社区情感。

三、政策倡导。其代表活动有出版《中国环境绿皮书》。《中国环境绿皮书》是自然之友2005年策划并开始实施的环境理念倡导项目,在我国环保领域已形成较高的品牌认可度和影响力,对环境保护决策者增强公众视角起到了一定的推动作用。《中国环境绿皮书》不仅有中文版,还面向全球发行了英文版。另外,自然之友还创立了绿色伙伴计划。该计划是针对改善企业经营方式和消费方式的倡导性项目,主要对象是企业及其员工。自然之友通过设计不同类型的活动,帮助企业履行社会责任,如绿色办公培训、植树减碳、消费品回收、自然体验亲子活动、低碳出行、废品回收利用、义卖等，在合作中共同推进环境理念和行为的普及。绿色伙伴计划也是自然之友筹集资金的一种模式。通过绿色伙伴计划所筹集的款项约占年筹款额的1/10。

四、支持与能力建设。其代表活动有蒲公英小额资助项目，通过该项目支持草根组织发展。

多年来自然之友累计发展会员一万余人，其中活跃会员3000余人，团体会员近30家。各地会员热忱地在当地开展各种环境保护工作，由自然之友会员发起创办的NGO已有十多家。自然之友累计获得国内国际各类奖项20余项，如"亚洲环境奖"、"地球奖"、"大熊猫奖"、"绿色人物奖"和菲律宾"雷蒙麦格赛赛奖"等。

自然之友是中国在改革开放以来较早成立的民间环保组织，其成立对中国环保事业以及民间组织的发展具有十分重大的意义。实践证明，自然之友不仅率先开展了很多活动，在环境教育、行为改善和政策倡导等方面取得了巨大成就，其志愿者网络也培养了一大批热爱自然的环保人士，其中一部分创办或投身到了其他的民间环保组织。创始人梁从诫谈到自然之友的意义时表示，它的成立是中国公众开始自觉参与环境保护的一个标志性事件。《南方周末》评价自然之友："梁从诫1994年创办中国第一个民间环保组织自然之友，成为中国非政府组织的精神源头。"

7.打工妹之家

1996年4月7日打工妹之家成立，该组织由《中国妇女报》的《农家女百事通》杂志社在北京设立。据报道，这是中国第一个完全以女性农民工为对象的草根劳工NGO，其多数工作人员来自打工妹群体。

打工妹之家（现隶属于北京农家女文化发展中心）开展的活动有以下几项。一、组织维权。2002年成立了维权小组。目前已有多名志愿律师及大学生志愿者参与了项目工作，并且和全国妇联权益部、北大妇女援助中心、青少年法律援助中心、北京市总工会、北京家政服务协会以及多家律师事务所联合，形成了由打工妹之家为主导，社会广泛参与，覆盖北京地区外来务工女性的法律援助工作网络。开展的主要工作有：法律咨询、来访接待、紧急救助、举办法律讲座和培训、选择典型案例实施法律援助、通过对典型案件总结分析，提出政策和立法倡导建议等。二、建立打工妹紧急救助基金，为遇到突发疾病、工作伤害和人身安全遭到侵害的打工妹提供紧急救助。三、建立家政服务员支持网络，将输出农村女性的当地中介组织和在京的输入地中介组织联系起来，根据家政服务员的需求，开展了一系列的服务工作，建立起家政服务员支持网络。四、成立社区服务站。2005

年打工妹之家社区服务站在朝阳区太阳宫社区正式挂牌成立，这是打工妹之家成立以来第一次将其服务延伸进流动人口聚居的社区。随后又在清河的新世纪打工子弟学校设立了第二个社区服务站。服务站开辟的服务内容有：建立打工者图书阅览室，组建打工子弟文艺表演队，举办法律、英语、亲子教育、女性健康等方面的讲座，开办电脑知识和社会性别意识方面的培训。五、开展打工妹能力建设活动。开办了各种参与式的知识讲座、经验分享会及文娱活动，如基础文化补习、英语讲座、两性健康、电脑培训、读书会、春游、秋游、辩论赛、集体婚礼、看电影、新年团拜会等。六、建立志愿者网络。目前已建立四个方面的志愿者网络，即律师、顾问组成的专家志愿者工作组，各高校学生社团组成的大学生志愿者工作组，打工妹之家会员及非会员组成的会员志愿者工作组，新闻媒体组成的媒体志愿小组。

为了引导打工妹群体认识和学会维护自己的各项基本权利，推动社会各有关方面重视和保护她们的合法权益，感受到国家有关流动人口政策的完善，打工妹之家还不定期针对农村妇女面对的各种问题，组织调查研究小组，并就调查结果形成议题，召开各类专题研讨会，形成政策建议。到目前为止，打工妹之家已多次举办农村妇女发展与对策研讨会、打工妹权益问题研讨会、农村妇女参政议政研讨会以及其他针对各项议题的座谈会和新闻发布会。

此外，打工妹之家还注意加强与国内外其他劳工组织的联系和交流，先后选送会员骨干访问香港、深圳、美国等地的劳工组织，接待了来自深圳、厦门及多家海外劳工组织的参观访问。这些活动大大扩展了成员的视野。

打工妹之家是20世纪90年代中期以来，受世界妇女大会触动，最早建立的女性劳工类 NGO 之一。十几年来，其救助、教育和保障外地来京打工妇女的活动产生了重要的国际国内影响，并受到社会各界的普遍赞誉和资助人的持续关注，联合国教科文组织、世界银行中国代表处、亚洲基金会、美国大使馆、爱尔兰大使馆、日本大使馆、德国大使馆、福特基金会、香港乐施会、美国国际共和研究所、促进全球扫盲组织和环球妇女基金等先后资助过他们。

8.保健食品协会被民政部注销

2003年10月30日，中国保健食品协会被民政部注销。同时，国家中医药管理局对负有行业主管责任的业务司有关领导进行了责任追究和处理。

2004年2月24日，在全国企业治乱减负工作会议上，国务院减负办、国务院纠风办发出通报，披露了中共中央纪委、监察部驻卫生医药部门纪检组监察局对原中国保健品协会严重违反国家有关规定,对企业乱排序、乱评比、乱收费以及擅自增设分支机构等问题的严肃查处。

中国保健食品协会成立于1985年9月25日,曾是在民政部注册的社会团体,具有法人资格,是跨地区跨部门跨所有制的全国性保健食品行业组织,业务主管部门是国家中医药管理局。其注销原因有以下几点。一、协会得不到企业信任。2003年6月,国内很多保健食品企业接到了一份《全国保健食品行业统计信息发布会暨表彰大会的通知》。发通知的是中国保健食品协会,该通知称它将通过媒体公布全国保健食品上一年度(即2002年)总销售100强企业和保健食品优秀产品。一家生产螺旋藻的企业也接到了通知。按照协会的排法,这家生产规模非常小的企业不仅进入百强,而且还被列为10强外向型企业。2003年7月8日,中国保健食品协会被取缔前,还公布了他们评选的中国保健食品行业百强企业的结果。但到了最后颁奖的时候,百强企业里只来了1/3。有些获了奖的企业,对行业协会的评选不屑一顾。可以看出,原来这个协会在行业里,是得不到企业信任的。二、借用评比向企业收费用。行业评比引起了众多厂家的怀疑,国家中医药管理局也暗中进行了调查,主管部门发现,保健食品协会搞的所谓行业评比,不过是一场巧立名目、向企业收取几千到几万元金额不等费用的骗局。企业所得奖项越多,需交纳的费用越多。中国保健食品协会副会长庄林根说:"这个费用包括统计成本费用,会议的资料费用以及会议的费用,还有宣传的一些费用都在里面。"在2003年7月4日,国家中医药管理局发出通知,要求中国保健食品协会立即停止召开发布会及其一切相关活动,退还向企业收取的费用。但该协会对主管机关的决定置若罔闻,继续以发布企业的统计调查结果为名,先后设置"优秀企业家"、"销售第一"、"销量第一"、"50强企业"等各种名目的奖项向企业索取费用。每个奖项标价2000—12000元不等。三、违规召开会议。在全国企业治乱减负工作会议上,不但是中国保健食品协会受到了批评,它的主管部门,国家中医药管理局的相关领导也受到了追究。国家中医药管理局办公室主任吴刚告诉记者,中国保健食品协会的违规行为并不是偶然的,早在2001年8月18日,中国保健食品协会就举行了第一次"全国保健食品行业统计信息发布暨表彰大会"。当时,作为协会业务主管部门的国家中医药管理局还是在有几位局领导接到出席会议的请柬时才得知这一消息的。国家中医药管理局以口头警告的方式通知协会不得再举办类似活动。但是到了2002年8月18日,第二次"全国保健食品行业统计信息发布暨表彰大会"在同一地点再次举行。四、违反社团管理有关规定擅自增设分支机构。经核查,该协会先后与一些企业合作,分别在广州、黑龙江、云南等地增设了分支机构,进行非法活动。这些机构既未经民政部门审批,也没有在工商部门注册。

中国保健食品协会被注销,反映了行业协会管理体制中存在的严重隐患,以及部分行业协会"乱排序、乱评比、乱收费"的功利倾向。对该协会的严肃查处，不仅减轻了生产企业的负担，消费者也是实实在在的受益者。同时，也对行业协会发出了警告，如果再不加强行业协会的自律，牢记行业协会的职能，恐怕就要重蹈中国保健食品协会的覆辙。

9.扶贫规划试点项目启动

2005年12月19日，国务院扶贫办、亚洲开发银行、江西省扶贫办和中国扶贫基金会在人民大会堂举行政府与非政府组织（NGO）合作实施村级扶贫规划项目启动仪式。启动仪式后，中国扶贫基金会举行了NGO招标说明会，向全社会公开招标选择2家至3家NGO实施首批试点村的村级扶贫规划项目。2006年6月，中国扶贫基金会组织第二批NGO招标活动，使NGO有更多的机会参与到项目中来。

从20世纪90年代开始，中国国内各社会组织、民间团体在扶贫中扮演了越来越重要的角色。他们对扶贫的贡献并不局限于投入资金和物资，他们还在影响舆论、传播知识和进行制度创新等方面也做出了有益探索，对于政府扶贫工作起到了积极的补充甚至示范作用。更为重要的是，由于国际组织和国内外非政府组织（NGO）的介入，给中国扶贫带来或创造了一些新的理念和模式，从而推动了中国扶贫政策和模式的更新，大大加快了中国的扶贫开发进程。

政府与非政府组织（NGO）合作实施村级扶贫规划项目正是在这一背景下的重要实践。按照项目设计，国务院扶贫办和江西省扶贫办将提供1100万元财政扶贫资金，亚洲开发银行将从英国国际发展部（DFID）资助的扶贫合作基金中提供资金支持。中国扶贫基金会具体承担该项目中的试点部分，即由中国扶贫基金会组织招标选择一些NGO在江西省的22个重点贫困村实施村级扶贫规划项目。NGO招标选择活动由中国扶贫基金会组织开展，并在评选委员会的支持下提供选择NGO的具体名单。项目的主要目标是通过非政府组织参与实施政府资助的村级扶贫规划项目，创建和示范非政府组织参与政府扶贫项目的机制和模式，并为政府有关部门提供政策建议。

该项目的正式启动，是中国政府积极与国外政府、非政府组织在扶贫领域开展合作的体现，是贯彻落实《中国农村扶贫开发纲要（2001—2010年）》中"要积极创造条件，引导非政府组织参与和执行政府扶贫开发项目"的重要实践，是中国扶贫事业的创新举措，标志着中国政府扶贫资源将首次公开向NGO开放，所有国内NGO都将有机会通过竞标获得政府扶贫资金，去贫困地区实施扶贫项目。

10.南都公益基金会启动"新公民计划"

南都公益基金会成立于2007年5月11日，原始基金1亿元人民币来自于上海南都集团有限公司。南都公益基金会的使命是支持民间公益，即南都公益基金会关注转型期的中国社会问题，资助优秀公益项目，推动民间组织的社会创新，促进社会平等和谐。

南都公益基金会主要关注三个领域：一是为改善农民工子女的成长环境而设立的新公民计划；二是汶川地震后根据灾区和民间组织的需要开展的512灾后重建资助项目，在2010年调整为灾害救援与灾后重建项目；三是支持NGO的发展和合作的工作，包括支持非公募基金会论坛、非公募领导人培训、NPI孵化器等推动公益事业发展的工作。

新公民计划创始于2007年8月。自成立之初，南都公益基金会即将70%的资金用于支持农民工子女教育的"新公民计划"项目，解决农民工子女（包括"流动儿童"和"留守儿童"）在教育、心理健康、道德养成等方面存在的诸多困难和问题。新公民计划项目的整体发展思路是：以建设新公民学校为中心，辅之以资助农民工子女服务的公益项目，在此基础之上，通过新公民之友吸引资源为农民工子女服务。

新公民学校是新公民计划资助的重点，是南都公益基金会支持农民工子女教育的重要方式。新公民学校发展中心负责新公民学校的建校和发展工作，其目标是5年到10年能够资助100所"新公民学校"。

新公民计划公益项目，即资助民间组织开展为农民工子女服务的公益项目，资助范围包括：农民工子女道德辅导项目、学业辅导项目、健康成长指导项目、就业服务项目、生活方式辅导项目、社会交往指导项目以及改善农民工子女成长环境的研究和政策推动项目。

"新公民之友"，是新公民之友志愿服务支持计划的简称。新公民之友由南都公益基金会和中国社会工作协会志愿者工作委员会联合发起主办。新公民之友平台以新公民计划网站（www.xingongmin.org.cn）作为主体，采取线上线下相结合的方式，帮助和支持志愿者及社会机构更好地为农民工子女提供志愿服务。

南都公益基金会是在政府和市场有效解决农民工子女教育问题失灵的背景下，设计开发了新公民计划。项目实施以来，为促进农民工子女接受公平教育、更好地融入社会，作出了重要贡献，荣获中国民政部举办的"2008年度中华慈善奖"之"最具影响力慈善项目"奖。

11.中国保护大熊猫及其栖息地工程

1985年2月,林业部与世界自然基金会签署了联合制定"中国大熊猫及其栖息地保护管理计划"的协议,根据1985年至1988年的全国大熊猫调查,于1989年10月编制出了《中国大熊猫及其栖息地保护管理计划》。计划于1991年至1995年5年内执行,总预算为9000万元,在执行期进行2次评估并进行必要的修订,并在最后一年制定下一个5年管理计划。在《中国大熊猫及其栖息地保护管理计划》的基础上,林业部制订了中国保护大熊猫及其栖息地工程,并于1992年经国务院批准立项实施。

世界自然基金会(World Wide Fund For Nature),简称WWF,原名为世界野生生物基金会,于1961年9月11日成立于瑞士莫尔各斯,创始人是英国著名生物学家,曾任联合国教科文组织第一任总干事的朱立安·赫胥黎先生,其基本目标是保护地球的生物资源。WWF的使命是遏制地球自然环境的恶化,创造人类与自然和谐相处的美好未来。为此他们致力于:保护世界生物多样性;确保可再生自然资源的可持续利用;推动降低污染和减少浪费性消费的行动。

世界自然基金会是世界最大的、经验最丰富的独立性非政府环境保护机构。1980年,世界自然基金会正式进入中国。

1985—1988年,国家林业部(现为国家林业局)和世界自然基金会共同组织了全国范围内的关于大熊猫以及其栖息地的调查。根据这一调查,大约有1000只大熊猫在野外栖息。

1992年,国家林业部(现为国家林业局)和世界自然基金会联合启动了大熊猫及其栖息地管理计划,计划新建14个新的熊猫保护区,提高原有的13个保护区的管理能力,创建15个生态走廊促进不同熊猫种群间的基因交流。等到这个计划结束,60%的熊猫栖息地将得到保护。

1989—1995年,世界自然基金会支持了一系列的熊猫保护工作,包括培训、巡护和科研设备提供等,支持建立卧龙熊猫繁育中心,支持卧龙保护区五一棚区域的每月监测工作等。

1999—2003年,第三次全国熊猫调查,世界自然基金会提供了技术与资金支持。调查结果显示,有1596只野生大熊猫。

2002年,世界自然基金会和陕西省林业厅签署协议,新建13个自然保护区及5条生态走廊。该项目旨在将秦岭区域破碎的熊猫种群重新联系起来;在世界自然基金会的支持下,《四川大熊猫保护通讯》创办,成为四川省各熊猫保护区间的一个有效交流平台。

2003年,在世界自然基金会秦岭项目的推动下,陕西省政府批准新建5个熊猫自然保护区和5条生态走廊，使秦岭的熊猫保护区域超过15万公顷。这被世界自然基金会总部确认为"献给地球的礼物"。

2011—2014年，世界自然基金会参与第四次全国熊猫调查，结果显示目前有1864只野生大熊猫。

世界自然基金会是较早在中国开展实地工作的国际非政府组织。多年来，世界自然基金会与中国政府合作开展了大熊猫保护、野生虎保护、长江生态区保护等多个项目，取得较好成果。以世界自然基金会为代表的一些国际生物多样性保护组织参与到我国自然生态环境保护工作中，成为我国环境保护体系的重要补充力量。

12. 雅安抗震救灾社会组织和志愿者服务中心

2013年4月20日，四川省芦山县发生了7.0级强烈地震，各类社会组织和志愿者纷纷涌向地震灾区一线。在民间社会力量参与抗震救灾的同时，也暴露出救援秩序混乱、救援效果不彰、各类组织各自为战等问题。

鉴于此种情势，北京师范大学中国社会管理研究院副院长张欢在亲临现场调研后，撰写了关于加强抗震救灾社会组织管理服务的建议，由魏礼群院长呈报国务院领导作出批示后，2013年4月25日四川省抗震救灾指挥部正式设立"社会管理服务组"，并于4月28日成立省市共建的"雅安抗震救灾社会组织和志愿者服务中心"，专门负责指导和协调抗震救灾和重建中的社会管理服务工作。雅安7个受灾区县也相继建立了县级抗震救灾社会组织和志愿者服务中心，极重受灾乡镇设立了社会组织和志愿者服务站。

5月12日，省、市两级抗震救灾指挥部社会管理服务组在雅安雨城区共建的社会组织和志愿者服务中心正式挂牌。雅安服务中心下设接待部、服务部、项目部、综合部，负责指导各县区服务中心工作，收集、汇总和发布信息，招募、培训、派遣人力资源，整合社会资源，对接重建项目，加强统筹协调，为社会组织和志愿者提供相应的信息服务。县区服务中心负责及时、准确收集上报灾区群众有关需求信息，执行市服务中心派遣的相关项目，确保项目落地，指导服务站点开展日常工作。乡镇服务站点负责灾区群众有关需求信息的收集、上报和相关项目的实施。至此，省市县乡四级服务中心（服务站）全部投入运行，构建了雅安抗震救灾社会组织和志愿者服务体系，实现了社会组织和志愿者参与的平台化、窗口化、集成化和有形化。中国青少年发展基金会、中国扶贫发展基金会、壹基金、友成基金等多家社会组织入驻位于雅安雨城区的服务中心，并发起、实施各类公益计划或项目。

雅安中心是在政府的支持下推动成立的，从人员构成来看，主要由以共青团为骨干的群团组织人员构成,并抽调和补充了一些诸如民政、教育、公安等政府相关职能部门的人员。同时,雅安中心的主要负责人员也是省社会管理服务组的重要成员。这一具有官方色彩的"社会组织",实现了对社会力量有序、有效、有力参与抗震救灾的动员和引导,发挥了跨界服务平台的功能,是政府在社会管理中采取多元协同治理方式的重要体现。

13."中国妇女NGO能力建设"项目

第四次世界妇女大会在北京的召开,促进了中国民间妇女组织的建立和发展。在此后的10多年间,一批妇女民间组织在探索中成长,成为国内有影响的NGO组织,在维护妇女权利、促进妇女发展,特别是弱势妇女的权利与发展中扮演着重要的角色。由于NGO在中国的历史较短,整个社会和文化对NGO缺乏了解和认识,外部的法律环境也不够健全,致使中国NGO发展面临着很多的问题。NGO的能力建设,成为NGO发展的重要环节。尽管对NGO的能力建设已经开始进行,但这些建设基本上依靠国外的专家或者国外的经验,虽然这些为国内NGO的发展提供了许多有益的借鉴,但是,由于各国NGO所处的文化、法律环境不同,因而很多在国外行之有效的经验在中国却不能完全生效,如董事会制度、筹款技巧等。中国的NGO组织发展急需适合自己的能力建设方案,面临如何将国外经验本土化的问题。另外,尽管中国的NGO组织发展历史不长,但已积累了相当丰富的经验和教训,特别是一些起步较早的民间妇女组织,在十几年的艰难的发展历程中,各自都积累了一些基于本土文化之上的可供推广的经验。而且过往的成功经验告诉我们,这些民间妇女组织通过相互交流与合作,彼此分享经验,发现问题,挖掘潜力,调整不足,由此来提高各组织的能力,是一个有效的能力建设的方式和途径。同时,这些妇女的民间组织也需要时间和机会将几十年的经验加以总结和提炼,找到民间妇女组织发展的一些共性和差异性的东西,为其他的NGO组织提供借鉴。

2002年,陕西省妇女理论婚姻家庭研究会、北京农家女文化发展中心、北京红枫妇女心理咨询中心、云南西双版纳儿童权益健康咨询中心、河南社区教育研究中心和北大妇女法律研究与服务中心六家民间组织,希望建立能够为中国妇女民间组织提供交流与服务的平台,并委托陕西妇女研究会征求各家意见,起草和递交了"中国妇女NGO能力建设项目建议书",该项目获得了德国米索尔基金会的支持。

该项目宗旨是,通过项目的开展推动中国妇女NGO的发展,提高服务效率。该项目的目的是,通过研讨形式,交流分享不同组织发展过程中积累起来的适合文化特色的成功经验,并将经验推广到其他组织;通过陕西妇女研究会西部女性网开设NGO论坛,将成果在网上和大家分享;三年后将召开关于妇女NGO能力建设总结性研讨会,在此基础上将成果的经验提炼、总结汇集成文集,为中国民间组织的发展提供帮助和借鉴,从而推动中国民间组织事业持续发展。该项目为期三年,主要内容包括每年一次的专题研讨会、网站信息和经验交流、会议成果论文集、项目成果推广研讨会等。该项目所关注的问题包括NGO的组织框架、注册、理事会制度等,妇女民间组织的类型、机制与特点;NGO内部管理,如年报、人员管理、问责制等;NGO可持续发展问题,包括筹款、能力建设等。

妇女民间组织对自身能力建设的关注说明妇女民间组织的发展进入到一个新的阶段,从最初的创建期进入到了关注可持续发展的时期,从依靠精英人物个人行为的开拓、个人信念和魅力创建民间组织时期发展到关注组织发展、组织能力建设时期,从人治的层次发展到法治即依靠制度之力的层次。民间组织能力建设已经成为民间组织发展进程中难以回避的问题,妇女民间组织积极行动起来对这一问题进行探索交流经验,不仅对于妇女民间组织是有意义的,而且对整个民间组织的发展都会产生深远的影响。

14.温州烟具行业协会应对欧盟CR法案和反倾销诉讼

温州烟具行业协会由温州打火机生产企业自发组建,成立于1991年。1993年,温州市政府下发文件,授予烟具协会对新注册企业的考察、对关系行业利益的国家法规草案提出技术意见和咨询、行业信息的收集以及公布、行业展览会的组织等权力,将烟具行业的管理权主动让于烟具协会。至此,烟具行业协会成为真正意义上的企业自治组织

2001年9月间,欧盟根据欧洲一些打火机制造商的要求,出台"防止儿童开启装置措施"法案(Child Resistance Act,CR法案)。该法案规定凡售价在2欧元以下的打火机均须设置安全装置。售价在1欧元左右的温州金属外壳打火机将是该法案的适用对象。显然,该技术标准将起到限制温州金属外壳打火机进入欧洲市场的作用,成为我国打火机出口欧盟的一项技术壁垒。在该法案正式出台之前,温州烟具协会就派员组团与原国家外经贸部公平贸易局官员一起赴欧洲游说,但未能阻止该法案的通过。

2002年6月28日,欧盟发出公告,决定对中国出口欧盟的打火机(包括一次性打火机、金属外壳打火机和汽油打火机)进行反倾销立案调查。按照WTO的规定,反倾销所涉及的出口商必须在15天内作出应诉反应,否则将作为自动放弃论,这可能导致我国出口到欧盟各国的打火机被征收高额反倾销税。

经过紧急磋商,温州烟具协会决定选取15家打火机企业进行损害抗辩,1家进行市场经济地位抗辩(即低于成本价)。2002年9月11日,欧盟反倾销委员会的几位官员两次到温州进行实地调查,对温州应诉企业的产品、销售、财务等方面进行了严格的核查,对应诉企业提出的意见和事实予以理解和认可。

2002年10月8日，温州东方打火机厂获得欧盟的市场经济地位确认。2003年2月，欧盟有关方面决定不进行初裁。2003年7月14日，欧洲打火机制造商联合会撤回了对产自中国打火机的反倾销诉讼，反倾销程序自动终止。2003年12月11日晚，一条从欧洲来的好消息传至温州：欧盟于2002年4月30日做出的要求打火机制造商和进口商从2004年6月19日起强制执行，零售商从2005年6月19日起强制执行CR标准的协议不再有效。这也意味着历时两年的温州打火机企业应对欧盟CR法规暨反倾销后的又一次胜利。

该事件的意义不仅在于为中国企业应对反倾销诉讼提供了宝贵的经验，而且在于中国的地方民间组织第一次走出国门充当了处理国际贸易纠纷的主角，标志着中国市场生发的行业协会作为独立主体开始登上国际贸易舞台。同时，作为温州一个民间协会，其成长发展，为带有"准政府部门"性质的行业协会的改革与转轨，提供了可供参照的目标模型，为考察中国转轨时期行业协会的治理机制、协调机制及其发展提供了一个非常好的案例。

15.首次全国行业协会改革发展经验交流会在广州召开

2010年10月10至11日，全国行业协会改革发展经验交流会在广州召开。这是民政部首次召开的全国行业协会工作会议。党中央、国务院有关部门、登记管理机关、行业协会代表和专家学者300多人参加会议。会议旨在总结近年来各地区各部门贯彻《国务院办公厅关于加快推进行业协会商会改革和发展的若干意见》所取得的成绩，交流经验，分析形势，研究部署推动行业协会改革发展的任务和措施。会议由时任民政部副部长姜力主持。时任广东省委常委、副省长肖志恒，时任国务院国资委副主任黄淑和，时任全国供销总社党组成员、理事会常务理事于培顺，中国煤炭工业协会副会长兼秘书长姜智敏在开幕式上致辞。

党中央、国务院始终高度重视行业协会。党的十六届三中全会提出"按市场化原则规范和发展各类行业协会、商会等自律性组织"，明确了行业协会的发展方向。十六届四中全会提出行业组织要"提供服务、反映诉求、规范行为"，明确了行业协会的基本职能。十六届六中全会提出"发挥行业协会、学会、商会等社会团体的社会功能，为经济社会发展服务"，明确了行业协会的社会作用。特别是2007年国务院办公厅发布的《关于加快推进行业协会商会改革和发展的若干意见》，对行业协会改革发展的指导思想、职能拓展、体制改革、自身建设和规范管理等方面提出了具体要求，是指导我国行业协会改革发展的纲领性文件。党中央、国务院的大政方针，为我国行业协会的改革发展奠定了基础，指明了方向，行业协会改革发展迈上新台阶：扶持发展有了新举措，体制改革有了新突破，规范管理有了新提高。政策措施的完善和管理工作的改进使得我国行业协会保持了良好的发展态势，呈现出持续快速发展、产业覆盖面广、规模不断扩大、组织形态多样等特点。广大行业协会顺应时代要求，不断加强自身建设，在服务政府、服务社会、服务行业、服务会员等方面取得了显著成绩。

会上，民政部领导同志强调，按照市场化方向和原则推进我国行业协会改革发展，要着力做好四个方面的工作：一是形成与市场经济相适应的行业协会发展格局；二是健全现代行业协会内部治理制度；三是完善行业协会法律政策体系；四是建立科学的行业协会管理体制。

会上，广东、河北、上海、浙江、安徽、重庆、新疆等省、区、市以及全国供销总社介绍了推动行业协会管理体制改革、加强培育扶持、推进政会分开以及提高行业协会规范化水平等方面的举措和成效。中国机械工业联合会、广东省食品行业协会等8个行业协会介绍了他们在服务政府、服务社会、服务行业、服务会员以及自身建设等方面的典型经验。中国工业经济联合会等115家行业协会还联合向全国广大行业协会发出《全国行业协会社会责任倡议书》。

此次会议正值全面总结"十一五"、谋划"十二五"的重要阶段，全面总结了近年来行业协会改革发展情况，认真分析了行业协会面临的形势，研究部署了今后一个时期行业协会改革发展工作，深入交流了典型经验，是全国社会组织领域的一次盛会。这次会议对进一步推动行业协会改革发展具有十分重大的现实意义和深远的历史意义，是我国行业协会发展史上的重要里程碑。

16.中国环保NGO（非政府组织）参加哥本哈根世界气候大会

2009年12月7日至18日，世界气候大会在丹麦首都哥本哈根召开。一批中国环保类社会组织自发参与气候大会，并组织了大量的公益环保活动和主题论坛，宣传环保公益事业、我国环保政策和环保理念，受到广泛关注。

参与大会周边活动的中国NGO（非政府组织）包括中国青年应对气候变化行动网络所发起的"COP15中国青年代表团"（简称"青年代表团"）、阿拉善SEE生态协会（简称"阿拉善"）等团体所组织的中国企业家哥本哈根代表团（简称"企业家代表团"），中国民间应对气候变化行动网络（简称"CCAN"）所组织的"CCAN小组"。此外，某些本土NGO与国际NGO驻华机构也派出工作人员和志愿者与会，如全球环境研究所、能源与交通创新中心、世界自然基金会、绿色和平与乐施会等。中国民间组织国际交流促进会、中国科学技术协会、中国前外交官联谊会等国内官方性质的NGO也应邀参加了大会。

中国NGO运用各种传播手段组织大量环保活动和论坛，如阿拉善等团体在哥本哈根举办"愿景与行动：中国商界气候变化国际论坛"；中华环保联合会主办了《拯救地球·中国力量》圆桌论坛；"COP 15中国青年代表团"举行主题活动，以艺术化形象警示气候变化的危险；3位获选"气候英雄"的中国青年将"气候中国之声"视频集带到哥本哈根播放；"绿色和平"组织中国成员还通过微博、QQ空间等新媒体与外界即时互动。这些非政府组织积极传播中国环保立场，不仅起到了加大信息流量、加快信息流速的作用，还在一定程度上修补了官方环境外交的单调和谨慎面貌，有利于中国环境外交得到外界更多的关注和支持。

参与、组织主题活动之外，在大会期间，中国NGO提出了许多政策主张，主要包括青年代表团发布《我们的未来——青年应对气候变化倡议书》、"CCAN小组"介绍了《2009中国公民社会应对气候变化立场》、世界自然基金会向《联合国气候变化框架公约》秘书处提交了《中国学者哥本哈根气候峰会倡议书》、阿拉善等团体发表《中国企业界哥本哈根宣言》。

2009年哥本哈根大会的举办为中国NGO提供了一个宝贵的机会，它们提出相关的政策主张，并参与了大会的周边活动。中国NGO参与哥本哈根气候大会，代表着中国NGO积极走出国门，参与世界范围内的国际公益事业交流与合作，表达中国民间立场，影响国内国外政府的相关政策和行为。正如"绿家园"的参会代表汪永晨所说，"NGO出现在大会上，意味着官方有官方的谈判，而民间也有自己的声音"。

17.全国开展社会团体"小金库"治理工作

2010年3月，由中央有关部门牵头开展的社会团体"小金库"治理工作全面启动。

2009年6月11日，中共中央办公厅、国务院办公厅印发《关于深入开展"小金库"治理工作的意见》，决定在全国范围内深入开展"小金库"治理工作。2009年首先在全国党政机关和事业单位开展专项治理，事业单位中要以财政全额拨款事业单位为重点，然后再逐步扩展到社会团体、国有及国有控股企业。此次专项治理工作，中央成立了由中纪委、监察部、财政部、审计署牵头，有关部门参加的治理"小金库"工作领导小组，指出了"小金库"的7种主要表现形式，计划分四个阶段治理，并在政策上体现出鼓励自查自纠、严惩顶风违纪和鼓励举报三个突出特点。

根据《中共中央办公厅、国务院办公厅印发〈关于深入开展"小金库"治理工作的意见〉的通知》，中纪委、监察部、民政部、财政部、审计署制定了《社会团体"小金库"专项治理实施办法》，明确了2010年社会团体"小金库"治理的范围是：依法在民政部门登记管理的社会团体和公募基金会。在治理范围的界定上，应把握以下几个方面：一是经国务院批准不登记和免于登记的社会团体不纳入今年的社会团体治理范围；二是机关、团体、企业、事业单位内部经本单位批准成立，在本单位内部活动，不具有法人资格、不独立核算的单位不纳入今年的社会团体治理范围；三是纳入治理范围的社会团体无论规模大小、收入多少都应进行广泛的动员部署，全面开展自查自纠并做好迎接重点检查的准备工作。检查重点主要包括行业性社会团体，有政府资助特别是有财政拨款、有政府购买服务项目、履行或代行政府职能特别是有行政事业性收费项目的社会团体和公募基金会，有举报线索、社会各界反应强烈、财务会计工作基础薄弱、工作走过场以及过去监督检查存在问题的社会团体和公募基金会。

为了坚决查处和纠正各种形式的"小金库"，切实将"小金库"问题处理处罚和责任追究工作落到实处，确保中央政策的严肃性和治理工作的有效性，中央治理"小金库"工作领导小组办公室先后研究制定了《社会团体和国有企业"小金库"专项治理工作举报奖励办法》和《全国性社会团体"小金库"问题处理处罚指导意见》，指导各省（区、市）治理工作。

到2011年"小金库"专项治理工作的收官之年，社会团体"小金库"治理工作取得重要阶段性成果。社会团体共发现"小金库"2240个、涉及金额19.18亿元，纠正违规资金4.77亿元，责任追究256人。

全国开展社会团体"小金库"治理工作，通过治理，对于建立社会团体自律机制，完善评估制度体系，规范社会团体年度检查，理顺社会团体管理体制，加强和改进监督管理，健全"小金库"治理长效机制都有重要作用。此举对推进社会组织反腐倡廉建设，优化社会组织发展环境，提升社会组织公信力将产生深远影响。

18.社会组织人才队伍建设纳入国家中长期人才发展规划

2010年6月6日，《国家中长期人才发展规划纲要（2010—2020年）》（以下简称《人才规划纲要》）发布，社会组织人才队伍建设被纳入国家中长期人才发展规划。

改革开放以来，我国非公有制经济组织不断发展壮大，新社会组织不断产生和发展，为我国的经济和社会发展作出了重大贡献。但由于相关制度政策滞后，非公经济组织和新社会组织在人才队伍建设方面面临一定的困难，突出表现为人才流动性较高、人才队伍不稳定、人才素质难以满足发展需求等。

据统计，截至2015年3月底，在民政部门依法登记的社会团体、基金会、民办非企业单位等新社会组织已达61.3万个，其中社会团体31.2万个，基金会4190个，民办非企业单位29.7万个。在促进经济发展、提供公共服务等方面发挥着重要作用。在这种情况下,社会组织人才能否与其他人才平等竞争显得愈发重要,这关系到整个国家人才素质的提高。

新出台的人才发展新战略把鼓励社会组织人才发展政策作为国家十项重大政策之一纳入其中,明确指出,对社会主义市场经济体制下各种所有制组织中的人才,坚持一视同仁、平等对待;把新社会组织人才开发纳入各级政府人才发展规划;制定加强新社会组织人才队伍建设意见;政府在人才培养、吸引、评价、使用等方面的各项政策,新社会组织人才平等享受;政府支持人才创新创业的资金、项目、信息等公共资源,向新社会组织人才平等开放;政府开展人才宣传、表彰、奖励等方面活动,新社会组织人才平等参与;中央统战部负责牵头实施鼓励社会组织人才发展政策,有关部门加紧制定社会组织人才队伍建设的意见。

社会组织人才队伍建设纳入国家中长期人才发展规划,将有助于吸纳和培养优秀的社会组织人才,改善社会组织人才结构,提升社会组织服务能力,促进社会组织健康发展。国家中长期人才发展规划纲要专家组成员、中央党校经济学部主任赵振华教授认为,社会组织人才队伍是我国人才队伍的重要组成部分。《人才规划纲要》明确提出实施鼓励新社会组织人才发展的政策,实现"四个平等"——平等对待、平等享受、平等开放、平等参与,很好地对应了新社会组织人才工作面临的种种难题,是我国人才发展指导方针中"整体开发"的重要组成部分。制定加强新社会组织人才队伍建设意见,具有重要的战略意义,必将产生深远的经济和社会影响。上海公共行政与人力资源研究所名誉所长沈荣华也认为,政策的制定实施,对于解决当前人才发展中存在的突出问题,在为人才发展和发挥作用创造良好政策环境、以政策突破带动体制机制创新等方面,都将起到重要作用。

19.中国社会组织在联合国坎昆气候变化大会发布共同立场

在联合国坎昆气候变化大会到来之际,中国国际民间组织合作促进会、自然之友等60家中国社会组织联合发表《中国公民社会致联合国坎昆气候大会的立场书》,阐述了中国政府为应对气候变化所作出的积极努力和鲜明立场。

2010年10月4至9日,联合国气候变化国际谈判在中国天津举行。天津会议是首次在中国举行的气候变化谈判,同时也是12月坎昆气候大会前的最后一轮谈判。在为期6天的气候会议上,中国民间环保组织(NGO)举行了一系列应对气候变化的主题活动,60多家中国NGO首次联合行动,共同发布立场书,呼吁各国直面气候变化挑战,尽快通过谈判达成协议,同时呼吁各国立即加入全球低碳竞赛。

立场书中称,各国政府应该在坚持公约和议定书基本框架下制定共同应对气候变化的目标，发达国家主动承担减少温室气体排放责任，率先大幅减排；同时，发达国家必须承诺在2020年将温室气体排放量在1990年水平上至少减少40%，其中绝大多数应当在本土执行，并规定本土减排和通过市场机制海外减排的上限；另外，发达国家必须采取资金支持、技术转让和能力建设支持等措施，帮助发展中国家更好地减缓和适应全球气候变化；发展中国家应该积极地在本土实施减缓、适应气候变化的措施；发达国家应该积极落实资金承诺，保证额外、充足、可预测的资金援助和技术转移；国际社会应一起努力，最晚于2011年在南非气候会议达成一个真正公平、进取、有法律约束力以及惠及贫困国家和弱势人群的全球协议。

在共同立场中，民间组织还呼吁，各国政府在各自的应对气候变化行动中，关注弱势人群和地区，督促高碳排放人群在减排方面发挥表率作用，完善监督机制并提高透明度，制定公平的政策和市场手段，全面考察环境影响，并且支持公民社会行动和监督。

这是中国民间环保组织首次集体亮相气候谈判，并且作为东道国的民间环保组织，它们以自己的方式向世界展示了中国草根民众对气候变化的自觉和行动。同时，中国60多家NGO联合起来发出自己的声音，这在中国历史上是第一次。

20.全国性社会组织首次开展联合援疆行动

2011年12月15日，由民政部组织的"爱心洒天山——全国性基金会、社会团体联合援疆行动"启动仪式在新疆乌鲁木齐举行。这是我国首次全国性基金会与社会团体进行联合援疆。时任民政部副部长姜力在启动仪式上发表讲话，新疆维吾尔自治区党委常委肖开提·依明致辞，时任新疆维吾尔自治区副主席靳诺出席仪式。

民政部组织的这次"爱心洒天山——全国性基金会、社会团体联合援疆行动"旨在通过多家社会组织的共同行为，形成公益慈善的整体合力，扩大在新疆扶贫、救困、帮弱的实际效果，对社会组织支持新疆发展和建设起示范和推动作用。姜力表示，民政部将总结研究这次联合行动的实践经验，探索社会组织联合公益行动的制度性安排，将研究建立对社会组织公益活动进行有效引导的长效机制，探索建立民政部定期发布社会救助、社会福利、社会优抚和社会服务的需求信息，社会组织自由选择和确定项目，政府给予配套资金资助，进行社会效益评估，纳入国家统计和激励机制，完善政策支持。

中国志愿服务基金会、中华思源工程扶贫基金会、中国光彩事业基金会、泛海公益基金会、中国教育发展基金会、中华慈善总会、中国社会工作协会、中国社会福利基金会、中华志愿者协会、中华少年儿童慈善救助基金会、中华社会救助基金会、中国人寿慈善基金会、中国移动慈善基金会、国家电网公益基金会、南都公益基金会、人保慈善基金会、神华公益基金会、天诺慈善基金会、万科公益基金会、中华环境保护基金会、中国华夏文化遗产基金会、中国医师协会、中国民族卫生协会、中国物流与采购联合会、友成企业家扶贫基金会、中国银行间市场交易商协会、中国职工发展基金会、中国儿童少年基金会、中国华侨公益基金会、中国残疾人福利基金会 30 家全国性基金会、社会团体参加了启动仪式。

中国残疾人福利基金会、神华公益基金会等 16 家全国性基金会、社会团体与新疆的对口承接单位就 17 个援助项目进行了现场签约，内容涉及养老设施建设、社区服务设施建设、流浪儿童救助中心建设、儿童教育、轮椅捐赠等多个领域，项目金额总计 7230.5 万元，乌鲁木齐、昌吉、哈密、喀什、阿勒泰等地区的人民群众首先受益，并辐射到全自治区。在行动正式启动后，30 家基金会和社会团体还将进一步深入考察新疆需求，提出更多的援助计划。

全国性基金会、社会团体联合援疆行动启动以来，积极贯彻落实中央支援新疆的部署要求，关心新疆发展，关注新疆民情，参与援疆行动，参加启动仪式的 30 家全国性基金会、社会团体按照新疆的具体需求，发挥各自优势，对新疆的支援合计已超过 4 亿元人民币，涉及养老、医疗卫生、流浪儿童救助、社区服务、教育、就业、社会组织培育等多个领域，产生了良好的社会影响。

这是民政部继组织 19 个省市民政系统对口支援新疆民政事业后的又一次重大行动。全国性社会组织首次开展联合援疆行动，体现了社会组织数量快速增长，资金规模不断扩大，也表现了社会组织的政治责任感的增强和社会服务能力的提高。

21.社会组织首次列入省级人代会代表类别

2012 年，广东省第十二届人民代表大会优化代表结构，将代表按行业分成 15 个大类 32 个小类，其中增加社会组织作为一大类，分配全省社会组织省人大代表名额 9 个，占全体代表的 1.1%。这是社会组织首次正式作为一个类别被列入省级人代会代表类别。

社会组织作为政府、企业之外的第三部门，在现代化建设中发挥着政府和企业不可替代的重要作用，已成为构建社会主义和谐社会的重要力量。广东目前共有社会组织 2.85 万余个，从业人员超过 35 万人，形成发展有序、门类齐全、层次不同、覆盖广泛的社会组织格局。社会组织成为推动政治建设的重要力量。在上一轮政府机构改革中，广东省政府部门逐步将 3 大类 17 项职能转移给社会组织。在广东省社会组织中，已承接政府部门转移职能的占 15%，已接受政府购买服务的占 9%。广东社会组织每年经济活动总量超过 500 亿元。

但是，社会组织存在扶持政策较少、应有的社会地位不够的问题，严重制约着社会组织发挥作用。2008年，民间组织管理局局长方向文指出，广东社会组织管理工作存在五个难点，需谋求六个方面的突破。其中一个难点就是社会组织应有的政治地位和社会地位不够，社会组织参政议政渠道不顺畅，发挥参政议政作用非常有限。这要求进一步创新社会组织参政议政制度，提高社会组织的政治地位和社会地位。广东省民政厅有关领导提出，社会组织是党和政府联系企业和人民群众的桥梁和纽带，是社会各行各业的代表，最了解民生、民情、民意，提高社会组织应有的政治地位和社会地位势在必行；促进社会组织依法参政议政，要探索建立社会组织界别；建议在各级党代会、人代会和政协会议中增加"社会组织界别"，分配一定比例的党代表、人大代表、政协委员名额给社会组织。

2011年9月，广东省珠海市第八届人大代表换届选举工作正式启动。珠海市人大常委会结合市经济社会发展实际，制定了调整和优化代表结构的方案。方案提出要增加社会组织类别人大代表的名额。为积极配合广州市社会管理体制改革进程，促进社会管理和建设健康发展，在评级较好的社会组织和行业协会中产生社会组织类别的市人大代表。在广东，珠海较早实现了把社会组织列入市级人代会代表类别。2012年，广东省第十二届人民代表大会正式将社会组织作为一个类别列入省级人代会代表类别。

社会组织首次列入省级人代会代表类别，这表明，社会组织政治社会地位得到提高，参与经济社会建设的作用及其代表性获得进一步的认同。

22.民事诉讼法首次明确社会组织公益诉讼主体资格

2012年8月31日，十一届全国人大常委会第二十八次会议通过的《中华人民共和国民事诉讼法》（以下简称《民事诉讼法》）修订案第五十五条规定："对污染环境、侵害众多消费者合法权益等损害社会公共利益的行为，法律规定的机关和有关组织可以向人民法院提起诉讼。"这是我国法律首次确立公益诉讼制度，并明确将社会组织作为公益诉讼主体之一。

环境问题涉及重大公共利益，潜藏社会稳定风险，直接影响社会和谐。环境公益诉讼，是公众通过合法程序，化解重大环境纷争的有效途径，应予大力推进。但是，《民事诉讼法》修订之前，公益诉讼并不被认可。据修订前的《民事诉讼法》第一百零八条规定：民事案件的原告必须与本案有直接利害关系。《中华人民共和国行政诉讼法》也规定：原告必须是被具体行政行为侵犯其合法权益的公民或者组织。所以，如果个人、团体等不能证明自己和案件有直接利害关系，法院往往会以原告主体不适格为由拒绝受理。中国政法大学教授、气候变化与自然资源法研究中心主任曹明德表示，相对于传统的人身损害和财产损害而言,生态环境是指的环境污染或破坏行为对生态系统或自然环境本身所造成的损害。生态损害的对象是公共环境或生态系统,其所有者一般为国家,而国家是抽象的实体。因此,造成生态损害时一般没有直接的利害关系人。而我国修订前的《民事诉讼法》第一百零八条要求原告必须与本案有直接利害关系,因此,造成生态损害时往往存在主体缺位的现象。

但伴随中国经济发展和环境质量的快速变化,特别是伴随公众环境觉悟和社会组织参与意识的不断提升,环境公益诉讼的制度建设和司法实践,由于各界人士的不懈努力,其前进步伐也在不断加快。

全国人大常委会及其法制工作委员会对环境公益诉讼的社会呼声以及司法实践高度关注,并在研究修改民事诉讼法的过程中给予了积极回应。不过,有关起诉主体的核心措辞经历了重要变化。

一审稿:2011年10月29日,十一届全国人大常委会第二十三次会议对《民事诉讼法》修正案草案进行一审,随后向社会公开征求意见。草案对公益诉讼制度作了专门规定:"对污染环境、侵害众多消费者合法权益等损害社会公共利益的行为,有关机关、社会团体可以向人民法院提起诉讼。"

二审稿:2012年4月24日,十一届全国人大常委会第二十六次会议对《民事诉讼法》修正案草案进行二审。二审稿中,将此前规定的公益诉讼的主体由"有关机关、社会团体"修改为"法律规定的机关和有关社会团体"。

三审稿:2012年8月31日,十一届全国人大常委会第二十八次会议三审通过了《关于修改〈中华人民共和国民事诉讼法〉的决定》。此决定规定增加一条,作为《民事诉讼法》第55条:"对污染环境、侵害众多消费者合法权益等损害社会公共利益的行为,法律规定的机关和有关组织可以向人民法院提起诉讼。"

《中华人民共和国民事诉讼法》修改后,有关机关和环保组织,针对污染环境等损害社会公共利益的行为,将可以据此提起诉讼。这是我国"公益诉讼"制度建设的突破性进展,社会团体从无诉讼主体资格逐渐走向有诉讼主体资格,是公益诉讼主体多元化的发展的体现,因而也成为这次民诉法修改的一大亮点。

23.社会组织人才培训纳入国家专业技术人才工程

2010年6月,中共中央、国务院印发《国家中长期人才发展规划纲要(2010—2020年)》,提出实施鼓励非公有制经济组织、新社会组织人才发展政策。对社会主义市场经济体制下各种所有制组织中的人才,坚持一视同仁,平等对待。把非公有制经济组织、新社会组织人才开发纳入各级政府人才发展规划；制定加强非公有制经济组织、新社会组织人才队伍建设意见。政府在人才培养、吸引、评价、使用等方面的各项政策，非公有制经济组织、新社会组织人才平等享受；政府支持人才创新创业的资金、项目、信息等公共资源，向非公有制经济组织、新社会组织人才平等开放；政府开展人才宣传、表彰、奖励等方面活动，非公有制经济组织、新社会组织人才平等参与。这对社会组织人才培训纳入国家专业技术人才工程提供了政策依据和保障。

2013年5月17日，人力资源和社会保障部办公厅印发《专业技术人才知识更新工程2013年高级研修项目计划》，据此，2013年10月14日，民政部、人力资源和社会保障部联合举办首届全国行业协会商会领军人才高级研修班，社会组织人才培训首次纳入国家专业技术人才知识更新工程，这是加强社会组织人才队伍建设的重要举措，社会组织人才培训正式纳入国家专业技术人才工程。2013年10月22至25日，全国社会组织人才培训班在京开班。此次培训是中央财政支持社会组织参与社会服务项目之一，培训内容主要涉及现代社会组织改革与发展、社会组织人力资源发展与创新、我国人力资源服务业发展、人力资源外包服务、互联网与人力资源云服务、领导人胜任力模型测评分析及人才选拔等多个方面内容。社会组织人才培训，对于提高社会组织从业人员专业化程度，提升岗位胜任能力和人力资源规范化运作能力水平，打造跨行业的人才培训示范品牌，都产生了积极的推动和促进作用。

24.社会组织纳入国家社会信用体系建设

2006年3月19日，国务院向各部委、各直属机构印发了《国务院关于印发2006年工作要点的通知》。《国务院2006年工作要点》提出，要加快社会信用体系建设；制订《社会信用体系建设指导意见》，明确目标、原则和任务，加强组织领导和统筹协调；加快企业和个人征信体系建设；研究社会信用体系监督管理体制和行业自律机制，维护国家信息安全；研究社会信用体系建设的配套政策措施，积极推进信用服务行业标准化建设，开展社会信用宣传和教育活动。2007年，国务院办公厅出台《国务院办公厅关于社会信用体系建设的若干意见》，对加快推进我国社会信用体系建设提出了具体要求。

2013年，社会组织纳入国家社会信用体系建设范畴，地方率先启动，上海、浙江、珠海等省市先行试点社会组织信用体系建设。

2013年9月20日，浙江省下发了《关于加强社会组织信用体系建设的通知》，出台了《浙江省民政厅、浙江省发展和改革委员会关于加强社会组织信用体系建设的通知》，积极推进社会组织信用体系建设，取得了良好的效果。具体措施主要包括以下几点。一是建立全省社会组织信用信息平台。在省公共信用信息平台的架构内建立统一的全省社会组织信用平台，作为"信用浙江"网的"政府、企业、自然人、事业单位和社会组织五位一体"公共信用信息平台之一。二是归集完善社会组织的信用信息。省发改委根据社会组织信用信息数据库需要，制定统一的信息标准和技术规范、数据比对方式、数据入库方式、数据报送形式，确保数据的准确性、及时性和权威性。省民政厅将现有的社会组织基本信息、监管信息、评估信息等，按照统一格式和标准，集中汇集到省公共信用信息平台。三是推进社会组织信用信息公开共享。本着"互联共享、方便查询、全面公布、积极应用"的要求，坚持边建设、边公布，建立政府部门、金融机构、社会组织与信用平台之间互联互通、联建共享机制，提高应用的全面性和广泛性。社会组织信用评估报告经主管部门审核后，及时在"信用浙江"网上公示。四是加大社会组织评估工作力度。建立民政牵头、部门协同、社会参与、专业指导的评估工作机制。五是完善社会组织评估工作方法。研究制定科学合理、公平公正的评估办法和评估指标体系，建立评估专业委员会和复核委员会，组织专业人员或委托第三方专业机构进行评估。六是加强社会组织信用成果应用。在涉及政府职能转移、项目招投标、委托代理、社会服务、评比表彰等事项时，积极查询社会组织的信用记录，建立社会组织评估等级准入制度，对获得较高等级的社会组织给予相应优惠待遇。七是积极宣传引导。充分利用各种渠道，向社会各界广泛宣传开展社会组织评估工作和社会组织信用体系建设的重要意义，提高对社会组织等级评估以及社会组织信用体系的认识，积极推进社会组织信用成果应用。八是强化监督管理。进一步加强对社会组织评估工作的组织实施和考核督查，做好评估知识培训工作。加快培育社会组织评估服务市场，加强对评估服务机构的指导和规范。

2013年9月26日，上海市下发了《社会组织信用信息记录、共享和使用管理暂行办法》，出台了《上海市民政局、上海市社会团体管理局关于加强本市社会组织自律与诚信建设的指导意见》，并印发了《关于印发上海市社会组织信用信息记录、共享和使用管理暂行办法的通知》，将推进社会组织自律与诚信建设作为加强和改进社会组织管理的有效途径，登记、年检、评估、执法等情况成为评价社会组织信用状况的重要信息。具体措施主要包括以下几点。一是健全法人治理结构，形成权力机构、执行机构、监督机构合理分工、互相监督、有效制衡的内部法人治理结构。二是制定以章程为核心的一系列配套的内部管理制度，形成完备的规章制度体系。建立健全社会组织的人事、财务、印章、档案、资产、外事、会议、党建、业务活动、民主决策、重大事项报告等制度。三是加大信息公开力度。各类社会组织都要主动向社会公开登记证书、经核准的章程、组织机构设置、负责人及理事会成员名单等信息。四是全面推行服务承诺。社会组织要根据自身能力，针对社会多元需求，在章程规定的业务范围内，通过规范承诺服务的内容、形式、时间、程序等，为企业、会员和社会提供形式多样、内容丰富的服务。五是规范开展各类活动。社会组织严格按照法律法规和章程规定办理登记、备案事项并开展活动。六是健全行业自律公约。结合行业特点，探索建立社会评价、失信惩戒和"黑名单"等行业信用管理制度，研究制定行业职业道德准则，规范从业人员的职业行为，增强各类市场主体的诚信和守法意识。七是建立信用奖惩机制。社会组织信用信息可以作为推荐各类奖励、表彰和优先获得政府购买服务等政策支持的依据；根据记录的信用信息，视社会组织失信程度，采取开展警示谈话、加大财务审计和行政检查的力度、限制参与政府购买服务项目、取消财政资助和政策扶持等措施。

2014年6月，国务院发布《社会信用体系建设规划纲要（2014—2020年）》，对部署加快建设社会信用体系、构筑诚实守信的经济社会环境提出了新的更为具体的要求。其中，对社会组织诚信建设提出了明确的意见："依托法人单位信息资源库，加快完善社会组织登记管理信息。健全社会组织信息公开制度，引导社会组织提升运作的公开性和透明度，规范社会组织信息公开行为。把诚信建设内容纳入各类社会组织章程，强化社会组织诚信自律，提高社会组织公信力。发挥行业协会（商会）在行业信用建设中的作用，加强会员诚信宣传教育和培训。"这一国家级社会信用体系建设专项规划的出台，为社会组织纳入国家社会信用体系建设指明了发展方向，提供了有力支持。

25.社会组织服务民生行动

社会组织服务民生行动是北京市于2010年开展的以社会组织为主体，以民生建设为核心，政府倡导、社会参与、贯穿全年的大型活动。活动的主要特点是政府把社会组织非营利公益项目纳入统一规划，进行计划性安排并组织实施；把社会组织公益资源与政府公共服务资源形成有效整合和对接；加大政府对社会组织扶持培育力度，对有影响力的公益项目进行资金和资源扶持，并给予表彰奖励。

2010年7月12日，北京市民政局、北京市社会建设工作办公室联合主办了北京市"政府购买社会组织公益服务项目推介展示暨资源配置大会"，为社会组织搭建了服务民生行动的平台。

社会组织服务民生行动主要发动社团、民办非企业单位和基金会、社区社会组织围绕与人民群众生活密切相关的领域开展活动，着力于为群众排忧解困，办实事、解难事、做好事。其主要活动内容包括：

（一）扶贫救助。为低收入家庭、贫困人群及灾区群众提供生活救助、改善生存状况提供资金或物资支持。

(二)扶老助残。为老年人、残疾人提供包括生活照料、家政服务、医疗救护、文化娱乐、精神慰藉在内的服务,为有特殊需要的老年人、残疾人提供个性化服务和物质保障。

(三)医疗卫生。资助低收入家庭大病重病患者就医,开展公众卫生健康、送医送药活动,帮助困难群众解决看病难等问题。

(四)文化体育科普。资助、扶持、推动公益文化、科学知识普及和体育事业的发展,为居民提供文化休闲、科学教育、体育健身等服务。

(五)妇幼保护。维护妇女儿童的合法权益,开展相关帮扶活动,救助困难儿童生活、学习,帮助少年儿童安全、健康成长。

(六)服务三农。支持新农村建设,提高农业产业化、专业化水平,提高农民生活质量,开展相关帮扶、资助活动。

(七)法律援助。为低收入城乡居民、外来务工人员等提供免费法律咨询、诉讼代理等法律援助服务。

(八)支教助学。对低收入家庭学生、外来务工人员子女在京就读所需费用提供支持,资助因病、因困等原因辍学学生重返校园。

(九)生态环境。开展动植物保护、植树造林、美化环境、污染治理、低碳排放、环保宣传等活动。

(十)促进就业。针对大学生、外来务工人员、下岗失业人员等人群开展劳动技能培训、创业知识培训及其他有助于就业和创业的活动。

当年,全市共1867个社会组织申报了2735个项目,筹集社会资金22.98亿元,组织动员社会组织工作人员、会员和志愿者近50万人,惠及群众998万人次。

社会组织服务民生行动为社会组织提供公共服务开拓了新思路、探索了新模式,建立起了社会组织公益项目计划性管理、资源配置、公益项目动态化监管等一系列社会组织建设与管理创新的体制机制。

26.全国性行业协会商会评估授牌大会在人民大会堂隆重召开

2009年6月23日,民政部在人民大会堂隆重召开"全国性行业协会商会评估授牌大会"。全国人大常委会副委员长周铁农、全国政协常委会副主席白立忱及国务院有关部委的负责人出席会议,并向获得3A以上评估等级的全国性行业协会商会颁发牌匾。民政部部长李学举出席会议并发表重要讲话。会议由民政部副部长姜力主持。

民政部于2008年10月正式启动行业协会商会评估工作,经过了前期准备和自评、实地考察和初评、审定和终评三个阶段。首批被授予3A以上评估等级的单位共有84家,其中，5A级的单位有13家，4A级的单位有30家，3A级的单位有41家。会上，国家民间组织管理局局长孙伟林宣读了《民政部关于对评估为3A以上等级全国性行业协会商会授牌的决定》。中国银行业协会、中国物流与采购联合会、中国对外承包工程商会的代表作了典型经验介绍。

会议指出，我国行业协会商会与改革开放同行，与时代发展同步，走过了一个从无到有、艰苦创业、不断创新、不断发展的过程，已经基本形成了覆盖国民经济各个门类的行业协会商会体系。当前行业协会商会已经进入一个新的发展阶段，党中央、国务院十分重视行业协会商会的培育发展和规范管理工作，行业协会商会的发展环境有了进一步改善。我国经济社会发展也为行业协会商会提供了新的机遇，特别是当前应对国际金融危机的新形势对充分发挥行业协会商会的作用提出了更加迫切的要求。

会议强调，行业协会商会要进一步加强自身建设，在经济社会发展中发挥更大作用：一要进一步做好会员服务工作；二要进一步加强行业管理；三要进一步发挥参谋助手作用；四要进一步承担社会责任；五要进一步规范自身行为；六要进一步加强领导班子和人才队伍建设。会议针对社会组织评估工作指出，开展评估工作是培育发展和监督管理行业协会商会的重要机制创新。要深化对评估工作的认识，增强评估工作的透明度，重视评估成果运用，通过评估促进行业协会商会的健康发展。

会议要求，各级民政部门作为行业协会商会的登记管理机关，要坚持依法行政，提高服务水平，改革不适应行业协会商会发展的体制机制，创新监督管理方式，建立发展、建设、服务、监管四位一体的工作体系。各业务主管单位和有关部门，要根据党中央、国务院的要求，将行业协会商会的建设、发展提上重要议事日程，积极研究出台促进行业协会商会发展的政策措施，进一步完善和落实转移职能、购买服务、税收优惠、社会保障等政策，履行好培育发展和监督管理的职能，为行业协会商会创造更好的发展环境。

27.关于探索建立社会组织第三方评估机制的指导意见

建立社会组织第三方评估机制，是完善社会组织综合监管体系的重要内容，是社会组织评估的发展方向。自2007年《民政部关于推进民间组织评估工作的指导意见》和《全国性民间组织评估实施办法》下发后，社会组织评估已在全国许多地方得到推广，取得了积极成效，但社会组织评估工作还存在发展不平衡、评估机构独立性不强、专业化水平不高和评估结果运用不充分等问题，迫切要求进一步改进完善评估工作，建立第三方评估机制。为贯彻党的十八大和十八届二中、三中、四中全会精神，加快转变政府职能，激发社会组织活力，2015年5月13日民政部发布了《关于探索建立社会组织第三方评估机制的

指导意见》(以下简称《意见》),其主要内容如下:

一、阐述了第三方评估机制的总体思路和基本原则。指出社会组织第三方评估的总体思路主要包含三个"着力"、四个"促"和三个"重要"等内容。而社会组织第三方评估的基本原则包括:坚持政社分开,管评分离,由独立的社会机构进行专业化评价;坚持分级管理,分类评估,由各级登记管理机关指导和监督;坚持客观公正,公开透明,确保评估公信力;坚持引导激励,以评促建,促进社会组织健康有序发展。

二、主要举措。《意见》提出从以下几个方面探索建立社会组织第三方评估机制。(一)培育和规范社会组织第三方评估机构。明确第三方评估机构的资格条件、组织形式、选择方式、活动准则和民政部门的监管职责。(二)拓展第三方评估机构的资金来源渠道,建立社会组织第三方评估资金保障机制。《意见》首先提出将评估工作经费纳入到社会组织管理工作经费。除此之外,由于社会组织评估工作属于政府公共服务事项,有条件的地方也可以将第三方评估支出纳入政府购买服务之中。同时,倡导社会力量对评估工作予以捐助,弥补评估经费的不足。另外,《意见》要求加强评估资金的使用规范和管理,使用情况也应定期向社会公布。(三)推进社会组织第三方评估信息公开和结果运用。为提高第三方评估工作的公信力,保障评估工作的透明度,强化对第三方评估的社会监督,《意见》规定了民政部门和第三方评估机构的信息公开内容。为推进社会组织第三方评估结果运用,《意见》提出,提倡把评估结果作为社会组织承接政府转移职能、接受政府购买服务、享受税收优惠、参与协商民主、优化年检程序、参加表彰奖励的参考条件,鼓励把评估结果作为社会组织信用体系建设的重要内容。(四)加强对社会组织第三方评估工作的领导。明确第三方评估工作的组织领导,并在工作部署上提出相应要求。

建立第三方评估机制对政府转变职能、淡化社会组织评估的行政色彩,加强对社会组织的事中事后监管,引导社会力量参与社会组织监管,增强社会组织评估工作的公信力均有重大意义。

四、志愿服务

1. 北京市第一支青年志愿垦荒队

为了实现党中央制定的"一五"垦荒计划，共青团首先开始探索。1955年4月，共青团北京市委召开第三次团员代表大会。团中央第一书记胡耀邦到会作了报告，他号召青年人到边疆去，到祖国最需要的地方去，开发边疆，建设边疆，在那里安家落户。这是团中央向青年发出的动员令。5月，毛泽东在《中国农村的社会主义高潮》一文的按语中指出："农村是一个广阔天地，在那里是可以大有作为的。"为此，团中央于7月25日下发了《关于响应党的号召，组织青年参加开垦荒地的几项意见》。8月5日，杨华和庞淑英（女）、李连成、李秉衡、张生一起具体商谈组建北京青年志愿垦荒队的有关事宜。经研究提出了三个条件：第一，必须绝对自愿；第二，不要国家一分钱；第三，去后就扎根边疆不回来。8月9日，他们5名发起人向青年团北京市委提交组建北京青年志愿垦荒队的倡议书。8月16日，《人民日报》、《中国青年报》和《北京日报》等报全文刊登了他们5人的倡议书，在全国青年中引起强烈反响。短短10天之内，报名的青年超过2000人。8月25日前后，共青团北京市委按照团中央书记处的指示，选拔出60名青年人作为第一批垦荒队员，组成全国第一支北京青年志愿垦荒队，其中包括男队员48人，女队员12人，他们当中有1名党员和42名团员，杨华任队长，庞淑英、李连成、李秉衡、张生任副队长。

8月30日上午，团中央召开1500人的大会，热烈欢送全国第一支北京青年志愿垦荒队。会上，胡耀邦作了《向困难进军》的重要讲话。他说："我代表青年团中央欢送你们，欢送你们到伟大祖国的边疆——黑龙江去开荒。你们是光荣的第一队，是中国青年的一个有意义的创举。"他号召垦荒队员"要向困难进军！有一千条困难，就要打破一千条，有一万条困难，就要打破一万条"。胡耀邦还代表团中央亲手把一面绣有"北京青年志愿垦荒队"的队旗交到队长杨华手中。

9月3日,北京青年志愿垦荒队到达祖国北部边陲黑龙江省萝北县。9月10日,在萝北的荒原上隆重地举行了开荒仪式。中共萝北县委书记阮永胜,团中央和团省委等领导前来祝贺。60名垦荒队员,庄严地举起右手,向党和人民发出了坚定的誓言:"我是一名青年志愿垦荒队员,我志愿来到萝北县。面对祖国的河山,脚踏边疆的荒地,背负人民的希望,我们宣誓:坚持到底、不做逃兵,要把边疆变成家乡,勇敢劳动,打败困难,要把荒地变成乐园。服从领导,遵守纪律,决不玷污垦荒队的旗帜。完成计划,争取丰收,为后来的青年开创道路。倘若我违背了自己的誓言,辜负了党的教导,我愿受集体的制裁。我一定要全心全意地实现自己的誓言。"

经过一年的奋斗,北京青年志愿垦荒队在北大荒夺取了生存的一席之地。他们开垦荒地1800亩,生产粮食14万公斤,建房1200平方米,涌现出29名劳动模范,35名播种能手,44名农具手。垦荒队员们在极其艰苦的环境中,经受住了考验,站稳了脚跟,继续英勇奋战。3年后,北京青年志愿垦荒队开荒达10500亩,生产粮食90万斤,养马240匹,建房4120平方米。经过40多年的艰苦奋斗历程,垦荒队员经受了种种磨难,得到了锻炼和提高。杨华和庞淑英被选为全国青年社会主义建设积极分子,出席黑龙江省和全国团代会,受过胡耀邦、江泽民、温家宝等党和国家领导人的接见。1985年5月1日,中共中央总书记胡耀邦在北京亲切接见了杨华与其他垦荒队员代表,并勉励他们说,"五十年代青年志愿垦荒队所点燃的艰苦奋斗的火把是不应该熄火的",要奋发进取,为国家富强、人民富裕建功立业。

第一支青年志愿垦荒队成立,开启了中国现代史上一大批青年志愿者到"北大荒"开发边疆、建设边疆的先河。北京青年垦荒运动是北京青年响应党的号召,服从祖国建设的需要,把满腔的爱国热情化为自觉行动的模范行为,也是20世纪50年代共青团围绕党的中心工作,按照青年特点开展活动的典范事例,对当时及其之后的青年及青年工作产生了极大影响,具有不可忽视的重要意义。

2."中学生心声热线"3330564

1987年,广州市开通了全国第一条志愿者服务热线电话——"中学生心声热线"3330564,拉开了中国志愿服务事业的序幕,开始形成"哪里有需要,哪里有服务"的社会风尚。

20世纪80年代末,随着改革开放的推进,广州、深圳等沿海城市位于新思潮激烈交锋的前沿,中国的传统教育和当时涌进的一些新思潮处于激烈的碰撞中,一些中学生在学习、生活及情感中遇到不少问题,处于极度迷茫的状态。在这样的时代背景下,广州市的10多名"学雷锋做好事"积极分子,不满足于原有的服务形式,开始摸索能更好地满足当下中学生需求的服务形式。潘佩玲、杨伟雄等8名第一批接线员在团市委、教育局的支持下,率先开通了"中学生心声热线"3330564。

本着"倾听您的心声,理解您的心意,沟通您的心灵"的服务宗旨,"8个人加1部电话"的"中学生心声热线"开始投入服务中。在短短不到3个月的时间里,"中学生心声热线"就成了真正的热线,吸引了全国听众,一共接听了600多个电话,回答了中学生等提出的包括交友、校园生活、家庭伦理、择业投考、青春期卫生等方面的1000多个问题。咨询电话多数来自市属中学的学生,但也有来自西安、武汉、中山、汕头、江门、佛山等省市城乡的学生,更有部分电话来自在职青年、大学生和中学生家长。作为全部"身家"只有"8个人加1部电话"的"中学生心声热线"需要继续摸索及改进,才能更好地满足大家的需求。由于"中学生心声热线"在中国青年志愿服务领域是开创性的事业,没有任何经验可以学习,于是热线组邀请了香港的资深义工给志愿者做培训,主要培训志愿者们怎么接电话、怎么回答等一系列志愿服务事项。第一批接线员潘佩玲说,当时不少学生打电话咨询感情的问题,我们从来不用老师的口吻教训他们,我们要做一名忠实的听众,并和他们交朋友。"中学生心声热线"正是基于这样的服务宗旨,以耐心的倾听、平等的沟通为主要服务方式,实现了让中学生"心中的情你尽诉"的初衷,得到了全国中学生乃至中学生家长、在职青年及大学生等的支持和认同,在1987年还被推选获得广州市年度社会主义精神文明建设十件大事提名奖。

此后,"中学生心声热线"从新生到壮大、从摸索到创新、从认同到参与、从单一到多元……逐步发展成为遍布全市的"手拉手青少年辅导中心",社会反响越来越大。1987至1994年,团广州市委针对改革开放过程中青少年存在的问题和迫切需要,开展各种青年志愿服务工作,形成了"哪里有需要,哪里就有服务"的社会风尚,拉开了中国志愿服务事业的序幕。

3.天津市和平区新兴街社区服务志愿者协会

天津市和平区新兴街在1989年3月18日成立了中国第一个社区服务志愿者协会,提出"上为党和政府分忧,下为居民群众解难"的口号,确定全心全意为社区群众服务的宗旨。

作为中国第一个社区服务志愿者协会成立之地,天津市和平区新兴街有其自身独有的地理位置等资源及发展历史。和平区新兴街位于天津市和平区西南部,现辖区范围北至电台道、营口道,与南营门街接壤;东以贵州路为界,与体育馆街接壤;南以津河相隔,与河西区相邻；西倚卫津河，与南开区接壤，与南开大学、天津大学等高等学府隔河相望。1988年，天津市和平区新兴街朝阳里社区13名党员自发组织开展邻里互助，有效解决了部分居民的困难，但自发的邻里互助仍未能全面解决辖区内居民的各类需求。1989年3月18日，新兴街朝阳里居委会召开了一次特别会议，到会的6位居委会成员和7位居民积极分子代表商讨朝阳里居委会辖区13户困难家庭需要特别帮助的相关事宜。经过这13位与会者的共同商议，他们最后决定要与这13户困难家庭结成"一对一"互助组，进行义务包户帮助。于是，全国第一个社区服务志愿者组织的雏形便诞生了。"一对一"互助组活动的做法，受到了群众的广泛好评和赞誉，成为当时解决群众困难、化解社会矛盾、弘扬奉献精神、促进社会稳定的有效方法，更是弥补政府财力、人才、精力不足的有效手段。于是，和平区把新兴街作为试点，及时向24个居委会推广。

协会成立仅半个月，新兴街的志愿者就达到300名，在道路积水、下水道不畅、楼道灯不亮时，都会有志愿者出现，他们身体力行地帮助社区居民。随着志愿者队伍规模变大，天津和平区委、区政府对新兴街道社区志愿服务的做法给予了大力的支持。和平区于1989年4月召开现场会，全面总结推广新兴街组织开展志愿者服务的经验做法，在全区12个街道办事处都相继建立了社区服务志愿者协会组织，其下属261个居委会也分别建立了"社区服务志愿者协会"和"社区服务志愿者分会"。随着社区服务志愿者活动覆盖整个城区，并影响扩大到千家万户，带动了无数居民自觉参与到"人人为我，我为人人"的志愿者服务活动中。志愿者行为逐渐成为一种服务的理念，志愿者精神不仅成为和平区的一种文化象征，更成为这之后和平区在遇到任何思潮中凝聚民心、坚定居民信念的法宝。

天津市和平区新兴街社区服务志愿者协会在国家民政部、市区党委、政府亲切关怀、支持、指导下，协会志愿者队伍不断壮大，网络更加健全，志愿服务的形式和内容不断深化。随着改革开放的深入发展，社区志愿服务活动也进行了创新发展。根据问卷调查，居民群众对服务需求更广、服务标准更高的实际，实现了服务对象、服务内容、组织形式的转变创新。社区志愿服务对象由过去单纯面向社区困难群体，转变为面向全体社会成员；服务内容也由过去单纯帮助人买煤、买大白菜、安装烟囱等基本生活上的帮助，转变为开展社区文化、社区精神文明创建等精神上的互助。社区志愿者把社区当作自己的家，利用自己的特长，从不同的方面建设社区这个大家庭。志愿者们活跃在各社区的棋牌队、晨练队、书画社等群众文娱休闲健身团队中，起着带头作用。在居民心中，他们已经成为树立良好社会风尚、营造精神家园的带动力量和榜样。志愿服务内容的改变，让居民群众得到了实惠。据初步统计，自2000年以来，全区各志愿者协会共创岗位30000多个，安置下岗失业人员29000多人。各社区志愿者协会依靠社区中退休的老干部、老教师、老医生、老法律工作者、老科技工作者"五老"队伍搞专题讲座，推行"菜单式"讲座，最大限度地满足了居民对现代知识的需求。各志愿者协会还广泛开展了以"关心老年人、关心育龄妇女、关心散居儿童、关心残疾人"为主要对象的"社区健康行"活动。除请学者、专家和志愿者队伍中的老医生讲授防病知识、健康知识外,还组织了1100多个社区文体队伍,让广大居民在丰富多彩的文体活动中强身健体、陶冶情操。志愿服务活动从最早的帮助群众"送菜、送煤、送炉具""老三送"为主的物质服务,扩展到现在的大批的各层次志愿者、会员单位、相关公益团体协力推出的"送岗位、送知识、送健康""新三送"为主的精神文化服务。

自成立以来,和平区新兴街社区服务志愿者协会始终坚持"一切为了人民,一切依靠人民"的工作思路,千方百计为社区群众排忧解难,赢得了广大人民群众的信任,也得到了党和国家领导、民政部领导和市领导充分肯定和赞扬。自成立以来,包括《人民日报》、中央电视台、新华社等中央和地方多家新闻单位在不同时期广泛报道了新兴街社区服务志愿者协会活动情况。由新兴街倡导的社区志愿服务成为天津市和平区精神文明建设两大龙头之一,1996年中央电视台《焦点访谈》节目进行专题采访,为新兴街的社区志愿者服务录制专题片《远亲不如近邻》,在全国引起较大反响。胡锦涛、丁关根、张立昌、崔乃夫等中央和民政部及市领导多次亲临指导、考察,协会还多次接待了全国各地及美国、加拿大、日本、印度和中国香港地区有关专家的学习和访问,协会从成立至今曾先后两次被国家民政部和全国社会工作者协会评为"全国社区服务先进集体",社区志愿者服务这种做法经民政部迅速推广到了全国范围内。

经过26年的发展历程,目前,和平区志愿者已从当初的13人,发展到现在的71611人,逐步形成了包括单项服务、双向服务、协调包户服务、大型集中服务、设点服务、邻里互助挂牌服务、信息网络服务、心理咨询服务等多种服务形式,服务内容涉及社区科教、文化、体育、卫生、治安、环境建设、再就业、便民服务等9个系列70多个种类,年均为每街居民提供志愿服务达3万多件次。

从1989年3月18日开始,26年间,一代又一代的社区志愿者们默默地为需要帮助的人送去关爱,以自己的行动践行了"奉献、友爱、互助、进步"的志愿者精神。"人人为我,我为人人"的志愿服务精神感动着越来越多的人,也影响着越来越多的人,诠释着新时代中国梦的历史含义。志愿者协会在不断适应时代精神和要求,坚持与时俱进、开拓创新,在原有的基础上加强研究和探索,紧贴社区建设,继续完善和深化创新,进一步弘扬"奉献、友爱、互助、进步"的志愿者精神,不断促进新兴街物质文明、政治文明和精神文明建设的深化和发展。

4.深入开展学雷锋活动

雷锋,新中国成立前是一名孤儿。新中国成立后,在党和政府的关怀下入学读书,参加工作后,多次当选为劳动模范。1960年参军,作为一名普通的士兵,在两年多的时间里,立功3次,被评为模范共青团员和节约标兵。1962年8月15日因公殉职。中国共产主义战士雷锋在22岁的短暂生命中,表现出了全心全意为人民服务的共产主义精神和态度,他忠于共产主义事业,毫不利己,帮助别人,在各种不同的工作岗位上干一行爱一行,把有限的生命投入到无限的为人民服务中去,在平凡的工作中为社会主义、共产主义的事业奉献自己的力量。他那平凡而伟大的品格,成为民族精神的生动组成,继而引领起了向雷锋同志学习的潮流。

1963年2月中旬,《中国青年》杂志准备出版一期学雷锋专辑,该杂志编辑部给毛泽东主席写了一封信,请他为学雷锋题词。毛主席在看完时任秘书林克拟写的10多个题词后,一个也没用,在纸上用毛笔书写了"向雷锋同志学习"七个潇洒苍劲的行草字,还说学雷锋不是学他哪一两件先进事迹,也不只是学他的某一方面的优点,而是要学他的好思想、好作风、好品德;学习他长期一贯地做好事,而不做坏事;学习他一切从人民的利益出发,全心全意为人民服务的精神。毛主席的这番话不仅指出了学雷锋的方法,而且指明了雷锋身上最本质的东西,特别是指出了学雷锋的方向。当然,学雷锋要实事求是,扎扎实实,讲究实效,不要搞形式主义。不但普通干部、群众学雷锋,领导干部要带头学,才能形成好风气。同年3月2日,《中国青年》杂志中首先刊登了毛泽东"向雷锋同志学习"的题词。3月5日,《人民日报》、《解放军报》、《光明日报》、《中国青年报》等都刊登了毛主席的题词手迹。继毛泽东为雷锋同志题词之后,刘少奇、周恩来、朱德、邓小平、陈云、叶剑英等许多重要的党和国家领导人先后为雷锋同志题词,号召全国人民学习雷锋的共产主义精神品质。雷锋的优秀事迹经公开报道,学习雷锋的活动在全国展开,掀起了向雷锋同志学习的时代潮流。

雷锋在短短的22岁生命里言行一致、不图名利、始终如一地全心全意为人民服务,自觉地在平凡的岗位上,在平凡的小事中,努力实践这一根本宗旨,真心实意、尽心竭力、坚持不懈地为人民办实事、做好事。经过党和国家领导人的倡导,学习雷锋"把有限的生命投入到无限的为人民服务之中去"的活动很快从军队向全国各行各业发展,迅速兴起了一个全国范围的学雷锋热潮。共青团中央、全国总工会和全国妇联相继作出决定,并以各种形式组织了学习和宣传雷锋的活动。全国性的报纸,如《人民日报》、《解放军报》、《中国青年报》、《光明日报》等,以及地方报纸,都用大量篇幅报道了各地开展学雷锋活动的情况，以及雷锋事迹、雷锋日记等。文化艺术和出版部门还出版了图书和画册，演映了雷锋的电影。随着学雷锋活动的深入开展，全国各行各业和各条战线上，涌现出成千上万雷锋式的先进人物，社会上迅速地出现了一种奋发图强、积极向上的精神，进一步形成了一种良好的社会新风气。后来经中央办公厅统一协调，全国各报统一刊登毛主席题词手迹和消息的时间是1963年3月5日，于是，这一天被定为学雷锋纪念日。

50多年来，中国社会发生了很大变化，每一次社会转折都会引起人们对雷锋精神的重新审视，但每一次新的检验都坚定了人们弘扬雷锋精神的信念，每一次新的审视都促进了学习雷锋活动的深入发展。"向雷锋同志学习"已成为树立社会主义新风尚的动员口号，雷锋从未离开过我们，他一直行进在时代的行列中。雷锋精神从来没有褪色，历经时光淘洗而熠熠生辉。

半个多世纪以来，特别是改革开放以来，学雷锋活动持续深入开展，雷锋精神与时俱进，雷锋精神代代相传。

党的十一届三中全会召开后，适应新的形势和任务的要求，共青团中央提出要在全国开展"学雷锋、树新风"活动。随着活动的深入发展，逐步形成了以"五讲（讲文明、讲礼貌、讲卫生、讲秩序、讲道德）四美（心灵美、语言美、行为美、环境美）三热爱（热爱党、热爱祖国、热爱社会主义）"为核心内容的"全民文明礼貌月"活动。在20世纪80年代，不仅使全民性学习雷锋活动得到恢复，而且从内容到形式都有了一定的新发展。

1989年党的十三届四中全会召开以后，党中央把学雷锋活动作为培养社会主义一代新人的重要途径和社会主义精神文明建设的重要组成部分来抓，从而使学雷锋活动得到进一步提倡和弘扬。

20世纪90年代，关于雷锋及学雷锋活动的宣传和雷锋精神的理论研究无论在广度、深度，还是方法形式和社会效果上，都有了新的发展和突破。1993年3月4日，党中央在北京隆重集会，纪念毛泽东等老一辈革命家为雷锋题词30周年。会议还表彰了全国学雷锋先进集体101个，先进个人100名。同年12月，共青团中央推出了青年志愿者行动。1994年3月，共青团组织开展了"青年志愿者学雷锋奉献日"活动。此后，群众性的学雷锋活动也逐渐以"志愿者"、"义工"的形式出现。伴随学雷锋活动的深入发展，思想理论界也开始从理论上探讨和总结学雷锋活动的发展经验和意义。

进入21世纪以来，随着互联网和移动互联等新兴媒体的蓬勃发展，纪念雷锋或学习雷锋的网站陆续出现，更加促进了对学雷锋活动和雷锋精神的研究和探讨。这时的学雷锋已融入日常生活中，人们以志愿者的身份，在做不同的好事。

党的十八大以来，全国各地认真贯彻党的十七届六中全会和十八大精神，"深入开展学习雷锋活动、采取措施推动学习活动常态化"已经成为全社会的共识，像雷锋那样做人，正成为广大干部和群众的追求。2015年初春，为贯彻落实中共中央办公厅《关于培育和践行社会主义核心价值观的意见》和《关于深入开展学雷锋活动的意见》精神，在"3·5"学雷锋日前夕，中宣部向全社会公布了第一批50个全国学雷锋活动示范点和50名全国岗位学雷锋标兵。

纵览半个世纪学雷锋的历程，不难看出党的领导和号召、各群众团体的密切配合是学雷锋活动在不同年代出现高潮的重要前提，而各级党的宣传部门和共青团组织则在掀起学雷锋高潮过程中发挥着十分重要的作用；同时也不难看出广大人民群众、特别是各族青少年广泛自觉地参与，是学雷锋活动得以持续发展的动力和源泉。这表明，要使得学雷锋活动继续深入发展，并且能够在社会主义精神文明建设中发挥更重要的作用，一方面需要各级党的组织在全社会大力倡导和身体力行雷锋精神，另一方面要善于根据时代的要求，找准时代与学雷锋活动及雷锋精神的契合点，使得广大人民群众能够从切身的感受中体会到学习雷锋和发扬雷锋精神的必要性、可行性，从而自觉自愿地向雷锋学习，自觉地实践和体现雷锋精神。

5.深圳市义务工作者联合会

深圳市义务工作者联合会，简称深圳市义工联、深圳义工联，是中国共青团深圳市委发起的由志愿为青少年和社会提供义工服务的社会各界人士组成的社会团体，在1990年4月注册成为中国内地第一个义工法人社团。

深圳市义务工作者联合会的成立起源于一个热线电话服务。深圳经济特区成立后，祖国各地的热血青年来此创业，远离家乡，无依无靠，遇到困难束手无策。面对这些问题，共青团市委于1989年9月20日组织了19名热心人士组成义工队伍，开通"关心，从聆听开始"青少年服务热线电话，为遇到困难的来深创业者提供帮助。1990年4月23日，由46名义工组成的深圳市义工联在民政局注册成立，成为中国内地第一个义工团体。到1993年底，深圳市义工联已经成长为拥有400多名个人会员且具有一定影响力的社会代表团体。1994年深圳市义工联采取拓展服务项目、健全服务组织、取消入会年龄和学历限制等一系列措施，使义工规模迅速扩大。1999年注册义工达到3万人，已发展壮大为社会各阶层积极参与、拥有相当服务力量、服务社会各个领域的社会群众性团体。共青团市委、深圳市义工联于2000年开始启动深圳义工服务的立法工作，经过不断地商讨和完善，中国内地第一部规范义工工作的地方性法律《深圳市义工服务条例》于2005年7月1日正式实施。作为全国第一部全方位规范义工服务的地方性法规，其从法理上进一步明确了义工服务概念、规范义工工作，标志着深圳义工服务事业步入了法制化轨道，为全国志愿服务立法提供了宝贵的经验。《深圳市义工服务条例》作为全国第一部全方位的规范义工服务的地方性法规，也体现了法治思想。通过立法，明确了义务工作的主体、地位和作用，规范了义工工作的管理，完善了义工的评价和奖惩机制，同时也保障了义工的各种权益，标志着深圳市义务工作事业迈上崭新的台阶。"有困难找义工，有时间做义工"已成为一句响亮的口号。截至2008年底，全市共有义工组织1525个，义工18万名，建成以四级义工组织网络为主体，法人义工社团和团体义工为辅助的义工组织体系。其中，市、区两级建义工联，街道建义工服务中心，社区建义工服务站，在全市641个社区中建立了504个义工服务站，在345个单位、企业、学校中建立了团体义工，并成立了15个法人义工社团。目前，深圳市义工服务活动有热线服务、社会调研、绿色家园环保、关爱探访等13项服务项目，且正在不断拓展服务内容与服务形式。深圳市义工联从成立初期为本地区公众提供服务，到20世纪90年代后期开始派出义工前往贵州省等贫困地区提供服务，21世纪派出义工参与国际服务，前往老挝等国家提供服务，使义工服务事业走向国际化。

自成立以来，深圳市义务工作者联合会在市委、市政府的高度重视、共青团市委的指导和社会各界的大力支持下，秉承"服务社会，传播文明"的宗旨，倡导"参与、互助、奉献、进步"的服务精神，传播"助人自助、送人玫瑰、手有余香"的互助理念，将深圳市义务工作的服务形式和内容不断完善和深化，使义务事业不断向社区化、项目化、专业化、法制化及国际化发展。数年来，深圳市义工联逐步成为深圳市民参与精神文明建设，提高文明素质的重要载体；成为社会服务和社会保障的重要力量；同时也成为共青团团结教育青年的重要手段和青年成长成才的重要途径。

6.中国青年志愿者协会成立

1993年底，共青团中央决定实施中国青年志愿者行动。为进一步推动青年志愿服务事业的发展，共青团中央于1994年12月5日成立了中国青年志愿者协会。它是在中国共产主义青年团中央指导下的，由依法成立的省、自治区、直辖市青年志愿者组织和全国性的专业、行业青年志愿者组织和个人自愿结成的全国性的非营利性社会组织，是中华全国青年联合会团体会员，联合国国际志愿服务协调委员会（CCIVS）联席会员组织。作为全国性的社会团体，它的成立使全国各省级协会纷纷建立，促使中国青年志愿组织管理网络逐步形成。

中国青年志愿者协会由团体会员和个人会员组成，现有团体会员36个，个人会员402个。协会最高权力机构是会员代表大会。会员代表大会每四年召开一次，理事会是会员代表大会的执行机构,在闭会期间领导本地协会开展工作,对会员代表大会负责。协会设常务理事会,在理事会闭会期间负责协会常务工作。协会设理事长一人,副理事长若干人,秘书长一人,副秘书长若干人。协会秘书处负责处理协会日常事务,秘书处下设综合协调处、项目规划处、招募培训处、管理服务处、就业服务处。协会通过组织和指导全国青年志愿服务活动,提高青年的整体素质,为经济社会的协调发展和全面进步作出贡献。

中国青年志愿者协会以"提供志愿服务,弘扬志愿精神"为服务宗旨,在宪法和法律的范围内开展工作,奉行"奉献、友爱、互助、进步"的准则,改善社会风气和人际关系,适应社会主义市场经济发展的需要,推动青年志愿服务体系和多层次社会保障体系的建立和完善;培养青年的公民意识、奉献精神和服务能力,促进青年健康成长;为城乡发展、社区建设、扶贫开发、抢险救灾以及大型社会活动等公益事业提供志愿服务;为具有特殊困难以及需要帮助的社会成员提供服务;规划、组织青年志愿服务活动,协调、指导全国各地、各类青年志愿者组织开展工作;培训青年志愿者;开展与海内外志愿者组织和团体的交流。此外,中国青年志愿者协会主办电子杂志《中国青年志愿者通讯》,该杂志主要设有"领导讲话"、"特别报道"、"新闻动态"、"理事会员风采"、"志愿者风采"、"重点项目览胜"、"经验交流"、"理论文章"、"志愿者知识问答"、"大事记"和"征稿启事"11个栏目,介绍了全国各地"12·5"相关活动的报道、最新的理事会员动态、青年志愿者们的经验理论交流等精彩内容。

中国青年志愿者协会作为由志愿从事社会公益事业与社会保障事业的各界青年组成的全国性社会团体,它成立后以"提供志愿服务,弘扬志愿精神"为服务宗旨,在全国范围内,将志愿服务作为一种高尚的社会行为和一项重要的社会公益事业,逐渐形成志愿组织管理网络,在弥补政府资源不足、爱心满世界维护社会安全稳定、服务经济建设与社会道德构建等方面发挥了积极作用,对于构建社会主义和谐社会具有重要意义。

7.中国社会工作协会社区志愿者工作委员会

2005年3月18日,中国社会工作协会社区志愿者工作委员会成立大会在北京市第一个社区志愿者组织——天桥邻里互助协会诞生地宣武区天桥街道召开,这标志着我国社区志愿服务工作走向新的发展阶段。为了深入贯彻国务院《关于加强和改进社区服务工作的意见》和民政部等9个部门《关于进一步做好新形势下社区志愿服务工作的意见》,落实民政部的通知精神,进一步培育社区志愿服务意识,弘扬社区志愿服务精神,加强志愿者队伍的建设和管理,促进志愿者队伍的规范发展,有关方面决定把天桥街道作为试点街道,在中国社会工作协会社区志愿者工作委员会的指导下,按照《中国社会工作协会社区志愿者工作委员会的章程》的要求，精心组织实施社区志愿者注册制度，积极开展了社区志愿者的注册登记工作。

成立大会通过了《中国社会工作协会社区志愿者工作委员会章程（草案）》，选举产生了中国社会工作协会志愿者工作委员会组织机构和组成人员，宣读了《致全国社区志愿者的倡议书》，表彰了宣武区天桥街道等2004年度的11个全国社区志愿者示范街和贵州省贵阳市杨道等10个中国社区志愿者之星。作为中国社会工作协会的二级组织，中国社会工作协会社区志愿者工作委员会主要进行社区志愿者发展战略研究，全面推行社区志愿者登记注册制度，规范社区志愿者行动，培训社区志愿者服务技能，建立社区志愿基金，开展与港澳台以及国际志愿者之间的学术交流和项目合作，为构建和谐社区发挥积极作用。

社区志愿者工作委员会的成立，为社区志愿者事业的发展建立了非常好的平台和载体，对建设民主法治、公平正义、诚信友爱、充满活力、安全有序、人与自然和谐相处的社会发挥重要作用。随着社会经济成分、组织形式、就业方式、利益关系和分配方式日益多样化，人们的需求越来越多样化。越来越多的"单位人"成为"社会人"，大量退休人员、下岗失业人员、流动人员进入社区。人口老龄化、家庭小型化，以及2000多万城镇居民群众还没有走出生活困境，针对这些情况，社区志愿者工作委员会通过多种形式倡导社区志愿服务，大力培育社区志愿服务意识；大力发展社区志愿者组织，通过制定和积极完善相关政策，全面推行志愿者注册制度，建立志愿者服务激励机制，使社区志愿服务不断走向规范化和法制化；通过动员全社会的力量共同努力和扎实工作，营造有利于社区志愿者服务的舆论氛围，为社区建设、精神文明建设和构建社会主义和谐社会作出更大的贡献。

中国社会工作协会社区志愿者工作委员会的成立，为中国志愿者服务事业的发展打下了基础。随着形势的发展和需求的增加，为拓展服务领域，增强服务能力，全面推动全国志愿服务工作，2007年11月19日，经国家民政部批准更名为中国社会工作协会志愿者工作委员会（简称"志工委"），由中国社会工作协会主管，国家民政部基层政权和社区建设司负责业务指导，旨在推动中国志愿服务事业的发展。中国社会工作协会在北京隆重召开志愿者工作委员会全国会员代表大会，这标志着我国志愿服务事业发展到了一个新的阶段。

中国社会工作协会志愿者工作委员会由名誉主任、副主任，主任、副主任，专家顾问团及总干事组成，现共有109名会员、79名委员、27名常务委员。中国社会工作协会志愿者工作委员会坚持以人为本的科学发展观，遵守宪法、法律、法规和国家政策，以弘扬"奉献、友爱、互助、进步"的志愿者精神为己任，积极推动社会志愿服务工作的组织化、制度化、规范化建设，广泛开展社会志愿服务活动，不断完善我国社会志愿服务体系，促进社会经济、政治、文化的可持续发展，推动社会主义和谐社会建设。中国社会工作协会志愿者工作委员会下设办公室、会员服务中心、志愿者注册工作服务中心、志愿者培训服务中心、志愿服务研究中心、网络信息服务中心、大型活动部、社会事务部、志愿者通信服务站管理中心、志愿服务基金筹备小组等主要部门。业务范围包括：研究志愿者工作发展战略，制定志愿者工作发展纲要；推行志愿者登记制度；规范志愿者活动行为；培训志愿者服务技能；表彰志愿者先进典型，弘扬志愿者精神；树立志愿服务工作的示范典型；筹集志愿者活动基金，开展项目合作，开辟志愿服务新领域；开展同港、澳、台及国际志愿者组织的交流与合作；承办国家有关部门及协会委托的业务。中国社会工作协会志愿者工作委员会将携手全国广大志愿者组织和志愿者朋友，积极主动地发挥综合性强、系统支撑性强、社区活动力量强等特点，努力发挥引领、组织、协调、培训、指导、服务的功能，打造全国志愿服务体系的高端平台，促进我国志愿服务事业的持续健康发展，为社会主义和谐社会建设贡献力量。

8.中国青年志愿者行动

中国青年志愿者行动是伴随着我国建立社会主义市场经济体制的进程而诞生的，在党中央的亲切关怀下，这项活动发展十分迅速，在服务社会、教育青年、促进发展等方面发挥了积极作用，成为动员广大青年参与群众性精神文明建设的载体。

1993年2月19日，2万余名铁路系统青年职工率先打出了"青年志愿者"的旗帜，在京广铁路沿线开展了为旅客送温暖志愿服务。1993年底，共青团中央决定实施中国青年志愿者行动，青年志愿者活动迅速在全国展开。

1994年12月5日，团中央成立了中国青年志愿者协会，随后，各级青年志愿者协会也逐步建立起来。1998年8月，团中央成立了青年志愿者行动指导中心，负责规划、协调、指导全团的青年志愿服务工作，承担中国青年志愿者协会秘书处的职能，山西、广西、广东、上海、贵州、重庆、辽宁、四川等省市也都成立了相应的专门工作机构。从1995年开始进行了社区青年志愿者服务站建设工作。现在，由24000多个街道社区青年志愿者服务站、10多万支志愿服务队组成的青年志愿服务基层组织网络已见雏形。与此同时，青年志愿者招募、培训、考核、评估、表彰等制度普遍建立起来，青年志愿服务的内部运行机制逐步形成。1999年8月，广东省人大通过了国内第一部省级青年志愿服务条例，随后，山东省人大于2001年8月18日也通过了《山东省青年志愿服务规定》，南京市人大于2001年5月23日通过了《关于开展青年志愿者行动的决定》，福建、河南等省的青年志愿服务工作也已经纳入了省人大2001年的立法规划，这些工作推动了全国志愿服务立法进程。

青年志愿者行动是在党中央亲切关怀和社会各界的大力指导和支持下逐步发展起来

的。1997年底，江泽民总书记为"中国青年志愿者"亲笔题名，2000年初，又对青年志愿者工作作出重要批示，指出："青年志愿者行动，是当代社会主义中国一项十分高尚的事业，体现了中华民族助人为乐和扶贫济困的传统美德，是大有希望的事业。努力进行好这项事业，有利于在全社会树立奉献、友爱、互助、进步的时代新风。希望你们在新的世纪里继续努力，发扬我国青年的光荣传统，不懈奋斗，不断创造，奋勇前进，为实现中华民族的伟大复兴作出新的更大的贡献。"李鹏、胡锦涛、尉健行、李岚清、丁关根等中央领导也十分关心青年志愿者行动，分别作出了批示或参加了活动。青年志愿者行动已经作为我国新时期一项重要的群众性社会主义精神文明创建活动和重要的道德实践载体，被正式写入了中国共产党第十四届中央委员会第六次全体会议决议和《公民道德建设实施纲要》。为努力建设一支相对稳定的志愿者骨干队伍，对志愿者全面推行注册制度，在2002年3月，中国共青团中央、中国青年志愿者协会颁布了《中国青年志愿者注册管理试行办法》。

20多年来，青年志愿者行动的服务领域在不断扩大，青年志愿者始终如一地践行"我愿意成为一名光荣的志愿者。我承诺：尽己所能，不计报酬，帮助他人，服务社会。实行志愿精神，传播先进文化，为建设团结互助、平等友爱、共同前进的美好社会贡献力量"的誓词，积极投入农村扶贫开发、城市社区建设、环境保护等领域的志愿服务活动中。当前青年志愿者行动的主要领域和服务项目有：一、青年志愿者社区发展计划。这项计划主要包括三方面内容：青年志愿者"一助一"长期结对服务工作、大中学生志愿者社区援助工作、社区青年志愿者服务站创建工作。二、青年志愿者扶贫接力计划。这项计划从1996年开始试点，1998年全面展开，共青团中央先后联合中央文明办、教育部等多个部门共同实施，采取公开招募、定期轮换、长期坚持的接力机制，组织动员青年志愿者为贫困地区提供每期半年至二年的基础教育、医疗卫生、农业科技推广等方面的服务。截至目前，全国共有31个省、区、市实施了这项计划，累计共有20多万名城市青年报名，从中选派了13558名志愿者，受援贫困县达211个，覆盖了西部17个省、区、市，初步形成了支教、支医两大支柱项目和跨省对口支援、省内发达地区支援欠发达地区等工作模式。目前，3500名志愿者正在中西部贫困地区服务。三、大中专学生志愿者暑期文化科技卫生"三下乡"活动。由中宣部、教育部、团中央联合实施，每年组织动员大中专学生志愿者深入农村基层和贫困地区，发挥自身的知识智力优势，开展了内容丰富、形式多样的扫盲和文化、科技、卫生服务，推广农村实用技术，倡导健康文明的生活方式，促进农村的经济社会发展。四、"保护母亲河"中国青年志愿者绿色行动营计划。以"劳动、交流、学习"为主题，通过建设绿色行动基地，集中组织青年开展植树造林、沙漠治理、水污染整治、清除白色垃圾等环保志愿服务活动。河北丰宁和内蒙古达里诺尔项目已经启动，山西黄河万家寨、四川广安邓小平故居、浙江楠溪江和台州、吉林延吉等项目正陆续实施。五、中学生成人预备期志愿服务。将青年志愿者行动与18岁成人仪式教育活动有机结合，在成人预备期号召青少年开展每年不少于48小时的志愿服务，寓教育于服务之中，在全国普遍开展。六、在大型活动和急难险重任务中充分发挥青年志愿者的作用。

青年志愿者行动实施以来，产生了良好的社会影响。志愿服务正在成为新的社会风尚，越来越多的青年及社会各界群众加入到志愿者的行列。实践充分说明，青年志愿者行动符合时代发展的潮流，符合人民群众的需要，符合当代青年的特点，蕴藏着巨大的发展潜力，呈现出旺盛的生命力和广阔的发展前景，是发展社会主义市场经济中一项生机勃勃的事业，是广大青年实践"三个代表"重要思想的有效载体。它使一些需要帮助的社会成员从志愿服务中感受到社会的温暖，在全社会弘扬"奉献、友爱、互助、进步"的志愿精神，倡导时代新风正气，对社会主义道德建设有积极的推动作用，已经成为新时期群众性精神文明创建活动的有效途径；它以扶贫济困为主题，以社会困难群体为主要扶助对象，通过志愿服务方式为困难群众提供实实在在的帮助，为我国多层次社会保障体系的建立作出了积极的贡献；它适应当代青年自主意识、参与意识日益增强的特点，组织和引导青年以志愿服务方式积极参加经济建设和社会发展，调动了青年的内在积极性，已经成为共青团在社会主义市场经济条件下动员和组织青年的有效手段，为服务西部大开发战略，有效配置人力资源进行了积极探索；它为当代青年在实践中锻炼成长提供了广阔的舞台，开辟了现实的途径，体现了共青团在实践中育人的宗旨，成为新时期青年工作的重要内容；它与国际志愿服务接轨，在国际上树立了当代中国青年的良好形象，成为加强与各国青年之间交流与合作的重要渠道。

9.共青团中央启动"中国青年志愿者海外服务计划"

为配合国家外交战略，服务受援国人民需求，2002年5月22日，共青团中央、中国青年志愿者协会启动"中国青年志愿者海外服务计划"。

由共青团中央、商务部发起实施的长期重点项目"中国青年志愿者海外服务计划"，主要是根据受助国的实际需求，由主办单位与受助国签订合作协议，通过公开招募、自愿报名、集中选拔、集中培训和分别派遣的方式，选派优秀的中国青年志愿者到国外受助国开展为期半年至二年（一般为一年）的志愿服务，服务领域集中在汉语教学、体育教学、医疗卫生、信息技术、农业技术、土木工程、工业技术、经济管理、综合培训、社会发展等方面。

"中国青年志愿者海外服务计划"的第一个项目是老挝项目。2002年5月22日，根据团中央青年志愿者行动指导中心和老挝青少年发展中心达成的协议，老挝项目在中国招募5名志愿者，组成中国青年志愿者海外服务团，派往老挝首都万象及周边地区从事语言教育、计算机培训、医疗卫生等方面的志愿服务。主办单位根据需要具有相关专业大学本科以上学历中国公民，年龄在20岁至40岁，具备一定英语交流能力，品德优秀，身体健康，有国内志愿服务经历的要求，对所有应征者进行严格筛选，派遣通过复试并经过集中培训的5名志愿者首次赴老挝开展中文教学、英文、计算机、医疗等方面的志愿服务，并在人民大会堂举行出征座谈会。2002年11月28日，第一批5名援老挝志愿者回国。历年来根据受助国的需求，通过各类项目，共向亚洲、非洲、拉丁美洲的22个国家派遣了608名援外青年志愿者。

中国青年志愿者海外服务计划的启动，标志着中国志愿者组织第一次向国外派遣志愿者开展服务。这一计划的实施，有利于促进派往国家和地区经济社会发展、增进我国和派往国人民的友好往来，有利于加强志愿服务国际交流、扩大中国志愿服务事业的国际影响。

10.中国志愿服务元年

志愿服务这一概念在20世纪80年代引入中国，1993年首次在官方文本中出现"青年志愿者"这一称谓。此后，"中国青年志愿者协会"及各地志愿者协会相继成立，促进了志愿活动在全国各地的开展。2001年北京申办奥运会成功，志愿服务进入了迅猛发展时期。奥运之后，志愿服务开始走向稳定和成熟，但也暴露出一些不足。纵观中国志愿服务走过的历程，可以分为四个阶段：即新中国成立至20世纪80年代初，是以"义务运动"为特征的发展时期；20世纪80—90年代初期，是以社区志愿服务为主要形式的演变发展和过渡时期；以1993年青年志愿行动的出现为标志，直至2008年奥运会的成功举办，是中国志愿服务事业全面发展并迅速壮大的时期，尤其是在筹备北京奥运会的8年时间里，志愿服务实现了质的飞跃；奥运会后，志愿服务进入了较为平稳的发展轨道。

2008年"5·12"汶川地震发生后，来自全国各地、各行业的志愿者和志愿团体迅速奔赴灾区，服务于应急救援、物资供求、心理援助和灾后重建等多个领域。大量的志愿者出现在险情频现的救灾现场，置个人安危于不顾，他们所彰显的社会价值、经济价值和精神文化价值深深震撼了国人。据不完全统计，累计超过491.4万位志愿者深入灾区以各种形式参加抗震救灾和灾后重建，而在后方参与抗震救灾的志愿者更在1000万人以上，其经济贡献约为185亿元。在2008年北京奥运会、残奥会期间130万志愿者志愿服务超过2亿多小时，现代志愿服务的理念、志愿者精神在全国又一次得到了传播和普及，并在全球范围内更深层次地推进了国际文化的交流与融合。

2008年被认为是中国的"志愿者元年"。灾后志愿服务的主要特点是志愿行动快、志愿组织多元、志愿服务内容广、志愿活动影响大，相较于过去的志愿服务，其中志愿队伍类型包括了官方组织的志愿队伍、宗教团体志愿队伍、民间组织志愿者队伍、企业志愿者队伍以及大量的个人志愿者，形成了志愿者大潮，具有很强的自发性与民间性。普通民众身上所体现出来的爱心、奉献与服务精神，是志愿服务事业长久发展的最坚固的基石。与此同时，在灾区志愿活动中也暴露出了一些问题，如志愿活动的非组织性、非协调性、非专业性，甚至出现了"志愿过剩"现象等，这使各级政府开始思考在灾难事件中应如何面对、引导、调拨和管理社会力量，也使各类志愿组织更为深入地思考要如何提高服务的专业性，如何改善服务的质量和效果，如何与各级政府进行沟通和协调，等等。面对这些问题，2008年志愿服务的机构组织建设和制度建设取得了重要进展。2008年中央文明委下发《关于深入开展志愿服务活动的意见》，中央文明办牵头负责全国志愿服务活动。中央文明办与民政部、全国总工会、共青团中央、全国妇联、中国科协、中国残联、中国红十字总会和全国老龄办共同组建了全国志愿服务活动协调小组，为规划和指导全国志愿者队伍建设提供了协调工作机制。民政部门、共青团、工会、妇联、红十字会等经过多年探索和努力在各自组织体系内形成了志愿服务工作网络。各部门发挥自身优势，各展所长、各负其责，形成整体合力，推动志愿服务队伍由以青年为主向全体社会成员共同参与转变，志愿服务活动由以阶段性为主向经常性活动转变，志愿服务管理由松散型向规范化转变。

2008年，中国的志愿服务于罕见的汶川大地震的灾害中、于"同一个世界，同一个梦想"的国际大背景下展现出中国民众在灾难面前迸发出的巨大力量，令世界瞩目。中国志愿者秉承现代志愿服务的理念，身体力行地践行志愿者精神，在国际社会赢得了广泛赞誉，翻开了中国志愿服务的崭新一页。美国《时代》杂志发表题为《被唤醒的中国》的文章说，中国民众对灾区井喷式的支持是一个启示。人们认识到中国人的同情心和慷慨精神，对中国人更有信心了。《澳大利亚人报》写道："多数志愿者都是20多岁的年轻人，他们完全是自发自愿的，没有任何人的行政命令。他们有的驱车几千公里到灾区救助灾民。"这家报纸把志愿者称作"中国温柔的心"。联合国志愿组织负责中国项目的官员说："2008年是中国志愿服务元年。"官方或学者都将2008年作为中国志愿服务史上具有历史意义的一年。四川汶川地震让爱凝聚，也让中国志愿者瞬间爆发巨大能量。北京奥运会因志愿者的微笑让世界和国人难忘。

2008年的汶川大地震和北京奥运会有力地推动了当代中国的志愿事业，2008年的志愿行动参与者规模之大、范围之广，且具有自发性和民间性，在中国历史上是空前的。2008年不仅被联合国志愿组织官员称为"中国志愿服务元年"，也被官方或学者视为"志愿者元年"，也是中国公民社会元年。

11.北京奥运会志愿者

北京奥运会志愿者，是指在2008年北京奥运会筹备和举办的全过程中以自愿为原则，以志愿服务为基本形式，在奥运会志愿者行动项目体系内，服务他人，服务社会，服务奥运的各界人士。

为2008年北京奥运会的成功举办，奥组委参照奥运会通行惯例和标准，结合举办城市实际设置奥运会赛会志愿者工作岗位，明确赛会志愿者服务岗位主要涉及礼宾接待、语言翻译、交通运输、安全保卫、医疗卫生、观众指引、物品分发、沟通联络、竞赛组织支持、场馆运行支持、新闻运行支持、文化活动组织支持等领域；通过开展宣传发动、招募选拔、教育培训、公益实践、激励表彰等一系列工作，建设一支数量充足、训练有素的志愿者队伍，奥运会期间为奥林匹克大家庭成员、媒体记者、观众和其他相关人员，提供优质的志愿服务。

从2006年8月底正式启动到2008年4月才结束招募的赛会志愿者队伍以北京高校学生为主体，同时广泛吸纳北京市民、全国各地各民族群众、港澳台同胞、海外华侨华人和国际友人等各界人士。他们经通用培训、专业培训和岗位培训三类培训后，按照岗位需求情况分为专业志愿者和非专业志愿者两类。具体来说，北京奥运会志愿者有：一、大学生志愿者，北京奥组委面向在京各高校（含民办高校）招募志愿者（含在京港澳台大学生）。各高校经授权，建立相应的培训、组织、管理体系，以学校为单位接受奥组委分配的任务。二、中学生志愿者，北京奥组委面向北京部分职高、中专、普通中学招募志愿者。三、社会志愿者，北京奥组委面向社会公开招募志愿者。四、北京奥组委面向全国各省（直辖市、自治区）招募志愿者。各省（直辖市、自治区）当地的志愿者，接受奥组委统一安排的培训、考核和管理，筹备期间在当地开展公益实践活动，奥运会期间在北京参加赛会志愿服务。五、北京奥组委面向青岛、天津、上海等京外赛区城市招募志愿者。京外赛区城市的志愿者参加所在城市的赛会志愿服务。六、港澳台志愿者，北京奥组委面向香港特别行政区、澳门特别行政区和台湾地区招募志愿者。七、海外华侨华人，奥运会期间，海外华侨华人志愿者在北京参加赛会志愿服务。八、北京奥组委招募的在京外国人志愿者，以外国留学生为主体。筹备期间，在京外国留学生志愿者将通过多种形式介绍相关国家的语言、文化、风俗、礼仪等。奥运会期间，他们主要为相关国家的代表团、媒体、观众、游客等提供服务。九、国际志愿者，奥运会期间，国际志愿者在北京参加赛会志愿服务。十、专业志愿者，专业志愿者由北京奥组委统一管理、培训和使用，奥运会期间，主要从事专业性强、技术技能要求高的志愿服务工作。

从 2008 年 6 月 5 日北京奥运会志愿者项目正式启动以来,在社会各界的共同努力下,各项筹备工作进展顺利。2008 年 8 月 8 日北京志愿者协会联合中央及首都 25 家新闻单位共同向全社会发出微笑倡议,拉开微笑主题活动序幕以来,全国各地群众积极响应和热情参与了公开征集微笑活动名称、口号的活动,最终确定的活动名称为"微笑北京",口号为"志愿者的微笑是北京最好的名片"。启动仪式上还正式推出了北京奥组委与北京奥运会志愿者工作协调小组的工作刊物《志愿者——我们与奥运同行》创刊号。

北京奥运会创造了奥林匹克史上规模最大的志愿者纪录。4 万志愿者队伍、10 万赛会志愿者、40 万城市志愿者和超过 100 万的社会志愿者,用"中国微笑"和汗水赢得了全世界的尊重。这次盛会也让全国人民对志愿服务有了更新的认识,志愿精神深入每个人的内心。志愿服务在奥林匹克运动中占据核心位置,奥运会志愿者弘扬志愿精神,传播奥林匹克精神,践行"人文奥运"理念,增强服务意识,提升服务能力,共同承担起为北京奥运会作贡献的历史责任和光荣使命。志愿者是奥运会的大使,用他们的言语和行动体现着赛会精神,在奥运中发挥着极其重要的作用。北京奥组委实施了以服务时间和服务效果为基本依据的普遍激励,开设志愿者维权热线和心理热线,切实维护志愿者合法权益。对作出突出贡献、表现优异的志愿者集体、个人以及志愿服务项目给予特别奖励。奥运会结束后,开展志愿者评比表彰及纪念活动。

北京奥运会志愿者以为 2008 年北京奥运会提供"有特色、高水平"的志愿服务为目标,倡导志愿服务精神、创新服务形式、丰富服务内容、提升服务品质,为北京奥运会和残奥会提供人性化、个性化、专业化的服务,努力构建富有中国特色、符合奥运规则、体现国际水准的志愿服务理论和实践体系,为奥林匹克运动留下浓郁的中国韵味,形成鲜明的北京形象。

12.中国志愿服务联合会

经民政部批准,中国志愿服务联合会于 2013 年 12 月在北京登记成立。中国志愿服务联合会是由志愿者组织、志愿者自愿组成的全国性、联合性、非营利性社会组织,在中央精神文明建设指导委员会指导下开展工作。

联合会的宗旨是,普及志愿理念,弘扬志愿精神,培育志愿文化,组织开展志愿服务活动,推动形成我为人人、人人为我的社会风尚。中共中央政治局委员、中央精神文明建设指导委员会副主任、北京市委书记刘淇任首任会长。

成立中国志愿服务联合会,是贯彻落实中国共产党第十八届中央委员会第三次全体会议提出的支持和发展志愿服务组织这一战略任务的实际举措。近年来,我国志愿服务活动蓬勃开展，内容日益丰富，领域不断拓展，在提高公民道德素质、培育社会文明风尚方面发挥了重要作用，成为新形势下加强精神文明建设的有力抓手。伴随志愿事业的日益发展，志愿服务系统也在不断改造和升级，原始的奥运会志愿服务注册管理系统适应实际需要，综合国内各省、各地市志愿者管理系统的优点，同时结合志愿者信息系统标准，在2007年、2010年和2013年3次大的改版后，逐渐趋于完善，由此前的面向赛会到面向全北京市，再到跨省市面向全国，乃至消弭地域限制，诞生了现在的包括志愿者"云"认证、志愿团体"云"管理、志愿项目"云"发布和志愿数据"云"分析四个方面的"志愿云"系统。

2013年12月18日下午，中国志愿服务联合会第一次会员代表大会在北京会议中心举行。2013年12月28日，中国志愿服务联合会在京发布"《搭把手》——献给志愿者的歌"，中国志愿服务联合会会长刘淇为歌曲主创人员颁发了荣誉证书。中国志愿服务联合会发布"邻里守望"倡议：关爱空巢老人、关爱留守儿童、关爱农民工、关爱残疾人。2014年3月4日，中央精神文明建设指导委员会办公室、中国志愿服务联合会在北京召开全国"邻里守望"志愿服务活动工作座谈会。会议由中国志愿服务联合会副会长兼秘书长赵津芳主持。全国部分省市文明办主任、中国志愿服务联合会单位会员和个人会员，北京市有关部门负责同志，以及北京市优秀志愿服务组织和志愿者代表近200人参加了会议。会上，北京市西城区、天津市河西区、安徽省淮北市、山东省烟台市、广东省佛山市等交流了经验。中国残联副主席、党组成员吕世明同志代表中国志愿服务联合会、中国残疾人联合会，发出"邻里守望——让志愿服务走进每个残疾人家庭"倡议，号召全国各级各类志愿服务组织、志愿者用实际行动，真诚帮助每一位需要帮助的残疾人，共享美好生活。会后，与会领导和参会人员一同参观了由北京市委社会工委、首都文明办、首都综治办、市民政局团市委主办，北京市志愿者联合会承办的"邻里守望——2014年北京学雷锋志愿服务推动日"活动。

中国志愿服务联合会的成立，有助于促进我国志愿服务事业的发展，推动志愿服务活动制度化，实现学雷锋活动常态化，进一步形成引领社会进步的文明风尚，有助于培育和践行社会主义核心价值观，增进人们对社会主流价值的认同感和践行力，为实现"两个一百年"奋斗目标、实现中华民族伟大复兴的中国梦不懈奋斗。中国志愿服务联合会成立后，从建设和谐社会和人民群众需求出发，设计开展形式多样的志愿服务活动，发挥共产党员、共青团员的示范带头作用，动员公务人员、社会公众人物积极参加志愿服务活动，推动我国志愿服务事业有一个新的更大发展。

13.中国志愿服务基金会

2008年10月，中央精神文明建设指导委员会制定下发的《关于深入开展志愿服务活动的意见》提出，要加大志愿服务的经费投入，为人们参加志愿服务活动提供基本保障，并要求"成立中国志愿服务基金会，设在中央文明办"。2009年2月16日，经民政部发出《关于中国志愿服务基金会设立登记的批复》，同意成立中国志愿服务基金会后，中央精神文明建设指导委员会办公室专职副主任王世明约请中国文学艺术界联合会党组原副书记、书记处书记甘英烈和中共中央宣传部《时事报告》杂志社原总编辑曹分田就基金会工作人员配备、充实调整基金会理事、开展资金募集及拟资助志愿服务项目等工作进行了研究。2009年7月19日，经报请中宣部、中央文明办批准同意，在北京召开中国志愿服务基金会第一届理事会第一次会议，正式成立中国志愿服务基金会。中国志愿服务基金会作为经民政部批准成立的全国性公募基金会，面向公众募捐的地域范围是中国以及许可本基金会募捐的国家和地区。中共中央宣传部为业务主管部门，委托中央文明办代管。其宗旨和使命是：大力普及志愿理念，弘扬志愿精神，支持和推动志愿服务活动，为人们关爱他人、奉献社会搭建平台，引导人们多做好事、增长好心、争当好人，不断提高公民文明素质和社会文明程度，大力推进社会主义核心价值体系建设。作为全国性公募基金会，中国志愿服务基金会具有公益性捐赠税前扣除资格。企业向本基金会的捐赠支出，在年度利润总额12%以内的部分，准予在计算应纳税所得额时扣除。个人向本基金会的捐赠支出，按照现行税收法律、行政法规及相关政策规定，准予在所得税税前扣除。

中国志愿服务基金会秉承"奉献社会、提升自己"的价值理念，根据经济社会发展和精神文明建设的需要，资助志愿服务活动的开展；组织志愿服务的理论研究和宣传；奖励为志愿服务作出突出贡献的团体和个人；开展与港澳台同胞、海外侨胞、国外友好团体和人士，以及国际组织、基金组织的友好往来，增进相互了解，加强相互合作。中国志愿服务基金会根据捐助人的意愿，对捐助金额在1000万元（含1000万元）以上的设立专项基金。目前有"百万空巢老人关爱行动"和"万名双语教师志愿援疆行动"资助项目，通过实施年度财务报告和审计制度、项目管理制度，接受登记管理机关组织的年度检查，做到活动项目公开、资助过程公开、财务管理公开。在"百万空巢老人关爱行动"资助项目中组织志愿者采取结对帮扶的办法，为"空巢老人"提供生活救助和照料服务；在"万名双语教师志愿援疆行动"项目中，重点是招募身体健康、有丰富教学经验的离退休教师作为志愿者，赴新疆的中小学校从事汉语教学，帮助少数民族地区学生学习汉语，做到了专款专用。

中国志愿服务基金会的成立，是从精神文明建设全局出发作出的一个重大举措。自成立至今，中国志愿服务基金会建立多渠道、社会化的筹资机制，通过募集社会资金来支持和推动志愿服务活动的深入开展，紧紧抓住基金募集和开展活动这两个环节，扎实有效地做好工作，有助于完善多渠道、社会化的筹资机制，为开展志愿服务活动提供必要的经费支持，对于加强社会志愿服务体系建设，推动我国志愿服务事业持续健康发展，不断提高公民文明素质和社会文明程度起到了积极作用。

14. 中华志愿者协会

中华志愿者协会（China Volunteers Association，缩写为 CVA）是由志愿者以及关心和支持志愿服务事业的单位或组织自愿组成，按照章程开展活动的公益性、全国性社会团体组织。协会接受业务主管部门民政部和国家社团登记管理机关的业务指导、监督、管理，同时接受中央精神文明建设指导委员会办公室的业务指导。会员代表大会是中华志愿者协会的最高权力机构，协会设有理事会、常务理事会、秘书长。办事机构设有综合部、联络与公共关系部、会员服务中心、志愿者权益部、培训部、项目部、基金部、宣传部、研究部、信息部。协会会员包括单位会员和个人会员。

中华志愿者协会于 2011 年 4 月 26 日在人民大会堂召开成立大会，全国人大常委会副委员长周铁农当选首任会长并讲话。有来自民政部、中央文明办、教育部、卫生部、团中央、全国总工会、全国妇联、中国红十字会等部门相关领导，联合国开发计划署驻华代表，香港、澳门等地志愿者组织代表近 600 人参加成立大会。中华志愿者协会确立其宗旨为：普及志愿理念，弘扬志愿精神，培育志愿文化，发展志愿服务事业，营造文明健康社会风尚，融洽和谐人际关系，推动经济社会又好又快发展，为全面建设小康社会、实现中华民族伟大复兴作出积极贡献。成立大会上，同时启动了"践行志愿服务理念，弘扬志愿服务精神"大型志愿服务活动，此活动历时一年，出发地为浙江省绍兴市，协会形象代言人、著名主持人白岩松宣读了活动倡议书。

中华志愿者协会自成立以来，在各领域深入开展志愿服务活动，推进中国志愿服务事业的专业化发展。在 2014 年 3 月 15 日成立了中华志愿者协会科普环保志愿者委员会，将其作为中华志愿者协会的重要组成部分，负责面向全国，与国际接轨，广泛开展科普环保的普及教育工作，充分发挥公益组织作用，为政府分忧，为老百姓解难；团结奋进，积极进取，为解决我国的环境问题作出贡献。

中华志愿者协会作为全国性的公益性组织，以积极弘扬志愿服务精神、推动志愿者队伍建设、打造志愿服务项目品牌、加强志愿服务政策理论研究、健全志愿服务工作机制为协会任务，同时逐步建立志愿者组织的社会认同和激励机制，保障志愿服务事业的社会化和可持续发展，改善社会风气和人际关系，推动志愿服务体系和多层次社会保障体制的建立和完善，大力推进我国社会主义精神文明建设。

15.广东省志愿者事业发展基金会

广东省志愿者事业发展基金会是致力于广东省志愿者事业长远发展的公益组织。基金会是由共青团广东省委员会倡导，广东省青年联合会、广东省青年志愿者协会、广东省青年企业家协会、广东省青年商会、广东省青年科学家协会等五家青年社团共同发起的，并在广东省民政厅正式注册登记成立的独立社团法人。

2007年6月19日，中国首个地方性志愿者事业发展基金会——广东省志愿者事业发展基金会在广州召开新闻发布会宣告成立。2007年7月7日，广东省志愿者事业发展基金会召开一届二次理事会，审议通过给予志愿服务研究论坛项目、灾区灾后志愿服务项目、山区计划大学生志愿者就业推介活动项目、全省志愿者注册系统建设和"赵广军生命热线"网站建设项目，共计45.42万元的资金支持。2008年1月24日，共青团中央、商务部、中国青年志愿者协会在人民大会堂隆重举行总结表彰会，表彰首批广东省赴塞舌尔服务的10名青年志愿者。2008年5月14日，广东省志愿者事业发展基金会向四川团省委捐赠30万元，用于支援灾区志愿者组织开展应急救灾志愿行动。广东省志愿服务条例修订工作专家组于2008年4月在广东青年干部学院召开座谈会，就《广东省志愿服务条例（修订草案）》（征求意见稿）的有关内容听取基层志愿服务团队骨干的意见。广东省民政厅、省青年志愿者行动指导中心及省志愿者事业发展基金会有关同志参加了座谈。2010年9月1日，正式颁布由广东省志愿者事业发展基金会资助修订的《广东省志愿服务条例》。2010年12月5日，中国扶贫基金会、广东省人民政府在广州共同举办2010全民公益启动大会暨全民公益（广东）论坛，并在会上确定广东省志愿者事业发展基金会等单位为首批全民公益试点单位。

自成立以来，广东省志愿者事业发展基金会以"打造透明钱柜，承载爱心传递"为理念，以"传播志愿服务理念，弘扬志愿服务精神，提高志愿服务水平，推动志愿者事业发展"为宗旨。广东省志愿者事业发展基金会主要负责：第一，筹集资金，接受捐赠；第二，管理基金，运作基金；第三，资助志愿服务项目、志愿文化培育、志愿理念宣传、志愿者事业研究、志愿服务推广；第四，资助志愿者培训、志愿者表彰、志愿者权益保障等；第五，资助其他与志愿者事业发展有关的项目等志愿服务业务，促进广东省志愿服务事业的持续健康发展，为社会主义和谐社会建设贡献力量。

16.保护母亲河"中国青年志愿者绿色行动营计划"启动

保护母亲河"中国青年志愿者绿色行动营计划"是参照国际通行的志愿者劳动营的做法,广泛调动社会资源,集中组织动员青年开展各类环保志愿服务,在服务中提高劳动技能,磨炼意志品质,以自身的实际行动在全社会宣传绿色环保知识的活动。它的主题是"劳动、交流与学习"。

保护母亲河"中国青年志愿者绿色行动营计划"通过建设绿色行动基地(或营地),为青年以志愿服务的方式投身植树造林、沙漠治理等生态建设和环境领域创造条件。绿色行动营营地就是青年志愿者开展志愿服务活动的阵地、场所,绿色行动营基地以营地和食宿场所为基础,可以长期进行植树、养护及其他环保方面的志愿服务。基地建设采取组织志愿者修缮营房、搭建帐篷、由服务地提供临时住所等多种方式解决。营员们亲身感受到自己的劳动成果,意识到自己所从事的志愿服务的重要性,进一步增强了参加志愿服务的自觉性;营员们在简朴的劳动和生活中,增进了彼此之间的理解,在集体生活中经受了锻炼。从1999年起,河北、山东、重庆、吉林、内蒙古等地先后开办了多期绿色行动营。2000年4月26日,共青团中央、全国政协人口资源环境委员会、水利部、中央电视台、中国青年志愿者协会、中华环保基金会、中国林业科学研究院等七家单位共同主办的保护母亲河"中国青年志愿者绿色行动营计划"达里诺尔项目启动仪式在人民大会堂举行,全国人大常委会副委员长布赫、共青团中央书记处常务书记巴音朝鲁出席了启动仪式。基金会徐庆华秘书长作为绿色行动营计划全国领导小组副组长出席了启动仪式。保护母亲河"中国青年志愿者绿色行动营计划"达里诺尔项目是继河北丰宁项目之后实施的第二个全国性示范项目,预示着青年志愿者绿色行动营计划将在全国范围内广泛展开。仅2000年度参加的志愿者总数就已经超过6000人,中国青年志愿者协会在丰宁营地专门举办过国际志愿者营。

2000年是青年志愿者绿色行动营计划全面实施的第一年,这项计划作为由中共中央宣传部、共青团中央等18部委、《人民日报》等24家新闻单位联合实施的"新纪元志愿服务计划"的重点项目之一,各地团组织、青年志愿者组织积极配合党委宣传部门,协调新闻单位,注重面上工作和项目核心理念的宣传,通过多种方式向社会推介绿色行动营的概念,对全国及各地示范项目实施情况进行全方位、多角度的跟踪报道,形成了较大的宣传和动员声势。保护母亲河"中国青年志愿者绿色行动营计划"启动以来,得到了党和国家重要领导的重视和关心,江泽民同志对青年志愿者工作作出重要批示,为新世纪青年志愿者工作的发展指明了方向。

保护母亲河"中国青年志愿者绿色行动营计划"的实施，直接对生态建设和环境保护事业作出实实在在的贡献，并在社会上产生广泛影响，促进了全社会的生态建设和环境保护意识的增强。

17.26℃空调节能行动

"26℃空调节能行动"是一个倡导节能减排、低碳环保的公益活动，开始于2004年6月26日新一轮夏季用电高峰到来之前，此活动由6家民间社团发起并组织，所属机构为自然之友。在3个月的时间中，6家机构举办了各种活动，如"7·13志愿者自行车环城宣传"、"7·16企业参与者颁奖活动"、"8·22空调26℃健康讲座"、"8·28'菲比寻常'王菲演唱会宣传活动"、"9·4《后天》放映及气候变化讲座"等。在为期3个月的时间中，活动共吸引承诺加入"26℃空调节能行动"的企业10家、使馆等机构2家，发放宣传品7000余份，有上百人表示志愿参加活动并在活动条幅上留下了姓名。

2005年是《京都议定书》生效的第一年，也是"绿色奥运"的启动年，更是我国近20年来电力最为紧缺的一年。为缓解全球气候变暖、减轻我国能源压力，6月26日，"26℃空调节能行动"再次启动，除了前一年发起倡导的6家民间组织，中国环境文化促进会、香港地球之友和保护国际3家环保NGO组织也加入到主要倡导组织行列中，共同发起的"26℃空调节能行动——2005我们承诺"活动。2005年的"26℃空调节能行动"重点在于承诺，9家环保民间组织将组织志愿者向办公楼、饭店、商场等公共场所发放承诺卡，由愿意加入者填写，倡导单位将在这3个月中收集承诺卡并进行监督。9家环保组织向全社会共同发出倡议：在夏季用电高峰期，将所有房间或建筑的空调温度上调至26℃。中国环境文化促进会在本次活动中提出的口号是"为地球降温，给奥运添绿"。2005年7月2日，9家组织发起35名环保志愿者到50家宾馆酒店、商场、书店测量室内温度。这是2005年入夏以来第一次针对公共建筑进行室温测量和监督。此次活动的结果经随行媒体曝光后，引起了很大的社会反响。此后由北京市政府领导组班的抽查活动中，受到曝光的公共建筑均已将室内温度控制在26℃。此次活动还得到了国家发展和改革委员会环境与资源综合利用司和建设部的大力支持，加快了由建设部立项的《空调通风系统运行管理规范》的出台。

此后几年间，"26℃空调节能行动"声势越来越大，蔓延到全国多地，参与的公众也越来越多。2007年，民间行动得到了官方回应。2007年6月，国务院办公厅发布了《关于严格执行公共建筑空调温度控制标准的通知》（以下简称《通知》），《通知》明确要求，所有公共建筑内的单位，包括国家机关、社会团体、企事业组织和个体工商户，除医院等特殊单位以及在生产工艺上对温度有特定要求并经批准的用户之外，夏季室内空调温度设置不得低于26℃，冬季室内空调温度设置不得高于20℃。同时，26℃节能行动正式被政府纳入行政管理体系。2008年8月1日，国务院在《国务院办公厅关于深入开展全民节能行动的通知》中再次规定：严格控制室内空调温度。除有特定要求并经批准外，公共建筑夏季室内空调温度设置不得低于26℃，冬季室内空调温度设置不得高于20℃，倡导居民参照上述标准设置空调温度。文件连续发布之后，政府机关执行效果非常好。但政府机关之外的场所，却不尽如人意，最终导致了政策影响有限。政策出台以后没有环保组织再跟进，与此同时，对"26℃空调节能行动"尚存争议，中国建筑业协会建筑节能专业委员会专家组成员杨仕超指出，对于酒店大堂，26℃就可以接受，但对于餐厅，夏季26℃显然还是热了。"《通知》应该考虑不同地域、不同公共场所等多种情况，将规定进一步细化，以切实加强《通知》的合理性和可操作性，方可收到实效。"

由于种种原因，"26℃空调节能行动"最终呈现的结果不尽人意。但可以肯定的是，适度使用空调，既可节省空调运行费用，又可节约资源与保护环境，还有利于身体健康。"26℃空调节能行动"自2004年发起，在多家环保组织的持续推进下，得到国内其他地区的NGO响应，在各地开展节能倡导行动，一度影响广，公众参与热情高，发挥了共同改善生存环境，促进能源的可持续发展的积极作用。

18.时间储蓄银行

时间储蓄银行即志愿者服务时间储蓄银行，它是以"以我所能，奉献社会"为宗旨，实行志愿者服务的时间储蓄制度。时间储蓄银行模仿银行的储蓄形式，把志愿者为孤寡老人、伤残军人、困难家庭以及社区和社会提供的志愿服务时间储蓄起来，日后在志愿者遇到困难或年迈需要帮助时，让他们享受同等时间的免费服务。志愿者服务时间储蓄银行向所有参与服务的志愿者统一发放一张服务时间储蓄卡，储蓄卡上累积到50小时就可以支取。

志愿者服务时间储蓄银行在上海、北京、广东等地已开始流行，根据不同地方具体情况，志愿者时间存储的方式和兑换方式有所不同。2002年3月24日，由成都市武侯区望江路街道党工委发起成立的志愿者服务时间储蓄银行正式启动。这家银行的成立，首开了中西部地区志愿者服务时间储蓄的先河。自银行成立起，志愿者正式开展义务家教、医疗卫生、法律咨询等服务项目。总行下已设立四川大学分行，总行还将在棕东、郭家桥、共和路以及老马路等4个社区设立分行，把更多的方便和服务项目带给居民。在浙江省杭州市余杭区临平东湖街道星火社区成立的时间储蓄银行，星火社区自2012年以来开展"时间储蓄银行"活动。动员社区民情联系员、辖区共建单位职工、双报到党员、青少年以及热心居民参与辖区社会公共服务，累计服务受益达 1000 余人次。2004 年，江苏省连云街道荷花社区推出"时间储蓄银行"志愿服务模式，将参加志愿服务的时间存入"时间储蓄银行"，志愿者年老后可以要求社区提供对等时间的服务。该社区"时间储蓄银行"志愿服务模式运行 10 多年来，志愿者们已经储蓄了 20 余万小时的服务时间，现在的志愿服务项目也从最初的为老服务发展为全方位的服务，每个月的固定活动不少于两次。连云街道荷花社区还不断调整"时间储蓄银行"志愿服务模式。

此外，各地在推行志愿者"时间储蓄银行"活动时，通过不断根据各地实际情况改进与更新，不断拓宽服务时间兑换范围，更新时间累计制度和兑付方式，打破了志愿者志愿服务方式、时间、地点和技能的限制，不论知识和技能，只要有心有力，人人都可以以志愿的形式为他人提供帮助。"时间储蓄银行"这一崭新的志愿服务模式，实现了服务—积累—回报的量化机制，进一步提高了志愿服务时间兑付的效率和可操作性，以志愿服务的良性循环不断催生服务型党组织的生命力和活力。

19.山东泰安"菜单式"志愿服务

山东泰安"菜单式"志愿服务，是指由志愿服务组织向社会公开志愿者名录（包括姓名、专长、服务项目、联系方式），供求助者任意选取的服务，是求助者与志愿者交流沟通的工作平台。

为广泛普及志愿理念，大力弘扬志愿精神，2011 年 9 月 2 日，山东省泰安市举行泰安市社区"菜单式"志愿服务新闻发布会，宣布在泰安市开展社区"菜单式"志愿服务活动。即在泰安市将志愿服务内容以"菜单"的形式公开，社区居民"点菜"式选取志愿服务项目，便能获得"送菜"式的志愿服务。

山东泰安"菜单式"志愿服务有以下特点：一、志愿服务"菜单"内容多样化、个性化。泰安市社区"菜单式"志愿服务的开展，以"泰山文明使者"志愿服务协会和城市社区为平台，印制志愿服务队和志愿者"菜单"。志愿服务队"菜单"提供与社区居民息息相关的"泰山文明使者"志愿服务队信息，通过在社区上榜公示的方式，方便居民的了解咨询；志愿者个人志愿服务"菜单"根据志愿者特长进行分类，将提供就业指导、法律援助、心理疏导、帮贫济困、健康咨询等十几项志愿服务内容。让社区和居民按实际需求"点菜"，获得多样化、个性化的志愿服务。二、"点菜"：4 种方式可申请志愿服务。社区居民选取志愿服务项目或志愿者，可通过志愿服务站、拨打志愿服务站热线电话或向志愿服务站提前申请，预约志愿服务及网上申请获得志愿服务。三、"送菜"：定时定点、定人、定单。居民在申请志愿服务后,志愿者通过社区志愿服务站填写登记卡,由服务站安排专人入户引见。在开展志愿服务中,志愿者将通过开展定时服务、定点服务、定人服务及定单服务等4种方式,在特定时间段或特定地点,或指定某一志愿者,并根据居民志愿服务"菜单"获得相应的志愿服务。

2011年开始,泰安市组织志愿者实行"菜单式"服务。在泰安市志愿服务的大"菜单"上,列有医疗保健、文艺体育、心理咨询、法律援助、助老助残、应急救援等12大类、126个类别的志愿服务项目,既有单一项目的服务,也有多项目的"套餐式"服务,提供的服务项目基本满足了城乡居民的实际需求。同时,泰安市还建立了23个"泰山文明使者"志愿服务基地,公布了包含500多个志愿服务岗位的89个志愿服务需求项目。此外,为顺利推进"菜单式"志愿服务,泰安市建立统一的志愿者名录,完善志愿者志愿服务考核激励机制,泰安市文明委专门出台了《泰安市志愿服务考核试行办法》、《泰安市"菜单式"志愿服务站建设标准》等,实现了"菜单式"志愿服务的组织化、常态化发展。目前,"菜单"志愿者总数已达6万多人,泰安市已发展志愿服务组织5000多个,注册志愿者38万人,市、县、乡、村四级服务站(点)已达6000个。在2014年开展的志愿服务活动达10259次,受益群众200余万人次。

自"菜单式"志愿服务实施以来,山东泰安有越来越多的居民逐步改变自己的观念,参与到社会公益活动中来,而且居民每年参加志愿服务活动的次数正在逐步增加,群众参与志愿服务的积极性、主动性普遍增强,全社会理解、支持志愿者,争当志愿者的良好氛围越来越浓厚;开展社区"菜单式"志愿服务,克服了社区居民自助服务和互助服务的局限,弥补了公共服务和市场服务的不足,起到了为政府分忧、为百姓解难的作用,有利于促进社会和谐;山东泰安"菜单式"志愿服务实现了"志愿服务组织由松散型向组织化、志愿服务活动由阶段性向常态化"的两个转变,助推志愿服务事业发展组织化、常态化。

20."志愿服务"成为高中生综合素质评价重要指标

为深入贯彻落实中国共产党第十七次全国代表大会和中央精神文明建设指导委员会《关于深入开展志愿服务活动的意见》精神,把志愿精神作为进一步加强和改进大学生思想政治教育和未成年人思想道德建设的重要内容,充分发挥志愿服务活动的育人作用,教育部于2009年6月23日印发《关于深入推进学生志愿服务活动的意见》,要求切实加强对学生志愿服务活动的领导,建立健全学生志愿服务活动长效机制,深入推进学生志愿服务活动。

2009年7月17日，教育部宣布中国将把志愿服务作为高中阶段学生综合素质评价重要指标，学生参与志愿服务情况可作为学生评优、高校选拔的重要参考因素。教育部强调，要在坚持自愿原则的基础上，鼓励学生积极参加志愿服务组织，倡导学生注册成为志愿者。

各地结合本地实际，深入推进学生志愿服务活动：认真总结过去学生参与志愿服务活动的做法和经验，在已有工作基础上，努力促进学生志愿服务活动的长效化、规范化、常态化；中小学把志愿精神作为进一步加强和改进未成年人思想道德建设的重要内容，有机融入思想品德等相关课程的教育教学中；坚持支持鼓励的原则，积极创造条件，充分调动广大学生的积极性、主动性、创造性，号召和提倡学生积极参与适合其身心特点的志愿服务活动。此外，各地在深入推进中力争进一步完善高中阶段学生综合素质评价体系，更有效地将参加志愿活动情况记入学生成长记录中，作为综合素质评价的一项重要指标。

教育部印发的《关于深入推进学生志愿服务活动的意见》，引起了社会各方，尤其是基础教育界的关注。高中生志愿服务将成综合素质评价重要指标引发热议，不少人认为，这项举措虽然很有现实意义，但要落实好，还得加快形成志愿服务岗位、考核机制和社会认可等多方面的配套措施。因为首先，志愿服务是要有对象，即时间、空间和人以及事物，学生参加志愿服务，教育行政部门和社会应当创造条件，如果没有岗位，志愿服务就可能落空。当前能真正纳入学生考核范围，又具有可操作性的志愿服务岗位，依然是一大缺口。尤其在参与志愿服务情况将成为学生评优、高校选拔的重要参考因素之后，如何盘活岗位显得尤为重要。其次，社会和企事业单位要认可和支持学生社会实践和志愿服务，为学生参与社会实践活动创造有利的条件；最后，在推行过程中要防止志愿服务变调甚至变味，发挥好其对高中生全面健康成长的导向性作用。对此，教育部于2014年12月10日印发《教育部关于加强和改进普通高中学生综合素质评价的意见》，要求各省（区、市）提出高中学生综合素质评价基本要求，制定具体办法，于2015年8月底前报教育部备案。

教育部提出这项举措以来，各地因地制宜，积极探索实践教学和学生参加社会实践、社区服务的有效机制，引导学生根据年龄特点，通过社会实践、社区服务开展力所能及的公益性劳动和志愿服务活动，不断增强他们的志愿服务意识，对学生社会实践活动走向起到了引领作用。"志愿服务"成为高中生综合素质评价重要指标，这对高中生的综合培养和人生导向具有积极意义。

21."志愿服务"被纳入本科学分

大学生参与志愿服务和社会公益,已经发展了20多年。将志愿服务纳入学分管理,源于国家对大学生社会实践活动的重视。为深入贯彻落实中国共产党第十七次全国代表大会和中央精神文明建设指导委员会《关于深入开展志愿服务活动的意见》精神,把志愿精神作为进一步加强和改进大学生思想政治教育工作的重要内容,充分发挥志愿服务活动的育人作用,教育部于2009年6月23日印发《关于深入推进学生志愿服务活动的意见》,表示高校要把志愿精神纳入到思想政治理论课教育教学,要把高校学生参加志愿服务活动情况纳入到评优评奖体系中;强调要深入开展各种形式的志愿服务活动,搭建学生志愿服务平台;明确说明要制定学生志愿服务工作考评措施,定期对学校开展学生志愿服务工作情况进行检查考核,并纳入大学生思想政治教育工作评估体系;要在坚持自愿原则的基础上,鼓励学生积极参加志愿服务组织,倡导学生注册成为志愿者。并将高校学生参加志愿服务活动有关记录纳入到毕业生信息库中。

在全面推进大学生参与志愿服务和社会公益的大背景下,各高校结合实际情况制定了具体办法,将志愿服务纳入本科学分是不少高校在长期的志愿实践基础上进一步探索的结果。经过2011年一年的试运行后,天津科技大学海洋科学与工程学院于2012年正式将社会公益服务纳入学分体系,把社会公益服务列为必修课,占1学分。天津科技大学海洋科学与工程学院与天津的部分社会公益组织签订合作协议,学生可参与这些公益组织的项目和活动,并由公益组织来认定学生的志愿服务时间。与天津科技大学和社会公益组织建立合作关系这种方式不同,中国人民大学实行了以教务处管理认定学分、校团委统筹的社会实践学分管理制度。北京科技大学也将志愿服务以工时的形式进行量化,要求本科生毕业前修满36个工时方能合格毕业。吉林大学出台《吉林大学志愿服务纳入本科课程体系考评细则》,决定自2010级本科生开始,正式将志愿服务纳入本科生学分制,新入学本科生将同时注册成为"吉林大学阳光志愿者",并发放志愿者证。按照《吉林大学志愿服务纳入本科课程体系考评细则》规定,本科生志愿服务考评体系由基础项和自选项构成,基础项是学生必须参加的课程任务,自选项则由学生根据实际情况和条件选择性完成。要求学生每学年参加各级、各类志愿服务活动不得少于60小时;参加市及市级以上单位组织的志愿服务活动不得少于2次;要有长期开展志愿服务的地点和受援对象,并且每月至少开展志愿服务3次。此外,吉林大学校团委还出台了《吉林大学深入开展志愿服务工作实施办法》等规章制度,并将定期定额拨付志愿服务专项经费,保证学生顺利开展志愿服务。

随着不少高校将志愿服务纳入本科学分等推进大学生志愿服务的举措日渐成熟,志愿服务在高校得到了理论与实践双重层面的深入推进。为进一步全面推进大学生志愿服务活动,2012年,教育部等七部门联合印发《教育部等部门关于进一步加强高校实践育人工作的若干意见》,倡导学生参加生产劳动、志愿服务和公益活动,并加强了分类指导,增加可量化的工作标准,明确各类学生参加社会实践活动的学分和学时等基本要求。

"志愿服务"纳入本科学分,从操作层面来看,量化考核确是推动大学生社会实践和社会服务最快、最符合实际情况的选择。实际上,将公益服务列为必修课,并非只有中国的高校这么做。在美国、日本等国家,大学、中学和小学里都设有公民服务课,以推动学生与社会接触,培养他们的社会责任感。学者丁元竹认为,把志愿服务算作学分,是一种阶段性的策略,通过强制性的推动,使学生真正养成自觉服务社会的意识,最终使公益服务由一门必修课内化成大学生的社会服务意识。

22. 共青团关爱农民工子女志愿服务行动

随着中国经济社会的全面发展和工业化、城镇化进程的加快,农民工问题已经成为重大的经济、社会问题和长期战略性问题。党和政府及社会各界高度关注农民工及农民工子女问题,农民工子女的教育发展,既是党和政府高度重视的重大问题,也是共青团的重要工作内容。为深入贯彻中央有关精神和中央文明委《关于深入开展志愿服务活动的意见》,广泛动员青年志愿者为农民工子女健康成长提供形式多样、切实有效的志愿服务,加强新格局下青年志愿者行动品牌建设,支持"两个全体青年"工作目标的实现,共青团中央于2010年5月4日启动实施"共青团关爱农民工子女志愿服务行动"。

"共青团关爱农民工子女志愿服务行动"是共青团履行基本职能、体现社会责任、促进社会和谐的重要举措。该行动以随父母进入城市的农民工子女和留在农村的农民工子女为服务对象,组织广大青年志愿者在全国城乡广泛开展学业辅导、亲情陪伴、感受城市、自护教育、爱心捐助等内容的志愿服务。

2010年4月9日,共青团中央正式下发了《关于开展"共青团关爱农民工子女志愿服务行动"的通知》。2010年5月4日,全国30个省级团委集中开展启动活动。共青团中央书记处全体同志分别在北京、天津、河北等地作为青年志愿者参加活动。2010年9月20日,共青团中央在中国青年志愿者网建立"共青团关爱农民工子女信息统计系统",实时统计各地结对情况。2010年11月2日,共青团中央、中国青年志愿者协会在京举行首次"共青团关爱农民工子女志愿服务行动"全国项目推介会,来自全国各地50多家热心志愿服务事业的企业负责人和中央、首都主要新闻单位记者以及青年志愿者代表参加了会议。通过项目推介会形式向社会宣传推广,带动社会各界参与和支持这项工作。2011年11月共青团中央在全国推行"七彩课堂"工作,针对农民工子女健康成长的实际需求,设置相对统一的服务内容,即保障已结对的城市随迁农民工子女每人每年将接受不低于25次累计50小时以上的志愿服务,已结对的农村留守农民工子女每人每年接受不低于15次累计30小时以上的志愿服务。同期开展的"七彩小屋"项目,为农民工子女们配备电脑、电视、书籍及各类文体用品等,丰富农民工子女的课余生活,以使他们全面健康成长。

自"共青团关爱农民工子女志愿服务行动"启动以来,各级团组织、青年志愿者组织与农民工子女较集中的学校广泛建立"结对+接力"的机制,围绕学业辅导、亲情陪伴、感受城市、自护教育、爱心捐赠等内容,通过实施一批示范性项目,推动这项工作深入开展、取得实效。根据中国青年志愿者网2011年11月信息统计系统数据,"共青团关爱农民工子女志愿服务行动"自启动以来,在全国2786个县市区旗实施"关爱行动",已结对农民工子女较集中学校32610所,帮扶了730万农民工子女。

"共青团关爱农民工子女志愿服务行动"是共青团当前和今后一个时期的重要工作内容,各级团组织、青年志愿者组织将认真贯彻党中央书记处重要指示精神,不断深化社会动员,不断巩固工作基础,不断完善工作机制,和社会各界朋友携起手来,把"关爱行动"打造成共青团在服务青年方面信得过、可持续的品牌,把党和政府的关心送到千千万万农民工家庭,使孩子们健康快乐成长。

23.全民健身志愿服务大行动

为深入贯彻落实《全民健身条例》,倡导健康文明的生活方式,推动全民健身活动的蓬勃开展,国家体育总局积极地在全国范围内进行宣传和推行全民健身活动。2010年8月8日是国务院批准设立的第二个全国"全民健身日",为迎接和庆祝这一关系到全体人民的健身节日,进一步广泛地宣传国家设立"全民健身日"的重大意义,由国家体育总局、中华全国体育总会和北京市人民政府共同主办,北京市体育局、北京市朝阳区人民政府承办的2010年"全民健身日——全民健身志愿服务大行动"活动于2010年8月8日在北京朝阳公园举行。中共中央政治局委员、国务委员刘延东出席本活动并宣布"全民健身志愿服务大行动"正式启动。

"全民健身志愿者服务大行动"以"我运动、我快乐、我健康、我幸福"为主题,包括参与互动、健身指导、成就展示、奥运电影播放四个主体活动,旨在向百姓普及推广健身理念和健康文明的生活方式。"全民健身志愿者服务大行动"作为2010年"全民健身日"的活动主题,突出了运动健身活动的志愿性、示范性、参与性和互动性。在民众体验互动活动中,孔令辉等多名优秀运动员参加了志愿服务,整个活动有30多种项目,包括棋类、模型类、球类（篮球、乒乓球、网球、门球）、趣味性（树上探险、沙包掷准、沙滩游戏）和娱乐性项目。体质测试、健身指导是全民健身志愿服务的一大亮点，国家体育总局体科所、市体科所组织科研人员，出动了4辆专业测试车为群众进行免费体质检测及健身指导咨询。据有关统计，在活动现场共有2000余名体育爱好者以及公园内大约1万多名游客参与。与此同时，第二个全民健身日早晨，朝阳公园、地坛、天坛、龙潭湖、陶然亭、莲花池、玉渊潭、紫竹院、人定湖、八大处公园这十大公园，上演了晨练大行动。北京市各社区健身俱乐部、青少年体育俱乐部为参加健身活动的市民进行公益性服务。

此外，全国各地各级体育部门根据总局统一部署，结合本地区实际，根据不同地区、不同行业的特点，精心策划和组织开展了2010年"全民健身日"各项活动，如黑龙江组织开展的横渡兴凯湖极限挑战赛活动、江苏组织开展的长三角城市景观越野赛、重庆组织开展的"健康重庆"公开水域游泳比赛、宁夏组织开展的全国群众登山健身大会暨首届六盘山登山节和"黄河金岸"国际马拉松（半程）邀请赛、新疆组织开展的天山大峡谷20公里休闲徒步走、青岛举办的国际海洋节系列赛事，以及内蒙古、青海、西藏、云南、广西根据本地区情况组织开展的一系列具有少数民族传统特色的全民健身活动。全国各地各级体育部门充分利用当地自然体育资源，广泛动员和组织优秀运动员、社会体育指导员、体育科研工作者、体育教师等社会各界人士积极参加"全民健身志愿服务活动"，注重以点带面，使全民健身活动贯穿全年。各级体育部门和协会，注重以"全民健身日"为契机，延伸和拓展健身活动的空间，为全民健身活动常态化创造条件。不少省市注重组织开展阶段性的系列活动，举办的体育节和体育活动都安排了较长的活动周期，强化了活动的延续效应，如内蒙古举办的各类群众体育活动，分为三个阶段，从6月10日一直延续到10月底；广西举办的第二届广西体育节，各项活动以8月8日为起点，一直到11月18日才结束；青岛举办的各类海洋赛事，从7月下旬延续到8月底。中国台球协会举办的斯诺克业余大师赛各站比赛，从7月初一直延续到8月下旬；中国健身气功协会组织开展的全国百城千村健身气功交流展示系列活动以及全国健身气功站点联赛活动，活动开展时间分别为4月至10月、7月至12月。

"全民健身志愿者服务大行动"通过广泛、深入地宣传和开展丰富多彩、贴近生活、方便群众参与的体育健身互动、体验、指导活动，提高了全社会对设立"全民健身日"重大现实意义和深远历史影响的认识。

此外，把"全民健身日"活动赋予"全民健身志愿服务大行动"的主题，是为在全国范围内广泛开展全民健身志愿服务活动提供示范和引导，为广大优秀运动员、教练员、社会体育指导员、体育院校师生、体育运动爱好者和热心公益的各界人士回馈和服务社会搭建一个平台。同时通过他们的公益行动，积极倡导全民健身志愿服务，发挥志愿服务在全民健身活动中的重要作用，逐步增强广大群众的体育健身意识，培养良好的体育锻炼习惯，在全社会形成崇尚健身、参与健身、追求健康文明生活方式的良好环境和氛围。

24.中国社会服务志愿者队伍建设指导纲要

为加强我国社会服务志愿者队伍建设，推进志愿服务规范化、制度化、常态化发展，民政部于2013年12月27日制定《中国社会服务志愿者队伍建设指导纲要（2013—2020年）》（以下简称《纲要》）。《纲要》指明了我国社会服务志愿者队伍发展的现状和面临的趋势，点明了我国社会服务志愿者队伍建设的指导思想、指导原则及总体目标，明确了社会服务志愿者队伍建设的工作任务及保障措施。

首先，《纲要》分析了当前我国社会服务志愿者队伍建设的发展的现状和面临的形势。近年来，我国社会服务志愿者队伍建设政策环境不断完善，队伍规模不断壮大，发展平台不断夯实，基础保障不断加强，服务活动不断丰富，志愿服务覆盖活动范围及活动领域不断扩大，志愿服务活动形式日益丰富，在提高群众生活水平、助推城乡社会建设、发展社会服务、创新社会治理、提高社会文明素质等方面发挥了积极作用。但总体看，当前我国社会服务志愿者队伍建设基础还比较薄弱，还存在着政策法规体系不够完善、公众参与志愿服务氛围不够浓厚、志愿服务组织和志愿者队伍数量不足、志愿者素质有待提高和志愿服务缺乏稳定经费保障等问题，与人民群众日益增长的社会服务需求相比还有许多不适应的地方。在此背景下，为加快推进社会服务志愿者队伍建设，有效满足人民群众的服务需求，制定了《纲要》。

继而，《纲要》依次指出我国社会服务志愿者队伍建设的指导思想、基本原则、总体目标、主要任务及保障措施。

第一，社会服务志愿者队伍建设的指导思想为：以邓小平理论、"三个代表"重要思想、科学发展观为指导，以建立健全服务体系、提升服务能力为目标，以扩大队伍规模、提高队伍素质为重点，以制度化建设为保障，加快建设一支数量充足、素质优良、结构合理、长期稳定、服务规范的社会服务志愿者队伍，不断满足人民群众日益增长的服务需求，为发展社会事业、创新社会治理、加强社会建设、促进社会和谐凝聚强大社会力量。

第二，社会服务志愿者队伍建设的四项基本原则包括：一、以人为本，服务社会；二、广泛动员，自愿参与；三、讲求实效，鼓励创新；四、统筹协调，合力发展。

第三，社会服务志愿者队伍建设的总体目标为：建立健全社会服务志愿者法规、政策、制度体系，畅通志愿者参与社会服务的渠道，夯实志愿者参与社会服务的基础，营造人人愿为、人人能为、时时可为的社会服务志愿者发展环境，使社会服务志愿者队伍的数量、质量与结构适应构建社会主义和谐社会的需要,满足社会成员尤其是困难群体日益增长的社会服务需求。目标具体体现在以下五个方面:一、队伍规模不断扩大。到2020年,注册社会服务志愿者占居民总数的比例达到10%。二、能力素质不断提升。具有专业特长的社会服务志愿者不断增多,能开展专业社会服务的志愿服务组织不断涌现,志愿者的服务理念不断强化,服务知识不断丰富,服务技能不断增强,服务方法不断完善。三、队伍结构不断优化。社会服务志愿者群体覆盖社会各类人群,社会服务志愿者队伍的区域结构、城乡结构、领域结构、专业结构和年龄结构不断优化。四、发展环境不断改善。社会服务志愿者招募、注册、培训、管理、考核、评价、激励、保障等方面政策制度不断健全,志愿服务记录制度全面建立,志愿服务网络进一步拓展,志愿服务组织布局更加合理、治理更加科学、作用更加突出。五、服务效益不断增强。志愿服务时间逐步增加,志愿服务领域不断拓宽,志愿服务更加规范、科学,志愿者和服务对象满意度不断提高,志愿服务在改善社会福利、开展社会救助、完善社会保障、创新社会治理、促进社会文明的成效更加明显。

第四,社会服务志愿者队伍建设主要任务包括:一、规范招募注册,即规范人员招募,通过建立高效的招募机制吸引各阶层、各职业、各年龄段人群加入志愿服务队伍;实施注册管理,全面推行社会服务志愿者注册登记制度,实现注册服务资源的有效整合。二、深化教育培训,即完善培训体系,逐步建立健全志愿者分级分类培训体系;加强基础建设,建立培训机构,增强培训师资,提升培训效果。三、加强记录管理,即规范服务记录,全面建立公民志愿服务记录制度;强化服务管理,健全监督机制,实现志愿者与服务岗位的最佳匹配。四、完善评价激励,即通过建立志愿服务统计体系和志愿服务成效评估体系完善评价机制和完善以精神激励为主、物质奖励为辅的社会服务志愿者表彰激励机制。五、加快平台建设,即通过简化登记程序、降低登记门槛、实施志愿服务组织孵化工程等方式支持组织发展;通过加快信息化建设,完善以精神激励为主、物质奖励为辅的社会服务志愿者表彰激励机制。六、推进服务开展,即推进基地建设、加强项目开发、建立社会工作者与志愿者联动机制。

第五,社会服务志愿者队伍建设保障措施包括通过建立健全省(直辖市、自治区)、市(地、州、盟)、县(市、区、旗)三级社会服务志愿者队伍工作体系,形成党政领导、民政负责、部门协同、社会参与的工作格局,加强组织领导,加大经费投入,完善政策制度,并加强对社会服务工作开展情况及先进事迹的宣传,为社会志愿服务进一步发展创造良好的环境。

《纲要》的颁布有利于建立健全社会服务志愿者法规、政策、制度体系,畅通志愿者参与社会服务的渠道,夯实志愿者参与社会服务的基础,为我国社会服务工作提供良好的环境。

25.中国青年志愿者行动发展规划

为认真贯彻落实党中央精神和团中央要求,全面深化青年志愿者行动,实现青年志愿者事业科学发展,结合"奉献、友爱、互助、进步"的青年志愿者精神已经成为当代青年喜爱和接受的精神时尚,青年志愿者行动已经成为动员青年参与经济社会建设的重要载体,青年志愿者工作已经成为新时期共青团的重要品牌的青年志愿者事业发展现状,2013年12月,共青团中央和中国青年志愿者协会共同发布《中国青年志愿者行动发展规划(2014—2018)》(以下简称《规划》)。

《规划》主要体现在推进青年志愿者行动工作的指导思想、工作原则、目标任务、加强组织和队伍建设措施等七方面的内容。

第一,青年志愿者行动以邓小平理论、"三个代表"重要思想、科学发展观为指导,深入贯彻党的十八大、十八届三中全会精神,牢牢把握共青团工作的根本性问题,落实团的十七大要求,注重育人导向、事业导向、基层导向,坚持志愿服务项目化运作、社会化动员、制度化发展,引导广大团员青年为全面建成小康社会、实现中华民族伟大复兴的中国梦贡献力量。坚持以"围绕中心,服务大局"、"体现共青团基本职能"、"尊重青年志愿者主体地位,尊重基层首创精神"、"立足常态,重在实效"、"统筹协调,分类指导"为五项基本原则,从而实现到2018年,青年志愿者行动组织、队伍、项目、平台、文化、机制等建设取得明显突破,科学化水平全面提升,继续保持在中国志愿服务事业中的"排头兵"地位,在服务青年成长、满足社会需求、引领文明风尚等方面发挥更大作用,为创新社会治理体制、加强社会建设作出新贡献的目标任务。根据目标要求基本实现"县县建协会",规范注册的青年志愿者超过6000万,建立分层、分类的志愿服务项目库,形成覆盖广泛、内容丰富、具有较高专业水准的志愿服务项目体系,形成一批有效对接志愿服务需求、高效整合社会资源、规范标准的实体型、网络型和复合型平台,建设各类实体型平台50万个,实现网络型平台互联互通,建立全国性资源整合平台,加强"中国青年志愿者"品牌推广,加大志愿服务文化产品供给,加强理论研究和成果转化,更好地指导志愿服务实践,健全管理制度,完善政策措施,推动志愿服务立法,保障各项工作有效运转,自身建设科学发展。

第二,加强组织和队伍建设,按照"夯实基础,增强活力"的要求,加强青年志愿者组织和队伍建设:一、扩大基层青年志愿者组织覆盖。重点推动县级团委加强青年志愿者协会建设;推动高校普遍建立青年志愿者协会,支持有条件的行业、企业积极建立青年志愿者组织;在专业性较强的志愿服务领域建立专业志愿者组织;完善"基层团组织+辖区志愿者组织"的组织框架。二、增强团属志愿者协会枢纽功能。三、壮大青年志愿者队伍。加强对志愿者队伍建设的规划、管理和指导；加大注册志愿者制度实施力度，拓展志愿者招募渠道；注重志愿者专业能力培养；重视在中小学生中开展志愿服务意识教育，培养志愿服务事业后备力量。四、建立科学的志愿者培训体系。加强志愿者培训课程、教材的开发，开展志愿者培训师、志愿者导师认证工作，推动培训机构建设逐步向县级延伸，不断提升志愿服务培训的质量和成效。

第三，以"党政高度关注，社会普遍需求，具有实施条件，青年乐于参与"为着眼点，不断拓展服务领域，完善项目体系，加强项目建设。一、深化全团重点项目。加强对全团重点项目的统筹规划、宏观管理和协同推进，强化服务标准，提升实施水平，扩大品牌影响，着力发挥重大项目在青年志愿者事业发展中的示范带动作用；加强对社会领域有普遍需求且青年能为、青年愿为的全国性志愿服务项目的研究谋划、指导协调和督促落实；与有关部门合作，适时启动关爱残疾青少年志愿服务项目。二、促进地方项目健康发展。加大对具有创新性、普遍性的地方项目的支持、培育和推广；结合本地实际，争取政府和社会支持，创新志愿服务项目；各地要积极参与政府购买公共服务项目，与相关社会组织合作开展志愿服务项目；引导各地志愿者组织参与国际项目的交流合作。三、完善志愿服务项目体系。认真梳理青年志愿服务的基本模式，逐步建成一个层次分明、门类齐全的志愿服务项目库。依托项目库，推动项目交流和资源整合。

第四，推进志愿服务平台建设。志愿服务平台是集人员管理、信息发布、供需对接、资源整合、认证考核等功能于一体，实现志愿者、服务对象、社会资源有效衔接的工作载体。要按照开放性和共享性原则，根据志愿服务发展本身的需求，积极推进志愿服务平台建设。推进实体型平台建设，整合网络型平台，搭建资源整合平台。

第五，加强文化和理论建设。普及志愿服务文化和志愿服务理念，在全社会大力弘扬"奉献、友爱、互助、进步"的青年志愿者精神，使参与志愿服务成为青年的自觉和追求。发挥理论研究对志愿服务实践的支撑作用，加强"中国青年志愿者"品牌推广，加大志愿服务文化产品供给，提升与媒体合作的能力，加强理论研究，将理论与实践有机结合，注重实践性研究，开展战略性研究。引导学理性研究，为志愿服务事业健康发展提供理论支撑。

第六，健全青年志愿者行动发展机制。坚持党政支持、共青团承办、项目化管理、社会化运作，通过制度化安排，把志愿者的精神、热情、专长和服务时间有效转化为服务青年成长、群众需求和党政大局的长效机制。首先，健全管理服务机制。完善志愿者注册制度，健全志愿服务时间计量制度，建立志愿者组织（团队）等级评定制度；建立项目管理机制；健全评选表彰机制；推动各地将志愿服务纳入团内外有关评选表彰的考评体系；健全社会化运行机制，进一步推进各级团委专门青年志愿者工作机构建设。其次，完善政策保障机制。健全志愿者保障机制，争取相关部委支持，探索建立志愿者权益维护机制，健全工作支撑机制，鼓励各地积极争取将青年志愿者工作经费列入同级政府财政预算，积极争取承担部分管理服务社会公益组织的职能，并力争形成参与政府购买公共服务的合作机制。支持各地制订、修订志愿服务地方性法规，开展志愿服务立法研究与交流，参与、推动志愿服务全国性法律法规的制订工作。再次，加强国际、港澳台交流合作。坚持立足国内志愿服务实践，吸收借鉴世界各地开展志愿服务的经验，把"引进来"与"走出去"结合起来，推动全球志愿服务项目体系的建立与完善。

第七，《规划》明确指出要加强规划的组织领导，在团中央书记处领导下，团中央青年志愿者工作部负责规划的具体组织实施，编制专项规划、实施细则和制定年度计划，各地团组织要推进相关工作在本地落实。同时，抓好规划的评估检查，团中央青年志愿者工作部将建立规划实施的统计监测、绩效评估、动态调整和监督考核机制，依照总体规划和年度计划对各地落实情况进行监督、评估，并通过适当方式予以公布。

该《规划》的颁发为我国青年志愿者行动发展提供了基本纲领及思路，利于引导及保障我国青年志愿者行动有序开展。

26.关于积极促进志愿消防队伍发展的指导意见

按照《中共中央关于构建社会主义和谐社会若干重大问题的决定》关于"建立与政府服务、市场服务相衔接的社会志愿服务体系"和《国务院关于加强和改进消防工作的意见》关于"大力发展志愿消防队伍"的要求，国家发展和改革委员会、民政部、财政部及人力资源和社会保障部于2012年12月20日联合发布《关于积极促进志愿消防队伍发展的指导意见》（以下简称《意见》），为志愿消防队伍发展提供了指导思想及工作要求。

首先，为推动志愿消防队伍发展，《意见》提出了推动工作的指导思想、基本原则及发展目标。即务必认真贯彻《中华人民共和国消防法》等法律法规，大力弘扬志愿服务精神，完善志愿消防服务体系和激励保障机制，广泛动员社会力量参与消防事业，积极构建以公安消防队为主力、专职消防队为补充、志愿消防队为基础的覆盖城乡的火灾防控力量体系，加强灭火救援基层力量建设，推进消防安全基本公共服务均等化，进一步提升全社会防控火灾的能力和水平。同时，遵循"政府主导、社会参与"的发展方向和"公益、自愿、平等、无偿"的基本发展原则，坚持群众路线，整合社会资源，创新发展机制，丰富建队模式，倡导公益奉献，完善保障激励，统筹城乡发展，覆盖城镇乡村，拓展防消职责，维护公共安全，规范管理指导，促进持续发展。

为实现到2015年底，除按照《关于深化多种形式消防队伍建设发展的指导意见》应建立政府专职消防队的乡镇外，其他乡镇按照《乡镇消防队标准》建立有志愿人员、有车辆装备、有执勤站舍、有经费保障的志愿消防队；30%以上常住人口超过1000人的行政村、自然村建立有志愿人员和基本消防装备器材的志愿消防队，有条件的地区率先全面发展；火灾高危单位和其他人员密集、性质重要的消防安全重点单位要为全面建立志愿消防队的发展目标而努力。

其次，为促进志愿消防队伍建设，《意见》提出相应的建设管理模式。根据工作环节的不同，共分为以下九个环节：一、建队职责。乡镇政府负责乡镇志愿消防队的建设，招募志愿消防员补充专职消防队人员数量的不足，并协调指导本辖区内的志愿消防队伍建设。村（居）民委员会根据需要建立志愿消防队。机关、团体、企业、事业等单位除依法建立专职消防队外，还应当根据需要建立志愿消防队，或者组织志愿人员参与本单位专职消防队执勤。鼓励热心消防公益事业的单位和个人组建志愿消防队。二、管理责任。组建志愿消防队的乡镇政府、村（居）民委员会和机关、团体、企业、事业等单位以及个人，是志愿消防队的管理主体，负责制定志愿消防队的组织章程、确定志愿消防队的管理人员、落实日常监管。志愿消防队应当按照组织章程制定落实有关登记注册、教育训练、执勤管理、服务记录、考核评价等方面的管理制度，建立志愿消防员服务档案并对志愿服务记录进行管理。三、人员招募。乡镇政府和村（居）民委员会可以将志愿招募计划以公告、广播等方式在当地公布，自行或者联合招募志愿消防员；单位可以在本单位员工中招募志愿消防员。招募对象应为具有初中以上文化程度且年满18周岁、身体健康、品行良好、热心消防公益事业的公民，乡镇政府和村（居）民委员会招募的志愿消防员应是本地常住人口。四、队站装备。志愿消防队应当按照《乡镇消防队标准》等国家和地方的有关标准、规定，具备消防车库、通信值班室、备勤室等必要的业务用房和场地，并结合当地火灾特点和扑救初起火灾的需要，配备适用的消防装备和基本的消防员个人防护装备，满足灭火救援及消防宣传教育、防火巡查检查的需要。五、岗位培训。志愿消防队在招募人员后，应当组织志愿消防员接受岗前培训和在岗培训，培训合格后方可参加执勤；志愿服务期间应定期组织在岗培训，不断提高业务技能。培训包括基本训练和专业训练，基本训练包括志愿服务理念、消防基础知识、体能训练等，专业训练包括熟悉灭火救援器材和个人防护装备的性能和基本使用方法，以及防火巡查检查的基本方法。岗位培训的实施主体和具体内容、时间由省或市级公安消防部门结合灭火救援员国家职业标准，本着简化实用的原则确定。岗位培训一律免费。鼓励志愿消防员取得与其岗位职责相适应的灭火救援员等国家职业资格证书。六、工作职能。志愿消防队应当自觉履行志愿服务承诺，在接到火灾报告、救援求助或地方政府、公安机关及消防部门的指令后及时提供力所能及的灭火救援服务，并在当地政府和有关部门组织指导下开展经常性的消防宣传教育培训、防火巡查检查等自防自救工作，不得向被服务者收取报酬。七、执勤方式。乡镇政府建立的志愿消防队应当将志愿消防员编组轮流值班备勤，每班至少有2名队员在队值班，其他值班人员在单位或家庭备勤。在队值班人员接警后应当迅速驾驶消防车辆、携带灭火救援装备出动，并以电话、广播等形式及时通知其他值班人员直接赶赴现场。村（居）民委员会、单位和个人组建的志愿消防队可结合本地、本单位实际，确定值班备勤方式。公安消防部门可根据需要调动志愿消防队参加灭火救援工作。八、业务指导。各级公安消防部门应当加强对志愿消防队伍的业务指导，协调有关部门就志愿消防队伍的组建管理、建队标准、执勤训练、灭火救援、奖励表彰等提出指导性意见。县级公安消防部门、公安派出所和乡镇消防安全管理机构应当定期对本辖区的志愿消防队伍进行检查指导，帮助解决实际困难，定期组织开展志愿消防队伍业务竞赛和考核评比。九、备案管理。乡镇政府、消防安全重点单位组建志愿消防队后，应当向县级公安消防部门申报备案；村（居）民委员会、一般单位和个人组建志愿消防队后，应当向当地公安派出所或乡镇消防安全管理机构申报备案。申报材料包括志愿消防队的组织章程、各项制度、人员名册、站房装备清单；有关情况变化的，应当及时补充申报。志愿消防队应当每年向备案部门上交志愿服务总结。

县级公安消防部门、公安派出所和乡镇消防安全管理机构对于组织章程符合志愿服务宗旨且达到相关标准要求的志愿消防队，应当及时予以备案，录入志愿消防队和志愿者队伍建设网上信息平台。公安消防部门应定期将备案的志愿消防队及其人员名册和志愿服务记录信息提供给当地民政、财政、人力资源和社会保障等部门。对于背离志愿服务宗旨、不履行志愿服务承诺、达不到有关标准要求的志愿消防队，应取消备案。

再次，为保障队伍建设工作有序、有效推进，《意见》明确提出推进工作发展的保障激励机制，包括：一、经费保障。公安消防部门组织指导志愿消防队伍日常培训、专业训练的经费，应当按照财政部《地方消防经费管理办法》执行。单位志愿消防队的经费由本单位负责保障。村（居）民委员会和个人组建志愿消防队，地方政府可予以经费支持。二、保险待遇。鼓励志愿消防队参照政府专职消防队员标准，为志愿消防员办理人身意外伤害保险。三、车辆管理。志愿消防队的消防车辆依据公安部、交通运输部和国家税务总局《关于规范和加强多种形式消防队伍消防车辆管理的通知》的有关规定，免缴车辆购置税并办理牌证，安装警报器、标志灯具，在执行灭火救援任务往返途中免交车辆通行费。四、职业健康。认真贯彻《消防员职业健康标准》，积极推行志愿消防员岗前、在岗、离岗、应急职业健康检查，建立职业健康档案记录，对志愿消防员在业务训练、灭火救援期间接触的有毒有害物质和参加的重大灾害事故抢险救援等情况建立原始档案，防治消防职业疾病。五、伤亡抚恤。志愿消防员在业务训练、灭火救援中发生伤亡的，其待遇按照《国务院关于加强和改进消防工作的意见》和《关于深化多种形式消防队伍建设发展的指导意见》的有关规定执行。志愿消防员为抢救、保护国家财产、集体财产、公民生命财产牺牲，符合烈士申报条件的，按照《烈士褒扬条例》有关规定办理。六、机会回报。各地要结合实际制定政策，将志愿消防员参加志愿服务的情况与就业、创业、教育、户籍等待遇挂钩，纳入志愿服务记录和志愿者星级评定，给予其更多社会机会，提高其社会地位。对于符合条件的，按国家规定落实有关税收优惠等就业扶持和就业援助政策；对于贡献突出、符合户口迁移政策的，优先为其本人及共同居住生活的配偶、未婚子女、父母办理现居住地常住户口申请。

最后，《意见》要求，务必强化组织领导，促进志愿消防队伍建设工作有效落实。第一，要加强领导，各地要把发展志愿消防队伍作为消防工作的重要内容，纳入城乡消防基础设施建设规划，纳入社会管理综合治理、文明创建和平安地区等考评范围。各级公安、发展改革委、民政、财政、人力资源和社会保障等部门要统筹协调，加强对志愿消防队伍发展建设的宏观规划和管理指导，积极推进有关志愿消防队伍的地方立法，结合本地实际制定志愿消防队发展指导意见，加快完善志愿消防队伍组织管理体制、运行服务模式、风险防范和权益保障机制，提供保证和维持志愿消防服务的必要条件，维护志愿消防队及其人员的合法权益，把志愿消防队伍发展建设全面纳入法治化轨道。第二，加强宣传引导。要及时总结评估志愿消防队伍发展建设的成效和经验，大力弘扬、积极倡导志愿消防服务精神，积极宣传志愿消防队伍的先进典型，鼓励社会人员积极参与，对作出突出贡献的志愿消防队和志愿消防员，应按照国家规定给予表彰奖励，使其行动得到支持、价值得到认可。

27.关于深入开展志愿服务活动的意见

我国的志愿服务作为伴随改革开放出现的新生事物，有着广泛群众基础和独特优势。近年来，我国各种形式的志愿服务活动发展很快，各类志愿服务队伍比较活跃，成为社会主义精神文明建设的重要力量。为深入贯彻落实中国共产党第十七次全国代表大会精神，进一步完善社会志愿服务体系，积极培育文明风尚，不断提高公民文明素质、社会文明程度和群众生活质量，中央精神文明建设指导委员会于2008年10月6日，就全社会深入开展志愿服务活动提出《关于深入开展志愿服务活动的意见》，要求各省、自治区、直辖市和新疆生产建设兵团文明委，中央文明委各成员单位，按照本意见的精神，结合实际，制定贯彻落实的具体措施。

根据意见要求，各单位首先要充分认识深入开展志愿服务活动的重要意义，坚持意见的指导思想和基本原则。

开展志愿服务活动具有重要意义,志愿服务体现着公民的社会责任意识,是现代社会文明程度的重要标志,是新形势下推进精神文明建设的有效途径。同时,志愿服务领域宽、渠道广,能够广泛动员社会资源,有效弥补政府服务和市场服务的不足,为政府分忧、为百姓解难,有利于在全社会形成团结互助、平等友爱、共同进步的社会氛围和人际关系,增加和谐因素、促进公平正义、维护社会稳定;有利于倡导爱国、敬业、诚信、友善等基本道德规范,提高公民思想道德素质,把建设社会主义核心价值体系的任务落到实处;有利于充分发挥群众的主体作用,激发群众的参与热情,为精神文明创建活动注入新的生机与活力。

因此,开展志愿服务活动成为促进我国志愿服务工作开展的有利突破口,深入开展志愿服务活动要坚持以邓小平理论和"三个代表"重要思想为指导,深入贯彻落实科学发展观,紧紧抓住社会主义核心价值体系建设这个根本,贴近实际、贴近生活、贴近群众,广泛普及志愿理念,大力弘扬志愿精神,着力壮大志愿者队伍,着力完善志愿服务体系,着力建立志愿服务社会化运行模式,推动志愿服务有一个新的更大发展,使更多的人成为志愿者,使更多的志愿者成为良好社会风尚的倡导者,成为社会主义精神文明的传播者、实践者。坚持以下五项基本原则:坚持以相互关爱、服务社会为主题,始终把公益性放在首位,充分体现无偿、利他的基本要求;坚持志愿服务与政府服务、市场服务相衔接,有针对性地设计项目、开展活动,做到量力而行、务求实效;坚持志愿服务与实现个人发展相统一,让人们在为他人送温暖、为社会做贡献的过程中经受锻炼、增长才干;坚持自愿参与和社会倡导相结合,既尊重人们的服务意愿,鼓励人们自主参与,又强调公民的社会责任,努力扩大志愿服务活动的覆盖面,增强志愿服务活动的影响力;坚持社会化运行模式,把党政各部门、社会各方面组织动员起来,形成强大工作合力。

其次,要普及志愿理念,弘扬志愿精神,努力营造关心、支持和参与志愿服务的浓厚社会氛围。第一,要创造有利于志愿服务的舆论文化环境。以奉献、友爱、互助、进步为主要内容的志愿精神,是志愿服务活动的核心,也是推动志愿服务活动长期深入开展的内在动力和有力支撑,必须广泛普及志愿理念,大力弘扬志愿精神,以新闻媒体为思想文化传播的重要载体,切实加大志愿服务的宣传力度,充分发挥报刊、广播、电视、互联网、手机短信等大众传媒的作用,通过生动感人的文艺作品和丰富多彩的文化活动,展现志愿者的良好风貌和高尚情操,寓教于乐、寓教于文,形成有利于志愿服务的良好文化环境。第二,要加大学校教育和社会教育的力度。青年是志愿服务的生力军,学校是开展志愿服务教育的主阵地,社区是群众生活的基本单元,要把志愿精神作为未成年人思想道德建设和大学生思想政治教育的重要内容,同时充分利用社区服务中心、宣传文化站等多种途径，加大志愿服务宣传教育力度。第三，要注重在实践中培养志愿服务意识。各种形式的志愿服务活动，是弘扬和践行志愿精神的有效载体，从经济社会发展需要和人民群众愿望出发精心设计志愿服务项目，继续发现和培养社会各界参与志愿服务活动的先进典型，组织志愿者积极撰写心得体会，使志愿服务理念得到越来越多人的接受和认同，吸引和感召更多的人加入到志愿服务的行列。

再次，要深入开展多种形式的志愿服务活动，为人们关爱他人、奉献社会搭建平台。一是要着眼于讲文明树新风开展志愿服务活动。紧紧围绕讲文明树新风组织志愿服务活动，不断拓展志愿服务的领域，丰富志愿服务的内涵，传播文明理念，倡导团结互助精神，引导人们知礼仪、重礼节、讲道德；组织开展科技、文体、法律、卫生志愿服务，以农村、偏远地区和进城务工人员为重点，普及科学知识、传播先进文化、开展法律援助、提供医疗卫生服务；组织开展保护生态环境志愿服务，逐步形成良好的人居环境和生态环境。二是要着眼于扶危济困开展志愿服务活动。以生活困难群众和老年人、残疾人作为重点对象，坚持从办得到、群众又迫切需要的事情做起，积极开展送温暖、献爱心志愿服务活动，努力为困难群众排忧解难。三是要着眼于大型社会活动顺利进行开展志愿服务。四是要着眼于应急救援开展志愿服务活动。应急救援志愿服务是专业救援的重要辅助力量，是国家应急救援体系的重要组成部分。要组织开展应急救援志愿服务活动，提高社会和公民的应急处置能力，要把应急救援志愿服务纳入政府应急反应体系，提高应急救援的专业化水平，保证志愿者关键时刻能服务、会服务。

最后，要进一步建立健全志愿服务活动的运行机制，不断提高志愿服务的科学化、规范化、专业化和社会化水平，并切实加强对志愿服务活动的组织领导，推动志愿服务持续健康发展。规范招募和注册，加强培训和管理，建立和完善激励机制，提供政策和法规保障等环节。健全领导体制，整合社会资源，加大经费投入，提供基本保障。

28.关于深入推进学生志愿服务活动的意见

为深入贯彻落实党的十七大和中央精神文明建设指导委员会《关于深入开展志愿服务活动的意见》（以下简称《意见》）精神，把志愿精神作为进一步加强和改进大学生思想政治教育和未成年人思想道德建设的重要内容，充分发挥志愿服务活动的育人作用，教育部于2009年7月17日在其门户网站公布《关于深入推进学生志愿服务活动的意见》并印发，要求切实加强对学生志愿服务活动的领导，建立健全学生志愿服务活动长效机制，深入推进学生志愿服务活动。

《意见》指出，深入推进学生志愿服务活动，要以邓小平理论和"三个代表"重要思想为指导,深入贯彻落实科学发展观,紧紧抓住社会主义核心价值体系建设这个根本,贴近实际、贴近生活、贴近学生,广泛普及志愿理念,大力弘扬志愿精神,着力培养志愿服务意识,着力壮大志愿者队伍,着力完善志愿服务体系,着力建立志愿服务社会化运行模式,推动志愿服务有一个新的更大发展,使更多的学生成为志愿者,使更多的学生志愿者成为良好社会风尚的倡导者,成为社会主义精神文明的传播者、实践者,充分发挥志愿服务的育人功能。要认真总结近年来学生参与志愿服务活动的做法和经验,在已有工作基础上,努力促进学生志愿服务活动的长效化、规范化、常态化。要坚持支持鼓励、自愿无偿、适宜适量的原则。

《意见》要求,各地各校要加强教育引导,强化学生志愿服务意识。高校要把志愿精神作为进一步加强和改进大学生思想政治教育的重要内容,纳入到思想政治理论课教育教学,在《思想道德修养与法律基础》课中安排适当课时讲授相关内容。要编写激励学生发扬志愿精神的辅导读物,在教学讨论和评价中增加宣传志愿精神的内容。要在学生社会实践活动中加大志愿服务的力度,积极引导学生利用社会实践的机会开展志愿服务活动。要加强社会工作专业的学科建设,为学生志愿服务提供学科依托和理论支持。要通过举办讲座、报告会等形式,积极传播志愿服务理念,激发学生参加志愿服务活动的热情。中小学要把志愿精神作为进一步加强和改进未成年人思想道德建设的重要内容,有机融入《品德与生活》等课程的教育教学中。要因地制宜、重在教育,积极探索实践教学和学生参加社会实践、社区服务的有效机制,引导学生根据年龄特点,通过社会实践、社区服务开展力所能及的公益性劳动和志愿服务活动,不断增强志愿服务意识。要积极选树学生志愿服务活动先进典型,大力开展学生志愿服务先进集体和个人的评选表彰活动。要充分利用校园媒体和社会媒体,对学生志愿服务活动先进集体和个人进行广泛宣传。

《意见》强调,要深入开展各种形式的志愿服务活动,搭建学生志愿服务平台。要根据不同学生的特点,结合实际,组织学生积极参加各类志愿服务活动,同时利用寒暑假期和节假日,开展社会实践活动,探索形成具有学生特点的志愿服务品牌项目,建设学生志愿服务基地。一是在讲文明树新风的志愿服务活动中,组织开展普及文明风尚志愿服务,更好地传播文明理念,倡导团结互助精神,引导人们知礼仪、重礼节、讲道德;组织学生参加科技、文体、法律、卫生、社会治安、保护生态环境等志愿服务,为普及科学知识、传播先进文化、营造和谐环境服务。二是在扶危济困的志愿服务活动中,组织开展送温暖、献爱心活动,大力弘扬我国扶危济困、助人为乐的传统美德,坚持从办得到、群众又迫切需要的事情做起,把生活困难群众和老年人、残疾人作为重点对象,努力为困难群众排忧解难。三是在保障大型社会活动顺利进行的志愿服务中,开展公共秩序和赛会保障等志愿服务活动,动员学生志愿者到公共场所、道路交通和赛会场馆等重点部位,宣传文明行为规范,参加接待、咨询、联络、秩序维护等方面的工作,努力创造规范有序的社会公共秩序,为大型社会活动的顺利进行提供保障。四是在应急救援的志愿服务活动中,以高校学生为主,组织志愿者普及防灾避险、疏散安置、急救技能等应急处置知识,重大自然灾害和突发事件的抢险救援、卫生防疫、群众安置、设施抢修和心理安抚等工作。要依托有关职能部门、行业协会和专门学会,组织有相关知识、经验和资质的高校学生志愿者成立专业救援服务队,提高应急救援的专业化水平,保证高校学生志愿者关键时刻能服务、会服务。五是积极倡导毕业生参加"三支一扶"计划和大学生志愿西部服务计划等项目,鼓励和引导毕业生志愿者到西部、到基层、到祖国最需要的地方去,转变观念,提升能力,传播志愿服务理念,大力弘扬志愿精神。

《意见》要求,各地各校要加大支持力度,建立深入推进学生志愿服务活动的保障和激励机制。要建立健全学生志愿服务培训体系,加强对高校和高中阶段学生志愿者的培训,不断提高学生志愿者素质和服务质量。要积极制订志愿服务培训计划,编辑相关培训教材,定期开展对学生志愿者的培训工作。要结合实际,设立专项经费,加大对学生志愿服务活动的投入力度,为组织开展学生志愿服务活动提供工作条件和保障。加强学生志愿服务相关网站建设,为学生开展志愿服务和实践活动提供更广阔的视野和更充分的交流共享平台。要制订学生志愿服务工作考评措施,定期对学校开展学生志愿服务工作进行检查考核,并纳入大学生思想政治教育和未成年人思想道德建设工作评估体系。加强学生志愿服务工作研究,开展工作交流,推进信息和资源共享,为开展志愿服务活动提供理论指导和咨询。要在坚持自愿原则的基础上,鼓励学生积极参加志愿服务组织,倡导学生注册成为志愿者。要积极推动开展高校学生志愿服务认证工作,设立合理的评价指标,建立以量化考核为基础的评价体系。要将高校学生参加志愿服务活动的有关记录纳入到毕业生信息库中。要将高校学生参加志愿服务活动情况纳入到评优评奖体系中,把志愿服务作为培养入党积极分子的实践环节,对学生党员开展志愿服务提出明确要求。要完善高中阶段学生综合素质评价体系,将参加志愿活动情况记入学生成长记录中,作为综合素质评价的一项重要指标,同时也可作为学生评优、高校选拔的重要参考因素。

29.关于推进社会工作者与志愿者联动工作的实施意见

为贯彻落实中央和省委省政府关于加强社会工作专业人才队伍建设和志愿服务事业发展的精神和整体战略部署,有效整合社会工作者(以下简称"社工")和志愿者(也称"义工")资源,构建"社工引领志愿者、志愿者协助社工"的互动服务格局,推动志愿服务的常态化、社会化和专业化,共同促进广东省社会工作和志愿服务事业发展,2013 年 9

月22日,广东省民政厅、共青团广东省委员会及广东省精神文明建设委员会办公室联合印发《关于推进社会工作者与志愿者联动工作的实施意见》(以下简称《意见》),要求在正确认识社工与义工关系的基础上,加强社工与义工联动工作领导,采取有效的联动工作措施,创新联动工作项目。

《意见》指出,构建和谐社会、建设幸福广东不仅需要社工的专业力量,还需要社会公众特别是志愿者的广泛参与。实行社工与志愿者联动可以有效整合资源,发挥社工的专业优势和志愿者的精神引领,形成优势互补、良性互动的社会管理工作新格局,营造"服务社会、奉献关爱"的良好社会氛围,使社工理念、志愿服务精神深入人心,促进民生改善、社会进步。要在加强民政部门、共青团组织和文明办联合领导,完善相关工作组织架构,深入研究,健全制度,加大投入,优化环境,科学评估,完善发展,加强宣传,扩大联动工作影响的基础上采取措施,推进社工与义工联动工作发展,具体措施主要包括:第一,建立社工与义工联动协调机制,即各地要建立由党政部门、群团组织、社工组织和志愿者组织等组成的社工与志愿者联动指导机构,建立联动协调机制,研究和决定社工与志愿者联动工作的重要事项,出台促进联动工作的政策制度;定期召开专题会议,协商合作措施,解决存在问题,促进联动工作顺利推进。具体工作可委托有资质的社会组织承接或推动成立社工与志愿者联动的社会组织,促进政府、群团组织与社会组织、专业力量与社会力量的协调与合作。第二,要积极培育发展社工与义工联动组织,即鼓励通过登记注册的形式,成立促进社工与志愿者合作发展、合作服务的社会组织;鼓励和支持社工与志愿者联动的社会组织以独立、自主的方式推动合作发展,承接政府委托的合作服务事项;推动在志愿者组织中设立社工岗位,通过政府购买服务、内部转换提升等形式,选拔专业社工进入志愿者组织,在志愿服务的组织、管理、培训等方面进行业务督导;鼓励社工组织设置相关志愿服务岗位,招募具有相应专业知识和技能的志愿者进入社工组织参与社会服务项目工作,打造接力服务的志愿者骨干队伍,推行志愿服务社会化和岗位化运作;鼓励优秀志愿者报考社工资格考试,成为专业社工,促进志愿服务的科学化和专业化。第三,要加强社工与义工人才的培养和使用,即各部门各系统要鼓励和吸引年轻、高素质的专业人才参与志愿服务,努力构建专业、高效、有凝聚力、有影响力且与时代发展需求相适应的社工与志愿者服务队伍。要在社工教育培训中,设置关于志愿者管理和培训的相关课程,帮助社工充分认识志愿者的价值,在工作的开展中与志愿者进行更好的联动。要将志愿者培训纳入社会工作教育培训规划,加强对志愿者开展社会工作专业知识与技能的培训,提升其在各领域开展志愿服务的专业水平。对负有管理志愿者职能的志愿者领袖,要根据需要开展重点培训,推动其提升转化为专业社工。第四,要搭建社工与义工合作信息服务平台,即各部门各系统要加强协调与联动,建立全省统一、信息完备、使用便利、对接顺畅、管理有效的注册志愿者信息管理系统和社工与志愿者联动信息平台,推进志愿服务记录制度,实现两者的信息共享、优势互补、资源整合。通过信息共享,社工组织能及时查询与服务项目需要相匹配的志愿者组织信息,发布机构的志愿者服务计划,招募志愿者参与服务项目,并在服务项目结束后对志愿者的表现作出评定,及时反馈意见。志愿者组织通过信息分享平台,发布服务计划,根据服务内容在平台中寻找适合的社工组织获取支持,社工组织应帮助志愿服务组织完善服务计划,建立服务团队,提供专业技术指导。第五,要推动社工与义工的对外合作交流,即积极学习和借鉴国外及港澳台地区的社工与志愿者合作经验,建立交流合作机制,搭建交流合作平台。学习欧美国家及港澳台地区社会组织、公益机构招聘专业社工和招募志愿者,通过专业协调,扩大公众参与,有效推进社会服务的经验,结合中国国情和省内实际,探索"社工引领志愿者、志愿者协助社工"的机制,促进合作服务的顺利开展。建立引进国外及港澳台地区资深社工到我省开展社工与志愿者联动服务督导,选派我省社工到国外及港澳台地区交流学习的工作机制,搭建互派志愿者到社工服务机构进行交流学习的工作平台。

除实施社工与义工联动工作的推进措施外,《意见》同时提出,要创新社工与志愿者联动的工作项目,巩固和加强社工与义工联动工作效果。创新项目包括:一、加强社工与志愿者联动的理论研究和文化培育,即加快设立社工与志愿者联动模式省级观察点和省级示范点,积极探索和总结提升各地试点工作经验,编写出版社工与志愿者联动模式理论书籍和工作案例集,巩固加强联动模式的理论基础;创新文化产品开发,促进文化交流活动,深入挖掘、推广表彰社工与志愿者联动发展的先进典型和先进事迹,宣传推广社工与志愿者联动文化。二、加强社工与志愿者联动的阵地建设,即通过社工组织与志愿服务站点结对的形式,夯实社工组织与志愿者组织联动的阵地基础,健全和完善服务站点建设内容和规范;按照"项目+站点"的工作原则,将志愿服务站点建设纳入社工承接街道(镇)或城乡社区社工服务的工作内容,委托社区志愿者组织负责日常管理、维护和运营工作,实现社会服务项目与服务站点有机结合、协同发展。三、深化社工与志愿者联动的服务项目,推动社工组织积极承接并推广"朝阳行动"、"稻草人"计划、"健康同行"、"志愿在康园"等志愿服务品牌项目,主动参与医疗卫生、扶老助老、扶残助残、科学普及、文化宣传、环境保护、应急救援、全民健身、消防安全、抗震救灾、法律援助、纳税服务、支教助学等领域的志愿服务项目,并将社工与志愿者联动模式引入项目管理和实施当中,扩大社工与志愿者联动模式在社区和农村志愿服务工作中的复制和推广。同时,鼓励志愿组织参与社工机构的专业服务项目,扩大服务社会人群的成效。

30.关于推进志愿服务制度化的意见

为深入贯彻落实党的十八大和十八届三中全会精神,建立健全志愿服务制度,进一步壮大志愿者队伍,完善社会志愿服务体系,推动志愿服务活动经常化制度化,促进社会文明进步,中央精神文明建设指导委员会于2014年2月19日印发《关于推进志愿服务制度化的意见》(以下简称《意见》),要求各省、自治区、直辖市和新疆生产建设兵团文明委、中央文明委各成员单位,按照本意见的精神,结合实际,制定贯彻落实的具体措施。

开展志愿服务,是创新社会治理的有效途径,是加强新形势下精神文明建设的有力抓手。近年来,广大志愿者围绕扶危济困、应急救援、大型活动,广泛开展形式多样的志愿服务活动,志愿精神日益深入人心,志愿者队伍不断发展壮大,志愿服务的热潮在城乡基层蓬勃兴起。但总体而言,我国的志愿服务还处在初始阶段,活动开展不够经常、体制机制不够完善、服务水平不够高等问题在一些地方不同程度地存在。解决这些问题的关键在于健全志愿服务制度。推进志愿服务制度化,对于推动志愿服务持续健康发展、促进学雷锋活动常态化,对于培育和践行社会主义核心价值观、在全社会形成向上向善的力量,具有十分重要的意义。因此,《意见》指出,要高举中国特色社会主义伟大旗帜,以邓小平理论、"三个代表"重要思想、科学发展观为指导,贯彻落实习近平总书记系列讲话精神,坚持把开展志愿服务与创新社会治理结合起来,与学雷锋活动结合起来,大力弘扬"奉献、友爱、互助、进步"的志愿精神,建立完善长效工作机制和活动运行机制,积极构建中国特色志愿服务制度,推动志愿服务活动广泛深入开展,营造"我为人人、人人为我"的良好社会风尚。

关于如何建立健全志愿服务制度,加强对志愿服务制度化的组织推动,《意见》提出以下措施。

首先,要建立健全志愿服务制度,需要践行以下五方面内容:一、规范志愿者招募注册。志愿者的招募和注册,是组织引导人们参加志愿服务的重要环节。要坚持以需求为导向,根据群众的实际需要,由城乡社区、志愿服务组织、公益慈善类组织、社会服务机构等,及时发布志愿者招募信息,根据标准和条件吸纳社区居民参加志愿服务活动。依托全国志愿者队伍建设信息系统志愿服务信息平台,为有意愿、能胜任的社区居民进行登记注册。二、加强志愿者培训管理。做好志愿者的教育培训和日常管理,是提高志愿者素质和志愿服务水平的前提和基础。要坚持培训与服务并重的原则,由城乡社区、志愿服务组织、公益慈善类组织、社会服务机构等,根据志愿服务项目的要求,通过集中辅导、座谈交流、案例分析等方式,对志愿者进行相关知识和技能培训,提高服务意识、服务能力和服务水平。要加强志愿者骨干的培养,使他们成为志愿服务的中坚力量。三、建立志愿服务记录制度。志愿服务活动结束后,由城乡社区、志愿服务组织、公益慈善类组织、社会服务机构等,根据统一的内容、格式和记录方式,对志愿者的服务进行及时、完整、准确记录,为表彰激励提供依据。要实行服务记录的异地转移和接续,使志愿者的服务记录不因工作岗位和居住地的变动而失效,把志愿者的积极性保护好、发挥好。四、健全志愿服务激励机制。城乡社区、志愿服务组织、公益慈善类组织、社会服务机构等,要按照有关规定建立志愿者星级认定制度,根据志愿者的服务时间和服务质量,对志愿者给予相应的星级认定。建立志愿者嘉许制度,褒扬和嘉奖优秀志愿者,授予荣誉称号。建立志愿服务回馈制度,志愿者利用参加志愿服务的工时,换取一定的社区服务,同时在就学、就业、就医等方面享受优惠或优待。回馈要充分体现志愿服务自愿、无偿、利他的特点,不能搞成等价交换。五、完善政策和法律保障。把志愿服务的要求融入各项经济、社会政策之中,体现到市民公约、村规民约、学生守则、行业规范之中,提倡和鼓励志愿服务的行为,维护志愿者的正当权益,形成崇尚志愿服务的社会氛围。把志愿服务纳入学校教育,研究制定学生志愿服务管理办法,鼓励在校学生人人参加志愿服务,可将大学生志愿服务活动折算成社会实践学分。根据志愿服务活动的需要,为志愿者购买必要保险、提供基本保障。认真总结推广志愿服务地方性立法的经验,加快全国志愿服务立法进程。

其次,为加强志愿服务制度化推进工作,需要落实以下三方面工作:一、切实加强志愿服务领导,即各级党委和政府要把志愿服务融入城乡社区治理,作为加强精神文明建设的重要任务,摆上重要议事日程,切实抓紧抓好。各级文明委要加强总体规划、协调指导、督促检查,文明办要发挥好牵头作用,推动志愿服务制度化发展。各有关部门要发挥自身优势,制定相关政策措施,各负其责、密切配合,形成共同推进志愿服务制度化的良好局面。要支持和发展各类志愿服务组织,推动企业、机关、学校、医院等成立志愿服务队进社区服务,引导公益慈善类、城乡社区服务类社会组织到社区开展志愿服务。二、大力弘扬志愿服务文化,结合时代条件深入挖掘和阐发,进行创造性转化、创新性发展,赋予志愿服务深厚的传统文化内涵。大力弘扬"奉献、友爱、互助、进步"的志愿精神,广泛普及服务他人、奉献社会的志愿服务理念,培育全社会志愿服务文化自觉,使讲道德、尊道德、守道德成为人们基本生活方式。要发挥新闻媒体传播社会主流价值的主渠道作用,发挥精神文化产品育人化人的重要功能,积极营造有利于志愿服务的舆论文化环境。三、搭建拓宽志愿服务平台,充分发挥社区在志愿服务中的主导作用,依托社区综合服务设施,建立志愿服务站点,搭建志愿者、服务对象和服务项目对接平台。把空巢老人、留守儿童、残疾人作为服务重点,围绕家政服务、文体活动、心理疏导、医疗保健、法律服务等内容,设计接地气的项目,有针对性地开展顺民意的活动,力争覆盖群众所需的各种服务。充分发挥社区居民的主体作用,精心培育植根群众的活动载体,把志愿服务活动做进城乡基层、做进社区、做进家庭。大力推广社会工作者带志愿者的活动方式,组织志愿者在社会工作者的带领和安排下,有针对性地开展服务。要立足经济社会发展和人民群众愿望,积极搭建志愿服务活动平台,不断拓展志愿服务领域,扩大志愿服务覆盖面,为百姓分忧,为政府助力。

31.关于进一步做好新形势下社区志愿服务工作的意见

为深入贯彻党的十六大和十六届四中、五中全会精神,2005年10月27日,民政部、全国总工会、共青团中央、全国妇联、中国残疾人联合会、中国红十字会总会、全国老龄工作委员会办公室、中国关心下一代工作委员会、中国社会工作协会等九部门联合印发了《关于进一步做好新形势下社区志愿服务工作的意见》(以下简称《意见》)。

社区志愿服务是社会组织和个人自愿用自身的时间、技能等资源,在社区为居民和社区慈善事业、公益事业提供帮助或服务的行为;从事志愿服务的志愿者(亦称义工),其数量和素质是社会进步的重要标志,也是社会发展的重要指标。进一步做好新形势下社区志愿服务工作,有利于整合社区资源,健全社会服务体系,依靠社会力量解决社会问题,满足居民群众日益增长的物质文化和生活需要;有利于增进人与人之间的感情,形成平等友爱、尊老爱幼、融洽和谐的人际环境,化解社会矛盾,维护社会稳定,促进社会和谐;有利于增强各种社会组织尤其是居民群众的社会责任,弘扬"出入相邻、守望相助"、"人人为我、我为人人"的良好社会风尚,提高参与社会建设和管理的能力;有利于密切党同人民群众的联系,巩固党在城市基层的执政基础。我们一定要从实践"三个代表"重要思想,构建社会主义和谐社会的高度,充分认识进一步做好新形势下社区志愿服务工作的重要意义,采取有力措施,努力把我国的社区志愿服务工作提高到新的水平。

《意见》指出,社区志愿服务工作的总体要求是:以邓小平理论、"三个代表"重要思想和科学发展观为指导,以满足居民需求、为居民提供服务为宗旨,以弘扬志愿精神、提高居民素质为目标,充分发挥群众团体和社区组织的作用,建立健全长效机制,努力把社会上、社区里有爱心的单位和人员动员起来,团结起来,组织起来,让一切爱心充分展示,让一切善举竞相推出,以造福于社区,造福于人民,切实为建设和谐社区、构建和谐社会服务。到2010年,力争实现10%的社区居民参与志愿服务,全国80%以上的城镇社区有志愿服务,再经过一段时间的努力,建成参与广泛、形式多样、活动经常、成效明显、机制健全、城乡互补,与政府服务、市场服务相衔接的社区志愿服务体系。在践行服务工作的同时要严格遵守"以人为本,服务社区"、"自愿参与,互利双赢"、"各尽所能,形式多样"、"党(团)员带头,广泛参与"四项基本服务原则,以社区老年人、未成年人、外来务工人员、下岗失业人员、残疾人和低收入家庭为重点服务对象,把社会救助、慈善公益、优抚助残、敬老扶幼、治安巡逻、环境保护、社区矫正、科普咨询和法律援助等作为重点服务领域,使社区志愿服务与满足居民群众最迫切的需要更好地结合起来,与建设和谐社区的各项任务更好地结合起来。

《意见》强调,要建立健全开展社区志愿服务的长效机制,通过完善招募制度,形成分类管理模式,教育志愿者诚信为他人服务,接受服务对象和社会的监督,不断提高自身的自律力,根据群众需求,不断调整服务项目和方法,提高自身的影响力,加强自我管理;通过健全培训制度,对已招募的社区志愿者进行服务态度、权利义务、服务技能等方面的培训,坚持培训的经常化,不断改进服务态度,增强服务技能,提高服务质量,促进社区志愿服务队伍向专业化方向发展,提高服务水平;通过建立激励机制,设奖肯定志愿者的服务行为,积极推广"志愿服务时间银行"、"互助服务"、"服务转换"等有效形式,使志愿者在自身需要帮助时能够得到社会的回报,积极创造条件,为社区志愿者就业、兼职、才智体现提供广阔的空间,切实维护社区志愿者的合法权益,推动持续发展。

同时,《意见》提出,在推进社区志愿者工作的过程中,要在各级党委及政府的积极领导之下,充分发挥以工会、共青团、妇联为代表的群众团体以及以社区党组织、居民委员会为重要组织及参与者的社区组织的重要作用,共同促进社区志愿服务工作开展。

32.关于在全国城市推行社区志愿者注册制度的通知

社区志愿者注册制度,是指街道或社区组织对社区居民中有志于从事志愿服务活动的人员进行登记、联系,为志愿服务活动提供方便的制度。2007年11月16日《国务院关于加强和改进社区服务工作的意见》发布,对社区志愿者注册制度,具体规定分四个方面:

第一,全面完善街道社区注册工作。凡在街道层面或社区层面成立社区志愿者组织的地方,可以依托社区志愿者组织开展注册工作;尚未成立社区志愿者组织的,可由街道办事处和社区居委会负责注册工作。提倡共产党员、共青团员、公务员、技术人员、教师、青少年以及身体健康的离退休人员等加入志愿服务队伍。鼓励在社区居住的外来务工人员注册为社区志愿者。

第二,统一编制社区志愿者注册证号。凡注册为社区志愿者的居民,负责注册的组织应向其颁发"中国社区志愿者证书",并标明注册号码。"中国社区志愿者证书"由中国社会工作协会志愿者工作委员会提供式样,各区(市、县)可自行印制。全国统一按照有关的编制规则编制社区志愿者注册号码,并在中国社区志愿者证书上注明。注册证号由15位数字组成,各注册号有相关注册地直接联系。独立开展注册工作的机关、学校、部队、医院、企业等单位或组织,可以根据志愿者数量向所在地的注册管理机构申请注册机构代码,或者向所在地的注册机构申请相应的注册证号段。"一人一号",终生使用。

第三,建立中国社区志愿者注册管理系统。区(市、县)民政部门统一负责本辖区的社区志愿服务队伍建设工作,街道办事处、社区居委会或相关社区志愿者组织应及时将社区志愿者的基本信息上报或上传至区(市、县)民政部门,促进社区资源服务信息交流。要将信息化引入社区志愿者注册工作,有条件的地方应以区(市、县)为单位建立"中国社区志愿者注册管理系统"。街道办事处、社区居委会及相关志愿者组织要充分利用该系统的查询、管理等功能,调节社区志愿服务的需求和供给,提高社区志愿服务工作管理水平,促进社区志愿者有关注册信息的互联、互通,为表彰先进及建立健全志愿服务回报机制提供客观依据。

第四,开展注册社区志愿者培训活动。各地要因地制宜地开展社区志愿者培训工作,坚持培训工作的经常化、项目化,把社区志愿者初次培训、阶段性培训和临时性技能培训结合起来,不断提高社区志愿者的服务技能和服务水平。要加强对社区志愿者组织工作人员的培训,使其熟练掌握社区志愿者注册证号编制规则,熟练操作社区志愿者注册管理系统,熟练掌握志愿服务政策、知识和技能等内容,充分发挥社区志愿者组织在组织动员社区居民开展志愿服务、反映志愿者诉求等方面的作用。

33.关于在农村基层广泛开展志愿服务活动的意见

为加强农村基层组织建设,深化村民自治,帮助农民群众解决生产生活中的一些实际困难,发挥志愿者在社会主义新农村建设中的重要作用,在广大农村进一步形成浓厚的奉献、友爱、互助、进步的时代新风,推进社会主义新农村建设,中央组织部、中央宣传部、民政部、司法部、教育部、农业部、文化部、卫生部以及国家计生委、国务院扶贫办、共青团中央、全国妇联、中国科协等13个部门于2006年2月20日联合发布《关于在农村基层广泛开展志愿服务活动的意见》。指出农村基层志愿服务是指各种社会组织和个人,利用自身的资金、技能等资源,自愿为农村公共事务、公益事业和农民群众提供帮助或服务的行为。

指导思想:在农村基层开展志愿服务活动是以邓小平理论和"三个代表"重要思想为指导,全面贯彻落实科学发展观,以满足农民的需求为目的,以提高农民的素质为宗旨,以党在农村的基层组织为领导核心,充分发挥村民自治组织、群众团体和其他基层组织的作用，充分发挥农民群众自身的力量，积极引导社会力量共同促进农村突出问题和农民群众实际困难的解决，为建设社会主义新农村作出贡献。

主要原则：一、以人为本。要以满足农民群众的需要为出发点和落脚点，着力帮助农民群众解决生产生活中遇到的实际困难，尤其是农村困难群体遇到的困难，使他们与社会其他成员一起分享改革发展的成果。二、自我服务。要以农民群众互帮互助、满足自我需求为主要方式，充分利用农民自身力量和农村现有资源，发挥农村人力、资源优势，解决政府顾不上、市场解决不了的一些社会问题，丰富农民的物质文化生活，提高农民自身素质。三、因地制宜。要从本村和本地实际情况出发，考虑当地经济社会发展水平和农民承受能力，尽力而为、量力而行，从办得到、群众又迫切需要解决的事情做起，讲求实效，不搞形式主义。在全国农村确定的14.8万个贫困村开展志愿服务活动，要结合整村推进扶贫规划进行。四、自愿参加。不管是加入志愿者组织，还是参与志愿服务活动，都要尊重本人意愿，不搞强迫命令。做好事发自内心，行善事出于自愿，让每一个愿意献爱心、做奉献的人都有参加的机会和渠道，形成一种良好的社会风气。五、奖励表彰。各有关部门要多向当地党委、政府汇报农村志愿服务活动的制定和实际开展的情况，努力争取党委、政府对这项工作的大力支持。要积极引导各种力量积极参与农村志愿服务活动，帮助志愿者组织及其成员解决一些实际困难，对作出突出贡献的单位和个人要及时进行表彰和奖励。

志愿服务领域：以贫困户、老年人、未成年人、残疾人、"五保户"、优抚对象、特困党员、外出务工人员家庭以及刑释解教人员、社区矫正人员为重点服务对象，把支援义务教育、普及科技文卫及法律知识、扶贫开发、社会救助、优抚助残、敬老扶幼、治安巡逻、环境保护等作为重点服务领域，致力于兴办农村社区公益事业和公共事务，致力于改善农民生存环境和生活条件，致力于解决农村特殊群体的生产生活困难。

组织领导：村党组织是村级各种组织和各项工作的领导核心，应当充分发挥其在志愿服务活动中的组织领导作用。村委会是基层志愿服务的具体组织者和实施者，应当发挥协调利益、化解矛盾、排忧解难的作用。村党组织和村委会应充分利用村民会议、村民代表会议、村务公开栏、有线广播、闭路电视等渠道宣传志愿服务精神，普及志愿服务知识；鼓励和动员本村党员、有一技之长的村民积极参加志愿服务；协调村内各种组织和志愿者有序开展活动，给予村民力所能及的支持和帮助；为社会上的各种组织和人士到农村从事志愿服务提供条件；及时公布本村志愿服务活动开展情况，接受社会监督。村共青团、妇联、计生协会、民兵连、调解委员会、治保会等群团组织，老年协会、残疾人协会、红白理事会、科普协会等社区性民间组织以及农村各种专业经济技术组织，是开展志愿服务的重要力量，应发挥各自的优势，组织其成员（会员）参加志愿服务。要利用乡村科普活动站、科普宣传栏和基层科普员队伍面向广大农民开展科普志愿服务，提高他们的科学文化素质。要建立健全志愿者的招募管理制度，志愿者人数较少的，可依托村党组织进行管理；人数较多的，要及时成立村级志愿服务组织，并到民政部门备案。

动员方式：要按照"工业反哺农业，城市支持农村"的方针，积极动员社会力量到农村基层开展志愿服务活动，对贫困村要给予优先考虑和重点关注。要继续开展文化、科技、卫生"三下乡"和对口支援活动，发挥"大学生志愿服务西部计划"、"青年志愿者扶贫接力计划"等已有志愿服务项目的综合效应；鼓励和组织科技人员到农村开展先进实用技术培训和推广，指导农民依靠科技发展经济；鼓励和组织文化工作者到农村辅导农民，活跃文化生活；鼓励和组织律师、基层法律服务工作者深入农村开展法制宣传、法律援助等活动，提高农民法律意识；鼓励和组织医务工作者到农村对口支援和巡回义诊；鼓励在校和毕业大学生、青年志愿者、中华巾帼志愿者深入农村开展义务支教、传播文化科技知识、扶贫济困等活动。居住在大、中城市的党政机关干部应当主动与农民结对帮扶，积极参加农村志愿服务活动。农村驻地的国有企事业单位要组织干部职工志愿者队伍，就近、对口开展志愿服务，努力提供当地农民需要的服务，与农民群众一道共同建设社会主义新农村。

指导扶持：各地各部门要把推进农村基层志愿服务作为健全社会服务体系、重视"三农"工作、努力建设社会主义新农村的一项重要任务予以部署。县级党委政府要研究提出本地开展农村基层志愿服务的活动规划，整合资源，帮助解决服务活动中存在的困难和问题，不断壮大服务力量。乡级党委政府要积极督促村级组织建立健全农民志愿服务组织和制度。有条件的地方，对招募的志愿者要进行服务技能等方面的培训，不断提高服务质量。要切实维护志愿者的合法权益，广泛宣传表彰农村基层志愿服务活动中涌现出来的先进集体、先进个人，在社会上形成支持农村基层志愿服务的良好氛围。组织、宣传、民政、司法、教育、农业、文化、卫生、人口计生、扶贫等部门和共青团、妇联、科协等组织，要在党委政府的统一领导下，发挥各自优势，密切配合，形成合力，引导农村基层志愿服务活动健康发展。

34.关于教师参与志愿服务活动的指导意见

志愿服务是无偿为社会及他人提供帮助和服务的公益行为，是新时期弘扬和践行社会主义核心价值观的有效载体。做一名党和人民满意的好老师，必须道德高尚，有仁爱之心，带头践行社会主义核心价值观。广大教师积极参加志愿服务活动，深入了解国情、社情、民情，在实践中提升专业素质和社会服务能力，是坚定理想信念，提高道德情操，用爱心奉献自身学识，引领社会风尚的重要途径。为更好地鼓励和支持广大教师积极参与志愿服务活动，教育部于 2014 年 9 月 25 日对教师参与志愿服务工作提出了具体的要求及指导意见。

总体要求：大力弘扬奉献、友爱、互助、进步的志愿精神，按照广泛参与、长期坚持、注重实效的要求，结合教师职业特点和优势，发挥教师志愿服务的示范效应和育人功能，立足教育，服务社会，将志愿服务与促进学生成长相结合，与提升教师品德修养和学识水平相结合，努力做党和人民满意的好老师。

基本原则：坚持鼓励原则，强调教师的社会责任，创造条件，充分调动广大教师参与志愿服务的积极性、主动性；坚持自愿原则，号召和提倡教师利用工作之余主动参与适合职业特点的志愿服务活动；坚持无偿原则，把公益性放在首位，倡导利他为人的价值理念，鼓励教师根据个人专长和爱好无私奉献；坚持量力原则，讲求实效，尽力而为。学校领导和党员教师应率先参加志愿服务活动，发挥模范带头作用。

服务内容：中小学教师可将农村留守儿童、城市随迁子女、困难家庭学生、残疾和学习有困难学生，以及薄弱地区教师等作为主要服务对象，积极开展免费学习辅导、巡回支教、课前课后或假期义务值守、儿童安全知识宣讲、城市教师对口帮扶农村教师等形式多样的志愿服务活动。高校教师可在知识服务、科学普及、文化宣传、政策咨询、专业培训等方面，积极开展科技文化医疗服务下乡进社区、科技成果惠民生、专业对口支援交流、生态环境保护、社会调查和政策建议、扶危济困、应急救援、重大活动服务等志愿服务活动，为国家经济和社会发展提供智力支持和技术服务。退休教师可到学校、社区及农村薄弱地区，开展青少年革命传统教育、教学技能传帮带、传统文化弘扬、关心下一代等志愿服务活动。

志愿形式：将教师个体志愿服务与团队志愿服务统一起来，提升协同服务能力，更好地满足服务对象的多元需求，逐步形成类型多样、特色鲜明、作用明显的教师志愿服务队伍。将教师志愿服务与学生志愿服务统一起来，教师在带头参加志愿服务的基础上，指导帮助学生开展志愿服务活动，形成有效的实践育人成果。将教师短期志愿服务与长期志愿服务统一起来，学校可在接受志愿服务的地区或单位建立长期交流合作的志愿服务基地，通过系统持久的志愿服务，使教师深入基层、深入一线，增强社会责任感，使志愿服务成为教师成长的新途径。

工作要求：一、构建部门联动的工作体系。各地各校要在当地文明委和志愿服务联合会指导和帮助下，积极支持广大教师开展志愿服务活动。高校要加强组织领导，形成宣传、组织、人事、工会、团委等部门协调工作机制，把志愿服务活动作为教师理想信念教育和职业成长发展的重要环节。中小学校党组织要在鼓励支持教师开展志愿服务活动中发挥政治核心作用。要将志愿精神纳入各级各类教师培养培训体系，不断提升教师志愿服务精神和志愿服务能力。二、形成教师志愿服务长效机制。鼓励教师成为注册志愿者。支持各地各校成立教师志愿者协会等组织。建立教师志愿服务"绩分银行"，对教师志愿服务活动进行认证和登记，有关表现可在教师考核评价中予以参考。教育部指导成立"全国教师志愿服务联盟"，纳入中国志愿服务联合会系统，整体指导全国教师志愿服务活动。

服务保障：完善教师志愿服务保障条件，各地各校应结合本地本单位实际，制订具体实施办法，便于教师志愿者组织自主开展工作。要为教师志愿服务活动提供必要的经费支持和条件保障。大力宣传教师志愿服务先进个人和集体，营造有利于教师志愿服务的良好社会氛围。

35.志愿服务记录办法

为加快建立志愿服务记录制度，推动志愿服务健康有序发展，维护志愿者和志愿服务对象的合法权益，推动志愿服务健康有序发展，民政部于2012年10月23日发布关于印发《志愿服务记录办法》的通知。12月3日，民政部在全国社会工作服务经验交流暨志愿服务记录制度试点启动会议上公布了包括北京市东城区、上海市浦东区等136个试点地区启动推行志愿服务记录制度试点工作，对志愿者提供志愿服务信息有效记载和管理，并建立健全志愿服务时间储蓄和志愿者表彰奖励制度。该办法的实施旨在建立健全志愿者招募、注册、培训、评价、使用、激励、保障政策制度，为志愿服务记录工作提供良好的制度基础，依托全国统一、方便快捷、功能强大的志愿服务记录信息平台，完成信息网上录入、查询、转移工作。

志愿服务记录，是指依法成立的志愿者组织、公益慈善类组织和社会服务机构以纸质材料或电子数据等载体记录志愿者参加志愿服务的信息。志愿服务是指不以获得报酬为目的，自愿奉献时间和智力、体力、技能等，帮助他人、服务社会的公益行为。

服务记录密级及安全：志愿服务记录遵循及时、完整、准确、安全原则，任何单位和个人不得用于商业交易或者营利活动，也不得侵犯志愿者个人隐私。志愿者组织、公益慈善类组织和社会服务机构应当安排专门人员对志愿服务记录进行确认、录入、储存、更新和保护，并接受登记管理机关或者业务主管部门对志愿服务记录工作的监督管理。

服务记录内容录入：志愿服务记录应当记载志愿者的个人基本信息、志愿服务信息、培训信息、表彰奖励信息、被投诉信息等内容。需要增加志愿者其他个人信息的，必须征得志愿者本人同意。志愿服务信息应当包括志愿者参加志愿服务活动（项目）的名称、日期、地点、服务对象、服务内容、服务时间、服务质量评价、活动（项目）负责人、记录人等。志愿服务时间是指志愿者实际提供志愿服务的时间,以小时为计量单位,不包括往返交通时间。志愿者组织、公益慈善类组织和社会服务机构应当对志愿者所提供的志愿服务时间进行核实和累计。培训信息应当包括志愿者参加志愿服务有关知识和服务技能培训的内容、组织者、日期、地点、学时等。

服务反馈记录:志愿服务活动(项目)结束后,志愿者组织、公益慈善类组织和社会服务机构应当对志愿者所承担工作的完成状况和服务对象的满意程度进行综合评价。志愿者因志愿服务表现突出、获得表彰奖励的,志愿者组织、公益慈善类组织和社会服务机构应当及时予以记录。志愿者在志愿服务中被服务对象投诉、经核查属实的,志愿者组织、公益慈善类组织和社会服务机构应当予以记录。志愿者组织、公益慈善类组织和社会服务机构应当向志愿服务活动(项目)负责人、志愿者、志愿服务对象及时采集志愿服务信息。

服务记录公示及共享:志愿者组织、公益慈善类组织和社会服务机构将志愿服务信息记入志愿服务记录前,应当在本组织或机构内进行公示,接受社会监督。公示时间不得少于3个工作日,公示期满无异议的,记入志愿服务记录。未经志愿者本人同意,不得公开或者向第三方提供志愿服务记录。志愿者组织、公益慈善类组织和社会服务机构应当利用民政部志愿者队伍建设信息系统以及其他网络平台,实现志愿服务记录的网上录入、查询、转移和共享。经志愿者本人同意,志愿服务记录可以在其加入的志愿者组织、公益慈善类组织和社会服务机构之间进行转移和共享。志愿者组织、公益慈善类组织和社会服务机构应当对接收的志愿服务记录进行核实,并妥善保管。志愿者需要查询本人志愿服务记录或者因升学、入伍、就业等原因需要出具本人参加志愿服务证明的,志愿者组织、公益慈善类组织和社会服务机构应当及时如实提供。志愿服务证明应当载明当事人的志愿者身份、志愿服务时间和内容。县级以上人民政府民政部门可以委托具有相应资质的组织或者机构对志愿服务记录进行管理,并将相关信息及时向社会发布。

服务记录奖惩要求:志愿者组织、公益慈善类组织和社会服务机构应当将志愿服务记录与志愿者的使用、培训、评价、保障、奖励挂钩。志愿者组织、公益慈善类组织和社会服务机构在招募志愿者时,应当优先聘用有良好志愿服务记录的志愿者,并根据志愿服务记录情况安排志愿者参加所需要的培训。志愿者组织、公益慈善类组织和社会服务机构应当建立以服务时间和服务质量为主要内容的志愿者星级评定制度,对获得相应星级的志愿者予以标识,并推荐参加相关评选和表彰。志愿者按志愿服务记录时间评定1—5星级志愿者。鼓励志愿者组织、公益慈善类组织和社会服务机构依托志愿服务记录,建立健全志愿服务时间储蓄制度,使志愿者可以在自己积累的志愿服务时数内得到他人的无偿服务。鼓励有关部门、社会组织和企事业单位对有良好志愿服务记录、表现优异的志愿者进行表彰奖励。鼓励有关单位在招生、招聘时,同等条件下优先录用、聘用和录取有良好志愿服务记录的志愿者。鼓励博物馆、公共图书馆、体育场馆等公共、文化、体育设施和公园、旅游景点等场所,对有良好志愿服务记录的志愿者免费或者优惠开放。鼓励城市公共交通对有良好志愿服务记录的志愿者给予票价减免优待。鼓励商业机构对有良好志愿服务记录的志愿者提供优先、优惠服务。志愿者组织、公益慈善类组织和社会服务机构及其工作人员在志愿服务记录工作中弄虚作假的,由主管部门责令改正,并予以通报。

36.全国志愿者队伍建设信息系统

全国志愿者队伍建设信息系统由民政部组织开发,并于2013年3月5日通过了初步验收,标志中国志愿服务有了全国统一的信息化管理服务平台。近年来,我国的志愿服务活动迅速发展,志愿者队伍规模不断壮大。据不完全统计,全国常年开展活动的志愿者已近5000万人,随着社会服务需求的日益增多和我国社会文明程度的不断提高,我国志愿者群体将不断扩大。按照我国国民经济和社会发展第十二个五年规划纲要提出的"注册社区志愿者占居民人口10%以上"测算,到2015年,全国志愿者数量将有望达到1亿多。志愿服务的深入、广泛开展,对政府的管理和服务提出了更高的要求,面对数量庞大的志愿者群体,必须采用数字化手段才能提供方便、快捷、优质的管理服务。

该系统的服务对象包括各级志愿者服务管理部门、志愿组织和志愿者。通过该系统,公众能便捷地注册成为志愿者,建立自己的志愿服务档案,发布志愿服务需求信息;各类志愿组织通过该系统能方便地完成志愿者招募登记、培训使用、评价激励,实现对志愿服务项目的全过程管理;各级志愿者服务管理部门能够及时掌握志愿者队伍发展和志愿服务开展情况,实现志愿者资源与社会服务需求有效对接,并为决策提供科学依据。

全国志愿者队伍建设信息系统的建成,为有效整合各种志愿服务资源,实现各地、各部门志愿服务信息的有机衔接、互联互通、信息共享,充分发挥志愿者作用提供了重要平台。

37.共产党员志愿服务座谈会

为推动共产党员志愿服务活动广泛深入开展,2014年6月19日,中央精神文明建设指导委员会办公室联合民政部、中央党的群众路线教育实践活动领导小组办公室、中国志愿服务联合会在贵州省贵阳市联合召开共产党员志愿服务工作座谈会。

第一,党员参与志愿服务,是培育和弘扬社会主义核心价值观的必然要求,是党员宗旨意识和先锋模范作用的重要体现,是巩固深化群众路线教育实践活动成果的有效举措,是中国特色志愿服务制度的本质要求。要不断深化对党员参与志愿服务的思想认识,让参与志愿服务活动成为每名党员的精神追求和行为自觉。

第二，充分发挥党组织和党员在志愿服务中的带头作用，号召党员到所在单位或所在社区注册登记，带头深入基层、深入社区，自愿、无偿地服务群众、奉献社会；发挥基层党组织的核心引领作用，形成以党组织为核心、全社会共同参与的志愿服务工作格局；坚持走进基层、走进社区、走进家庭，紧密围绕社会困难群体需求，广泛开展"邻里守望"活动，健全志愿服务社会化运行机制，推动志愿服务事业快速发展。

第三，推动志愿服务工作实现新的更大的发展，要从四个方面加强工作。一是加强宣传引导，大力培育志愿文化；二是加大工作力度，积极推动志愿服务制度化建设；三是强化组织领导，建立健全志愿服务组织体系；四是深入开展志愿服务领域宏观性、战略性和前瞻性研究，不断强化对志愿服务工作的规律性认识，逐步探索和不断丰富中国特色志愿服务理论。

38.国际志愿者日主题宣传活动

2014年12月5日是第29个国际志愿者日，中央精神文明建设指导委员会办公室、民政部、共青团中央联合组织在京开展以"志愿服务中国、爱心点亮梦想"为主题的国际志愿者日主题宣传与实践活动启动仪式。

启动仪式上，主办方正式发布中国志愿服务标识。中央文明办专职副主任徐令义介绍，随着我国志愿服务事业的不断发展，设计发布具有中国特色、代表中国形象的志愿服务标识，尤为必要。中共中央政治局委员、中央书记处书记、中宣部部长刘奇葆非常重视统一规范志愿服务标识工作，亲自调查研究，作出安排部署。经过评审委员会评选并参考48万网民的投票情况，最终确定名称为"爱心放飞梦想"的作品为全国统一的志愿服务标识。

主办方为五星级志愿者代表颁发证书，参会志愿者集体宣誓，中国志愿服务联合会副会长、秘书长赵津芳代表5家全国性志愿服务组织向全国志愿服务组织和志愿者发出倡议书。教育部、司法部、文化部、卫生计生委、全国总工会、全国妇联等部门相关司局负责同志，中国志愿服务联合会、中华志愿者协会、中国青年志愿者协会、中国文艺志愿者协会、中国志愿服务基金会的负责人，志愿者代表等共220余人出席启动仪式。

39.中国志愿服务标识发布

2014年12月5日，中央精神文明建设指导委员会办公室正式向全社会发布中国志愿服务标识——"爱心放飞梦想"。此后，全国各级各类志愿服务组织在开展各类重大活动时，均要统一使用中国志愿服务标识，并且，在开展具有自我特色的志愿服务活动时，要突出全国统一的标识，打出中国志愿服务品牌。

该标识以汉字"志"为基本原型，以中国红为基本色调，以鸽子、红心、彩带为基本构成，蕴含丰厚的中国传统优秀文化，寓意中国特色的志愿服务事业红红火火。标识的上半部分是一只展翅高飞的鸽子，象征着和平、和谐与追求梦想；下半部分是中国书法中草书的"心"，同时也是一条飘逸的彩带，象征着志愿者将爱心连接在一起，奉献、友爱、互助、进步，为实现中国梦贡献力量。标识如图所示。

40.中国志愿服务大辞典

《中国志愿服务大辞典》由北京志愿服务发展研究会组织编撰，中国青年政治学院教授、北京志愿服务发展研究会会长陆士桢同志任主编。中国志愿服务联合会会长刘淇同志担任编委会顾问并作序。编委会成员包含了国内知名志愿服务研究专家，各部分主编由来自北京大学、中国人民大学、北京师范大学、中国青年政治学院、中国农业大学及北京青年政治学院、北京城市学院等志愿服务资深专家学者组成，撰稿人员主要来自高校、科研院所和志愿服务一线的学者专家，达100余人。编撰工作于2012年6月启动，历时2年3个月完成并由中国大百科全书出版社于2014年10月1日出版。

《中国志愿服务大辞典》在编纂体例上分为基本概念与综合理论、实务、法规及相关制度、组织、人物、事件、文献、其他等9部分及附录。全书共94万余字、1567个辞条，包括176条概念与理论、159条实务、210部法规及相关制度文件、179个组织、168个项目、307位人物、166个事件、119部文献资料以及其他相关辞条83个。辞典附录除"中英文条目对照表"、"志愿服务研究论文"外，首次增加了"中国志愿服务大事记"、"北京奥运会志愿服务大事记"等内容，并被中国大百科全书出版社称为"我国乃至世界志愿服务领域第一本辞书"，较为全面地反映了当代中国志愿服务的发展现状、成就与经验，是中国志愿服务领域第一部辞书。

41.郭明义爱心团队

郭明义爱心团队是以获得全国优秀共产党员、全国五一劳动奖章、第三届全国道德模范、全国无偿献血奉献奖金奖、全国红十字志愿者之星、中央企业优秀共产党员、辽宁省特等劳动模范、鞍钢劳动模范等荣誉称号的鞍钢集团矿业公司齐大山铁矿职工郭明义同志命名的志愿者组织。在长期参与社会公益事业过程中，郭明义同志感到，面对那么多需要帮助的人，一个人的力量是有限的，为了发动更多的人参加社会公益活动，他萌生了成立爱心团队的想法，并得到了组织的认可和支持。2009年7月29日，鞍钢集团矿业公司召开向郭明义同志学习活动动员大会，在会上为郭明义爱心团队授旗，标志着郭明义爱心团队正式成立。

组织结构：郭明义爱心团队下设希望工程爱心联队、无偿献血志愿者应急服务大队、造血干细胞捐献志愿者大队、遗体（器官）捐献志愿者俱乐部、慈善义工大队、红十字志愿者急救队和红十字志愿者服务队七支大队，致力于服务帮助弱势群体，给无数困难家庭、困难学生送去帮助和希望，以实际行动倡导无私奉献精神、引领社会文明风尚，为推进社会主义核心价值体系建设、构建社会主义和谐社会作出了积极贡献，逐渐成为具有全国影响力的志愿者团队品牌。

组织规模：目前，全国各地已有17个省（直辖市、自治区）成立了郭明义爱心团队的大队、分队170余支，注册志愿者达到6万多名，参加活动的志愿者遍布全国。至今，郭明义爱心团队累计捐款200多万元，在新疆、重庆援建希望小学各1所，资助困难学生2900多名，无偿献血130多万毫升，捐献造血干细胞血液样本5000多例，其中1人成功完成了捐献。800多人成为遗体（器官）捐献志愿者。

42.本禹志愿服务队

本禹志愿服务队成立于2005年6月，是以曾经就读于华中农业大学的中国十大杰出青年、中国十大杰出志愿者、"感动中国·2004年度人物"徐本禹名字命名的一支志愿服务团队，是在该校志愿文化土壤上成长，以徐本禹为榜样、因徐本禹而聚集起来的校园志愿服务群体。其成员主要包括了华中农业大学研究生支教团、红杜鹃爱心社、食科一家人、阳光家园、张瑜志愿服务队、留学生志愿服务队等一大批特色志愿服务团队，成员多达1200多人，拥有精品志愿服务活动"六爱工程"——花朵工程、夕阳工程、暖阳工程、甘露工程、爱绿工程、和风工程。"本禹志愿服务队"通过汇聚社会爱心，致力于西部贫困地区基础教育及社会弱势群体的帮扶。

"本禹志愿服务队"先后荣获"中国最美志愿者"、"全国志愿服务示范团队"、"中华儿女"年度人物（团体）、"第九届中国青年志愿者优秀组织"、"中国百名优秀志愿服务集体"、"湖北省'雷锋式志愿服务集体'"等荣誉。

本禹志愿服务队的志愿精神得到了习近平总书记的高度肯定。2013年12月5日，即在中国青年志愿者行动实施 20 周年暨第 28 个国际志愿者日之际，习近平总书记在给本禹志愿服务队的回信中肯定了他们在服务他人、奉献社会中取得的成绩和进步，勉励他们弘扬志愿精神，为实现中华民族伟大复兴的中国梦作出新的更大贡献，并向这支志愿服务队和全国广大青年志愿者致以诚挚问候和崇高敬意。

43.南京青奥会志愿者

第二届夏季青年奥林匹克运动会于 2014 年 8 月 16 日至 28 日在南京举办，简称"南京青奥会"。根据各场馆、各职能需求汇总后经过科学优化整合，最终确定南京青奥会志愿者规模为 2 万人，分别分布在观众服务、竞赛组织、礼宾服务、餐饮服务、医疗服务、代表团助理等 400 余个岗位，按照不同的岗位要求为青奥会提供服务。南京青奥会志愿者招募从 2013 年 9 月底开始至 2014 年 6 月结束，为了增强赛会志愿者组织工作的计划性和周密性，青奥会赛会志愿者的工作采取分步骤、分阶段的方式进行。南京青奥会志愿者的出色表现得到了中共中央总书记、国家主席、中央军委主席习近平以及中共中央政治局常委、国务院总理李克强的高度认可，并由李克强为志愿者授予了服务金牌。

一、报名条件：（一）自愿参加南京青奥会赛会志愿服务；（二）1995 年 12 月 31 日（含）前出生，身体健康；（三）遵守中国法律法规；（四）能够参加赛前的培训及相关活动；（五）能够在赛会期间承担相应岗位职责，在南京青奥组委安排的时间和岗位全程服务；（六）母语为汉语的申请人应具备基本的外语交流能力，母语不是汉语的申请人应具备基本的汉语交流能力；（七）具备志愿服务岗位必需的专业知识和技能。

二、履行义务：（一）遵守奥林匹克宪章，传播奥林匹克精神和本届青奥会理念；（二）遵守南京青奥组委各项政策和规章制度；（三）根据南京青奥组委的要求，按时提交相关资料；履行经本人签署的志愿服务承诺书；（四）完成相应的培训和考核；（五）服从南京青奥组委的指挥和调配，认真完成志愿服务工作任务；（六）服从志愿服务期间所在团队的管理。

三、维护权利：（一）了解赛会志愿者政策；（二）在岗位确定之前表达工作岗位的意愿；（三）获得必要的工作保障；（四）维护自身的正当权益；（五）参加赛会志愿者评比表彰；（六）对赛会志愿者工作提出意见和建议；（七）申请退出赛会志愿服务。

44.志愿服务广州交流会

志愿服务广州交流会于 2011 年首创于广州，至 2014 年末已连续举办四届，前三届共筹集社会资源 3507 万元，资助了 749 个社会组织的 1058 个优秀项目。在志愿者、志愿服务组织、志愿服务需求机构和爱心企业之间搭建了一个开放、高效的沟通对接平台。第四届志愿服务广州交流会首次从区域性志愿服务交流活动升级为全国性的青年志愿者盛会、青年志愿服务展示交流合作平台，有效地推动了全国青年志愿者工作共享信息、共筹资源、共同发展。

志交会的工作重点：一、通过和专业研究机构合作，开发《志愿服务岗位能力认证系列教材》、《青年社会组织组建及运行指南手册》、《志愿助残技能手册》等多种志愿服务理论及实务教材。二、广泛实施社会组织能力成长"三师计划"，选派企业高管、组织领袖、社会知名人士担任社会组织项目导师，负责项目的日常跟踪维系及培育指导。三、依托广州志愿者学院、青年社会组织孵化基地，联合中山大学等学术性专业机构，通过专题培训、主题沙龙、主题论坛等形式为参展组织提供参展辅导、项目优化、项目推广、资源整合、组织管理、骨干培养等专业指导，帮助它们提高市场竞争力，更好地获得社会认可和争取资助。

45.广东省青年志愿服务条例

为了规范和促进青年志愿服务活动，推动社会主义精神文明和物质文明建设，保障青年志愿者及其组织的合法权益，根据宪法及有关法律、法规的规定，1999 年 9 月 3 日广东省人大常委会公布了《广东省青年志愿服务条例》。

一、主体规定：条例所称青年志愿者组织是指从事志愿服务的非营利的公益性组织，包括各级青年志愿者协会及其下属的青年志愿者服务站、青年志愿者服务队等。青年志愿者是指在青年志愿者协会登记，参加志愿服务的成员。

二、资质界定：青年志愿服务是指青年志愿者组织或者青年志愿者自愿无偿地服务于人民群众生产、生活和其他有利于社会发展的行为。国家机关、社会团体、企业事业单位鼓励和支持青年志愿服务行为，维护青年志愿者及其组织的合法权益。青年志愿者协会具备《社会团体登记管理条例》规定的条件，经县级以上人民政府部门依法登记为从事青年志愿服务的社会团体法人。青年志愿者协会负责所在区域内青年志愿服务活动的规划、管理、组织、协调、指导工作。

三、主体要求：青年志愿者协会可设青年志愿者服务站、青年志愿者服务队，集体负责青年志愿者的招募、培训，组织青年志愿者开展志愿服务活动。青年志愿者的基本条件：（一）年龄为 16 周岁至 35 周岁；（二）身体健康；（三）自愿从事志愿服务，并具有相应的服务技能；（四）具有当地常住户口或者有效暂住证。符合上述条件的人员向青年志愿者组织提出申请,经青年志愿者协会同意,登记成为青年志愿者。

四、权利规定:(一)参加青年志愿者组织的各种活动,接受有关教育、培训;(二)请求青年志愿者组织帮助解决在志愿活动中遇到的实际困难和问题;(三)对青年志愿者组织的工作提出建议、批评和进行监督;(四)退出青年志愿者组织;(五)有困难时优先得到志愿服务。

五、主体识别:青年志愿者应当遵守协会的章程,完成青年志愿者组织安排的服务工作,维护青年志愿者组织的声誉和形象。青年志愿者组织、青年志愿者和服务对象之间是自愿、平等的服务与被服务关系。青年志愿服务的范围包括扶贫济困、助残、支教扫盲、青少年援助、科技推广、医疗保健、环境保护等活动。

青年志愿者组织根据服务对象的申请或者实际需要,提供力所能及的志愿服务。另外,青年志愿者提供志愿服务时需佩戴统一的青年志愿服务标志。

六、资助规定:青年志愿者协会的经费可由社会捐赠、资助、政府支持。任何单位和个人不得侵占、私分或者挪用协会的资产。经费的筹集、使用和管理应依法接受人民政府有关部门的监督。青年志愿者协会接受社会捐赠、资助,必须符合协会章程规定的宗旨和服务范围,必须根据与捐赠人、资助人约定的合法方式使用。

七、时间规定:建立小时志愿服务制度,以完成志愿服务的小时数作为考核青年志愿者的基本标准。根据服务时间和工作实绩,奖励优秀青年志愿者和青年志愿者组织。青年志愿者组织根据青年志愿者所从事志愿活动的需要,为参加志愿服务的青年志愿者提供相应的人身保险。政府鼓励企业、事业、学校等单位招工、招生时在同等条件下对有青年志愿服务经历者优先录用、录取。新闻媒介应当无偿开展青年志愿服务的公益性宣传。提倡16周岁至18周岁的青少年进行累计100小时的志愿服务。青年志愿者组织可以根据需要开展青年志愿服务周、服务月活动,可以按照国家有关规定开展国内外志愿者组织间的交流活动。

八、权责规定:青年志愿者在志愿服务过程中造成服务对象损害的,由青年志愿者协会承担民事责任。青年志愿者协会承担民事责任后,可以向有故意或重大过失且有赔偿能力的青年志愿者追偿部分或者全部赔偿费用。在志愿服务过程中构成犯罪的,由司法机关依法追究刑事责任。利用青年志愿者组织或者青年志愿者的名义、标志进行非法活动的,应依法承担相应责任;构成犯罪的,由司法机关依法追究刑事责任。条例自1999年9月20日起施行。

46.北京市志愿服务促进条例

《北京市志愿服务促进条例》于 2007 年 9 月 14 日北京市十二届人大常委会第三十八次会议审议通过，2007 年 12 月 5 日正式实施。《北京市志愿服务促进条例》的实施标志着北京市志愿服务工作纳入了规范化、法制化发展的轨道，为推动志愿服务事业发展提供了强大的法律保障。

《北京市志愿服务促进条例》的内容主要涵盖八个方面：一是厘清了志愿服务、志愿者、志愿者组织这三个关键概念；二是体现了对于志愿服务实施柔性管理的理念；三是建立全市性的统一协调机制。充分发挥各级共青团组织的作用，同时发挥北京志愿者协会的指导职能；四是强调志愿服务活动中的政府责任和社会责任；五是建立健全志愿者权益保障体系；六是规范了志愿服务协议的具体内容；七是规范志愿者招募，兼顾平衡各方利益；八是设立志愿服务基金会并规范其运作。

《北京市志愿服务促进条例》明确列举了志愿者享有知情权、获得必要条件和保障权、获得教育和培训权、请求解决问题权、困难时优先获得帮助权、监督权六项权利。同时，规定了志愿者组织有风险告知义务，提前告知志愿者服务中存在的风险。《北京市志愿服务促进条例》规定，志愿者组织与志愿者之间、志愿者组织与接收志愿服务的组织或个人之间，应当就志愿服务的主要内容协商一致。任何一方要求签订协议，就应当签署书面协议。

此外，《北京市志愿服务促进条例》对人身安全、身心健康有较高风险的志愿服务活动，连续三个月以上专职服务，为大型社会活动中提供志愿服务，组织志愿者在北京市行政区域以外开展志愿服务，组织境外人员开展志愿服务等五种情况下，规定志愿者组织应当与志愿者签订书面协议。同时，对志愿服务成本分担机制作出相应规定：北京市依法设立志愿服务基金会，基金用于对志愿服务活动的资助，对因从事志愿服务活动遇到特殊困难的志愿者进行救助以及对作出特殊贡献的开展志愿服务活动的组织和志愿者进行奖励等。

《北京市志愿服务促进条例》对北京市志愿服务工作具有标志性意义。通过实施《北京市志愿服务促进条例》，一方面，对积极倡导社会各界广泛参与志愿服务活动，大力弘扬志愿精神，倡导社会文明新风，促进和谐社会建设具有巨大的促进作用；另一方面，为加强各级志愿者协会建设，逐步完善志愿服务体系，吸引、动员更加广泛的人员参加志愿服务工作，在开展志愿服务活动中用先进的思想文化引导、教育和凝聚社会各界人士，推动北京志愿服务工作纳入规范化、法制化发展的轨道，切实保护志愿者的合法权益，促进北京志愿服务事业的长远发展奠定了坚实的基础。

47.山西省志愿服务条例

《山西省志愿服务条例》由山西省十二届人大常委会第六次会议表决通过,于2014年3月1日起正式实施。条例共分7章38条,从志愿者权利与义务、志愿服务组织职责等方面对志愿服务进行了规范,并明确,志愿者受到意外伤害可获补偿。

针对当前志愿服务缺乏有效管理的情况,《山西省志愿服务条例》规定县级以上人民政府民政主管部门负责组织实施志愿服务政策,建立志愿服务动员系统、志愿服务信息平台、志愿服务评价体系,完善社会工作专业人才与志愿者协作的机制,监督指导志愿服务组织开展志愿服务。

针对志愿组织的管理,《山西省志愿服务条例》规定申请成立志愿服务组织的,应当依法在县级以上人民政府民政主管部门进行登记,并接受其监督和管理。国家机关、企业事业单位、社会团体以及基层群众性自治组织在本单位、本社区、本村以外开展志愿服务的,可以以志愿服务队、志愿服务站等形式申请成为志愿服务组织的成员,并接受其管理。县级以上人民政府民政主管部门应当定期向社会公告志愿服务组织的名称、住所、服务范围以及设立、变更、注销等信息。

针对志愿者的合法权益保护,《山西省志愿服务条例》规定志愿服务组织应当尊重志愿者本人意愿,安排与其年龄、智力、体力、技能、时间等相适应的志愿服务。限制民事行为能力的志愿者,参加志愿服务活动时,须经其监护人同意或者由其监护人陪同。志愿服务组织、志愿服务对象不得要求志愿者从事超出其能力的志愿服务。同时,要求志愿服务组织对志愿服务需求信息进行审核和风险评估;能够提供志愿服务的,可以与需要志愿服务的组织或者个人协商确定。志愿者、志愿服务组织和志愿服务对象应当就志愿服务的主要内容、相关责任等协商明确。当志愿服务可能造成一定人身危害的、为大型社会活动提供志愿服务的、一方要求签订书面协议的等任一情形发生时,应当签订志愿服务书面协议。

针对登记成为志愿者的有关事项,《山西省志愿服务条例》规定具有民事行为能力以及与其所从事的志愿服务相适应的智力、体力、技能的自然人,可以向志愿服务组织申请并经志愿服务组织同意,登记成为志愿者。限制民事行为能力的自然人,经其监护人同意,也可以申请登记成为志愿者。经志愿者本人申请,志愿服务组织可以在民政主管部门认定的专门网站为其注册登记成为注册志愿者,并向志愿者发放注册志愿者证和注册志愿服务标识。另外,登记成为志愿者的人享有选择参加志愿服务项目;获得所参加志愿服务活动相关的真实、完整的信息;获得与志愿服务有关的知识和技能培训;获得所参加志愿服务活动必要的物质和安全保障;对志愿服务组织进行监督,提出建议;拒绝提供超出其自身能力的志愿服务；参加志愿服务活动受到意外伤害时，获得相应的帮助和补偿；遇到困难需要他人帮助时，优先获得志愿服务；自愿退出志愿服务组织等权利及法律、法规规定的其他权利。同时，应当履行提供本人真实、准确的服务技能等基本信息；参加志愿服务的相关培训；参加志愿服务组织安排的志愿服务；保守志愿服务对象的个人隐私等依法受保护的信息等义务及法律、法规规定的其他义务。

针对进一步鼓励志愿服务，《山西省志愿服务条例》规定县级以上精神文明建设指导机构组织有关部门加强对志愿服务活动的统筹协调、检查指导。县级以上人民政府教育主管部门、学校应当将志愿服务精神纳入学生思想品德教育内容，培养学生志愿服务意识，鼓励学生参加或者开展力所能及的志愿服务。鼓励公民、法人和其他组织向志愿服务组织和志愿服务项目捐赠、资助，并依法享受相关优惠政策。

《山西省志愿服务条例》的出台，让山西省的志愿服务有了纪律和章法，使山西省的志愿服务有了"户口"和经费保障，推动了社工与志愿者两支队伍建设的深度结合，让山西省的志愿者有了安全锁和防弹衣，使山西省的志愿服务驶入了快车道。

48.大连市志愿服务条例

2014年8月1日，经大连市十五届人大常委会第九次会议审议通过，辽宁省十二届人民代表大会常务委员会第十次会议批准，《大连市志愿服务条例》正式施行。

《大连市志愿服务条例》分为总则、志愿者、志愿服务组织、志愿服务活动、支持与保障、法律责任、附则等7章，共38条，主要内容包括：

一、明确界定志愿服务基本概念。志愿服务是群众性、社会化的精神文明创建活动，为弘扬奉献、友爱、互助、进步的志愿服务精神，鼓励和支持公民参加志愿服务，促进志愿服务事业的发展，《大连市志愿服务条例》对志愿服务是否有组织开展不加以限定。

二、明确志愿服务机制体制建设。对于志愿服务，条例本着"高度自治、低度管理"的原则，以支持、引导为主，管理、规范为辅，促进志愿服务事业发展。在志愿服务的体制机制建设上，条例根据大连市的实际情况，规定了志愿服务协调小组应当加强本行政区域内志愿服务活动的统筹规划、协调指导；规定了市及区（市）人民政府应当为志愿服务活动提供必要的支持；规定了民政主管部门负责志愿服务组织的监督和管理职责。

三、明确志愿者的权利义务。从事志愿服务活动的志愿者，不计报酬地自愿服务他人、奉献社会，其精神值得肯定，自身需要尊重，权益也应当予以保障。《大连市志愿服务条例》规定了志愿者享有自愿加入或者退出志愿服务组织、选择参加志愿服务活动、获得志愿服务活动信息、教育培训、必要的条件和保障等六大权利，以及注册志愿者的权益。此外,《大连市志愿服务条例》还规定了志愿者应当尊重志愿服务对象的意愿、隐私,履行志愿服务承诺,不能继续从事志愿服务活动时应当及时告知,接受志愿服务组织安排和管理并维护其声誉和形象等六大义务,保障服务对象和合法权益同时也规范志愿者的服务行为。

四、明确志愿服务组织的职责。对志愿服务组织的规定,除了明确其非营利性社会组织性质外,对于区域性志愿服务组织以及志愿服务站、队也做了相应规定。此外,志愿服务组织是志愿服务活动的参与者,同时也是志愿服务活动的组织者。《大连市志愿服务条例》从志愿服务组织的职责角度,对志愿服务组织在招募、培训、档案管理、资金使用等方面做了规范,对于促进志愿服务组织自身建设起到积极作用。此外,《大连市志愿服务条例》还明确了志愿服务组织在志愿服务活动中,应当安排志愿者从事与其年龄、技能和身体状况相适应的志愿服务活动;安排未成年人参加志愿服务活动,应当要求其监护人陪同或者征得其监护人同意,从事有职业资格要求的志愿服务活动时,应当选派有职业资格证书或者执业许可证书的志愿者参加。

五、明确志愿服务风险防范机制。在志愿服务组织对风险防范的责任方面,《大连市志愿服务条例》对应当签订志愿服务协议的情形和内容作出规定,统筹考虑设计风险防范和救济,保障志愿服务各方的合法权益。《大连市志愿服务条例》规定了志愿服务活动存在较高风险,或是需要志愿者提供一个月以上专门服务,或是为大型社会活动提供志愿服务几种情形,志愿服务组织、志愿者和服务对象之间应当签订书面志愿服务协议。《大连市志愿服务条例》还规定志愿服务组织根据实际需要,可以为志愿者办理相应的保险,并鼓励引导志愿者为自身购买保险,确保志愿服务意外伤害风险有效化解。

六、明确志愿服务支持与保障机制。为了引导更多的社会力量参与志愿服务活动,营造鼓励、支持志愿服务活动的良好社会氛围,《大连市志愿服务条例》设专章规定了志愿服务的支持与保障,具体包括:规定了对于志愿服务活动中表现突出的予以奖励;提倡和鼓励国家机关、人民团体、事业单位的工作人员带头参加志愿服务活动,为社会作出表率;规定教育主管部门以及学校等教育机构、广播电视以及报刊网络等媒体在志愿服务中的作用发挥。此外,为完善志愿服务信息统计、公开和共享工作制度,推进志愿服务信息化建设,促进志愿服务信息资源整合,《大连市志愿服务条例》对志愿服务信息平台做了规定。通过信息平台的搭建,一方面整合了志愿服务资源,另一方面为建立志愿服务档案奠定基础,进一步激发志愿者志愿服务热情,保障志愿者的权益。

《大连市志愿服务条例》的出台,对于弘扬大连市志愿服务精神,倡导志愿服务理念,推进志愿服务制度化起到积极的促进作用,是大连市志愿服务事业健康发展的重要制度保障。《大连市志愿服务条例》以地方立法的形式固化了大连市志愿服务活动成果以及先进的经验，并且在志愿服务工作机制和活动运行机制等方面对志愿服务活动起到了引领作用，为大连市志愿服务发展提供了支持和保障，营造了崇尚奉献的社会风尚，为建设富庶、美丽、文明大连起到了积极的推进作用。

49.中国注册志愿者管理办法

为贯彻落实党的十六届六中全会精神，引导、鼓励广大青年和社会公众参与志愿服务，为和谐社会建设贡献力量，2006年12月7日，共青团中央在2002年颁行的《中国青年志愿者注册管理办法（试行）》的基础上，结合志愿服务事业的新发展，制定了《中国注册志愿者管理办法》。

《中国注册志愿者管理办法》规定，省、市、县、乡和大中专院校团组织、志愿者组织都可开展注册工作，社区、机关团体、企事业单位、中学的团组织、志愿者组织，经所在地注册机构同意也可以开展志愿者注册工作。公众可直接到团组织、志愿者组织提出注册申请，也可以通过网络、电话等方式提出申请。另外，团组织、志愿者组织和注册机构将根据服务对象的服务需求和注册志愿者的实际情况，发布服务信息、提供服务岗位，建立和完善志愿者和服务对象信息档案，从而提高服务的针对性和实效性。依托各类公益机构建立服务基地，团组织、志愿者组织可以通过签订协议、命名挂牌等形式创建志愿服务基地，引导和动员注册志愿者直接到服务基地开展服务，建立志愿者经常性、就近就便服务的有效机制。同时，注册志愿者也可按照相关规定自行开展服务。

《中国注册志愿者管理办法》还规定，年满18周岁或16至18周岁以自己劳动收入为主要生活来源者可以注册；14至18周岁者，经其法定代理人同意也可注册，参加与其年龄、智力相适应的志愿服务。《中国注册志愿者管理办法》还对长期在中国内地工作、学习、生活的港澳同胞、台湾同胞和海外华人华侨及外国人申请成为注册志愿者的有关程序进行了明确。另外，《中国注册志愿者管理办法》进一步加强了对注册志愿者的管理和服务，并进一步规范了注册志愿者激励和表彰机制。

制定并实施《中国注册志愿者管理办法》，对于进一步规范志愿者注册工作，加强注册志愿者管理，实现志愿者注册和服务的"两个便利化"，深入推进社区志愿服务和谐行动，壮大志愿者队伍、传播志愿服务理念、夯实志愿服务事业的基础具有重要意义。

50.中国青年志愿者协会章程

《中国青年志愿者协会章程》是中国青年志愿者协会运行的基本准则。中国青年志愿者协会（Chinese Young Volunteers Association，简称 CYVA）现有团体会员 36 个、个人会员 402 个，是由志愿从事社会公益与社会保障事业的各界组成的全国性社会团体。《中国青年志愿者协会章程》共分 6 章 50 条，对中国青年志愿者协会的概况、业务范围、会员事项、组织机构和负责人产生与罢免、资产管理和使用原则、章程的修改程序进行了明确的界定和规范。

《中国青年志愿者协会章程》明确，中国青年志愿者协会的业务范围主要是：改善社会风气和人际关系，为发展社会主义市场经济创造良好的社会环境；适应社会主义市场经济发展的需要，推动青年志愿服务体系和多层次社会保障制度的建立和完善；培养青年的公民意识、奉献精神和服务能力，促进青年健康成长；为城乡发展、社区建设、扶贫开发、抢险救灾以及大型社会活动等公益事业提供志愿服务。为具有特殊困难以及需要帮助的社会成员提供服务；规划、组织青年志愿服务活动，协调、指导全国各地、各类青年志愿者组织开展工作；开展与海内外志愿者组织和团体的交流。

同时《中国青年志愿者协会章程》规定，协会的最高权力机构是会员代表大会。会员代表大会须有 2/3 以上的会员代表出席方能召开，其决议须经到会会员代表半数以上表决通过方能生效。理事会是会员代表大会的执行机构，在闭会期间领导本协会开展日常工作，对会员代表大会负责。同时，《中国青年志愿者协会章程》还对协会的入会程序、经费来源、财务管理制度进行了详细的规范。

《中国青年志愿者协会章程》有效地保障了中国青年志愿者协会的科学管理和组织有效运行，同时为全国其他青年志愿组织的章程起草和实施提供了范本，有效地推动了中国青年志愿服务科学化、规范化、法制化。

51.中国红十字志愿服务管理办法

《中国红十字志愿服务管理办法》由中国红十字会总会于 2007 年 12 月 19 日颁发，是一部全国性的红十字志愿服务管理规范，对红十字志愿服务的组织管理和促进志愿服务的健康发展有着非常重要的意义。

《中国红十字志愿服务管理办法》共分 6 章 24 条，主要内容包括：

一、"总则"中规定了红十字志愿者的性质、成为红十字志愿者的条件、红十字志愿服务组织的性质以及红十字志愿服务组织重点开展活动的十个方面，即应急救援、健康关怀、人道救助、捐献造血干细胞、遗体捐献、宣传无偿献血、宣传预防艾滋病、红十字精神传播、筹资劝募、海外服务。

二、"组织"一章中规定了红十字志愿服务工作委员会的组成和职责。中国红十字志愿服务工作委员会由教育、卫生、共青团等相关部门组成,负责对全国红十字志愿服务工作统筹规划、指导、监督和检查。各级红十字志愿服务工作委员会的组成及职责可参照制定。各级红十字志愿服务工作委员会要根据服务对象的需求,向志愿者发布信息,提供服务岗位,落实好相关的保障措施。在附件《中国红十字志愿服务工作委员会职责》中提出了"收集与提供海内外志愿服务工作的相关信息"、"开展国内外红十字志愿服务工作的交流与合作"等内容。

三、"管理"一章中规定了红十字志愿者的招募、登记注册、权利、义务,红十字志愿服务经费的筹集、管理和使用,红十字志愿者的注销,以及红十字志愿者的日常管理等内容。在红十字志愿者的"登记注册"中要求:各级红十字会应当做好志愿者的登记注册工作。凡参与由团体单位组织或参加的红十字志愿服务活动的个人,即成为红十字志愿者。团体单位应填写《中国红十字志愿服务活动统计表》,对相关情况进行统计登记,并在所在地红十字会备案,为志愿者配发中国红十字志愿服务卡和服饰。个人申请加入红十字志愿者,应填写《中国红十字志愿者登记表》,对相关情况进行登记,并在所在地红十字会备案,经县级及以上红十字志愿服务工作委员会批准后,配发红十字志愿者证、中国红十字志愿服务卡和服饰,即成为红十字志愿者。

四、"培训与奖励"一章中规定红十字志愿者的培训分为基础培训、专业培训和骨干培训。培训教材由中国红十字会总会和总会相关业务部门负责编写。骨干培训和专业培训由同级红十字会负责组织实施。基础培训由志愿服务组织负责组织实施。中国红十字会总会按照《中国红十字志愿者表彰奖励办法》,在各省表彰的基础上,每5年组织一次对全国红十字志愿服务工作中作出突出贡献的组织和个人进行表彰奖励。县级及以上红十字会可根据实际,对其工作范围的红十字志愿服务先进集体及个人进行表彰奖励。

五、"保障"一章中规定红十字志愿服务工作委员会应当保障志愿服务的安全,对志愿服务申请进行审查,并提供相应法律法规和政策规定的保障措施。不能提供志愿服务的,应当给予说明。红十字志愿服务组织要为志愿者提供必要的培训和物质、安全保障,在活动组织中要注意避免意外事故发生。

《中国红十字志愿服务管理办法》有效地促进和规范红十字志愿服务工作,弘扬了"人道、博爱、奉献"的红十字精神,保障了红十字志愿服务和志愿者的合法权益,同时为全国其他红十字志愿组织的管理提供了范本。

52.中国社区志愿者注册管理办法

《中国社区志愿者注册管理办法》经中国社会工作协会志愿者工作委员会主任会议讨

论通过，于2005年9月16日起施行。

《中国社区志愿者注册管理办法》共5章32条，含注册号编制规则、中国社区志愿者注册登记表、中国社区志愿者证、社区志愿服务承诺指引、中国社区志愿者星级证书5个附件。

《中国社区志愿者注册管理办法》规定，社区志愿者组织是社区志愿者的管理单位，负责建立健全社区志愿服务的规章制度，组织开展社区志愿者的服务活动，负责社区志愿者的招募、注册、培训、管理、考核、表彰以及宣传等相关事宜。注册社区志愿者按照不计报酬、自愿参与的原则参加各项社区志愿服务活动，并接受社区志愿者组织的统一管理。同时，《中国社区志愿者注册管理办法》还对社区志愿者的招募和注册、管理和培训、评估与表彰进行了规定。

《中国社区志愿者注册管理办法》加强了社区志愿者队伍的规范化管理，促进了服务与需求优化匹配，推动了志愿服务事业可持续发展，对完善社区服务体系，提升社区互助服务能力，更好地满足不同居民群体对服务的需求，弥补政府服务和市场服务的不足，增强社区群众的社会责任感和文明素质，培育社区志愿服务意识，弘扬社区志愿精神，促进社会主义精神文明建设和经济社会协调发展都具有重要的作用。

53.志愿服务信息系统基本规范

志愿服务信息系统是发展壮大志愿者队伍、合理配置志愿服务资源、提升志愿服务效能的重要载体，是利用现代信息技术推动志愿服务事业发展的有效手段。2008年10月，中央文明办印发了《关于深入开展志愿服务活动的意见》，其中提出"建立完善志愿者注册管理系统和志愿服务信息平台，并实现互联互通、信息共享"。2014年2月19日，中央文明办印发了《关于推进志愿服务制度化的意见》，其中要求"依托全国志愿者队伍建设信息系统志愿服务信息平台，为有意愿、能胜任的社区居民进行登记注册……实行服务记录的异地转移和接续"。除此之外，近年来，一些地方和志愿服务组织自主开发了本地区、本组织的志愿服务信息系统并发挥了一定作用，但也出现了一系列问题，制约了志愿服务的发展。在此背景下，2015年7月22日，民政部发布了《志愿服务信息系统基本规范》（以下简称《基本规范》），其主要内容如下：

一、范围、缩略语及相关术语定义。在范围上，明确《基本规范》适用于各级各类志愿服务信息系统数据元和功能设计，为志愿服务管理人员、工程技术人员、系统运维人员提供管理和技术参考。在术语界定上，主要对志愿服务、志愿者、志愿团体、志愿服务项目等名词进行了界定。在缩略语方面，对《基本规范》中使用的缩略语进行了说明。

二、基础数据元。《基本规范》规范了志愿者信息管理、志愿团体信息管理、志愿服务项目信息管理、培训信息管理、表彰奖励信息管理、志愿服务时间信息管理、评价投诉信息管理、志愿服务证书信息管理、审核信息管理 9 类数据元。

三、功能要求。《基本规范》规范了志愿服务信息系统应具备的 9 项基本功能，主要包括志愿者信息管理功能、志愿团体信息管理功能、志愿服务项目信息管理功能、培训信息管理功能、表彰奖励信息管理功能、志愿服务时间信息管理功能、评价投诉信息管理功能、志愿服务证书信息管理功能、审核信息管理功能。

四、信息共享与交换接口。《基本规范》从志愿者信息、志愿团体信息、志愿服务项目信息 3 个层面，从信息增加、删除、修改、查询四个方面，规范了信息系统间进行信息共享与交换的接口。

五、安全要求。《基本规定》从应用系统安全、数据安全、安全等级三个方面对信息系统安全提出了具体要求。

为做好《基本规范》的推广应用工作，2015 年 8 月 27 日，民政部会同中央文明办、共青团中央联合印发了《关于推广应用〈志愿服务信息系统基本规范〉的通知》（以下简称《通知》），《通知》提出从以下四方面推动《基本规范》适用：第一，民政部将依据《基本规范》，把全国志愿者队伍建设信息系统升级改造为全国志愿服务信息系统，提供给各地区、各部门和志愿服务组织无偿使用。第二，推动已建成并投入使用的志愿服务信息系统依据《基本规范》抓紧开展系统升级改造工作。使系统符合《基本规范》的要求，并尽快与全国志愿服务信息系统实现志愿服务数据共享与交换。第三，对确需自行开发志愿服务信息系统的，要按照《基本规范》要求进行自主开发，并与全国志愿服务信息系统实行对接互联。第四，组织标准起草组成员尽快编写标准释义读本，通过举办培训班、专题讲座、编印宣传册等方式，对《基本规范》的学习宣传和推广应用进行专题辅导和培训，及时研究分析推广应用过程中出现的问题和不足，有针对性地进行修改完善。

《基本规范》是我国志愿服务信息化建设领域第一个全国性行业标准，是开发、完善志愿服务信息系统的基础标准和重要参考，是推进志愿服务制度化建设的重要举措。《基本规范》的推广应用，将有效实现全国志愿服务的信息共享交换和资源整合利用，不断提升志愿者队伍建设科学化、信息化水平，推动志愿服务规范化、制度化发展。

54.关于规范志愿服务记录证明工作的指导意见

志愿服务记录证明是志愿服务记录制度的重要组成部分，是志愿者参加志愿服务活动的真实体现。根据国务院第十三次全国民政会议和中央文明委的有关要求，2012 年，民政部出台了《志愿服务记录办法》，在全国探索建立健全志愿服务记录管理体制和运行机制。两年多来，试点工作取得了良好效果，有力推动了当地志愿者队伍建设和志愿服务事业发展。但在实践中发现，为志愿者开具记录证明工作还存在着主体不清、格式不一、内容不全、随意性大等问题，影响了志愿服务记录的公信力和志愿服务证明的权威性，不利于志愿服务事业的健康发展。为规范志愿服务记录证明工作，不断提升志愿服务规范化水平，中央文明办、民政部、教育部、共青团中央四部门于2015年8月3日联合下发了《关于规范志愿服务记录证明工作的指导意见》（以下简称《指导意见》），其主要内容如下：

一、明确志愿服务记录证明出具主体。《指导意见》确定了志愿服务记录证明的出具主体需要坚持"谁记录谁证明"的原则，并且提出了志愿服务记录证明出具主体应同时满足的3个条件。

二、统一志愿服务记录证明格式。从需要和精简两个原则出发，考虑确定了志愿服务记录证明应包含的四方面信息，并提供了志愿服务记录证明推荐格式。

三、规范志愿服务记录证明工作流程。提出志愿服务记录证明按照申请、受理、开具证明、公示的流程进行办理。

四、建立志愿服务虚假证明责任追究制度。按照"谁证明谁负责"的原则逐步建立志愿服务虚假证明责任追究制度和监督检查制度。单位出具虚假证明或履行职责不及时的，将向其主管单位进行通报并由主管单位责令其改正。个人伪造志愿服务记录证明的，取消其因此获得的各项荣誉与优待，并书面告知相关单位。对出具、伪造虚假志愿服务记录证明的单位或个人，探索将其纳入单位或个人诚信体系，并以适当方式向社会公布。

五、加强对志愿服务记录证明工作的组织领导。《指导意见》要求各部门各单位从推广、指导、信息建设、媒体宣传方面加强对志愿服务记录证明工作的组织领导。

《指导意见》对志愿服务记录证明工作进行了科学规范，是提升志愿服制度化水平、推进志愿服务事业发展的又一个政策举措。

本章撰写负责人：张汝立
成员：游祥斌、措亚、韩斯宇、高翔、张天龙、隗苗苗、黄冠

第八章

公共安全与应急管理

当/代/中/国/社会大事典(1978—2015)

一、社会治安防控体系与平安建设

1.中共中央、国务院关于进一步加强全国安定团结的通知

为了妥善解决知青返城问题，制止越轨行为，维护社会正常秩序，1979年2月19日，中共中央、国务院发出了《关于进一步加强全国安定团结的通知》（以下简称《通知》）。

知识青年运动始于1955年，这年的8月30日，60名北京青年组成了青年志愿垦荒队自愿到条件艰苦的黑龙江省农村去垦荒。此举得到党中央的鼓励，并在青年人中大为宣传。同年，毛泽东在《中国农村的社会主义高潮》的按语中号召："一切可以到农村去工作的这样的知识分子，应当高兴地到那里去。农村是一个广阔的天地，在那里是可以大有作为的。"毛泽东的这一号召进一步肯定了知识青年上山下乡的做法。1968年12月22日，《人民日报》头版刊出《我们也有两只手，不在城里吃闲饭》的报道。在该文编者按中披露了毛泽东的最新指示："知识青年到农村去，接受贫下中农的再教育，很有必要，要说服城里干部和其他人，把自己初中、高中、大学毕业的子女，送到乡下去，来一个动员。各地农村的同志应当欢迎他们去！"此后几天里，《人民日报》等报刊连续大量报道全国各地热烈响应毛泽东号召组织知识青年上山下乡的情况，使知识青年上山下乡形成空前的群众性的"政治运动"。不到半年，《人民日报》即宣布：数百万大中学生浩浩荡荡地奔赴祖国内地和边疆的广大农村。到1978年，全国城镇知识青年上山下乡累计达1700万人，年均达160多万人。其中，云南本省动员了23万人到农村插队，云南省国营农场接纳安置了北京市、上海市以及四川省成都市、重庆市和云南省会昆明市知识青年10万余名。1978年底云南省内农场的部分知识青年"回城"事件发生前，还有北京、上海、四川和昆明等地的知青7万多人留在农场。

1978年10月18日，西双版纳景洪农场十分场学校的上海知青丁惠民执笔写出了《给邓小平副总理的公开联名信》。信中说，目前，我们知青当中存在的问题很多，也很复杂：一是知青感到生活枯燥，思想内心空虚；二是多数知青逐渐消沉下去，对生活和前程失去信心；三是有的知青草率早婚，把自己圈在小家庭内，以期得到慰藉；四是有的女知青为了离开这里，纷纷到外面匆忙寻找对象结婚，使农场男女比率失衡，出现男知青难以找对象的状况，引起他们思想的波动；五是有的知青擅离农场，一去不返，长期待在家中靠父母生活，荒废了自己的青春年华；六是有的知青生活热情日减，终日谈回家之事，消极怠工。该联名信还说，要改变这一状况，不言而喻，最好的办法是采纳知识青年梦寐以求的夙愿——回到自己的家乡。一批知青贴出《给邓副总理的公开联名信》后，受到非议和不公正待遇，引发了广大农场知青为回城采取游行、罢工、绝食、卧轨、北上请愿等激烈行动，引起了党中央、国务院的高度重视。1979年春节前后，返城风波波及其他一些城市。

1979年1月23日，国务院召开紧急会议，由国务院副总理余秋里主持，王震、陈慕华、谷牧、王任重、康世恩等出席会议。会议基本同意国务院知青办报送的《关于处理一些地方知识青年请愿闹事问题的请示报告》中提出的六条意见。这"六条"意见，实际上为农场知青回城开了方便之门。

中共中央、国务院《关于进一步加强全国安定团结的通知》强调，为了促进社会政治安定，必须继续抓紧落实党的各项政策，解决好过去遗留下来的问题。其中如上山下乡知识青年的统筹安排问题。对一切合乎目前实际情况的措施，如1978年12月《全国知识青年上山下乡工作会议纪要的规定》，必须继续执行。

接着，北京、上海、天津等大城市相继发布关于维护社会秩序的《通告》或《布告》。规定集会游行必须听从民警指挥，不准拦截火车，不准冲击机关，不准煽动闹事，除指定地点外不得在公共场所、建筑物任意张贴标语、海报、大字报，不准印制出售反动书刊画册。违者，根据情节轻重，分别给予警告、拘留，直至追究刑事责任。

1979年春节后，云南知青根据云南省关于统筹解决国营农场知青及有关问题的文件，合理合法大规模返城。到1979年5月有61515人返城，占农垦知青总数的94%。截至1979年8月，在全国农场的160多万知青基本返回城市（不包括新疆知青）。

2.广东发生群体性偷渡外逃风潮

1979年5月6日，深圳地区超过7万人准备强渡进入香港，其中2万人进入边防一线，有约千人强渡出境。此次事件中绝大部分涉嫌偷渡外逃者被劝归。

此前，1977年广东省发生数量较大的偷渡外逃风潮。1977年偷渡外逃人数共20137

人，逃出4439人。1978年广东省偷渡外逃人数急剧上升。全年广东省共发生偷渡外逃79800人，逃出18300人（不包括无证去香港探亲未回的人数）。1979年第一季度广东省偷渡外逃发生数为37200人，逃出数为10800人，同比上升5.7倍和10倍，呈不断上升的趋势。这期间，广东深圳一带边境局势十分紧张，对相关人员的收容教育、遣送遇到困难。这些情况表明，当时偷渡外逃已有发展成为像1962年群众性大外逃的趋势。

在中国的边境管理体制下，负责边防的部队属中央军委，有关情况立即报告中央。与此同时，中央高层也从另一个渠道了解到5月6日的万人大外逃事件。港英当局5月6日当天在深港边境组织大量军警力量堵截逃港居民，此后也继续保持强大力量在边境进行堵截。香港的报刊、电台和电视台等媒体也大量报道了广东民众的偷渡情况，向内地施加舆论压力。港督麦理浩于5月31日约见中国驻港机构负责人，专门提出内地人口外流香港问题，反映了港英当局对偷渡外逃问题的关注和紧张心理。

1979年6月13日下午，李先念、余秋里等国务院领导同志和有关部委负责人在国务院听取广东省关于偷渡外逃情况的汇报，要求广东基本刹住偷渡外逃风。会后第二天（6月14日），国务院、中央军委便向广东省发出《关于坚决制止广东省大量群众偷渡外逃的指示》。随后，广东省委召开了两次省委常委会议，专门研究贯彻中央指示，对开展反偷渡外逃斗争作了部署。

会后习仲勋、寇庆延即赶赴惠州，参加惠阳地委召开的反偷渡外逃会议。习仲勋代表省委先检讨了前一阶段对偷渡外逃重视不够的问题，主动承担责任。习仲勋在简要说明此次偷渡外逃风潮的7个原因后，面对局势的压力和中央的要求，特别提醒到会的干部认清偷渡外逃问题的性质。他说，尽管情况已经很严重，但总的说，是属于人民内部矛盾，是非对抗性的；但是其中有极少数坏人。他提出了治标治本并举解决偷渡外逃问题的方针。治本，就是要从物质基础上、精神上和组织上，为巩固社会主义阵地和制止外逃创造条件。治标，就是要在边境沿线大力搞好堵截、收容工作，要坚决打击煽动、组织、策划外逃的坏人，同时要立即大力开展宣传攻势，制造革命舆论，制止外逃，刹住歪风。习仲勋特别强调要十分注意政策。他指出，在反偷渡外逃斗争中，政策性很强，要注意发挥政策的威力，要严肃、慎重对待，不能掉以轻心。

根据中央指示和惠阳会议精神，经过短时间的工作，偷渡外逃可能引发全局性失控的危险基本消除，边防军警力量大幅度增加，宣传攻势强大，加上港英政府采取即捕即送的政策，偷渡外逃风潮暂时被压制下来。深圳收容所从过去的日增800人左右逐日下降。根据各地反映的情况，到7月初，偷渡外逃的风潮基本刹住。

1979年7月下旬以后，偷渡外逃事件又逐日上升。针对新出现的情况，中共广东省委发出《关于进一步做好反偷渡外逃工作的指示》和经过修订的《关于处理偷渡外逃问题的若干规定》。此后广东省各级政法机关执行刑法和此规定，打击处理了一批偷渡外逃的违法犯罪分子，对制止偷渡外逃起了一定作用。

随着1980年8月深圳经济特区的建立，特别是1980年10月港英政府正式宣布取消多年的"抵垒政策"，宣布不再给非法入境的逃港人员居留权，大规模的逃港潮才正式结束。

3.中华人民共和国国籍法

1980年9月，五届全国人大三次会议通过《中华人民共和国国籍法》（以下简称《国籍法》），自1980年9月10日施行。

1980年，我国在总结20世纪50年代中后期解决以东南亚国家为主体的华侨双重国籍问题的经验基础上，结合新时期的特点，制定了新中国第一部《国籍法》，确定了"不承认双重国籍"和坚持"华侨自愿选择住在国国籍"的原则。

《国籍法》对中华人民共和国国籍的取得、丧失和恢复作出了法律规定。根据《国籍法》取得中国国籍的人，即为中国公民。中国国籍法以血统主义来确定国籍，不同于美洲国家普遍采用的属地主义。《国籍法》包括以下基本原则：

一、民族平等和男女平等原则。《国籍法》第二条规定："中华人民共和国是统一的多民族的国家，各民族的人都具有中国国籍。"这就是说，作为多民族国家，我国各民族人民都平等地拥有共同的中国国籍，不因民族的大小和状况不同而有区别。这既有利于反对大民族主义（主要是大汉族主义），也有利于反对外国挑拨少数民族中的个别人搞民族分裂主义。男女平等主要表现在两个方面：（一）在因出生取得国籍方面，我国《国籍法》第四条、第五条不采取父系血统原则，而采取男女平等原则，即无论父亲或母亲是中国公民，子女都可以取得中国国籍；（二）在因加入取得方面，《国籍法》没有妻随夫籍的规定，体现妇女国籍独立原则。外国女子与中国男子结婚并不因婚姻关系而当然取得中国国籍，中国女子与外国男子结婚并不因婚姻关系而自动丧失中国国籍，丈夫加入或退出中国国籍并不当然引起妻子国籍的变化。

二、不承认中国公民具有双重国籍原则。《国籍法》第三条规定："中华人民共和国不承认中国公民具有双重国籍。"体现这一原则的内容是：（一）外国人在中国境内所生子女不具有中国国籍（第四条、第六条）；（二）父母双方或一方为中国公民并定居在外国，本人出生时即具有外国国籍的，不具有中国国籍（第五条）；（三）经批准加入中国国籍的，不得再保留外国国籍（第八条）；（四）定居外国的中国公民自愿加入或取得外国国籍，即自动丧失中国国籍（第八条）；（五）申请恢复中国国籍获批准的，不得再保留外国国籍（第十三条）。解决双重国籍问题是我们处理国籍问题的重点。特别是历史上遗留下来的华侨的双重国籍问题，一度影响到中国与有关国家的关系。新中国政府在平等互利和互不干涉内政的基础上，就华侨的国籍问题与有关国家友好协商，先后与印度尼西亚（1955年）、菲律宾（1973年）、马来西亚（1974年）、泰国（1975年）等国就华侨双重国籍问题签订条约或发表联合公报，确认了不承认双重国籍的原则。

三、采取血统主义和出生地主义相结合的国籍原始取得原则。在因出生取得国籍上，中国主要采取了血统主义原则：（一）对父母双方或一方为中国公民，本人出生在中国，具有中国国籍（第四条）；（二）父母双方或一方为中国公民，本人出生在外国，具有中国国籍；但父母双方或一方为中国公民并定居在外国，本人出生时即具有外国国籍的，不具有中国国籍（第五条）。可见，中国立法在因出生取得国籍的一般情况下是采用血统主义原则的。《国籍法》仅在特殊情况下采用了出生地主义原则：父母无国籍或国籍不明，定居在中国，本人出生在中国，具有中国国籍（第六条）。

四、防止和减少无国籍现象原则。中国国籍法和其他法律，都有利于防止和减少无国籍现象，如前述第六条的规定。另外，无国籍人依照中国国籍法的规定可以申请中国国籍。《国籍法》和其他法律均不以任何理由剥夺中国国民的国籍。

4.取消"四大"（大鸣、大放、大辩论、大字报）

1980年2月，党的十一届五中全会正式作出决定：向全国人民代表大会建议，取消公民"有运用大鸣、大放、大辩论、大字报的权利"的规定。

"文化大革命"轰轰烈烈的"大鸣、大放、大字报、大辩论"被称为"四大"的大民主形式，又称"四大自由"。把"四大自由"写入宪法成为人民的基本权利的是新中国第二部宪法。1975年1月17日四届全国人大一次会议通过的第二部宪法第十三条明确："大鸣、大放、大辩论、大字报，是人民群众创造的社会主义革命的新形式。国家保障人民群众运用这种形式。"

1980年4月8日，五届全国人大常委会第十四次会议在北京召开。在一个星期的会议中，讨论中共中央关于取消"四大"的建议，成为一个重要议题。这些人大常委对"四大"的危害可谓有切身的体会，谈起当年那些"炮轰"、"勒令"的大字报，委员们依旧心有余悸，不寒而栗。在发言中，全国人民代表大会常务委员会法制委员会副主任杨秀峰，从法律的角度阐述了取消"四大"的理由，认为宪法中已经明确写明"公民有言论、通信、出版、集会、结社、游行、示威、罢工的自由"，这些规定保障了公民应该享有的民主权利；而"四大"却相反，妨碍了公民应当得到的正当的民主权利。参加会议的全国人民代表大会常委们，几乎是异口同声地赞同取消"四大"，提请五届全国人大三次会议审议决定。1980年9月,五届全国人大三次会议作出决定,修改《中华人民共和国宪法》第四十五条,取消所谓"四大"的规定。1982年11月下旬至12月上旬的五届全国人大五次会议上,通过了修改后的《中华人民共和国宪法》。在这部宪法中,有关"四大"的条文彻底消失了。实践证明,"四大"式的大民主,并不是真正的人民民主,不是社会主义民主。

5.打击经济领域中严重犯罪活动

1982年4月13日,中共中央、国务院公布《关于打击经济领域中严重犯罪活动的决定》(以下简称《决定》)。

《决定》指出:打击经济领域的严重犯罪活动,进行反对腐化变质的斗争,关系到我国社会主义现代化建设的成败,关系到我们党和国家的盛衰兴亡,这场斗争必然是长期的持久的。《决定》对相关政策作了规定,明确提出:"工作中要注意决不要把这场斗争的范围任意扩大到广大城乡的普通工人、农民和其他劳动群众中去。一定要正确掌握政策,严格区分和正确处理两类不同性质的矛盾。"此前的4月10日,邓小平在中共中央政治局讨论这一决定的会议上指出:我们必须坚持社会主义道路的四项必要的保证,即:第一,体制改革;第二,建设社会主义精神文明;第三,打击经济犯罪活动;第四,整顿党的作风和党的组织,包括坚持党的领导,改善党的领导。在实现"四个现代化"过程中,我们要有两手,一手就是坚持对外开放和对内搞活经济的政策,一手就是坚决打击经济犯罪活动。

很明显,新时期中央对于反腐败斗争的要求,已经与改革开放以前动不动就搞群众运动有了本质的区别。1982年5月31日,万里在中央纪律检查委员会召开的中央党政军机关负责干部会议上讲话,要求各单位把打击经济领域中严重犯罪活动的斗争,认真开展起来。7月23日,中央纪律检查委员会派出司局级以上干部154名,分赴各地充实、加强打击经济领域犯罪活动的办案力量,直接参与大案要案的调查处理工作。

到1982年底初步统计,全国揭出并立案审查的各类经济犯罪案件有16.4万件,已结案8.6万件,依法判刑的近3万人,追缴赃款赃物3.3亿元,斗争取得了一定成效。1983年7月27日,中央纪律检查委员会提出的《关于打击经济领域中严重犯罪活动工作的报告》指出,这场斗争已经取得了显著的成绩。至1983年4月底,全国已揭露出并依据党纪国法立案审查的各类经济犯罪案件共约19.2万余件,全国投案自首、坦白交代各种经济违法犯罪问题的共约2.4万余人。

6.中国人民武装警察部队总部成立

1983年4月6日,中国人民武装警察部队总部在北京正式成立。

中国人民武装警察部队的前身是1950年11月8日在北京成立的中国人民解放军公安部队。1955年7月18日改称为公安军;1957年9月1日,又撤销了公安军番号,复称公安部队;1958年底,又将大部分公安部队改编为人民武装警察部队。1961年12月12日,中国人民武装警察部队领导机构在北京成立。1963年2月,武装警察部队又恢复公安部队名称。1966年7月,公安部队撤销,统一整编为中国人民解放军。

1982年6月19日,中国共产党中央委员会、国务院和中央军事委员会决定,将中国人民解放军担负内卫执勤任务的部队,同公安部门实行兵役制的武装警察、边防警察、消防警察,统一组建为中国人民武装警察部队。中国人民武装警察部队作为国家武装力量的组成部分,受中国共产党中央委员会、国务院、中央军事委员会统一领导。

1983年1月25日,国务院任命了武警部队领导人,李刚任司令员,赵苍璧任政治委员。4月6日,武警部队总部成立,设司令部、政治部、后勤部等机构;下辖总队、支队、大队、中队;总部、总队、支队、大队建立党委,中队和基层单位建立支部。总部、总队、支队、大队党委受同级公安部门党委的领导。总队、支队、大队同时受上级人民武装警察部队党委的领导,实行统一规划,分级管理,分级指挥的原则。先后列入武警部队序列的部队有:武警内卫部队、武警边防部队、武警消防部队、武警警卫部队、武警黄金部队、武警水电部队、武警交通部队、武警森林部队等。武警部队实行义务兵和志愿兵相结合的兵役制度,执行人民解放军的条令、条例,享受人民解放军的同等待遇,按照武警部队的特点进行建设。

武警总部是中国人民武装警察部队的最高领导机关,总部设司令员、政治委员,副司令员、副政治委员。公安部长兼第一政治委员。

7.中国出入境管理工作

为了维护中华人民共和国的主权、安全和社会秩序,有利于发展国际交往,1985年1月22日全国人民代表大会常务委员会公布《中华人民共和国公民出境入境管理法》,1986年12月3日国务院批准实施《中华人民共和国公民出境入境管理法实施细则》,1985年11月22日六届全国人大常委会第十三次会议通过《中华人民共和国外国人入境出境管理法》(自1986年2月1日起施行)。

我国实行对外开放政策后，情况发生了很大变化，对外国人的管理出现了许多新情况和新问题，原来公布的条例越来越不适应形势的需要了。为了加强对外国人出入我国国境的管理和保障中国公民出入境的合法权益，根据既要维护我国国家主权、安全和社会秩序，又要有利于对外开放、发展国际交往的原则，1979年9月公安部着手修订了外国人出入境管理法规。

出入境管理是在现代国家体系逐渐完善的基础上建立起来的一种法律制度，是现代国际关系的一种体现。出入境管理就是国家行政机关根据国际法、国内法的有关规定，对出入本国国境的本国公民及外国人行使主权的行政行为，是国家涉外管辖的一个重要组成部分。作为公安机关一项重要的行政职能，出入境管理在保障中外公民合法权益、维护国家利益等方面发挥着重要作用。出入境是指一国公民经本国政府主管机关批准和前往国家或地区以及途经国家或地区的许可，持规定有效的证件和签证，通过对外开放或指定的口岸从本国出境进入其他国家或地区，或者从其他国家或地区返回本国境内。出入境的概念包括两个方面：一是指一国公民经本国政府批准，持用合法证件出入本国国（边）境；二是指外国人持用合法的证件，经一国政府批准入出该国国境。

出境入境管理法在制度设计上突出管理与服务并重，既严格规范出入境管理的各项制度，也突出加强服务意识，为中国公民和外国人合法的出入境活动，以及外国人在中国合法的停留居留活动提供便利。出境入境管理法在管理体制上强调各部门沟通配合、信息共享。出境入境管理法对中国公民出境入境，外国人入境出境，外国人停留居留，交通运输工具出境入境边防检查、调查和遣返措施以及法律责任等作了规定。这一法律还进一步完善了入境签证制度。明确签证分为外交签证、礼遇签证、公务签证和普通签证，并在普通签证中增加规定"人才引进"类别，以吸引海外优秀人才；明确普通签证的类别和签发办法由国务院规定；规范签证的登记项目和申请办理签证手续，明确出具邀请函件的单位或个人应当对邀请内容真实性负责，同时完善了口岸签证、签证延期、不予签发签证等制度。出境入境管理法进一步规范了外国人停留居留制度。原则上以180天为界线，划分外国人停留和居留，规定外国人办理居留证件应当留存指纹，完善了外国人住宿登记、证件查验等制度，明确外国人未经批准不得进入限制进入的区域，规定外国人不得从事与停留居留事由不相符的活动，并应当在规定的停留居留期限届满前离境。

8.中华人民共和国治安管理处罚条例

六届全国人大常委会第十七次会议于1986年9月5日通过了新的《中华人民共和国治安管理处罚条例》（以下简称《条例》），自1987年1月1日起施行。2005年8月28日，十届全国人大常委会第十七次会议表决通过了《中华人民共和国治安管理处罚法》，自 2006 年 3 月 1 日起施行，《条例》同时废止。

《条例》是全国人民代表大会常务委员会制定的关于维护社会秩序和公共安全的法律。新中国成立以来，我们党和国家非常重视社会治安管理工作，已陆续颁行了一些单行法规。1957 年 10 月 22 日一届全国人大常委第八十一次会议通过了《中华人民共和国治安管理处罚条例》。29 年的实践证明，该《条例》在维护社会治安、保障国家和公民利益方面起了重要作用。但是，随着社会的发展，很多条件都发生了变化，该《条例》已经不能完全适应现实的需要。

我国治安管理处罚条例的制定在很多方面都参考、借鉴了我国刑法和刑事诉讼法。表现在基本原则上，条例成功地吸收借鉴了我国刑法和刑事诉讼法的一些原则规定，如罪刑法定原则、行为自负原则、专门机关与群众相结合原则、坚持行为自负的原则（谁的过错谁承担，不涉及或株连他人）、主客观相统一的原则（只有行为人在主观上是出于故意或过失，在客观上实施了违反治安管理的行为，才能依照条例给予处罚），等等。从具体内容和结构上看，《条例》规定的违反治安管理的行为共 8 类 73 种，其中很多行为在形式上与刑法中的犯罪行为是相同或相似的。表现在结构上，《条例》借鉴了我国刑法和刑事诉讼法在结构上的一些特点，将全文分为总则、处罚的种类和运用、违反治安管理行为和处罚、裁决与执行、附则共 5 章，使新《条例》更为科学和规范。

《条例》对于维护社会秩序、生产秩序、工作秩序、教学科研秩序和人民群众生活秩序，起到了良好的作用；它保护了社会主义的公共财产和公民个人所有的合法财产；这不仅符合社会主义经济发展的规律，也符合广大人民群众的要求；它保护公民人身及其他合法权利，如果实施了侵犯公民人身权利、民主权利的行为，不够刑事处罚，而构成违反治安管理的行为，依据《条例》规定，要受到"15 日以下拘留、200 元以下罚款或者警告"的处罚；对于预防犯罪起到了防微杜渐的作用。

9.中华人民共和国集会游行示威法

为了保障公民依法行使集会、游行、示威的权利，维护公共秩序和社会安定，根据宪法，制定《中华人民共和国集会游行示威法》（以下简称《集会游行示威法》）。1989 年 10 月 31 日七届全国人大常委会第十次会议通过，1989 年 10 月 31 日中华人民共和国主席令第二十号公布施行。这一法律除了对集会、游行示威的申请、许可和举行作了规定外，还对违法行为规定了法律责任。

《集会游行示威法》规定的法律责任包括两个方面：一是一般违法行为的责任，二是构成犯罪行为的责任。所谓一般违法行为主要指违反治安管理的行为，所谓犯罪行为是指触犯刑律应受刑法处罚的行为。同时，法律还根据实际情况，对集会、游行、示威中可能发生的特定的违法和犯罪行为，采取列举方式，作了具体规定：第一，违反申请和许可规定的行为。第二，违反和平进行集会、游行、示威规定的行为。第三，妨害公务活动或者国事活动的行为。第四，扰乱破坏公共场所秩序、交通秩序的行为。第五，破坏依法举行的集会、游行、示威的行为。此外，集会游行示威法关于法律责任的规定中，还对非法到居住地以外的其他城市发动、组织当地公民集会游行、示威的人，规定予以拘留或强行遣回原籍。

《集会游行示威法》的实施具有十分重要的作用。

第一，能稳定安定团结的政治局面。我国宪法赋予公民有集会、游行、示威的自由，人民有权通过这些形式对国家和政府事务进行监督。《集会游行示威法》的颁布，使人民的这种权利更加具体明确，人民通过集会游行示威发表意见，提出要求，使问题得到解决，这样可以消除人民某些积蓄日久的不满情绪，不至于因问题得不到解决而导致动乱等危害社会政治安定的行为，从而保证了社会的长治久安。

第二，能维护社会治安秩序和公共秩序。集会游行示威，常常是众人聚集于露天公共场所和道路等地方进行表达要求等的集体活动，多人聚集在一起如果组织管理不好，会影响交通秩序及社会治安秩序。为此，《集会游行示威法》对集会游行的地点、路线、口号、标语等方面作了具体规定。将集会游行示威活动纳入了依法管理的范围，能够有效地防止一切非法举行的集会游行示威活动，保证交通秩序和社会秩序的正常进行。

第三，能保护重点单位和重要场所，维护国家尊严。国家机关广播电台、电视台、外国驻华使馆等单位是国家的重点工作单位。为了保证国事活动的开展和国家的声誉，《集会游行示威法》明确规定，集会游行示威在上述单位所在地举行或经过的，可以在附近设置临时警戒线，未经许可，不得逾越；在上述国家重要场所一定距离内，未经批准，不得举行集会游行示威。这既保护了国家的正常工作秩序，也维护了国家的尊严。

10.拉萨发生严重骚乱事件

1989年2月13日起，分裂主义分子曾在拉萨制造了4次游行，其中以3月5日和3月6日两天最为严重。政府有关方面一直采取了克制的态度，进行劝阻和教育，维护了社会治安，避免了正面冲突。

1989年3月5日，少数分裂主义分子在拉萨蓄意制造了一起严重骚乱事件。中午12时，13名喇嘛、尼姑打着"雪山狮子旗"，沿八廓街游行。行至第二圈时，游行及尾随者增至数百人。他们边走边呼喊"西藏独立"的口号,向八廓街派出所公安人员砸石头。下午3时左右骚乱分子更加猖狂,600多人继续在北京东路游行,并对沿途一些机关单位和商店进行打、砸、抢、烧。更为严重的是,他们纠集数百人,4次冲、砸城关区委和区政府机关,摘下并砸毁了城关区机关的牌子,还砸毁了交通警岗和指示灯,砸坏了公安、武警、消防20多辆车子,甚至公然向公安武警开枪射击。

自从2月13日开始,分裂主义分子已在拉萨制造了几次游行,与前几次骚乱事件相比,3月5日的骚乱事件规模更大,骚乱分子使用了枪支,使事件升级。3月6日到7日,拉萨街头的骚乱仍在继续。少数分裂主义分子的暴行,对全市人民生命财产的安全构成严重威胁。在3天的骚乱中,横遭暴徒打、砸、抢、烧的商店、旅馆、饭店达90多家,被砸毁门窗的机关、学校、医院数十家,伤亡上百人,直接经济损失在300万元以上。至于骚乱分子肆无忌惮的恶劣行径对包括藏胞在内的各族人民感情的伤害和对全国安定团结局面的恶劣影响,则更是无以数计的。

1989年3月7日,国务院总理李鹏发布在西藏自治区拉萨市实行戒严的命令:鉴于少数分裂主义分子不断在西藏自治区拉萨市制造骚乱,严重危害社会安定,为了维护社会秩序,保障公民人身、财产的安全,保护公共财产不受侵犯,根据宪法第89条第16项的规定,国务院决定,自1989年3月8日零时起在拉萨市实行戒严,由西藏自治区人民政府组织实施,并根据实际需要采取具体戒严措施。1990年5月1日,对拉萨市的戒严解除,拉萨的社会秩序恢复正常。

自古以来,西藏就是中国不可分割的一部分。民主改革以前,在西藏实行的是当代最反动、最黑暗、最残酷的封建农奴制度,那时三大领主(贵族、寺庙、西藏地方政府)对农奴有着生杀予夺之权,西藏人民连最起码的人身自由都没有,是中国共产党和中国政府领导百万农奴推翻了这个罪恶的制度。少数分裂主义分子践踏大多数藏民的意愿,挑起排汉情绪,制造"西藏独立"的口实,无非是为了达到阴暗丑恶的目的,重做领主的美梦。在境外高谈"人权"的,有一些正是当年以残酷手段践踏西藏人权,后来又为维护自己的特权而发动叛乱的人。其实,所谓西藏的"人权问题"只是一种借口,这些人的真实目的是把西藏从中国的版图中分裂出去。因此,中国政府同分裂主义分子的斗争,就是维护中国的统一的斗争。维护祖国统一,才是西藏文明、繁荣的必由之路。

11.司法部《民间纠纷处理办法》

1989年国务院发布的《人民调解委员会组织条例》(以下简称《条例》)提出基层人民政府处理民间纠纷以后,1990年司法部根据《条例》规定,发布了《民间纠纷处理办法》,

目的是妥善处理民间纠纷，保障公民的人身权利、财产权利和其他权利，进一步明确规定由基层人民政府的司法助理员具体负责处理民间纠纷。

《民间纠纷处理办法》共4章，25条。第一章总则，共6条。规定为妥善处理民间纠纷，保障公民的人身权利、财产权利和其他权利，维护社会安定，根据《人民调解委员会组织条例》第九条第二款、第二条第二款和第十条的规定，制定本办法；基层人民政府处理民间纠纷的范围，即公民之间有关人身、财产权益和其他日常生活中发生的纠纷；处理民间纠纷，必须以事实为根据，以法律、法规、规章和政策为准绳，对于当事人在适用法律上一律平等。基层人民政府处理民间纠纷，不得限制当事人行使诉讼权利。第二章受理，共6条。规定当事人提请处理的民间纠纷，由当事人户籍所在地或者居所地的基层人民政府受理；跨地区的民间纠纷，由当事人双方户籍所在地或者居所地的基层人民政府协商受理；受理民间纠纷，应当有一方或者双方当事人的申请，申请可以采用口头或者书面方式，并有明确的对方当事人和申请事项、事实根据。第三章处理，共11条。规定处理民间纠纷，应当充分听取双方当事人的陈述，允许当事人就争议问题展开辩论，并对纠纷事实进行必要的调查；处理民间纠纷，应当先行调解；调解时，要查明事实，分清是非，促使当事人互谅互让，在双方当事人自愿的基础上，达成协议；调解达成协议的，应当制作调解书，由双方当事人、司法助理员署名并加盖基层人民政府印章；调解书自送达之日起生效，当事人应当履行。

12. 全国人民代表大会常务委员会关于严惩拐卖、绑架妇女、儿童的犯罪分子的决定

1991年9月4日，为了有效地制止拐卖、绑架妇女、儿童的犯罪活动，进一步完善立法，七届全国人大常委会第二十一次会议通过了《关于严惩拐卖、绑架妇女、儿童的犯罪分子的决定》（以下简称《决定》），对现行刑事法律作了若干重要补充和修改，为严惩拐卖、绑架妇女、儿童的犯罪分子提供了重要的法律武器。

20世纪80年代末90年代初，有些地方拐卖妇女、儿童的犯罪活动猖狂，严重危害妇女、儿童的人身安全，摧残妇女、儿童身心健康，破坏被害人家庭和社会治安秩序，已经成为危害社会安定的重大问题。我国《刑法》第41条对拐卖人口的犯罪虽然作了专条规定，但对绑架妇女、儿童的，对收买被拐卖、绑架妇女、儿童的，阻碍对收买的妇女、儿童解救的，以及负有解救职责的国家工作人员不进行解救的，都还没有明确规定追究刑事责任或者法律责任。这是拐卖、绑架妇女、儿童的犯罪活动之所以不能有效遏止的一个重要原因。

《决定》补充规定了以下几种新罪名,即拐卖妇女、儿童罪,绑架妇女、儿童罪;收买妇女、儿童罪;聚众阻碍解救妇女、儿童罪;利用职务阻碍解救妇女、儿童罪,绑架勒索罪。但绑架勒索罪的对象,不仅限于妇女、儿童,还包括成年男子。《决定》所以增加绑架勒索罪,是为了解决司法实践中将这类犯罪一般以抢劫罪论处的问题。

《决定》规定,拐卖妇女、儿童的,处 5 年以上 10 年以下有期徒刑,并处 1 万元以下罚金;有下列情形之一的,处 10 年以上有期徒刑或者无期徒刑,并处 1 万元以下罚金或者没收财产;情节特别严重的,处死刑,并处没收财产:一、拐卖妇女、儿童集团的首要分子;二、拐卖妇女、儿童 3 人以上的;三、奸淫被拐卖的妇女的;四、诱骗、强迫被拐卖的妇女卖淫或者将被拐卖的妇女卖给他人迫使其卖淫的;五、造成被拐卖的妇女、儿童或者其亲属重伤、死亡或者其他严重后果的;六、将妇女、儿童卖往境外的。以出卖为目的,使用暴力、胁迫或者麻醉方法绑架妇女、儿童的,处 10 年以上有期徒刑或者无期徒刑,并处 1 万元以下罚金或者没收财产;情节特别严重的,处死刑,并处没收财产。严禁收买被拐卖、绑架的妇女、儿童。收买被拐卖、绑架的妇女、儿童的,处 3 年以下有期徒刑、拘役或者管制。收买被拐卖、绑架的妇女,强行与其发生性关系的,依照刑法关于强奸罪的规定处罚。收买被拐卖、绑架的妇女、儿童,非法剥夺、限制其人身自由或者有伤害、侮辱、虐待等犯罪行为的,依照刑法的有关规定处罚。任何个人或者组织不得阻碍对被拐卖、绑架的妇女、儿童的解救,并不得向被拐卖、绑架的妇女、儿童及其家属或者解救人索要收买妇女、儿童的费用和生活费用;对已经索取的收买妇女、儿童的费用和生活费用,予以追回。

13. 大中型水利水电工程建设征地补偿和移民安置条例

1991 年 1 月 25 日,国务院第七十七次常务会议通过《大中型水利水电工程建设征地补偿和移民安置条例》(以下简称《条例》),自 1991 年 5 月 1 日起施行。

新中国成立至 20 世纪 80 年代末,全国兴建水利水电工程 86000 多座,淹没耕地 2000 多万亩,迁移民 1000 多万。这些工程的建成,在开发利用能源、灌溉农田和保障人民生命财产安全等方面取得了较好的经济效益和社会效益。这些成绩的取得,与千万移民贡献自己的家园而作出的牺牲是分不开的。但是,到 80 年代末还有 30 万移民没有安置好,有的温饱问题还未得到解决,留下许多后遗症。总结近 40 年的经验教训,造成移民没有安置好的因素很多,但重要的一条,是大中型水利水电工程建设征地补偿和移民安置工作无法可依,既无统一的政策,又无统一的标准。

《条例》分总则、征地补偿、移民安置、罚则和附则 5 章共计 27 条内容,核心是第

二、第三两章。主要内容有：总的指导思想及方针，根据《中华人民共和国土地管理法》和《中华人民共和国水法》的有关规定，国家提倡和支持开发性移民，采取前期补偿、补助与后期生产扶持的办法，正确处理国家、集体、个人之间的关系，移民区和移民安置区应当服从国家整体利益安排，移民安置与库区建设、资源开发、水土保持、经济发展相结合。规定了征地补偿标准，征用耕地的补偿费，为该耕地被征用前三年平均年产值的三至四倍，征用其他土地的补偿费和安置补助费标准，由省、自治区、直辖市人民政府参照本条第（一）项的标准规定。规定移民安置规划和办法，水利水电工程建设单位应当在工程建设的前期工作阶段，会同当地人民政府根据安置地的自然、经济等条件，按照经济合理的原则编制移民安置规划。编制移民安置规划，应当遵守国家有关规定。任何单位非法占用被征地单位的补偿费和安置补助费的，依照《中华人民共和国土地管理法》的规定责令退赔，可以并处罚款。扰乱公共秩序，致使工作、生产不能正常进行，应当给予治安管理处罚的，构成犯罪的，依法追究刑事责任。

这是我国水利水电建设事业中的一件大事，它不仅关系到千百万移民的切身利益，而且关系到我国水利水电事业的建设与发展，关系到社会的稳定。它标志着我国水利水电工程建设征地补偿和移民安置工作开始进入有法可依的新阶段。

14.中共中央、国务院关于加强社会治安综合治理的决定

1991年2月19日，中共中央、国务院作出了《关于加强社会治安综合治理的决定》；同年3月2日，七届全国人大常委会第十八次会议作出了《关于加强社会治安综合治理的决定》（以下简称《决定》）。

世界上绝大部分国家为犯罪这一严重的社会问题所困扰，为消除犯罪活动给社会带来的危害，各国都试图制定出行之有效的对策，以控制和预防犯罪的发生。中国在长期司法实践中，提出了对违法犯罪实行"综合治理"的方针。这是符合中国国情、能够充分发挥中国社会主义制度优越性的刑事政策，是预防、控制和减少犯罪发生，维护安定团结的局面和稳定的社会秩序，保证国家长治久安的长久之计。

从我国整治社会治安的实践上看，过去一些地区存在着"重打击轻防范，重惩处轻帮教，重机关轻基层，重突击轻巩固"倾向，常常是在集中整治或"严打"期间，犯罪势头得到遏制，治安问题明显减少，但"严打"结束或工作组撤走后，犯罪活动就抬头，治安形势就反复。实践证明，仅靠打击，将打不胜打；仅靠防范，将防不胜防。只有发动群众，打防并举，标本兼治，才能长治久安。全国人民代表大会常务委员会《决定》中明确规定："社会治安综合治理必须坚持打击和防范并举，治标与治本兼顾，重在治本的方针。"

决定是立足于根本解决我国社会治安问题而作出的重大决策。社会治安综合治理，顾名思义，是指对社会治安进行综合性治理。具体地说，是指在各级党委和政府的统一领导下，动员和组织全社会力量，运用政治、法律、行政、经济、文化、教育等多种手段，整治社会治安，保障社会稳定。为了维护社会治安秩序，维护国家和社会的稳定，保障改革开放和社会主义现代化建设的顺利进行，为全面实现国民经济和社会发展的十年规划及"八五"计划创造良好的社会治安环境，必须加强社会治安综合治理。

这两个决定贯彻了中国共产党第十三届中央委员会第七次全体会议精神，对社会治安综合治理进行了全面部署，充分体现了党和国家对这一工作的高度重视，对于动员全党全社会力量加强综合治理工作，促进社会治安状况稳定好转，顺利实现国民经济的持续、稳定、协调发展和现代化建设的战略目标，将发挥巨大作用。

15.国家教育委员会关于做好学校治安综合治理工作的几点意见

1992年6月3日，国家教育委员会发布《关于做好学校治安综合治理工作的几点意见》（以下简称《意见》）。

1990年后，我国政治稳定，经济发展，民族团结，社会安定。国家抓紧有利时机，加快改革开放，加速经济发展。巩固和发展这一大好形势，需要有一个良好的国内环境。但是社会治安形势仍然相当严峻，教育战线在社会治安方面所面临的问题也不少：一些地方冲击校园、滋扰教学、伤害师生以及拦路抢劫中小学生的财物等现象屡禁不绝；女学生、女教师被调戏、污辱的情况时有发生，个别地方甚至发生女大学生、研究生被拐卖的恶劣事件；有些地区青少年犯罪问题仍很突出；一些学校校园内盗窃等各类案件增多；一些学校学生打架斗殴、聚众群殴的现象时有发生。这些问题的存在严重地干扰了学校正常的教学、生活秩序，成为影响学校稳定的不安定因素。要从根本上解决社会上和校园内的治安问题，不仅要靠公安、保卫部门加强工作，更重要的是要靠全社会动员起来，加强思想教育，提高人们的道德素养，增强法制观念，创造良好的道德风尚和社会风气，搞好社会治安综合治理。学校治安综合治理是社会治安综合治理的重要组成部分，学校在社会治安综合治理中有着不可替代的重要作用，要为加强社会治安综合治理作出积极的贡献。

《意见》指出，加强对学校治安综合治理工作的领导。各级各类学校党政领导要提高认识，切实加强对学校治安综合治理工作的领导。学校治安综合治理绝不仅仅是保卫部门、保卫人员的事，必须在学校党政的领导下，将学校治安综合治理工作列入学校工作的重要议事日程，各部门、各单位互相配合，齐抓共管。高等学校要成立由党政主要领导及保卫、宣传、后勤、学生工作等部门和工会、共青团、学生会等群众组织负责人参加的学校治安综合治理委员会，设立相应的办事机构，负责提出本单位综合治理的具体意见并组织实施，协调各部门的工作。要按照"谁主管谁负责"的原则，落实目标责任制，做到各司其职，各负其责，齐抓共管。中小学可根据实际情况按照当地社会治安综合治理领导部门的要求，建立、健全相应的主管机构或指定专人负责。要建立学校治安综合治理的领导责任制。

《意见》指出，进一步加强对广大师生员工的思想政治教育工作，依靠全体师生搞好学校治安的综合治理，进一步加强学校的思想政治工作，坚持不懈地对广大师生进行坚持党的"一个中心、两个基本点"的基本路线和建设有中国特色的社会主义的教育，以及理想教育、道德品质教育和法制教育。要认真贯彻实施中共中央宣传部、司法部联合提出的"二五"普法计划，把已经开设的大学法律基础课、中学思想政治课中的法制教育、小学思想品德课中的遵纪守法教育坚持下去，并不断加以完善。

《意见》要求，进一步加强对学生日常行为的教育和管理；加强校园秩序管理；不断提高中小学生的入学率和巩固率，减少"流失生"，帮助"后进生"，防止在校学生犯罪；加强学校内部的安全保卫工作和安全防范制度的建设；加强对学生课余生活的组织和管理，促进校外教育场所的建设；配合社会各界，共同做好保护青少年学生、防止青少年犯罪的工作。

16.全国人民代表大会常务委员会关于惩治劫持航空器犯罪分子的决定

1992年12月28日，七届全国人大常委会第二十九次会议通过的《关于惩治劫持航空器犯罪分子的决定》（以下简称《决定》），为严惩劫持航空器犯罪、维护正常的民航秩序提供了强有力的法律武器，也是对我国刑法的补充和完善。

劫持航空器是一种严重的恐怖犯罪活动，对国际航空安全构成严重威胁，因此引起了国际社会的广泛重视。我国先后于1978年11月加入《东京公约》，于1980年9月加入《海牙公约》和《蒙特利尔公约》，并在1979年《刑法》第100条中对劫持飞机作为反革命破坏罪的行为表现之一加以规定。这些公约和我国刑法的规定，对于反劫持航空器的斗争提供了法律依据，具有重要意义。但它们并不能解决劫持航空器犯罪引起的一切法律问题。在中国，自1977年6月16日执行乌鲁木齐一哈密航班任务的一架里-2客机空中遇劫至今10余年间，共发生劫机事件10余起，严重地危害了公共安全，有的甚至造成惨重后果。我国刑法仅规定其为反革命破坏罪之一种，显然不能适应同国内外劫持航空器犯罪作斗争的需要。

该《决定》增设了劫持航空器的新罪名，并按情节不同相应地规定了三个法定刑。这就弥补了我国刑法规定之不足，为严惩劫持航空器犯罪提供了充分的法律根据。该《决定》是对刑法的重要补充，并规定以暴力、胁迫或者其他方法劫持航空器的，处 10 年以上有期徒刑或者无期徒刑；致人重伤、死亡或者使航空器遭受严重破坏或者情节特别严重的，处死刑；情节较轻的，处 5 年以上 10 年以下有期徒刑。

该《决定》对严厉打击劫持航空器的犯罪行为，保护旅客人身、财产的安全，维护正常的民航秩序，更好地履行我国在国际公约中承诺的义务，加强反劫机斗争的国际合作，为我国司法机关依法严惩劫持航空器的犯罪活动提供了强有力的法律武器。《决定》是严厉打击劫持航空器的犯罪分子，保护旅客人身、财产以及航空器的安全，维护正常的民用航空秩序，促进我国民航事业发展的一项重要法律。

《决定》的颁布实施对惩治劫持航空器的犯罪分子，维护旅客和航空器的安全具有十分重要的意义。

17. 围歼"车匪路霸"专项斗争

1993 年 3 月 13 日，中央社会治安综合治理委员会召开电话会议，部署围歼"车匪路霸"的专项斗争。

电话会议后，全国有 21 个省、自治区迅速召开会议，进行传达贯彻。广东以省委、省政府名义召开电话会议，中央政治局委员、省委书记谢非亲自动员。有十几个省和自治区都是由省委副书记、省（区）委常委或副省长、自治区副主席出面作部署。公安部成立了专门班子，负责掌握斗争进展情况。司法部、最高人民检察院专门发出通知，结合本部门业务，提出工作要求。铁道部、交通部亦分别召开会议进行了传达部署。广播电影电视部把报道这场斗争作为当年工作的要点。湖南、浙江、山西、湖北、福建、江苏等省党政领导或有关部门的领导亲临第一线指挥、督战。江西、湖南、贵州、陕西等省明确规定，把这场斗争纳入目标管理责任制，把开展斗争的情况作为考核领导干部政绩的重要内容，作为行使社会治安综合治理一票否决权的重要条件。

不少省区把围歼"车匪路霸"与治理其他突出治安问题紧密结合起来进行。湖南将之与打拐禁娼、反盗窃一并部署，组织全省统一行动；安徽将之与打团伙、追逃犯、打击"江湖水贼"结合进行；广东将之与禁赌、禁毒相结合；黑龙江将之纳入"春季攻势"与打击抢劫、盗窃犯罪相结合。

绝大部分省、自治区、直辖市在调查摸底的基础上确定了重点地区、重点线路，划分了工作阶段，明确了每个阶段的任务。据不完全统计，山西、宁夏等 19 个省区和铁道部共排出重点铁路区段 38 个、公路线段 132 个。山西、广东、贵州、福建、山东、陕西等省和铁道部很快制定出工作方案。有些地方和部门针对斗争中的问题,反复研究,连续部署。山西省3月18日开会全面部署,4月7日又召集各地市政法书记和有关部门负责同志专题研究斗争进展情况,解决存在的问题。福建省3月21日派出3个工作组深入重点地区调查围歼工作落实情况,3月30日又派出4个工作组对重点路段进行检查。铁道部2月13日部署在全路开展打击"车匪路霸"的斗争,中央社会治安综合治理委员会电话会议后,又召开全路会议,提出新的工作要求。中央电视台、新华通讯社、人民日报社、法制日报社等中央新闻单位和一些地方新闻单位,积极报道围歼"车匪路霸"斗争的战况和成果,起到了鼓舞士气、震慑犯罪的积极作用,保持了有力的舆论声势。1993年5月中旬,中央社会治安综合治理委员会组成5个检查组,深入10个省调查研究,检查督促。据有关统计,三、四月份,全国共破获"车匪路霸"案件10977起,抓获违法犯罪分子20559人,摧毁违法犯罪团伙3256个,缴获赃款赃物价值11356891元。初战告捷,为这场斗争的深入开展奠定了良好的基础。

18.社会治安综合治理领导责任制

1993年11月14日,中央社会治安综合治理委员会、中央纪律检查委员会、中央组织部、人事部、监察部发布《关于实行社会治安综合治理领导责任制的若干规定》(以下简称《规定》)。

为了更好地坚持两手抓、两手都要硬的战略思想,深入贯彻落实《中共中央、国务院关于加强社会治安综合治理的决定》和《全国人民代表大会常务委员会关于加强社会治安综合治理的决定》,使各级党委、政府和各部门的有关领导干部切实承担起保一方平安的政治责任,推动综合治理各项措施的全面落实,中央社会治安综合治理委员会、中央纪律检查委员会、中央组织部、人事部、监察部等五部委联合出台了《关于实行社会治安综合治理领导责任制的若干规定》,使社会治安综合治理工作的体制机制得到进一步完善。各地区、各部门认真贯彻执行中央决定,全面开展社会治安综合治理工作,着力解决影响社会治安的突出问题,取得了积极的成果,有力地维护了社会稳定,对促进经济发展和社会进步起到了重要作用。实践证明,加强社会治安综合治理是建立和保持良好的社会治安秩序、维护社会稳定的基本方针,是解决社会治安问题的根本途径。

《规定》明确,各级党委、政府都要建立社会治安综合治理的领导责任制。要把抓好社会治安综合治理工作,确保一方平安,作为各级党委、政府和各部门党政领导干部的任期目标之一,并同党政领导干部的政绩考核、晋职晋级和奖惩直接挂钩。党政领导干部要把开展社会治安综合治理工作作为年度工作计划和述职报告的一项重要内容。

《规定》指出,各级党委、政府在研究决定各地区、各部门党政领导干部的任免、奖惩等问题时,要把干部本人抓社会治安综合治理工作的能力和实绩作为一个重要条件。干部本人或其所负责的地区、单位受到社会治安综合治理领导机构一票否决的,在这些地区、单位的治安面貌改变之前,取消干部本人评先受奖、晋职晋级的资格。

《规定》要求,各级组织、人事部门在考察党政主要领导干部和分管治安工作的领导干部政绩,办理他们晋职晋级工作时,须征求所在地区、部门社会治安综合治理领导机构的意见,认真考察上述领导干部抓治安综合治理工作的能力和实绩。

《规定》明确要求,各级纪律检查、监察机关对严重失职,导致治安秩序长期混乱或发生影响当地社会稳定的重大治安事件的地区、部门的党政领导干部,要根据其应承担的责任,按照中共中央纪委《党员领导干部犯严重官僚主义失职错误党纪处分的暂行规定》及其他有关规定,给予相应的党纪、政纪处分。各级社会治安综合治理领导机构有权对上述地区、部门的党政领导干部给予党纪、政纪处分提出建议。

《规定》要求,县级以上(含县级)各级社会治安综合治理领导机构要认真行使社会治安综合治理一票否决权,定期检查下一级党政主要领导干部和分管治安工作的领导干部抓治安综合治理的情况,及时向党委、政府报告,并向纪律检查、监察、组织、人事部门通报,不得弄虚作假,更不得隐瞒不报。

《关于实行社会治安综合治理领导责任制的若干规定》的发布以及社会治安综合治理领导责任制的建立,对提高社会稳定程度,促进重大恶性案件和多发性案件的下降,减少社会丑恶现象,维护良好的社会治安秩序,提高群众安全感,发挥了重要的作用。

19.中央社会治安综合治理委员会等《关于加强农村治保会工作的意见》

1994年11月21日,中央社会治安综合治理委员会、公安部、民政部、农业部等联合印发《关于加强农村治保会工作的意见》(以下简称《意见》)。

农村的社会治安状况对于农村的稳定与发展,乃至全国的稳定与发展,都有着极其重要的影响。长期以来,农村治保会作为维护农村治安的一支重要群众力量,在维护农村社会秩序,宣传组织群众落实各项安全防范措施,教育挽救失足青少年,协助调解处理民事纠纷及打击违法犯罪等方面发挥了重要作用,为保持农村社会治安的稳定作出了重要贡献。但农村治保会建设中依然出现了一些亟须解决的问题,一部分农村治保会处于瘫痪、半瘫痪状态;现有治保人员量少质弱,年龄老化;治保经费得不到保障,治保人员补贴难以解决。究其原因,主要是一些地方的领导对农村治保会的工作不重视,一些地方农村基层政权组织软弱涣散,对治保会存在的问题和困难不能认真加以解决等。这种状况,严重削弱了农村治安工作的基础,是部分农村地区治安形势严峻的重要原因之一。治保会是我国宪法确定的群众性治安保卫自治组织,是党和政府动员组织群众维护社会治安秩序的桥梁和纽带,是坚持专门工作与群众路线相结合的重要形式。搞好本村的社会治安,保一方平安,是广大农民群众的强烈愿望,是农村村民自治的重要内容。多年的实践证明,加强治保会建设是推动社会治安综合治理的一项重要的治本措施。

我国宪法明确规定,治保会是群众性治安保卫组织,是党和政府联系群众的桥梁和纽带,是协助公安机关维护社会治安的有力助手。治保会尤其是农村治保会,在动员和组织群众开展群防群治活动、调解民事纠纷、发现违法犯罪线索、协助公安机关维护农村社会治安等方面发挥了重要的作用。《意见》指出,农村的社会治安状况对于农村的稳定与发展,乃至全国的稳定与发展,都有着极其重要的影响;治保会长期以来对维护农村社会治安发挥了关键作用。《意见》对治保会的性质做了明确界定,并提出加强农村治保会工作的几点意见:一、进一步重视、支持农村治保会工作,切实加强领导。二、抓好治保组织的整顿和建设。三、明确任务,更好地发挥治保会的职能作用。四、多渠道解决治保经费来源。

《意见》的发布充分表明,建设社会主义新农村,需要有稳定的农村社会治安,只有稳定的农村社会治安环境,社会主义新农村才能健康有序地发展。而农村治保会作为农村社会治安综合治理的重要力量,在维护社会主义新农村社会治安方面能够发挥重要作用。

20.中华人民共和国国家安全法

1993年2月22日,七届全国人大常委会第三十次会议通过《中华人民共和国国家安全法》(以下简称《国家安全法》)。

国家安全是指国家独立自主地生存和发展权利、利益的总和,包括国家政治体制不受侵犯;经济发展、民族团结、社会安定不受威胁;国家秘密不被窃取;国家工作人员不被策反;国家机构不被渗透;人民生命、财产不受外来势力的侵犯等。1993年颁布实施的《国家安全法》是一部主要规范反间谍工作的专门性法律,包括总则、国家安全机关在国家安全工作中的职权、公民和组织维护国家安全的义务和权利、法律责任以及附则5个部分,共31条内容。该法在立法方式上,是程序法和实体法的结合体,既有实体法的内容又有程序法的特征;恰当地处理了国家安全工作隐蔽性与法律公开性的矛盾,保密而不神秘,立法而不泄密;涉外性强,使法律规范与政策规范、原则性与灵活性有机地结合起来。

《国家安全法》是新中国成立以来在国家安全方面制定的第一部专门法律,具有高度的科学性和鲜明的现实性。《国家安全法》的颁布、施行,一是对于维护国家安全和利益,保障改革开放和社会主义现代化建设顺利进行具有重要意义；二是为国家安全工作提供了强有力的法律武器，有利于形成一个良好的国家安全工作环境，保障国家安全机关顺利开展国家安全工作；三是有利于增强公民和组织的国家安全意识，自觉维护国家安全，积极同危害国家安全的违法犯罪行为作斗争；四是有利于加强社会主义民主和健全社会主义法制，使国家安全工作纳入法制的轨道。

21.司法部《跨地区跨单位民间纠纷调解办法》

为及时调解跨地区、跨单位民间纠纷，防止纠纷激化，维护社会安定，根据《人民调解委员会组织条例》第七条的规定，1994年5月9日，司法部制定颁布《跨地区跨单位民间纠纷调解办法》（以下简称《调解办法》）。

《调解办法》规定，纠纷当事人属于不同地区、单位，或者纠纷当事人虽属于同一地区、单位，但纠纷发生在其他地区、单位的民间纠纷的调解适用本办法。跨地区、跨单位的民间纠纷由纠纷当事人户籍所在地（居所地）、所在单位、纠纷发生地的人民调解委员会共同调解。一个人民调解委员会能够调解的纠纷，经商有关人民调解委员会，也可以由一个人民调解委员会进行调解。共同调解跨地区、跨单位的民间纠纷由最先受理的人民调解委员会主持调解，其他人民调解委员会协助调解。其他人民调解委员会主持调解有利于解决纠纷的，也可由有关人民调解委员会协商确定。共同调解民间纠纷应当按照自愿、平等、合法、公正的原则，积极促成当事人达成调解协议。

《调解办法》规定，主持调解的人民调解委员会的职责是受理纠纷；发现纠纷有激化可能时，应采取必要措施，防止纠纷激化；针对纠纷情况，开展调查研究，收集纠纷的有关材料，制定调解方案；向有关人民调解委员会提出共同调解意见；确定调解的时间、地点，通知纠纷当事人及有关人民调解委员会参加调解；主持调解，制作调解文书；敦促有关当事人履行调解协议，做好回访工作；负责统计和档案材料保管。协助调解的人民调解委员会的职责是协助进行调查研究，收集纠纷的事实材料；主动采取措施，防止纠纷激化；配合主持调解的人民调解委员会，对当事人进行说服教育，促成当事人达成调解协议；敦促当事人履行调解协议。经过调解，当事人达成调解协议的，应当制作调解协议书。调解协议书应由当事人、调解人员签名，并加盖各有关人民调解委员会印章。当事人未达成调解协议或达成协议后又反悔的，可以就原纠纷申请基层人民政府处理或向人民法院起诉。

22.国务院《宗教活动场所管理条例》

1994年1月31日,国务院颁布实施《宗教活动场所管理条例》(以下简称《条例》)。

加强宗教方面的法制建设,依法管理宗教事务,是贯彻依法治国方略、推进依法行政的必然要求。随着我国经济社会的发展,宗教方面出现了许多新情况和问题,要求制定宗教管理方面的行政法规。1987年,党的十三大提出,加强法制建设是政治体制改革的重要内容。国务院宗教事务局随即组成工作班子,并经国务院批准,将宗教立法列入立法工作计划,着手草拟法案,并就相关问题进行讨论。中国人民政治协商会议全国委员会宗教委员会亦就宗教人士主持起草的草案召开座谈会,征集具体修改意见。有关主管部门"在一些重大理论问题上,排除了一些思想障碍,取得一些共识"。赵朴初、丁光训等宗教界人士于1989年3月把《中华人民共和国宗教法》(建议草案)提交全国人民代表大会常务委员会,希望尽快开始立法程序。但该项立法却因一些基本原则上的争议而被迫搁置下来。

1991年4月,国家宗教事务局《关于宗教立法体系和"八五"期间宗教立法项目的设想》,对宗教立法提出了4个层次的设想:一是由全国人民代表大会或其常委会颁布一个有关宗教的基本法律。二是由国务院颁布行政法规,调整涉及各宗教共同性问题。三是制定部门规章,调整涉及范围不大、政策性较强及属于部门内部管理范围的问题。四是由地方人大或政府根据当地实际自行制定地方性宗教法规或地方性政府规章。另外推动和支持宗教团体、寺观教堂结合各自特点,依法制定内部的管理章程、制度。这个设想,除第一层次外都在不同程度上得到落实,并由此先后制定了几部全国性宗教行政法规和部门规章。

《条例》规定:宗教活动场所由该场所的管理组织自主管理,其合法权益和该场所内正常的宗教活动受法律保护,任何组织和个人不得侵犯和干预。宗教活动场所应当建立管理制度,在宗教活动场所进行宗教活动,应当遵守法律、法规。国务院2004年11月发布、2005年3月1日起实施《宗教事务条例》(以下简称新《条例》),《宗教活动场所管理条例》同时废止。新《条例》规定:国家依法保护正常的宗教活动,维护宗教团体、宗教活动场所和信教公民的合法权益。各宗教坚持独立自主自办的原则,宗教团体、宗教活动场所和宗教事务不受外国势力的支配。宗教团体、宗教活动场所、宗教教职人员在友好、平等的基础上开展对外交往;其他组织或者个人在对外经济、文化等合作、交流活动中不得接受附加的宗教条件。新《条例》第三章第十二条至二十六条,对宗教活动场所管理作出了明确详细的规定。

新《条例》对于保障宗教信仰自由,依法管理宗教事务发挥了重要作用。新《条例》

的制定和颁布过程几经曲折，其最终出台不仅是我国宗教立法长期实践的必然产物，也体现了国家在宗教领域实行依法治国、以法律手段取代政策手段管理宗教事务的坚定决心。目前，我国已经基本形成了以条例为基础，以众多相关行政法规、规章、地方性法规为补充的宗教法律制度，摆脱了宗教领域唯政策是从、无法可依的尴尬局面，这为我国宗教事务管理法治化建设奠定了坚实的基础。

23.中共中央、国务院关于加快西藏发展、维护社会稳定的意见

1994年7月，中共中央、国务院在北京召开了第三次西藏工作座谈会，会后发出了《中共中央、国务院关于加快西藏发展、维护社会稳定的意见》（以下简称《意见》）。

中央政治局常委和中央、国务院各部门主要负责人都参加了这次会议，会议围绕西藏的发展和稳定，进一步从战略的高度落实加快发展和维护稳定的各项措施，努力开创西藏工作的新局面。这次会议从西藏经济社会发展水平在全国处于落后状态，又长期面临达赖分裂集团的干扰破坏这一实际出发，制定了新时期西藏工作的指导方针：在邓小平同志建设有中国特色社会主义理论和党的基本路线指引下，在全国人民的支持下，依靠西藏各族人民，抓住机遇，迎接挑战，深化改革，扩大开放，以经济建设为中心，紧紧抓住发展经济和稳定局势两件大事，确保西藏经济的加快发展，确保社会的全面进步和长治久安，确保人民生活水平的不断提高。概括地说，就是"一个中心，两件大事，三个确保"。

《意见》既涵盖了西藏的全面工作，又有针对性有重点地回答、解决了西藏工作中面临的突出问题；既强有力地指导了新形势下的西藏工作，又发出了全国支援西藏的号召。同时指出：判断中国的民族政策是否正确和西藏问题，关键是看怎样对西藏人民有利，怎样才能使西藏很快地发展起来。这是中国共产党在总结西藏工作的基础上所得出的结论，是新的历史条件下维护西藏稳定与加快发展的总的指导方针，是西藏发展史上的一个重要里程碑。

24.中共中央办公厅、国务院办公厅转发《关于加强流动人口管理工作的意见》

鉴于不少城市中流动人口犯罪比例的大幅度上升，1995年7月，中央社会治安综合治理委员会会同公安部、劳动部等16个部委在厦门召开全国流动人口管理工作会议。会后，中共中央办公厅、国务院办公厅转发了中央社会治安综合治理委员会《关于加强流动人口管理工作的意见》（以下简称《意见》）。

中国共产党第十一届中央委员会第三次全体会议以来，随着改革开放不断深入，工业

化和城镇化不断发展，全国范围内流动人口规模迅速增长。改革开放初期，全国流动人口不足 200 万人，1990 年突破 3000 多万人，1994 年超过 6000 万人。流动人口的急剧增加对我国经济发展和社会进步起到推动作用，同时也给社会管理带来许多问题。流动人口，主要是指那些离开户籍所在地，在另一地区滞留、居住、从事各种活动的人口，其中绝大多数是从农村转移出来进城务工经商的富余劳动力。流动人口管理已经成为我国社会管理的重要组成部分。做好流动人口服务管理工作，不仅是社会治安综合治理、维护社会稳定的需要，更是全面建设小康社会、构建社会主义和谐社会的需要，直接影响到我国工业化、城镇化进程，影响到我国现代化建设成败。

1997 年 4 月，经中央批准，中央社会治安综合治理委员会成立流动人口治安管理工作领导小组，统筹指导、协调全国流动人口治安管理工作。各省、自治区、直辖市和新疆生产建设兵团也相继成立流动人口治安管理工作领导机构，许多地方建立了省（区、市）、市、县（区）、乡镇（街道）、居（村）委会 5 级管理体系。各地流动人口管理机构从维护社会治安入手，为统筹协调本地区流动人口管理做了大量工作。

加强流动人口管理工作的指导思想是从全党全国工作的大局出发，适应建立社会主义市场经济体制的要求，对流动人口特别是对农村剩余劳动力的转移要因势利导，宏观控制，加强管理，兴利除弊。加强流动人口管理工作的主要任务是进一步统一思想认识，各有关地区和部门树立全国一盘棋的观念，加强合作，齐抓共管，采取更加有力的措施，对流动人口问题进行综合治理。加强流动人口管理的主要措施有加强疏导，促进农村剩余劳动力就地就近转移；加强对农村剩余劳动力跨地区流动就业的调控和管理，提高劳动力跨地区流动的组织化、有序化程度；实行统一的流动人口就业证和暂住证制度；整顿劳动力市场；加强对外来人员落脚点和活动场所的管理；改进和加强收容遣送工作；试办流浪儿童保护教育中心；加强对流动人员尤其是跨地区务工经商人员的服务和宣传教育工作；依法处理外来人员违法犯罪问题，严厉打击流窜犯罪活动；加快流动人口管理方面的立法工作。

25.关于进一步加强学校治安综合治理工作的意见

加强社会治安综合治理是中央总结历史经验提出的重要方针。1996 年 11 月 29 日，中央社会治安综合治理委员会、国家教育委员会、公安部联合发布了《关于进一步加强学校治安综合治理工作的意见》（以下简称《意见》）。

《意见》进一步明确学校治安综合治理工作的任务，要求充分认识加强学校治安综合治理工作的重要性；进一步加强对学校治安综合治理工作的领导，落实目标责任制。《意见》明确指出，学校治安综合治理工作在所在地党委和政府的统一领导下，由所在地社会治安综合治理领导机构组织协调，各有关部门和教育部门及学校各负其责。要把保持学校特别是高校政治稳定、治安秩序良好、校园及周边治安环境有明显改观、师生的安全感有明显增强作为主要工作目标，认真落实社会治安综合治理领导责任制和目标管理责任制，把抓治安综合治理工作的成效同责任人的政绩考核、奖惩和单位的评优评先等挂钩；采取切实措施，全面落实学校治安综合治理工作的各项任务。各地教育部门和各级各类学校要继续认真贯彻中央及有关部门关于加强学校治安综合治理工作的精神，结合各地各校的具体情况，采取切实措施，进一步加强学校治安综合治理工作。《意见》要求全社会共同努力，创造良好的育人环境。各省、自治区、直辖市社会治安综合治理委员会要加强对学校治安综合治理工作的领导，并协调各有关部门，共同做好学校治安综合治理工作。

26.中华人民共和国禁毒法

禁毒工作关系到国家和民族的兴衰存亡，党和国家对此一贯高度重视。1990年12月，全国人民代表大会常务委员会通过了《全国人民代表大会常务委员会关于禁毒的决定》。1995年1月，国务院发布《强制戒毒办法》。2005年8月，国务院又制定了《麻醉药品和精神药品管理条例》、《易制毒化学品管理条例》。2007年12月，十届全国人大常委会第三十一次会议通过《中华人民共和国禁毒法》（以下简称《禁毒法》），自2008年6月1日起施行。1995年国务院颁布的《强制戒毒办法》同时废止。

2007年12月29日，十届全国人大常委会第三十一次会议审议通过了《禁毒法》，并于2008年6月1日起施行。这是为应对毒品违法犯罪形势、适应禁毒工作发展需要，在总结多年来禁毒斗争实践经验、吸收国内外已有法律规定、广泛听取各方意见的基础上，制定的第一部全面规范中国禁毒工作的重要法律，是指导中国禁毒工作的基本法。它的颁布实施，彰显了中国政府厉行禁毒的一贯立场和坚定决心，完善了中国预防和惩治毒品违法犯罪的法律体系，是中国禁毒史上的重要里程碑。

《禁毒法》共7章71条，遵循"专群结合"、预防与惩治相结合、教育与救治相结合的原则，明确了禁毒工作方针、领导体制、工作机制、保障机制、法律责任，规范了禁毒宣传教育、毒品管制、戒毒措施、国际合作等业务工作。规定了禁毒工作领导体制、工作机制和保障机制。《禁毒法》规定，国务院设立国家禁毒委员会，负责组织、协调、指导全国的禁毒工作；县级以上地方各级人民政府根据禁毒工作的需要，可以设立禁毒委员会，负责组织、协调、指导本行政区域内的禁毒工作。规定了"预防为主，综合治理，禁种、禁制、禁贩、禁吸并举"的禁毒工作方针。规定了麻醉药品、精神药品和易制毒化学品管制的种类、范围、措施和办法。规定了戒毒体制和措施。《禁毒法》坚持以人为本的理念，规定国家采取各种措施帮助吸毒人员戒除毒瘾，教育和挽救吸毒人员；废除了强制戒毒、劳教戒毒制度，将二者整合为强制隔离戒毒；将社区戒毒、社区康复、自愿戒毒、戒毒药物维持治疗立法，增设了戒毒康复场所等相关内容。规定了加强禁毒国际合作的措施。以专章将禁毒公约要求的国际合作义务法律化，规定根据缔结或者参加的国际公约或者按照对等原则，开展禁毒国际合作；国家禁毒委员会根据国务院授权，负责组织开展禁毒国际合作，履行国际禁毒公约义务。

27.《中国的禁毒》白皮书

2000年6月26日，国务院新闻办公室发表《中国的禁毒》白皮书（以下简称"白皮书"）。

白皮书约12000字，分7个部分：坚持严厉禁毒的立场；不断加强禁毒立法；坚决惩治毒品犯罪；严格管制易制毒化学品；矫治挽救吸毒人员；提高全民禁毒意识；开展国际禁毒合作。

白皮书指出，全球化的毒品问题已对人类的生存和发展构成重大威胁，承认中国的禁毒形势严峻。1999年，中国查获毒品犯罪案件的破案数和缴获毒品总量分别比1998年增加2.4%和33.6%，登记在册的吸毒人数也由1991年的14.8万增加到1999年的68.1万，占全国总人口的0.54‰。截至1999年底，全国累计报告的17316例艾滋病病毒感染者中，因静脉注射毒品感染的占72.4%。

白皮书强调，中国政府坚持严厉禁毒的立场，采取一切必要措施，尽最大努力禁绝毒品。1990年，中国政府成立由公安部、卫生部和海关总署等25个部门组成的国家禁毒委员会；1998年，公安部成立禁毒局。全国各省、自治区、直辖市和大多数县（市、区）政府都建立了相应的禁毒领导机构，许多地方组建了缉毒警察队伍。1998年，国务院批准成立中国禁毒基金会。

白皮书列举了中国的禁毒工作近年来取得的巨大成就：1991年至1999年，中国禁毒执法机关共破获毒品违法犯罪案件80余万起，缴获海洛因39.67吨，鸦片16.894吨，大麻15.079吨，甲基苯丙胺23.375吨。1999年，国家禁毒委员会将禁毒工作方针中的禁吸、禁贩、禁种"三禁并举"，调整为禁吸、禁贩、禁种、禁制"四禁并举"。

白皮书指出，中国政府高度重视并大力开展禁吸戒毒工作，采取强制戒毒与社会帮教相结合的综合戒毒治疗康复措施，努力教育挽救吸毒人员。各地建立了吸毒人员调查登记制度和药物滥用监测网络，并组织科研机构大力开展有关戒毒方面的研究。

白皮书说，中国还大力开展国际禁毒合作，积极参与和推动禁毒国际合作，加入了一系列国际有关毒品和精神药物的公约，多次出席和主办禁毒国际会议，与一些国家签署了有关国际禁毒合作的协议,并与许多国家开展多种形式的禁毒情报交流、培训与执法合作。

白皮书表明,20多年来中国禁毒工作取得了显著成就,并得到国际社会的普遍赞誉。但中国政府也清醒地认识到,国际毒潮对中国危害加剧的状况,不会在短期内彻底消除;毒品在中国仍处于蔓延阶段,禁毒任重道远。人类正处于千年更迭、世纪交替的重要时刻,国际社会已空前一致地意识到了禁毒的紧迫性和重要性。早日解决毒品问题,建设一个健康、文明、幸福、美好的世界,是各国人民的共同愿望。在新的世纪里,中国政府将在全国深入持久地开展禁毒斗争。毒品一日不绝,禁毒一刻不停。中国政府将一如既往地与世界各国加强合作,为彻底消除毒害、建设一个"无毒的世界"而不懈努力。

28.中华人民共和国戒严法

1996年3月1日,八届全国人大常委会第十八次会议通过《中华人民共和国戒严法》(以下简称《戒严法》)。

我国规定的戒严,实际上类似国外实施的紧急状态。世界上法制较健全的国家,都有这类处置紧急状态的法制制度。1989年下半年以来,全国人民代表大会常务委员会法制工作委员会会同中央军事委员会法制局对拉萨、北京戒严实施情况进行调查研究,并多次同地方、部队座谈征求意见,在此基础上,借鉴国外有关法律规定,起草了《中华人民共和国戒严法(内部试拟稿)》,印发部队等有关方面和地方征求意见,修改形成了《中华人民共和国戒严法(草案)》(以下简称《戒严法》)。

《戒严法》内容包括5章,33条。第一章总则,共8条;第二章戒严的实施,共4条;第三章实施戒严的措施,共8条;第四章戒严执勤人员的职责,共10条;第五章附则,共3条。《戒严法》界定了戒严的调整范围,明确指出我国实行的戒严是针对严重危及国家的统一、安全或者社会公共安全的动乱、暴乱,或者严重骚乱所采取的非常措施。规定了全国或者个别省、自治区、直辖市的戒严由国务院提请全国人民代表大会常务委员会决定,中华人民共和国主席根据全国人民代表大会常务委员会的决定发布戒严令。省、自治区、直辖市范围内的部分地区的戒严,由国务院决定,国务院总理发布戒严令。全国或者个别省、自治区、直辖市戒严的实施由国务院组织实施,省、自治区、直辖市范围内部分地区的戒严由省、自治区、直辖市人民政府组织实施。规定了实施戒严的措施,禁止或者限制集会、游行、示威、街头讲演以及其他聚众活动;禁止罢工、罢市、罢课;实行新闻管制;实行通讯、邮政、电信管制;实行出境入境管制;禁止任何反对戒严的活动;采取交通管制措施;采取宵禁措施;对武器、弹药、管制刀具、易燃易爆物品、化学危险物品、放射性物品、剧毒物品等采取特别管理措施。规定了戒严执勤人员的职责。

《戒严法》的颁布施行，对于依法实施戒严，依法处理严重危及国家的统一、安全和社会公共安全的动乱、暴乱和严重骚乱，惩治严重危害国家统一、安全和社会公共安全，制造动乱、暴乱和严重骚乱，破坏社会秩序，危害人民生命和财产安全的违法犯罪分子，维护国家的统一、安全和社会公共安全，保证国家的长治久安，保障公民、法人和其他组织在戒严期间的合法权益，具有十分重要的意义。

29.全国中小学生"安全教育日"

为全面深入地推动中小学安全教育工作，大力降低各类伤亡事故的发生率，切实做好中小学生的安全保护工作，促进他们健康成长，1996年，国家教育委员会、劳动部、公安部、交通部、铁道部、体育运动委员会、卫生部联合发布《关于全国中小学生安全教育的通知》（以下简称《通知》），决定建立全国中小学生"安全教育日"制度，全国中小学生"安全教育日"安排在每年3月份最后一周的星期一。

《通知》指出，各级人民政府及其有关部门，要高度重视并切实加强对此项工作的领导。"安全教育日"的活动既要有一定声势、影响，又要扎扎实实。要充分利用多种宣传手段，大力宣传中小学校安全工作的重要意义，形成人人皆知、人人关心的局面。要结合各地、各校实际，确定教育内容，制订实施方案，指派专人负责，落实组织工作。要动员组织有关部门干部和每一所学校的师生，都参加"安全教育日"活动。宣传教育活动要遵循内容丰富、生动活泼、形式多样、小型为主的原则。"安全教育日"工作中，要发扬勤俭办一切事业的精神。

为增强"安全教育日"活动的针对性，真正收到实效，国家教育委员会与有关部委协商，每年确定一个"安全教育日"主题。1996年全国中小学生"安全教育日"的主题为"全社会动员起来，人人关心中小学校安全工作"。

《通知》指出，中小学安全工作，涉及社会的方方面面。因此，各级教育和劳动、公安、交通、铁道、体育、卫生等部门及学校要在当地党和政府领导下，本着对党的教育事业，对儿童、青少年一代高度负责的态度，从维护人民群众的切身利益、维护社会安定和政治稳定的高度出发，充分认识到抓好学校安全工作的重要意义，居安思危，严密防范，密切配合，通力协作，将工作做深、做细，为祖国下一代健康成长，创造良好的环境。各有关部门要主动、具体地帮助学校开展好"安全教育日"活动，并注意结合中小学生实际，开展经常性的安全教育活动。各级教育行政部门和学校还要积极主动与宣传、综合治理、保险、街道等部门及共青团、妇联、少先队、关心下一代工作委员会等组织加强联系，取得他们的理解和支持，共同抓好"安全教育日"的组织、宣传教育活动。

开展安全教育日的活动有助于增强小学生安全教育工作，大力降低各类伤亡事故的发生率，切实做好中小学生的安全保护工作，促进他们健康成长。开展这一活动，也使学校充分认识到安全工作的重要意义，居安思危，严密防范，密切配合，通力协作，将工作做深、做细，为祖国下一代健康成长，创造良好的环境。

30.中华人民共和国国防法

1997年3月14日，八届全国人大五次会议审议通过了《中华人民共和国国防法》（以下简称《国防法》）。

由于历史的原因，长期以来，我国的国防活动主要是靠党和国家的政策来规范和调整。中国共产党第十一届中央委员会第三次全体会议以来，我国民主法制建设有了历史性进步，这就对我国的国防和军队建设必然地提出了法制化的要求；同时，国家和社会正面临重大变革，国家军事战略也由对付核条件下的全面战争转向高技术条件下的局部战争，这也从客观上要求加快国防立法步伐，充分发挥法律机制在国防建设中的规范、调整、保障和引导作用。国防领域长期没有一部规范和指导国防活动的基本法律，已完全不能适应时代发展的要求。

《国防法》根据宪法制定。包括总则，国家机构的国防职权，武装力量，边防、海防、空防，国防科研生产与军事订货，国防经费和国防资产，国防教育，国防动员和战争状态，公民、组织的国防义务和权利，军人的义务和权益，对外军事关系，附则，共12章70条。对《国防法》的使用范围，国家机关的国防职权，国防的地位和性质，武装力量的组成、性质、任务和建设方针、原则及目标、要求，公民、组织的国防义务和权利，军人的义务和权益及对外军事关系等进行了明确的规定。

《国防法》的制定与颁布，是我国国防建设史和法制史上的一件大事，对于加强国防建设和完善军事法规，具有十分重要的现实意义和深远的历史意义。《国防法》的制定与颁布，有利于把党和国家在国防建设、军队建设中形成的优良传统及方针、政策，用法律的形式加以确认，上升为国家的意志，长期稳定地付诸实施；有利于确立和强化国防和军队建设在国家生活中的地位、国防建设与经济建设的关系，以及国家机关、社会组织和公民在国防方面的权利与义务，使国防建设适应社会主义市场经济的要求，保证国防建设与经济建设协调发展；有利于向国际社会表明我国国防的基本原则和防务政策，树立和维护我国爱好和平的国际形象，为国家的改革开放创造良好的外部环境。

31.中央社会治安综合治理委员会等《关于进一步开展基层安全创建活动的意见》

1997年9月,中央社会治安综合治理委员会发布《关于进一步开展基层安全创建活动的意见》(以下简称《意见》),要求在全国基层单位进一步开展以解决治安问题为主的群众性安全创建活动,推动社会治安综合治理基层基础建设措施的进一步落实。

为了保证人民群众安居乐业,维护社会的长治久安,改革开放以来,在中央有关部门的推动下,不少地方从解决当地群众普遍关心的治安热点问题入手,积极开展了多种形式的群众性安全创建活动。中国共产党第十四届中央委员会第六次全体会议后,该活动又有了很大发展。实践证明,在扎实开展这项活动的地方,人民群众参与社会治安综合治理的积极性普遍提高,综合治理的各项措施进一步落实,刑事案件和治安案件发生率逐渐下降,不安定因素大为减少,社会精神面貌有所改观,人民群众的安全感明显增强,党和政府的威信进一步提高。

《意见》明确了开展基层安全创建活动指导思想和总体目标。以《中共中央、国务院关于加强社会治安综合治理的决定》、《全国人大常委会关于加强社会治安综合治理的决定》和《中共中央关于加强社会主义精神文明建设若干重要问题的决议》为指针,以"服务群众"为宗旨,坚持"打防并举,标本兼治,重在治本"的原则,进一步加强社会治安综合治理的基层基础建设,最大限度地调动广大人民群众维护社会治安的积极性,努力提高基层预防、发现和控制违法犯罪的能力,维护社会治安秩序和生活秩序,保障人民群众安居乐业。基层安全创建活动的形式可以多样,名称可根据各地实际情况自行确定,不管哪种形式,其工作内容和任务都应纳入两个文明建设的总体规划,应以落实社会治安综合治理的各项措施为主。基层安全创建活动要有总体奋斗目标和阶段性工作目标。基层安全创建活动的主要任务是:(1)预防和减少刑事案件。(2)保持良好的社会秩序。(3)巩固社会治安工作的群众基础。基层安全创建活动应由各级党委、政府统一领导,社会治安综合治理委员会组织协调,以公安机关为骨干,以村(居)委会为依托,有关部门各负其责。公安机关是社会治安工作的主管部门,是基层安全创建活动的骨干力量。各有关部门要积极参与基层安全创建活动,充分发挥各自的职能作用。基层安全创建活动实行社会治安综合治理属地管理原则。

32.中华人民共和国预防未成年人犯罪法

为了保障未成年人身心健康,培养未成年人良好品行,有效地预防未成年人犯罪,

1999年6月28日，九届全国人大常委会第十次会议通过《中华人民共和国预防未成年人犯罪法》（以下简称《预防未成年人犯罪法》），自1999年11月1日起施行。《预防未成年人犯罪法》与1991年颁布的《未成年人保护法》共同构成了我国未成年人法律体系的两大支柱，也是我国法律体系中独具特色的组成部分。

1979年8月，中共中央转发了中央宣传部等八单位《关于提请全党重视解决青少年违法犯罪问题的报告》，这是党的历史上首次就青少年犯罪问题治理发出的专门性文件，也是首次就犯罪治理问题向全党发出的通知。20年后，《预防未成年人犯罪法》的出台将执政党重视解决青少年犯罪问题的刑事政策转化为国家立法，这是国家犯罪治理工作体系的重大进展。

《预防未成年人犯罪法》共8章57条。内容分别包括：总则；预防未成年人犯罪的教育；对未成年人不良行为的预防；对未成年人严重不良行为的矫治；未成年人对犯罪的自我防范；对未成年人重新犯罪的预防；法律责任；附则。总则规定了预防未成年人犯罪，立足于教育和保护，从小抓起，对未成年人的不良行为及时进行预防和矫治的基本指导思想。预防未成年人犯罪的教育目的是使未成年人懂得违法和犯罪对个人、家庭、社会造成的危害，违法和犯罪行为应承担的法律责任。教育行政部门和学校应将预防未成年人犯罪的教育纳入学校教育教学计划中，进行有针对性的教育。对未成年人不良行为的预防分别从横向和纵向进行了规定。规定了对未成年人严重不良行为的矫治的措施，有工读教育、治安处罚、收容教养等。对未成年人重新犯罪的预防实行教育、感化、挽救的方针，坚持教育为主、惩罚为辅的原则。

《预防未成年人犯罪法》的颁布和实施，是关系到我国4亿多未成年人切身利益的一件大事，对于保障未成年人身心健康，培养未成年人的良好品行，减少未成年人犯罪具有重要意义。该法从未成年人犯罪发展各环节都提出了相应的预防措施，对政府有关部门、司法机关、人民团体、有关社会团体、学校、家庭、城市居民委员会、农村村民委员会等各方面主体都赋予了相应的法律义务并就违法行为规定了相应的责任。对于预防未成年人犯罪提供了周全的法律基础。

33.开展"打拐"专项斗争

2000年3月，公安部决定在全国范围内开展"打击人贩子、解救被拐卖妇女儿童"专项斗争，并印发关于《全国"打击人贩子、解救被拐卖妇女儿童专项斗争"工作方案》的通知（以下简称《通知》）。

1999年我国共破获拐卖案件6800多件，查获拐卖妇女儿童团伙1600多个，解救被拐卖妇女7600多名、儿童1800多名。拐卖妇女儿童犯罪呈现出如下的新特点。

一、犯罪职业化、集团化。不少犯罪团伙配备汽车、手机等作案工具，而且作案手段凶残狡猾。从1995年到1999年，贵州陈其福"家族集团"先后盗抱、拐卖的儿童可能远不止他们交代的60多名。这个"家族集团"从租车作案到自购汽车犯罪，形成了"找货"、"贩运"、"中转"、"贩卖"的"供销"儿童"一条龙"。拐卖儿童聚敛来的钱财，不仅购买了盗抢儿童的专用车，还购买了两部有经营权的长途客车和出租车以及一套装修豪华的住宅。1999年江苏宿迁市查破一起以云南、贵州为源头，以江苏某县为中转批发市场，拐卖妇女300人，涉及犯罪成员105名的特大团伙案件。

二、拐卖盗窃儿童犯罪出现恶性发展的势头。犯罪手段已从诱骗、偷窃到明火执仗、公开抢夺、绑架，甚至出现了杀人夺婴。1998年以来，河南某县发生多起入室抢劫、拐卖儿童案，人贩子打死儿童家长1人，重伤7人，抢走婴儿12名。此前该省某市还出现了3名犯罪嫌疑人为达到抢劫贩卖婴儿的目的，将婴儿父母炸死的恶性事件。

《通知》明确提出了开展此次斗争的主要任务和目标，并将专项斗争分为准备和实战两个阶段。此次专项行动总的任务目标是：侦破一大批拐卖儿童、妇女案件，打掉一大批拐卖犯罪团伙，抓获一大批人贩子，解救一大批被拐卖儿童、妇女，整治一大批组织未成年人进行违法犯罪活动的重点地区和场所，坚决把拐卖儿童、妇女犯罪多发高发的势头压下去。在全国范围内，重点打击盗抢拐卖儿童犯罪活动、组织操纵未成年人进行违法犯罪活动、拐骗妇女强迫卖淫犯罪活动。

34.对发生严重危害社会稳定重大问题的地方实施领导责任查究制度

2000年8月8日，中央社会治安综合治理委员会发布《关于对发生严重危害社会稳定重大问题的地方实施领导责任查究的通知》（以下简称《通知》）。

《通知》提出，为了进一步增强各级党政领导"保一方平安"的政治责任意识，推动社会治安综合治理各项措施的全面落实，维护社会稳定，根据中共中央关于印发《中央政法委员会关于当前影响社会稳定的主要问题和工作的意见》的通知、中央五部委《关于实行社会治安综合治理领导责任制的若干规定》和中央社会治安综合治理委员会《关于实行社会治安综合治理一票否决权制的规定》，中央社会治安综合治理委员会、中央纪律检查委员会、中央组织部、监察部、人事部研究决定，对发生严重危害社会稳定，造成恶劣影响的一些重大刑事案件、治安灾害事故和重大群体性事件的地方、单位及部门，经中央五部委共同研究确定后，由中央社会治安综合治理委员会向重大问题发生地的省、自治区、直辖市综治委下达《重大问题领导责任查究通知书》（以下简称《通知书》），对负有责任的领导干部进行领导责任查究。

接到《通知书》的省、自治区、直辖市综治委，与纪律检查、组织、监察、人事等部门进行研究，根据有关规定对查究对象的责任进行调查，根据应负的责任作出相应的处理，调查结果及追究责任的情况在半年内分别报中央综治委、中央纪委、中组部、监察部、人事部。

凡被中央社会治安综合治理委员会下达《通知书》的责任单位，所在地区的综治委要对其实施社会治安综合治理一票否决，在一年内取消其评文明、先进、模范等各种荣誉称号的资格；负有领导责任和直接责任的干部，当年不得晋升职务，推迟一年晋升工资档次，在治安面貌改变之前，取消干部本人评先受奖的资格；受到行政处分的，处分期间还不得晋升职务和级别；受到行政处分或党纪处分的人员的年度考核，按照国家有关规定办理。

35.中国成立空中警察总队

2001年，震惊世界的美国"9·11事件"发生后，人们的担心随之而来：如果在飞机上遇到危险，谁来保护我们？其实，早在1993年前后，国内各航空公司就组建了"空中安全员"队伍，成为最早承担民航客机空防安全任务的群体。然而随着飞机在日常生活中的作用日益增大，尤其是美国"9·11事件"后，空防安全问题引起了各国的高度关注。党中央、国务院高瞻远瞩，作出重大决策，决定成立中国民航空中警察队伍。

经过两年多紧锣密鼓的筹备，2003年6月17日，中国民用航空总局（2008年3月改为中国民用航空局）、公安部、财政部、人事部联合宣布，在民航总局公安局设立中国民航空中警察总队。经过严格选拔，千余名航空安全员和地方公安民警汇集而来，组成了第一批空警队伍。它实行由中国民航总局公安局与航空公司双重管理，任务是行使法律赋予的权力，保护飞机与旅客的安全，制止飞机上的各种违法行为。

自成立以来，中国民航空中警察在队伍管理、勤务派遣和基础建设等方面逐渐走向正规化、规范化。此外，2004年9月13日，《中国民航空中警察训练大纲》出台，空警队伍拥有了一套科学训练体系，这也是他们关键时刻强大战斗力的来源。空警队伍坚持科学合理使用警力，确保圆满完成日常空中安全保卫工作。自2002年建立以来，空警不断加强应急处突能力建设，健全完善应急预案、措施和程序，成功处置多起严重非法干扰事件。空警圆满完成了北京奥运会等重大活动的空中安保任务，积极投入汶川、玉树等抗震救灾，参与完成利比亚、埃及等撤侨任务，押解遣返犯罪嫌疑人500余人次。

空中警察队伍的建立，是我国加大反恐怖劫机力度、保障航空安全的一项重要措施。其意义在于：第一，是国际空防形势的需要。空防安全作为民用航空安全的重要组成部分，随着国际国内形势发展变化，越来越受到广泛关注。第二，是国内空防形势的需要。从中国情况来看，受国际恐怖活动的影响，刑事犯罪分子和对社会不满的分子针对航空设施进行的暴力恐怖活动也在增多。第三，是民航改革发展的需要。目前中国的安全员队伍从性质上说仍属企业内设的安全保卫力量。总之，民航空中警察的组建对加强民航空防安全和反恐怖工作，对维护国家安全具有重大意义。

36.公安部《道路交通安全违法行为处理程序规定》

2004年4月，公安部发布《道路交通安全违法行为处理程序规定》，自2004年5月1日起施行。2008年12月，公安部发布了修订后的《道路交通安全违法行为处理程序规定》（以下简称《规定》），自2009年4月1日起施行。

《规定》分为第一章总则、第二章现场处理程序、第三章非现场处理程序、第四章处罚的执行、第五章其他规定及第六章附则，总计27条内容。《规定》贯彻了理性、平和、文明、规范的执法要求，要求交管部门对交通违法行为的处理要实现法律效果和社会效果的统一。《规定》明确了对违法行为的处理应当坚持教育与处罚相结合的原则，完成了从过去处罚和教育相结合向教育与处罚相结合的转变。为规范使用交通技术监控设备执法的程序，解决一些突出问题，《规定》重点对交通技术监控设备使用中的几个环节作了明确规定，在违法信息的审核、录入、消除、转递等方面也都作了具体的要求。《规定》在强制措施程序方面作了进一步调整完善，主要是对酒后驾驶抽血检验的范围进行了调整。《规定》在加强执法监督和科学考核评价交警执勤执法工作方面，提出了制度性规定。

修订后的《规定》是进一步规范交通管理执法程序，保障公安交通管理部门依法履行职责的重要法规，同时也涉及所有交通参与人的切身利益。《规定》充分体现"以人为本"，方便群众、保护群众合法权益的执法理念，体现了"公开"、"透明"和"事先告知"的立法初衷，以及教育和处罚相结合的执法原则。

37.司法部等《关于进一步加强律师参与涉法信访工作的意见》

2004年10月9日，司法部、国家信访局颁布实施《关于进一步加强律师参与涉法信访工作的意见》（以下简称《意见》）。

《意见》指出，律师参与涉法信访工作必须具有一定的方式、方法，确立基本的工作流程，采取灵活的方式方便上访群众寻求救济，便于律师开展工作。当时，全国各地律师参与涉法信访工作的普遍做法有以下几种：一是律师在信访局定期值班，接待上访人的咨询。二是在律师人数少的县,律师以陪同领导接访的形式接待上访人的咨询,同时为领导接访提供法律参考意见。三是对于一些疑难信访案件,让律师参与听证并提供法律依据。各地司法环境、执法情况多有不同,民众的法制意识、法制观念存在差异,信访案件多具有个案性质,所涉及的关系极为复杂,因此律师参与涉法信访工作应当采取不同的方式、方法,灵活地应对不同的情况,确立一个常态与应急相结合的机制。《意见》规定,律师以 4 种方式参与到涉法信访工作,包括:设立律师接待日,定期参与信访接待工作;担任法律顾问,为信访部门提供法律服务;参与党政领导接待日活动,为解决问题出谋划策;参与有关部门解决信访问题的会议,为有关领导决策提供法律意见。

《意见》发表后,各地司法行政部门积极组织律师参与信访工作,取得了良好的社会效果。律师参与涉法信访工作逐渐成为常态,多数地方建立了律师参与涉法信访的工作机制,完善了工作程序,明确了职能和责任。律师参与涉法信访工作有利于将涉法信访纳入法治轨道,促进政府依法行政。大多数信访事项都有法律救济途径,或可采取民事法律救济,或可进行行政法律救济,但并非所有的信访事项都已穷尽了法律上的救济手段。律师积极参与信访,可以将此类信访案件引入法治轨道,从而减轻行政机关的接访压力。在参与接访过程中,针对存在的问题,律师可以提出相应的法律建议,帮助行政机关提高依法行政水平。

38. 信访条例

《信访条例》是为了保持各级人民政府同人民群众的密切联系,保护信访人的合法权益,维护信访秩序而制定的法规。2005 年 1 月 5 日,《信访条例》由国务院第 76 次常务会议通过,自 2005 年 5 月 1 日起施行,1995 年 10 月 28 日国务院发布的《信访条例》同时废止。新《信访条例》从信访渠道、信访事项的提出、信访事项的受理、信访事项的办理和督办、法律责任等方面具体作出规范。与 1995 年第一部《信访条例》相比,此次国务院新修订的《信访条例》有五大特点:一、畅通了信访渠道。二、创新了信访工作机制。三、完善了切实维护信访秩序的内容。四、强化了信访工作责任。五、明确了信访工作标本兼治的思路。

信访制度作为我国特有的解纷机制,长久以来发挥过重大的作用。自从 1995 年 10 月国务院发布《信访条例》以来,从实践中的作用和效果来看,信访制度在我国的纠纷解决系统中一直具有不可替代的重要地位。2005 年 5 月 1 日施行的信访条例系统地设计了信访活动的法律程序和有关单位和人员的权利义务。从信访人的角度讲,极大地赋予了信访人申诉建议的权利。它要求要根据新《信访条例》,加快信访工作改革;要按照规定程序处理信访案件，坚持做到"四访"相结合，强化民警教育，增强信访法制意识，加强信访责任考核，加强宣传，营造氛围，将信访与法律服务和法律援助有机结合起来；健全"公安局长接待日"工作制度，完善信访预警机制。

新修订的《信访条例》，坚持和体现了以人为本、构建和谐社会和加强民主法制建设的基本理念。它的贯彻实施，对于密切党和政府同人民群众的联系、保护人民群众的合法权益，促进各级行政机关依法行政，推进信访工作的制度化、规范化和程序化，规范信访秩序，维护社会和谐稳定，具有重要作用。

39. 禁止传销条例

2005年8月10日，国务院第101次常务会议通过《禁止传销条例》（以下简称《条例》），自2005年11月1日起施行。

《条例》对传销作出了界定，明确规定：组织者或者经营者发展人员，通过被发展人员直接或间接发展人员的数量或者销售业绩为依据计算和给付报酬，或者要求被发展人员以交纳一定费用为条件取得加入资格等方式牟取非法利益、扰乱经济秩序、影响社会稳定的任何行为都属于传销。同时，为了便于理解，《条例》还列举了传销的三种表现形式，即以发展下线的数量为依据计提报酬的传销行为（即"拉人头"），以发展的下线的推销业绩为依据计提报酬的传销行为（即"团队计酬"），以及骗取入门费的传销行为。

为了有效开展打击传销工作，更好地保护人民群众的利益，《条例》赋予执法部门查询、检查、扣押有关合同、票据、账簿、产品（商品）、工具、设备、原材料等财物，以及查封经营场所，同时还可视情况申请司法部门冻结违法资金等多项查处措施的权力。为了坚持依法行政，防止行政机关滥用职权，《条例》对执法部门实施行政强制措施的程序也作出了明确规定，如工商行政管理部门在采取本条例规定的措施时，必须向县级以上工商行政管理部门主要负责人书面或者口头报告并经批准；实施查封、扣押的期限不得超过30日，延长期限不得超过15日；对涉嫌传销行为进行查处时，执法人员不得少于2人；还规定了回避制度等。

《条例》针对传销活动中的不同人员设定了相应的法律责任。对传销的组织者和骨干分子，设定了最高200万元的罚款；对构成犯罪的，依法追究刑事责任。对于一般参加人员，予以告诫；对多次参加，屡教不改，虽不属于骨干分子，但又确实诱骗他人并给他人造成损失的传销参加者，由工商行政管理部门责令停止违法活动，可以处2000元以下的罚款。

40.国务院研究室发布《中国农民工调研报告》

2006年4月,国务院研究室发布了《中国农民工调研报告》(以下简称《报告》)。《报告》汇集了对农民工问题系统调查研究的丰硕成果,是全面、系统、深入研究中国农民工问题的权威性成果,受到国务院领导和各方面的高度评价。

2005年初,国务院领导就研究解决农民工问题作出重要批示,要求国务院研究室牵头成立课题组,对农民工问题进行全面、系统、深入的调查研究,并为国务院制定一个关于解决农民工问题的指导性文件提供了依据与参考。课题组由国务院研究室主任魏礼群、国务院研究室副主任韩长赋为负责人,调研人员先后到北京、上海、广东、山东、湖南、湖北、江苏、浙江、四川、河南、宁夏等11个省(区、市)进行调研,实地考察农民工集中的企业和居住区、农民工培训场所、劳动力市场、社会保险经办机构、农民工子弟小学等,召开各种类型的座谈会50余次。历经10个多月,在深入研讨、集思广益的基础上起草形成了《报告》。

《报告》包括劳动和社会保障部、农业部、国家统计局、国家发展和改革委员会、教育部、卫生部、财政部等中央部委完成的33篇专题研究报告,北京、河北、江苏、山东、湖南、广东、四川等省(区、市)完成的12篇专题研究报告以及专家完成的10篇专题研究报告。《报告》基本摸清了当前农民工面临的突出问题及原因,总结了近年来各地各部门加强农民工管理和服务的做法和经验,提出了解决农民工问题的原则思路和政策建议。2006年1月18日,国务院常务会议讨论通过了《国务院关于解决农民工问题的若干意见》的文件。

41.贵州瓮安群体性事件

2008年6月22日,贵州瓮安县三中初二女生李淑芬在县城西门河跳河身亡。当地公安机关对死者进行尸检后作出溺水身亡的结论。但死者家属认为死者有被奸杀的嫌疑,坚持将尸体停放在事发地大堰桥头的玉米地边,不予安葬并不断上访。

6月26日,黔南州公安局法医再次对死者进行尸检,鉴定系溺水死亡,但家属对此结论仍然不服。与此同时,瓮安县城谣言四起,许多群众对李淑芬的死因和公安机关执法的公正性产生怀疑。

6月28日,县公安局向死者家属送达了《尸体处理催办通知书》,限死者家属必须于当天下午5时前把尸体抬走处理。为防止公安局强制处理,死者亲属、同学和当地群众约300余人从停尸地点出发,进城"喊冤",为李淑芬的死因"讨说法"。当日正值周六,街上人较多,部分群众尾随队伍前行,人越来越多。游行队伍抵达县政府时,已达上千人规模,但县政府没有人出来接待。游行人员在砸坏县政府公示牌后,又转到距县政府100米左右的公安局大楼聚集。当日下午4时30分,游行人群开始向警方投掷矿泉水瓶和泥块,一些人开始打砸警车,并焚烧停靠在公安局门口的警车。随后又有人冲进附近的县政府、县财政局、县委办公楼打砸。当晚8时至11时,公安局办公楼、县政府办公楼、财政局办公楼、县委办公楼相继被点燃。整个打砸抢烧事件持续近7小时。事发当天,贵州省委立即指派有关领导赶赴瓮安,靠前指挥处置工作。

6月29日凌晨3时许,聚集的近万名群众散去,事态暂时平息。30日,县城基本恢复正常秩序。

"瓮安事件"后,瓮安县委、县政府进行了深刻反思,积极汲取该事件的教训,广大党员干部深入基层、问需于民,公安干警也进村入户,与农民同吃同住同劳动,扎扎实实帮助人民群众排难解困,化解民怨,理顺情绪,凝聚人心。该事件时刻提醒党员干部,要承担起人民和历史赋予的重大使命,必须切实加强执政能力建设和先进性建设,不断提高党的执政能力和拒腐防变能力,做到科学执政、民主执政、依法执政。

42.中华人民共和国保守国家秘密法

为了保守国家秘密,维护国家安全和利益,保障改革开放和社会主义建设事业的顺利进行,1988年9月5日,七届全国人大常委会第三次会议通过了《中华人民共和国保守国家秘密法》(以下简称《保守国家秘密法》)。2010年4月29日十一届全国人大常委会第十四次会议修订通过,修订后的《保守国家秘密法》自2010年10月1日起施行。

修订后的《保守国家秘密法》共6章53条,对保密工作方针、保密制度、监督管理、法律责任等方面作出了规定,指出了必须追究法律责任的12种严重违规行为:一是非法获取、持有国家秘密载体的行为;二是买卖、转送或者私自销毁国家秘密载体的行为;三是通过普通邮政、快递等无保密措施的渠道传递国家秘密载体的行为;四是邮寄、托运国家秘密载体出境,或者未经有关主管部门批准,携带、传递国家秘密载体出境的行为;五是非法复制、记录、存储国家秘密的行为;六是在私人交往和通信中涉及国家秘密的行为;七是在互联网及其他公共信息网络或者未采取保密措施的有线和无线通信中传递国家秘密的行为;八是将涉密计算机、涉密存储设备接入了互联网及其他公共信息网络的行为;九是在未采取防护措施的情况下,在涉密信息系统与互联网及其他公共信息网络之间进行信息交换的行为;十是使用非涉密计算机、非涉密存储设备存储、处理国家秘密信息的行为;十一是擅自卸载、修改涉密信息系统的安全技术程序、管理程序的行为;十二是将未经安全技术处理的退出使用的涉密计算机、涉密存储设备赠送、出售、丢弃或者改作其他用途的行为。

修订之后的《保守国家秘密法》在以下五个方面有所完善：一是在保密工作方针中明确了保密与公开的关系，保密工作既要确保国家秘密安全，又要便利信息资源合理利用；二是增加了确定国家秘密事项的标准；三是增加了定密责任人制度，使变更和解除工作更加科学、合理和准确；四是增加了定密层级和定密权限的规定，更加有利于防止定密过多过滥；五是增加规定了保密期限与及时解密条件，有利于有效维护国家安全。保密工作在党和国家事业发展过程中有着极其重要的地位和作用，它既是党成立以来秘密工作优良传统的继承和发扬，也是在当前国际国内社会环境发生深刻变化、科技革命日新月异发展新形势下的迫切需求。在新形势下，保密对象、保密领域和保密环境发生了很大变化，原法越来越不能适应保密工作的新要求。新法的公布实施，充分体现了党中央和国务院对新形势下保密工作的高度重视，体现了多年来全国保密工作理论和制度的最新发展，体现了我国保密工作实践的创新成果，对于全面加强新形势下保密工作，具有十分重要的意义。

43.中华人民共和国农村土地承包经营纠纷调解仲裁法

2009年6月27日，十一届全国人大常委会第九次会议通过《中华人民共和国农村土地承包经营纠纷调解仲裁法》（以下简称《仲裁法》），自2010年1月1日起施行。

随着工业化、城镇化的推进和现代农业建设，农村人口流动和劳动力转移加快，农村土地承包经营纠纷数量不断增多，纠纷形式多样化，纠纷领域不断扩大，纠纷表现出的矛盾十分复杂。因此，建立有中国特色的农村土地承包经营纠纷仲裁制度提上议事日程。自20世纪90年代以来，中国一些地方开始尝试运用仲裁的方法调处农村土地承包纠纷，积累了一些经验，但各地在仲裁机构设置、工作程序、裁决执行等方面存在不规范、不统一的问题。农村基层干部、群众迫切要求制定农村土地承包经营纠纷仲裁法，呼声十分强烈。

《仲裁法》是为了公正、及时解决农村土地承包经营纠纷，维护当事人的合法权益，促进农村经济发展和社会稳定而制定的法规，包括总则、调解、仲裁和附则4个部分，共计53条内容。《仲裁法》明确了农村土地承包经营纠纷的受理范围。该法规定：因农村土地承包经营发生纠纷，当事人向农村土地承包仲裁机构申请仲裁的，适用本法；农村土地承包经营纠纷包括因确认土地承包关系、履行土地承包合同、土地承包经营权流转、土地承包经营权受侵害等发生的纠纷。《仲裁法》明确了仲裁机构的设立、组成和职责，规范了政府与仲裁机构的关系，建立了仲裁员管理制度，使农村土地承包经营纠纷既符合仲裁的一般原则，又有必要的行政支持。该法明确了当事人申请仲裁的条件和方式，实行申请仲裁，不要求当事人订立书面仲裁协议；规范了仲裁的受理制度、仲裁程序，允许当事人口头申请、答辩等。明确了调解书的法律效力。该法还规定了灵活便捷的开庭程序，旨在减少农民的仲裁成本，把纠纷化解在基层。《仲裁法》规定了仲裁制度与司法制度的关系：对当事人不服仲裁裁决的，允许向人民法院起诉，而没有实行"一裁终局"；对当事人不履行生效裁决书的，另一方当事人可以申请人民法院强制执行。

《仲裁法》是继《农村土地承包法》之后，我国出台的第二部有关农村土地承包的专门法律，标志着农村土地承包法律体系进一步健全。《仲裁法》的出台规范了农村土地承包经营纠纷调解仲裁活动，也为各地开展农村土地承包经营纠纷调解和仲裁提供了法律武器。

44.最高人民法院《关于当前形势下做好劳动争议纠纷案件审判工作的指导意见》

2009年7月6日，最高人民法院充分考虑当前我国劳动关系的现状和金融危机对经济发展的影响，经多次研究后出台了《关于当前形势下做好劳动争议纠纷案件审判工作的指导意见》（以下简称《指导意见》）。

人民法院的民事审判工作，必须始终围绕服务党和国家工作大局来进行。当前国际金融危机形势下，劳动争议纠纷案件已经成为民事案件中增长速度最快、涉及范围最广、影响程度最深、社会关注最多的案件类型。

《指导意见》包括如下基本原则：一是坚持保障劳动者合法权益与维护用人单位的生存发展并重。二是坚持尊重当事人权益与促进劳动关系和谐稳定并重。构建和发展和谐稳定的劳动关系是劳动合同法的最终价值目标。三是坚持严格依照法律法规办案与贯彻国家政策要求导向并重。在审理劳动争议纠纷案件时，不仅要严格执行法律、法规，还要充分考虑为应对国际金融危机国家出台的一系列方针政策，将执行法律法规与政策要求统一起来。四是坚持及时合法判决与着力发挥诉讼调解功能作用并重。在劳动争议纠纷案件审理时，必须始终坚持调解优先的原则，在诉讼程序的全过程尽可能采取调解、和解方法，竭力寻找各方利益平衡点。五是坚持发挥人民法院审判职能作用与强化人民调解的优势并重。六是坚持畅通多层次利益诉求渠道与健全群体性纠纷解决机制并重。

包括《指导意见》在内的一系列司法指导性文件，对由宏观经济形势变化所引发的审判实务新问题提出了明确具体的指导意见，积极稳妥地处理企业涉诉案件增多、敏感性案件增多、群体性案件增多等新情况，为"保增长、保民生、保稳定"方针的贯彻落实提供司法保障。做好劳动争议纠纷案件审判工作，对于促进经济又好又快发展将产生积极影响。公正高效地审理好劳动争议案件，可以使受宏观经济形势影响较大、生产经营遇到困难的企业，尽早从矛盾纠纷中解脱出来，使企业将更多的精力投入到优化结构、加快转变经营模式中；投入到自主创新、促进产业升级换代中；投入到技术改造、提升企业综合竞争力中，为实现"保增长、保民生、保稳定"的目标提供有力的司法保障。

45.中共中央办公厅、国务院办公厅转发关于领导干部定期接访、定期下访、矛盾纠纷排查化解工作制度化的三个文件

2009年4月14日，中共中央办公厅、国务院办公厅转发《关于领导干部定期接待群众来访的意见》、《关于中央和国家机关定期组织干部下访的意见》、《关于把矛盾纠纷排查化解工作制度化的意见》三个文件。

《关于领导干部定期接待群众来访的意见》指出，领导干部定期接待群众来访，是坚持党的群众路线、密切联系群众的具体体现，是正确处理人民内部矛盾、提高党的执政能力的重要形式，对于深入贯彻落实科学发展观，坚持立党为公、执政为民，促进社会主义和谐社会建设，具有十分重要的意义。领导干部定期接待群众来访要坚持公开透明、规范有序，方便群众、解决问题的原则。市（地、州、盟）党委和政府领导干部，一般每季度安排一天时间接待群众来访。县（市、区、旗）党委书记、县（市、区、旗）长一般每月安排一天时间接待群众来访，县（市、区、旗）党委和政府班子成员、市县两级的部门领导干部都要定期接待群众来访，乡镇（街道）领导干部要随时接待群众来访。信访问题突出的地方要适当增加接访次数。中央和国家机关、省级党委和政府的领导干部定期接待群众来访，可结合工作职责和特点根据具体情况作出安排。领导干部定期接待群众来访的主要方式方法有：公示、接访、包案、落实。要把领导干部接访的重点定位在"事要解决"上，努力在"案结事了"上狠下功夫。要综合运用政策、法律、经济、行政、社会救助以及思想教育等手段，促使问题得到有效解决。领导干部定期接待群众来访的基本要求是热情负责地接待群众，认真解决突出问题，严格依法按政策办事，及时就地化解矛盾，强化思想疏导工作。在认真解决群众合理诉求的同时，要积极引导群众正确理解党的方针政策，正确行使公民权利、履行公民义务，理性合法地表达诉求，自觉维护信访秩序。

《关于中央和国家机关定期组织干部下访的意见》指出，中央和国家机关定期组织干部下访，是推动落实中央决策部署、及时了解社情民意、督导解决信访突出问题、促进社会和谐的有效举措，对于转变干部作风、加强干部队伍建设、提高科学决策和依法行政的能力和水平、保持同人民群众的血肉联系具有重要意义。干部下访的主要任务是紧紧围绕

党和国家的中心工作，检查地方解决信访突出问题的情况，指导推动地方及时就地化解矛盾；了解地方贯彻中央决策部署的情况，督导地方抓好落实；深入开展调查研究，提出制定和完善相关政策的意见和建议；转变工作作风，提高做好群众工作和处理复杂问题的能力和水平。干部下访主要采取统一组织和分散组织两种方式。统一组织是指中央根据形势任务的需要，从中央和国家机关有关部门抽调干部，组成中央信访工作督导组开展下访工作。分散组织是指中央和国家机关各部门结合本部门工作实际，立足解决和减少信访突出问题，适时组成下访工作组，由本部门负责同志带领开展下访工作。中央和国家机关各部门要把干部下访作为一项重要工作，统一组织每年至少一次，分散组织根据本部门实际情况自行安排。干部下访的工作方法是以推动落实信访工作原则为重点，坚持面上推动与重点推动相结合，解决问题与研究政策相结合，总结经验与查找问题相结合，帮助指导与锻炼提高相结合。可根据实际情况，综合运用以下方法：一是督促检查，全面了解地方贯彻落实中央决策部署的情况，查找存在的突出问题，提出改进工作的意见和建议；二是带案督办，选择一定数量的重点疑难复杂信访案件，协调推动及时解决，以此推动地方的信访工作；三是座谈走访，通过召开不同层面的座谈会、走访基层干部和群众，听取反映，了解情况，宣传政策，指导工作；四是驻点指导，组织下访干部到信访问题突出的地方驻点，推动问题的妥善解决；五是调查研究，带着问题深入基层，查原因、找答案，提出改进工作和完善政策措施的意见和建议，总结推广成功经验。

《关于把矛盾纠纷排查化解工作制度化的意见》指出，矛盾纠纷排查化解是妥善处理新时期人民内部矛盾的有效方式，是及时解决我国改革发展中群众利益诉求的成功举措。意见指出，矛盾纠纷排查化解工作的范围是各种可能引发信访问题和影响社会和谐稳定的矛盾纠纷和苗头隐患，重点是容易引发信访突出问题的重大矛盾纠纷。要规范矛盾纠纷的排查方法：坚持经常性排查与集中排查相结合；坚持属地为主、条块结合，形成以块为主、条块结合，全覆盖、无疏漏的大排查网络，确保排查不留死角死面；坚持信息汇集与分析研判相结合，及时准确和全面有效地收集信访信息，加强综合分析研判，增强工作的预见性和针对性。要强化矛盾纠纷的化解措施：一是区别不同情况，实施分类化解。二是采取多种方式，积极协调化解。要引导群众通过行政复议、司法诉讼、仲裁等渠道化解矛盾纠纷，综合运用人民调解、行政调解和司法调解的方式，及时协调不同群体间的利益关系。三是整合工作资源，及时就地化解。要把信访、维稳、综治、民政、司法和工会、共青团、妇联等工作资源有效整合起来，充分相信群众、依靠群众，最大限度地减少不和谐因素、增加和谐因素。四是确定重点问题，领导包案化解。对涉及面广、时间跨度大、容易升级激化，带有普遍性的疑难复杂问题，要实行领导包案、一包到底。五是下移工作重心，督导督办化解。要建立健全对复杂矛盾纠纷化解的联合督导和挂牌督办制度。联合督导由各地结合实际自行组织,一般每半年开展一次。对本地的复杂矛盾纠纷和上级交办的重要信访事项,要明确责任人和解决时限,实行挂牌督办。六是健全完善政策,注重从源头化解。要防止因政策不连续、不平衡、不完善和落实不到位引发矛盾纠纷。坚持科学、民主、依法决策,统筹兼顾各方利益,对群众反映强烈的问题,要充分听取群众意见,设身处地为群众着想,坚决避免因决策失误损害群众利益。七是加大投入力度,促进矛盾化解。

46.湖北巴东邓玉娇事件

2009年5月10日下午6点左右,湖北省巴东县野三关镇的政府工作人员邓贵大、黄德智、邓中佳等人到雄风宾馆休闲中心梦幻城消费,其间三位官员要求服务员邓玉娇提供"特殊服务",但遭邓玉娇拒绝,三位官员恼羞成怒之下便试图强奸邓;起初邓玉娇力求和平妥协,希望双方各让一步,但对方无耻纠缠,其后邓玉娇出于正当防卫慌乱地抓起水果刀,刺伤邓贵大和黄德智,随后主动将对方送医急救,拨打110自首。邓贵大经抢救无效死亡。其中过程,争议颇多。当晚,邓玉娇被羁押在野三关派出所。

死者邓贵大原系巴东县野三关镇政府招商办公室主任;另一名伤者叫黄德智,以前是该镇农业服务中心副主任,当年年初抽调到招商办工作。另一名工作人员也是邓贵大的同事,他们三人均在同一间办公室工作。事情发生后,引起了网友的广泛关注。网络上出现《烈女邓玉娇传》、《侠女邓玉娇传》、《生女当如邓玉娇》等赞美之文,舆论几乎呈一边倒——纷纷攻击黄德智、邓贵大等人。此事件发生后,在全国引起巨大反响。有网民成立关注网站,有媒体质疑该案存在不公的可能性。全国妇联高度重视湖北省巴东县发生的邓玉娇事件,全国妇联在其网站首页上发表《全国妇联高度重视邓玉娇事件并将密切关注事件进展》的文章。

2009年5月31日,湖北省恩施州公安局认定邓玉娇"防卫过当",移送检察院起诉。巴东县纪律检查委员会则开除黄德智党籍,县公安局对其治安拘留,未予刑事拘留,更未逮捕。

2009年6月5日下午,邓玉娇的两位来自湖北的辩护律师收到巴东县法院依法送达的起诉书。检察机关认为邓玉娇具有防卫过当、自首等从轻、减轻或免除处罚的情节。网民继续声援支持邓玉娇。但也有人认为法律为大,她防卫过当刺死邓贵大,被起诉是合情合理的。

2009年6月16日,邓玉娇案在湖北巴东县法院一审开庭。邓玉娇的两位辩护律师汪少鹏、刘钢则认为,邓玉娇的行为属于正当防卫,他们将为邓玉娇做无罪辩护。湖北省巴东县人民法院16日作出一审判决,认为邓玉娇在遭受不法侵害的情况下,实施的反击行为具有防卫性质,但超过了必要限度,属于防卫过当。被告人邓玉娇故意伤害致人死亡,其行为已构成故意伤害罪。案发后,邓玉娇主动向公安机关投案,如实供述罪行,构成自首。经法医鉴定，邓玉娇为心境障碍（双相），属部分（限定）刑事责任能力。据此，依法判决对邓玉娇免予刑事处罚。

恩施州公安局、监察局、文体局、工商行政管理局联合发出通知，要求对全州娱乐场所进行专项清理整顿，加强管理，坚决打击娱乐场所的各类违法犯罪活动，严肃查处违纪违法公职人员。

47. 保安服务管理条例

随着我国经济社会的发展和社会公众安全需求的日益提高，保安服务业得到了迅速发展。1984年12月，深圳市公安局组建了全国第一家保安服务公司。此后二十多年来，全国由公安机关组建的保安服务公司发展到2800余家、保安从业人员达200余万人。专业化的保安服务担负了大量保护人身安全、财产安全和维护社会治安秩序的任务，对于增加就业也发挥了一定的作用。但是，保安服务工作中也存在一些亟须加以规范的问题：一是除经公安机关批准成立的保安服务公司外，大量保安组织和人员从事的保安服务活动，还没有纳入公安机关的监管范围。二是对保安员入门条件缺乏规范，日常管理不严格，一些保安员利用工作上的便利进行违法犯罪活动。三是保安员缺乏培训，服务不够规范，引发与客户的矛盾，甚至酿成治安案件。因此，迫切需要在总结实践经验的基础上，制定保安服务管理条例，依法规范保安服务活动。

为了规范保安服务活动，加强对从事保安服务的单位和保安员的管理，保护人身安全和财产安全，维护社会治安，2009年10月13日，国务院发布《保安服务管理条例》（以下简称《条例》），自2010年1月1日起施行。

《条例》共9章52条内容。根据《条例》规定，社会资本可以开办保安公司。而此前，我国一直规定只有地级和县级公安机关才能办保安公司，禁止私人开办。《条例》规定将保安市场放开，对现有保安公司来说是机遇也是挑战，保安公司会在提高保安的素质、待遇、提供个性化保安服务等方面多做工作。因此，引入市场竞争机制，将使保安市场向规范化、规模化发展。

《条例》的颁布实施，表明保安服务业将坚持依法管理、依法监督、行政监管与行业管理相结合的原则，完善人防、物防和技防相结合的保安新体系，沿着"一业为主，多元服务"的经营方向发展。自建保安队伍逐步纳入规范化管理的轨道。保安教育培训工作走向正规化、制度化，保安工作基础理论和应用理论的研究得到加强。

48.加强和创新社会管理

社会管理，是指以维系社会秩序为核心，通过政府主导、多方参与，规范社会行为、协调社会关系、促进社会认同、秉持社会公正、解决社会问题、化解社会矛盾、维护社会治安、应对社会风险，为人民群众生存和发展创造既有秩序又有活力的基础运行条件和社会环境，促进社会和谐的活动。

改革开放特别是中国共产党第十六次全国代表大会以来，面对新形势新任务，我们党在社会管理理论和实践方面不断探索，取得了重大成绩。党的十六届四中全会明确提出，要深入研究社会管理规律、加强社会建设和管理，推进社会管理体制创新；党的十六届六中全会指出"加强社会管理，维护社会稳定，是构建社会主义和谐社会的必然要求"；党的十七大进一步强调，要"完善社会管理，维护社会安定团结"。温家宝同志在2010年3月十一届全国人民代表大会第三次会议上作的《政府工作报告》中要求："要适应新形势，推进社会管理体制改革和创新，合理调节社会利益关系。"党的十八大提出"党委领导、政府负责、社会协同、公众参与、法治保障"的社会管理体制。党的十八届三中全会提出全面深化改革的目标是"坚持把完善和发展中国特色社会主义制度，推进国家治理体系和治理能力现代化"。

加强和创新社会管理，完善中国特色社会管理体制，要实现以下几个方面的转变。在思想观念上，要从重经济建设、轻社会管理向更加重视社会管理和经济社会协调发展转变。在管理主体上，要从重政府作用、轻多方参与向政府主导型的社会共同治理转变。在管理方式上，要从重管制控制、轻协商协调向更加重视协商协调转变。在管理环节上，要从重事后处置、轻源头治理向更加重视源头治理转变。在管理手段上，要从重行政手段、轻法律道德等手段向多种手段综合运用转变。

上述转变概括起来说，就是要实现从以政府为单一主体、以单位管理为主要载体、以行政办法为主要手段、以管控为主要目的的传统模式，向政府行政管理与社会自我调节、居民自治管理良性互动，社区管理与单位管理有机结合，多种手段综合运用，管理与服务融合，有序与活力统一的多元治理、共建共享的新模式转变；构建起与发展社会主义市场经济、民主政治、先进文化以及构建和谐社会要求相适应的中国特色社会管理体制。

构建新型社会管理制度体系，是加强和创新社会管理的关键。当前和今后一个时期，加快构建健全的新型社会管理制度体系的主要任务是，着力从源头治理、动态协调和应急处置三个层面，构建相互联系、相互支持的一整套规范、机制和制度体系，尽可能减少社会问题，及时化解社会矛盾，果断处置社会冲突与社会对抗，最大限度地激发社会创造活力，最大限度地增加和谐因素和减少不和谐因素，最大限度地化消极因素为积极因素。

完善社会管理格局，改进社会管理方式，既是加强和创新社会管理的重要内容，又是落实社会管理任务的基本保障。要按照"党委领导、政府负责、社会协同、公众参与"的要求，进一步完善社会管理的工作格局，调动一切有利于社会和谐的积极因素，形成共建和谐社会的生动局面。

党的十六大以来，中国共产党把社会建设纳入中国特色社会主义建设总体布局，把社会管理放在社会建设突出重要的位置上，是党对人类社会发展规律、社会主义建设规律、共产党执政规律认识的新升华，是深入分析我国基本国情和发展阶段性特征所得出的重要结论，是人民群众在发展进入新阶段后对党和政府的新期待，是确保社会正常运转、应对社会矛盾凸显期挑战、完成日益繁重的社会管理任务的迫切需要。

49.中华人民共和国人民调解法

为了完善人民调解制度，规范人民调解活动，及时解决民间纠纷，维护社会和谐稳定，2010年8月，十一届全国人大常委会第十六次会议通过《中华人民共和国人民调解法》（以下简称《人民调解法》），自2011年1月1日起施行。

人民调解是人民群众自我教育、自我管理、自我服务的重要手段，这一属性及定位是人民调解工作赖以存在的基础，也是长期以来人民调解工作保持强大生命力、深受群众欢迎的根本原因。尽管人民调解组织形式、调解领域、工作方式有许多新的发展变化，但这一性质始终没有改变。《人民调解法》的突出特点是进一步巩固和坚持了人民调解的群众性、自治性、民间性。《人民调解法》明确规定，人民调解工作要坚持三项原则，即在当事人自愿、平等的基础上进行调解；不违背法律、法规和国家政策；尊重当事人的权利，不得因调解而阻止当事人依法通过仲裁、行政、司法等途径维护自己的权利。这一规定进一步巩固和坚持了人民调解的性质。还有关于"人民调解委员会调解民间纠纷，不收取任何费用"的规定等都独具特色。

《人民调解法》有以下主要内容：一是进一步明确了各级司法行政机关对人民调解工作的指导和基层人民法院对人民调解委员会调解民间纠纷进行业务指导；二是完善了包括多种新型调解组织在内的人民调解组织形式；三是加强了对人民调解工作的经费保障；四是明确了人民调解与其他几种纠纷解决方式之间的关系；五是明确了人民调解协议的效力；六是确立了对人民调解协议的司法确认制度，等等。

人民调解是一项具有中国特色的、具有深厚中华民族传统文化内涵的法律制度，是我国人民独创的化解矛盾、消除纷争的非诉讼纠纷解决方式。由于人民调解具有扎根基层、分布广泛、方便快捷、不伤感情等特点，在解决纠纷中具有独特的、其他纠纷解决方式不可替代的作用，被称为化解矛盾纠纷的"第一道防线"，被国际社会誉为"东方经验"、"东方之花"。

50.开展"接送流浪孩子回家"专项行动

2011年12月12日，民政部、中央社会治安综合治理委员会办公室、教育部、公安部、财政部、人力资源社会保障部、住房城乡建设部、卫生部发布《关于在全国开展"接送流浪孩子回家"专项行动的通知》（以下简称《通知》）。

流浪儿童是一个特殊的社会群体，也是一种复杂的社会现象，更是一个全球性的社会问题。据有关部门统计，目前我国流浪儿童数量在100万到150万人左右。流浪儿童的大量存在，已经成为一个复杂的社会问题。失去家庭庇护之后的流浪儿童生存环境恶劣，身体得不到健康发育，而且一部分流浪儿童还成为不法分子或不法组织的侵害对象和牟利工具，甚至遭受摧残和虐待。不少流浪儿童主动或被动地成为他人敛财的工具，同时也给社会治安带来严重影响。流浪儿童不仅无法享受一般未成年人所应享有的社会保护权、受教育权，就连最基本的生存权也难以得到有效保障。因此，如何有效保障流浪儿童的基本权利，切实保障宪法和法律所确认的"儿童人权"，是以后很长时间内中国法律实践的重要使命。

《通知》指出，为贯彻落实国务院电视电话会议和《国务院办公厅关于加强和改进流浪未成年人救助保护工作的意见》精神，最大限度减少未成年人流浪现象，坚决杜绝胁迫、诱骗、利用未成年人乞讨等违法犯罪行为，决定在全国联合开展以"保护儿童，告别流浪"为主题的"接送流浪孩子回家"专项行动。通过开展"接送流浪孩子回家"专项行动，依法严厉打击拐卖、拐骗未成年人以及胁迫、诱骗、利用未成年人乞讨和实施违法犯罪等活动，积极主动救助和保护流浪未成年人，帮助流浪未成年人回归家庭、告别流浪，力争到2012年底基本实现城市街面无流浪未成年人的目标。截至2012年5月，全国大多数省（直辖市、自治区）都已经启动了该项行动。

开展"接送流浪孩子回家"专项行动是保护儿童人权的重要举措，突出体现了保护儿童最大利益、对儿童施以特殊照顾、尊重个人境遇与选择、保护与打击犯罪并举的儿童人权内涵。当然，一次专项行动无法从根本上解决儿童流浪等问题，要从根本上保护流浪儿童人权，须严厉禁止儿童行乞、严格甄别、分类治理，适时建立起常态化的国家监护制度。

51.广东增城群体性事件

2011年6月10日晚，广东省广州市代管的增城市新塘镇发生因治保会工作人员殴打一摆地摊的川籍孕妇王联梅,随后引发大规模的抗议暴动。有消息称,村内的治安队涉嫌对小贩收取"保护费",进而与民众发生口角并最终殴打了王联梅。

6月11日晚,继续有人聚集,场面混乱,现场多辆车辆被损坏。

6月12日上午,广州市政府新闻办公室召开新闻发布会,通报称无人员伤亡。事件中孕妇王联梅的丈夫唐学才在发布会上现身并称王联梅及胎儿都没事。而到了当日下午及晚间,增城的情况急转直下,再次爆发大规模抗议事件。数万人聚集在主要高速公路交汇处,抗议人群中有人焚烧救护车、私人汽车、警车。武警使用了催泪弹和装甲车。广东警方逮捕了25人。

6月13日,《羊城晚报》称事件中无人死亡。

6月13日,广州市政府召开新闻发布会通报事件详细情况,事件定性为因个别群众与保安人员纠纷引发的群众聚众滋事事件,当事人的丈夫在发布会上澄清事实,证明妻子和肚子里的孩子都安好。

6月15日,广州公安局在新浪微博上称于6月14日将散布"孕妇王联梅的老公唐学才被活活打死"谣言的陈某抓获。陈某对在网上发布虚假谣言的事实供认不讳。7月7日,广州市社会治安综合治理委员会向媒体通报,11名犯罪嫌疑人被提起公诉。

7月14日,增城市人民法院依法对"6·11"大敦村聚众滋事事件中的两起刑事案件5名被告人进行一审公开审理,并当庭宣判。

增城事件本是一起普通的治安管理事件,却最终引发了大规模的群体运动,事件虽得到了解决,但是留给我们诸多启示。首先,加速户籍制度改革,消除外地人与本地人的隔阂。增城事件的起因就是由于四川籍孕妇引发,当事人的户籍在这个事件的引发中发挥了重要的作用。其次,提高社会管理服务水平,增强外来务工人员的归属感和幸福感。必须把外来人口看作是一个平等的主体,让外地人参与管理,分享发展成果,调动外地人积极性。再次,鼓励农民工加入工会组织,实现政府对农民工的有效管理。最后,政府在危机事件处理中应当建立信息公开制度,避免因信息不畅带来的谣言四起,最终会使得不明真相的群众受谣言蛊惑,最终引发大规模的群体事件。

52.利比亚大规模撤侨事件

进入2011年,北非地区国家政局突变,引起世界舆论关注。突尼斯、埃及的政局变动波及整个中东,受到最直接冲击的是利比亚。利比亚境内外的反政府力量采用各种手段,以图推翻执政长达四十余年的总统卡扎菲。

从2月15日开始,利比亚第二大城市班加西等地出现武装冲突,利比亚军警开枪镇压。在国外干涉势力渗透帮助下，利比亚国内出现了严重骚乱和内战。利比亚发生的内战，严重威胁到中国在该国几万侨民的人身财产安全。中国在利的企业和公司负责的工厂、项目、设备财产均受到不同程度的哄抢破坏。而在此之前，中国在利比亚投资的油田、铁路和电信工程工作的中国人已经遭到持枪歹徒的袭击。在这种情况下，中国政府决定尽全力紧急撤出在利比亚的全部侨民。

2月22日前后，国家主席胡锦涛要求有关部门"全力保障中国驻利人员生命财产安全"。国务院迅速成立由副总理张德江担任总指挥的应急指挥部，负责处理从利比亚的撤离侨民行动。应急指挥部作出全面部署，首先启动撤侨安全保障工作应急机制，制定了海、陆、空、多国多点立体协同撤离方案，并立即实施。

从2月23日深夜开始，中国各航空公司派出大型飞机，从北京、上海、广州等多个机场前往利比亚、开罗等机场接回中国侨民。在中国应急指挥部的部署下，中国驻利比亚大使馆指挥在利中国公民从陆路撤向的黎波里和班加西，在这两个城市的港口等待中国政府组织租用的海轮。

24日，从希腊开出的三艘船中两艘已抵达班加西港，每艘可运送2000多侨民。24日当晚，最早开出的两艘船已返抵希腊克里特岛。中国政府指示侨民从陆路紧急向利比亚和埃及、突尼斯边境靠拢。23日起，中国政府驻埃及和突尼斯的大使馆紧急租用近百辆大客车提前在边境待命接护。

25日，中国国防部宣布，调派在亚丁湾护航的中国海军军舰"徐州号"导弹护卫舰通过苏伊士运河，进入地中海为运送中国侨民的船只护航。到27日，约2万名中国在利侨民撤离。到3月初，在利比亚的中国侨民3.5万人全部安全撤离。其中1.5万人用船撤到希腊然后乘机回国；其余2万人或从利比亚乘机回国，或从陆路撤到突尼斯、埃及再乘机回国，或从海路撤到马耳他再乘机回国。中国民航从25日起，在两周内派出15架飞机穿梭飞行将中国侨民全部接运回国。至3月10日左右，中国从利比亚大撤侨行动基本结束。

这次从利比亚大撤侨行动创造了新中国撤侨史上的多项第一。首先，撤侨规模最大、时间最短。其次，撤运距离最远。利比亚地处北部非洲，距中国本土10195公里（5400英里），其中跨越了非洲北部，欧洲南部，亚洲西部、中部、南部，最后到达东亚的中国。以前的撤侨最远的是从地处西亚的伊拉克。

53.国有土地上房屋征收与补偿条例

2011年1月21日，为规范国有土地上房屋征收与补偿活动，维护公共利益，保障被征收人的合法权益，根据我国《物权法》和《城市房地产管理法》，国务院颁布实施《国有土地上房屋征收与补偿条例》（以下简称《条例》）。

《条例》明确规定，市、县级以上地方人民政府为征收与补偿主体。这就从制度上保证了征收、补偿工作的规范化。过去，多数情况下由拆迁人即开发商向当地建设主管部门申请拆迁许可，获批后由开发商实施拆迁。而成为拆迁主体的开发商，为了追求利润，往往尽可能压缩拆迁补偿标准，并且把拆迁负担转嫁到房价里，这样容易造成拆迁人与被拆迁人矛盾激化。按照《条例》规定，政府可以确定房屋征收部门负责组织进行房屋征收与补偿工作，并规定禁止建设单位参与搬迁活动，任何单位和个人都不得采取暴力、威胁或者中断供水、供热、供气、供电和道路通行等非法方式迫使被征收人搬迁。所有的国有土地上房屋征收行为都变为政府行为，被征收人对政府的征收决定不服的，既可以进行行政复议，也可以进行行政诉讼。

《条例》明确界定了公共利益的范围，保障广大人民群众的利益。《条例》规定，市、县级人民政府作出房屋征收决定，必须以为了保障国家安全、促进国民经济和社会发展等公共利益的需要为前提。并以列举的方式对公共利益进行了界定，明确了因公共利益征收的范围。2004年我国宪法修正案为保护公民个人合法的私有财产，规定只能基于"公共利益"的需要并依照法律程序，才能进行征收或者征用。这标志着公共利益征收与商业开发征收混为一谈的拆迁模式已成为历史。

《条例》确保征收过程程序化，强调尊重被征收人意愿。征收程序是规范政府征收行为，维护被征收人合法权益，促使政府做好群众工作的重要保障。《条例》提高了征收补偿方案的公众参与程度，征收补偿方案应征求公众意见，多数被征收人认为征收补偿方案不符合本条例规定的，应当组织听证会并修改方案。"修改方案"被列入《条例》，是对被征收人权益的尊重，也是突破。《条例》为规范政府征收行为、维护被征收人合法权益提供了重要保障。

《条例》明确征收补偿标准。《条例》规定，对被征收房屋价值的补偿，不得低于房屋征收决定公告之日被征收房屋类似房地产的市场价格。被征收房屋的价值，由具有相应资质的房地产价格评估机构按照房屋征收评估办法评估确定。《条例》明确了补偿的时间和标准。时间是房屋征收决定公告之日，标准是不得低于被征收房屋类似房地产的市场价格。这也是老百姓最关心的一点。以市场价格作为补偿标准，使得被征收人的基本利益得到保障。这不仅包括对房屋的补偿，也包括对土地使用权的补偿。这就大体上可以确保被征收人的居住条件有改善、生活水平不下降。

《条例》明确规定，房地产价格评估机构由被征收人协商选定；协商不成的，通过多数决定、随机选定等方式确定，这就极大地维护了被征收人的权益，有利于房屋评估的公平和公正。这样打破了以往一家的评估局面，并从根本上转变错估、漏估、少估等明知有误又无法改变的不公现象，使评估更贴近实际、更公平、更具科学性。

《条例》明确了"实施房屋征收应当先补偿、后搬迁"，并进一步明确"作出房屋征收决定前，征收补偿费用应当足额到位、专户存储、专款专用"。

54.刑法修正案取消13个死刑罪名

2011年2月25日，十一届全国人大常委会第十九次会议通过了刑法修正案。此次刑法修改的重点内容之一，是取消了近年来较少适用或基本未适用的13个经济性非暴力犯罪的死刑。取消的13个死刑罪名分别是：走私文物罪，走私贵重金属罪，走私珍贵动物、珍贵动物制品罪，走私普通货物、物品罪，票据诈骗罪，金融凭证诈骗，信用证诈骗罪，虚开增值税专用发票、用于骗取出口退税、抵扣税款发票罪，伪造、出售伪造的增值税专用发票罪，盗窃罪，传授犯罪方法罪，盗窃古文化遗址、古墓葬罪，盗掘古人类化石、古脊椎动物化石罪。

全国人大法律委员会认为，中国的刑罚结构总体上能够适应当前惩治犯罪、教育改造罪犯、预防和减少犯罪的需要，但在实际执行中也存在死刑偏重、生刑偏轻等问题。根据中国现阶段经济社会发展实际，适当取消一些经济性非暴力犯罪的死刑，不会给中国社会稳定大局和治安形势带来负面影响。修改后的刑法还对一些特殊人群的犯罪作了具体规定：审判的时候已满75周岁的人，不适用死刑，但以特别残忍手段致人死亡的除外。

这部刑法修正案显示了我国政府对死刑问题的高度关注和重视，符合我国宽严相济和少杀慎杀的刑事政策，体现了保护生命、尊重人权的价值观，更突显了我国刑事法律文明的进步。

55.中华人民共和国行政强制法

2011年6月30日，十一届全国人大常委会第二十一次会议通过《中华人民共和国行政强制法》（以下简称《行政强制法》），自2012年1月1日起施行。颁布实施《行政强制法》的目的，是为了规范行政强制的设定和实施，保障和监督行政机关依法履行职责，维护公共利益和社会秩序，保护公民、法人和其他组织的合法权益。

《行政强制法》从规范和保障两个方面，对行政强制的原则、设定、程序和救济作了全面规定。既从设定权和实施程序上对行政强制权进行规范，预防并制裁执法人员滥用行政强制手段，保护公民、法人和其他组织的合法权益，又着重规范、保障政府有效地实施行政管理，依法履行职责，提高行政管理效能和公共服务水平，更好地维护公共利益和社会秩序。

行政强制包括行政强制措施和行政强制执行。行政强制措施，是指行政机关在行政管理过程中，为制止违法行为、防止证据损毁、避免危害发生、控制危险扩大等情形，依法对公民的人身自由实施暂时性限制，或者对公民、法人或者其他组织的财物实施暂时性控制的行为。行政强制执行，是指行政机关或者行政机关申请人民法院，对不履行行政决定的公民、法人或者其他组织，依法强制履行义务的行为。

发生或者即将发生自然灾害、事故灾难、公共卫生事件或者社会安全事件等突发事件，行政机关采取应急措施或者临时措施，依照有关法律、行政法规的规定执行。行政机关采取金融业审慎监管措施、进出境货物强制性技术监控措施，依照有关法律、行政法规的规定执行。

《行政强制法》规范了行政强制的设定和实施，保障和监督行政机关依法履行职责，维护公共利益和社会秩序，保护公民、法人和其他组织的合法权益。《行政强制法》是继《行政处罚法》、《行政复议法》、《行政许可法》之后又一部规范政府共同行为的重要法律。它的颁布实施，对促进依法行政和法治政府建设，保障公民、法人和其他组织的合法权益具有重要意义。

56.国土资源部办公厅《关于严格管理防止违法违规征地的紧急通知》

2013年5月，针对个别地方相继发生的暴力征地事件，国土资源部办公厅下发《关于严格管理防止违法违规征地的紧急通知》（以下简称《紧急通知》），要求各地进一步加强征地管理，防止违法违规征地，杜绝暴力征地行为。

《紧急通知》要求强化思想认识，严防因征地引发矛盾和冲突，积极稳妥地做好征地工作，在促进经济发展和保护耕地的同时，要将被征地农民的合法权益放在首要位置，不得强行实施征地，杜绝暴力征地。

《紧急通知》要求开展全面排查，坚决纠正违法违规征地行为。各省（区、市）国土资源主管部门要迅速行动，对本省（区、市）内征地工作组织开展一次自查。重点检查征地程序是否严格规范、补偿是否符合规定要求、安置是否落实、是否存在违法违规强制征地行为等。对征地程序不规范、补偿不到位、安置不落实的，必须立即进行整改；对违法违规强行征地行为，要严肃查处。凡整改查处不到位的，不得继续实施征地。

《紧急通知》强调，各地区要进行深入调查研究，分析了解当前征地中存在的突出问题和原因，有针对性地完善政策措施；要按照国家有关规定，制定与本地经济社会发展水平相适应的征地补偿标准,保障被征地农民得到合理补偿;要按实行留地安置或留物业安置等多种安置方式;要指导农村集体建立公平合理的收益分配制度;要完善征地实施程序,落实征地信息公开要求,切实保障征地中农民的知情权、参与权。

《紧急通知》要求,要改进工作方法,建立健全征地矛盾纠纷调处机制。在征地实施中,要加强监管,及时发现并化解苗头性、倾向性问题;要建立健全征地矛盾纠纷排查调处机制,认真做好征地中矛盾纠纷化解工作;征地实施中一旦发生矛盾冲突,基层国土资源主管部门要及时主动向同级人民政府和上级国土资源主管部门报告,积极采取措施,配合妥善解决,防止事态扩大引发群体性或恶性事件。

《紧急通知》要求,要落实工作机制,严格实行监督问责制。对违法违规征地,采取暴力方式征地等侵害农民利益行为,引发群体性或恶性事件的,要按照有关规定对有关责任人员严肃追究责任;同时,要严格文明执法,防止因执法不当引发相关恶性事件。

《紧急通知》的下发,进一步加强了征地管理,有效地遏制了违法违规征地现象和暴力征地的行为,将征地农民的合法权益放在首要位置,有效地保障了农民群众的切身利益,这对于积极稳妥地做好征地工作、维护社会和谐稳定、维护经济社会发展大局具有重要意义。

57.加强社会治安防控体系建设

为有效应对影响社会安全稳定的突出问题,创新"立体化"社会治安防控体系,依法严密防范和惩治各类违法犯罪活动,全面推进平安中国建设,2015年4月13日,中共中央办公厅、国务院办公厅发布《关于加强社会治安防控体系建设的意见》(以下简称《意见》)。《意见》描绘了当前和未来我国"立体化"社会治安防控网的构建图。《意见》共有21条,从加强社会治安防控网建设、提高社会治安防控体系建设科技水平、完善社会治安防控运行机制、运用法治思维和法治方式推进社会治安防控体系建设、建立健全社会治安防控体系建设工作格局五个方面提出了具体措施。

《意见》明确,要牢牢把握全面推进依法治国的总要求,着力提高动态化、信息化条件下驾驭社会治安局势能力,以确保公共安全、提升人民群众安全感和满意度为目标,以突出治安问题为导向,以体制机制创新为动力,以信息化为引领,以基础建设为支撑,坚持系统治理、依法治理、综合治理、源头治理,健全点线面结合、网上网下结合、人防物防技防结合、打防管控结合的"立体化"社会治安防控体系,确保人民安居乐业、社会安定有序、国家长治久安。

《意见》要求,要尽快形成党委领导、政府主导、综治协调、各部门齐抓共管、社力量积极参与的社会治安防控体系建设工作格局,健全社会治安防控运行机制,编织社会治安防控网,提升社会治安防控体系建设法治化、社会化、信息化水平,增强社会治安整体防控能力,努力使影响公共安全的暴力恐怖犯罪、个人极端暴力犯罪等得到有效遏制,使影响群众安全感的多发性案件和公共安全事故得到有效防范,人民群众安全感和满意度明显提升,社会更加和谐有序。

《意见》提出了加强社会治安防控体系建设的主要措施:

一、加强社会治安防控网建设。根据人口密度、治安状况和地理位置等因素,科学划分巡逻区域,优化防控力量布局,加强公安与武警联勤武装巡逻,建立健全指挥和保障机制,减少死角和盲区,提升社会面动态控制能力;加强重点行业治安防控网建设,切实落实法人责任制,推动实名制登记;加强乡镇(街道)和村(社区)治安防控网建设,健全基层综合服务管理平台;加强机关、企事业单位内部安全防控网建设,严格落实单位主要负责人治安保卫责任制;加强信息网络防控网建设,进一步完善信息网络管理体系。

二、提高社会治安防控体系建设科技水平。加强信息资源互通共享和深度应用,按照科技引领、信息支撑的思路,加快构建纵向贯通、横向集成、共享共用、安全可靠的平安建设信息化综合平台;加快公共安全视频监控系统建设,高起点规划、有重点有步骤地推进公共安全视频监控建设、联网和应用工作,提高公共区域视频监控系统覆盖密度和建设质量。《意见》提出,把网格化管理列入城乡规划,将人、地、物、事、组织等基本治安要素纳入网格管理范畴。到2020年,实现全国各县(市、区、旗)的中心城区网格化管理全覆盖。《意见》要求,将社会治安防控信息化纳入智慧城市建设总体规划,充分运用新一代互联网、物联网、大数据、云计算和智能传感、遥感、卫星定位、地理信息系统等技术,创新社会治安防控手段,提升公共安全管理数字化、网络化、智能化水平,打造一批有机融合的示范工程。建立健全相关的信息安全保障体系,实现对基础设施、信息和应用等资源的立体化、自动化安全监测,对终端用户和应用系统的全方位、智能化安全防护。

三、完善社会治安防控运行机制。健全社会治安形势分析研判机制,及时发现苗头性、倾向性问题,提升有效应对能力;健全实战指挥机制,加强实战型指挥中心建设,推行扁平化勤务指挥模式,紧急状态确保就近调度、快速反应、及时妥善处置;健全部门联动机制,进一步整合各部门资源力量,强化工作联动,增强打击违法犯罪、加强社会治安防控工作合力;健全区域协作机制,积极搭建治安防控跨区域协作平台,共同应对跨区域治安突出问题,增强防控整体实效。

四、运用法治思维和法治方式推进社会治安防控体系建设。充分发挥法治的引导、规范、保障、惩戒作用,做到依法化解社会矛盾、依法预防打击犯罪、依法规范社会秩序、依法维护社会稳定；加强基础性制度建设，建立以公民身份号码为唯一代码、统一共享的国家人口基础信息库，建立健全相关方面的实名登记制度；建立公民统一社会信用代码制度、法人和其他组织统一社会信用代码制度，强化对守信者的鼓励和对失信者的惩戒，探索建立公民所有信息一卡通制度。《意见》强调，严格落实综治领导责任制。把社会治安防控体系建设纳入综治工作（平安建设）考核评价指标体系，将考核评价结果作为对领导班子和领导干部考核评价的重要内容。对因重视不够、社会治安防范措施不落实而导致违法犯罪现象严重、治安秩序严重混乱或者发生重特大案（事）件的地区，依法实行一票否决权制，并追究有关领导干部的责任。

五、建立健全社会治安防控体系建设工作格局。把社会治安防控体系建设列入国民经济和社会发展总体规划；充分发挥综治组织的组织协调作用，各级综治组织要统筹推进社会治安防控体系建设；充分发挥政法各机关和其他各有关部门的职能作用，做到各负其责、各司其职；充分发挥社会协同作用，坚持多方主体在社会治安防控体系建设中的协同协作、相辅相成的作用；积极扩大公众参与，坚持人民主体地位，依法保障人民群众的知情权、参与权、建议权、监督权。《意见》要求，落实举报奖励制度，对于提供重大线索、帮助破获重大案件或者有效制止违法犯罪活动、协助抓获犯罪分子的，给予重奖。

《意见》的出台，进一步落实了中共中央关于深化平安建设、完善"立体化"社会治安防控体系的重大部署，对于各地各部门坚持系统治理、依法治理、综合治理、源头治理，健全"立体化"社会治安防控体系，实现"人民安居乐业、社会安定有序、国家长治久安"的愿景，具有重大意义。

58.天津滨海新区"8·12"爆炸事故

2015年8月12日，位于天津滨海新区塘沽开发区的天津东疆保税港区瑞海国际物流有限公司所属危险品仓库发生爆炸。经国务院调查组调查认定，该事故是一起特别重大生产安全责任事故。事故共造成165人遇难（其中参与救援处置的公安消防人员110人，事故企业、周边企业员工和周边居民55人）、8人失踪（其中天津港消防人员5人，周边企业员工、天津港消防人员家属3人），798人受伤（伤情重及较重的伤员58人、轻伤员740人）；304幢建筑物（其中办公楼宇、厂房及仓库等单位建筑73幢，居民1类住宅91幢、2类住宅129幢、居民公寓11幢）、12428辆商品汽车、7533个集装箱受损。截至2015年12月10日，事故调查组依据《企业职工伤亡事故经济损失统计标准》核定，直接经济损失68.66亿元人民币。

事故发生后，党中央、国务院高度重视。中共中央总书记、国家主席、中央军委主席习近平作出重要指示,要求尽快控制消除火情,全力救治伤员,确保人民生命财产安全。国务院总理李克强作出批示,要求全力组织力量扑灭爆炸火势,并对现场进行深入搜救,注意做好科学施救,防止发生次生事故;紧急组织精干医护力量全力救治受伤人员,最大限度减少因伤死亡;查明事故原因,及时公开透明向社会发布信息。8月16日,李克强亲临事故现场指导救援处置工作,部署"8·12"火灾爆炸事故救援处置工作,并在讲话中严正指出,这起事故涉及的失职渎职和违法违章行为,一定要彻查追责,公布所有调查结果,给死难者家属一个交代,给天津市民一个交代,给全国人民一个交代,给历史一个交代。

事故发生后,天津市委立即成立事故救援总指挥部,由党政主要领导、区委书记担任总指挥和副总指挥,全方位开展救援以及善后处理各项工作。8月18日,依据《危险化学品安全管理条例》和《生产安全事故报告和调查处理条例》有关规定,国务院成立天津港"8·12"瑞海公司危险品仓库特别重大火灾爆炸事故调查组,全面开展调查工作。

调查组查明,事故直接原因是瑞海公司危险品仓库运抵区南侧集装箱内硝化棉由于湿润剂散失出现局部干燥,在高温(天气)等因素的作用下加速分解放热,积热自燃;引起相邻集装箱内的硝化棉和其他危险化学品长时间大面积燃烧,导致堆放于运抵区的硝酸铵等危险化学品发生爆炸。

调查组认定,瑞海公司严重违法违规经营,是造成事故发生的主体责任单位;事故还暴露出有关地方政府和部门存在有法不依、执法不严、监管不力等问题。公安、检察机关对49名企业人员和行政监察对象依法立案侦查并采取刑事强制措施;调查组另对123名责任人员提出了处理意见,建议对74名责任人员(省部级5人,厅局级22人,县处级22人,科级及以下25人)给予党纪政纪处分;对其他48名责任人员,建议由天津市纪委及相关部门视情予以诫勉谈话或批评教育;1名责任人员在事故调查处理期间病故,建议不再给予其处分。

调查组依据《安全生产法》等法律法规,建议吊销瑞海公司有关证照并处罚款;对中滨海盛安全评价公司、天津市化工设计院等中介和技术服务机构给予没收违法所得、罚款、撤销资质等行政处罚。调查组还建议,对天津市委、市政府进行通报批评并责成其向党中央、国务院作出深刻检查;责成交通运输部向国务院作出深刻检查。

针对事故暴露出的问题,调查组提出了以下防范措施和建议:坚持安全第一的方针,切实把安全生产工作摆在突出位置,推动生产经营单位落实安全生产主体责任,任何企业均不得违规违法变更经营资质;进一步理顺港口安全管理体制,明确相关部门安全监管职责,着力提高危险化学品安全监管法治化水平;建立健全危险化学品安全监管体制机制,完善法律法规和标准体系,建立全国统一的监管信息平台,加强危险化学品监控监管;严格执行城市总体规划,严格安全准入条件,提升城市生产安全事故应急处置能力;严格安全评价、环境影响评价等中介机构的监管，规范其从业行为，集中开展危险化学品安全专项整治行动，消除各类安全隐患。

59.中华人民共和国国家安全法

国家安全是指国家政权、主权、统一和领土完整、人民福祉、经济社会可持续发展和国家其他重大利益相对处于没有危险和不受内外威胁的状态，以及保障持续安全状态的能力。1993年2月22日，七届全国人大常委会第三十次会议通过了《中华人民共和国国家安全法》。它作为一部专门性法律，主要是规定国家安全机关履行的职责特别是反间谍工作方面的职责。这部法律对维护国家安全发挥了重要作用。随着国家安全形势的发展变化，该法已难以适应全面维护各领域国家安全的需要。党的十八大以来，为适应我国国家安全面临的新形势新任务，以习近平同志为总书记的党中央提出总体国家安全观，强调全面维护各领域国家安全，成立了中央国家安全委员会，建立了集中统一、高效权威的国家安全领导体制，对加强国家安全工作作出了重要部署。2014年11月1日，十二届全国人大常委会第十一次会议审议通过了《中华人民共和国反间谍法》，相应废止了原有的国家安全法，为制定新的《国家安全法》创造了条件。按照中央部署和贯彻落实总体国家安全观的要求，适应我国国家安全面临的新形势、新任务，十分必要制定一部具有综合性、全局性、基础性的国家安全法。2015年4月，十二届全国人大常委会第十四次会议审议了《中华人民共和国国家安全法（草案二次审议稿）》。2015年7月1日，十二届全国人大常委会第十五次会议通过新的《中华人民共和国国家安全法》（以下简称新《国家安全法》）。新《国家安全法》共7章，对维护国家安全的任务，维护国家安全的职责，国家安全制度，国家安全保障，公民、组织的义务和权利等方面进行了规定。

新《国家安全法》强调，国家安全工作应当坚持总体国家安全观，以人民安全为宗旨，以政治安全为根本，以经济安全为基础，以军事、文化、社会安全为保障，以促进国际安全为依托，维护各领域国家安全，构建国家安全体系，走中国特色国家安全道路。

新《国家安全法》的一个突出亮点，是坚持和体现"以人民安全为宗旨"。新《国家安全法》在第一条立法宗旨中强调"保护人民的根本利益"；在第三条总体国家安全观内涵中强调"以人民安全为宗旨"；在第七条基本原则中强调"尊重和保障人权，依法保护公民的权利和自由"；在第十六条维护国家安全的任务中专门规定了人民安全的内容，"国家维护和发展最广大人民的根本利益，保卫人民安全，创造良好生存发展条件和安定工作生活环境，保障公民的生命财产安全和其他合法权益"等。这些规定，体现了维护国家安全要坚持以民为本、以人为本，坚持一切为了人民、一切依靠人民的立法理念。

新《国家安全法》和1993年的《国家安全法》相比,主要有三个突出特点:第一,新《国家安全法》涵盖了国家安全的各种类型和各个领域,是一部落实国家总体安全观的综合性法律。它包括政治安全、军事安全、经济安全、社会安全、文化安全、科技安全、信息安全、生态安全、自由安全、核安全等各个领域,涵盖面比较广。第二,新《国家安全法》是一个基础性的法律,它奠定了国家安全法律制度体系的基础,维护了国家安全的基本原则,指出了国家安全的任务和制度以及保障机制,提出了国家机关、社会组织、公民、个人的义务和权利,为以后制定相关的国家安全专门法奠定了法律基础。第三,新《国家安全法》重在构建一个国家安全的法律制度体系,突出解决影响国家安全的一些问题。在注重传统安全的同时,高度关注非传统安全。在注重国内安全的同时,关注国际安全,是构建一个集政治安全、国土安全、军事安全、经济安全、文化安全、社会安全、科技安全等各领域安全于一体的国家安全体系。

新《国家安全法》从政治安全、国土安全、军事安全、经济安全、文化安全、科技安全等11个领域提出了维护国家安全的任务。在政治安全方面,强调国家坚持中国共产党的领导,维护中国特色社会主义制度,维护和发展最广大人民的根本利益。强调坚持和完善民族区域自治制度,反对一切形式的恐怖主义和极端分子,加强防范和处置恐怖主义的能力建设。国家依法保护公民宗教信仰自由和正常宗教活动,坚持宗教独立自主自办的原则,防范、制止和依法惩治利用宗教名义进行危害国家安全的违法犯罪活动,反对境外势力干涉境内宗教事务,维护正常宗教活动秩序。在国土安全和军事安全方面,强调国家加强边防、海防和空防建设,采取一切必要的防卫和管控措施,保卫领陆、内水、领海和领空安全,维护国家领土主权和海洋权益。强调国家加强武装力量革命化、现代化、正规化建设,建设与保卫国家安全和发展利益需要相适应的武装力量;实施积极防御军事战略方针,防备和抵御侵略,制止武装颠覆和分裂;开展国际军事安全合作,实施联合国维和、国际救援、海上护航和维护国家海外利益的军事行动,维护国家主权、安全、领土完整、发展利益和世界和平。在经济安全方面,强调国家维护国家基本经济制度和社会主义市场经济秩序,健全预防和化解经济安全风险的制度机制,保障关系国民经济命脉的重要行业和关键领域、重点产业、重大基础设施和重大建设项目以及其他重大经济利益安全。强调健全金融宏观审慎管理和金融风险防范、处置机制,健全粮食安全保障体系。在文化安全方面,强调国家坚持社会主义先进文化前进方向,继承和弘扬中华民族优秀传统文化,培育和践行社会主义核心价值观,防范和抵制不良文化的影响,掌握意识形态领域主导权,增强文化整体实力和竞争力。在科技安全方面,强调国家加强自主创新能力建设,加快发展自主可控的战略高新技术和重要领域核心关键技术,加强知识产权的运用、保护和科技保密能力建设,保障重大技术和工程的安全。在社会安全方面,强调国家健全有效预防和

第八章　公共安全与应急管理

化解社会矛盾的体制机制，健全公共安全体系，积极预防、减少和化解社会矛盾，妥善处置公共卫生、社会安全等影响国家安全和社会稳定的突发事件，促进社会和谐，维护公共安全和社会安定。在网络与信息安全方面，强调国家建设网络与信息安全保障体系，提升网络与信息安全保护能力，加强网络和信息技术的创新研究和开发应用，实现网络和信息核心技术、关键基础设施和重要领域信息系统及数据的安全可控。新《国家安全法》强调，国家合理利用和保护资源能源，有效管控战略资源能源的开发，完善生态环境制度体系，加大生态建设和环境保护力度，坚持和平利用核能和核技术，依法采取必要措施保护国家的海外利益不受威胁和侵害。新《国家安全法》要求，国家安全危机事件发生后，履行国家安全危机管控职责的有关机关，应当按照规定准确、及时报告，并依法将有关国家安全危机事件发生、发展、管控处置及善后情况统一向社会发布。

新《国家安全法》明确了维护国家安全的职责：全国人民代表大会依照宪法规定，决定战争和和平的问题，行使宪法规定的涉及国家安全的其他职权；中华人民共和国主席根据全国人民代表大会的决定和全国人民代表大会常务委员会的决定，宣布进入紧急状态，宣布战争状态，发布动员令；国务院根据宪法和法律，制定涉及国家安全的行政法规，规定有关行政措施，发布有关决定和命令；中央军事委员会领导全国武装力量，决定军事战略和武装力量的作战方针，统一指挥维护国家安全的军事行动；地方各级人民代表大会和县级以上地方各级人民代表大会常务委员会在本行政区域内，保证国家安全法律法规的遵守和执行；人民法院依照法律规定行使审判权，人民检察院依照法律规定行使检察权，惩治危害国家安全的犯罪；国家安全机关、公安机关应依法搜集涉及国家安全的情报信息。

新《国家安全法》提出了维护国家安全的制度要求：建立国家安全重点领域工作协调机制、国家安全工作督促检查和责任追究机制、跨部门会商工作机制、国家安全决策咨询机制。在情报信息方面，健全统一归口、反应灵敏、准确高效、运转顺畅的情报信息收集、研判和使用制度，建立情报信息工作协调机制，实现情报信息的及时收集、准确研判、有效使用和共享；国家安全机关、公安机关、有关军事机关依法搜集涉及国家安全的情报信息，充分运用现代科学技术手段，加强对情报信息的鉴别、筛选、综合和研判分析。在风险预防、评估和预警方面，建立国家安全风险评估机制，定期开展各领域国家安全风险调查评估；健全国家安全风险监测预警制度，根据国家安全风险程度，及时发布相应风险预警。在审查监管方面，建立国家安全审查和监管的制度和机制，中央国家机关各部门依照法律、行政法规行使国家安全审查职责，依法作出国家安全审查决定或者提出安全审查意见并监督执行。在危险防控方面，建立统一领导、协同联动、有序高效的国家安全危机管控制度，健全国家安全危机的信息报告和发布机制。

新《国家安全法》明确了健全国家安全保障体系的具体要求：健全国家安全保障体

系，增强维护国家安全的能力；健全国家安全法律制度体系，推动国家安全法治建设；加大对国家安全各项建设的投入，保障国家安全工作所需经费和装备；鼓励国家安全领域科技创新，发挥科技在维护国家安全中的作用；采取必要措施，招录、培养和管理国家安全工作专门人才和特殊人才；加强国家安全新闻宣传和舆论引导，通过多种形式开展国家安全宣传教育活动。

新《国家安全法》对公民、组织的义务和权利做了规定。在维护国家安全的义务方面规定，公民和组织应遵守宪法、法律法规关于国家安全的有关规定；及时报告危害国家安全活动的线索；如实提供所知悉的涉及危害国家安全活动的证据；保守所知悉的国家秘密等。还规定，任何个人和组织不得有危害国家安全的行为，不得向危害国家安全的个人或者组织提供任何资助或者协助。在公民、组织的权利方面规定，公民和组织对国家安全工作有向国家机关提出批评建议的权利，对国家机关及其工作人员在国家安全工作中的违法失职行为有提出申诉、控告和检举的权利。公民和组织支持、协助国家安全工作的行为受法律保护。因支持、协助国家安全工作，本人或者其近亲属的人身安全面临危险的，可以向公安机关、国家安全机关请求予以保护。公安机关、国家安全机关应当会同有关部门依法采取保护措施。公民和组织因支持、协助国家安全工作导致财产损失的，按照国家有关规定给予补偿；造成人身伤害或者死亡的，按照国家有关规定给予抚恤优待。

新《国家安全法》是一部新的总体安全观指导下的国家安全法律，是立足全局、统领国家安全各领域工作的综合性法律。它提出了国家安全的新理念，提出了国家安全建设的指导思想，建构了新的国家安全领导体制，提出了国家安全制度建设的新思路，确定了各个政权机关、政府部门在国家安全建设中的职责，明确了国家安全保障机制和公民、社会组织的义务与权利，为走出一条中国特色国家安全道路奠定了坚实的法律基础。它必将有力推进国家安全建设，保卫中国特色社会主义制度，保护人民的根本利益，保障改革开放和社会主义现代化建设的顺利进行，在实现中华民族伟大复兴"中国梦"的历史进程中发挥重大作用。

二、食品安全与生产安全

1.中华人民共和国食品安全法

《中华人民共和国食品安全法》（以下简称《食品安全法》）由十一届全国人大常委会第七次会议于2009年2月28日通过，自2009年6月1日起施行。2015年4月24日，《中华人民共和国食品安全法》由十二届全国人大常委会第十四次会议修订通过，修订后的《中华人民共和国食品安全法》自2015年10月1日起施行。

修订后的《食品安全法》从食品安全风险监测和评估、食品安全标准等方面进行规范，有以下几大亮点：第一，建立最严监管制度，包括建立完善、统一、权威的食品安全监管机构，建立最严格的全过程的监管制度，更加突出预防为主、风险防范，建立最严格的标准，对特殊食品实行严格监管，加强对农药的管理，加强风险评估管理，建立最严格的法律责任制度。第二，设置罚则确保"重典治乱"，强化刑事责任追究，增设了行政拘留，大幅提高了罚款额度，对重复违法行为加大处罚，非法提供场所增设罚则，强化民事责任追究。第三，规定食品安全社会共治。包括行业协会要当好引导者，消费者协会要当好监督者，举报者有奖还受保护，新闻媒体要当好公益宣传员。第四，强化互联网食品交易监管。明确网络食品第三方交易平台的一般性义务，明确网络食品第三方交易平台的管理义务，规定消费者权益保护的义务。第五，强化企业主体责任。要求健全落实企业食品安全管理制度，强化生产经营过程的风险控制，增设食品安全自查和报告制度。第六，强化地方政府属地管理责任。强化食品安全保障能力，实行食品安全管理责任制，强化对小作坊、食品摊贩等监管，强化责任追究。

1979年8月27日，国务院颁布实施《中华人民共和国食品卫生管理条例》，与之相比，现在的《食品安全法》有了明显的改进，法律层级从低到高，执法手段和监督措施从简单到严格,处罚由轻微到严厉,立法宗旨由着眼国内到国际视野。食品安全关乎国计民生,《食品安全法》与时俱进行食品安全的监管有重要意义。

2. "渤海二号"沉船事故

1979年11月25日凌晨3点左右,原石油工业部海洋石油勘探局"渤海二号"钻井船在渤海湾内翻沉,造成船上职工72人死亡和国家财产重大损失,是我国石油工业史上因严重违章指挥造成的重大责任事故。经联合检查组查明,海洋石油勘探局在接受石油工业部命令"渤海二号"紧急迁移井位的任务后,冒险降船、违反拖航安全作业规程是本事故的主要原因。

"渤海二号"钻井船1973年由国外引进,作为用于海洋石油钻井作业的大型特殊非机动船,其自升式钻井平台主要包括沉垫、平台、桩脚三部分。按操作规程,在迁往新井位时应卸载,使全船可变载荷减到最少,再下降平台、提升沉垫,使沉垫与平台贴紧,排除沉垫压载舱内的压载水,然后起锚,各桩脚安放楔块固定,最后由拖船拖航。

联合调查结论认为,事故直接原因是拖航时没有打捞怀疑落在沉垫舱上的潜水泵,以致沉垫与平台之间有1米的间隙,两部分无法贴紧,丧失了排除沉垫压载舱里的压载水的条件;导致"渤海二号"载荷重、吃水深、干舷低、稳性差;违反《自升式钻井船使用说明书》拖航作业完整稳性的要求,以及《渤海二号钻井船使用暂行规定》中关于拖航应排除压载水的规定。

间接原因是海洋石油勘探局长期忽视安全工作,仅据1975年至1979年的不完全统计,该局发生各类事故竟达1043起(其中重大事故30多起),造成105人死亡,114人重伤,经济损失巨大。1977年底,该局"渤海一号"钻井平台曾发生桩腿断折事故,所幸没有造成船翻人亡事故。"渤海二号"钻井船的《稳性计算书》等外文资料,该局从未翻译、研究。

1980年8月25日,国务院作出决定:"渤海二号"翻沉事故的发生,是由于石油工业部领导不按客观规律办事,不尊重科学,不重视安全生产,不重视职工意见和历史教训造成的。石油工业部领导对此负有重大责任;国务院分管领导对该事故处置不当,属重要失职,应当向全国人民承认错误。相关人员受到责任追究。

3.煤炭工业部《煤矿安全规程》

1980年2月，煤炭工业部颁布实施《煤矿安全规程》（1980）（以下简称《规程》）。《规程》是根据宪法中关于"改善劳动条件，加强劳动保护"的相关规定，总结了新中国成立以来的安全生产经验教训，在原《煤矿安全生产试行规程》的基础上制定的。

新中国成立以来，根据经济体制变迁和煤炭生产发展需求，《规程》先后制订和修改过5次。前4次分别是：1951年9月，原燃料工业部组织制订《煤矿技术保安试行规程（草案）》；1955年12月，原燃料工业部借鉴了苏联的《煤矿、油母页岩矿保安规程》相关规定，组织修订了《煤矿和油母页岩矿保安规程》；1961年10月，煤炭工业部组织制订了《煤矿保安暂行规程》；1972年4月，煤炭工业部组织修订了《煤矿安全试行规程》。此外，从1960年至1987年，煤炭工业主管部门专为乡镇小煤矿还制定了相关安全规程：《地方小型煤矿安全生产的几项规定》（1960）、《小煤窑安全生产暂行规定》（1972）。

《规程》的编纂，遵照煤矿安全工作的性质，可分成安全技术、安全管理和安全工程三大模块：安全技术模块。该类条文主要是按照煤矿生产的客观条件和规律，进一步规范了科学的技术操作方式；围绕已定型的用于煤矿生产建设的新技术、新工艺、新装备和新材料，规定煤矿在管理运营中的正确行为。安全管理模块。该类条文主要是为了适应国家经济体制改革，按照煤矿生产特点，结合现实社会条件，确定煤矿安全管理的基本工作方式和方法；主要规定了安全机构的设置，各级各类人员的安全责任制和奖罚。安全工程模块。总结了新中国成立以来处置各类煤矿事故的经验教训，根据煤矿现行生产条件，对某些工序强制要求建立安全配套工程和设施；并初步统一了国内安全生产技术标准、名词和计量单位等。

《规程》是改革开放后，煤炭工业贯彻执行党和国家安全生产方针和国家有关矿山安全法规在煤矿的具体规定，是保障煤矿职工安全与健康、保证国家资源和财产不受损失，促进煤炭工业现代化建设必须遵循的准则。作为有关煤炭安全生产的一部最重要的法规，《规程》既具有指导主管部门开展安全管理的工作内容，又体现了煤炭生产安全技术的科学规定，是煤炭行业从事生产和管理的最重要行为规范。《规程》体现了国家对煤矿安全生产工作的要求，规范了煤矿主管部门、生产企业的管理和运营，客观反映了煤矿生产规律，明确了煤矿安全技术标准，有利于加强法制观念、限制违章、惩罚犯罪、确保安全，有利于加强职工监督安全生产的权利，促进安全生产。

4.矿山安全条例和矿山安全监察条例

1982年2月13日，国务院颁布《矿山安全条例》和《矿山安全监察条例》，自7月1日起实施。这两个条例是新中国成立以来矿山安全工作的经验总结，是矿山企业安全生产的基本准则，也是劳动部门和工会组织对矿山安全工作进行监督检查的依据。

新中国成立后，全国矿山企业及其主管部门在国家安全生产方针指引下，改善了矿山原有劳动条件，加强了矿山安全卫生工作，彻底改变了旧中国矿山那种极端落后的生产与管理面貌，促进了采掘工业的发展。但是由于受到"文化大革命"的严重破坏，许多矿山废除了行之有效的安全生产制度，放松了安全生产的监管，以致矿山伤亡事故频发。随着经济体制改革和矿山采掘行业发展需要，国家授权相关部门组织编纂和发布两个条例，就是为了维护矿山生产秩序和加强矿山安全生产管理，以切实保障矿山职工的安全与健康。

矿山安全是关系到对职工生命安全负责，保护国家财产和保证生产建设正常进行的重大问题。根据我国矿山安全工作的特性，1982版的《矿山安全条例》和《矿山安全监察条例》主要有以下内容：一、安全监管方面。构建矿山安全监察机构，配备矿山安全监察人员；主管部门和企业建立安全生产责任制；完善企业领导跟班下井制度等。二、安全技术及专业救援方面。该类条文主要是按照矿山生产的客观条件和自然规律，进一步规范了科学的技术操作方式；要求矿山企业适时建立工业卫生机构和矿山救护队；矿山企业及其主管部门的年度生产、建设计划和长远发展规划必须包括安全技术措施计划和规划。三、投产准入的安全标准方面。凡新建、改建、扩建的矿山，其劳动条件和安全卫生设施都必须符合条例的规定，否则不准投产；已经投产的国营矿山，其劳动条件和安全卫生设施达不到规定标准的，必须纳入调整计划，限期达到；对于现有的社队矿山，有关部门要积极予以支持，帮助它们创造条件，逐步达到矿山安全的要求。

《矿山安全条例》和《矿山安全监察条例》是我国首次制定的专项安全生产法规，它结束了我国矿山安全工作长期无法可依的历史，标志着我国矿山安全工作进入一个新的历史阶段。

5.中华人民共和国食品卫生法（试行）

1982年11月19日，五届全国人大常委会第二十五次会议通过《中华人民共和国食品卫生法（试行）》（以下简称《食品卫生法（试行）》），1983年7月1日起试行。《食品卫生法（试行）》的任务在于防止食品污染、变质，控制有害因素含量，提高食品卫生质量水平，以期达到减少食源性疾患，保障人民身体健康，增强人民体质的目的。

《食品卫生法（试行）》规定了适用范围，即开办食品生产企业、食品经营企业，或者个体食品商贩，不论是中国人、外国人还是无国籍的人，都必须遵守本法。本法还适用于一切食品、食品添加剂、食品容器，包装材料和食品用工具、设备，也适用于食品的生产经营场所、设施和有关环境。确立了国家食品卫生监督制度，并以法律为保障。食品卫生监督工作，由各级卫生行政部门领导，县以上卫生防疫站或者食品卫生监督检验所为食品卫生监督机构。食品卫生监督机构设立食品卫生监督员，由同级人民政府发给证书。实行卫生许可证制度，食品生产经营企业和食品商贩，必须先取得卫生许可证方可向工商行政管理部门申请登记或者变更登记。实行国家和地方两级食品卫生标准制度，国家卫生标准、卫生管理办法和检验规程，由国务院卫生行政部门制定或者批准颁发，对于国家尚未制定卫生标准的食品，省、自治区、直辖市人民政府可以制定地方卫生标准，上报国务院卫生行政部门备案。规定从业人员定期健康检查制度、食品中毒事故报告制度。对违反本法的，规定了33种处罚。

《食品卫生法（试行）》的公布和实施，代表我国第一次将食品相关规定上升到法律的层面，标志着食品卫生管理工作开始走上法治化轨道，是我国社会主义卫生法制建设的一大进展。从立法技术上看《食品卫生法（试行）》正式建立和开展国家食品卫生监督制度与许可制度，是我国食品卫生法规历史上迈出的重要一步，从法律角度明确了卫生防疫部门在食品卫生监管中的主体地位，改善了以往各部门各自为政的情况。

6.中华人民共和国海上交通安全法

1983年9月2日，六届全国人大常委会通过了《中华人民共和国海上交通安全法》（以下简称《海上交通安全法》），自1984年1月1日起施行。

新中国成立以来，国家于1952年、1979年先后颁布了两部与海上交通安全相关的规章，即1952年3月颁布的《本国轮船进出口暂行管理办法》、1979年3月颁布的《船舶进出港口签证管理办法》。为适应改革开放和经济社会发展要求，为了更好地对进出港口的国内外航行船舶实施船舶签证管理，加强水上安全监管，科学规范船舶航行行为、保障水上安全航行秩序，准确掌握船舶动态，国家授权相关部门组织制定了《海上交通安全法》。

《海上交通安全法》全文共12章53条，主要规定了船舶、设施和人员在海上航行、停泊和作业必须具备的技术条件、应该享受的权益和各自承担的义务；授权港务监督机构对沿海水域的交通安全的指挥管理职责。根据我国海上交通安全工作的特性，1983版的《海上交通安全法》主要涉及政府部门职责、管理相对人的权利和义务、外国籍船舶的管理三大领域：一、政府部门职责方面。根据《海上交通安全法》规定，政府主管机关的职责主要涵括了中国籍船舶的登记发证、交管水域的划定和监管、船舶及航运安全监管、海事处理与救援等领域，此外还明确了主管机关及相关部门的职责分工。二、管理相对人的权利和义务方面。《海上交通安全法》在对管理相对人义务的规定方面，还主要涵括以下领域，即船舶安全的法定文书、船舶航运人员的资质、航运监管、通航水域的航行和施工安全作业监管、船舶储运监管、海事处理与救援的责任义务等，此外还明确了海事管理相对人的权利。三、外国籍船舶的管理方面。《海上交通安全法》明确规定了外国籍非军用船舶的进出港审批程序、外国籍军用船舶或飞机进入我国领海或领海上空的审批程序，以及外国籍船舶的引航制度，等等。

《海上交通安全法》的颁布，明确了海上交通安全的行为和监管重点，明晰了有关各方的权责义务，提升了海事监管效能和服务质量；对加强我国海上交通安全管理，保障船舶、设施和生命财产的安全，维护国家权益，促进海洋经济的发展，发挥了重要的作用。

7.全国安全生产委员会成立

1985年1月全国安全生产委员会成立。全国安全生产委员会（以下简称"安委会"）由国家经委和国务院有关部门及全国总工会有关领导组成，主任是原国务委员张劲夫。安委会的主要任务是在国务院领导下，研究、统筹、协调、指导关系全局的重大安全生产问题，组织每年的全国安全月活动。

1985年1月3日，安委会召开了第一次会议，决定安委会办公室设在劳动人事部，作为国务院的议事机构，具体工作由各部门分别管理。随后，各级地方政府也相继成立了安全生产委员会。1989年，全国安全生产委员会第一届专家组成立，主要致力于重大事故调查和重大隐患评估。1993年6月，国务院进行机构调整，撤销安委会，指定劳动部代表国务院综合管理全国的安全卫生工作。劳动部设立安全生产管理局、职业安全卫生与锅炉压力容器监察局和矿山安全监察局。

2001年3月17日，为强化我国安全生产工作的综合管理，国务院决定成立国务院安全生产委员会（以下简称"国务院安委会"），其办公室设在国家安全生产监督管理局（国家煤矿安全监察局），将安全生产作为整顿和规范社会主义市场经济秩序的重要内容，在全国集中开展了以危险化学品储运、煤矿安全、民用爆破器材和烟花爆竹、道路和水上交通运输安全、公众聚集场所消防安全为内容的五项整治。2003年10月下旬，中央机构编制委员会办公室发出《关于国家安全生产监督管理局（国家煤矿安全监察局）主要职责内设机构和人员编制调整意见的通知》；同时，国务院办公厅下发关于成立国务院安全生产委员会的通知，经国务院同意决定成立新的国务院安全生产管理委员会，以加强对全国安全生产工作的统一领导，国务院安全生产管理委员会办公室设在国家安全生产监督管理局，其职责主要是研究提出安全生产重大方针政策和重要措施的建议；监督检查、指导协调国务院有关部门和各省、自治区、直辖市人民政府的安全生产工作；组织国务院安全生产大检查和专项督查；参与研究有关部门在产业政策、资金投入、科技发展等工作中涉及安全生产的相关工作；负责组织国务院特别重大事故调查处理和办理结案工作；组织协调特别重大事故应急救援工作；指导协调全国安全生产行政执法工作等。

8.乡镇煤矿实行行业管理

20世纪80年代初期，乡镇煤矿企业发展迅速，对缓和我国能源供应紧张，促进煤炭产地的经济发展等方面发挥了重要作用。但是，乡镇煤矿在快速发展过程中也出现了争抢资源、乱采滥掘和生产不顾安全等问题，亟需加以解决。据此，国务院于1986年12月12日下发了《国务院关于乡镇煤矿实行行业管理的通知》（以下简称《通知》），决定乡镇煤矿统一由煤炭工业部门实行行业管理。

《通知》明确规定了乡镇煤矿实行行业管理的基本要求：一、行业管理主要是由主管部门负责统筹规划，组织协调，提供服务和进行检查监督。对乡镇煤矿实行行业管理不会改变企业的所有制性质，乡镇煤矿的产、供、销仍由生产企业负责统一经营和管理；二、全面贯彻党中央和国务院关于发动群众办矿采煤的方针，坚持开发与保护并重，放开与管好同步的原则，统一规划，合理布点，有计划地开发利用煤炭资源；三、各级煤炭管理部门在加强国营煤矿管理的同时，强化对乡镇煤矿的行业管理，在规划、技术和安全等方面对乡镇煤矿进行指导，并组织好事故的预防和抢救工作；四、认真贯彻《矿产资源法》和《矿山安全条例》，严格办矿的审批手续；五、各级人民政府必须对乡镇煤矿伤亡事故高度重视，对无证开采和不符合基本安全生产标准的煤矿进行全面清理和整顿，采取有效措施，搞好安全生产，按照"积极扶持，合理规划，正确引导，加强管理"的方针，进一步促进乡镇煤矿的健康发展。

对乡镇煤矿实行行业管理，扭转了部分地区乡镇煤矿的无序开采、粗放经营、忽视安全生产的局面，对保护国家资源和人民生命财产安全、促进乡镇煤矿健康持续发展具有重要意义。

9. 中华人民共和国国境卫生检疫法

1986年12月2日，全国人大常委会通过《中华人民共和国国境卫生检疫法》（以下简称《检疫法》），自1987年5月1日起施行。《检疫法》的主要作用是防止传染病由国外传入或者由国内传出，实施国境卫生检疫，保护人体健康。

《检疫法》共分为六章，即总则、检疫、传染病监测、卫生监督、法律责任和附则，共计28条。1989年经国务院批准，卫生部制定了《检疫法》的实施细则，以法律的形式规定了国境卫生检疫机关的职责、检疫对象、主要工作内容、疫情通报、发生疫情时的应急措施以及处理过程等。至此，我国国境卫生检疫工作进入全面法制化管理轨道。

《检疫法》规定，在中华人民共和国国际通航的港口、机场以及陆地边境和国界江河的口岸（以下简称"国境口岸"），设立国境卫生检疫机关，依照本法规定实施传染病检疫、监测和卫生监督。国务院卫生行政部门主管全国国境卫生检疫工作。监测传染病，由国务院卫生行政部门确定和公布。入境、出境的人员、交通工具、运输设备以及可能传播检疫传染病的行李、货物、邮包等物品，都应当接受检疫，经国境卫生检疫机关许可，方准入境或者出境。在国外或者国内有检疫传染病大流行的时候，国务院可以下令封锁有关的国境或者采取其他紧急措施。入境的交通工具和人员，必须在最先到达的国境口岸的指定地点接受检疫。国境卫生检疫机关对检疫传染病染疫人必须立即将其隔离，隔离期限根据医学检查结果确定；对检疫传染病染疫嫌疑人应当将其留验，留验期限根据该传染病的潜伏期确定。国境卫生检疫机关对入境、出境的人员实施传染病监测，并且采取必要的预防、控制措施。国境卫生检疫机关根据国家规定的卫生标准，对国境口岸的卫生状况和停留在国境口岸的入境、出境的交通工具的卫生状况实施卫生监督。

10. 大兴安岭特大森林火灾

1987年5月6日，大兴安岭发生特大森林火灾，这是新中国成立以来毁林面积最大、伤亡人员最多、损失最为惨重的一次重大责任事件。

大兴安岭位于我国黑龙江省、内蒙古自治区北部，是内蒙古高原与松辽平原的分水岭，是我国四大林业基地之一。北起黑龙江畔，南至西拉木伦河上游谷地，东北—西南走向，全长1200多公里，宽200—300公里，海拔1100—1400米，主要树木有兴安落叶松、樟子松、红皮云杉、白桦、蒙古栎、山杨等。

这次火灾历时27天，过火有林地和疏林地面积114万公顷，其中受害面积87万公顷；

烧毁贮木场存材 85 万立方米；毁损各种设备 2488 台，其中汽车、拖拉机等大型设备 617 台；毁损桥涵 67 座，总长 1340 米；毁损铁路专用线 9.2 公里、通信线路 483 公里、输变电线路 284 公里、粮食 325 万公斤；焚毁房屋 61.4 万平方米，其中民房 40 万平方米；受灾群众 10807 户，56092 人；死亡 193 人，受伤 226 人。

1985 年到 1987 年 4 月，大兴安岭地区特别干旱，地面可燃物含水量达到极限值。1987 年 5 月 6 日，西林吉林业局河湾林场因野外吸烟引起山火，古莲林场因违规使用割灌机跑火，塔河林业局也在同日发生火警，经当天抢救基本扑灭。5 月 7 日傍晚，在 8 级以上西风吹刮下余烬复燃，古莲林火 5 小时内向东推进 100 公里，并焚毁西林吉镇（漠河县城）；图强、阿木尔、西林吉 3 个林业局所在地集镇及所属 7 个林场、4 个半贮木场全部焚毁；盘古林火向东北推进 60 多公里，盘中、马林两个林场焚毁。5 月 8 日，漠河、塔河县分别形成面积 30 万、20 万公顷的火海，通信、交通完全断绝。西部火场形成大中明火线 14 条，总长 31 公里；东部火场形成大小火点 231 个，大中明火线 15 条，总长 60 多公里。全国紧急调集军民 5.9 万人、汽车 1300 辆、飞机 96 架，组织火场救援。至 5 月 26 日，东西两大火场明火全部扑灭。5 月 31 日，铁路机车火星溅到草地又在火区外引发火情，6 月 2 日凌晨被扑灭。6 月 2 日下午至 3 日上午，整个火区普遍降雨，暗火、残火彻底被清除。

重大火灾直接原因：火灾在大兴安岭地区的西林吉、图强、阿尔木和塔河 4 个国家林业局所属的几处林场同时发生；起火直接原因是林场工人违反操作规程启动割灌机引燃地上汽油和野外吸烟造成。

重大火灾间接原因：企业管理混乱、纪律松弛、违反规章制度、违章作业和领导官僚主义严重。此外，林区防火投入不足、扑火队员缺乏专业技术、设备和救援经验，群众没有应对山火逃生技巧等也是造成重大损失的间接原因。

重大火灾气候因素：1987 年春季，大兴安岭遭遇重大干旱；贝加尔湖暖气东移形成燥热的大气环流，增大林区的火险等级。5 月 7 日，漠河境内天气突变，刮起 8 级以上的西北风，导致火场内死灰复燃；此外，燥热的局部大气强对流以及干旱天气也给救援添加了难度。

1987 年 6 月 6 日，国务院发布《关于大兴安岭特大森林火灾事故的处理决定》：撤销林业部部长职务，提请全国人民代表大会常务委员会审议批准；责成林业部和大兴安岭扑火前线总指挥部对这次特大森林火灾进行认真调查，总结经验教训，提出改进措施，并对负有直接责任的人员进行严肃处理；责成林业部和各级人民政府对所属林业企业的防火制度、防火组织进行认真整顿，建立严格的岗位责任制，并落实到人。

11.中华人民共和国标准化法

1988年12月29日，七届全国人大常委会第五次会议通过《中华人民共和国标准化法》（以下简称《标准化法》），自1989年4月1日起施行。

《标准化法》共5章26条，对各种食品、工业制品的标准的制定、实施及法律责任等进行了明确规范。《标准化法》规定，标准化工作的任务是制定标准、组织实施标准和对标准的实施进行监督；标准化工作应当纳入国民经济和社会发展计划；国务院标准化行政主管部门统一管理全国标准化工作；对需要在全国范围内统一的技术要求，应当制定国家标准；国家标准、行业标准分为强制性标准和推荐性标准；制定标准应当有利于保障安全和人民的身体健康，保护消费者的利益，保护环境；强制性标准，必须执行；不符合强制性标准的产品，禁止生产、销售和进口；推荐性标准，国家鼓励企业自愿采用；生产、销售、进口不符合强制性标准的产品的，由法律、行政法规规定的行政主管部门依法处理，法律、行政法规未作规定的，由工商行政管理部门没收产品和违法所得，并处罚款；造成严重后果构成犯罪的，对直接责任人员依法追究刑事责任。

发展社会主义市场经济和发展对外经济关系，促进技术进步，改进产品质量，提高社会经济效益，维护国家和人民的利益，迫切要求加强国家标准化工作。标准化法的出台对于食品标志、各种产品的质量标准都有了一个明确的规范，为社会的发展、产品质量的改进起了很大的作用。

12.国务院《特别重大事故调查程序暂行规定》

1989年3月29日，国务院发布实施《特别重大事故调查程序暂行规定》（以下简称《暂行规定》）。根据2007年4月9日国务院颁布的《生产安全事故报告和调查处理条例》相关规定，《暂行规定》已于2007年6月1日被废止。

随着社会经济的快速发展，我国各种所有制企业并存。在生产经营过程中，少数地区部分高危行业的安全形势不容乐观，主要表现如下：一、生产经营单位的所有制形式多元化，给安全生产监督管理提出了新的课题；二、安全生产面临着严峻形势，高危行业领域事故多发；三、安全生产监管体制发生了较大变化，地方政府在安全生产工作中负有越来越重要的职责；四、社会各界对于生产安全事故报告和调查处理的关注度越来越高。

《暂行规定》包括总则、特大事故的现场保护和报告、特大事故的调查、罚则、附则5章，共28条，其主要内容如下：一、总则。科学界定了特别重大事故的范围、调查原则。

二、特大事故的现场保护和报告。明确了特大事故现场保护的责任和义务，事故上报的组成程序和上报的体例格式内容，规范了有关特大事故调查部门的响应内容和要求。三、特大事故的调查。主要包括事故调查组的人员组成、职责、工作要求等内容，涵盖了事故调查组组成的原则、组成单位以及事故调查组成员应当具备的基本条件，事故调查组的职责及其在事故调查中的职权，规范了事故调查组成员的行为，明确了事故调查报告的体例格式。四、罚则。对迟报、漏报甚至谎报、瞒报事故以及阻挠调查等问题，主要规定了行政处罚和刑事责任追究。五、附则。特大事故的处理，由组织特大事故调查的部门或其授权的部门负责；国务院认为应当由国务院处理的特大事故，由国务院或者国务院授权的部门负责事故的处理。涉及军民双方的特大事故，由国务院、中央军委或者国务院、中央军委授权的部门负责事故的处理。

《暂行规定》科学界定特别重大事故及事故调查的基本原则，首次规范了国内重大生产安全事故的报告和调查的具体工作要求，从程序上为事故报告和调查处理工作提供明确的"操作规程"，明确了政府及其有关部门、事故发生单位及其主要负责人以及其他单位和个人在事故报告和调查处理中所负的责任，为事故责任认定提供了客观依据。

13.中华人民共和国铁路法

1990年9月7日，七届全国人大常委会第十五次会议通过《中华人民共和国铁路法》（以下简称《铁路法》），自1991年5月1日起施行。

《铁路法》出台前，我国国家铁路的线路总营业里程有53000多公里，承担全国70%左右的货物周转量和60%左右的旅客周转量；地方铁路有3700多公里，专用铁路达25000多公里，铁路专用线也有13000多公里。铁路建设相对我国经济建设、巩固国防等方面发展滞后；铁路安全生产与运输经营矛盾显著，亟待通过立法予以规范。

国家铁路运输管理体制具有高度的计划性，体现为政企合一的管理特点，及半军事化和大联动特点。因此，国家铁路既需要实行高度集中、统一指挥的管理制度，还要履行国家赋予的部分行政管理职能。通过制定颁布《铁路法》，把铁路的运输管理体制明确规定下来，有利于发挥铁路在国民经济建设中的积极作用，有利于规范铁路职工、公民在铁路交通安全生产经营中的行为，有助于整顿路风、改进铁路运输服务，保证铁路畅通无阻，安全正点。长期以来，涉及铁路安全的事件发生频繁，主要包括道口交通事故、危险化学品事故、重大刑事治安事件、违法拦截列车等，通过立法，有助于整顿铁路安全生产经营秩序，提高铁路交通安全管理水平，降低或消除铁路交通安全事件发生。

《铁路法》包括总则、铁路运输营业、铁路建设、铁路安全与保护、法律责任、附则

6章，共74条，主要内容如下：一、总则。明确了铁路层级，界定了铁路主管部门、铁路企业、公民的相关权利义务，以及铁路技术研发与科学管理的范畴。二、铁路运输营业。明确了铁路运输企业的行为规范，生产经营过程中的权利义务，法律纠纷的仲裁和判定依据。三、铁路建设。要求铁路建设规划、建设用地、建设标准、铁路与道路交叉口、铁路桥梁建设等必须遵照相关程序经主管部门批准同意后，严格按国家标准或行业标准执行。四、铁路安全与保护。确立了铁路运输企业、公安机关、电力主管部门、铁路线路两侧边坡、铁路桥梁涵洞等相关部门的铁路安全保护的权责义务，规范了铁路安全防护标志及设施、危险品运输、冲击破坏铁路运输安全经营的行为、铁路交通事故赔偿及国家铁路重要桥梁和隧道的安全保卫。五、法律责任。明确了国家机关、企事业单位、社会团体、个人违反本法规定，依法追究民事及刑事责任的行为认定范围。

铁路作为国民经济的大动脉，是我国交通运输的重要组成部分。它不仅对发展工农业生产和满足人民日常生活的需要有积极作用，而且对沟通城乡联系，加强内地和沿海地区的经济合作，巩固我国国防安全，都有十分重要的作用。《铁路法》作为铁路运输的基本法律，对我国铁路运输的管理体制、铁路运输合同、铁路的安全与保护、铁路建设、违法犯罪行为的处罚等若干重大问题都作了明确的规定，为依法治理铁路，维护铁路运输秩序与安全提供了法律保障。

14.监察机关参加特别重大事故调查处理制度

为贯彻执行国务院《特别重大事故调查程序暂行规定》，明确监察机关参加特别重大事故调查处理的职责，1991年1月，监察部颁布实施《监察机关参加特别重大事故调查处理的暂行规定》（以下简称《暂行规定》）。

《暂行规定》全文共17条，包括适用范围、工作原则、调查任务、参调机关的权责、处罚、上报等条款。一、适用范围。适用于对特大人身伤亡或者造成巨大经济损失的事故以及性质特别严重、产生重大影响的事故的调查。二、工作原则。参加特大事故调查工作的监察机关，必须坚持重事实、重证据、重调查研究，实事求是、尊重科学的原则。三、调查任务。主要包括事故原因、监察对象责任、行政处分建议或决定、提出改进措施和建议。四、参调机关权责。主要包括参调机关层级、参调程序、调查材料获取和技术鉴定、部门合作沟通。五、处罚。主要包括事故瞒报、谎报或故意拖延报告期限、故意破坏事故现场、阻碍调查、拒绝调查查询、拒绝提供事故有关情况和资料、提供伪证或指使他人提供伪证、对事故调查工作不负责任导致调查工作重大疏漏以及行贿、受贿、包庇事故责任者或借机打击报复。六、上报。各级监察机关，有责任将本地区、本系统发生的特大事故在接到有关部门报告后，于 24 小时内向监察部报告。

安全生产直接关系人民群众生命财产安全。对生产安全事故涉及的监察对象违法违纪行为进行查处是监察机关的重要任务。贯彻落实《暂行规定》，确保各级监察机关认真履行职责，参加生产安全事故的调查处理工作，严肃追究有关人员的责任，深挖细查事故背后可能涉及的腐败问题，注重从源头上预防和遏制事故的发生，是安全生产法律法规贯彻执行的有效保障。监察机关参加特别重大事故调查处理制度的建立，有利于规范监察机关参加生产安全事故调查处理工作，落实生产安全事故责任追究制度，防止和减少生产安全事故的发生，提升国内安全生产水平。

15.国务院《企业职工伤亡事故报告和处理规定》

1991 年 2 月 22 日，国务院发布《企业职工伤亡事故报告和处理规定》（以下简称《规定》），自 1991 年 5 月 1 日施行。根据 2007 年 4 月 9 日国务院颁布的《生产安全事故报告和调查处理条例》相关规定，《规定》已于 2007 年 6 月 1 日被废止。

随着社会经济迅速发展，生产经营单位所有制形式多元化促进了企业内部管理和决策机制的多元化、复杂化，安全生产态势更加严峻，特别是矿山、危险化学品、建筑施工、道路交通等高危行业领域事故频发，瞒报、不报现象增多。致使国家安全生产监督管理增加行政成本，伤亡统计数据无法准确获悉，全国安全生产形势研判无法得到保证，事故原因调查、分析及措施防范无法及时到位，类似事故重发率较高。据此，国务院召集相关部门制定该《规定》。

《规定》包括总则、事故报告、事故调查、事故处理及附则 5 章，共 26 条。一、总则。规定了适用范围，规范了伤亡事故及伤亡事故的报告、统计、调查和处理工作原则。二、事故报告。主要规范了涉事企业伤亡事故的报告要求、报告层级，主管部门的报告要求、报告层级，以及事故现场保护。三、事故调查。规定了不同事故等级的调查组织层级，调查组成员的甄选条件，事故调查组的工作职责，事故调查组的权责义务等。四、事故处理。事故调查组提出的事故处理意见和防范措施建议，由发生事故的企业及其主管部门负责处理，规定了事故调查相关行为的处罚具体内容，同时还规定了伤亡事故处理工作期限及公示要求。五、附则。主要规范了伤亡事故统计办法和报表格式，伤亡事故经济损失确定办法和事故分类办法等。

《规定》规范了职工伤亡事故的报告和调查处理规程，对事故报告和调查处理的组织体系、工作程序、时限要求、行为规范等予以明晰，特别是明确了事故发生单位及其有关人员，政府、有关部门及其有关人员，以及其他单位和个人在事故报告和调查处理中的责任,以保证事故报告和调查处理工作在规范的基础上的顺利开展,并做到客观、公正、高效。《规定》作为安全生产工作的法律约束,进一步规范了事故责任追究制度,以有效防止和减少生产安全事故,实现安全生产工作的最终目的。事故报告和调查处理作为安全生产工作的重要环节,为防止和减少生产安全事故发生提供了保障。

16.中华人民共和国矿山安全法

为了保障矿山生产安全,防止矿山事故,保护矿山职工人身安全,促进采矿业的发展,1992年11月7日,七届全国人大常委会第二十八次会议通过《中华人民共和国矿山安全法》(以下简称《矿山安全法》),自1993年5月1日起施行。

1951年燃料工业部组织制订的《煤矿技术保安试行规程》、1982年国务院发布的专项安全生产法规《矿山安全条例》及《矿山安全监察条例》等,对规范矿山安全生产经营、推动采矿行业发展,具有重要指导作用。随着经济快速发展,20世纪80年代中后期以来,我国各类矿山企业约12万家,个体私营采矿点12万多处,全国2000多市县从事采矿业人员达1920万人,矿山伤亡事故数量居高不下。据此,1987年3月经国务院批准,由劳动人事部牵头,国家经济贸易委员会、煤炭工业部、地质矿产部、冶金工业部、司法部、卫生部、中华全国总工会等13家部委组成起草领导小组,编制了《矿山安全法(草案)》;历经三次修改讨论并在全国范围内征求意见后,于1988年12月正式上报国务院,按程序由国务院法制局修改审查,于1992年全国人民代表大会常务委员会通过。

《矿山安全法》共8章50条,其主要内容如下:一、总则。界定了矿山资源开采的范围、明确了矿山企业的安全生产管理要求及矿山安全工作的监管部门,鼓励开展矿山安全的科研、技术创新改造等。二、矿山建设安全保障。从"三同时"、安全规程、技术规范、事故隐患监测预防等方面,就矿山建设的安全保障提出具体要求并予以科学规范。三、矿山企业安全管理。矿山企业必须建立、健全以矿长负责的安全生产责任制,并明晰界定了企业管理层、职工、工会的权责义务,规范了企业劳动保护的基本行为。四、矿山安全监督和管理。明确了县级以上劳动行政主管部门、企业主管部门对矿山安全工作的监管权责。五、矿山事故处理。规定了矿山企业事故处置救援、上报的责任义务,矿山事故的调查处理层级,以及矿山事故中伤亡职工的抚恤补偿。六、法律责任。界定了劳动行政主管部门、县级以上人民政府及上级主管机关处罚违规矿山企业的依据范围、处罚程序、刑事责任追究,以及矿山安全监管人员的违规行为处罚内容等。

《矿山安全法》是我国第一部以"安全法"命名的劳动安全法,也是唯一的矿山安全单行法律,适用于全国所有矿山安全,是各类矿山及其从业人员实现安全生产所必须遵循的行为准则,是各级人民政府及其监察、监管部门对矿山进行监管和行政执法的法律依据,也是制裁各种矿山安全生产违法犯罪行为的有力武器。

17.中华人民共和国进出境动植物检疫法

1991年10月30日,七届全国人大常委会第二十二次会议通过《中华人民共和国进出境动植物检疫法》(以下简称《动植物检疫法》),自1992年4月1日起施行。颁布实施《动植物检疫法》的目的,是为了防止动物传染病、寄生虫病和植物危险性病、虫、杂草以及其他有害生物传入、传出国境,保护农、林、牧、渔业生产和人体健康,促进对外经济贸易的发展。

《动植物检疫法》规定,国务院设立动植物检疫机关(以下简称"国家动植物检疫机关"),统一管理全国进出境动植物检疫工作。输入动物、动物产品、植物种子、种苗及其他繁殖材料的,必须事先提出申请,办理检疫审批手续。货主或者其代理人在动植物、动植物产品和其他检疫物出境前,向口岸动植物检疫机关报检。要求运输动物过境的,必须事先征得国家动植物检疫机关同意,并按照指定的口岸和路线过境。携带、邮寄植物种子、种苗及其他繁殖材料进境的,必须事先提出申请,办理检疫审批手续。来自动植物疫区的船舶、飞机、火车抵达口岸时,由口岸动植物检疫机关实施检疫。进境的车辆,由口岸动植物检疫机关做防疫消毒处理。

18.中华人民共和国产品质量法

1993年2月22日,七届全国人大常委会第三十次会议审议通过了《中华人民共和国产品质量法》(以下简称《产品质量法》),并于同年9月1日起施行。2000年7月8日,九届全国人大常委会第十六次会议审议通过了《关于修改〈中华人民共和国产品质量法〉的决定》,对《产品质量法》进行了修订。

20世纪80年代末和90年代初,产品质量问题日益严重,不法商人在商品中掺杂掺假,牟取暴利,严重危害消费者人身财产安全,危害经济发展,而《民法通则》的规定较泛,《工业产品质量责任条例》属于行政法规,强制力不够,有必要由全国人民代表大会制定规范产品质量的法律。

《产品质量法》共分为6章74条,主要包括产品质量监督管理和产品质量责任两方面内容。《产品质量法》规定了国家关于产品质量监督管理的体制,明确了产品质量监督部门的执法职责。规定了国家对产品质量采取的监督管理和激励引导的措施,如企业质量体系认证制度、产品质量认证制度、产品质量监督检查制度以及产品质量社会监督制度等。同时，系统地规定了生产者、销售者的产品质量义务。着重要求保证产品的安全、卫生，不得存在危及人体健康和人身、财产安全的不合理危险。《产品质量法》规定了生产者四个方面的义务，即保证产品的内在质量符合法律规定的要求；保证产品标识符合法律规定的要求；保证产品的包装符合法律规定的要求；遵守法律的禁止性规定，不得生产假冒伪劣产品。规定了销售者四个方面的义务，即执行进货检查验收制度；保持销售产品的质量；保证销售的产品标识符合法律规定的要求；遵守法律的禁止性规定，不得销售假冒伪劣产品。

《产品质量法》系统地规范了产品质量责任，主要包括行政责任、民事责任和刑事责任。行政责任包括行政处罚和行政处分。行政处罚主要规定了责令改正、没收产品、没收违法所得、罚款、吊销营业执照等方式。民事责任分别规定了产品瑕疵担保责任和侵权损害赔偿责任，主要包括销售者对售出的产品发现质量问题，负责修理、更换、退货，造成损失的，负责赔偿损失。侵权赔偿责任主要规定了责任主体、权利主体、赔偿范围、免责条件以及有关时效等。同时对产品质量民事纠纷的处理作出了规定。关于刑事责任，则依据刑法及有关规定对违法者进行刑事处罚。

我国的产品质量立法，在吸收各国产品质量立法经验的基础上，结合中国国情，形成了具有自身特点的体系，不仅重视产品责任，也重视产品质量监督管理。《产品质量法》全面、系统地规范了国家对产品质量所采取的必要的宏观管理和激励引导的措施，同时明确地规范了产品质量责任，包括行政责任、民事责任和刑事责任以及产品质量争议的处理，是我国关于产品质量方面的一部基本法律。

19.食品安全性毒理学评价程序

为了保障广大消费者的健康，对于直接和间接用于食品的化学物质进行安全性评价是一项极为重要的任务。为此，卫生部于1985年颁布了《食品安全性毒理学评价程序》（以下简称《评价程序》），并于1994年进行了进一步完善和修改。

颁布《评价程序》是为我国食品安全性毒理学评价工作提供一个统一的评价程序和各项实验方法，为制定食品添加剂的使用限量标准和食品中污染物及其他有害物质的允许含量标准，并为评价新食物资源，新的食品加工、生产和保藏方法，提供毒理学依据。

《评价程序》规定了法规的适用范围：用于食品生产、加工和保藏的化学和生物物质，如食品添加剂、食品加工用微生物等；食品生产、加工、运输、销售和保藏等过程中产生和污染的有害物质，如农药残留、重金属、生物毒素、包装材料溶出物、放射性物质和洗涤消毒剂（用于食品容器和食品用工具）等；新食物资源及其成分；食品中其他有害物质。

《评价程序》规定，在评价一种物质的安全性时，应全面考虑以下几方面的因素，以进行综合评价：化学结构、理化性质和纯度、人的可能摄入量、人体资料、动物毒性试验和体外试验资料。

20.乡镇煤矿管理条例

为了规范乡镇煤炭企业的生产经营行为，加强和完善煤矿的行业管理，促进乡镇煤矿的健康发展，1994年12月20日，国务院发布实施《乡镇煤矿管理条例》。

《乡镇煤矿管理条例》共6章32条，其主要内容如下：一、总则。界定了乡镇煤矿经营范围，明确了煤炭资源国有属性及开发利用方针，规定乡镇煤矿开采必须依法申领采矿许可证、安全生产许可证，并纳入煤炭工业主管部门监管范围。二、资源与规划。明确了乡镇煤矿开采的煤炭资源范围应编入行业和地区开发规划中，界定了乡镇煤矿煤炭资源的开发禁区，规定乡镇煤矿开采边缘零星资源，必须征得该国有煤矿企业同意，并经其上级主管部门批准等。三、办矿与生产。规定了乡镇煤矿开办条件、申办程序、维简费的提取等内容。四、安全与管理。明确了乡镇煤矿的安全生产必要条件、乡镇煤矿安全生产工作的监管、乡镇煤矿发生伤亡事故的处置救援、乡镇煤矿生产经营及资料的报备、审核及监管。五、罚则。规定了违反法律、法规关于矿山安全的规定，造成人身伤亡或者财产损失的处罚内容。

《乡镇煤矿管理条例》是煤炭工业部第一次受国务院委托起草的行政法规，也是新中国成立以来我国首批专门关于煤炭工业的行政法规之一，其中的许多规定和内容都是前所未有的，不仅在我国煤炭工业法制建设史上具有开创性的历史意义，而且对于加强国家对煤炭工业的宏观调控与行业管理具有重大的现实意义：第一次明确界定了乡镇煤矿的概念及其范围；第一次以行政法规形式明确了地方人民政府对乡镇煤矿的监督管理职责；有利于加强煤炭工业的行业管理，理顺关系，健全行业管理体系，保障煤炭工业持续、稳定、健康发展；有利于保护和合理开发利用煤炭资源，制止乱采滥挖、破坏和浪费煤炭资源的现象；有利于建立正常的办矿审批和生产管理制度，改变管理失控的局面；有利于推动乡镇煤矿清理整顿工作，保障乡镇煤矿健康发展；有利于维护国家利益，保护煤炭企业和煤矿职工的合法权益。

21.国家核事故应急协调委员会成立

为了加强对核事故预防和救援工作的领导，1995年3月，国务院决定成立国家核事故应急协调委员会，负责研究制定核事故应急准备和救援方面的政策措施，统一组织协调全国核事故应急准备和救援工作。

国家核事故应急协调委员会是国务院部际协调机构，属于国务院非常设机构。国家核事故应急协调委员会由国家计划委员会牵头，外交部、国防科学技术工业委员会、公安部、交通部、邮电部、卫生部、国家环境保护局、国务院港澳事务办公室、国务院新闻办公室、中国气象局、国家海洋局、国家核安全局、总参谋部、总后勤部等24个部（局）单位组成。国家计划委员会领导任协调委员会主任，电力部、中国核工业总公司、总参谋部的一位领导任副主任。委员会的日常工作由国家计划委员会国家核事故应急办公室承担。

国家核事故应急协调委员会的职责为：拟定国家核事故应急工作政策；统一组织协调国务院有关部门、军队和地方人民政府及核电站主管机构的核事故应急工作；组织制定和实施国家核事故应急计划，审查批准场外核事故应急计划；适时批准进入和终止场外应急状态；提出实施核事故应急响应行动的建议；审查批准核事故公报、国际通报，提出请求国际援助方案。

在组建国家核事故应急协调委员会的同时，省（区、市）设立省级核应急管理机构。目前我国有16个省（区、市）成立了省级核应急委员会及办公室；核设施营运单位设立相应的核应急组织。特别是重特大核事故发生时，将由国家统一指挥。

多年来，我国核应急工作推进有序，成效显著。在新的历史条件下，众多复杂因素交织，给我国核事故应急工作提出新的要求。国家核事故应急协调委员会的成立，有助于加强核应急管理，促进和提高我国政府公共管理水平，树立和展示有核大国的良好责任形象；有利于建设协调有序的组织体系和高素质的人才队伍，改进和完善我国核应急组织机构和核应急管理体系；对加强核应急工作的战略谋划和顶层设计，统筹核应急管理协调工作，强化核应急能力体系化建设，有效防范应对核与辐射事件，意义重大。

22.卫生部《进一步改革完善公共卫生监督执法体制的通知》

1996年3月，卫生部为适应《食品卫生法》执法主体的转变，发布了《进一步改革完善公共卫生监督执法体制的通知》（以下简称《通知》），这一文件旨在建立以食品卫生监督执法体制改革为龙头的公共卫生监督执法体系。《通知》指出了进一步改革完善公共卫生监督执法体制的几项原则性意见，其目的是在新的形势下，从我国公共卫生执法的现状出发，依据行政执法的原则，尽快地理顺公共卫生监督执法的各方面的关系，逐步建立一套具有中国特色的、既适应现状又面对未来的公共卫生监督执法体系。

根据《通知》精神成立了公共卫生监督所，这个所的牌子挂在卫生防疫站，简单来讲就是一个机构两块牌子。这是卫生部根据我国卫生防疫、卫生监督的历史和现状,为稳定卫生防疫机构、卫生防疫队伍、卫生防疫工作,建立具有中国特色的公共卫生监督防疫机制而作出的重大决策。这个所的成立,明确了行政执法的原则,合理地利用了原有的卫生监督人员,保持了监督执法工作的连续性。作为一个办事机构,监督所在理论上是属于卫生局的一个组成部分,但由于是一个机构两块牌子,这个所的人员实际上在防疫站工作,属卫生防疫站站长管辖和领导,其所创的有偿服务收入应列为防疫站的经费收入进行统一核算。

此外,《通知》还对卫生监督执法的具体工作程序提出了要求,通过许可证的办理、监督执法工作和执法责任等方面理顺关系,坚持统一领导、明确责任、减少环节、提高效率的原则,使人流、物流、时间流处于最佳的状态,防止出现梗阻,保持运行畅通,使工作高质、高效、服务于民。

23.中华人民共和国动物防疫法

党和国家高度重视动物防疫法制化建设,1997年7月3日八届全国人大常委会第二十六次会议审议通过了《中华人民共和国动物防疫法》(以下简称《动物防疫法》),并于1998年1月1日正式实施。但是,随着中国养殖业快速发展,动物疫病的防控难度越来越大。近年来,中国相继发生了高致病性禽流感、亚洲I型口蹄疫和高致病性猪蓝耳病等疫情,对养殖业的发展和公共卫生安全造成严重影响。而现行《动物防疫法》由于存在动物疫病防控制度不完善、可操作性不强等问题,难以适应新形势下防控动物疫病的要求。为此,需要尽快修订《动物防疫法》。《动物防疫法》分别于2007年和2013年相继进行了两次修订。

做好动物疫病的预防,既是有效提高疫病防治效果,最大限度减少疫病发生流行的重要手段,也是有效降低生产成本,提高畜牧业经济效益的重要措施。修订的《动物防疫法》在动物疫病预防方面新增了三项措施:一是完善强制免疫制度。新修订的《动物防疫法》明确规定国家对严重危害养殖业生产和人体健康的动物疫病实施强制免疫,饲养动物的单位和个人应当履行动物疫病强制免疫义务,做好强制免疫工作。二是健全疫情监测和预警制度。新修订的《动物防疫法》对动物疫情监测网络建设和动物疫情预警作出了明确规定,对动物疫病监测提出了具体要求。三是建立动物疫病区域化管理制度。新修订的《动物防疫法》借鉴国外经验,明确提出国家对动物疫病实行区域化管理,逐步建立无规定动物疫病区。

《动物防疫法》的颁布和修订,对于加强对动物防疫工作的管理,预防、控制和扑灭动物疾病,促进养殖业发展,保护人体健康,维护公共卫生安全等方面发挥了重要作用。

24.安全生产领导责任制

重大特大事故的频发,给国家政治形象和人民生命财产造成巨大损失,严重影响经济发展和社会稳定。究其原因,事故根源主要归结于安全生产的领导责任制不落实。为切实改变这种情况、有效预防事故发生,1997年9月11日,国务院办公厅转发《劳动部关于认真落实安全生产责任制意见的通知》(以下简称《通知》),要求各级政府及相关部门、生产经营企业单位认真落实安全生产领导责任制。

安全生产责任制是根据安全生产法规建立的各级政府、各职能部门、各单位和各工作岗位工作人员在工作过程中对安全生产层层负责的制度,是岗位责任制的重要组成部分,是安全生产各项制度的核心。安全生产责任制要求各级政府领导对本地区安全生产工作负全责,各部门正职对本部门安全生产负全责,各单位行政主管对本单位安全生产工作负全责,副职对分管范围内的安全生产工作负责。

根据《通知》相关规定,安全生产领导责任制的主要内容如下:一、建立健全安全生产领导责任制并实行严格的目标管理。各级政府、主管部门和企业应建立健全安全生产领导责任制并实行严格的目标管理和安全生产考核奖惩制度。二、各级政府应加强安全生产法制、事故预防及安全宣教工作,将安全生产规划纳入国民经济和社会发展的总体规划。三、主管部门应切实加强对本部门(行业)及所属单位安全生产的管理工作,制定实施安全生产中、长期规划和年度工作计划,本部门(行业)的安全生产规章、规程及技术规范,加强对所属企业安全生产工作的指导、检查、宣教和监督,加强对重大事故隐患和危险源的整改和监控工作,积极开展安全生产的技术开发、推广、应用。四、各企业按照国家相关法律、法规制定安全生产计划,健全各项规章制度和安全操作规程,落实全员安全生产责任制。五、各级劳动行政部门认真履行安全生产的综合管理职能和行使国家监察的职权,加强安全生产工作的综合协调、监督检查,定期分析安全生产形势,研究安全生产中的重大问题并提出相应对策。六、各地区、各有关部门(行业)应重视群众监督、新闻舆论监督和社会监督对安全生产工作的促进作用,发挥工会组织的监督作用,利用各种新闻媒体广泛宣传有关安全生产的法律、法规和方针政策,做好舆论监督工作。

安全生产领导责任制是推动安全生产工作,促进国内安全生产形势全面好转,建立现代企业安全管理制度的基础工作;也是体现现代社会风险管理,强化责任机制,促进社会大生产专业分工的必然要求;更是贯彻落实安全生产相关法律法规,明确事故责任追究的客观要求。

25.山西文水县假酒事件

1998年春节期间,山西省文水县农民王青华用34吨对人体有强烈毒性的甲醇加水后勾兑成散装白酒57.5吨,通过个体户批发商出售给当地群众,造成27人丧生,222人中毒入院治疗,其中多人失明。1998年3月9日,王青华等6名犯罪分子被依法判处死刑。

1998年1月,王青华从太原市南郊程广义处购买了34吨甲醇,随后和妻子武燕萍在甲醇中加入回收来的酒梢,勾兑成散装白酒57.5吨,随后出售给山西朔州个体户批发商王晓东、杨万才、刘世春等人。这些个体批发商明知道这些散装白酒甲醇含量严重超标(后来经测定,每升含甲醇361克,超过国家标准902倍),但为了牟取暴利,他们铤而走险,置广大乡亲生命于不顾,大量销售。

1月26日开始,陆续有人因饮酒中毒入院抢救,经专业分析,患者主要是饮用了甲醇含量严重超标的散装白酒。据此,朔州市工商行政管理局在1月26日连夜查封了100多个散酒销售点;朔州市公安局抓获了从文水县贩回掺有大量甲醇的假酒的涉案人员。

1月31日和2月5日,中共中央总书记江泽民分别电告并批示相关部门,"对制造、贩卖假酒的不法犯罪分子,必须依照有关法律从速从严惩处"。

截至当年2月1日,朔州市共查封118个散装白酒销售点,查封白酒5万公斤,收回白酒2万公斤,抓获犯罪嫌疑人35人。

2月7日,国家工商行政管理局发出紧急通知,要求各地工商行政管理机关依法严厉打击制售假酒和其他假冒伪劣商品的违法行为。

依照刑法的有关规定,以生产、销售有毒食品罪判处王青华、王晓东、武保全、高世发、王瑞、杨万才等6人死刑,立即执行,剥夺政治权利终身;以生产有毒食品罪,销售有毒食品罪,生产、销售不符合卫生标准的食品罪,分别判处武燕萍、贾建有、刘世春、朱永福等4人无期徒刑,剥夺政治权利终身。以上各被告人均被并处罚金或没收财产。其他9名被告人分别被判处了5—15年有期徒刑。相关政府管理部门人员也受到了行政处理。

山西文水假酒案引起了党中央和国务院高度重视,包括工商行政管理、消费者协会在内的各部门联合执法,做了大量的工作,形成全国对假酒一片喊打的局面,此后涉及假酒的恶性事件基本不再发生。可以说,文水假酒案是中国酒类市场监管的分水岭。

26.饲料和饲料添加剂管理条例

1999年5月29日,国务院发布实施《饲料和饲料添加剂管理条例》(以下简称《条例》)。2001年11月29日,国务院对《条例》进行了第一次修订。2011年10月26日,国务院对《条例》进行了第二次修订。

饲料行业与种植业和养殖业密切相关,又涉及"菜篮子"工程建设和肉、蛋、奶、鱼等动物产品的卫生安全,对农业、农村发展、农民致富和人民生活水平的提高以及身体健康有着十分重要的意义。我国饲料工业自20世纪70年代中后期起步以来,发展十分迅速,仅仅经过二十几年的时间,就一跃成为世界饲料生产大国,初步建成了比较健全的饲料工业体系。1999年,配合饲料、浓缩饲料、添加剂预混合饲料的产量分别达至5553万吨、1097万吨、223万吨,产量仅次于美国,居世界第二位,饲料加工业产值1855亿元。但是,由于国家对饲料管理缺乏全国统一的规定,从而使饲料行业的发展也出现了许多问题:一是一些新研制的饲料、饲料添加剂,在安全性、有效性和对环境的影响尚不十分清楚时就贸然投产,给养殖业生产和人体健康带来难以预料的影响;二是由于饲料、饲料添加剂的进口缺乏有效管理制度,致使外国企业将一些本国不允许生产和使用的饲料、饲料添加剂出口我国,影响了我国养殖业的发展;三是假劣饲料、饲料添加剂不断流入市场销售,影响养殖业安全生产和发展,坑农害农现象严重;四是部分饲料产品中有害残留严重超标,影响人体健康。所有这些问题,都亟需通过立法加以规范。

《条例》规定,国务院农业行政主管部门负责全国饲料、饲料添加剂的管理工作。国家鼓励研究、创制新饲料、新饲料添加剂。新研制的饲料、饲料添加剂,在投入生产前,研制者、生产者(以下简称"申请人")必须向国务院农业行政主管部门提出新产品审定申请,经国务院农业行政主管部门指定的机构检测和饲喂试验后,由全国饲料评审委员会根据检测和饲喂试验结果,对该新产品的安全性、有效性及其对环境的影响进行评审;评审合格的,由国务院农业行政主管部门发给新饲料、新饲料添加剂证书,并予以公布。生产饲料、饲料添加剂的企业,应当按照产品质量标准组织生产,并实行生产记录和产品留样观察制度。企业生产饲料、饲料添加剂,不得直接添加兽药和其他禁用药品;允许添加的兽药,必须制成药物饲料添加剂后,方可添加;生产药物饲料添加剂,不得添加激素类药品。禁止生产、经营停用、禁用或者淘汰的饲料、饲料添加剂以及未经审定公布的饲料、饲料添加剂。

27.煤矿安全监察条例

2000年11月1日,国务院发布《煤矿安全监察条例》(以下简称《条例》),自12月1日起施行。2013年7月18日,根据《国务院关于废止和修改部分行政法规的决定》相关规定,国务院对《条例》进行了修订。

《条例》全文共5章50条,对煤矿安全监察机构及其职责、煤矿安全监察的内容作出了明确规定,在确立煤矿安全监察机构和煤矿安全监察员法律地位的同时,对其权利、职责和义务以及如何执法、如何接受监督等作出了明确规定。《条例》确立了煤矿安全监察员管理制度、煤矿建设工程安全设施设计审查与竣工验收制度、煤矿安全生产监督检查制度、煤矿事故报告和调查处理制度、煤矿安全监察信息与档案管理制度、煤矿安全监察监督制约制度、煤矿安全监察行政处罚制度。

《条例》的主要内容包括:一、《条例》的立法目的。一是规范煤矿安全监察行为,依法建立煤矿安全监察体制,确立煤矿安全监察机构的法律地位。二是保障煤矿安全,规范煤矿建设和生产,依法加强煤矿安全管理,预防煤矿事故。三是保护煤矿职工人身安全和身体健康。二、煤矿安全监察机构的法律地位。煤矿安全监察机构是国家行政执法机构,具有行政执法的权力。煤矿安全监察机构实行垂直管理、分级负责,在省、自治区和直辖市设立的地区煤矿安全监察机构、煤矿安全监察办事处,对划定区域内的煤矿实施安全监察,对违法行为实施行政处罚。三、煤矿安全监察员的法定职责。煤矿安全监察员是代表煤矿安全监察机构对煤矿实施安全监察的行政执法人员。煤矿安全监察员有规定的权利和义务,受法律保护,其行使职权不受其他任何单位和个人的干涉,其行为也接受煤矿安全监察机构和煤矿企业及职工的监督。四、建立和完善《条例》规定的各项制度。(一)煤矿安全监察员管理制度。明确煤矿安全监察机构设煤矿安全监察员,规定了煤矿安全监察员的职权、责任、任用条件,煤矿安全监察员由国家煤矿安全监察机构培训、考核、任免。(二)煤矿建设工程安全设施设计审查与竣工验收制度。煤矿建设工程安全设施的设计必须经煤矿安全监察机构审查同意;未经审查同意的,不得施工。煤矿建设工程安全设施竣工后或者投产前,必须经煤矿安全监察机构验收,未经验收或者验收不合格的,不得投入生产。(三)煤矿安全生产监督检查制度。规定煤矿安全生产必须遵守法律、法规以及国家安全标准、行业安全标准、煤矿安全规程和行业技术规范。明确了煤矿安全监察机构对煤矿安全生产进行监督检查的内容、方式、程序和手段。(四)煤矿事故报告和调查处理制度。煤矿发生伤亡事故,必须按规定报告煤矿安全监察机构、政府及其有关部门。煤矿安全监察机构依照国家规定的事故调查程序和处理办法,负责组织调查处理事故。（五）煤矿安全监察信息与档案管理制度。地区煤矿安全监察机构、煤矿安全监察办事处必须做好安全监察信息及有关资料的汇总、整理和分析，对每个煤矿建立安全监察档案，掌握所辖区域煤矿安全状况，每15日向所在上级煤矿安全监察机构汇报安全监察情况。国家煤矿安全监察机构定期发布煤矿安全监察情况。（六）煤矿安全监察监督约束制度。规定了煤矿安全监察机构及其煤矿安全监察人员的职责、权利和义务，以及违法违纪行为的处罚。明确任何单位和个人对违法违纪行为有权向上级煤矿安全监察机构或者有关机关检举和控告。（七）煤矿安全监察行政处罚制度。规定了煤矿安全监察机构对煤矿安全违法行为实施行政处罚的种类和幅度。

《条例》的颁布实施，填补了我国煤矿安全监察立法的空白，标志着煤矿安全监察工作进入法制轨道。《条例》不仅为规范煤矿生产行为、健全安全管理制度、保护职工人身安全和健康、依法强化煤矿安全管理和安全监察提供了法律依据，同时，也为关井压产、遏制煤矿事故发生提供了法律保证。《条例》是各级煤矿安全监察机构和安全监察人员实施安全监察的法律依据和武器，是煤矿安全监察工作的主体法规。

28.国家安全生产监督管理局成立

为了适应我国安全生产工作需要，进一步加强安全生产监督管理，预防和减少各类伤亡事故，2000年12月31日，国务院批准了《国家安全生产监督管理局（国家煤矿安全监督局）职能配置、内设机构和人员编制规定》（以下简称《规定》）。2001年1月2日，国务院办公厅正式发布《规定》，国家安全生产监督管理局宣布成立。

原由国家经济贸易委员会承担的安全生产监督管理职能，划归国家安全生产监督管理局。原国家煤矿安全监察局承担的职能不作调整，实行"一个机构、两块牌子"，行使双重职能，凡涉及煤矿安全监察方面的工作，仍以国家煤矿安全监察局的名义实施。

国家安全生产监督管理局的主要职责如下：一、负责起草安全生产方面的综合性法律草案和行政法规，拟定有关政策及工矿商贸企业安全生产规章、规程和安全技术标准。二、综合管理全国安全生产工作，分析和预测全国安全生产形势，拟定全国安全生产工作规划，依法行使国家安全生产监督管理职权，指导、协调和监督质量技术监督等有关部门承担的专项安全监察、监督工作。三、依法行使国家煤矿安全监察职权。四、负责发布全国安全生产信息，综合管理全国伤亡事故统计工作，组织、协调重大、特大事故的调查处理，受国务院委托对特大事故调查报告进行批复。五、指导、协调全国安全生产检测检验工作，组织实施对工矿商贸企业安全生产条件和有关设备进行检测检验、安全评价、安全培训、安全咨询等社会中介组织的资格认可工作，并负责监督检查。六、组织全国安全生产方面的宣传教育和本系统安全生产监察人员、煤矿安全监察人员的培训、考核工作，依法组织、指导并监督特种作业人员的考核工作和企业主要经营管理者的安全资格考核工作。七、监督工矿商贸企业贯彻执行安全生产法律、法规情况和安全生产条件、有关设备、材料及劳动防护用品的安全管理工作。八、负责新建、改建、扩建工程项目的安全设施与主体工程同时设计、同时施工、同时投产使用的安全监督检查工作，按照职业安全法规和标准监督检查工矿商贸企业职业危害的防治工作，依法监督检查重大危险源的监控和重大事故隐患的整改工作，组织对不具备安全生产基本条件的生产经营单位的查处工作，组织、指导和协调煤矿救护、化学事故应急救援等工作。九、拟定安全生产科研规划，组织、指导安全生产重大科学技术研究和技术示范工作。十、按照干部管理权限负责局机关和直属机构的干部管理工作。十一、开展安全生产方面的国际交流与合作。十二、承办国务院和国家经济贸易委员会交办的其他事项。

国家安全生产监督管理局的成立，是加强我国安全生产监督管理工作的一项重大举措。根据"三定方案"，国家安全生产监督管理局（国家煤矿安全监察局）作为综合管理全国安全生产工作的主管部门，主要履行国家安全生产监督管理和煤矿安全监察职能的行政机构权责，有利于建立和完善我国安全生产监督管理的工作运行机制，有助于煤矿安全监察行政执法体系的构建，有助于提高生产经营单位的安全生产监管水平，对于遏制重特大事故、大幅度减少伤亡事故人数，使安全生产稳定好转发挥行业监管作用。

29.农药管理条例

1997年5月8日，国务院发布实施《农药管理条例》（以下简称《条例》）。2001年11月，国务院对《条例》进行了修订。

修订后的《条例》包括9章49条内容。《条例》规定，国务院农业行政主管部门负责全国的农药登记和农药监督管理工作。省、自治区、直辖市人民政府农业行政主管部门协助国务院农业行政主管部门做好本行政区域内的农药登记，并负责本行政区域内的农药监督管理工作。县级人民政府和设区的市、自治州人民政府的农业行政主管部门负责本行政区域内的农药监督管理工作。县级以上各级人民政府其他有关部门在各自的职责范围内负责有关的农药监督管理工作。国家实行农药登记制度。生产（包括原药生产、制剂加工和分装，下同）农药和进口农药，必须进行登记。农药生产应当符合国家农药工业的产业政策。国家实行农药生产许可制度。生产有国家标准或者行业标准的农药的，应当向国务院工业产品许可管理部门申请农药生产许可证。农药产品出厂前，应当经过质量检验并附具产品质量检验合格证；不符合产品质量标准的，不得出厂。

2016年12月28日，中国农药网发布消息称备受业内期待的新《农药管理条例》修订工作已经完成，现已上报国务院，等待最后审批后正式公布。新《农药管理条例》很重要的一个变化就是改革农药管理体制，一件事情将交由一个部门管。在改革农药管理体制、改革农药登记许可制度、加强农业部门监管手段和对违法行为的惩处力度等方面，与修订前相比将有较大的变动。修订后，农业部门监管手段将更为有力，如可以进入农药生产、经营、使用场所实施现场检查和抽查检测，在查阅、复制合同、票据、账簿以及其他有关资料后，能够查封、扣押违法生产、经营、使用的农药和工具、设备、原材料和场所等。对于违法行为，惩处会更为严厉，惩处手段包括责令停止生产经营，没收违法所得、违法生产经营的产品和用于违法生产经营的工具、设备、原材料等，之后重处罚金，并由县级以上地方农业部门责令限期整改，逾期拒不整改或者整改后仍不符合规定条件的，由发证机关吊销生产经营许可证，且5年内不再受理其农药登记申请。而对未取得许可证生产、经营农药，或者被吊销登记证、许可证等违法人员，也会实行行业禁入制度，直接负责的主管人员10年内不得从事农药生产、经营活动，一旦有农药生产企业、农药经营者招用此类人员的，同样吊销农药生产许可证、农药经营许可证。对于假农药和劣质农药，新《农药管理条例》将有新的定义，禁用的农药、未依法取得农药登记证而生产进口的农药、未附具标签的农药都将按假农药处理，超过农药质量保证期的农药明确按劣质农药处理。

30.农业转基因生物安全管理条例

2001年5月23日，国务院颁布实施《农业转基因生物安全管理条例》（以下简称《条例》）。2002年1月5日，农业部发布了与《条例》配套的三个管理办法，即《农业转基因生物安全评价管理办法》、《农业转基因生物进口安全管理办法》和《农业转基因生物标识管理办法》，自2002年3月20日起施行。

中国是世界上生物多样性特别丰富的国家之一。由于农业历史悠久，中国生物遗传资源也十分丰富，例如中国是大豆、水稻等重要农作物种的原产地，因此，中国在转基因生物安全管理方面采取了十分谨慎的态度。为了规范日益增多的农业转基因生物研究与环境释放，保护生态环境和人类健康，1996年农业部颁布了《农业生物基因工程安全管理实施办法》，开始对农业转基因生物实施安全管理。《条例》规定了中国对农业转基因生物实行安全评价制度、标识管理制度、生产和经营许可制度和进口安全审批制度。《条例》及其配套规章的发布和实施，标志着中国开始对农业转基因生物的研究、试验、生产、加工、经营和进出口活动实施全面管理。

《条例》所称"农业转基因生物"是指利用基因工程技术改变基因组构成,用于农业生产或者农产品加工的动植物、微生物及其产品。农业转基因生物主要包括:转基因动植物(含种子、种畜禽、水产苗种)和微生物;转基因动植物、微生物产品;转基因农产品的直接加工品;含有转基因动植物、微生物或者其产品成分的种子、种畜禽、水产苗种、农药、兽药、肥料和添加剂等产品。《条例》的实施范围,包括在中国境内从事农业转基因生物的研究、试验、生产、加工、经营和进口、出口活动等各个环节。国务院农业行政主管部门负责全国农业转基因生物安全的监督管理工作。

31.无公害食品行动计划

无公害农产品是指产地生态环境清洁,按照特定的生产技术规程,将有毒有害物质控制在规定标准内,并由授权部门审定批准,允许使用无公害农产品标志的安全、优质、面向大众消费的初级农产品及其加工产品。2001年4月,农业部正式启动"无公害食品行动计划"(以下简称"行动计划")。"行动计划"要求,尽快建立健全农产品质量安全体系,通过对农产品质量安全实施"从农田到餐桌"全过程监控,力争用5年左右时间,基本实现食用农产品无公害生产和消费。

实施"行动计划",主要有三项重点任务:首先要建立起一套农产品质量安全管理制度。通过加强生产管理,推行市场准入及质量跟踪,健全农产品质量安全标准、检验检测、认证体系,强化执法监督、技术推广和市场信息工作,尽快建立起一套既符合中国国情又与国际接轨的农产品质量安全管理体系和制度。二要保证与广大老百姓日常生活密切相关的食用农产品消费安全,突出抓好"菜篮子"产品和出口农产品的质量安全问题。三要攻克关键的危害因素,抓好主要污染源控制。集中解决蔬菜中农药残留超标和激素滥用问题,特别是有机磷污染问题和茶叶中农药残留及重金属超标问题;畜禽饲养过程中药物滥用和畜禽产品药物残留超标及动物疫病问题,特别是"瘦肉精"污染问题;水产养殖过程中药物滥用和水产品中有害有毒物质超标及贝类产品的污染问题,特别是氯霉素污染问题;农产品产地环境污染问题。

实施"无公害食品行动计划"和开展试点工作,不仅是保护消费者利益的重大举措,也是推进农业结构调整、提高农产品市场竞争力、增加农民收入的有效措施。

32.食品质量安全市场准入制度

食品质量安全市场准入制度,也叫市场准入管制,是指为了防止资源配置低效或过度竞争，确保规模经济效益、范围经济效益和提高经济效率，政府职能部门通过批准和注册，对企业的市场准入进行管理。

实行食品质量安全市场准入制度是保证食品生产加工企业的基本条件和强化食品生产法制管理的需要。我国食品工业的生产技术水平总体上同国际先进水平还有较大差距。许多食品生产加工企业规模极小，加工设备简陋，环境条件很差，技术力量薄弱，质量意识淡薄，难以保证食品的质量安全。2001年，国家质量监督检验检疫总局对全国米、面、油、酱油、醋5类产品的生产加工企业进行专项调查，结果显示，半数以上的生产企业不具备产品检验能力。产品出厂不检验，很多企业管理混乱，不按标准组织生产。企业是保证和提高产品质量的主体，为保证食品的质量安全，必须加强食品生产加工环节的监督管理，从企业的生产条件上把住市场准入关。

2002年，国家质量监督检验检疫总局发布实施《加强食品质量安全监督管理工作实施意见》（以下简称《实施意见》）。《实施意见》规定："凡在中华人民共和国境内从事食品生产加工的公民、法人或其他组织，必须具备保证食品质量的必备条件，按规定程序获得《食品生产许可证》，生产加工的食品必须经检验合格并加贴（印）食品市场准入标志后，方可出厂销售。进出口食品的管理按照国家有关进出口商品监督管理规定执行。"同时规定国家质量监督检验检疫总局负责制定《食品质量安全监督管理重点产品目录》，国家质量监督检验检疫总局对纳入《食品质量安全监督管理重点产品目录》的食品实施食品质量安全市场准入制度。

市场准入制度是关于市场主体和交易对象进入市场的有关准则和法规，是政府对市场管理和经济发展的一种制度安排。它具体通过政府有关部门对市场主体的登记、发放许可证、执照等方式来体现。食品市场准入制度也称食品质量安全市场准入制度，是指为保证食品的质量安全，具备规定条件的生产者才允许进行生产经营活动，具备规定条件的食品才允许生产销售的监管制度。因此，实行食品质量安全市场准入制度是一种政府行为，是一项行政许可制度。

实行食品质量安全市场准入制度是适应改革开放和创造良好经济运行环境的需要。在我国的食品生产加工和流通领域中，降低标准、偷工减料、以次充好、以假充真等违法活动比较猖獗。为规范市场经济秩序，维护公平竞争，适应加入WTO以后我国社会经济进一步开放的形势，保护消费者的合法权益，也必须实行食品质量安全市场准入制度，采取审查生产条件、强制检验、加贴标识等措施，对此类违法活动实施有效的监督管理。

2005年8月，国家质量监督检验检疫总局发布实施《食品生产加工企业质量安全监督管理实施细则（试行）》，2002年发布实施的《加强食品质量安全监督管理工作实施意见》和《食品生产加工企业质量安全监督管理办法》同时废止。

第八章　公共安全与应急管理

33.广东河源"瘦肉精"中毒事件

2001年11月7日,广东省河源市区各医院接到2000多名因食物中毒而前来就诊的病人,其中确诊需要留院观察的中毒患者484人。因所有中毒者发病前均食用过猪肉,初步怀疑是"瘦肉精"中毒。

11月7日当天,河源市委、市政府在医院召开紧急会议,部署抢救和查处工作。河源市有关部门及市肉联厂分头调查事件,当晚下发紧急通知,市区范围3天内严禁销售、食用猪肉。同日,河源市委、市政府成立市区市民中毒事件抢救指挥中心。河源市有关部门对当天供应肉联厂猪源的养猪户现存栏的待售猪进行取尿液样本及对市区进行全面检查,对7日购买、来源不清的猪肉全部收缴集中销毁。

11月9日,广东省检疫部门证实河源"毒猪肉"毒源来自当地养猪场。同日,给生猪喂食了含有"瘦肉精"的饲料的猪场被查封。

11月10日,河源市有关部门联合行动,将9日封存的共118头生猪,全部集中销毁。

2002年3月25日,对造成480多名市民食肉中毒的广东中洋饲料有限公司及其经理林清源非法生产、销售"瘦肉精"一案,由广东省河源市中级人民法院进行了第一次开庭审理。

2002年4月29日,广东省河源市源城区人民法院作出一审判决,判处广东中洋饲料有限责任公司罚金15万元;判处林清源有期徒刑4年,并处罚金10万元。

广东河源市公安局原经济文化保卫科科长李锡清、副科长邱国强执法犯法,大肆受贿索贿谋私,充当犯罪分子"保护伞",被河源市中级人民法院分别判处有期徒刑7年和14年。

34.国务院关于特大安全事故行政责任追究的规定

为了有效防范特大安全事故的发生,严肃追究特大安全事故的行政责任,切实保障人民群众生命、财产安全,2001年4月21日,国务院发布实施《关于特大安全事故行政责任追究的规定》(以下简称《规定》)。

中国共产党第十六次全国代表大会明确指出,要高度重视安全生产,保护国家财产和人民生命的安全,促进经济社会和人的全面发展,并对安全生产工作提出了新的要求。《规定》以防范特重大安全事故为目的,以事故防范措施为重点,体现了以人为本的科学发展观。

《规定》共24条，其主要内容如下：一、制定目的为有效地防范特大安全事故的发生，严肃追究特大安全事故的行政责任，保障人民群众生命、财产安全。二、明确了特大安全事故种类有特大火灾事故、特大交通安全事故、特大建筑质量安全事故、民用爆炸物品和化学危险品特大安全事故、煤矿和其他矿山特大安全事故，锅炉、压力容器、压力管道和特种设备特大安全事故和其他特大安全事故。三、责任追究。地方人民政府、有关部门主管人员和其他直接责任人员，对特大安全事故防范、发生负有责任的，给予行政处分及刑事责任追究。四、安全监管工作重点。各级人民政府及政府有关部门依法开展安全监督管理工作，定期召开安全工作会议，制定本地区特大安全事故应急处理预案，开展隐患查处，预防和消除特大安全事故隐患。五、加强中小学校安全宣教及监管工作。六、强化涉及安全生产事项行政审批的流程、权限、监管、惩处等环节的督查指导工作。七、规范了特大安全事故发生的上报、处置救援、信息发布、事故调查、事故处理等工作细则，对事故处置中的违规违法行为明确了惩处原则。

《规定》为落实安全生产责任制提供了法律保障，是促进安全生产工作的有力举措。《规定》的出台，有利于促进各级政府和有关部门增强责任感和使命感，切实加强对安全生产工作的领导，有利于促进各级领导牢固树立安全第一、预防为主的思想，切实抓好事故防范，有利于规范重大安全事故的查处和责任追究，发挥警示教育作用，有利于加强对重大安全事故防范工作的群众监督，对于强化和规范安全生产监管，推进安全生产工作有着重要意义。

35.危险化学品安全管理条例

2002年1月，国务院颁布《危险化学品安全管理条例》（以下简称《条例》），自2002年3月15日起施行。2011年2月，国务院对《条例》进行了修订。

随着我国化学工业的蓬勃发展，国内化工企业种类繁多、规模各异，各企业安全管理水平参差不齐，化学品安全事故呈增长趋势，国内危险化学品的整体生产经营和安全管理现状较为混乱，主要表现为：危险化学品定义缺乏规范科学的指导，从业人员没有安全培训、考核上岗资质，负有安全监管职责的部门分工界定模糊，从业企业的建设项目缺乏行政许可审批，危险化学品特别是剧毒化学品的生产、登记、储存、运输及使用没有专门的法律规范，安全事故特别是重大安全事故频发。

《条例》的主要内容如下：一、总则。统一规范了危险化学品及危险化学品目录，要求危险化学品生产经营单位负责人必须对本单位危险化学品的安全负责，危险化学品从事人员必须持证上岗作业，并明确了监管部门的职责及权限。二、危险化学品的生产、储存和使用。国家对危险化学品生产储存实行统一规划、合理布局和严格控制，并实行审批制度；设置了危险化学品生产储存企业的开办条件及申请程序；建立重大危险源监控机制、危险化学品生产许可机制、包装储运机制、安全生产经营配套机制。三、危险化学品的经营。国家对危险化学品经营销售实行许可制度，明确了危险化学品经营条件、经营销售购买安全制度、运输资质行政许可及安全配套技术措施和制度保障。四、危险化学品的登记与事故应急救援。国家实行危险化学品登记制度，并为危险化学品安全管理、事故预防和应急救援提供技术、信息支持。五、法律责任。对监管部门工作人员的违规违法行为惩处；发生危险化学品事故，未依法履行职责，负有责任的主管人员和其他直接责任人员的惩处；由工商行政管理部门、质量检验部门、负责危险化学品安全监督管理综合工作部门的惩处职权范围；需追究刑事责任惩处范围。六、附则。

《条例》作为国内专门的危险化学品安全管理条例，规范了危险化学品企业的安全生产经营行为，建立和完善了安全生产全员责任体系，推进了危险化学品安全监管工作，特别是各项安全生产规章制度的完善，促进了该行业、企业不断完善安全生产条件，切实改进和提高危化品的生产、储运、使用全过程的安全。

36.中华人民共和国安全生产法

2002年6月29日，九届全国人大常委会第二十八次会议通过《中华人民共和国安全生产法》（以下简称《安全生产法》），自11月1日起施行。2014年8月31日，十二届全国人大常委会第十次会议通过全国人大常委会关于修改《安全生产证》的决定，自2014年12月1日起施行。

改革开放以来，党和国家各级领导高度重视我国安全生产工作，各项法律、法规、政策、制度逐步建立和完善，国内总体安全生产形势逐步好转，但重大、特大事故时有发生。为了加强安全生产监督管理，防止和减少生产安全事故，保障人民群众生命和财产安全，促进经济发展，党中央、国务院坚持安全第一的方针，采取了安全生产专项整治特别是加强法制等重大举措，为实现安全生产创造了更好的法制环境。

《安全生产法》共7章97条，主要内容如下：一、总则，共15条，包括立法目的、适用范围、安全生产方针、生产经营单位安全生产义务、生产经营单位的领导责任、生产经营单位从业人员的权利和义务、工会的安全生产职责、各级人民政府安全监管职责、安全生产监管体制、安全生产标准的制定和执行、安全生产相关的中介机构、事故责任追究制度、安全生产科研、奖励等。二、生产经营的安全生产保障。明确了生产经营单位安全生产领域的领导职责，安全资金投入、专兼职安全机构和人员配备、从业人员安全资质和培训、安全技术设施保障、重大危险源登记、安全生产经营制度及劳保制度等内容。三、从业人员的安全生产权利义务。从法律角度明确了生产经营单位和从业人员的劳动关系，从业人员的知情权、批评检举控告权、紧急撤退权、工伤保险和索赔权以及接受安全培训和隐患上报责任，工会的监督建议权等。四、安全生产的监督管理。明确了各级人民政府的安全监管职责，安全监管部门的审批权、监管权限和职责义务，监察机关的权责，中介机构的权责义务，规范了安全生产相关的举报制度和奖惩以及安全宣教等。五、生产安全事故的应急救援与调查处理。要求各级政府应建立应急救援体系和预案，高危企业的应急救援组织、设施和人员配备，规范了事故上报、处置救援、事故调查的基本程序等。六、法律责任。明确了政府、安全监管部门以及相关公务人员违规违法行为的惩处，中介机构在安全生产经营领域中违规违法行为的惩处，生产经营单位违规违法行为的惩处等内容。

《安全生产法》的颁布实施，为各级安全生产监督管理机构依法行政提供了客观操作依据，有助于预防和减少事故，满足保护人民群众生命和财产安全需要；有利于督促指导各级监管机关、生产经营单位安全有序开展工作，满足依法打击和制裁安全生产领域违法犯罪的需要。作为一部综合性的、专业指导性法规，《安全生产法》具有丰富的法律内涵和规范作用，有利于全面加强我国安全生产法律法规体系的建设。

37.开展危险化学品安全管理专项整治工作

2002年5月17日，根据国务院部署，原国家经济贸易委员会、国家安全生产监督管理局、公安部、监察部、铁道部、交通部、卫生部、国家工商行政管理总局、国家质量监督检验检疫总局、国家环境保护总局联合下发了《关于开展危险化学品安全管理专项整治工作的通知》（以下简称《通知》），在全国范围内开展危险化学品安全管理专项整治工作。

危险化学品泄漏、丢失和运输危险化学品车辆翻车等事故时有发生，并呈上升势头，对人民群众的生命财产安全构成严重威胁，造成了极坏的社会影响。党中央、国务院领导对此高度重视，明确指示要对危险化学品从各个环节上加强管理，确保广大人民群众的生命财产安全。为此，结合贯彻落实新修订公布的《危险化学品安全管理条例》（以下简称《条例》），国务院部署在全国范围内开展危险化学品安全管理专项整治工作。

《通知》明确提出了开展专项整治工作的目标、范围和重点、主要任务、方法步骤和要求。一、整治工作目标。规范危险化学品市场经济秩序，在危险化学品生产、储存、经营、运输、使用和废弃处置等各个环节建立健全安全管理制度并全面落实，消除事故隐患，健全防范措施，有效遏制危险化学品重大、特大事故的发生，促进危险化学品安全管理工作稳定好转。二、整治工作范围和重点。主要包括危险化学品生产、储存、经营、运输、使用和废弃处置等各环节，重点是剧毒化学品和液化气体从业单位、不具备安全生产基本条件以及不符合有关资质要求的危险化学品从业单位；存在重大安全事故隐患的从业单位。同时严厉打击利用危险化学品从事各种违法犯罪的活动。三、整治工作的主要任务。（一）整顿危险化学品生产、储存和使用企业。（二）整顿危险化学品经营企业和销售网点。（三）深入进行危险化学品运输整治。（四）整顿危险化学品的包装管理。（五）整顿危险化学品从业单位的安全管理。（六）落实危险化学品安全管理职责，强化监督管理。四、整治工作的方法步骤。专项整治工作自2002年5月份开始，年内基本完成。分四个阶段进行：宣传发动和组织部署阶段、调查摸底和企业自查自纠阶段、集中整治阶段、检查验收阶段。五、整治工作的要求。（一）提高认识，加强领导。成立危险化学品安全管理专项整治领导小组，切实加强对整治工作的领导和督查。（二）突出重点，依法整治。根据本地区、本部门危险化学品安全管理中存在的薄弱环节，突出重点开展整治。（三）明确职责，协调行动。加强部门指导和协调，在地方人民政府统一组织和领导下各系统单位落实整治措施，修订或制定配套的部门规章或标准，完善危险化学品安全监督管理的法律、法规体系。（四）标本兼治，综合治理。要将整治与建立健全安全管理制度，促进依法经营、依法监管结合起来；与推进科技进步，提高安全技术水平结合起来；与整顿和规范市场经济秩序结合起来；与产业结构调整，推动产业升级结合起来；将集中整治与建立长效机制结合起来，进而达到危险化学品安全管理长治久安的目的。（五）广泛宣传，强化监督。发挥新闻媒体舆论监督作用，发动广大职工和人民群众积极参与并监督，形成有利的社会舆论氛围，促进整治工作的深入进行。（六）严格纪律，依法问责。各级负有审批、许可和监督管理职能的行政管理机构切实履行职责，坚持"谁发证，谁审批，谁负责"的原则，加强监督检查。

通过开展危险化学品安全专项整治，工作取得阶段性成果。把危险化学品专项整治与落实安全生产保障制度结合起来，有助于督促危险化学品企业建立预防为主、持续改进的安全生产自我约束机制；坚持专项安全整治与日常监督管理相结合，完善了安全生产长效监管机制，促进了危险化学品安全监管的科学化、规范化；消除了各类事故隐患，建立健全了危险化学品从业单位和重大危险源监管档案，初步构建了危险化学品事故应急救援预案和危险化学品生产安全应急救援体系。

38.继续开展"安全生产万里行"活动

2003年，为了实现全国安全生产状况的稳定好转，配合6月"全国安全生产月"的督查、宣教活动，在2002年6月首次开展"安全生产万里行"活动的成功经验基础上，中共中央宣传部、国家安全生产监督管理局、国家广播电影电视总局、中华全国总工会、中国共产主义青年团中央委员会等部门决定继续开展"安全生产万里行"活动。

2003年3月，党和国家领导就安全生产问题相继作出重要批示或发表重要讲话。4月、5月、6月，国务院有关部门连续召开三次全国安全生产电视、电话会议。按照国务院办公厅下发的《关于进一步加强安全生产工作的紧急通知》、《关于深化安全生产专项整治工作的通知》、《关于进一步加强煤矿安全生产工作的通知》（以下简称《通知》）和三次全国安全生产电视、电话会议的要求，推动全国安全生产形势稳步好转，为经济建设和人民生活创造安全、稳定的社会环境，中共中央宣传部、国家安全生产监督管理局等部门决定2003年继续开展"安全生产万里行"活动。

《通知》对开展"安全生产万里行"活动的原则、主题、方式、行动路线、采访重点和活动时间等，都作出了明确规定。一、活动原则。根据2003年安全生产工作中心任务，按照以全面实施《安全生产法》为主线，继续深化安全专项整治工作，推进企业加强安全基础建设，充分发挥舆论监督作用，营造"关爱生命，关注安全"的社会舆论氛围，按照全国安全生产工作会议提出的抓好"重点行业、重点地区和重点企业"的要求，活动重点放在中西部地区。二、活动主题。"实施安全生产法，人人事事保安全"。三、活动方式。以"安全生产万里行"车队的形式组织新闻媒体和有关专家，深入到各地区、各部门和企业就安全生产的重点、热点和难点问题进行采访，集中报道，表彰先进，鞭策落后，进一步推动安全生产工作，促进全国安全生产状况稳定好转。四、行动路线。从北京出发，经山西、陕西、甘肃到宁夏。五、采访重点。山西：侧重煤矿、能源、化工等企业专项整治及《安全生产法》宣传贯彻情况。陕西：侧重军工生产、旅游、道路交通等方面安全综合整治及企业安全文化建设的各项工作。甘肃：侧重道路交通、大型化工企业的安全生产，隐患整改，以及白银市小南沟煤矿特大事故隐瞒不报追究处理情况。宁夏：侧重交通运输、工矿企业安全生产，并结合宁夏承办全国少数民族运动会有关安全方面的工作落实情况。六、活动时间。6月8日（宣传咨询日）在北京开始，6月底在宁夏结束。七、组织机构。由中共中央宣传部、国家安全生产监督管理局、国家广播电影电视总局、中华全国总工会、中国共产主义青年团中央委员会等单位组成"安全生产万里行"活动组委会。八、新闻采访团。由新华通讯社、《人民日报》、中央电视台等中央新闻单位选派记者组成万里行采访团进行深入的报道。

"安全生产万里行"活动的开展，有助于宣传贯彻中国共产党第十六次全国代表大会精神和党中央、国务院关于安全生产的方针、政策，普及安全生产法律法规，增强全民的安全意识，提高安全文化水平；有助于各级政府、相关部门和企业建立安全生产长效机制，巩固和发展安全生产专项整治成果，有效遏制重特大事故的发生，实现全国安全生产状况的稳定好转。

39.建设工程安全生产管理条例

2003年11月12日，国务院发布《建设工程安全生产管理条例》（以下简称《条例》），自2004年2月1日起施行。

随着我国城市建设快速发展，工业、民用建筑开发迅速，农民建筑工人队伍基数扩大，从事建筑安全生产的培训及教育存在很多盲区，全国建设工程安全生产事故频发。为进一步维护建筑市场秩序，加强建设工程安全生产监督，需要以《中华人民共和国建筑法》、《中华人民共和国安全生产法》为依据，制定《条例》。《条例》针对我国建设工程安全生产还存在许多尚未解决的问题，结合建筑行业的特点，确立有关建设工程安全生产监督管理基本制度，明确参与建设工程中各方责任主体的安全责任，确保参与各方责任主体安全生产利益及广大工人安全与健康的合法权益。

《条例》共8章71条，其主要内容如下：一、总则。明确了制订目的、适用范围、监管方针及相关机关企事业单位的安全生产责任。二、建设单位的安全责任。明晰了建设工程安全生产经营过程中建设单位的责任义务。三、勘察、设计、监理及有关单位的安全责任。对勘察单位、设计单位、工程监理单位及供应商等提出具体的安全责任要求。四、施工单位的安全责任。规定了施工单位及从业人员应具备的从业资格、安全生产管理机构及安全规章制度、安全投入、施工总承包和分包商的相关安全责任义务、特种作业人员从业资格、危险作业工序的现场安全监管、现场安全警示标识、施工现场的区域划分及安全防护措施、建立或完善消防安全责任制度、劳动卫生保护制度及工伤意外保险。五、监督管理。明确规定了建设工程安全生产工作的监管层级、行业范围、各级政府及相关部门的权责义务。六、生产安全事故的应急救援和调查处理。明确规定各级政府、主管部门、建筑工程相关单位的应急预案编制工作，规范了施工单位的预案编制及演练、事故处置救援、上报及调查处理。七、法律责任。明确了政府及相关部门、建设单位、勘察单位、设计单位、监理单位、施工单位、供应商等的违规违法行为及惩处。八、附则。

《条例》作为我国第一部规范建设工程安全生产的行政法规，标志着我国建设工程安全生产管理进入法制化、规范化发展的新时期。《条例》针对当前存在的主要问题，确立有关建设工程安全生产监督管理的基本制度，明确了参与建设活动各方责任主体的安全责任，增强依法监管能力，严格安全准入条件，强化责任追究，加大对隐患严重、事故多发企业和责任人的处罚力度，确保参与各方责任主体安全生产利益及建筑工人安全与健康的合法权益。该《条例》的调整范围涵盖了各类专业建设工程，涉及建设、勘察、设计、施工、监理、设备材料供应、设备机具租赁等单位，以及参与建设过程的单位和部门。为了维护作业人员的合法权益，《条例》对施工单位在提供安全防护设施、安全教育培训、为施工人员办理意外伤害保险、作业与生活环境标准等方面作了明确规定。

40.国家食品药品监督管理局成立

1998年，国家药品监督管理局挂牌成立。2003年4月16日，根据2003年3月十届全国人大一次会议审议批准的《国务院机构改革方案》和经2003年4月国务院批准的《国家食品药品监督管理局主要职责内设机构和人员编制规定》，国家食品药品监督管理局挂牌成立，为国务院直属单位。2008年3月，根据十一届全国人大一次会议审议批准的《国务院机构改革方案》，国家食品药品监督管理局归卫生部管理，为其直属机构。

国家食品药品监督管理局是综合监督食品、保健品、化妆品安全管理和主管药品监管的机构，负责对药品（包括中药材、中药饮片、中成药、化学原料药及其制剂、抗生素、生化药品、生物制品、诊断药品、放射性药品、麻醉药品、毒性药品、精神药品、医疗器械、卫生材料、医药包装材料等）的研究、生产、流通、使用进行行政监督和技术监督；负责食品、保健品、化妆品安全管理的综合监督、组织协调和依法组织开展对重大事故查处；负责保健品的审批。

国家食品药品监督管理局的主要职责是：一、组织有关部门起草药品食品、保健品、化妆品安全管理方面的法律、行政法规；组织有关部门制定食品、保健品、化妆品安全管理的综合监督政策、工作规划并监督实施。二、依法行使药品食品、保健品、化妆品安全管理的综合监督职责，组织协调有关部门承担的食品、保健品、化妆品安全监督工作。三、依法组织开展对药品食品、保健品、化妆品重大安全事故的查处；根据国务院授权，组织协调开展全国食品、保健品、化妆品安全的专项执法监督活动；组织协调和配合有关部门开展食品、保健品、化妆品安全重大事故应急救援工作。四、综合协调药品食品、保健品、化妆品安全的检测和评价工作；会同有关部门制定食品、保健品、化妆品安全监管信息发布办法并监督实施，综合有关部门的食品、保健品、化妆品安全信息并定期向社会发布。五、起草药品管理的法律、行政法规并监督实施；依法实施中药品种保护制度和药品行政保护制度。六、起草医疗器械管理的法律、行政法规并监督实施；负责医疗器械产品注册和监督管理；起草有关国家标准，拟订和修订医疗器械产品行业标准、生产质量管理规范并监督实施。七、注册药品，拟订、修订和颁布国家药品标准；拟订保健品市场准入标准，负责保健品的审批工作；制定处方药和非处方药分类管理制度，建立和完善药品不良反应监测制度，负责药品再评价、淘汰药品的审核和制定国家基本药物目录的工作。八、拟订和修订药品研究、生产、流通、使用方面的质量管理规范并监督实施。九、监督生产、经营企业和医疗机构的药品、医疗器械质量，定期发布国家药品、医疗器械质量公报；依法查处制售假劣药品、医疗器械等违法行为。十、依法监管放射性药品、麻醉药品、毒性药品、精神药品及特种机械。十一、拟订和完善执业药师资格准入制度，监督和指导执业药师注册工作。十二、指导全国药品监督管理和食品、保健品、化妆品安全管理的综合监督工作。十三、开展药品监督管理和食品、保健品、化妆品安全管理有关的政府间、国际组织间的交流与合作。十四、承办国务院交办的其他事项。

41.辽宁海城豆奶中毒事件

2003年4月9日，辽宁省海城市政府宣布，自3月19日当地8所小学的学生课间饮用豆奶引起不良反应以来，截止到4月8日晚，2500多名学生出现了腹痛、头晕、恶心等不良反应。3月19日上午，海城市8所小学近4000名学生集体饮用了由鞍山市宝润乳业有限公司生产的"高乳营养学生豆奶"后，一些学生出现腹痛、头晕、恶心等症状，随后被学校送往医院治疗。此后到医院就诊检查的学生不断增加，累计达到4400多人次，其中有43名学生住院治疗。

4月9日至15日，卫生部和辽宁省卫生厅共同组成联合调查组，组织食品卫生、流行病学、食品加工工艺、理化和微生物检验及临床医学等方面的专家，对海城市兴海管理区所属8所小学饮用"高乳营养学生豆奶"引起突发事件里学生的发病情况进行了调查。联合调查组深入生产现场，对原料、成品和包装材料进行了采样检验。商请卫生部派遣临床医学专家和省内医学专家到海城市中心医院等三家医院详细了解救治情况，对临床检验结果和诊断进行了分析；对当时仍然住院及复诊的病人进行了多学科的联合会诊。

联合调查组的结论是：一、根据流行病学调查、中毒者的临床观察、企业现场卫生监督检查及实验室检验结果，依据《食物中毒诊断标准与处理原则》等有关法规和标准，由参与调查的专家共同认定：本次事件是由饮用中美合资鞍山宝润乳业有限公司生产的"高乳营养学生豆奶"造成的豆奶食物中毒。二、造成中毒的原因是活性豆粉中的胰蛋白酶抑制素等抗营养因子未彻底灭活。由于部分人群对此类物质较为敏感，饮用含有这类物质的豆奶后会引起以上消化道为主的刺激症状。联合调查组认为，该类食物中毒愈后良好，不会对人体造成长期的、潜在的健康危害。

12月23日上午，"海城豆奶"案件一审在辽宁省鞍山市中级人民法院公开宣判。法院经审理,依照《中华人民共和国刑法》有关规定,认定被告人郝国栋犯生产、销售不符合卫生标准的食品罪,判处有期徒刑3年6个月,并处罚金人民币15万元;犯偷税罪,判处有期徒刑6个月,并处罚金人民币5万元。决定执行有期徒刑3年6个月,并处罚金人民币20万元。被告人郝佳乐犯生产、销售不符合卫生标准的食品罪,判处拘役6个月,并处罚金人民币3万元。被告人兰松涛犯窝藏罪,免予刑事处罚。

42.特种设备安全监察条例

2003年3月11日,国务院发布《特种设备安全监察条例》(以下简称《条例》),自6月1日起施行。2009年1月24日,国务院对《条例》进行了修订。

1955年7月,国务院在劳动部成立了首个特种设备安全监察机构(锅炉安全检查总局),1960年制定第一部特种设备安全监察规范《蒸汽锅炉安全监察规程》及《压力容器安全技术监察规程》等一系列安全技术规范。1982年2月,国务院颁布了《锅炉压力容器安全监察暂行条例》,首次提出了国内锅炉压力容器全程安全监察的基本制度,为安全监察与检测检验奠定"双轨安全保障体制"的法律基础。1998年,特种设备安全监察职能划转质量技术监督部门;2001年4月组建国家质量监督检验检疫总局,内设特种设备安全监察局,各项监管能力逐步提高,特种设备安全监察工作步入正轨。2003年3月颁布的《条例》,为政府监管、科学检测检验、特种设备设计、生产、经营、使用,提供专业技术保障和法律支撑。

《条例》共8章103条,其主要内容如下:一、总则。明确了制定《条例》的目的、适用范围(特种设备领域)、监察机构及职责、安全技术创新及保障等内容。二、特种设备的生产。规定了特种设备生产经营单位的从业资质条件、特种设备(产品)的经营许可及技术标准要求、特种设备及配套工程的安全技术标准要求和检验检测许可等。三、特种设备的使用。规范了使用单位的特种设备报备、安全技术档案编制、日常维护保养、定期检测检验、安全标识、特种设备管理或运营责任人的资质资格、商用特种设备的安全规章制度及技术保障等内容。四、检验检测。明确了特种设备检验检测机构的从业条件和工作职责、从业人员资质及工作要求、特种设备安全监管部门的监管职责等。五、监督检查。明确规定特种设备安全监管部门的监管范围、监管重点和监管权责,监管部门的特种设备生产经营使用的审批权责及安全监察工作要求,安全监察人员资质、违法行为及事故隐患的整改与上报、定期发布特种设备安全及能效等内容。六、事故预防和调查处理。明确了特种设备相关安全生产事故的等级、应急预案编制及演练、事故处置、救援、调查及处理的程序、工作内容和要求等。七、法律责任。规定了特种设备的设计、生产、经营、使用及检测检验、监管过程中，违规违法行为的惩处。八、附则。明确了特种设备行业中的术语规范及相关内容。

《条例》的颁布实施，有助于规范和加强特种设备的安全监察工作，防止和减少特种设备的安全生产经营过程中发生的重特大事故，有利于确保国家和人民群众的生命财产安全。《条例》对于全国各级质量技术监督部门依法加强特种设备安全监察工作，确保特种设备安全运行，防止和减少事故，保障人民群众生命财产安全，促进地方经济和行业发展都具有重要的意义。

43.中华人民共和国道路交通安全法

为了维护道路交通秩序，预防和减少交通事故，保护人身安全，保护公民、法人和其他组织的财产安全及其他合法权益，提高通行效率，2003年10月，十届全国人大常委会第五次会议通过《中华人民共和国道路交通安全法》（以下简称《道路交通安全法》），并于2004年5月1日开始实施。该法根据2007年12月29日十届全国人大常委会第三十一次会议《关于修改〈中华人民共和国道路交通安全法〉的决定》第一次修订，后又根据2011年4月22日十一届全国人大常委会第二十次会议《关于修改〈中华人民共和国道路交通安全法〉的决定》第二次修订。

改革开发放来，我国道路交通法制建设取得较大发展。1988年以来，相继颁布了《道路交通管理规定》、《道路交通事故处理办法》、《高速公路交通管理办法》、《机动车驾驶证管理办法》、《交通违章处理程序》等部门规章。但随着社会经济发展，道路交通需求增大、机动车增多，出现了道路安全形势严峻，城市交通堵塞严重，原有法制管理手段单一，监管混乱等问题。公安部自1993年6月着手交通法研究论证，1996年10月正式起草，参考国内外交通法规、走访地方调研，1997年11月经多次论证，1998年6月将《送审稿》上报国务院，经全国人大常委会四次审议，最终通过。

《道路交通安全法》是我国行人、非机动车、机动车参与交通行为的基本法律规范，也是交通警察对交通行为作出处罚的依据。《道路交通安全法》共8章124条，其主要内容如下：一、总则。主要涉及立法目的、适用范围、实施原则、政府及主管部门工作职责等内容。二、车辆和驾驶人。明确了机动车和非机动车的管理规定，规范了机动车驾驶人的资格条件、培训考核和驾校管理、驾驶人和机动车的交通驾驶管理等。三、道路通行条件。明确了交通信号、通行标识、道路安全技术保障、道路交通及相关设备设施的维修保养，规范了相关道路交通安全的工程设计、施工、经营等行为保障。四、道路通行规定。包括一般规定和机动车通行规定，其中一般规定规范了各类信号灯的通行标识；机动车通行规定主要明确了机动车通行标识及机动车的通行行为规范,高速公路、非机动车通行规定、行人和乘车人通行规定主要规范了相关道路上的人车的交通通行行为规范。五、交通事故处理。明确了交通事故的协商调解、报警、处置、救援等过程中,当事人及相关部门的处置程序、勘察检查、调解、现场处置、救援、协商、保险赔付等行为内容。六、执法监督。规范了公安机关交通管理部门的相关道路交通监管行为规范。七、法律责任。明确了机动车申请人、驾驶人、运输经营人员的违规违法行为、惩处内容及权责。八、附则。主要是明确了道路交通相关的农业机械、境外机动车入境行驶、机动车驾驶许可考试收费标准等法律要求。

《道路交通安全法》是在认真总结新中国成立以来道路交通安全正反两方面经验教训的基础上,充分吸收广大人民群众的意见,经过反复科学论证制定的。这部法律突出了以人为本的立法思想,体现了保障道路交通有序、安全、畅通的立法目的,确立了便民、利民的基本原则,是我国第一部全面规范道路交通参与人权利和义务关系的基本法律。《道路交通安全法》的颁布实施,是我国道路交通法制建设历程中的一座里程碑,标志着我国道路交通事业全面走向法治时代,对于改进和加强道路交通安全,预防和减少道路交通事故,保护人民群众生命财产安全,具有十分重要的意义。

44.国务院关于进一步加强食品安全监管工作的决定

长期以来,我国在食品安全监管体制、法制、标准等方面存在缺陷,地方保护、有法不依、执法不严、监管不力的现象时有发生。为恢复和提高我国食品信誉,确保人民身体健康和生命安全,2004年9月1日,国务院发布实施《关于进一步加强食品安全监管工作的决定》(以下简称《决定》)。

食品安全关系到广大人民群众的身体健康和生命安全,关系到经济健康发展和社会稳定,关系到政府和国家的形象。党中央、国务院历来高度重视食品安全,一直把打击制售假冒伪劣食品等违法犯罪活动作为整顿和规范市场经济秩序的重点,采取了一系列措施加强食品安全工作。各地区、各部门做了大量工作,取得一定成效。总的来看,生产销售假冒伪劣食品案件多发的势头有所遏制,食品安全形势趋于好转。但是问题依然比较严重,种植养殖、生产加工、市场流通、餐饮消费等方面存在的问题还很突出,食品安全监管体制、法制、标准等方面存在缺陷,地方保护、有法不依、执法不严、监管不力的现象时有发生。为恢复和提高我国食品信誉,确保人民身体健康和生命安全,国务院决定采取切实有效措施,进一步加强食品安全工作。

《决定》明确要求,继续坚持"全国统一领导、地方政府负责、部门指导协调、各方联合行动"的食品安全工作机制，加强协调配合，落实责任，加大执法力度；坚持集中整治与制度建设、严格执法与科学管理、打假治劣与扶优扶强相结合，突出重点，在注重抓好专项整治的同时，强化日常监管；建立食品安全信用体系和失信惩戒机制，引导企业诚信守法；强化舆论监督，加大正面宣传力度，加强社会监督，保障人民群众的饮食安全和身体健康。

《决定》强调，要大力整顿食品生产加工业，切实提高食品工业水平。食品生产加工业的整顿由地方政府统一组织实施。通过整顿，扶持一批名优企业，关闭一批不具备产品质量安全条件的食品生产加工企业，严厉惩处一批制售假冒劣质食品的违法犯罪分子。加大农业投入品专项整治力度，从源头上防止农产品污染。

《决定》要求继续推进"无公害食品行动计划"，深入开展农药残留、禽畜产品违禁药物滥用、水产品药物残留专项整治，向农民普及安全使用化肥、农药、兽药、饲料添加剂和动植物生长激素等知识，推广使用低残高效农药、兽药和无污染添加剂，规范种植、养殖行为。

《决定》要求建立统一规范的农产品质量安全标准体系，建立农产品质量安全例行监测制度和农产品质量安全追溯制度，开展农产品产地环境、农业投入品和农产品质量安全状况的检测；推进无公害农产品标准化生产综合示范区、养殖小区、示范农场、无规定动物疫病区和出口产品生产基地的建设，积极开展农产品和食品认证工作，推广"公司+基地"模式，加快对高毒、高残留农业投入品禁用、限用和淘汰进程。狠抓薄弱环节，进一步加强食品流通、消费领域的监管。

《决定》要求，深入实施以"提倡绿色消费、培育绿色市场、开辟绿色通道"为主要内容的"三绿工程"，倡导现代流通组织方式和经营方式，大力发展连锁经营和物流配送；积极推进经销企业落实进货检查验收、索证索票、购销台账和质量承诺制度，以及市场开办者质量责任制，继续推行"厂场挂钩"、"场地挂钩"等有效办法；全面落实市场巡查制度，完善监督抽查和食品卫生例行监测制度，严格实行不合格食品的退市、召回、销毁、公布制度；推进餐饮业、食堂全面实施食品卫生监督量化分级管理制度，完善和加强食品污染物监测和食源性疾病监测体系建设；加强畜禽屠宰行业管理，打破地方封锁，鼓励质量优、信誉好、品牌知名度高的食品在全国流通；健全社区食品加工流通服务体系。

《决定》要求强化食品安全标识和包装管理，集中力量整治食品假包装、假标识、假商标印制品。把儿童及农村食品市场整治作为重中之重，切实维护未成年人、农民和低收入者的利益。采取综合措施，有效遏制制售假冒伪劣儿童食品行为。将监管的重点和工作重心下移，加强农村市场监管，加大对分散在社区、城乡结合部和村镇的各类食品批发市场、集贸市场、个体商贩、小加工作坊、小食品店、小餐馆的监管力度，强化对餐饮业、学校食堂和建筑工地食堂的检查监督。依法彻查大案要案，震慑违法犯罪分子。集中力量及时查处食品安全大案要案，依法严惩违法犯罪团伙和首恶分子。

《决定》要求搞好食品安全宣传，服务发展大局。

45.建立安全生产控制指标体系

根据国务院《关于进一步加强安全生产工作的决定》相关要求，国务院安全生产委员会自2004年起向各省、自治区、直辖市下达年度安全生产控制指标。

安全生产关系人民群众的生命财产安全，关系改革发展和社会稳定大局。国家高度重视安全生产工作，并采取了一系列重大举措加强安全生产工作，安全生产状况总体上趋于稳定好转。但全国的安全生产形势依然严峻，煤矿、道路交通运输、建筑等领域伤亡事故多发的状况尚未根本扭转；安全生产基础比较薄弱，保障体系和机制不健全；部分地方和生产经营单位安全意识不强，责任不落实，投入不足；安全生产监督管理机构、队伍建设以及监管工作亟待加强。为了进一步加强安全生产工作，尽快实现我国安全生产局面的根本好转，2004年1月9日国务院颁布《关于进一步加强安全生产工作的决定》，明确要求制订安全生产中长期发展规划，建立全国和各省（区、市）的年度安全生产控制指标体系，对安全生产情况实行定量控制和考核。

经国务院批准，国务院安全生产委员会从2004年开始向各省、自治区、直辖市下达安全生产控制指标，由各地根据实际情况提出具体的相对控制指标。通过国内外专家论证，并征求国家统计局的意见，现阶段安全生产控制指标体系，包括7项全国性控制指标、7项分省区控制指标。全国性控制指标包括：全国事故死亡人数、亿元国内生产总值死亡率、全国10万人死亡率、工矿企业死亡人数、全国工矿企业10万人死亡率、煤矿企业死亡人数、煤矿企业百万吨死亡率。分省区的控制指标包括：各类事故死亡人数、亿元国内生产总值死亡率、10万人死亡率、工矿企业死亡人数、工矿企业10万人死亡率、煤矿企业死亡人数、煤矿企业百万吨死亡率。

国务院安全生产委员会设定全国和分省控制指标的主要原则包括：一、以2002年和2003年全国生产安全伤亡事故统计数据为基础，结合各地实际情况，提出2004年度的生产安全指导性控制指标。二、从实际出发，实行重点地区重点控制，使地区控制指标符合地区经济发展和人口状况的实际，力求使安全生产与地区经济建设和社会进步协调发展。三、坚持绝对量指标与相对量指标相结合。主要考虑到目前东部地区事故总量大，完成绝对指标的压力大；中西部地区重特大事故多，完成相对指标的压力大。两者兼顾，力求使控制指标合理、务实。四、立足当前，着眼长远，分步推进。近期目标是到2007年全国安全生产形势稳定好转,长远目标是到 2010 年,全国特大事故发生率有较大幅度下降,安全生产形势明显好转;到 2020 年总体接近世界中等发达国家的安全生产水平。五、道路交通安全控制指标问题有待进一步论证研究。

国家和地方政府实现控制指标的措施包括:一、依法对安全生产控制指标层层分解到各级政府和相关部门,促进各级安全生产责任制的落实。二、依据《安全生产许可证条例》,建立生产安全许可制度,严格把住企业的安全准入关,从源头上禁止不具备基本安全生产条件的企业进入市场。三、在深化安全专项整治的基础上,在各类企业开展安全质量标准化活动,落实《安全生产法》所规定的生产经营单位安全保障制度,加强企业安全基础工作,全面提高安全管理水平,形成安全生产的长效机制。四、加大安全生产投入,提高安全装备水平。五、推进安全科技创新,搞好关键项目的科研攻关,加强安全教育培训,提高全民的安全文化素质,提高科技对安全生产的贡献率。六、进一步完善安全监管体系。

安全生产控制指标体系是抓好安全生产工作的保证,对生产经营单位具有较强的约束力。通过建立安全生产控制指标体系,与国际接轨,把安全生产真正纳入各地区域经济和社会进步的总体规划,有助于进一步强化地方各级政府的安全生产责任制,把各级安全生产的责任落到实处,把各项安全生产工作任务真正落实到企业。

46.兽药管理条例

《兽药管理条例》是为了加强兽药管理,保证兽药质量,防治动物疾病,促进养殖业的发展,维护人体健康而制定的。《兽药管理条例》(以下简称《条例》)是 1987 年制定的,2004 年 4 月 9 日发布修订后的《条例》,自 2004 年 11 月 1 日起施行。

随着畜牧业和兽药行业的快速发展以及市场经济体制的逐步完善,旧《条例》的一些规定已经不能适应实践需要,在执行中遇到不少新情况、新问题:一、兽药生产、经营质量管理制度和规范不完善,假、劣兽药时有出现,影响了养殖者的合法权益。二、对兽药安全使用管理规定得过于原则,没有就休药期、处方药与非处方药分类管理等作出规定,难以保障安全用药。三、兽药审批标准不统一,同一兽药品种在不同地区有不同标准,实践中容易形成市场分割和地方保护主义。四、由于监督管理措施不完善,致使近年来动物源性食品兽药残留超标现象比较严重,直接影响了人民群众身体健康和我国畜产品、水产品的出口。五、法律责任规定得过于原则,对生产、经营假、劣兽药等违法行为处罚力度不够,不能有效惩处违法行为。针对上述问题,新修订的《兽药管理条例》(以下简称"新《条例》")于 2004 年 3 月 24 日经国务院第 45 次常务会议通过,并于 2004 年 11 月 1

日起施行，这是我国农业法制建设中的又一重大成果。

新《条例》共计9章75条，确立了一系列与国际接轨的兽药管理制度：一、确立了对兽药实行处方药和非处方药分类管理的原则。考虑到当时的实际情况，兽药分类管理的具体管理办法和实施步骤由农业部逐步规定。二、建立了新兽药研制管理和安全监测制度，规定新兽药研制者必须符合一定的条件，研制新兽药应进行安全性评价，并在临床试验前经省级以上人民政府兽医行政管理部门批准。三、规定了兽药生产经营质量管理规范制度，要求兽药生产、经营企业严格按照兽药质量管理规范组织生产和经营。四、建立用药记录制度、休药期制度和兽药不良反应报告制度，确保动物产品质量安全，维护人民身体健康。

新《条例》不仅充分体现了兽药管理实践中一些行之有效的管理制度和措施，而且广泛借鉴了国际上兽药管理的通行做法和我国人用药品管理的成功经验，其内容更能适应当前养殖业发展的需要，更有利于保证兽药质量，对加强兽药监督管理，保证食用动物产品安全等都具有十分重要的意义。

47.安徽阜阳婴幼儿奶粉事件

2004年，安徽阜阳市发生劣质奶粉导致"大头娃娃"事件，在全国引起强烈反响。自2003年起至事情暴露期间，大量假冒伪劣婴儿奶粉充斥阜阳市近10个区县的近郊和农村，发生多起婴儿食用假奶粉中毒及死亡事件，许多婴儿因服用劣质奶粉，造成重度营养不良综合征，上百例婴儿落下严重后遗症，直接导致死亡的有十几起之多。2004年4月19日，国务院相关部门组成调查组，对阜阳市发生的婴幼儿劣质奶粉事件进行调查处理。

劣质奶粉危害对象为以哺食奶粉为主的新生婴幼儿，主要危害是由于蛋白质摄入不足，导致营养不足，症状表现"头大、嘴小、浮肿、低烧"，由于以没有营养的劣质奶粉作为主食，出现造血功能障碍、内脏功能衰竭、免疫力低下等情况，还有的表现为脸肿大、腿很细、屁股红肿、皮肤溃烂和其他的婴幼儿严重发育不良特征；由于症状最明显的特征表现为婴儿"头大"，因此又称之为"大头娃娃"事件。

国务院相关部门组成的调查组通过卫生学调查证实，不法分子用淀粉、蔗糖等价格低廉的食品原料全部或部分替代乳粉，再用奶香精等添加剂进行调香调味，制造出劣质奶粉，婴儿生长发育所必需的蛋白质、脂肪以及维生素和矿物质含量远低于国家相关标准，但没有发现铅、砷等有毒有害物质超标，也没有检出激素成分，基本排除受害婴儿受到毒性物质侵害的可能。长期食用这种劣质奶粉会导致婴幼儿营养不良、生长停滞、免疫力下降，进而并发多种疾病甚至死亡。

经有关部门调查，在 2004 年 4 月 19 日至月 16 日近 1 个月的时间中，阜阳市查获的 55 种不合格奶粉共涉及 10 个省（直辖市、自治区）的 40 家企业。在国务院调查组的统一组织下，阜阳市对制售劣质奶粉违法犯罪行为依法进行了严厉打击。共抽检各类奶粉 586 组，扣留、封存、暂停销售奶粉 10 多万袋；立案查处涉嫌销售不合格奶粉案件 39 起，打掉生产及分装窝点 4 个，刑事拘留 47 人，留置审查 59 人，宣布正式逮捕 31 人，依法传讯 203 人。

在阜阳劣质奶粉案件中，生产者和销售者明知国家对奶粉中的蛋白质等营养物质含量有明确规定，却违反这一规定，生产者在生产环节进行以次充好、冒充达标，销售者明知伪劣产品而予以销售。他们不顾消费者的生命健康，制售伪劣奶粉，因而被以生产、销售不符合卫生标准食品罪定罪。

48.国务院《关于进一步加强安全生产工作的决定》

2004 年 1 月 9 日，为了进一步加强安全生产工作，尽快实现我国安全生产局面的根本好转，国务院颁发实施《关于进一步加强安全生产工作的决定》（以下简称《决定》）。《决定》进一步明确了现阶段安全生产工作的总体要求和目标任务，提出了新形势下加强安全生产工作的一系列政策措施，是指导全国安全生产工作的纲领性文件。

改革开放以来，为加强安全生产工作，国家采取了一系列重大举措，颁布实施相关法律法规，初步建立了安全生产监管体系，对重点行业和领域集中开展安全生产专项整治，生产经营秩序和安全生产条件有所改善，安全生产状况总体上趋于稳定好转。但全国的安全生产形势依然严峻，安全管理工作亟待加强。据此，国务院颁布《决定》，以全面改进国内安全生产形势。

《决定》的主要内容如下：一、明确了指导思想和奋斗目标。提高认识，坚持"安全第一、预防为主"方针，强化政府领导，落实安全生产主体责任，推进监管体制、法制和执法队伍建设，建立安全生产长效机制；2007 年初步建立安全生产监管体系，2010 年构建较完善的安全生产法治秩序，2020 年安全生产状况根本好转，指标达到或者接近世界中等发达国家水平。二、推进安全生产各项工作。加强产业政策的引导，制定和完善产业政策，调整和优化产业结构；加大政府对安全生产投入，加强安全生产基础设施建设和支撑体系建设，加大对企业安全生产技术改造的支持力度；深化安全生产专项整治，整顿和规范社会主义市场经济秩序；健全安全生产法制，完善配套法规规章及安全生产技术规范、标准的制定修订工作；建立生产安全应急救援体系；加强安全生产科研和技术开发。三、落实生产经营单位安全生产主体责任。依法加强和改进生产经营单位安全管理；开展安全质量标准化活动；搞好安全生产技术培训；建立企业提取安全费用制度；依法加大生产经营单位对伤亡事故的经济赔偿。四、加强安全生产监督管理。加强地方各级安全生产监管机构和执法队伍建设；建立安全生产控制指标体系，制订全国安全生产中长期发展规划，明确年度安全生产控制指标，建立全国和分省（区、市）的控制指标体系，对安全生产情况实行定量控制和考核；建立安全生产行政许可制度；建立企业安全生产风险抵押金制度；强化安全生产监管监察行政执法；加强对小企业的安全生产监管。五、加强领导，形成齐抓共管的合力。认真落实各级领导安全生产责任，把安全生产作为干部政绩考核的重要内容；构建全社会齐抓共管的安全生产工作格局；做好宣传教育和舆论引导工作。六、推进安全生产理论、监管体制和机制、监管方式和手段、安全科技、安全文化等方面的创新，不断增强安全生产工作的针对性和实效性，努力开创我国安全生产工作的新局面。

《决定》是国家进一步强化安全生产工作的重大举措，充分体现了党中央、国务院对安全生产工作的高度重视，对人民群众的深切关怀。《决定》涵盖了安全管理、技术保障、产业升级、应急救援、安全监管、安全准入、指导协调、考核监督和责任追究等多个方面，既有政策措施，又有制度保障，既总结了我国安全生产工作的实践，也借鉴了国外先进经验，对进一步加强全国安全生产工作具有重要指导作用。

49.安全生产许可证条例

2004年1月7日，国务院发布实施《安全生产许可证条例》（以下简称《条例》）。

国家高度重视安全生产工作，相关法律法规体系建设逐步完善。2003年8月，国务院在关于研究和加强煤矿安全生产工作有关问题的会议上提出，要实行"企业生产许可制度"。会议认为，对高危行业企业实行安全生产许可制度，严格规范安全生产条件，是防止和减少安全事故的重要措施之一。同时，要进一步加大安全生产监管力度，完善安全生产法律体系。作为重要的行政法规，《条例》所确定的安全生产许可制度，可有效补充和衔接相关安全法规，提高安全监管水平。

《条例》规定，国家对矿山企业、建筑施工企业和危险化学品、烟花爆竹、民用爆破器材生产企业实行安全生产许可制度。企业未取得安全生产许可证的，不得从事生产活动。企业取得安全生产许可证，应当具备下列安全生产条件：建立、健全安全生产责任制，制定完备的安全生产规章制度和操作规程；安全投入符合安全生产要求；设置安全生产管理机构，配备专职安全生产管理人员；主要负责人和安全生产管理人员经考核合格；特种作业人员经有关业务主管部门考核合格，取得特种作业操作资格证书；从业人员经安全生产教育和培训合格；依法参加工伤保险，为从业人员缴纳保险费；厂房、作业场所和安全设施、设备、工艺符合有关安全生产法律、法规、标准和规程的要求；有职业危害防治措施，并为从业人员配备符合国家标准或者行业标准的劳动防护用品；依法进行安全评价；有重大危险源检测、评估、监控措施和应急预案；有生产安全事故应急救援预案、应急救援组织或者应急救援人员，配备必要的应急救援器材、设备；法律、法规规定的其他条件。

《条例》的出台，提高了企业安全准入的门槛，对严格规范安全生产条件，进一步加强安全监督管理，保障人民群众的生命和财产安全，有效防范各类生产事故，提供了法律保障和依据，对我国安全生产管理制度的正规化、法制化建设具有重要意义。

50.陕西铜川陈家山"11·28"矿难

2004年11月28日上午7时10分，陕西省铜川市矿务局陈家山煤矿发生了特大瓦斯爆炸事故，在井下的293人中，有127人安全升井，166名矿工遇难，45人受伤，直接经济损失4165.91万元。

陈家山煤矿隶属于陕西省铜川矿务局，位于铜川市耀州区北部约40公里处，属高瓦斯矿井，可采储量1.5亿吨，矿井设计能力为150万吨/年，共有职工3504人。

2004年11月23、24日，该矿先后发生两次瓦斯厚燃引起的井下明火。11月28日7时10分煤矿发生瓦斯爆炸。事故发生后，铜川矿务局、陈家山煤矿迅即成立事故抢险救灾指挥部，并在井下设立抢救基地。由多方面组成的多个救护队及时赶到投入抢险，救出伤员45人，但是救护队一直无法进入415采煤工作面、416掘进工作面。

12月1日，抢险救灾指挥部再次研究抢救方案，确定封闭415工作面，以注氮方式进行灭火。

12月2日凌晨对415工作面入口密闭喷聚氨酯强化密闭效果，同时向密闭区内注氮气。3时25分至10时53分，井下又发生4次爆炸。由于指挥得当，井下参与救灾的61名救护队员无人员伤亡。当日爆炸发生后，国务院、国家煤矿安全监察局、陕西省政府有关部门现场组织研究灭火方案。抢险救灾指挥部根据灾区情况，认为415工作面连续爆炸着火严重，抢险救灾人员不能进入灾区，确定采用注水灭火的方案并开始实施。

截至2005年2月16日，注水灭火达到预期效果，2月22日矿井主通风系统恢复，开始实施排水、巷道维修及搜救遇难矿工的工作。

导致此次重大事故的原因有：一、事故直接原因。位于415工作面顶部的1号联络巷与高位巷连接处，2004年11月24日8点班封闭后，造成1号联络巷为盲巷，并形成瓦斯积聚，积聚的瓦斯通过1号联络巷与运输顺槽连接的交叉口及周围裂隙不断涌入工作面下隅角液压支架尾梁后侧区域，由于1号支架处冒顶增大了该处顶部裂隙，进一步增加了瓦斯涌出量，使该区域瓦斯积聚并达到爆炸界限；在下隅角靠采空区侧进行强制放顶时，违章放炮产生明火引爆瓦斯。

二、事故间接原因。（一）采区和工作面巷道布置不合理，安全管理不到位。（二）矿井安全技术措施不到位。（三）陈家山矿超能力生产，造成采掘接替严重失调。（四）铜川矿务局对"安全第一、预防为主"的方针没有认真贯彻落实。（五）陕西煤业集团有限责任公司没有严格落实"安全第一，预防为主"的方针。（六）陕西省煤炭工业局未能正确处理安全与生产的关系，对煤炭行业安全生产工作重视不够，未能认真研究解决本省国有煤矿存在的超能力生产问题，对国有煤矿安全生产的指导、督促、协调不力，对2004年与铜川矿务局签订的安全生产目标责任书，督促、检查落实不够。（七）陕西煤矿安全监察局铜川监察分局履行职责不到位。

根据2005年11月1日国务院调查组发布的《陕西省铜川矿务局陈家山煤矿"11·28"特别重大瓦斯爆炸事故调查报告》显示，该事故责任处理内容如下：免予追究责任人员1人；公安机关已采取措施人员2人，待司法机关作出处理后，由当地纪律检查监察机关和企业给予相应的党纪、行政处分；建议移交司法机关处理人员1人，待司法机关作出处理后，由当地纪律检查监察机关和企业给予相应的党纪、行政处分；建议给予党纪、行政处分人员21人。

51.国务院《危险废物经营许可证管理办法》

2004年5月19日，为加强对危险废物收集、贮存和处置经营活动的监督管理，防止危险废物污染环境，国务院发布实施《危险废物经营许可证管理办法》（以下简称《办法》）。

随着经济快速发展，我国危险废物的储存、运输和管理亟待规范。相关地域、行业危险废物储存场所不规范，危险废物各项环境管理制度不健全，危险废物的流向混乱，相关事故隐患增大。据此，国家根据《中华人民共和国固体废物污染环境防治法》相关条款释义，结合我国危险废物的管理现状，制定《危险废物经营许可证管理办法》，用以规范监管部门和企业的行为。

《办法》共6章33条，其主要内容如下：一、总则。明确了制定《办法》的目的、适用范围、危险废物经营许可证类别和经营范围、审批颁发与监督管理。二、申请领取危险废物经营许可证的条件。规定了申请领取危险废物收集、贮存、处置综合经营许可证必须具备的条件，申请领取危险废物收集经营许可证必须具备的条件。三、申请领取危险废物经营许可证的程序。明确了国家对危险废物经营许可证实行分级审批颁发制度，规范了申请领取危险废物经营许可证的单位申领注册、变更及重新申请程序，明确了危险废物经营许可证的体例格式和有效期限，明令禁止无证或不按经营许可证规定从事危险废物收集、贮存、处置的经营活动。四、监督管理。规定了政府主管部门的危险废物经营许可证颁发情况的报备制度、监督检查制度，对危险废物经营单位监督检查及归档制度，明确了公众查阅监督检查记录权，规定危险废物经营单位的危险废物经营情况记录簿制度和保存期限，明确了废矿物油和废镉镍电池的处置要求，危险废物经营设施的无害化处理及永久性标记。五、法律责任。对违规违法行为的惩处。六、附则。

《办法》的发布实施有利于掌握全国危险废物经营企业的分布情况，为新建设施的建设需求和区域规划提供依据，有利于掌握危险废物处置、利用形式的具体数量和比例，了解经济发展水平与危险废物管理水平的关系。

52.卫生部《餐饮业和集体用餐配送单位卫生规范》

2005年10月1日，国家卫生部发布实施《餐饮业和集体用餐配送单位卫生规范》（以下简称《规范》）。《规范》对全国数百万餐饮企业和集体用餐配送单位的卫生要求作出了详细的规定。

随着我国产业结构的逐步调整，餐饮业数量迅速增加，截止到2004年，全国餐饮单位数量已达到400多万家，占全部食品生产经营单位数量的28.2%，加上学校、机关单位集体食堂、快餐业和街头食品摊贩等食品加工经营主体，餐饮业将是经营数量和从业人员数量最多的一个食品生产经营行业。近年来我国餐饮业不断引进西餐、日餐和韩餐等世界各国的饮食，风味食品更加丰富多彩，回归自然的观念使人们更喜欢生食食品，这些都给食品卫生监督管理提出了新的课题。但餐饮业卫生管理工作尚存在很多不容忽视的问题，有的企业依然存在重经营、轻卫生的思想观念；部分从业人员专业素质较低，卫生知识与规范技术操作基础薄弱；食品储存条件差；餐饮用具消毒不合格；无照经营的情况在一些地区仍然比较严重，食物中毒事件也时有发生，直接威胁着人民群众的身体健康。根据2001年全国发生的食物中毒情况统计，餐饮业发生食物中毒的次数和人数均居食品生产经营行业的第一位。发生在一些重要活动期间的食物中毒事件，后果和影响都比较严重。因此，如何保证餐饮业的食品卫生安全是卫生监督管理方面一项重要的工作。

《规范》内容及特点主要体现在以下几个方面：一、分类管理。餐饮业是食品和服务行业的重要组成部分，而且种类繁多，规模相差悬殊。《规范》按照餐饮业规模的大小对硬件、专兼职卫生管理员的配备、检验室的设置提出了分类管理的要求。二、体现基本要求和倡导要求相结合的原则。我国地域辽阔，各地的饮食加工习惯和经济发展水平差距巨大，本着抓住重点、兼顾一般的原则，《规范》将提出的要求分为基本要求，即用"应"表示的内容；倡导要求，即用"宜"表示的内容。用"应"表示的内容，作为卫生准入的必要条件和日常卫生监督管理的内容，凡是不符合要求的，坚决不予核发卫生许可证，并对违法行为实施卫生行政处罚。三、指导企业自身管理。本《规范》设有附录7个：除附录A外的其余6个附录内容都是指导餐饮企业如何预防食物中毒、推荐正确的加工操作程序及如何开展自我检查等。这些内容对于指导餐饮企业尤其是中小企业，加强自身管理，有着十分重要的意义。四、有助于维护消费者的合法权益。《规范》对消费者关心的问题作出了相关规定。《规范》规定，加工经营场所应距离粪坑、污水池、垃圾场（站）和旱厕等污染源25米以上；加工经营场所内不得圈养、宰杀活的畜禽类动物。在加工经营场所外设立圈养、宰杀场所的，应距离加工场所25米以上；从事现榨果蔬汁和水果拼盘加工的人员，操作前应更衣、洗手，并进行手部消毒，操作时戴口罩；裱浆和新鲜水果应当天加工，当天使用。

《规范》的实施促进了餐饮业和集体用餐配送单位的卫生意识的提高，使食品生产经营行为进一步规范化；有助于维护消费者健康权益，使消费者就餐、饮食更安全、更卫生，并创造良好、安全、卫生的饮食环境。

53.修订《进出口商品检验法实施条例》

2005年8月31日，国务院发布新修订的《进出口商品检验法实施条例》（以下简称"新《条例》"），自2005年12月1日起施行。

随着我国加入世界贸易组织（WTO），2002年4月，九届全国人大常委会修订了1989年颁布实施的《中华人民共和国进出口商品检验法》（以下简称《商检法》）。为了贯彻执行好新修订的《商检法》，国家质量监督检验检疫总局和国务院法制办公室一道，在深入调查研究，总结实践经验的基础上，对原《进出口商品检验法实施条例》进行了修改。

新《条例》将原《条例》的6章61条改为6章63条，对总则和法律责任章节作了重大修改。新《条例》增加和完善了代理报检管理、验证管理、风险预警机制、检验内容、检验方式和对不合格进出口商品的处理、对高风险进出口商品的检验管理、对从事检验鉴定业务的检验机构的监督管理以及法律责任等规定。新《条例》进一步明确了检验检疫机构的职能任务，即对列入目录的进出口商品以及法律、行政法规规定须经出入境检验检疫机构检验的其他进出口商品实施检验，对法定检验以外的进出口商品根据国家规定实施抽查检验；对进出口商品检验工作实施监督管理。新《条例》加强了进出口商品检验管理，强化了对代理报检企业、出入境快件运营企业、报检人员以及办理原产地证明的申请人等的管理规定。新《条例》进一步完善和规范了行政许可措施，除了对《商检法》规定的代理报检企业注册登记、进出口检验鉴定机构核准等许可项目进行细化外，还进一步明确了国家质量监督检验检疫总局和检验检疫机构可以实施出入境快件运营企业注册登记、报检业务人员从业注册等行政许可项目。新《条例》加大了对违法行为的处罚力度，特别是对近年来出现的不如实提供进出口商品真实情况、恶意逃避进出口商品检验等违法行为作出了详细具体的处罚规定。新《条例》加强了对检验检疫机构和工作人员的监督。

新《条例》的实施，对我国进出口商品检验检疫法律体系的完善和进出口商品检验检疫行为的规范化等诸多方面产生了重大影响。新《条例》在检验内容上将安全、卫生、健康、环保、反欺诈等要求作为检验检疫机构实施检验的主要内容，体现了以人为本的思想，是落实科学发展观的具体体现。它充分体现了人民利益、时代精神、市场经济运行规律、国际规则和中外企业利益。在规范行政执法行为上，新《条例》对提高办事效率和提供优质服务提出了明确要求，更对监督管理和法律责任作出了详细规定。新《条例》的发布实施，进一步强化了检验检疫机构的职能，理顺了其与有关部门的工作关系，为检验检疫部门执法提供了更有力、更详尽的法律保障。

54.国家安全生产监督管理总局成立

为适应完善社会主义市场经济体制的要求，进一步加强安全生产监管和煤矿安全监察工作，强化监督执法，促进安全生产形势的稳定好转，2005年，国务院决定将国家安全生产监督管理局调整为国家安全生产监督管理总局（正部级）。国家安全生产监督管理总局是国务院主管安全生产综合监督管理的直属机构，也是国务院安全生产委员会的办事机构。

国家安全生产监督管理总局、国家煤矿安全监察局是国家机关依法行政、加强全国安全生产综合监管和煤矿安全监察工作的重要部门。按照"国家监察、地方监管、企业负责"的原则，该部门职责和组成机构如下：一、主要职责。承担国务院安全生产委员会办公室的工作；综合监督管理全国安全生产工作；依法行使国家安全生产综合监督管理职权，制定全国安全生产发展规划，定期分析和预测全国安全生产形势，研究、协调和解决安全生产中的重大问题；负责发布全国安全生产信息，依法组织、协调特大和特别重大事故的调查处理并监督落实，组织、指挥和协调安全生产应急救援工作；负责综合监督管理危险化学品和烟花爆竹安全生产工作；指导、协调全国和各省、自治区、直辖市安全生产检测检验工作；组织、指导全国和各省、自治区、直辖市安全生产宣传教育工作；负责监督管理工矿商贸生产经营单位安全生产工作；依法监督检查职责范围内工程项目的安全设施与使用情况、生产经营单位作业场所职业卫生、重大危险源、重大事故隐患的整改；组织拟订安全生产科技规划、科研和技术示范工作；组织实施注册安全工程师执业资格制度；组织开展与外国政府、国际组织及民间组织安全生产方面的国际交流与合作；承办国务院、国务院安全生产委员会交办的其他事项。二、内设机构。根据上述主要职责，国家安全生产监督管理总局设9个职能机构：办公厅（国际合作司、财务司）、政策法规司、规划科技司、安全生产协调司（国家安全生产监察专员办公室、职业安全监督管理司）、安全生产应急救援办公室、监督管理一司（海洋石油作业安全办公室）、监督管理二司、危险化学品安全监督管理司、人事培训司以及相关直属企事业单位。

国家安全生产监督管理机构的调整和设置，充分体现了党中央、国务院对安全生产工作的高度重视，是进一步提高政府安全监察权威性的重要举措，也是进一步加强安全生产工作的重要举措。

55.铁路运输安全保护条例

2004年12月22日，国务院发布《铁路运输安全保护条例》（以下简称《条例》），自2005年4月1日起施行。《条例》是全国第一个有关铁路运输安全方面的行政法规。

20世纪80年代以来，我国陆续出台了《铁路法》等多项铁路法律法规，对保障铁路运输安全起到了重要作用。但随着改革开放不断深入、铁路网规模快速扩充、高速铁路大量投产运营，铁路安全面临着更大的挑战，对铁路安全管理提出了更高要求。为适应新形势新要求，在全面加强依法治国的大背景下，《条例》的颁布实施对依法加强铁路安全管理具有积极的促进作用。

《条例》共6章103条，其主要内容如下：一、总则。明确了《条例》的制定目的、适用范围、管理方针、主管部门、有关铁路运输安全的政府职责、治安、铁路运输企业的安全管理、铁路主管部门突发事件应对及应急预案、相关单位和个人的铁路运输安全权利义务。二、铁路线路安全。规定了铁路线路安全保护区及安全距离，规范了铁路线路安全保护区内及附近区域的单位和个人生产经营行为，铁路运输企业从业人员的安全生产管理行为，铁路设备设施的安全维护及技术保障。三、铁路营运安全。明确规定铁路机车、铁路道岔及其转辙设备、铁路通信信号控制软件及控制设备、铁路牵引供电设备以及相关铁路专用设备、器材工具等的设计、生产、管理、运用、维护等必须符合国家相关安全标准，规定了铁路运输企业安全管理制度、从业人员安全资质、旅客及行李安保制度、危险货物铁路运输承运人及托运人从业条件、申办程序、营运要求等内容。四、社会公众的义务。明确规定了单位或个人有关铁路运输安全的行为规范。五、监督检查。明确了铁路主管部门及铁路管理机构有关铁路安全的权责、工作内容，规定了铁路运输安全事故的报告及处置。六、法律责任。明确规定了铁路管理机构对单位或个人违反铁路运输安全规定的惩处范围，以及铁路主管部门、铁路管理机构、公安机关、县级以上地方人民政府及相关部门就铁路运输安全相关条款违规违法的惩处内容。七、附则。

《条例》是一部专门规范铁路运输安全管理、全面保护铁路运输安全的国务院行政法规；也是在铁路运输安全管理领域推进依法行政的重大举措；是实现铁路跨越式发展的重要法规保障。《条例》适应了当前铁路改革发展的新形势，针对铁路运输的特点和安全生产管理存在的突出问题，制定了一系列重要的运输安全保护制度、市场准入制度和监督管理制度，加大了对铁路运输安全的保护力度和监管力度，为全面加强和规范铁路运输安全工作确立了必须遵循的行为准则，为有效遏制各种危害铁路运输安全的不法行为提供了强有力的法律武器，为充分发挥社会各方面的积极作用，强化铁路安全综合治理奠定了良好的法制基础。

56.国务院《关于预防煤矿生产安全事故的特别规定》

为了及时发现并排除煤矿安全生产隐患，落实煤矿安全生产责任，预防煤矿生产安全事故发生，保障职工的生命安全和煤矿安全生产，2005年9月3日，国务院发布实施《关于预防煤矿生产安全事故的特别规定》（以下简称《特别规定》）。

近年来，尽管煤矿安全生产工作取得了长足进步，但全国煤矿安全生产形势依然严峻，存在的问题仍很突出：煤矿生产安全事故特别是重特大事故频发，瓦斯爆炸事故数量居高不下，小煤矿成为事故多发重灾区，安全生产基础薄弱，少数地方监管执法不力。据此，国务院决定发布实施《特别规定》。

《特别规定》共28条，其主要内容如下：明确了制定该规定的目的、适用范围、煤矿生产安全事故责任制、地方政府及煤矿安全监察机构的权责；规定了煤矿生产经营的许可制度和从业资格要求、违反许可制度的惩处、非法煤矿的监管及惩处；规定了煤矿安全设备、设施和条件应符合国家标准、行业标准，并有防范生产安全事故发生的措施和完善的应急处理预案；明确了煤矿停产整顿的15类重大安全生产隐患，要求煤矿企业应建立安全生产隐患排查、治理和报告制度，以及监管机构的职责和惩处内容。规范了被责令停产整顿的煤矿企业整改和恢复生产的活动内容，地方政府和监管部门的行为规范；对提请关闭的煤矿，地方政府及安全监管部门按照程序组织实施。煤矿企业从业人员应定期进行安全生产教育和培训、建立培训档案、持证上岗，煤矿安全监管部门负责监督检查、提出惩处整改意见。国家公务人员和国有企业负责人不得违反国家规定投资入股煤矿，违规违法行为根据情节轻重，依法追究责任；煤矿企业负责人和生产经营管理人员按国家规定轮流带班下井，并建立下井登记档案；规范了煤矿企业职工安全手册的发放及内容；上述违法违规行为的惩处。

煤炭是国家经济建设的基础能源和重要工业原料，关系到国民经济发展全局。为了保护煤矿职工生命安全，实现煤炭工业的持续稳定健康发展，针对当前煤矿安全生产中存在的突出问题，为了把预防煤矿生产安全事故进一步纳入法制化轨道，及时发现并排除煤矿安全生产隐患，落实煤矿安全生产责任，保障职工的生命安全和煤矿的安全生产，《特别规定》把煤矿安全生产的关口前移，狠抓事故预防，通过发现隐患，排除隐患，达到消灭事故的目的，是国务院为遏制煤矿事故多发而采取的一项重要举措。

57. 易制毒化学品管理条例

2005年8月26日，国务院发布《易制毒化学品管理条例》（以下简称《条例》），自2005年11月1日起施行。

自20世纪90年代以来，随着合成毒品滥用问题的不断发展蔓延，我国易制毒化学品流入非法渠道用于制毒问题也日益严重，主要表现为易制毒化学品流入国内地下毒品加工厂问题严重，流入"金三角"地区的易制毒化学品不断增加，胡椒基甲基酮、苯基丙酮等走私大案时有发生，用于制造冰毒的易制毒化学品走私到东南亚地区成为新的趋势。此外，麻黄素片被走私到俄罗斯和醋酸酐可能走私到"金新月"地区的潜在危险也值得关注。据此，为了全面加强对易制毒化学品的管理，经过近8年的反复修改和论证，《易制毒化学品管理条例》正式发布实施。

《条例》共8章45条，主要内容如下：一、总则。明确了《条例》的目的、适用范围、分类管理和许可证制度、主管部门的职责，规范了易制毒化学品的生产、经营、购买、运输和进口、出口等的行为和惩处原则。二、生产、经营管理。明确了申请生产、经营第一类易制毒化学品应具备的条件、审批制度和审批程序；生产经营第二类、第三类易制毒化学品的，实行报备制度，企业应将生产经营状况向所在地的县级及以上人民政府安全生产监督管理部门备案。三、购买管理。明确了申请购买第一类易制毒化学品，实行购买许可证和审批制度，个人不得购买第一类、第二类易制毒化学品；购买第二类、第三类易制毒化学品的，实行县级人民政府公安机关备案制度。规范了经营单位的易制毒化学品销售台账制度及当地公安机关备案制度。四、运输管理。明确规定运输第一、第二类易制毒化学品的公安机关审批制度和易制毒化学品运输许可证制度，运输第三类易制毒化学品的公安机关备案制度；规范了申请易制毒化学品运输的许可条件、审批程序、运输行为规范；同时明确了因疾病需随身携带第一类中的药品类易制毒化学品药品制剂的规定。五、进口、出口管理。明确了申请进出口易制毒化学品应具备的条件、行政许可、审批制度、国际核查制度、海关申报和监管制度。六、监督检查。明确了监管部门的权利职责、依法收缴查获的易制毒化学品保管回收和销毁制度，规范了易制毒化学品生产经营单位的责任与义务，主管部门和监管部门的行政处罚、部门之间的通报和交流机制。七、法律责任。明确规定，未经许可或者备案擅自生产、经营、购买、运输易制毒化学品，伪造申请材料骗取易制毒化学品许可证，使用他人的或者伪造、变造、失效的许可证，以及走私、违反监管规定等行为的惩处和责任追究。八、附则。

《条例》是我国第一部全面规范易制毒化学品生产、经营、购买、运输和进口、出口行为的重要行政法规，对于进一步依法严格易制毒化学品管理，保障合法的生产经营活动，防止流入非法渠道用于制造毒品，从源头上减少毒品生产，降低毒品危害，起到十分重要的作用；完善了易制毒化学品管理法律体系，为打击易制毒化学品违法犯罪活动提供了法律依据；落实了管理职责，明确了管理措施，加大了处罚力度，全面规范了管理部门的执法行为和企业的生产经营活动。《条例》的颁行有利于科学分配监管力量，合理调整监管重心，提高执法效能，有效遏制制贩毒犯罪活动，全面推动禁毒工作；有利于加强企业自律，促使其合法生产经营。

58.松花江水环境污染事件

2005年11月13日，中国石油天然气股份有限公司吉林石化分公司（以下简称"中石油吉林石化分公司"）双苯厂硝基苯精馏塔发生爆炸，造成8人死亡，60人受伤，直接经济损失6908万元，并引发松花江水污染事件。国务院事故及事件调查组经过深入调查、取证和分析，认定中石油吉林石化分公司双苯厂"11·13"爆炸事故和松花江水污染事件，是一起特大安全生产责任事故和特别重大水污染责任事件。

中石油吉林石化分公司是集炼油、烯烃、合成树脂橡胶、合成氨/合成气于一体的特大型综合性石油化工生产企业，前身是吉林化学工业公司（简称"吉化"），是国家"一五"期间兴建的以"三大化"为标志的全国第一个大型化学工业基地。1998年，吉化集团公司划归中国石油天然气集团公司管理；1999年，重组为中石油吉林石化分公司和吉化集团公司。公司现有主要化工生产装置48套，主要产品46种，是目前国内最大的丙烯腈、三羟甲基丙烷、甲基丙烯酸甲酯生产基地，年产化工实物总量达66万吨。

2005年11月13日10时10分，因苯胺二车间硝基苯精馏塔塔釜蒸发量不足、循环不畅，值班工人停止硝基苯初馏塔和硝基苯精馏塔进料，排放硝基苯精馏塔塔釜残液，降低塔釜液位。在进行该项操作前，因违反规程，操作错误，导致进料温度升高，超出温控临界值。11时35分左右，值班工人回到控制室发现超温，关闭了进料预热器蒸汽阀，进料温度下降至正常值。13时21分，在组织进料时再次错误操作，未按"先冷后热"原则执行，进料预热器温度再次超过临界值。13时34分，硝基苯初馏塔和硝基苯精馏塔相继发生爆炸。5次爆炸造成装置内2个塔、12个罐及部分管线、罐区围堰破损，大量物料除爆炸燃烧外，在短时间内通过装置周围的雨排水口和清净下水井由东10号线进入松花江，引发了重大水污染事件。

国务院事故及事件调查组认定：一、爆炸事故的直接原因：硝基苯精制岗位外操人员违反操作规程，在停止粗硝基苯进料后，未关闭预热器蒸气阀门，导致预热器内物料气化；恢复硝基苯精制单元生产时，再次违反操作规程，先打开了预热器蒸汽阀门加热，后启动粗硝基苯进料泵进料，引起进入预热器的物料突沸并发生剧烈振动，使预热器及管线的法兰松动、密封失效，空气吸入系统，由于摩擦、静电等原因，导致硝基苯精馏塔发生爆炸，并引发其他装置、设施连续爆炸。二、爆炸事故的主要原因：中石油吉林石化分公司及双苯厂对安全生产管理重视不够、对存在的安全隐患整改不力，安全生产管理制度存在漏洞，劳动组织管理存在缺陷。三、污染事件的直接原因：双苯厂没有在事故状态下防止受污染的"清净下水"流入松花江的措施，爆炸事故发生后，未能及时采取有效措施，防止泄漏出来的部分物料和循环水及抢救事故现场消防水与残余物料的混合物流入松花江。四、污染事件的主要原因：（一）中石油吉林石化分公司及双苯厂对可能发生的事故会引发松花江水污染问题没有进行深入研究，有关应急预案有重大缺失；（二）吉林市事故应急救援指挥部对水污染估计不足，重视不够，未提出防控措施和要求；（三）中国石油天然气集团公司和股份公司对环境保护工作重视不够，对吉林石化分公司环保工作中存在的问题失察，对水污染估计不足，重视不够，未能及时督促采取措施；（四）吉林市环境保护局没有及时向事故应急救援指挥部建议采取措施；（五）吉林省环境保护局对水污染问题重视不够，没有按照有关规定全面、准确地报告水污染程度；（六）国家环境保护总局在事件初期对可能产生的严重后果估计不足，重视不够，没有及时提出妥善处置意见。

国务院同意国家环境保护总局负责人辞职，给予中国石油天然气集团公司分管领导行政记过处分，给予中石化吉林石化分公司负责人、吉化分公司双苯厂厂长等9名企业责任人员行政撤职、行政降级、行政记大过、撤销党内职务、党内严重警告等党纪政纪处分；同意给予吉林省环境保护局负责人行政记大过、党内警告处分，给予吉林市环境保护局负责人行政警告处分。

59.中华人民共和国工业产品生产许可证管理条例

2005年6月29日,国务院发布《中华人民共和国工业产品生产许可证管理条例》(以下简称《条例》),自2005年9月1日起施行。

改革开放以来,随着社会主义市场经济的发展,工业企业取得长足进步,但产品质量参差不齐,恶性质量事故频发。自20世纪80年代以来,国务院有关部门针对部分工业产品实施生产许可证管理制度。随着国家对食品安全问题的重视,实施食品质量安全市场准入制度也纳入立法范畴,2004年国家质量监督检验检疫总局启动了13类食品工业产品生产许可证管理工作。在此基础上,国家制定和颁发了《条例》。

《条例》共7章70条,其主要内容如下:一、总则。明确了条例制定的目的、适用范围、主管部门权责及产品目录编录、评价、调整等管理原则。二、申请与受理。规范了企业生产许可证的申办条件、列入目录产品生产许可证的具体要求等。三、审查与决定。明确了工业产品生产许可证主管部门对企业的审查内容、程序、要求及时限,核查人员的审核资格、工作要求,检验机构和检验人员工作原则、工业产品生产许可证主管部门的审批决定,生产许可证的时限、重审规定,以及听证要求和社会公告。四、证书和标志。规范了许可证证书的体例格式、补领要求,企业的变更及注销手续,企业产品的生产许可证标注及要求。五、监督检查。明晰了各级工业产品生产许可证主管部门的权责及工作要求,规范了核查人员、检验机构及检验人员的权责义务,受检企业的权利义务。六、法律责任。规范了企业有关生产许可证的申办、生产、经营、销售过程中违规违法行为及处罚内容,明晰了承担发证产品检验工作的检验机构及检验人员在从事与其检验的列入目录产品相关的生产、销售活动中的违规违法行为及处罚内容,明确了工业产品生产许可证主管部门及工作人员的违规违法行为及处罚内容。七、附则。规定了工业产品生产许可证的行政收费、生产许可证的审查及个体工商户相关的生产经营行为。

工业产品生产许可证制度,是保证直接关系公共安全、人体健康、生命财产安全的重要工业产品质量安全的行政许可制度。通过实施该制度,有助于保证重要工业产品质量安全,有利于贯彻国家产业政策、加快经济结构调整,引导企业提高资源利用率,促进产业升级,并有助于社会主义市场经济健康协调发展。

60.中华人民共和国农产品质量安全法

2006年4月29日,全国人大常委会审议通过了《中华人民共和国农产品质量安全法》

(以下简称《农产品质量安全法》)。

近年来,全球数亿人因为摄入污染的食品和饮用水而生病。2004年,我国卫生部通报的381起重大食物中毒事件中,由有毒动植物引起的有140起,占37%,中毒1466人。"民以食为天,食以安为先。"全国人民代表大会常务委员会虽已制定了食品卫生法和产品质量法,但食品卫生法不调整种植业、养殖业等农业生产活动;产品质量法只适用于经过加工、制作的产品,不适用于未经加工、制作的农业初级产品。为了从源头上保障农产品质量安全,维护公众的身体健康,促进农业和农村经济的发展,有必要制定专门的农产品质量安全法。在中央的高度重视和各有关方面的共同努力下,《农产品质量安全法》得以顺利出台。

《农产品质量安全法》共分8章56条。第一章是总则,对农产品的定义,农产品质量安全的内涵,法律的实施主体,农产品质量安全风险评估、风险管理和风险交流,农产品质量安全信息发布,安全优质农产品生产,公众质量安全教育等方面作出了规定;第二章是农产品质量安全标准,对农产品质量安全标准体系的建立,农产品质量安全标准的性质,农产品质量安全标准的制定、发布、实施的程序和要求等进行了规定;第三章是农产品产地,对农产品禁止生产区域的确定,农产品标准化生产基地的建设,农业投入品的合理使用等方面作出了规定;第四章是农产品生产,对农产品生产技术规范的制定、农业投入品的生产许可与监督抽查、农产品质量安全技术培训与推广、农产品生产档案记录、农产品生产者自检、农产品行业协会自律等方面进行了规定;第五章是农产品包装和标识,对农产品分类包装、包装标识、包装材质、转基因标识、动植物检疫标识、无公害农产品标志和优质农产品质量标志作出了规定;第六章是监督检查,对农产品质量安全市场准入条件、监测和监督检查制度、检验机构资质、社会监督、现场检查、事故报告、责任追溯、进口农产品质量安全要求等进行了明确规定;第七章是法律责任,对各种违法行为的处理、处罚作出了规定;第八章是附则。

《农产品质量安全法》提升了全社会农产品质量安全的法制水平,推动优质安全农产品的生产与消费,加强农产品质量安全依法监管,为现代农业和社会主义新农村建设提供坚实支撑。近年来,通过组织实施"无公害食品行动计划"等一系列工作,我国农产品质量安全水平有了大幅度提高。《农产品质量安全法》的出台,进一步规范了农产品产销秩序,更加有效地保证公众农产品消费安全,保障最广大人民群众的根本利益。

61.烟花爆竹安全管理条例

2006年1月21日,为了加强烟花爆竹安全管理,预防爆炸事故发生,保障公共安全和人身、财产的安全,国务院发布实施《烟花爆竹安全管理条例》(以下简称《条例》)。

我国是烟花爆竹的生产、消费和出口大国,现有生产烟花爆竹企业约7000家(截至2006年),销售企业约14万家,从业人员约150万人;烟花爆竹的产值约120亿元人民币,出口总值约3.4亿美元,产量约占世界的75%。目前,烟花爆竹生产、销售已成为我国一些地方经济发展的支柱产业。同时,烟花爆竹生产属于劳动密集型的高危行业,具有生产企业规模小、工艺设备简单、技术含量低、投资成本小、风险高等特点。近年来,由于一些地方忽视对烟花爆竹的安全管理,致使烟花爆竹安全事故时有发生。据有关部门统计,自1985年到2005年11月,全国各地累计发生烟花爆竹安全事故8532起,死亡9349人,每年平均发生事故406起,死亡445人。随着禁放改为限制燃放或者完全放开,这将使烟花爆竹市场需求大量增加,安全隐患也随之增加。为了预防烟花爆竹安全事故,切实保障公共安全和人身、财产安全,有必要通过制定《烟花爆竹安全管理条例》完善现行法律制度,依法加强对烟花爆竹的安全管理。

《条例》共7章46条,分总则、生产安全、经营安全、运输安全、燃放安全、法律责任及附则,其主要内容如下:一、总则。明确了制定《条例》的目的、适用范围、实行许可证制度,规定了烟花爆竹的生产监管、公共安全以及质监等部门的权责,对烟花爆竹生产、经营、运输企业和焰火燃放行为予以规范。二、生产安全。明确了烟花爆竹企业的开办条件、申办程序和要求,规定烟花爆竹生产企业采用安全生产许可证审批制度,要求企业生产的种类、从业人员资格准入、原料及产品的购买领用和销售登记、包装等必须配套有安全技术保障措施。三、经营安全。烟花爆竹的经营分为批发和零售,烟花爆竹企业经营布点须经安监部门审批。规定了烟花爆竹批发零售企业的经营条件、申办程序和要求并实行许可制度,规范了烟花爆竹批发零售企业的经营行为。四、运输安全。规定道路运输烟花爆竹的行政许可,明确了运输申请条件、行政审批及相关运输安全规定。五、燃放安全。明确了燃放烟花爆竹的相关规定及禁止地点,规范了焰火燃放活动的分类分级管理、申请条件、燃放作业要求及监管。六、法律责任。明确和规范了安全生产监管、公安、质量检验、工商行政管理等部门对烟花爆竹生产经营企业的原料采购、生产、运输、经营、燃放、储存等违规违法行为的惩处范围和具体内容。七、附则。明确了各类许可证的制式和条例实施日期。

62.濒危野生动植物进出口管理条例

2006年4月29日,国务院发布《濒危野生动植物进出口管理条例》(以下简称《条例》),自2006年9月1日起施行。

《条例》共28条,对濒危野生动植物及其产品进出口的主管部门、国家濒危物种进出口管理机构的地位,主管部门批准进出口和国家濒危物种进出口管理机构核发允许进出口证明书的条件、审批程序、审批期限,以及进出口濒危野生动植物及其产品应当遵守的各种规定、违反规定发放批准文件或者允许进出口证明书应当承担的法律责任等等,作了明确的规定。

《条例》明确规范了濒危野生动植物进出口管理工作中的相关行为。如《条例》规定了两个方面的适用范围:一是进口或者出口《濒危野生动植物种国际贸易公约》限制进出口的濒危野生动植物及其产品;二是出口国家重点保护的野生动植物及其产品。根据《条例》,禁止进口或者出口公约禁止以商业贸易为目的进出口的濒危野生动植物及其产品,因科学研究、驯养繁殖、人工培育、文化交流等特殊情况,需要进口或者出口的,应当经国务院野生动植物主管部门批准;按照有关规定由国务院批准的,应当报经国务院批准。

《条例》还规定进出口濒危野生动植物及其产品时向海关提交允许进出口证明书,接受海关监管;应当凭允许进出口证明书向出入境检验检疫机构报检,并接受检验检疫。同时,明确了进出口濒危野生动植物及其产品应当提交的申请材料,以及进出口濒危野生动植物及其产品时,被许可人应当按照允许进出口证明书规定的种类、数量、口岸、期限完成进出口活动。

《条例》是继《野生动物保护法》、《森林法》、《野生植物保护条例》等法律法规后,我国制定发布的一部专门规范濒危野生动植物及其产品进出口管理活动的重要行政法规。这部法规的施行,标志着我国野生动植物进出口管理工作全面步入法制化轨道,改变了我国濒危物种进出口管理无法可依的局面,对维护野生动植物国际贸易秩序,加强濒危野生动植物的保护管理,提高我国的履约能力和国际地位,维护人民群众的合法权益,产生了深远影响。

63.民用爆炸物品安全管理条例

2006年5月10日,为了加强对民用爆炸物品的安全管理,预防爆炸事故发生,保障公民生命、财产安全和公共安全,国务院发布《民用爆炸物品安全管理条例》(以下简称《条例》),自2006年9月1日起施行。

由于爆炸器材是一种高度危险的特种产品,新中国成立以来对爆炸相关的生产、销售一直被视同军品管理,实行严格的计划管理体制,市场经济体系发育较晚。随着世界性的"反恐"行动的加强,各国政府主管部门对爆炸物品的安全管理愈加重视,管理要求愈加严格。我国与爆炸相关的行业管理职能交叉,随着市场需求加大,在原材料采购、爆炸物品生产、运输、储存、使用、销售等环节，存在一定的漏洞，各类事故发生频繁。

《条例》共8章55条，其主要内容如下：一、总则。明确了《条例》制定的目的、适用范围、行政许可、安全监管部门权责、民用爆炸物品从业单位的安全责任制度及管理制度、从业资格，要求国家建立民用爆炸物品信息管理系统，保障单位或个人的举报权及鼓励创新研发。二、生产。明确了申请民用爆炸物品生产企业的资格条件、申请程序、行政审批、行政许可等内容，规范了民用爆炸物品生产企业的生产、警示标识、登记标识、产品检验制度等行为规范。三、销售和购买。明确了民用爆炸物品销售企业的申办条件、申请程序、行政许可，规定了民用爆炸物品使用单位购买民用爆炸物品的申请材料、行政许可审批，规范了销售、购买民用爆炸物品的备案和审批。四、运输。明确了民用爆炸物品的运输申请条件、申请程序、行政许可及运输规定。五、爆破作业。明确了从事爆破作业单位的申办条件、申请程序、行政许可审批、从业人员资格许可、爆破作业单位的分类分级管理、爆破作业的申请与审批、爆破作业安全管理。六、储存。明确了民用爆炸物品的储存列规定、民用爆炸物品的储存条件和管理。七、法律责任。规定了非法制造、买卖、运输、储存民用爆炸物品；在生产、储存、运输、使用民用爆炸物品中发生重大事故，造成严重后果；未经许可生产、销售民用爆炸物品；未经许可购买、运输民用爆炸物品或者从事爆破作业；违规经由道路运输民用爆炸物品等违规违法行为的处罚范围和内容。八、附则。明确了各类许可证的式样和实施期限。

《条例》的颁布实施，适应我国经济体制、政治体制改革的需要，对打破国内行政管理体制的职能交叉，强化行政管理部门对爆炸物品的管理职能、业务、专业化管理能力具有积极推进作用。

64.监察部等《安全生产领域违法违纪行为政纪处分暂行规定》

2006年11月，监察部、国家安全生产监督管理总局联合发布实施《安全生产领域违法违纪行为政纪处分暂行规定》（以下简称《暂行规定》）。

安全生产关系人民群众的生命财产安全，关系改革发展和社会稳定大局。党和政府始终高度重视安全生产，近年来采取一系列强有力的措施加强安全生产工作。经过各方面的共同努力，全国安全生产状况总体稳定，趋于好转。但形势依然十分严峻，煤矿、金属非金属矿山、道路交通、危险化学品、烟花爆竹、建筑施工等领域伤亡事故多发的状况尚未根本扭转，给人民群众生命财产造成重大损失。中央纪律检查委员会第六次全会、国务院第四次廉政工作会议都把查处安全生产领域的腐败行为作为解决损害群众切身利益的突出问题，纳入了党和政府反腐败工作的总体部署。

为严肃查处安全生产领域违法违纪行为，加大责任追究力度，明确定性量纪标准，根据党和国家领导指示，监察部和国家安全生产监督管理总局进行了《暂行规定》的研究起草工作。在广泛调研，征求国务院有关部门，各省（区、市）纪律检查委员会、监察厅（局），中央纪律检查委员会各派驻纪律检查组、监察部各派驻监察局，全国安监煤监系统，部分地方政府和相关部门及企事业单位意见的基础上，数易其稿，制定《暂行规定》。

《暂行规定》共21条，其主要内容如下：一、制定目的、立法依据、适用范围。二、明晰了国家行政机关及其公务人员违反安全生产领域相关法规的行为及惩处内容。三、明确了国有企业及其工作人员违反安全生产领域相关法规或导致生产安全事故的行为及惩处内容。四、规范了承担安全评价、培训、认证、资质验证、设计、检测、检验等工作的机构及其工作人员，违反安全生产领域相关法规的行为惩处内容。五、对法律、法规授权的具有管理公共事务职能的组织以及国家行政机关依法委托的组织及其工作人员有安全生产领域违法违纪行为，应当给予处分的，参照本规定执行。六、有安全生产领域违法违纪行为，需要给予组织处理的，依照有关规定办理。七、有安全生产领域违法违纪行为，涉嫌犯罪的，移送司法机关依法处理。

《暂行规定》的颁布实施，是在安全生产领域严厉惩治违法违纪行为所采取的重大举措，充分体现了党和政府对人民群众生命安全的高度负责和严肃查处安全生产领域违法违纪行为的坚强决心。《暂行规定》不仅是从源头上加强安全生产工作的重大举措，也是在安全生产领域深入开展反腐败斗争的迫切要求。尤其对安全生产监管、煤矿安全监察系统来说，是强化安全监督执法的一把利剑，将有利于规范安全执法行为，有利于打击失职渎职和权钱交易、官商勾结等腐败行为，有利于从源头上防范生产安全事故的发生。

65.国务院《关于加强食品等产品安全监督管理的特别规定》

2007年7月25日，国务院发布实施《关于加强食品等产品安全监督管理的特别规定》（以下简称《特别规定》）。

我国有关部门对产品质量监测的数据表明，通过各级政府、各部门和广大企业的不懈努力，我国原材料和装备类产品质量大幅度提升，消费类产品质量和档次大幅度提高，家用电器等产品达到国际先进水平。与人民群众生活密切相关的食品类国家监督抽查合格率达到90%以上，出口食品合格率达到99%以上。这反映了我国产品质量安全的总体水平在稳步提高。但当前我国在产品质量方面还存在不少问题：部分产品档次低，可靠性不强，产品标准水平偏低；企业逃避监管现象严重，制假售假屡禁不止，一些出口企业诚信度差，违法违规形象屡有发生；产品质量监管部门职能交叉和管理真空没有得到根本解决；现行法律、行政法规对生产经营者的违法行为处罚力度太弱，企业违法成本偏低；监督管理部门监管不得力等。为了给食品等产品安全监管提供更有针对性、更具有可操作性和更有力的法律保障，国务院法制办公室起草了《特别规定》。

《特别规定》共20条，根据该规定，生产经营者应当对其生产、销售的产品安全负责，不得生产、销售不符合法定要求的产品；生产者生产产品所使用的原料、辅料、添加剂、农业投入品，应当符合法律、行政法规的规定和国家强制性标准；销售者必须建立并执行进货检查验收制度，审验供货商的经营资格，验明产品合格证明和产品标识等。《特别规定》的总体思路为：一是对现有法律、行政法规有关产品安全进行了补充和完善。二是明确了产品安全责任主体的责任和各产品安全监督主体的责任。三是强化了产品安全监督管理的力度。四是突出了预防为主的基本原则。

《特别规定》的出台，联合《食品安全法》、《农产品质量安全法》、《乳品质量安全监督管理条例》和《农业转基因生物安全管理条例》等法律，进一步完善了我国的食品安全法律制度，加大了对食品、药品、使用农产品等与人体健康和生命安全有关的产品进出口的监管力度，对于全面加强和改进食品安全工作，依法规范食品生产经营活动，切实增强食品安全监管工作的规范性、科学性、有效性，保障人民群众身体健康与生命安全具有重大意义。

66.开展整治非法用工打击违法犯罪专项行动

2007年6月，国务院办公厅转发劳动保障部、公安部、监察部、民政部、国土资源部、卫生部、国家工商行政管理总局、国家安全生产监督管理总局和全国总工会《关于开展整治非法用工打击违法犯罪专项行动方案》（以下简称《专项行动方案》），决定联合开展整治非法用工，打击违法犯罪的专项行动。

对近年来特别是2007年发生在山西部分地区的无合法证照小砖窑非法用工事件，党中央、国务院领导高度重视，作出重要批示，专门进行研究部署。据此，国务院办公厅转发了劳动保障部等9部门制定的《专项行动方案》，决定在全国范围内以小砖窑、小煤矿、小矿山、小作坊为重点，开展为期两个月的整治非法用工、打击违法犯罪专项行动。

根据《专项行动方案》，整治非法用工打击违法犯罪专项行动，包括以下主要内容和要求。一、全面排查，重点打击非法用工和违法犯罪行为。要求各地区、各有关部门组成联合执法检查组，明确工作区域和工作责任，对所辖区域内的乡村小砖窑、小煤矿、小矿山、小作坊等进行全面排查，发现问题，依法严肃处理。为专项行动中发现的受害人提供救援和帮助，做好医疗救治、工资兑现和经济补偿等工作，认真核实受害人员情况，确保他们安全顺利返乡。二、分工负责，落实责任。明确了劳动保障部门、公安部门、工商行政管理部门、国土资源部门、安全生产监管部门、卫生部门、监察机关、工会组织等在专项行动中的职责。三、加强组织领导，强化执法检查。由劳动保障部牵头，公安部、监察部、民政部、国土资源部、卫生部、国家工商行政管理总局、国家安全生产监督管理总局、全国总工会参加，组成整治非法用工、打击违法犯罪专项行动领导小组，领导小组办公室设在劳动保障部。地方各级人民政府也要成立相应机构，按照本方案的要求，研究制定本地区专项行动的目标任务、工作部署。四、强化法制宣传教育，搞好舆论引导。普及企业经营、劳动保障、未成年人保护、刑法等法律法规知识，努力在全社会营造维护劳动者合法权益的氛围。五、建立长效机制，切实提高基层政府的公共管理能力。地方各级人民政府要对专项行动中发现的问题，及时进行分析，总结经验教训，完善制度，建立长效机制，提高政府管理能力。六、专项行动结束后，各地要及时进行总结，并将书面材料于2007年8月31日报劳动保障部。

整治非法用工、打击违法犯罪，关系到维护人民群众特别是未成年人的合法权益，关系到维护国家法制权威，关系到社会稳定和社会主义和谐社会建设，关系到国家的形象和声誉。通过开展专项行动，体现了对人民群众高度负责的政治责任感，有助于依法惩处违法犯罪分子，有助于维护公民的基本权利和社会公平正义。

67.开展安全生产隐患排查治理专项行动

2007年5月12日，国务院办公厅发出《关于在重点行业和领域开展安全生产隐患排查治理专项行动的通知》（以下简称《通知》），要求各地区各行业积极组织、制定方案、大力宣教、层层落实，认真开展安全生产隐患排查治理活动。

2007年以来，全国安全生产继续保持了总体稳定、趋于好转的发展态势，1—4月全国各类伤亡事故起数和死亡人数比往年同期均有一定幅度下降。但煤矿、非煤矿山、冶金、危险化学品、烟花爆竹、建筑施工、道路交通、水上交通等行业和领域事故隐患仍然大量存在，一些重大危险源尚未得到有效治理和监控，重特大事故时有发生，全国安全生产形势依然严峻。为进一步加强安全生产工作，以良好的安全生产环境迎接中国共产党第十七次全国代表大会胜利召开，经国务院同意，决定在全国重点行业和领域开展安全生产隐患排查治理专项行动。

《通知》对开展安全生产隐患排查治理专项行动作出如下安排：一、工作目标。建立重大危险源监控机制和重大隐患排查治理机制及分级管理制度。二、对象和范围。高危行业领域的各类生产经营单位（工矿企业，交通运输企业，渔业、农机、水利等单位，人员密集场所,以及其他行业和领域近年来发生重特大事故的单位);检查地方各级人民政府的安全监管责任落实情况和打击非法建设、生产和经营的情况。三、实施步骤。分五个阶段,安排部署阶段、企业自查自改阶段、地方政府督促检查阶段、国务院安全生产委员会督查阶段、各单位"回头看"再检查阶段。四、工作要求。加强领导,落实责任;突出重点,强化督导;广泛发动,群防群治;立足当前,着眼长远;广泛宣传,舆论监督。

在全国重点行业和领域开展安全生产隐患排查治理专项行动,对企业开展分级分类管理,是安全生产管理理念、监管机制、监管手段的创新和发展,对于促进企业由被动接受安全监管向主动开展安全管理转变,由政府为主的行政执法排查隐患向企业为主的日常管理排查隐患转变,从治标的隐患排查向治本的隐患排查转变,实现安全隐患排查治理常态化、规范化和法制化,推动企业安全生产工作,建立健全安全生产长效机制,把握事故防范和安全生产工作的主动权具有重要意义。

68.建立重特大生产安全事故责任追究部际联席会议制度

为加强重特大生产安全事故责任追究工作的沟通协调,严厉打击生产安全事故涉及的刑事犯罪和瞒报、逃匿等违法行为,依法依纪严肃处理事故责任人,2007年9月,根据国务院批复,同意由监察部牵头,建立重特大生产安全事故责任追究沟通协调工作部际联席会议制度。

宏观方面,2008年是全面贯彻落实中国共产党第十七次全国代表大会作出的战略部署的第一年,也是改革开放30周年,同时北京还要举办奥运会。因此加强安全生产工作,建立联席会议制度,意义特殊,责任重大。微观方面,随着《安全生产领域违法违纪行为政纪处分暂行规定》颁布、隐患排查和非法用工等各项专项治理工作的推进,要求各有关部门必须认真做好安全生产事故调查处理工作,加大对安全生产领域违法违纪行为的党纪政纪追究力度。鉴于此,为着力推动安全生产状况持续稳定好转,为保障人民生命财产安全、维护社会和谐稳定,有必要建立重特大生产安全事故责任追究沟通协调工作部际联席会议制度。

联席会议由监察部、公安部、司法部、国家安全生产监督管理总局和最高人民法院、最高人民检察院等6个成员单位组成,监察部为联席会议牵头单位。重特大生产安全事故责任追究沟通协调工作部际联席会议制度的基本工作内容如下:一、主要职责。掌握全国重特大生产安全事故责任追究情况,协调解决责任追究工作中遇到的重大问题;研究制订贯彻落实安全生产法律法规和党中央、国务院关于生产安全事故调查处理方面决策部署的措施,向国务院提出相关工作建议;组织对各地重特大生产安全事故责任追究的落实情况进行检查,督促落实对事故责任人的责任追究决定和建议;承办国务院交办的重特大生产安全事故责任追究工作的其他事项。二、成员单位。联席会议由监察部、公安部、司法部、国家安全生产监督管理总局和最高人民法院、最高人民检察院组成,监察部为牵头单位。监察部负责同志担任联席会议召集人,各成员单位有关负责同志为联席会议成员。三、工作规则和要求。联席会议每年召开一次例会,因工作需要也可以临时召开;联席会议最终决议事项以会议纪要形式印发并抄报国务院;联席会议办公室每半年召开一次联络员会议,因工作需要也可以临时召开,通报重特大生产安全事故情况,研究分析责任追究工作中的有关问题,协调具体事项;各成员单位落实涉及本部门(单位)的工作任务和议定事项,相互支持配合,及时处理责任追究中需要跨部门协调解决的问题,加强信息交流,形成工作合力,共同做好重特大生产安全事故责任追究工作。

联席会议制度的建立,第一,加强了行政机关与司法机关在事故责任追究中的协作配合,有助于进一步细化涉罪案件的移送制度和调查情况的通报制度;第二,加大了对涉及生产安全事故的刑事犯罪和瞒报、逃匿等违法行为的查处力度,有利于依法依纪严肃处理事故责任人;第三,联席会议中的各成员单位加强了沟通协调,提高了办案效率,有助于进一步做好司法处理与纪律处分的衔接工作,避免出现责任追究的"空档"和"盲区";第四,加强了对重特大事故责任追究落实情况的专项检查,及时发现和纠正工作中存在的问题,保证了对重特大事故的党政纪处分、行政处罚和刑事追究都能落到实处,实现法律效果和社会效果的统一。

69.生产安全事故报告和调查处理条例

2007年3月28日,国务院发布《生产安全事故报告和调查处理条例》(以下简称《条例》),自2007年6月1日起施行。

随着社会经济发展,企业所有制呈现多元化态势,国内安全生产监管体制发生变化、权责交叉,各级政府监管职责需要不断改进和加强,原有的《特别重大事故调查程序暂行规定》和《企业职工伤亡事故报告和调查处理规定》在实际执行过程中,部分条款亟待调整和改进。据此,自2003年起,在国务院相关领导关注下,原国家安全生产监督管理局着手把事故报告和调查处理条例列入法制建设规划中,并起草修订,经多方走访、座谈,于2007年通过本《条例》。

《条例》共6章46条,其主要内容如下:一、总则。明确了制定的目的、适用范围,规范了事故等级即特别重大事故、重大事故、较大事故和一般事故,规定了事故报告及事故调查处理原则，明晰了事故调查处理的政府层级和相关部门权责。二、事故报告。明确了事故报告的时限、安全生产相关监管部门的报告层级，规范了事故报告的体例格式、内容及补报时限内容，明晰了事故发生单位、地方人民政府、相关安全生产监管部门等的预案启动、应急响应和相关权责。三、事故调查。明确了事故调查层级、事故调查组的组成原则及人员要求，明晰了事故调查组职责和权利义务，规范了事故调查报告的提交时限、体例格式及内容。四、事故处理。明确了责任政府有关事故调查报告的批复时限，相关部门、单位开展事故处理的依据、程序和工作要求。五、法律责任。明确了延误事故抢救、迟报漏报、擅离职守的惩处内容，明晰了谎报瞒报、伪造或故意破坏事故现场、销毁有关证据资料、拒绝调查、不提供有关情况资料、伪证、事故逃匿等行为的惩处内容；规范了事故单位及负责人的罚没内容，明确了政府、有关部门以及事故调查组的违规违法行为及惩处。六、附则。

《条例》作为安全生产行政执法工作的重要组成部分，是及时准确报告事故、迅速启动应急救援，有效实施抢救以最大减少事故损失的法律依据。《条例》的颁布实施，有助于实际工作中，各级政府及相关部门依法科学地分析事故原因，查找安全生产工作漏洞，总结吸取事故教训，严肃公正地追究事故责任，提出防范措施；对落实安全生产责任，营造遵章守法的安全生产法制环境，加强安全生产工作，具有重要意义。

70.生猪屠宰管理条例

我国既是生猪生产大国，也是生猪产品消费大国，多数地区群众的日常肉食消费以猪肉为主。因此，生猪产品的质量安全，直接关系到人民群众的身体健康乃至生命安全。原《生猪屠宰管理条例》自1998年1月1日起施行以来，对于加强生猪屠宰管理，保证生猪产品质量，保障人民群众身体健康发挥了积极作用。但是，从近年来的情况看，"放心肉"问题还没有从根本上解决，生猪屠宰环节仍存在一些较为突出的问题。主要是：一些地区私屠滥宰活动屡禁不止；对生猪和生猪产品注水以及屠宰病害猪、注水猪的现象时有发生；销售、使用病害肉、注水肉等不合格生猪产品的情况还不同程度地存在；有的生猪定点屠宰厂（场）行为不够规范，甚至成为制售病害猪肉、注水肉的窝点。这些问题，既有执法不严的原因，也有原条例的一些规定不够完善的原因。因此，要切实解决人民群众吃上"放心肉"的问题，需要在进一步加强执法的同时，对条例进行有针对性的修订，明确政府及其有关部门的职责，修改、完善有关制度措施，加大对违法行为的惩处力度。2007年12月19日国务院常务会议通过《生猪屠宰管理条例》（以下简称《条例》）修订文本，2008年5月25日国务院正式发布，自2008年8月1日起施行。

新修订的《条例》共5章36条,包括总则、生猪定点屠宰、监督管理、法律责任、附则,对生猪屠宰管理工作作出了具体明确的规定。《条例》提高了生猪定点屠宰厂设置权限,建立了定点屠宰退出机制,补充了对边远和交通不便的农村地区设置小型屠宰场点的规定,进一步完善了生猪定点屠宰制度;确定了商务主管部门和卫生、工商行政管理、质量检验等部门的职责,更加明确了监管责任,补充、强化了监管手段。同时也加大了对违法行为的处罚范围和处罚力度,为商务系统更好地开展生猪屠宰管理工作提供了坚实的法律基础、依据和保障。《条例》中对屠宰地点、监督管理、法律责任进行了限制和说明,省、自治区、直辖市人民政府确定实行定点屠宰的其他动物的屠宰管理办法,由省、自治区、直辖市根据本地区的实际情况,参照本条例制定。

《条例》对加强生猪屠宰管理、保证生猪产品质量安全、保障人民身体健康都具有重要的意义。

71.乳品质量安全监督管理条例

为了进一步完善乳品质量安全管理制度,加强从奶畜养殖、生鲜乳收购到乳制品生产和销售等全过程的质量安全管理,加大对违法生产经营行为的处罚力度,加重监督管理部门不依法履行职责的法律责任,保证乳品质量安全,更好地保障公众身体健康和生命安全,2008年10月6日,国务院发布《乳品质量安全监督管理条例》(以下简称《条例》),自2008年10月9日起实施。

2008年的三鹿牌婴幼儿奶粉事件给婴幼儿的生命健康造成很大危害,给我国乳制品行业带来了严重影响。这一事件的发生,暴露出我国乳制品行业还存在一些突出的问题,如生产流通秩序混乱,一些企业诚信缺失,市场监管存在缺位,有关部门配合不够等。

《条例》共分8章64条,从三个方面规定和强化监管部门的职责和法律责任:一、明确监管部门的职责分工,并对监管部门的监督检查职责提出严格要求。二、严格领导责任。发生乳品质量安全事故,造成严重后果或者恶劣影响的,对有关人民政府、有关部门负有领导责任的负责人依法追究责任。三、明确监管部门不履行职责的法律责任。《条例》还明确了乳制品标准的制定部门,对相关标准的及时完善、修订作了规范,并对标准的具体内容作规范。《条例》明确禁止生产经营者出现的如下四种行为:在生鲜乳收购、贮存、运输、销售过程中添加任何物质;在生产过程中使用不符合乳品质量安全国家标准的生鲜乳;不符合《条例》规定的单位或者个人开办生鲜乳收购站、收购生鲜乳;未取得食品生产许可证的任何单位和个人从事乳制品生产。同时强调,要在三个方面确保婴幼儿奶粉的质量安全,强化生产企业相关责任、义务,严控中间环节,确保生鲜乳收购质量等。

《条例》明确规定，生鲜乳和乳制品应当符合乳品质量安全国家标准，乳品质量安全国家标准由卫生部组织制定；同时，又对标准进行了及时地完善、修订，规范标准的内容，其既有指导性又有针对性，内容涵盖周全，便于各地结合当地实际进行操作。《条例》明确了政府在乳制品生产和经营过程中的主要责任，使政府对乳品质量监管力度更大，政策扶持力度更强，几个监管部门的权责划分清晰，由分散到集中。有了该《条例》，政府的监管将比以前更严格、更有力，三鹿奶粉事件暴露出的乳品行业的"潜规则"也将因此减少。

72.安全生产"隐患治理年"

为切实搞好安全生产隐患治理年活动，进一步加大安全生产隐患排查治理力度，确保国内安全生产形势持续稳定，根据国务院办公厅2008年《关于进一步开展安全生产隐患排查治理工作的通知》（以下简称《通知》）要求，国务院安全生产管理委员会把2008年作为安全生产"隐患治理年"。

国务院安全生产管理委员会把2008年作为隐患治理年出于以下背景：第一，有效遏制重特大事故，需要从隐患治理抓起；第二，贯彻党的安全生产方针，加大预防工作，通过治理隐患，把事故消灭在萌芽状态；第三，确保社会安全稳定，2008年的"两会换届"、"奥运"、"改革开放三十周年"，都要求通过隐患排查治理，为社会安全稳定创造条件。截至2007年底，全国有307万家企业和单位共排查出506万条安全隐患，自改率94.3%。其中重大隐患84403条，自改率83.9%。

鉴于安全生产的主要任务和高危重点行业企业安全隐患仍然相当严重，国家安全生产监管总局要求在2008年，以煤矿等高危行业企业为重点，以治大隐患、防大事故为主，全面排查安全生产基本条件、基础设施、技术装备、作业环境，以及思想认识、工作作风、规章制度、劳动纪律、现场管理等方面存在的问题，明确提出开展安全生产隐患排查治理工作的主要内容和要求：一、工作目标。在2007年隐患排查治理专项行动基础上，狠抓隐患整改工作，推动安全生产责任制和责任追究制的落实，完善安全生产规章制度，建立健全隐患排查治理及重大危险源监控的长效机制。二、范围、内容和方式。（一）排查治理范围，各地区、各行业（领域）的全部生产经营单位。（二）排查治理内容，排查治理各生产经营单位及其工艺系统、基础设施、技术装备、作业环境、防控手段等方面存在的隐患，以及安全生产体制机制、制度建设、安全管理组织体系、责任落实、劳动纪律、现场管理、事故查处等方面存在的薄弱环节。（三）排查治理方式，"四个结合"即隐患排查治理与安全专项整治结合、与日常安全监管监察执法结合、与加强企业安全管理和技术进步结合、与加强应急管理结合。三、重点时段。第一时段（2月至4月），围绕确保全国

"两会"期间安全生产,做好排查治理和监督检查工作。第二时段(5月至9月),围绕汛期和北京奥运会安全做好隐患排查治理工作。第三时段(10月至12月),针对第四季度赶任务、抢工期现象增多和冬季雨、雾、冰、雪天气多发的特点,深入推进隐患治理,防范遏制重特大事故。四、工作要求。加强领导,精心组织;突出重点,全面排查治理各类隐患;强化监督检查,确保取得实效;加强舆论宣传,广泛发动职工群众;标本兼治,着力构建安全生产长效机制。

通过开展"隐患治理年"工作,全面推动了重点行业领域切实将党中央、国务院关于加强安全生产工作的方针政策和国家有关安全生产的法律法规落到实处,建立健全了安全生产责任体系和安全生产长效机制,强化了安全生产管理和监督,提高了安全生产保障水平,深化了隐患排查治理,有效遏制了重特大事故的发生,促进重点行业领域安全生产形势的持续稳定好转。

73.开展安全生产百日督查专项行动

2008年4月,国务院办公厅发出《关于开展安全生产百日督查专项行动的通知》(以下简称《通知》),国务院安全生产管理委员会办公室发布《关于在重点行业(领域)开展安全生产百日督查专项行动的意见》(以下简称《意见》)。为进一步加大工作力度,有效遏制重特大事故的发生,促进国民经济和社会又好又快发展,根据《通知》和《意见》,国务院安全生产管理委员会决定于2008年4月下旬至7月底在全国范围内组织开展安全生产百日督查专项行动。

2008年,全国各地区、各有关部门认真贯彻党中央、国务院关于加强安全生产工作的部署,积极推进"隐患治理年"的各项工作,全国安全生产形势保持了总体稳定、趋于好转的发展态势,事故起数和死亡人数比2007年同期均有所下降。但煤矿、交通运输、危险化学品、建筑施工等一些行业(领域)隐患仍然比较突出,事故时有发生,给人民群众生命财产造成严重损失。为进一步加大工作力度,有效遏制重特大事故的发生,促进国民经济和社会又好又快发展,经国务院同意,国务院安全生产管理委员会决定于2008年4月下旬至7月底在全国范围内组织开展安全生产百日督查专项行动。

根据《意见》相关要求,安全生产百日督查专项行动的主要内容和要求包括:一、督查目的。落实"隐患治理年"各项工作部署,促进各生产经营单位安全生产主体责任和地方各级人民政府监管主体责任的落实,建立健全隐患治理和危险源监控制度,加强事故预警、预防和应急救援工作,努力构建安全生产长效机制。二、督查形式。由国务院安全生产委员会办公室综合指导、协调,各省级人民政府、国务院各有关部门组织实施,采取企业自查与部门抽查相结合、综合督查与专项督查相结合的方式进行。三、督查内容。地方各级人民政府、各有关部门、各生产经营单位贯彻落实安全生产的方针政策、法律法规,建立和落实安全生产责任制,健全安全管理和监督体制机制,制订和实施安全生产规划,加大安全投入,加强应急救援体系建设情况;隐患排查、登记、整改、监控情况,特别是重大隐患公告公示、跟踪治理、整改销号情况;汛期除险加固、防范由自然灾害引发事故灾难的各项安全措施落实情况;事故查处和责任追究,打击非法建设、生产、经营行为和瞒报事故情况等。四、工作要求。高度重视,加强领导;周密部署,务求实效;突出重点,全面深入;广泛宣传,形成声势。五、督查重点和内容:(1)重点行业和领域范围:工矿、交通、建筑电力、农林渔、人员密集场所、特种设备等行业范围。(2)重点地区:事故多发行业和地区。(3)重点内容:涉及道路交通、水上交通、铁路、民航、建筑施工、消防安全、水利、电力、农业机械、渔业船舶、特种设备、民爆器材、国防科技工业、中央企业等。六、督查方法。听取汇报,查阅资料;选取重点,实地抽查;专项检查,专家评议;发现问题,及时反馈;总结情况,提出建议。七、工作制度。主要包括领导制度、会议联系制度、信息沟通制度、联合督查制度、通报公告制度等。

通过安全生产百日督查专项行动,截至 2008 年 6 月底,全国已有 287.9 万家生产经营单位开展了隐患排查治理工作,共查出一般事故隐患 401.4 万项,已经整改 368 万项,整改率为 91.7%;排查治理重大事故隐患 11.4 万项,已经整改消号 10.2 万项,整改率为 88.9%;累计落实治理资金为 124.7 亿元。

74.山西襄汾"9·8"尾矿库溃坝事故

2008 年 9 月 8 日 7 时 58 分,山西省襄汾县新塔矿业有限公司新塔矿区 980 平硐尾矿库发生特别重大溃坝事故。这是一起违法违规生产导致的重大责任事故。事故泄容量 26.8 万立方米,过泥面积 30.2 公顷,波及下游 500 米左右的矿区办公楼、集贸市场和部分民宅,造成 277 人死亡、4 人失踪、33 人受伤,直接经济损失达 9619.2 万元。

始建于 1977 年的新塔矿区 980 平硐尾矿库,位于山西省临汾市襄汾县陶寺乡云合村 980 沟;因被洪水冲垮,1982 年在原初期坝下游约 150 米处重建。1988 年临钢公司停用该尾矿库,闭库坝高约 36.4 米;2000 年临钢公司拟重新启用并增高 7 米,但基本未排放尾矿。2006 年尾矿库土地使用权移交襄汾县人民政府。2007 年 9 月,新塔公司在 980 沟尾矿库上筑坝放矿,尾矿堆坝的下游坡比为 1:1.3 至 1:1.4。自 2008 年初以来,尾矿坝子坝脚多次出现渗水现象,新塔公司采取在子坝外坡用黄土贴坡的方法防止渗水并加大坝坡宽度,采用塑料膜铺于沉积滩面上,阻止尾矿水外渗,使库内水边线直逼坝前,无法形成干滩。事故发生前，尾矿坝总坝高约50.7米，总库容约36.8万立方米，储存尾砂约29.4万立方米。

2008年9月8日7时58分，980沟尾矿库左岸的坝顶下方约10米处，坝坡出现向外拱动现象，在数十秒内坝体绝大部分溃塌，库内约19万立方米的尾砂浆体吞没了下游的宿舍区、集贸市场和办公楼等，波及范围约35公顷（525亩），最远影响距离约2.5公里。

山西省襄汾县"9·8"特别重大尾矿库溃坝事故是一起责任事故。事故直接原因：新塔公司非法违规建设、生产，致使尾矿堆积坝坡过陡。同时，采用库内铺设塑料防水膜防止尾矿水下渗和黄土贴坡阻挡坝内水外渗等错误做法，导致坝体发生局部渗透破坏，引起处于极限状态的坝体失去平衡、整体滑动，造成溃坝。事故间接原因：新塔公司非法违规建设尾矿库并长期非法生产，安全生产管理混乱；山西省地方各级有关部门不依法履行职责，对新塔公司长期非法采矿、非法建设尾矿库、非法生产运营等问题监管不力，少数工作人员失职渎职、玩忽职守；山西省地方各级政府贯彻执行国家安全生产方针政策和法律法规不力，未依法履行职责，有关领导干部存在失职渎职、玩忽职守问题。

事故发生后，有关方面高度重视，对涉嫌重大劳动安全事故罪、涉嫌非法买卖爆炸物品罪、涉嫌非法制造爆炸物品罪、涉嫌偷税罪、涉嫌玩忽职守罪、涉嫌滥用职权罪和涉嫌包庇罪等51人依法批准逮捕；对事故负有主要领导责任或重要领导责任等62人，给予相应的党纪、行政处分；依法没收新塔公司的违法所得，并处以550万元罚款；对涉案追究刑事责任的，自刑罚执行完毕之日起5年内不得担任任何生产经营单位的主要负责人；责成山西省人民政府向国务院作出深刻检查。

国务院安全生产管理委员会、国家安全生产监督管理总局、国务院办公厅等发文要求各地区必须深刻吸取"9·8"事故教训，进一步提高对加强尾矿库安全生产工作重要性的认识，积极采取有效措施，严格做到尾矿库隐患整改责任、措施、资金、期限和预案"五落实"，全面、彻底排查治理尾矿库安全隐患，确保尾矿库安全生产。切实落实尾矿库安全生产主体责任，督促尾矿库企业建立和落实安全生产责任制，加强尾矿库安全生产标准化建设，落实各项规章制度。深入开展尾矿库综合治理工作，各地区要以"9·8"事故教训为戒，严肃事故查处和责任追究，在摸清本地区尾矿库基本情况的基础上，进一步确定重点治理区域及重点治理项目，确保全国尾矿库安全生产形势持续稳定好转。

75.中华人民共和国消防法

1998年4月，九届全国人大常委会第二次会议通过《中华人民共和国消防法》（以下简称《消防法》）。2008年10月28日，十一届全国人大常委会第五次会议通过修订的《消防法》，自2009年5月1日起施行。

随着社会经济发展，原《消防法》的部分规定已难以适应新时期消防工作需要。主要表现为对消防工作责任主体的规定不够全面，消防监督管理制度的计划经济色彩较浓，缺乏运用市场机制和经济手段防范火灾风险的规定，对违反消防法规危害公共安全的行为规定不全，缺乏必要的强制措施，不能有效消除、制止违反消防法规行为和严重危及公共安全的火灾隐患。随着城市化进程不断加快，诱发火灾因素不断增多，消防安全形势比较严峻。原《消防法》对消防工作社会化、应急救援方面的规定已落后于形势需要，因此修订《消防法》。

新《消防法》共 7 章 74 条，其主要内容如下：一、总则。明确了立法的目的、方针原则、适用范围，规定了机关事业单位、企业、社会团体和个人的消防责任义务、宣教、科研创新和奖励。二、火灾预防。安全管理方面明晰了消防规划以及消防工程设计施工的审核、审批、质量标准、验收、备案等内容；规定了消防安全检查制度、消防安全职责、大型群众性活动的灭火和应急疏散预案。技术方面规范了消防安全距离、技术标准、明火作业审批、防火防爆适用范围、从业资格许可等内容。安全标准方面明确了消防强制标准、产品质量标准、施工建设标准。制度建设方面，针对不同防范对象，就消防安全责任制、安全隐患排查、宣教、责任保险等予以制度要求。三、消防组织。明确了消防队伍建设的组织层级和职责，高危行业、专业部门内部专职消防队以及志愿消防队的职责义务，消防业务指导和支持救援。四、灭火救援。明确了火灾应急预案、人员及装备保障，规定了火灾报警、处置、救援事项，规范了消防人员、设备的使用行为和损耗补偿，以及火灾现场勘验、调查和有关检验、鉴定。五、监督检查。明确了消防工作责任制，公安机关消防机构的监督检查权责，规范了消防机构及其工作人员的消防设计审核、消防验收和消防安全检查权限，单位和个人的检举、控告权利。六、法律责任。明确了违反本法规定的处罚标准，同时结合《中华人民共和国治安管理处罚法》进一步规范了消防安全处罚行为，依照《中华人民共和国产品质量法》对生产、销售、使用伪劣消防产品、电器产品、燃气用具的或出具虚假文件的消防技术服务机构处罚，对机关、团体、企事业单位及公安机关消防机构工作人员违反本法行为的处罚。七、附则。规范了专业术语和施行日期。

修订后的《消防法》共增加了 1 章 20 项法律条款，是我国消防法律政策的一次重大调整。新法的实施，对机关、团体、企业、事业单位的防火工作，对生产、经营、销售、储存运输等企业行为，对社会成员的消防安全违法行为，都提出了新的要求，牵涉到各个社会组织和社会成员的火灾安全意识和消防安全管理；对加强我国消防法治建设，推进消防事业科学发展，维护公共安全，促进社会和谐，具有十分重要的意义。

76.河南杞县"钴60"卡源事故

2009年7月17日13时至21时,因河南杞县利民辐照厂"钴60"卡源事故,在国家、河南省环境保护部门和专家处置过程中,不实谣言传播扩散,致使当地群众出现大规模逃离现场的恶性事件。

国家五级放射源等级制度中,"钴60"属于1类放射源即极高危险源;在没有防护的情况下,接触这类放射源几分钟到1小时就可致人伤残或死亡。随着现代科技发展,常利用放射源在衰变过程中释放的γ射线,对食品进行除菌、保鲜等处理,从事该类生产经营的场所,常被称为"辐照厂"。

河南杞县利民辐照厂1997年成立,位于杞县西关七里岗村北,占地11.2亩,十几米外就是商店和住宅。厂区作业场所主要由一个封闭的辐照室、遥控室、一个仓库和四个冷库组成,使用"钴60"作为放射源(该厂共有3段合计超过1米长的"钴60"放射源,平时储放在6米深的源水井里,作业辐照剂量14万居里),工厂持有原国家环境保护总局颁发的使用许可证。其中辐照室是一个由钢筋混凝土构成的封闭空间,用厚重的墙壁将射线屏蔽。该厂辐照作业基本流程,由工作人员将货物送入辐照室后,大门封闭,然后在遥控室里,用遥控装置指挥钢丝绳,将放射源从辐照室内的源水井升起,进入垂直焊在井外钢板上的直径27厘米、高2.4米的护源罩,进行放射辐照。作业结束后,再将放射源降入水井,然后工作人员进入辐照室取出货物。从遥控室无法看到辐照室里的情况。工作人员通过装置"盲操作",一旦降源成功,装置上的绿灯就会亮起来,反之则是红灯。

2009年5月19日,国家环境保护部下属北方核与辐射安全监督站,就利民辐照厂提出全面整改意见,整改期限为2009年9月30日。6月7日2点,接受辐照的辣椒粉袋向西南方向倒塌,压倒了护源罩,同时钢丝绳与放射源脱钩,放射源升降装置被卡住,放射源无法回井。当天国家环境保护部、河南环境保护厅接报并赶赴现场,因无法进入现场,专家只能分析制定应急处置方案。6月14日下午,因长时间辐照积热,辣椒粉在高温中逐渐碳化,辐照室飘出烟雾;经上级国家环境保护部门批准,杞县消防向辐照室注入400吨左右消防水,防止室内物品进一步燃烧。6月17日,国家环境保护部专家遥控一部机器人进入辐照室探测,由于室内积水,失去信号。7月10日,一则题为"开封杞县'钴60'泄漏"的帖子在各大网络论坛流传,引起网民关注,各大媒体纷纷前往采访。7月12日,开封市政府召开新闻发布会,说明没有辐射源泄漏及周边辐射污染问题,而是卡源故障,称处置方案已编制完成。7月16日,国家环境保护部指派核安全司技术处理处处长带领专家及机器人赶赴杞县。7月17日上午,国家环境保护部门领导和专家携带辐射检测机器人到现场开展工作，结果机器人探测失败。13时，"爆炸"等谣言传播、加剧，群众大规模逃离杞县，向兰考、睢县、开封、郑州等地分流。

7月17日21时，开封市再次召开新闻发布会，号召当地群众不要听信谣言。7月18日，一名传播谣言的犯罪嫌疑人被刑拘，另外4人予以治安处罚。7月19日，新华网报道事件最新进展，离家群众大多数已经返回。7月22日，《成都日报》报道了此事，题目为"公开真相会引发恐慌"引起市民热议。7月23日，人民网转载了《国际先驱导报》的评论，揭露谣言背后的原因。8月9日，国家环境保护部在成都主持召开了《河南杞县利民辐照厂卡源事件"机器人"降源处置方案》评审会。8月12日，开封市政府向新闻界通报了杞县利民辐照厂"钴60"卡源故障情况。8月18日，国家环境保护部核与辐射安全司、河南省环境保护厅50余人携两套处置方案进驻开封和杞县。8月19日，开封市政府召开新闻发布会，公布两套处置方案，明确19日开始处置。8月24日20时25分"钴60"源安全降入储源井内，困扰杞县79天的卡源事件得到圆满解决。

77.设立国务院食品安全委员会

为贯彻落实《食品安全法》，切实加强对食品安全工作的领导，2010年2月6日，国务院决定设立国务院食品安全委员会，作为国务院食品安全工作的高层次议事协调机构。

食品安全是一个重大的公共安全问题，直接关系人民群众的身体健康和社会稳定。20世纪初我国连续出现龙口粉丝、阜阳"大头娃娃"奶粉、苏丹红以及2008年影响极大的三鹿"三聚氰胺"奶粉等食品安全事件，伤害了消费者的身心健康，也影响了我国食品卫生监管的形象。在这种情况下，加强食品安全监管显得尤为重要。我国食品安全管理体制的基本特点是：实行一个监管环节由一个部门进行监管，采取分段监管为主、品种监管为辅的监管方式。多部门负责食品安全监管，监管权限难以划分清楚，容易造成资源浪费以及重复监管和监管真空的情况，监管效率也相对较低。因此，需要有一个强有力的协调机构来协调各部门的利益，国家级的食品安全委员会应运而生。

国务院食品安全委员会的主要职责是：分析食品安全形势，研究部署、统筹指导食品安全工作；提出食品安全监管的重大政策措施；督促落实食品安全监管责任等。国家食品安全委员会由中共中央政治局常委、时任国务院副总理李克强担任主任；中共中央政治局委员、国务院副总理回良玉、王岐山担任副主任；国务院食品安全委员会由国家发展和改革委员会、科技部、工业和信息化部、公安部、财政部、环境保护部、农业部、商务部、卫生部、国家工商行政管理总局、国家质量监督检验检疫总局、粮食局、食品药品监督局等15个部门组成，由各部门负责人担任委员会委员。国务院食品安全委员会设立国务院食品安全委员会办公室,具体承担委员会的日常工作。

国务院食品安全委员会的成立,从国家层面上加强了综合协调部门的权威性,能够更有效地发挥食品安全决策评估、综合协调的作用。

78.食品安全百千万示范工程

为有效落实餐饮服务食品安全责任,进一步提高餐饮服务食品安全水平,2010年6月25日,国家食品药品监督管理局和商务部联合发布《关于印发餐饮服务食品安全百千万示范工程建设指导意见的通知》(以下简称《指导意见》),启动餐饮服务食品安全百千万示范工程建设活动。

《指导意见》要求,从2010年开始,力争在"十二五"期间,在全国创建数百个餐饮服务食品安全示范县、数千条餐饮服务食品安全示范街、数万个餐饮服务食品安全示范单位(店、食堂),形成点线面相结合,多层次、全方位、全业态的餐饮服务食品安全示范群体。各级食品药品监管部门和商务部门要积极争取地方政府的大力支持,在当地政府的统一领导下,扎实开展示范工程建设;积极协调有关部门,尤其要加强与教育行政部门、住房与城乡建设部门、旅游部门的沟通协作,共同做好学校示范食堂、建筑工地示范食堂、旅游景点餐饮示范店的建设;充分争取报刊、广播、电视和互联网等媒体的支持,广泛宣传餐饮服务食品安全示范工程的目的和意义,及时宣传报道创建工作动态、进展和成效,营造创建工作的浓厚舆论氛围。

在政府推动、政策驱动和广泛宣传的努力之下,各地的特色餐饮全面发展,餐饮服务的整体水平不断提高。到年底,各地的餐饮服务食品安全示范单位的创建工作取得了一定成效,各餐饮企业诚信经营意识不断提升,广大群众积极参与率和创建的知晓率得到了明显提高,示范单位发挥辐射带动作用,不断提高我国的餐饮服务食品安全总体水平。

开展百千万示范工程建设活动,有利于进一步增强餐饮企业的食品安全意识和自律意识,强化企业自身管理,推动餐饮业升级和健康发展;有利于创新餐饮服务食品安全监管机制,落实食品安全责任,规范食品安全秩序,提升食品安全水平;有利于动员社会各界参与餐饮服务食品安全监督,创造安全放心的消费环境,不断满足人民群众日益提高的餐饮服务食品安全需求。

79.依法严惩危害食品安全犯罪活动

2010年9月15日,最高人民法院、最高人民检察院、公安部、司法部联合下发《关于依法严惩危害食品安全犯罪活动的通知》(以下简称《通知》),要求依法严惩危害食品安全的犯罪活动。

近几年来,中国发生了多起食品安全违法事件,"瘦肉精"、苏丹红、"毒奶粉"、"地沟油"等每一起食品安全事件的出现都在社会上引起轩然大波。2009年11月24日,在中国家喻户晓的"三鹿"奶粉事件中,"三鹿"刑事犯罪案犯张玉军、耿金平被执行死刑。然而,事隔不久,中国再次发生了"熊猫乳品案":该案3名犯罪人因犯生产、销售有毒、有害食品罪,分别被判处其有期徒刑3年至5年,并处罚金。中国公安部一位官员认为,当前对于食品安全犯罪的打击力度还不足以震慑其他犯罪分子。网友们认为,食品安全违法事件屡禁不止,关键问题在于"食品违法经营成本太低"。"食品安全事关人民群众生命健康安全,务必以铁的手腕根治!"

《通知》提出,对于危害食品安全犯罪的累犯、惯犯、共同犯罪中的主犯、对人体健康造成严重危害以及销售金额巨大的犯罪分子,要坚决依法严惩,罪当判处死刑的,要坚决依法判处死刑。全国各级公安机关、检察机关、人民法院、司法行政机关要进一步加强沟通协调,密切配合,切实形成打击危害食品安全犯罪活动的合力。人民法院要准确理解、严格适用法律。对危害食品安全犯罪分子的定罪量刑,不仅要考虑犯罪数额、人身伤亡情况,还要充分考虑犯罪分子的主观恶性、犯罪手段、犯罪行为对市场秩序的破坏程度、恶劣影响等;要加大财产刑的适用,彻底剥夺犯罪分子非法获利和再次犯罪的资本;要从严控制对危害食品安全犯罪分子适用缓刑和免予刑事处罚。对与危害食品安全相关的职务犯罪分子一般不得适用缓刑或者判处免予刑事处罚。依法遏制和从严打击危害食品安全犯罪活动,必须依法严惩相关的职务犯罪行为。对于包庇、纵容危害食品安全违法犯罪活动的腐败分子,以及在食品安全监管和查处危害食品安全违法犯罪活动中收受贿赂、玩忽职守、滥用职权、徇私枉法、不履行法定职责的国家工作人员,要排除一切阻力和干扰,加大查处力度,依法从重处罚。

统计显示,2009年6月以来,中国工商行政管理部门查处流通环节食品违法案件2.1万起。同样在这一年,中国公安机关立案侦查食品安全案件190余起,抓获犯罪嫌疑人230余名,对违法生产经营行为发挥了一定的震慑作用。

80.河南双汇"瘦肉精"案

在2011年"3·15"特别行动中,中央电视台曝光了河南双汇"瘦肉精"养猪一事,引发了消费者对食品安全的担忧,双汇产品面临消费者质疑,导致市场销量下滑,双汇品牌遭受到前所未有的信誉危机。

"瘦肉精"属于肾上腺类神经兴奋剂。把"瘦肉精"添加到饲料中，可以增加动物的瘦肉量。国内外的相关科学研究表明，食用含有"瘦肉精"的肉会对人体产生危害，常见有恶心、头晕、四肢无力、手颤等中毒症状，特别是对心脏病、高血压患者危害更大。长期食用则有可能导致染色体畸变，会诱发恶性肿瘤。

2011年3月15日，央视《每周质量报告》的"3·15"特别节目《"健美猪"真相》曝光，河南孟州等地添加"瘦肉精"养殖的毒生猪，顺利地流向了双汇。双汇宣称"十八道检验，十八个放心"，但猪肉不检测"瘦肉精"。遭曝光后，该公司采购部业务主管承认，他们厂的确收购添加"瘦肉精"养殖的所谓的"健美猪"。当天下午双汇集团旗下上市公司双汇发展跌停，双汇表示正在调查济源"瘦肉精"事件。

3月15日，农业部第一时间责成河南、江苏农牧部门严肃查办，严格整改，切实加强监管，并立即派出督察组赶赴河南督导查处工作。农业部还表示，将在彻查的基础上，责成有关地方和部门对相关责任人员进行严肃处理，并随后向社会公布结果。

3月16日，双汇集团发表致歉声明，同时责令济源工厂停产自查。

3月17日，双汇集团再就"瘦肉精"事件发表声明，称将召回济源双汇在市场上流通的产品，对济源双汇总经理、主管副总经理、采购部长、品管部长予以免职。

据了解，截至3月17日，已经控制涉案人员14人，其中养猪场负责人7人、生猪经纪人6人、济源双汇采购员1人。

与此同时，河南省政府发布紧急通告，重申严禁在饲料及动物饮用水中添加"瘦肉精"等违禁品。对使用"瘦肉精"养殖生猪，以及宰杀、销售此类猪肉的，以生产、销售有毒、有害食品罪依法追究刑事责任；并派出调查组到孟州、沁阳、温县、获嘉、济源等县市开展全面彻查。

3月20日，河南省食品安全领导小组办公室通报，济源市政府在全市7家双汇连锁店和59家双汇冷鲜肉专营店封存猪肉1878公斤，抽样46个，其中6个被检出"瘦肉精"。河南省委宣传部相关人士表示，河南省涉及"瘦肉精"生猪事件的孟州、沁阳、温县、获嘉四县（市）自19日起已全面启动第二轮"瘦肉精"普查抽检。此轮普查抽检将扩大"瘦肉精"的检测范围，在第一轮检测盐酸克伦特罗的基础上开展莱克多巴胺、沙丁胺醇的普查抽检。

3月23日双汇紧急召开4000多人规模的全国经销商视频会议，以应对下架危机，希望能重新启动市场。

3月25日双汇集团再次召开了全国供应商视频会议，试图安抚处境艰难的供应商。

3月31日双汇召开"万人职工大会"，双汇再次致歉并公布整顿举措。

7月25日，河南焦作市中级人民法院分别以危害公共安全罪、玩忽职守罪依法对8名被告人当庭作出一审判决。其中，主犯刘襄制售"瘦肉精"被依法判处死刑，缓期2年执行，剥夺政治权利终身。王二团、杨哲、王利明因玩忽职守罪获有期徒刑6年。

2012年1月4日，双汇集团发布的2011年业绩报告表示：受"瘦肉精"事件影响，企业损失惨重。公司2011年净利润同比降51.3%，营业额损失了近200亿元。

81."7·23"甬温线动车追尾特大铁路交通事故

2011年7月23日20时30分05秒，甬温线浙江省温州市境内，由北京南站开往福州站的D301次列车与由杭州站开往福州南站的D3115次列车发生动车组列车追尾事故，造成40人死亡、172人受伤，中断行车32小时35分，直接经济损失19371.65万元。

事故线路情况：甬温线北起浙江省宁波市，南至温州市，全长282.38公里，为双线电气化铁路，于2006年2月28日开工建设，2009年9月28日投入使用。事故发生地点位于甬温线永嘉站至温州南站间下行线583公里831米处（瓯江特大桥上），桥面距地面高度为17.4米。D3115次列车型号为CRH1-046B，编组16辆，总长426.3米，定员1299人，事故发生时乘坐旅客1072人，各项技术参数及车辆运行状况均正常。D301次列车型号为CRH2-139E，编组16辆，总长401.4米，定员810人，事故发生时乘坐旅客558人，各项技术参数及车辆运行状况均正常。事故相关设备情况为中国列车控制系统（CTCS）、温州南站列控中心设备、甬温线轨道电路、列车超速防护系统（ATP）、列车通信设备等。7月23日19时30分左右，温州南站至永嘉站、温州南站至瓯海站铁路沿线走廊内的雷电活动异常强烈，雷击地闪次数超过340次，每次雷击包含多次回击过程，雷电流幅值超过100千安的雷击共出现11次。

2011年7月23日19时30分左右，雷击温州南站沿线铁路牵引供电接触网，列控中心设备采集驱动单元受损，控制输出信号无法正常工作；雷击还造成轨道电路与列控中心通信设备故障，轨道电路发码异常。19时39分至20时03分，相关电务、工务、应急值守人员按程序检查维修，但销记记录不健全。20时09分，上海铁路局调度所通知D3115次列车转目视行车模式继续行车；因轨道电路故障，触发列车超速防护系统自动制动功能，列车于20时21分46秒停于584公里115米处，后又启动缓慢前行；司机、列车调度员、温州南站值班员之间多次呼叫沟通均未成功。20时24分25秒，D301次列车从永嘉站出发驶向温州南站；20时29分32秒，温州南站技教员呼叫D301次列车司机并预警，司机随即采取紧急制动措施。20时30分05秒，D301次列车在583公里831米处以99公里/小时的速度与以16公里/小时速度前行的D3115次列车发生追尾。事故造成D3115次列车第15、16位车辆脱轨，D301次列车第1至5位车辆脱轨；动车组车辆报废7辆、大破 2 辆、中破 5 辆、轻微小破 15 辆，事故路段接触网塌网损坏。

经调查认定："7·23"甬温线特别重大铁路交通事故是一起因列控中心设备存在严重设计缺陷、上道使用审查把关不严、雷击导致设备故障后应急处置不力等因素造成的责任事故。一、事故原因。（1）主要原因：通号研究院管理混乱、通号集团履职不力，研发的列控中心设备存在严重设计缺陷和重大安全隐患。（2）间接原因：铁道部在招投标、技术审查、上道使用等方面违规操作、把关不严。（3）直接原因：因雷击导致列控中心设施的线路控制信号及通信设备故障，使列车运行处于不安全状态并发生自动的制动停车。二、事故暴露出各有关方面的主要问题。（1）通号集团及其下属单位在列控产品研发和质量管理上存在严重问题。（2）铁道部在设备招投标、技术审查、上道使用上存在问题。（3）上海铁路局及其下属单位在安全和作业管理及故障处置上存在问题。

据"7·23"甬温线特别重大铁路交通事故调查报告，该事故处理内容如下：一、免于追究责任人员 1 人；给予党纪、政纪处分人员的 54 人，有严重违法行为的，依法追究刑事责任。二、责成相关单位和主要负责人作出深刻检查。三、对通号集团、通号股份及其下属通号设计院依法进行整顿。

82.依法严惩"地沟油"犯罪活动

2011 年 5 月 1 日正式施行的《刑法修正案（八）》对食品安全领域的犯罪进行了修正，提高了刑罚幅度，体现了国家严厉打击食品安全犯罪的决心。为了贯彻《刑法修正案（八）》的规定和精神，结合当前"地沟油"犯罪事态高发、影响极其恶劣的现状，2012 年 1 月 9 日，最高人民法院、最高人民检察院、公安部联合发出《关于依法严惩"地沟油"犯罪活动的通知》（以下简称《通知》），要求依法严惩"地沟油"犯罪，坚决打击"地沟油"进入食用领域的各种犯罪行为，坚决保护人民群众切身利益。

近年来，食品安全问题在中国被屡屡曝光，令老百姓深恶痛绝。2011 年 8 月以来，中国公安部组织全国公安机关开展了打击"地沟油"犯罪破案会战，共侦破利用"地沟油"制售食用油犯罪案件 135 起，抓获涉案人员近 800 人，打掉制售"地沟油"犯罪的"黑作坊"、"黑工厂"、"黑市场"、"黑窝点" 100 余个。尽管"地沟油"犯罪的主要源头、犯罪网络和利益链条被摧毁，对人民群众食用油安全的现实危害得到有效遏制，但是"地沟油"犯罪利润巨大、诱惑性大，依然存在死灰复燃的可能性。基层办案部门在案件的定性、法律适用方面需要进一步统一规范。

"地沟油"犯罪从所使用的原料来区分，一般分为三种：第一种是用餐厨垃圾，即将油腻漂浮物或者宾馆、酒店的剩饭剩菜（通称泔水）经过简单加工、粗炼出的油；第二种是用废弃油脂,即用于油炸食品的油多次反复使用后,又非法加工后以新的食用油名义销售;第三种是用各类肉及肉制品加工废弃物等非食品原料,包括用不符合食用卫生要求的猪、牛、羊、鸡、鸭、鹅等动物内脏、下水等加工提炼的所谓"食用油。""地沟油"犯罪严重危害人民群众身体健康和生命安全,严重影响国家形象,损害党和政府的公信力。

《通知》要求,对于利用"地沟油"生产"食用油"的,依照刑法第144条生产有毒、有害食品罪的规定追究刑事责任;明知是利用"地沟油"生产的"食用油"而予以销售的,依照刑法第144条销售有毒、有害食品罪的规定追究刑事责任;虽无法查明"食用油"是否系利用"地沟油"生产、加工,但犯罪嫌疑人、被告人明知该"食用油"来源可疑而予以销售的,经鉴定,检出有毒、有害成分的,依照刑法第144条销售有毒、有害食品罪的规定追究刑事责任;属于不符合安全标准的食品的,依照刑法第143条销售不符合安全标准的食品罪追究刑事责任;属于以假充真、以次充好、以不合格产品冒充合格产品或者假冒注册商标,构成犯罪的,依照刑法第140条销售伪劣产品罪或者第213条假冒注册商标罪、第214条销售假冒注册商标的商品罪追究刑事责任。对于国家工作人员在食用油安全监管和查处"地沟油"违法犯罪活动中滥用职权、玩忽职守、徇私枉法,构成犯罪的,依照刑法有关规定追究刑事责任。

《通知》强调,对"地沟油"犯罪定罪量刑时,要充分考虑犯罪数额、犯罪分子主观恶性及其犯罪手段、犯罪行为对人民群众生命安全和身体健康的危害、对市场经济秩序的破坏程度、恶劣影响等。对于具有累犯、前科、共同犯罪的主犯、集团犯罪的首要分子等情节,以及犯罪数额巨大、情节恶劣、危害严重,群众反映强烈,给国家和人民利益造成重大损失的犯罪分子,依法严惩,罪当判处死刑的,要坚决依法判处死刑。要严格把握适用缓刑、免予刑事处罚的条件。对依法必须适用缓刑的,一般同时宣告禁止令,禁止其在缓刑考验期内从事与食品生产、销售等有关的活动。

《通知》是一部有法律效力的规范性文件。《通知》的核心内容在于,明确了用"地沟油"生产、销售"食用油"的性质,公安机关查实利用"地沟油"作为原料生产"食用油"的,即依照刑法生产有毒、有害食品罪的规定追究刑事责任;同样,明知是利用"地沟油"生产的"食用油"而予以销售的,即依照刑法销售有毒、有害食品罪的规定追究刑事责任。

三部门联合下发的这份通知,充分体现了对"地沟油"犯罪依法从严惩处的精神,进一步明确了"地沟油"案件的法律政策,以确保案件的顺利侦查、起诉、审判。同时,《通知》形成了对此类违法犯罪的有力震慑,也为公安机关深化打击"地沟油"犯罪提供了有力的法律支持。这是最高人民法院、最高人民检察院、公安部依法严惩"地沟油"犯罪活动,切实保障食品安全和人民群众身体健康的重大举措,是开展全国严厉打击"地沟油"违法犯罪专项工作的重要成果,将对深化打击危害食品安全犯罪活动发挥重要的作用。

83.煤矿矿长保护矿工安全七条规定

2013年1月15日,国家安全生产监督管理总局发布实施《煤矿矿长保护矿工生命安全七条规定》(以下简称《七条规定》)。

煤炭作为我国主要能源,该行业隶属高危行业,安全生产是我国监管重点。在现行法律法规和政策措施下,煤矿安全生产工作取得长足进步;鉴于国内煤矿开采条件复杂,自然灾害严重,事故风险较大。国家安全生产监督管理总局通过分析总结近年重大事故原因,经归纳提炼,作出《七条规定》,以切实提高煤矿安全生产水平。

《七条规定》的具体内容如下:一、必须证照齐全,严禁无证照或者证照失效非法生产。二、必须在批准区域正规开采,严禁超层越界或者巷道式采煤、空顶作业。三、必须确保通风系统可靠,严禁无风、微风、循环风冒险作业。四、必须做到瓦斯抽采达标,防突措施到位,监控系统有效,瓦斯超限立即撤人,严禁违规作业。五、必须落实井下探放水规定,严禁开采防隔水煤柱。六、必须保证井下机电和所有提升设备完好,严禁非阻燃、非防爆设备违规入井。七、必须坚持矿领导下井带班,确保员工培训合格、持证上岗,严禁违章指挥。

《七条规定》明确了矿工的七项安全权利(知情权、建议权、批评权、检举控告权、拒绝权、紧急撤离权、赔偿权)和安全生产十项权利(参与安全生产管理权、安全生产监督权、安全生产知情权、参与事故隐患整改权、不安全状况停止作业权、接受安全教育培训权、抵制违章指挥权、紧急避险权、反映举报权、投诉上告权),这就可以更好地保护矿工生命安全,可以使煤矿安全生产责任得到真正落实。矿长是安全生产工作的直接组织者、指挥者、实践者,矿长对煤矿的各个生产系统和环节最了解,抓住矿长就抓住了落实安全生产责任的关键,抓住了落实安全生产方针政策、依法依规生产建设的关键,抓住了加强现场安全管理、提高安全保障能力的关键,抓住了排查隐患治理、预防重大事故的关键,抓住了实现长治久安、构建安全生产长效机制的关键,有助于实现煤矿安全生产状况根本好转的目标。

84.煤矿安全生产七大举措

2013年2月20日,国家安全生产监管总局在继续深入落实《煤矿矿长保护矿工生命安全七条规定》的基础上,针对煤矿安全生产的重点和难点问题,提出落实煤矿安全生产七大举措，要求坚持科学发展、安全发展，围绕七个方面攻坚克难，成熟一项、推出一项、实施一项，以不断增强煤矿安全基础保障能力。

安全生产方面的七个工作重点：一、深化煤矿整顿关闭工作。明确目标任务并层层落实，制定和完善相关政策措施，结合产业结构调整、兼并重组、技术改造，深化煤矿整顿关闭。二、严格新建（整合）煤矿安全准入。完善安全准入标准，对地质条件复杂、煤与瓦斯突出、高瓦斯矿区，现有技术条件难以做到安全开采的，严格限定安全标准，防止拆大建小、前关后建。三、深入开展隐蔽致灾因素普查和瓦斯抽采利用。大力推动区域性灾害因素普查，利用高新技术装备，全面详勘瓦斯、地压、水害、火灾等灾害分布及治理状况，健全专业队伍，研究制定政策，加大资金投入，落实和完善预防性保障措施。进一步深化瓦斯抽采利用，促进瓦斯有序高效开发。四、大力推进采掘机械化、自动化和管理信息化。摸清当前煤矿的"三化"程度和水平，选准主攻方向，结合有关地区创造的经验，区分不同区域、不同井型和不同条件煤矿，明确达标任务，制定实施方案，从根本上增强煤矿的安全技术装备水平。五、强化煤矿安全避险"六大系统"建设。抓好煤矿监测监控、人员定位、紧急避险、压风自救、供水施救和通信联络等系统建设应用。六、大力提升煤矿应急救援能力。结合国家级、区域级矿山救援基地建设，完善救援装备和物资储备，加强救援信息化建设，提高救援队伍素质，增强快速反应、现场处置、高效救援能力。七、规范煤矿用工制度，强化矿工安全培训。统计分析煤矿事故，研究完善农民工、外来工、外包工的用工制度，加强安全培训，提高矿工技能素质，严禁新招工人不培训或虽经培训但未掌握基本防范技能就下井。

从深化煤矿整顿关闭，推进采掘机械化、自动化和管理信息化，煤矿安全避险"六大系统"建设，到大力提升煤矿应急救援能力、规范煤矿用工制度、强化矿工安全培训等方面发力攻坚，有利于不断增强国内煤矿安全基础保障能力，有力地促进我国煤矿安全生产形势持续稳定好转。

85.开展药品"两打两建"专项行动

2013年7月17日，国家食品药品监督管理总局召开药品"两打两建"专项行动动员部署工作会议，要求各地从当年7月到12月，集中半年时间，在全国范围开展一场以严厉打击药品违法生产、打击药品违法经营、加强药品生产经营规范建设和药品监管机制建设为主要内容的"两打两建"专项行动。

经过连续几年整顿和规范药品生产经营秩序，我国药品安全形势总体平稳。但是，在一些地方、某些环节上仍然存在着一些不规范的生产经营问题，甚至有的较为突出，问题长期没有得到解决。针对这一情况，国家食品药品监管总局（CFDA）成立后在药品领域部署了首个重大行动。开展这次"两打两建"行动，是全面提升我国药品生产经营质量安全的需要，是巩固和扩大药品安全整治成果的现实需要。

专项行动共立案4万余起，责令停产、停业企业上千家，收回药品GMP、GSP证书250余张，移送、关闭、屏蔽网站近千家，吊销药品生产、经营许可证68张，移送公安部门违法犯罪案件近500件，成果超过了以往历次整治行动。

开展"两打两建"专项行动的总体目标是，集中半年时间，针对当前存在的突出问题，深挖带有区域性、系统性特点和"潜规则"性质的药品安全隐患，查处一批违法违规行为，移送一批违法案件，进一步规范药品生产经营秩序，完善监管规范和机制，提升药品监管水平。

"两打"主要是严厉打击药品违法生产行为和违法经营行为，重点是针对当前存在的中药违法生产、中药材市场掺杂使假、网上违法售药等突出问题，通过对药品生产经营企业、中药材专业市场、诊所和互联网的排查检查和监测，深挖带有区域性、系统性苗头和"潜规则"性质的药品安全隐患，严厉打击中药和化学药品违法生产行为，联合有关部门严厉整治中药材专业市场和打击网上非法售药行为，打击出租出借药品经营资质性质的违法经营活动，严厉整治诊所非法药品购销行为。

"两建"主要是建规范和建机制，针对发现的突出问题和症结推出一些标本兼治的真招实策，打建结合、以打促建，构建药品安全规范化、制度化的格局，以新修订药品生产质量管理规范（GMP）和药品经营质量管理规范（GSP）的贯彻实施为抓手，监督企业建立全过程质量管理体系，重点制定出台加强中药材管理、网上售药管理和药品委托生产管理等规定。同时在落实好已有各项制度的基础上，研究构建药品安全社会共治格局，建立企业风险管理、药品经营企业分类管理和药品安全风险警示约谈等制度。

86.开展保健品打"四非"专项行动

保健食品非法生产、非法经营、非法添加、非法宣传（简称"四非"），是我国保健食品市场长期存在的突出问题。针对保健品"四非"问题，刚组建不久的国家食品药品监督管理总局决定主动出击、重典治乱，在全国范围内形成打击保健食品生产经营违法违规行为的高压态势。2013年5月16日，国家食品药品监督管理总局在北京召开打击保健食品"四非"专项行动动员部署大会，决定自5月初至9月底，在全国范围内开展打击保健食品"四非"专项行动。

保健食品是指具有调节机体功能，不以治疗疾病为目的，并且对人体不允许产生任何急性、亚急性或者慢性危害的食品。近年来，各地食品药品监管部门不断强化保健食品监管，通过整治与规范，我国保健食品安全保障水平不断提高，安全状况呈现稳中向好的趋势。然而，由于种种原因，目前保健食品非法生产、非法经营、非法添加、非法宣传等问题依然突出，在某些地方甚至愈演愈烈，群众深恶痛绝，社会反映强烈。为摸底排查全国保健食品市场状况，2013年5月6日起，国家食品药品监督管理总局组织暗访了三省市的保健食品批发市场，对五省八市保健食品生产企业开展了飞行检查。暗访中发现，保健食品批发市场产品来源不明、夸大产品功能和宣传疗效、非保健食品冒充保健食品等现象较为普遍。飞行检查组对发现的部分保健食品企业生产环节不规范、非法生产销售保健食品等问题进行了现场查处，并接排将相关样品送检。

针对保健食品市场存在的突出问题，新组建的国家食品药品监督管理总局重拳出击，在全国范围开展专项行动，重点打击保健食品"四非"行为，以重点产品、重点企业、重点区域、重点案件为突破口，采取摸底排查、突击检查、公开曝光的方式，对保健食品市场进行整治、惩处、规范，以促进保健食品生产经营秩序的进一步好转。

一是打击保健食品非法生产行为，比如地下黑窝点生产或企业未经许可生产保健食品等；二是打击保健食品非法经营行为，比如经营假冒保健食品文号、标志以及未经批准声称特定保健功能产品，以会议讲座等形式违法销售保健食品等；三是打击保健食品非法添加行为，比如在生产减肥、辅助降血糖等保健食品中非法添加药物等；四是打击保健食品非法宣传行为，比如在广告中夸大功能范围、宣称保健食品具有疾病预防或治疗功能等。通过专项行动，形成打击保健食品生产经营违法违规行为高压态势，促进保健食品生产经营秩序进一步好转，切实保护消费者合法权益。

87.修订《药品经营质量管理规范》

为加强药品经营质量管理，规范药品经营行为，保障人体用药安全、有效，2012年11月6日，卫生部颁布新修订的《药品经营质量管理规范》，自2013年6月1日起施行。

《药品经营质量管理规范》（以下简称《规范》，英文缩写为"GSP"）是规范药品经营质量管理的基本准则。2000年版《药品经营质量管理规范》颁布实施后，经过十年的实践，对提高药品经营企业素质，规范药品经营行为，保障药品质量安全起到了十分重要的作用。但随着我国经济与社会的快速发展，旧的GSP已不能适应药品流通发展和药品监管工作要求，主要表现在：一是与《药品管理法》等法律法规以及有关监管政策存在不一致的地方；二是一些规定已不能适应药品流通发展的状况，如购销模式的改变、企业管理技术和物流业的发展等；三是不能适应药品市场监管新的发展需要，如对购销渠道的规范管理、储存温湿度的控制、高风险品种的市场监管、电子监管的要求等;四是旧的GSP的标准总体上已不适应药品许可管理要求,落后于推进产业发展的目标,降低了市场准入的标准,不利于保证药品安全。尤其是《国家药品安全"十二五"规划》、《"十二五"期间深化医药卫生体制改革规划暨实施方案》等一系列重要文件的发布,对药品流通改革提出了更明确的要求,现行GSP已不能适应医改工作的发展和药品监管工作的需要,修订十分必要。

此次修订工作的总体思路,一是依据《药品管理法》、《药品管理法实施条例》和《中华人民共和国行政许可法》等法律法规及有关政策开展修订工作;二是查找药品流通过程中各种影响药品质量的安全隐患,采取切实可行的管理措施加以控制,保证经营活动中的药品安全;三是调整旧的GSP中不符合药品监管和流通发展要求的、与药品经营企业经营管理实际不相适应的内容,重点解决药品流通中存在的突出问题和难点问题;四是以促进药品经营企业整体水平提升为方向,使修订的规范具有一定的前瞻性;五是积极吸收国外药品流通管理的先进经验,促进我国药品经营质量管理与国际药品流通质量管理的逐步接轨。

新修订的《规范》共4章,包括总则、药品批发的质量管理、药品零售的质量管理、附则,共计187条。新《规范》虽然篇幅没有大的变化,但增加了许多新的管理内容。如借鉴了国外药品流通管理的先进经验,引入供应链管理理念,结合我国国情,增加了计算机信息化管理、仓储温湿度自动检测、药品冷链管理等新的管理要求,同时引入质量风险管理、体系内审、验证等理念和管理方法,从药品经营企业人员、机构、设施设备、文件体系等质量管理要素的各个方面,对药品的采购、验收、储存、养护、销售、运输、售后管理等环节作出了许多新的规定。

《规范》的修订是中国药品流通监管政策的一次较大调整,是对药品经营活动所应当具备的条件和规范要求的一次较大提升。与原《规范》相比,新《规范》对企业经营质量管理要求明显提高,有效增强了流通环节药品质量风险控制能力。

88.开展"六打六治"打非治违专项行动

根据习近平总书记、李克强总理等中央领导关于安全生产的重要指示精神,进一步深化"打非治违",规范安全生产法治秩序,2014年8月1日,国务院安全生产管理委员会发出《关于集中开展"六打六治"打非治违专项行动的通知》(以下简称《通知》),要求自8月至12月,在全国集中开展以"六打六治"为重点的"打非治违"专项行动,以有效防范和坚决遏制重特大安全事故。

尽管安全生产"打非治违"工作成效显著,但非法、违法生产经营建设行为仍未得到有效遏制，多发事故依然存在。据此，国务院安全生产管理委员会决定开展以"六打六治"为重点的打非治违专项行动，具体事项如下：一、总体要求和工作目标。按照"全覆盖、零容忍、严执法、重实效"的总体要求，严格落实停产整顿、关闭取缔、上限处罚和严厉追责的"四个一律"执法措施，集中打击、整治一批当前表现突出的非法违法、违规违章行为，进一步规范安全生产法治秩序，大幅减少因非法违法行为造成的事故，促进安全生产形势持续稳定好转。二、重点内容。突出煤矿、金属与非金属矿山、危险化学品、油气管道、交通运输、建筑施工、消防等重点行业领域，集中开展"六打六治"；还包括矿山企业无证开采、越境开采等相关行为，破坏损害油气管道相关行为，危化品非法运输相关行为，无资质施工及转包分包行为，违章、非法营运等相关行为，打击"三合一"、"多合一"场所违法生产经营行为，整治违规住人、消防设施缺失损坏、安全出口疏散通道堵塞封闭等问题。三、时间步骤。专项行动从2014年8月开始，到12月底结束。分三个阶段进行：动员部署和自查自纠阶段（8月上中旬）；集中打击整治阶段（8月中旬—11月底）；巩固深化阶段（12月）。四、重点工作措施。实施重大非法违法行为备案督办制度；组织开展跨地区、跨部门联合执法；开展"打非治违"专题行动；严格实施"黑名单"制度；开展典型案例公开审判和约谈警示；实行"一案双查"制度，严格责任追究。五、组织领导和职责分工。按照"党政同责、一岗双责、齐抓共管"的要求，加强地方各级党委、政府对"打非治违"工作的组织领导，将专项行动开展情况纳入各地区安全生产目标考核，加强过程监督，推动责任落实。六、有关要求。各省级人民政府、新疆生产建设兵团、各重点行业领域专项行动牵头组织单位要依照本通知要求，制定本地区、本行业领域具体实施方案，国务院安全生产管理委员会办公室综合协调和监督检查。

通过开展"六打六治"打非治违专项行动，强化了公民的安全意识，提高了各级党政机关的安全监管水平，深化了行业、企业的安全生产管理内涵，对于严格执行领导干部的安全生产岗位责任制、抓好安全质量标准化建设、排查治理各项事故隐患、规范职业危害防治工作具有显著的推进意义。

89.开展粉尘防爆专项治理行动

2014年8月4日，国务院安全生产管理委员会办公室发出紧急通知，要求紧密结合"打非治违"专项行动，立即开展粉尘防爆专项整治。8日，国家安全生产监督管理总局又连发通知，要求在工贸行业全面调查排查存在粉尘爆炸危险企业，加强煤尘防治工作，防范煤尘爆炸事故。

2014年8月2日7点37分，江苏昆山中荣公司汽车轮毂抛光车间在生产过程中发生铝粉尘爆炸，造成重大人员伤亡和财产损失。8月4日，国务院江苏昆山中荣公司"8·2"特别重大事故调查组全体会议明确要求，吸取事故教训，深入开展全国厂矿企业粉尘专项治理。为防止类似事故再次发生，有效预防和消除重特大粉尘爆炸隐患，国务院安全生产管理委员会、国家安全生产监督管理总局组织相关力量，在全国工贸行业存在粉尘爆炸危险的企业开展全面调查、排查工作。

根据2014年8月12日召开的"六打六治"打非治违专项行动视频会议要求，扎扎实实抓好粉尘防爆专项治理。深刻吸取江苏昆山中荣公司"8·2"事故教训，对存在粉尘爆炸危险的企业，开展全面深入、细致彻底的排查。重点排查内容如下：一、查厂房规划建设。要按照二类危险品的要求，单层建筑车间，屋顶采用轻型结构，并有足够面积的泄爆口。二、查工艺设计布局。加快推进机械化、信息化改装，生产线布置和操作人员分布不能过紧过密，必须满足安全距离规定。三、查电气设备防爆情况。电机、闸刀、配电柜、电线电缆等所有电气设备都必须符合防爆要求。四、查通风除尘系统。按工艺分片设置相对独立的收尘系统，确保足够的吸尘能力。收尘器必须设置在作业车间外，并设有粉尘浓度、火花、温度等监测装置和泄爆装置、防雨措施。回收的铝镁粉尘应当储存在独立干燥的堆放场所。五、查安全制度措施落实情况。建立严格的粉尘清洁制度，每班都应及时清扫，风管中不应有粉尘沉降。落实粉尘防水防雨措施，加强粉料温度连续监测。生产作业人员，必须穿着阻燃材质的工作帽和衣裤。发现重大隐患的，要立即停产整顿，直至关闭取缔，绝不能有任何姑息迁就。

通过专项治理活动，对存在粉尘与高毒物品危害治理工作的监管力度有所加大，进一步提高了重点监管企业和存在职业危害企业的防控能力，从政府层面完善了职业危害和粉尘高毒物品治理的工作机制，统一了专项监管的工作部署，依法有序、有计划地开展监管和治理工作，完善和强化了各级主管部门的监管合力。

90.安全生产暗查暗访制度

为深入贯彻落实中共中央"八项规定"和习近平总书记讲话精神，进一步反"四风"、转作风，规范安全生产暗查抽查工作，2013年10月和2014年9月，国家安全生产监管总局连续发出《通知》，要求在全国范围内开展以"四不两直"为主线的安全生产暗查暗访活动，督促指导地方各级安全监管机构逐步建立和完善安全生产暗查暗访制度。

开展安全生产暗查暗访活动的主要内容和要求：一、组织形式。以国家总局和煤矿安监局机关各司局、应急指挥中心为主要牵头机构，定期组织制定工作方案，按照程序依法开展安全生产暗查抽查并根据工作需要，邀请相关行业领域安全生产专家和新闻媒体记者参加。二、工作方式。暗查抽查工作采取"四不两直"方式进行，即：不发通知，不向地方政府打招呼，不听取一般性工作汇报，不用当地安全监管局、煤矿安监局人员陪同，直奔基层、直插现场，开展突击检查、随机抽查。三、工作原则。依照"零容忍、严执法"原则，对检查发现的安全生产隐患依法依规严肃处理，对安全生产非法违法、违规违章行为按照"四个一律"（即对非法生产经营建设和经停产整顿仍未达到要求的，一律关闭取缔；对非法违法生产经营建设的有关单位和责任人，一律按规定上限予以经济处罚；对存在违法生产经营建设行为的单位，一律责令停产整顿，并严格落实监管措施；对触犯法律的有关单位和人员，一律依法严格追究法律责任）要求依法严厉惩处。四、工作纪律。暗查抽查人员要坚持为民、务实、清廉的作风，严格遵守保密纪律和抽查工作方案，不泄露与暗查抽查工作有关的信息和被检查单位秘密，维护被检查单位正常的工作或生产经营秩序。进行检查时要规范言行，注意形象，按规定佩戴防护装备，避免不安全行为，并做好检查的文字、图片、音像等资料记录。进入危险作业地点、环节检查时，必须遵守安全生产有关法律、制度、规定。

自国家安全生产监督管理总局开展安全生产暗查暗访活动以来，各级安全监管监察机构采取"四不两直"方式，深查问题、深挖隐患，取得了良好效果。工作作风明显转变，创新了工作方式，推动了安全监管工作。通过抓预防、重治本，抓落实、求实效，国内安全生产面貌进一步好转，安全生产工作水平进一步提高。

91.国家食品药品监督管理总局《食品药品行政处罚程序规定》

为适应机构改革和职能转变需要，规范食品药品监督管理部门行使行政处罚权，保护公民、法人和其他组织的合法权益，2014年3月，国家食品药品监督管理总局发布《食品药品行政处罚程序规定》（以下简称《规定》），自6月1日起施行。

《规定》起草工作从2013年7月开始。国家食品药品监督管理总局在充分调研执法过程中存在问题的基础上，借鉴《工商行政管理机关行政处罚程序规定》、《质量技术监督行政处罚程序规定》等相关规章，以原国家食品药品监督管理总局《药品监督行政处罚程序规定》为蓝本，起草了《规定》初稿。

《规定》共8章61条，将原来食品、药品和医疗器械、化妆品等行政处罚程序规定进行了整合，对管辖、立案、调查取证、处罚决定、送达、执行与结案等作出了明确规定。

为适应食品药品监管执法实际需要，《规定》将由食品药品监督管理部门监管的"四品一械"全部纳入适用范围，并对委托执法、授权执法等作了进一步规范。针对执法实践难题，对地方协查、立案前调查或检查取得证据的效力等作出了具体规定。将办案有关环节与相关法律法规要求对接,增加行刑衔接、境外证据要求以及当事人不配合行政执法的应对措施等内容。同时,结合办案实际,《规定》对先行登记保存物品处理、查封扣押财物处理、查封扣押补办批准手续程序、证据范围、责令改正的适用以及听证程序等内容进行了完善。

《规定》要求食品药品监督管理部门实施行政处罚遵循公开、公平、公正的原则,做到事实清楚、证据确凿、程序合法、法律法规规章适用准确适当、执法文书使用规范。食品药品监督管理部门要建立行政处罚监督制度,上级食品药品监督管理部门对下级食品药品监督管理部门作出的违法或者不适当的行政处罚决定,责令其限期改正;逾期不改正的,依法予以变更或者撤销。

92.江苏昆山中荣"8·2"特大爆炸事故

2014年8月2日7时34分,位于江苏省苏州市昆山市昆山经济技术开发区(以下简称"昆山开发区")的昆山中荣金属制品有限公司(台商独资企业,以下简称"中荣公司")抛光二车间(即4号厂房,以下简称"事故车间")发生特别重大铝粉尘爆炸事故,事故发生后一个月内共有97人死亡、163人受伤,直接经济损失3.51亿元。

中荣公司成立于1998年8月,注册资本880万美元,总用地面积34974.8平方米,规划总建筑面积33746.6平方米,员工总数527人。该企业主要从事汽车零配件等五金件金属表面处理加工,主要生产工序是轮毂打磨、抛光、电镀等,设计年生产能力50万件。事故车间为铝合金汽车轮毂打磨车间,位于厂区西南角,建筑面积2145平方米,厂房南北长44.24米、东西宽24.24米,两层钢筋混凝土框架结构,层高4.5米,每层分3跨,每跨8米。屋顶为钢梁和彩钢板,四周墙体为砖墙。共设计32条生产线,一、二层各16条,每条生产线设有12个工位,沿车间横向布置,总工位数384个。该车间生产工艺设计、布局与设备选型均由公司总经理自己完成。该车间共建设安装8套除尘系统,每个工位设置有吸尘罩,每4条生产线48个工位合用1套除尘系统,除尘器为机械振打袋式除尘器。2012年改造后,8套除尘系统的室外排放管全部连通,由一个主排放管排出。事故车间除尘设备与收尘管道、手动工具插座及其配电箱均未按规定采取接地措施。

2014年8月2日7时,事故车间员工上班。7时10分,除尘风机开启,员工开始作业。7时34分,1号除尘器发生爆炸。爆炸冲击波沿除尘管道向车间传播,扬起的除尘系统内和车间集聚的铝粉尘发生系列爆炸。当场造成47人死亡,当天经送医院抢救无效死亡28人,185人受伤,事故车间和车间内的生产设备被损毁。

8月2日7时35分,昆山市公安消防部门接到报警,立即启动应急预案,第一辆消防车于8分钟内抵达,先后调集7个中队、21辆车辆、111人,组织了25个小组赴现场救援。8时03分,现场明火被扑灭,共救出被困人员130人。交通运输部门调度8辆公交车、3辆卡车运送伤员至昆山各医院救治。环境保护部门立即关闭雨水总排口和工业废水总排口,防止消防废水排入外环境,并开展水体、大气应急监测。安全监管部门迅速检查事故车间内是否使用危险化学品,防范发生次生事故。

事故发生后,党中央、国务院高度重视,习近平总书记、李克强总理立即作出重要批示,要求全力救治伤员,做好遇难者亲属安抚工作,查明事故原因,追究责任人责任,吸取血的教训,强化安全生产责任制,保障人民群众生命财产安全。张高丽、刘延东、马凯副总理,杨晶、郭声琨、王勇国务委员也都作出重要批示。受习近平总书记、李克强总理委派,8月2日下午王勇国务委员带领国务院相关部门负责同志赶赴现场,组织指挥抢险救援,全力开展对受伤人员的救治,调动全国数十名专家支持医疗救助工作,到11家医院慰问受伤人员,对做好善后处理和事故调查工作提出了明确要求。

经国务院批准,8月4日,成立了由国家安全生产监督管理总局为组长,国家安全生产监督管理总局、监察部、工业和信息化部、公安部、全国总工会、江苏省人民政府有关负责同志等参加的国务院江苏省苏州昆山市中荣金属制品有限公司"8·2"特别重大爆炸事故调查组(以下简称"事故调查组"),开展事故调查工作。同时,邀请最高人民检察院派员参加,聘请了国内粉尘爆炸、消防、建筑、机械、材料、电气等方面的院士、专家参加事故调查工作。

事故车间除尘系统较长时间未按规定清理,铝粉尘集聚。除尘系统风机开启后,打磨过程产生的高温颗粒在集尘桶上方形成粉尘云。1号除尘器集尘桶锈蚀破损,桶内铝粉受潮,发生氧化放热反应,达到粉尘云的引燃温度,引发除尘系统及车间的系列爆炸。因没有泄爆装置,爆炸产生的高温气体和燃烧物瞬间经除尘管道从各吸尘口喷出,导致全车间所有工位操作人员直接受到爆炸冲击,造成群死群伤。

中荣公司无视国家法律,违法违规组织项目建设和生产,是事故发生的主要原因。苏州市、昆山市和昆山开发区安全生产红线意识不强、对安全生产工作重视不够,是事故发生的重要原因。负有安全生产监督管理责任的有关部门未认真履行职责,审批把关不严,监督检查不到位,专项治理工作不深入、不落实,是事故发生的重要原因。相关设计、检测、评价、施工、安装等单位,违法违规进行建筑设计、安全评价、粉尘检测、除尘系统改造,对事故发生负有重要责任。

事故发生后,中荣公司董事长、总经理等18人受到司法追究。35名地方党委政府及其有关部门工作人员分别被给予相应的党纪、政纪处分。依据安全生产法等有关法律法规,江苏省人民政府责成江苏省安全监管局对中荣公司处以规定上限的经济处罚,并由相关部门依法对中荣公司予以取缔；对有关单位和人员的违法违规问题进行处罚，对构成犯罪的，依法追究刑事责任。

93.企业安全生产应急管理九条规定

为了进一步明确企业安全生产应急管理的主要矛盾和关键问题，进一步加强安全生产应急管理工作，2015年2月28日，国家安全监管总局颁布实施《企业安全生产应急管理九条规定》（以下简称《九条规定》）。《九条规定》抓住了企业安全生产应急管理的主要矛盾和关键问题，就进一步加强安全生产应急管理工作提出了具体意见和要求。

《九条规定》有3个突出特点。

一是突出重点，针对性强。《九条规定》结合企业安全生产应急管理工作实际，在归纳总结近些年应急管理和事故应急救援与处置工作的经验教训基础上，从企业落实责任、机构人员、队伍装备、预案演练、培训考核、情况告知、停产撤人、事故报告、总结评估九个方面提出要求，明确了企业应急管理工作中最基本、最重要的规定，突出了应急管理的关键要素。

二是依据充分，执行力强。《九条规定》中的每一个"必须"，都依据《安全生产法》、《突发事件应对法》、《生产安全事故报告和调查处理条例》、《危险化学品安全管理条例》和即将出台的《应急管理条例》等法律法规要求，按照《国务院关于加强企业安全生产工作的通知》、《国务院安委会关于进一步加强生产安全事故应急处置工作的通知》、《生产安全事故预案管理办法》等文件和部门规章要求，做到有法可依、有章可循，确保了《九条规定》的严肃性和科学性。《九条规定》以国家安全监管总局局长令形式发布，具有法律效力，企业必须严格执行。

三是简明扼要，便于熟记。《九条规定》的内容只有425个字，简明扼要，一目了然。虽然有的要求被多次提及，但散落在多项法律法规和技术标准之中，许多企业负责人、安全管理人员和从业人员不够熟悉。《九条规定》把企业在应急管理工作中应该做、必须做的基本要求都规定得非常清楚，便于记忆和执行。

《九条规定》对加强企业安全生产应急管理提出的具体要求是：

一、必须落实企业主要负责人是安全生产应急管理第一责任人的工作责任制，层层建立安全生产应急管理责任体系；

二、必须依法设置安全生产应急管理机构，配备专职或者兼职安全生产应急管理人员，建立应急管理工作制度；

三、必须建立专（兼）职应急救援队伍或与邻近专职救援队签订救援协议，配备必要

的应急装备、物资,危险作业必须有专人监护;

四、必须在风险评估的基础上,编制与当地政府及相关部门相衔接的应急预案,重点岗位制定应急处置卡,每年至少组织一次应急演练;

五、必须开展从业人员岗位应急知识教育和自救互救、避险逃生技能培训,并定期组织考核;

六、必须向从业人员告知作业岗位、场所危险因素和险情处置要点,高风险区域和重大危险源必须设立明显标识,并确保逃生通道畅通;

七、必须落实从业人员在发现直接危及人身安全的紧急情况时停止作业,或在采取可能的应急措施后撤离作业场所的权利;

八、必须在险情或事故发生后第一时间做好先期处置,及时采取隔离和疏散措施,并按规定立即如实向当地政府及有关部门报告;

九、必须每年对应急投入、应急准备、应急处置与救援等工作进行总结评估。

《九条规定》是企业安全生产应急管理工作的基本要求和底线,对于推动企业安全生产应急管理工作再上新台阶,严防事故特别是较大以上事故发生,促进全国安全生产形势持续稳定好转具有重大意义。

94.修订《食品生产许可管理办法》

为了保障食品安全,加强食品生产监管,规范食品生产许可活动,国家质量监督检验检疫总局于2010年3月10日公开颁布《食品生产许可管理办法》,对设立食品生产企业、取得食品生产许可的程序以及各级质量技术监督部门的监督职责作出了明确规定。随着我国经济体制改革的不断深入、食品业的快速发展,先前的食品生产许可制度已不能适应发展需要。2015年8月31日,国家食品药品监督管理总局对原有管理办法进行了全面修订,正式颁布新的《食品生产许可管理办法》(以下简称"新《办法》"),与新《食品安全法》同步实施。

新《办法》要求,所有从事食品生产的企业必须依法取得食品生产许可,且实行一企一证原则;申请食品生产许可必须先行取得合法主体资格,以营业执照载明的主体作为申请人,申请人必须如实向食品药品监督管理部门提交有关材料和反映真实情况,对申请材料真实性负责;县级以上地方食品药品监督管理部门接受申请材料,并对申请材料进行审查。对申请材料齐全、符合法定形式且真实有效的,作出准予生产许可的决定,颁发食品生产许可证;食品生产许可证分为正本、副本,正本、副本具有同等法律效力;食品生产者应当妥善保管食品生产许可证,不得伪造、涂改、倒卖、出租、出借、转让,并应当在生产场所的显著位置悬挂或者摆放食品生产许可证正本；由县级以上地方食品药品监督管理部门对食品生产者的许可事项进行监督检查。

《办法》的颁布并与新《食品安全法》同步实施，是全面贯彻新《食品安全法》的一项重要举措，是适应监管体制改革的必然要求，对推动食品工业健康持续发展具有积极而重要的作用。

95.深圳滑坡事故

2015年12月20日，广东深圳市光明新区凤凰社区恒泰裕工业园发生滑坡，附近西气东输管道发生爆炸，造成14人受伤，91人失联。此次事故涉及恒泰裕、德吉程、柳溪三个工业园区，共造成22栋厂房和民宅被掩埋，涉及15家公司。

灾害发生后，党中央、国务院高度重视。中共中央总书记、国家主席、中央军委主席习近平立即作出重要指示，要求广东省、深圳市迅速组织力量开展抢险救援，第一时间抢救被困人员，尽最大努力减少人员伤亡，做好伤员救治、伤亡人员家属安抚等善后工作；注意科学施救，防止发生次生灾害。次日，国务委员王勇代表党中央、国务院，率有关部门负责人赶赴深圳指导救援处置工作，看望慰问受灾群众。

灾害发生后，国土资源部全面展开工作，各方救援力量迅速赶到灾害现场。深圳市公益救援志愿者联合会3名先遣小组成员首先携带无人机进入灾害现场，开展现场勘查；随后，相关专家、各类救援组织和武警广东省总队600余名官兵相继赶赴救援。

12月25日，经国土资源部调查认定，此次深圳滑坡灾害由受纳场渣土堆填体滑动引起，不是山体滑坡，不属于自然地质灾害，是一起生产安全事故。现场地质专家确认滑坡泥石流覆盖6万平方米，平均厚度6米左右。

12月26日上午，深圳市委、市政府在滑坡救援现场举行遇难者默哀仪式，向所有遇难者表示哀悼，向所有遇难和失联人员家属、受伤人员和其他受灾群众表示道歉。

当不幸降临的时候，考验的是城市的危机应对能力，人们也从事发后的表现中窥见深圳这座城市的底色。深圳的此次灾害是不幸的，但应急表现是可圈可点的。如丰富和透明的信息量，自然让谣言失去了滋生的土壤。对一场灾难责任的追究就是上一堂教训深刻的安全课，大城市、特大城市在快速发展过程中，必须高度重视安全风险防范、安全隐患排查等，必须尽快补上多年积累的欠账。

三、防灾减灾与应急管理

1.中华人民共和国海洋环境保护法

为了保护海洋环境及资源，防止污染损害，保护生态平衡，保障人体健康，促进海洋事业的发展，1982年8月23日，五届全国人大常委会第二十四次会议通过《中华人民共和国海洋环境保护法》（以下简称《海洋环保法》）。1999年12月25日，九届全国人大常委会第十三次会议对《海洋环保法》进行了第一次修订。2013年12月28日，十二届全国人大常委会第六次会议对《海洋环保法》进行了第二次修订。

随着海洋的开发、利用和海洋航运事业及沿海城市工业的发展，我国海洋环境已经受到了不同程度的污染和损害。据有关部门的统计，沿海工业每年向海洋排放的工业废水约60亿立方米。沿海分布的几个大油田和十几个石油化工企业，每年约有10多万吨石油进入海洋。在一些海河口区、港湾、内海和沿海局部区域，环境污染相当严重。另外，海洋航运中的油轮和其他船舶的排污，海洋石油勘探和开发中井喷、漏油等，都严重威胁着海洋环境。从世界范围来看，保护海洋环境，防止污染和损害已成为举世瞩目的重大社会问题。

《海洋环保法》适用于中华人民共和国的内海、领海以及中华人民共和国管辖的一切其他海域。其主要内容如下：国务院有关部门和沿海省、自治区、直辖市人民政府，可以根据海洋环境保护的需要，划出海洋特别保护区、海上自然保护区和海滨风景游览区，并采取相应的保护措施。国务院环境保护部门主管全国海洋环境保护工作。海岸工程建设项目的主管单位，必须在编报计划任务书前，对海洋环境进行科学调查，根据自然条件和社会条件，合理选址，并按照国家有关规定，编报环境影响报告书。开发海洋石油的企业或其主管单位，在编报计划任务书前，应当提出海洋环境影响报告书，包括防止污染损害海洋环境的有效措施，并报国务院环境保护部门审批。勘探开发海洋石油，必须配备相应的防污设施和器材，采取有效的技术措施，防止井喷和漏油事故的发生。发生井喷、漏油事故的，应当立即向国家海洋管理部门报告，并采取有效措施，控制和消除油污染，接受国家海洋管理部门的调查处理。沿海单位向海域排放有害物质，必须严格执行国家或省、自治区、直辖市人民政府颁布的排放标准和有关规定。在中华人民共和国管辖海域，禁止任何船舶违反本法规定排放油类、油性混合物、废弃物和其他有害物质。任何单位未经国家海洋管理部门批准，不得向中华人民共和国管辖海域倾倒任何废弃物。凡违反本法，造成或者可能造成海洋环境污染损害的，本法第五条规定的有关主管部门可以责令其治理，缴纳排污费，支付消除污染费用，赔偿国家损失；并可以给予警告或者罚款。

《海洋环保法》是继《中华人民共和国环境保护法（试行）》这一环境保护基本法之后，各项环境保护法规中的一个重要法律，标志着我国海洋环境保护的法制建设进入了一个新的时期。

2.中华人民共和国海洋石油勘探开发环境保护管理条例

改革开放以来，国家加大了对海上油田的勘探开发力度。为了实施《中华人民共和国海洋环境保护法》，保护海洋环境，避免在原油生产中发生向海洋排放含油污水或者因意外事故向海洋溢漏油的行为，1983年12月29日，国务院颁布实施《中华人民共和国海洋石油勘探开发环境保护管理条例》（以下简称《条例》）。

20世纪80年代初期，由于我国海洋环境保护法律体系不健全，缺少预防与处置海洋污染损害事故的设备，海上溢油事故时有发生，含油污水、钻井泥浆和岩屑等有害物质被排放入海的现象逐渐增多，对我国的海洋环境造成了一定程度的污染损害。

《条例》适用于在中华人民共和国管辖海域从事石油勘探开发的企业、事业单位、作业者和个人，以及他们所使用的固定式和移动式平台及其他有关设施。《条例》明确，海洋石油勘探开发环境保护管理主管部门是中华人民共和国国家海洋局及其派出机构。主管部门的公务人员或指派的人员，有权登临固定式和移动式平台以及其他有关设施，进行监测和检查。主管部门的公务船舶应有明显标志。主管部门受理的海洋石油勘探开发污染损害赔偿责任和赔偿金额纠纷，在调查了解的基础上，可以进行调解处理。主管部门对违反《中华人民共和国海洋环境保护法》和本《条例》的企业、事业单位、作业者，可以责令其限期治理，支付消除污染费用，赔偿国家损失；超过标准排放污染物的，可以责令其交纳排污费。主管部门对违反《中华人民共和国海洋环境保护法》和本《条例》的企业、事业单位、作业者和个人，可视其情节轻重，予以警告或罚款处分。《条例》明确，企业或作业者在编制油（气）田总体开发方案的同时，必须编制海洋环境影响报告书，报中华人民共和国城乡建设环境保护部。企业、事业单位、作业者应具备防治油污染事故的应急能力，制定应急计划，配备与其所从事的海洋石油勘探开发规模相适应的油收回设施和围油、消油器材。配备化学消油剂，应将其牌号、成分报告主管部门核准。《条例》明确，海洋石油勘探开发需要在重要渔业水域进行炸药爆破或其他对渔业资源有损害的作业时，应采取有效措施，避开主要经济鱼虾类的产卵、繁殖和捕捞季节，作业前报告主管部门，作业时并应有明显的标志、信号。《条例》明确，企业、事业单位及作业者在作业中发生溢油、漏油等污染事故，应迅速采取围油、回收油的措施，控制、减轻和消除污染。发生大量溢油、漏油和井喷等重大油污染事故，应立即报告主管部门，并采取有效措施，控制和消除油污染，接受主管部门的调查处理。

作为专项海洋行政法规，《条例》对于健全我国海洋环境保护的法律体系，促进海洋开发活动，保护海洋资源与环境的可持续利用起到了重要作用。

3.中华人民共和国森林法

为了保护、培育和合理利用森林资源，加快国土绿化，发挥森林蓄水保土、调节气候、改善环境和提供林产品的作用，在系统总结了1979年2月五届全国人大常委会第六次会议原则通过的《中华人民共和国森林法（试行）》试行过程中的成功经验与失误教训的基础之上，1984年9月20日六届全国人大常委会第七次会议通过《中华人民共和国森林法》（以下简称《森林法》），自1985年1月1日起实施。1998年4月29日，九届全国人大常委会第二次会议对《森林法》进行修正。

《森林法》的主要内容如下：森林资源属于国家所有，由法律规定属于集体所有的除外。国家所有的和集体所有的森林、林木和林地，个人所有的林木和使用的林地，由县级以上地方人民政府登记造册，发放证书，确认所有权或者使用权。森林、林木、林地的所有者和使用者的合法权益受法律保护，任何单位和个人不得侵犯。林业建设实行以营林为基础，普遍护林、大力造林、采育结合、永续利用的方针。国务院林业主管部门主管全国林业工作。县级以上地方人民政府林业主管部门，主管本地区的林业工作。乡级人民政府设专职或者兼职人员负责林业工作。各级林业主管部门依照本法规定，对森林资源的保护、利用、更新，实行管理和监督。各级人民政府应当制定林业长远规划。国有林业企业事业单位和自然保护区，应当根据林业长远规划，编制森林经营方案，报上级主管部门批准后实行。地方各级人民政府应当组织有关部门建立护林组织，负责护林工作；根据实际需要在大面积林区增加护林设施，加强森林保护；督促有林的和林区的基层单位，订立护林公约，组织群众护林，划定护林责任区，配备专职或者兼职护林员。武装森林警察部队执行国家赋予的预防和扑救森林火灾的任务。地方各级人民政府应当切实做好森林火灾的预防和扑救工作。国务院林业主管部门和省、自治区、直辖市人民政府，应当在不同自然地带的典型森林生态地区、珍贵动物和植物生长繁殖的林区、天然热带雨林区和具有特殊保护价值的其他天然林区，划定自然保护区，加强保护管理。从事森林资源保护、林业监督管理工作的林业主管部门的工作人员和其他国家机关的有关工作人员滥用职权、玩忽职守、徇私舞弊，构成犯罪的，依法追究刑事责任；尚不构成犯罪的，依法给予行政处分。

新修订的《森林法》修改了森林、林木和林地权属的条款，为我国林业发展奠定了可靠的所有制基础；明确规定国家对森林资源实行保护性措施，为林业建设获得源源不断的资金支持提供了政策保障；补充修订森林采伐管理条款，严格控制森林采伐规模，有利于保障森林的永续利用；授予民族自治地区林业建设更大的自主权，给予其更多的经济扶持，有利于发展当地林业和经济；制定专章明确规定违反森林法的法律责任，有利于制止乱砍滥伐等破坏森林的违法犯罪活动。

《森林法》是我国制定较早的一部经济行政法，是我国保护森林、发展林业的第一部林业大法，在我国林业发展史上具有里程碑式的重要意义。

4.中华人民共和国水污染防治法

为了防治水污染，保护和改善环境，保障饮用水安全，促进经济社会全面协调可持续发展，1984年5月11日，六届全国人大常委会第五次会议通过《中华人民共和国水污染防治法》（以下简称《水污染防治法》）。1996年5月15日，八届全国人大常委会第十九次会议对《水污染防治法》进行第一次修订。2008年2月28日，十届全国人大常委会第三十二次会议对《水污染防治法》进行第二次修订。

随着我国经济的持续快速增长和经济规模的不断扩大，水污染物排放一直没有得到有效控制。水污染防治和水环境保护形势面临着旧账未了、又欠新账的局面：一是水污染物排放总量居高不下，水体污染相当严重；二是部分流域水资源的开发利用程度过高，加剧了水污染的恶化趋势；三是城乡居民饮用水安全存在极大隐患；四是水污染事故频繁发生；五是原《水污染防治法》对违法行为处罚力度不够，使得守法成本高，违法成本低，需要进一步完善有关法律责任。针对上述新情况、新问题，原《水污染防治法》的有关规定已经不能完全适应水污染防治新形势、新问题的需要，必须对其进行修改、补充和完善。

《水污染防治法》适用于中华人民共和国领域内的江河、湖泊、运河、渠道、水库等地表水体以及地下水体的污染防治。《水污染防治法》明确提出，水污染应该坚持预防为主、防治结合、综合治理的原则。县级以上地方人民政府对本行政区域的水环境质量负责。县级以上人民政府环境保护主管部门对水污染防治实施统一监督管理。国家通过财政转移支付等方式，建立健全对位于饮用水水源保护区区域和江河、湖泊、水库上游地区的水环境生态保护补偿机制。国务院环境保护主管部门制定国家水环境质量标准和国家水污染物排放标准。防治水污染应当按流域或者按区域进行统一规划。新建、改建、扩建直接或者间接向水体排放污染物的建设项目和其他水上设施，应当依法进行环境影响评价。《水污染防治法》明确，国家对重点水污染物排放实施总量控制制度。国家实行排污许可制度。国家建立水环境质量监测和水污染物排放监测制度。水污染防治措施分为一般规定、工业水污染防治、城镇水污染防治、农业和农村水污染防治、船舶水污染防治五个方面。《水污染防治法》明确，国家建立饮用水水源保护区制度。饮用水水源保护区分为一级保护区和二级保护区；必要时，可以在饮用水水源保护区外围划定一定的区域作为准保护区。在饮用水水源保护区内，禁止设置排污口。各级人民政府及其有关部门，可能发生水污染事故的企业事业单位，应当做好突发水污染事故的应急准备、应急处置和事后恢复等工作。可能发生水污染事故的企业事业单位，应当制定有关水污染事故的应急方案，做好应急准备，并定期进行演练。企业事业单位发生事故或者其他突发性事件，造成或者可能造成水污染事故的，应当立即进行处置。《水污染防治法》明确了环境保护主管部门或者其他依照本法规定行使监督管理权的部门和相关企事业单位的法律责任，以及对相关违法行为的处罚规定。

《水污染防治法》是我国水污染防治方面的第一部法律，在我国内陆水污染防治的法规体系中起着统领作用。该法实施以来，其确立的水污染防治规划、环境影响评价和"三同时"制度、排污申报、排污收费、饮用水地表水源保护等基本法律制度是正确的，有关规定是切实可行的，对于防治水污染发挥了重要的作用。新修订的《水污染防治法》在总结我国实施水污染防治法经验的基础上，借鉴国际上的一些成功做法，加强了水污染源头控制，完善了水环境监测网络，强化了重点水污染物排放总量控制制度，全面推行排污许可制度，完善饮用水水源保护区管理制度，在加强工业污染防治和城镇污染防治的基础上又增加了农村面源污染防治和内河船舶的污染防治，增加了水污染应急反应要求，加大了对违法行为的处罚力度，完善了民事法律责任。这一系列法律制度的建立健全，对防治水污染，保护和改善环境，保障饮用水安全，促进经济社会全面协调可持续发展具有重要的意义。

5.中华人民共和国消防条例

1957年11月,全国人大常委会第八十六次会议通过了《中华人民共和国消防监督条例》。1984年5月11日,六届全国人大常委会第五次会议批准《中华人民共和国消防条例》(以下简称《消防条例》),1984年5月13日国务院公布。《消防条例》是在1957年《中华人民共和国消防监督条例》的基础上,修改、充实而成的,目的是加强消防工作,保卫社会主义现代化建设,保护公共财产和公民生命财产的安全。

据有关部门统计,从1950年至1983年底,全国发生火灾170万次,烧死11.1万人,烧伤20.9万人,直接经济损失44亿元。这还不包括"文化大革命"期间1966年至1970年5年的火灾损失和军队、森林、矿井等火灾损失。党的十一届三中全会以来,在党中央和国务院的关怀、领导下,各地加强了消防工作,火灾情况有所好转,但损失百万元以至上千万元、烧死数人以至数十人的重大恶性火灾仍有发生。火灾事故仍然是经济建设和人民生命财产的一大威胁。因此,制定和颁布《消防条例》,使消防工作适应新的历史时期的需要,更好地保卫现代化建设和人民生命财产的安全,是十分必要的。

《消防条例》共7章32条,主要内容如下:消防工作实行"预防为主,防消结合"的方针。消防工作由公安机关实施监督。规定城市规划建设部门,新建、扩建和改建工程,农村房屋建筑,新建的生产、储存和装卸易燃易爆化学物品的工厂、仓库和专用车站、码头,生产、使用、储存、运输易燃易爆化学物品的单位,人员集中的公共场所等在消防设施建设、消防安全管理方面的职责。机关、企业事业单位实行防火责任制度。企业事业单位根据需要设立群众义务消防队或者义务消防员,或者根据需要建立专职消防队。新建的城市和扩建、改建的市区,应当按照接到报警后消防车能在五分钟内到达责任区边沿的原则设立公安消防队(站)。任何单位和个人在发现火警的时候,都应当迅速准确地报警,并积极参加扑救。火场的扑救工作,由消防监督机构统一组织和指挥。规定了火场总指挥员的权限,消防车辆通行,在扑救火灾中受伤、致残或者牺牲的非国家职工的医疗和抚恤等内容。县级以上公安机关设立消防监督机构,负责消防监督工作。规定了各级消防监督机构的职权。规定了对在消防工作中有贡献或者成绩显著的单位和个人、违反本条例规定行为的奖励和处罚内容。

6.中华人民共和国草原法

为了保护、建设和合理利用草原,改善生态环境,维护生物多样性,发展现代畜牧业，促进经济和社会的可持续发展，1985年6月18日，六届全国人大常委会第十一次会议通过《中华人民共和国草原法》（以下简称《草原法》）。2002年12月28日，九届全国人大常委会第三十一次会议对《草原法》进行第一次修订。2013年6月29日，十二届全国人大常委会第三次会议对《草原法》进行第二次修订。

我国在新中国成立初期制定了保护草原的相关政策。但是，由于多年来管理不善，乱占、乱垦草原和破坏草原植被的现象十分严重，草原严重沙化、碱化、退化面积达到可利用面积的1/3。同时，由于没有固定的草原所有权和使用权，牧区在生产经营方面存在"吃大锅饭"的弊病，只利用而不建设草原，草原超载过牧现象严重，进一步加剧了草原退化。据有关统计，70年代末各类草地的产草量与50年代中期相比，下降1/3到1/2。

《草原法》共9章75条，适用于在中华人民共和国领域内从事草原规划、保护、建设、利用和管理的活动。《草原法》的主要内容如下：国家对草原实行科学规划、全面保护、重点建设、合理利用的方针。各级人民政府应当加强对草原保护、建设和利用的管理，将草原的保护、建设和利用纳入国民经济和社会发展计划。国务院草原行政主管部门主管全国草原监督管理工作。规定了单位和个人遵守法律、保护草原的义务。草原属于国家所有（由法律规定属于集体所有的除外），依法登记的草原所有权和使用权受法律保护，任何单位或者个人不得侵犯。规定了草原的登记确权、承包经营、权属争议解决等方面内容。国家对草原保护、建设、利用实行统一规划制度。规定了编制草原保护、建设、利用规划的原则、内容和执行等。国家建立草原调查制度、草原统计制度和草原生产、生态监测预警系统。规定了县级以上政府支持草原建设、草原水利设施建设、草种基地建设、草原防火设施建设、草原综合治理、草原建设资金投入等方面内容。规定了草原承包经营者责任和义务、牲畜圈养、轮割轮采、草原征用占用、草原生产服务设施建设等方面内容。国家实行基本草原保护制度。规定了基层草原划定，草原自然保护区建立，草原珍稀濒危野生植物和种质资源的保护、管理，以草定畜、草畜平衡制度，退耕还草和禁牧、休牧，草原防火工作，草原鼠害、病虫害和毒害草防治等方面内容。规定了草原监督机构设立，草原监督检查人员权限、培训和考核，对草原行政主管部门执法的监督等方面内容。规定了草原行政主管部门工作人员及其他国家机关有关工作人员违法处罚、有关单位和个人违法行为处罚等内容。

新的《草原法》总结了近80年来草原改革和草原建设所积累的经验，反映了我国在经济发展和深化改革的新形势下对草原保护、建设和合理利用的基本要求，有针对性地根据草原现状为改善生态环境，维护生物多样性，发展现代畜牧业确立了一系列的法律措施。

7.中华人民共和国土地管理法

为了加强土地管理,维护土地的社会主义公有制,保护、开发土地资源,合理利用土地,切实保护耕地,促进社会经济的可持续发展,1986年6月25日,六届全国人大常委会第十六次会议通过《中华人民共和国土地管理法》(以下简称《土地管理法》)。1988年12月23日,七届全国人大常委会第五次会议对《土地管理法》进行第一次修订;1998年8月29日,九届全国人大常委会第四次会议对《土地管理法》进行第二次修订;2004年8月28日,十届全国人大常委会第十一次会议对《土地管理法》进行第三次修正。

我国基本国情是人多地少,国土面积居世界第三位,但是人均占有土地和耕地数都不及世界平均水平的1/3。由于长期以来缺乏科学认识,没有按照土地资源的客观规律使用土地,没有充分利用法律手段严格管理土地,致使土地资源乱占滥用、破坏浪费的现象日益严重,影响到粮食生产和国民经济的发展,危及子孙后代的生存条件。

《土地管理法》共8章86条,主要内容如下:中华人民共和国实行土地的社会主义公有制,即全民所有制和劳动群众集体所有制。任何单位和个人不得侵占、买卖或者以其他形式非法转让土地。土地使用权可以依法转让。国家为了公共利益的需要,可以依法对土地实行征收或者征用并给予补偿。国家依法实行国有土地有偿使用制度。但是,国家在法律规定的范围内划拨国有土地使用权的除外。十分珍惜、合理利用土地和切实保护耕地是我国的基本国策。国家实行土地用途管制制度。城市市区的土地属于国家所有。农村和城市郊区的土地,除由法律规定属于国家所有的以外,属于农民集体所有;宅基地和自留地、自留山,属于农民集体所有。规定了国有土地和农民集体所有的土地使用、农民集体所有的土地经营管理权、农民集体所有的土地确权、依法改变土地权属和用途、农民集体所有的土地承包期限、国有土地和农民集体所有的土地承包经营、土地所有权和使用权争议解决等方面内容。下级土地利用总体规划应当依据上一级土地利用总体规划编制。规定了土地利用总体规划编制原则、分级审批、修改等内容。国家建立土地调查制度和土地统计制度。国家保护耕地,严格控制耕地转为非耕地。国家实行占用耕地补偿制度。国家实行基本农田保护制度。规定了基本农田划定范围、禁止闲置荒芜耕地、土地整理等方面内容。规定了建设用地申请审批、土地征收等方面内容。县级以上人民政府土地行政主管部门履职权限、要求和违法行为责任追究。规定了对买卖或者以其他形式非法转让土地、非法占用土地等违法行为的处罚内容。

《土地管理法》根据宪法对土地的社会主义公有制进行了规定。该法进一步对土地的所有权和使用权作了明确规定,确保以社会主义公有制为基础的土地所有权和使用权保持稳定，维护合法权益不受侵犯。该法针对性强，重点突出，针对目前存在的乱占耕地、滥用土地等严重问题，作了比较集中、明确和具体的严格规定，优先保证农业用地的需要，严格控制非农业建设占用土地，以便生产足够的粮食和其他农产品，满足人们基本需求。该法注重利用和保护土地相结合，强调在利用土地的同时要保护土地。

《土地管理法》是新中国成立以来的第一部土地管理法律，标志着我国土地管理工作进入了法制管理的新阶段。

8.中华人民共和国水法

为了合理开发、利用、节约和保护水资源，防治水害，实现水资源的可持续利用，适应国民经济和社会发展的需要，2002年8月29日，九届全国人大常委会第二十九次会议通过《中华人民共和国水法》（以下简称《水法》）。

水是国家重要的自然资源。我国水资源总量不算少，但是人均水平只相当于世界平均水平的1/4。我国是水土流失比较严重的国家，全国森林覆盖率只有12%，低于世界上许多国家。由于历史上长期滥用土地资源，新中国成立后森林遭到几次大规模破坏，有的水土严重流失区形成了越垦越穷、越穷越垦的恶性循环。

《水法》共8章82条内容，适用于在中华人民共和国领域内开发、利用、节约、保护、管理水资源，防治水害。《水法》明确规定，水资源属于国家所有，应当全面规划、统筹兼顾、标本兼治、综合利用、讲求效益，依法实行取水许可制度和有偿使用制度。《水法》规定了政府、单位和公民节约用水的责任和义务。《水法》规定，国家实行流域管理与行政区域管理相结合的水资源管理体制。开发与利用水资源，应当坚持兴利与除害相结合，兼顾上下游、左右岸和有关地区之间的利益，充分发挥水资源的综合效益，服从防洪的总体安排。《水法》规定，从事水事活动要遵守规划并承担相应治理责任。国家建立饮用水水源保护区制度。《水法》规定了水资源中长期供求规划、用水实行总量控制和定额管理相结合的制度、工业和城市用水节水等方面内容，规定了不同行政区域之间水事纠纷，单位之间、个人之间、单位与个人之间水事纠纷处理和水政监督检查等方面内容，规定了对水行政主管部门或者其他有关部门以及水工程管理单位及其工作人员违法行为，以及其他有关违法行为的处罚内容。

《水法》是我国第一部有关水资源综合开发、利用和保护的基本法，标志着我国进入依法治水的新时代，进入一个对水量和水质开发和保护并重的时期。

9.森林防火条例与森林病虫害防治条例

为了有效预防和扑救森林火灾，保障人民生命财产安全，保护森林资源，维护生态安全，根据《中华人民共和国森林法》，1988年1月16日，国务院发布《森林防火条例》。2008年11月19日，国务院对《森林防火条例》进行了修订。为了有效防治森林病虫害，保护森林资源，促进林业发展，维护自然生态平衡，根据《中华人民共和国森林法》有关规定，1989年11月17日，国务院第50次常务会议通过《森林病虫害防治条例》，1989年12月18日正式发布实施。

我国森林资源很少，但是森林火灾十分严重。新中国成立以来平均每年发生森林火灾15000多起，受害面积100多万公顷，森林火灾受害率为8.5‰，为世界年平均森林火灾受害率1‰的8倍多。特别是1987年5月大兴安岭特大森林火灾所造成的森林资源和人民生命财产损失，是新中国成立以来最为严重的一次。实践表明，火灾是森林资源的严重威胁。

《森林防火条例》共6章56条，适用于中华人民共和国境内除了城市市区以外的森林火灾的预防和扑救。该条例主要内容如下：森林防火工作实行预防为主、积极消灭的方针。国家森林防火指挥机构负责组织、协调和指导全国的森林防火工作。森林防火工作实行地方各级人民政府行政首长负责制。国家鼓励通过保险形式转移森林火灾风险，提高林业防灾减灾能力和灾后自我救助能力。规定森林火险区划等级确定、各级森林防火规划编制、森林火灾应急预案编制和演练、森林防火设施建设、森林火灾扑救队伍建设、森林防火指挥机构职责、森林防火期管理、森林火险预警预报信息发布等方面的内容。县级以上地方人民政府应当公布森林火警电话，建立森林防火值班制度。规定了森林火灾报告、森林火灾应急预案启动、森林火灾扑救指挥和有关部门承担职责等内容。规定森林火灾分级、森林火灾调查评估、森林火灾情况统计、森林火灾信息发布、扑火人员补贴补助和其他扑火费用支付等方面情况。规定对县级以上地方人民政府及其森林防火指挥机构、县级以上人民政府林业主管部门或者其他有关部门及其工作人员，森林、林木、林地的经营单位或者个人未履行森林防火职责和责任等行为的处罚内容。

《森林病虫害防治条例》共5章30条，主要内容如下：森林病虫害防治实行"预防为主，综合治理"的方针，实行"谁经营，谁防治"的责任制度。明确了森林经营单位和个人在森林的经营活动中应当遵守的规定，规定了各级人民政府林业主管部门、各口岸动植物检疫机构、森林病虫害防治机构职责和有关能力、设施建设要求。规定森林病虫害报告、暴发性或者危险性的森林病虫害除治、部门配合、除治经费来源等方面内容。规定对在森林病虫害防治工作中取得显著成绩的单位和个人进行奖励，对有关违法行为进行处罚等方面内容。城市园林管理部门管理的森林和林木，其病虫害防治工作由城市园林管理部门参照本条例执行。

10.国家减灾委员会成立

国家减灾委员会（以下简称"国家减灾委"）成立于 1989 年 4 月，原名中国国际减灾委员会，2005 年经国务院批准改为现名。国家减灾委的主要任务是研究制定国家减灾工作的方针、政策和规划，协调开展重大减灾活动，指导地方开展减灾工作，推进减灾国际交流与合作。国家减灾委为国务院议事协调机构，其具体工作由民政部承担。

1989 年 4 月，我国政府积极响应联合国关于开展国际减灾十年活动的号召，成立了中国国际减灾十年委员会；2000 年，根据我国开展减灾工作的需要和联合国有关决议的精神，更名为中国国际减灾委员会；2005 年，经国务院批准改为现名，即国家减灾委员会。

国家减灾委成员单位有中共中央宣传部、国务院办公厅、外交部、国家发展和改革委员会、教育部、科技部、工业和信息化部、公安部、民政部、财政部、国土资源部、环境保护部、住房和城乡建设部、交通运输部、水利部、农业部、商务部、国家卫生和计划生育委员会、国务院国有资产监督管理委员会、新闻出版广电总局、国家安全生产监督管理总局、统计局、林业局、中国科学院、地震局、气象局、保险监督管理委员会、自然科学基金会、海洋局、国家测绘地理信息局、总参谋部、武警总部、中国科学技术协会、中国红十字总会、中国铁路总公司等。下设国家减灾委员会办公室和国家减灾委专家委员会。国家减灾委员会办公室（简称"减灾办"）是国家减灾委员会的办事机构。国家减灾委专家委员会是国家减灾委员会领导下的专家组织，为我国的减灾工作提供政策咨询、理论指导、技术支持和科学研究。

11.中华人民共和国水土保持法

为了预防和治理水土流失，保护和合理利用水土资源，减轻水、旱、风沙灾害，改善生态环境，发展生产，1991 年 6 月 29 日，七届全国人大常委会第二十次会议通过《中华人民共和国水土保持法》（以下简称《水土保持法》）。2010 年 12 月 25 日，十一届全国人大常委会第十八次会议对《水土保持法》进行了修订。

受复杂的自然环境和人为活动的影响，历史上我国水土资源遭受破坏的情况十分严重，水土流失惊人，到新中国成立初期，我国水土流失面积达 153 万平方公里，约占国土面积的 1/6，是世界上水土流失面积大、流失严重的国家之一，其中黄土高原的水土流失最为严重,堪称世界之最。新中国成立后,我国在水土流失治理方面做了大量工作,累计治理水土流失面积52万平方公里。但是在治理水土流失的同时,还有许多水土资源受到破坏,造成边治理边流失的状况,甚至出现一方治理、多方破坏的情况,尤其是随着能源开发和工程建设规模的扩大,进一步加剧了水土流失。通过遥感技术普查,发现我国水土流失面积远大于20世纪50年代初的面积,人类赖以生存的土地资源遭到破坏,给国民经济和人民生命财产造成危害,淤塞堵高的河道使我国的水路航程日益缩短。

《水土保持法》主要内容是:国家对水土保持工作实行预防为主,全面规划,综合防治,因地制宜,加强管理,注重效益的方针。各级人民政府应当组织全民植树造林,鼓励种草,扩大森林覆盖面积,增加植被。各级地方人民政府应当根据当地情况,组织农业集体经济组织和国营农、林、牧场,种植薪炭林和饲草、绿肥植物,有计划地进行封山育林育草、轮封轮牧,防风固沙,保护植被。禁止毁林开荒、烧山开荒和在陡坡地、干旱地区铲草皮、挖树兜。县级以上人民政府应当根据水土保持规划,组织有关行政主管部门和单位有计划地对水土流失进行治理。国务院水行政主管部门建立水土保持监测网络,对全国水土流失动态进行监测预报,并予以公告。县级以上地方人民政府水行政主管部门的水土保持监督人员,有权对本辖区的水土流失及其防治情况进行现场检查。被检查单位和个人必须如实报告情况,提供必要的工作条件。违反本法第十四条规定,在禁止开垦的陡坡地开垦种植农作物的,由县级人民政府水行政主管部门责令停止开垦、采取补救措施,可以处以罚款。

《水土保持法》确立了新的水土保持工作方针,即"预防为主,全面规划,综合防治,因地制宜,加强管理,注重效益",明确将过去的"防治并重"改为"预防为主",把预防、保护和监督工作提到了首位,有利于改变重治理、轻预防的状况,纠正"宁种花"、"不栽刺"的不良现象。该法明确了依靠群众和国家扶持的原则,从关系国计民生以及子孙后代生存与发展的高度来看待水土保持工作,对于动员社会各界力量,共同保护生态环境,与破坏水土资源行为作斗争,起着巨大的推动作用。该法不仅提出用法律武器来防治水土流失,还提出开展水土保持科学研究,运用先进的科学技术手段,实现科学治水与保土。

《水土保持法》的颁布实施,标志着我国水土保持工作走上了法治的轨道,为我国依法保护水土资源,依法治理水土流失提供了有力的法律武器。

12.中华人民共和国防汛条例

《中华人民共和国防汛条例》于1991年6月28日国务院第87次常务会议通过,1991年7月2日中华人民共和国国务院令第86号发布实施,这是新中国第一部管理防汛工作的行政法规，标志着我国防汛管理工作步入了法制化轨道。条例自1991年颁布实施以来，对我国历次抗洪抢险和防洪减灾事业的发展发挥了重要作用。然而随着社会经济的发展和防汛抗洪实际工作的要求，原条例中不足之处和局限性也逐渐显现出来。为此，2005年7月15日，国务院发布了《关于修改〈中华人民共和国防汛条例〉的决定》，2011年1月8日《国务院关于废止和修改部分行政法规的决定》第二次修订，并于发布之日起施行。通过2005年、2011年的修改、修订，建立起了符合我国防汛工作、针对性较强的行政法规。

《防汛条例》共分8章49条，适用于在中华人民共和国境内进行防汛抗洪活动。该条例主要内容如下：防汛工作实行"安全第一，常备不懈，以防为主，全力抢险"的方针，遵循团结协作和局部利益服从全局利益的原则。防汛工作实行各级人民政府行政首长负责制，实行统一指挥，分级分部门负责。各有关部门实行防汛岗位责任制。任何单位和个人都有参加防汛抗洪的义务。规定了各级各类防汛组织、机构的设立，防汛队伍建立等方面内容。规定了防御洪水方案制定、洪水调度方案制定、汛前检查、防汛设施建设、防汛抢险物资储备等方面内容。规定了汛期值守、信息提供、汛期调度运用计划执行、日常巡查、各部门职责、分洪滞洪措施实施等方面内容。由财政部门安排的防汛经费，按照分级管理的原则，分别列入中央财政和地方财政预算。对蓄滞洪区，逐步推行洪水保险制度。对为抗洪抢险作出显著成绩者进行奖励，对危害防汛抢险工作的予以惩处。

《防汛条例》是千百年以来中华民族与水灾不懈斗争的经验总结与法规化，对于保障国家财产和人民生命财产安全，减轻自然灾害造成的损失，总结我国人民与洪水作斗争的经验教训，推动防汛工作逐步走向规范化、法治化的轨道，发挥着十分重要的作用。

13.水库大坝安全管理条例

为了加强水库大坝安全管理，保障人民生命财产和社会主义建设的安全，根据《中华人民共和国水法》，1991年3月22日，国务院发布实施《水库大坝安全管理条例》（以下简称《条例》）。

新中国成立后，党和政府高度重视水利水电建设，截至1990年底，我国已兴建各类水库8.3万余座，其中大型水库355座（含水电站56座），中型水库2462座，小型水库8万余座，总库容4600余亿立方米，绝大部分是土石坝，在防洪、灌溉、发电、城市生活和工业供水方面发挥了很大作用。但是，水库大坝一旦垮坝失事，将会造成国民经济和人民生命财产的严重损失，甚至带来毁灭性的灾害。由于许多水库大坝是在"大跃进"和"文化大革命"时期兴建的，防洪标准低，工程质量差，形成了一大批病险水库大坝，虽经多年大力除险加固，但仍有1/4到1/3的水库大坝处于病险状态，威胁着水库下游地区人民群众生命财产安全和国民经济建设。据有关部门统计，截至1990年底，全国垮坝失事的水库［主要是小（二）型水库］达3242座，垮坝率为3.7%，超过了世界上有些国家约1%的垮坝率水平。人为破坏水库大坝及其附属设施的事件屡有发生，一些尾矿坝和储灰坝也出现了不少安全事故。水库大坝管理制度不健全，人员素质差，管理手段落后，急需用法律手段加强安全管理。

《条例》共分6章34条，适用于中华人民共和国境内坝高15米以上或者库容100万立方米以上的水库大坝（以下简称"大坝"）。《条例》主要内容如下：各级人民政府及其大坝主管部门对其所管辖的大坝的安全实行行政领导负责制。大坝的建设和管理应当贯彻安全第一的方针。兴建大坝必须符合安全技术标准，必须进行工程设计。大坝施工必须由具有相应资格证书的单位承担。大坝及其设施受国家保护，任何单位和个人不得侵占、毁坏。明确禁止一系列影响大坝安全的活动、施工。要求做好大坝日常运行安全管理。制定险坝加固计划、应急措施和可能出现的垮坝应急预案。

《条例》明确了国务院水行政主管部门对水库大坝的归口监管职责，提出地方水行政主管部门对水库大坝实行分级管理的原则以及水利、能源、建设、交通、农业等管辖水库大坝的有关部门各自负责监管职责，规定了水库大坝安全的各级政府和各大坝主管部门的行政领导负责制，促进水库大坝的安全管理。同时，该《条例》规定兴建大坝必须符合国务院水行政主管部门会同有关大坝主管部门制定的大坝安全技术标准，大坝主管部门对其所辖的险坝制定加固计划，避免大坝出现安全隐患。

《条例》作为《中华人民共和国水法》的配套法规，是我国发布的第一部水库安全管理法规，对于加强水库大坝安全管理，保证人民财产安全，促进社会主义现代化建设，充分发挥水利工程的综合效益，具有十分重要的意义。

14.中华人民共和国草原防火条例

为了加强草原防火工作，积极预防和扑救草原火灾，保护草原，保障人民生命和财产安全，根据《中华人民共和国草原法》，1993年10月5日，国务院发布实施《草原防火条例》。2008年11月19日，国务院对《中华人民共和国草原防火条例》进行了修订。

我国易发生火灾的草原有20多亿亩，其中频繁发生的有10多亿亩，主要分布在牧区。据统计，新中国成立以来我国牧区发生草原火灾5万多次，受害草原面积30多亿亩，火灾造成的经济损失高达300多亿元，在草原火灾中死亡429人，烧伤1229人。草原火灾对相连林区的安全、草原畜牧业的生产、牧区社会的稳定都构成了严重的威胁。

《中华人民共和国草原防火条例》共6章49条，适用于中华人民共和国境内草原火灾的预防和扑救，但是，林区和城市市区的除外。该条例主要内容如下：草原防火工作实行预防为主、防消结合的方针。草原防火工作实行地方各级人民政府行政首长负责制和部门、单位领导负责制。草原的经营使用单位和个人，在其经营使用范围内承担草原防火责任。全国草原划分为极高、高、中、低四个等级的草原火险区。规定了各级草原防火规划编制、草原火灾应急预案编制、草原防火期管理、草原上有关单位和企业防火责任、扑火队伍建设、草原火险预报预警制度建设等方面的内容。规定草原火情报告、草原火灾应急预案启动、有关部门职责、扑火物资调用、草原火灾信息发布等方面的内容。规定灭火后现场检查、受灾群众安置和救助、草原恢复计划制定、火灾调查和情况统计上报、参与扑火人员医疗抚恤等方面内容。规定对于县级以上人民政府草原防火主管部门或者其他有关部门及其工作人员违反本条例规定等情况的处罚内容。

《中华人民共和国草原防火条例》明确了草原火灾预防和扑救的责任划分，强调对重点草原防火工作实行有关地区政府领导负责制和部门、单位领导负责制，同时对草原防火期内野外火源的控制和管理、火线监测制度、扑救火灾的组织指挥等方面都作了明确规定。该条例明确了草原火灾善后处理的基本原则，规定草原火灾发生后要改良草场，恢复草原植被，做好人畜疾病的防治和检疫，对伤亡人员进行医疗与抚恤，同时对扑火经费开支和火灾调查统计等原则作出了具体规定。该条例明确了草原防火法制管理权限，规定国务院农牧业部门主管全国草原防火工作，地方政府可根据实际情况，确定草原防火主管部门，主管本行政区域的草原防火工作。

《中华人民共和国草原防火条例》是我国第一部规范全国草原防火行为的法规性文件，标志着我国草原防火工作开始走上法制管理轨道。

15.中华人民共和国固体废物污染环境防治法

为了防治固体废物污染环境，保障人体健康，促进社会主义现代化建设发展，1995年10月30日，八届全国人大常委会第十六次会议通过《中华人民共和国固体废物污染环境防治法》（以下简称《防治法》）。2004年12月29日，十届全国人大常委会第十三次会议对《防治法》进行第一次修订。2013年6月29日，十二届全国人大常委会第三次会议对《防治法》进行第二次修订。

固体废物是从企业生产、居民生活等活动中产生的，具有数量大、种类多、性质复杂、分布广泛及可跨国转移等特点，使固体废物污染的途径多、形式复杂，既有即时性污染，又有潜伏性和长期性污染的威胁，防治工作难度大，成本高。由于我国长期采用粗放经营的经济发展模式，大量消耗能源、原材料，设备和工艺落后，资源利用率低，造成固体废物规模巨大，污染严重。据1993年统计，全国工业（不含乡镇工业）固体废物产生量达6.2亿吨，大部分只是简单地堆放在露天环境中，约有2000万吨未经任何处理直接排放到环境中，其中1000万吨排入江、河、湖、海。全国工业固体废物累积堆存量达60亿吨，占地5.5万公顷，其中占农田3700公顷。固体废物造成的污染事故时有发生，仅1990年就发生较大的事故100多起，经济损失严重。因此，迫切需要加强防治固体废物污染环境法治建设。

《防治法》的指导思想是"防治结合，以防为主"，坚持综合防治，既治理已产生的污染，更注意预防可能发生的污染。固体废物污染防治坚持减量化、资源化和无害化原则（简称"三化"），以及防治集中处置与分散处置相结合的原则。同时，对固体废物实行产生、排放、收集、储存、运输、利用、处理和处置的全过程控制和分类管理原则。

《防治法》适用于我国境内固体废物污染环境的防治，其主要内容如下：国家对固体废物污染环境的防治，实行减少固体废物的产生、充分合理利用固体废物和无害化处理固体废物的原则。县级以上人民政府应当将固体废物污染环境防治工作纳入环境保护规划，并采取有利于固体废物污染环境防治的经济、技术政策和措施。国务院环境保护行政主管部门对全国固体废物污染环境的防治工作实施统一的监督管理。县级以上地方人民政府环境保护行政主管部门对本行政区域内固体废物污染环境的防治工作实施统一监督管理。建设项目的环境影响报告书，必须对建设项目产生的固体废物对环境的污染和影响作出评价，规定防治环境污染的措施，并按照国家规定的程序报环境保护行政主管部门批准。对造成固体废物严重污染环境的企业事业单位，限期治理。任何单位和个人应当遵守城市人民政府环境卫生行政主管部门的规定，在指定地点倾倒、堆放城市生活垃圾，不得随意扔撒或者堆放。以填埋方式处置危险废物不符合国务院环境保护行政主管部门的规定的，应当缴纳危险废物排污费。在发生危险废物严重污染环境，威胁居民生命财产安全时，县级以上人民政府环境保护行政主管部门必须立即向本级人民政府报告，由人民政府采取有效措施，解除或者减轻危害。

《防治法》是我国有关固体废物管理的第一部专门性法律，标志着我国环境保护领域结束了防治固体废物污染监督管理长期无法可依的状况，使我国环境保护、防治固体废物污染进入一个崭新的历史阶段。

16.中华人民共和国防震减灾法

为了防御和减轻地震灾害，保护人民生命和财产安全，促进经济社会的可持续发展，1997年12月29日，八届全国人大常委会第二十九次会议通过《中华人民共和国防震减灾法》(以下简称《防震减灾法》)。2008年12月27日,十一届全国人大常委会第六次会议对《防震减灾法》进行了修订。

我国是一个地震多发的国家。由于地处亚欧板块的东南部,受西环太平洋地震带和喜马拉雅山—地中海地震带地震活动的影响,地震活动不仅频度高、强度大,而且分布很广。20世纪90年代,国内绝大多数地震学家几乎一致认为,我国大陆地区90年代将进入20世纪以来的地震活跃期,活动的主体地区在我国西部。1994年台湾海峡7.3级地震前后,我国东部近海及临区强震活动出现了多年来罕见的增强形势,在短短的几个月内连续发生了10余次7级以上大地震,可能导致我国在随后3年或稍长一个时期进入强震连发的高潮阶段,防震抗震工作十分严峻。据有关资料统计,仅20世纪(至1996年底),发生在我国大陆的5级地震共1921次,6级以上400余次,7级以上66次,8级以上9次。我国大陆地震次数占全球的1/3,死亡人数占全球的1/2。

1994年,国务院文件提出"争取用十年左右的时间,使我国大中城市和人口稠密、经济发达地区具备抗御6级左右地震能力"的防震减灾十年目标。为此,我国在国家层面上制定出台了《防震减灾法》,这是我国第一部规范全社会防御与减轻地震灾害活动的重要法律。

《防震减灾法》共包括9章93条,适用于在中华人民共和国领域和中华人民共和国管辖的其他海域从事地震监测预报、地震灾害预防、地震应急救援、地震灾后过渡性安置和恢复重建等防震减灾活动,其主要内容如下:防震减灾工作实行预防为主、防御与救助相结合的方针。国务院抗震救灾指挥机构负责统一领导、指挥和协调全国抗震救灾工作。县级以上地方人民政府抗震救灾指挥机构负责统一领导、指挥和协调本行政区域的抗震救灾工作。防震减灾规划编制原则、依据、内容和审批公布。地震监测预报包括地震监测台网、地震监测设施和地震监测环境、地震监测信息共享平台、地震预报意见实行统一发布制度、确定地震重点监视防御区、全国地震烈度速报系统等。工程抗震设防、农村村民住宅和乡村公共设施抗震设防、地震应急知识宣传普及和地震应急救援演练;地震应急预案制定修订、地震灾害分级、地震应急救援、地震灾害紧急救援队伍建设;地震灾害损失调查评估、地震灾区受灾群众过渡性安置、地震灾后恢复重建规划编制和实施、地震灾后恢复重建;县级以上人民政府及有关部门、审计机关和监察机关的职责;国务院地震工作主管部门、县级以上地方人民政府负责管理地震工作的部门或者机构,以及其他依照本法规定行使监督管理权的部门,其他单位和个人违法行为的处罚规定。

17.中华人民共和国环境噪声污染防治法

为了防治环境噪声污染，保护和改善生活环境，保障人体健康，促进经济和社会发展，1996年10月29日，八届全国人大常委会第二十二次会议通过《中华人民共和国环境噪声污染防治法》（以下简称《防治法》）。

据环境统计和监测数据显示，20世纪90年代，我国70%左右的城市声环境处于中等污染水平，约有2/3的城市人口生活在高噪声的环境中。"八五"末期与"八五"初期相比，噪声污染投诉总数增加了40.2%。

《防治法》共8章64条，适用于中华人民共和国领域内环境噪声污染的防治，其主要内容如下：规定了环境噪声污染防治的监督管理体制、单位和个人的义务等内容。环境噪声污染防治的监督管理包括国家声环境质量标准制定、国家环境噪声排放标准制定、建设项目环境噪声污染防治、环境噪声污染治理、对环境噪声污染严重的落后设备实行淘汰制度、建立环境噪声监测制度、对排放环境噪声的单位进行现场检查等内容。工业噪声污染防治包括在工业生产中因使用固定的设备造成环境噪声污染的工业企业申报有关情况、进行污染治理等责任，在有关国家标准、行业标准中规定噪声限值。在包括城市市区范围内向周围生活环境排放建筑施工噪声的要符合相关标准、进行申报和禁止非特殊需要的夜间施工。对机动车辆、铁路机车、机动船舶、航空器等交通运输工具产生的噪声防治作出规定。对商业经营活动，文化娱乐场所，公共场所组织娱乐、集会等活动，家庭室内娱乐活动，住宅楼室内装修活动等噪声防治作出规定。规定受到环境噪声污染危害的单位和个人，有权要求排除危害或依法赔偿损失。

18.中华人民共和国防洪法

为了防治洪水，防御、减轻洪涝灾害，维护人民的生命和财产安全，保障社会主义现代化建设顺利进行，1997年8月29日，八届全国人大常委会第二十七次会议通过《中华人民共和国防洪法》（以下简称《防洪法》）。2009年8月27日，十一届全国人民代表大会常务委员会第十次会议对《防洪法》进行了修改。

洪水是对人类危害最频繁的自然灾害，全世界每年因洪水造成的损失占多种自然灾害总损失的40%。我国是世界上洪水灾害最严重的国家之一，大约有2/3的国土面积存在着不同程度和不同类型的洪涝灾害。但是，我国防洪工作存在着缺乏水患意识、河道内建设缺乏管理、严重影响行洪、蓄滞洪区的安全与建设缺乏规划和有效管理、防洪体系投入不足、防洪工程标准偏低、江河治理严重滞后、事权划分不够清晰、难以有序管理等问题。

《防洪法》共有8章65条，其主要内容如下：明确了防洪工作的原则、防洪工程设施建设、开发利用和保护水资源、防洪工作制度、单位和个人的义务、各级政府及水政部门的责任。规定了防洪规划的含义、编制原则、编制重点、规划保留区等内容。规定了江河规划治导线拟定、批准和实施，河道、湖泊管理，土地和岸线的利用，禁止围湖造地，护堤护岸的林木管理，相关工程设施建设管理等。规定了防洪区分类、防洪区安全建设、防洪重点等。防汛抗洪工作实行各级人民政府行政首长负责制，统一指挥、分级分部门负责。明确了防汛指挥机构成立、防御洪水方案制定、各部门防汛抗洪职责、防汛物资设备调用和陆地和水面交通管制等紧急措施、蓄滞洪区启用、做好救灾和重建工作。

《防洪法》是我国防治自然灾害方面的第一部法律，标志着我国防洪工作走上了法制化的轨道，对防治洪水，防御、减轻洪涝灾害，维护人民的生命财产安全，促进社会和经济可持续发展有着重大的意义。

19.中华人民共和国减灾规划（1998—2010年）

1998年4月29日，经国务院批准，中国国际减灾十年委员会制定实施《中华人民共和国减灾规划（1998—2010年）》（以下简称《减灾规划》）。

我国是世界上自然灾害最严重的少数国家之一，灾害种类多、发生频率高、分布地域广、造成损失大。特别是进入20世纪90年代以来，自然灾害造成的经济损失呈明显上升趋势，已经成为影响经济发展和社会安定的重要因素。我国政府十分重视减灾工作，新中国成立以来，在全国人民的不懈努力下，减灾工作取得了显著的成就。为进一步做好减灾工作，促进社会可持续发展，保证国民经济和社会发展"九五"计划和2010年远景目标顺利实现，有必要结合我国自然灾害特点，总结以往减灾工作的经验和教训，明确减灾工作的指导方针、主要目标、任务和措施，调动一切积极因素，合理配置资源，最大限度地减轻自然灾害造成的损失。

《减灾规划》共分3大部分。第一部分是自然灾害及减灾工作基本情况。我国自然灾害种类多、频率高、季节性强，自然灾害地区差异明显，自然灾害损失严重并呈增长趋势。减灾工作的主要经验是各级政府的高度重视和支持，有关部门配合，全民广泛参与，突出重点，兼顾一般，统筹安排，充分发挥科技和教育的作用，加强法制建设。存在的问题是减灾工程建设不能满足国民经济快速发展的需要，各级政府的减灾规划还不够系统化、规范化，减灾法规还需进一步完善，灾害评估技术和手段相对落后，减灾科技成果的开发应用需要加强，灾害救援装备落后，救灾物资储备制度需要完善，灾害应急能力亟待提高，减灾宣传、教育需进一步加强。第二部分是减灾工作的指导方针、主要目标、任务和措施。指导方针是为国民经济和社会发展服务，坚持以防为主，防抗救相结合，把握全局，突出重点，充分发挥科学技术和教育在减灾中的作用，调动一切积极因素，加强减灾国际交流与合作。主要目标是通过建设一批对国民经济和社会发展具有全局性、关键性作用的减灾工程，广泛应用减灾科技成果，提高全民减灾意识和知识水平，建立比较完善的减灾工作运行机制，减轻各种灾害对我国经济和社会发展的影响，使灾害造成的直接经济损失率显著下降，人员伤亡明显减少。主要任务和措施是进一步确立减灾在保障国民经济和社会可持续发展中的基础地位，明确减灾工作的重点，逐步完善国家减灾管理机制，充分利用现代科学技术，提高国家综合减灾能力，加强减灾法制建设，拓宽资金来源渠道，增加减灾投入。第三部分是减灾工作的重要行动。分别提出了农业和农村减灾、工业和城市减灾、区域减灾、社会减灾、减灾国际合作方面的重要工作。

《减灾规划》是在总结我国减灾工作经验的基础上，按照《中华人民共和国国民经济和社会发展"九五"计划和2010年远景目标纲要》提出的总任务和总方针，围绕国民经济和社会发展总体规划而制定出来的第一部国家有关减灾工作的规划，标志着我国减灾工作进入一个法制化、规范化的阶段，极大地推动了我国减灾工作向前发展。

20.建立中央级救灾物资储备制度

1998年7月，民政部、财政部联合下发《关于建立中央级救灾物资储备制度的通知》（以下简称《通知》），明确要求建立中央级救灾物资储备制度，其目的是为提高灾害紧急救助能力，保证灾民救济工作的顺利进行，促进灾区社会的稳定。中央和地方以及经常发生自然灾害的地区，都要储备一定的救灾物资。我国是个自然灾害危害严重的国家，历史上有着优良的粮食储备传统和比较完善的粮食储备制度。1998年张北地震后，全国建立了救灾物资储备制度。截至2004年，全国已设立了天津、沈阳、哈尔滨、合肥、郑州、武汉、长沙、南宁、成都和西安10个中央级救灾储备物资代储单位，在多次严重自然灾害救灾中发挥了重大作用。

《通知》主要内容如下：储备物资专项用于遭受特大自然灾害地区灾民救济工作的紧急需要，其使用管理工作由民政部负责。储备物资的品种暂定为单、棉帐篷。储备物资的经费、种类和数额由财政部、民政部研究确定。储备物资按国家确定的政府采购政策和原则由民政部、财政部共同负责采购。储备物资采取委托储备的方式。根据我国区域灾害特征和救灾工作的需要，在全国分区设立8个代储点，代储点所在省级民政厅（局）作为代储单位。申请使用储备物资，必须由受灾地区的省级民政部门向民政部提出申请，经审核批准同意后，由民政部向代储单位发出调拨通知。申请单位要做好接受发放工作，及时对储备物资进行清点核查，并向民政部和代储单位反馈接收情况。储备物资经费由购置经费、更新经费和管理费三部分构成，是中央财政预算安排的专项救灾资金，从特大自然灾害救济补助费中列支。按照中央与地方分级负责的救灾工作管理体制，救灾储备物资应以地方各级政府储备为主。各省、自治区、直辖市，特别是经常发生自然灾害地区的民政、财政部门要结合本地救灾工作的实际需求，积极创造条件，筹措资金，尽快建立本级救灾物资储备制度。

21. 长江、松花江与嫩江流域发生特大洪涝灾害

1998年6月，长江、嫩江、松花江流域发生了百年不遇的特大洪涝灾害。在这一年，长江是继1931年和1954年以来的又一次全流域性大洪水，松花江和嫩江也是超历史纪录的流域性大洪水。

长江发生1998年大洪水主要是气候异常、暴雨过大、河湖调蓄能力下降、削峰作用降低及水位抬高等原因造成的。长期以来，我国各地与湖争地，使行洪蓄洪区域大幅度减少，防洪大堤投入不足，年久失修，大型控制性水利工程未及时建成，控制水患能力不足，长江、嫩江、松花江流域的生态长期遭到人为破坏。长江洪水泛滥是长江流域森林乱砍滥伐造成的水土流失，中下游围湖造田、乱占河道带来的直接后果。长江两岸有4亿人口居住，20世纪50年代中期，长江上游森林覆盖率为22%，由于不断进行的农地开垦、建厂和城市化，使两岸80%的森林被砍伐殆尽。另一方面，长江中下游有蓄洪功能的湖泊则在迅速地萎缩着，洞庭湖水域面积从1949年的4350平方公里缩减到2145平方公里，鄱阳湖在40年间缩小了1/5，还有数百个中小湖泊已经永远地从地图上消失了。

1998年我国气候异常，主汛期长江流域降雨频繁、强度大、覆盖范围广、持续时间长；松花江流域雨季提前，降雨量明显偏多。一是厄尔尼诺事件（即赤道东太平洋附近水温异常升高现象）。1997年5月发生了20世纪最强的厄尔尼诺事件，是造成1998年我国夏季长江流域多雨的主要原因之一。二是高原积雪偏多。1997年冬季，青藏高原积雪异常偏多，是影响1998年夏季长江及江南地区降雨偏多的一个重要因素。三是西太平洋副热带高压异常。这一现象是近几十年来罕见的，使长江上中游地区一直处于西南气流与冷空气交汇处，暴雨天气频繁出现，导致长江上中游洪峰迭起，中下游江湖水位不断攀升。四是亚洲中纬度环流异常，阻塞高压活动频繁。这是长江流域持续多雨的冷空气条件。

1998年6至8月长江流域均降雨量为670毫米，比多年同期平均值多183毫米，偏多

37.5%，仅比1954年同期少36毫米，为20世纪第二位。嫩江流域6—8月面平均降雨量577毫米，比多年同期平均值多255毫米，偏多79.2%。松花江干流地区6—8月面平均降雨量492毫米，比多年同期平均值多103毫米，偏多26.5%。

1998年汛期以来，自6月份起，长江流域出现三次持续大范围强降雨过程，受降雨影响，长江发生了继1954年以来第二次全流域性大洪水。长江先后出现八次洪峰，宜昌以下360公里江段和洞庭湖、鄱阳湖的水位，长时间超过历史最高纪录，沙市江段曾出现45.22米的高水位。入夏以来，东北地区也连降大雨暴雨。松花江、嫩江发生三次大洪水，来势之猛，持续时间之长，洪峰之高，流量之大，都超过历史最高纪录。第一次洪水发生在6月底至7月初，洪水主要来自嫩江上游及支流甘河、诺敏河。第二次洪水发生在7月底至8月初，洪水以嫩江中下游来水为主，支流诺敏河、阿伦河、雅鲁河、绰尔河、洮儿河发生了大洪水。第三次洪水发生在8月上中旬，为嫩江全流域型大洪水。珠江流域的西江和福建闽江等江河，在6月下旬也相继发生了百年一遇的特大洪水。湖北、湖南、江西、安徽、江苏、黑龙江、吉林、内蒙古等省（区）沿江沿湖的众多城市和广大农村，经济社会发展和人民生命财产安全都受到洪水的严重威胁。

由于洪水量级大、涉及范围广、持续时间长，洪涝灾害非常严重。全国共有29个省（直辖市、自治区）遭受了不同程度的洪涝灾害。据各省统计，农田受灾面积2229万公顷（3.34亿亩），成灾面积1378万公顷（2.07亿亩），死亡4150人，倒塌房屋685万间，直接经济损失2551亿元。江西、湖南、湖北、黑龙江、内蒙古、吉林等省（区）受灾最重。

6月30日，国家防汛抗旱总指挥部发出《关于长江、淮河防汛抗洪工作的紧急通知》，要求各级领导立即上岗到位，切实负起防汛指挥的重任。7月14日，国家防汛抗旱总指挥部发出《关于进一步做好防汛工作的通知》，要求全面落实各项度汛措施，干部、劳力、物资、技术人员要全部到位。7月23日，国家防汛抗旱总指挥部、水利部派出3个专家组赴湖北、湖南、江西、安徽四省，协助指导地方防汛抗洪工作。7月24日零时，副总理温家宝连夜主持召开国家防汛抗旱总指挥部全体会议，分析长江防汛形势，对迎战即将到来的第三次洪峰作出紧急部署。7月26日零时，长江石首至武汉河段实施封航。7月26日，江西、湖南省依据《防洪法》宣布进入紧急防汛期。7月27日8时，长江武汉至小池口河段实施封航。7月27日，国务院办公厅发出《关于进一步做好支持各地防汛抗洪工作的通知》。

8月2日，国家防汛抗旱总指挥部发出《关于及时转移危险地带人员加强大堤防守的紧急通知》。8月4日，副总理温家宝主持召开国家防汛抗旱总指挥部第三次全体会议，部署防汛抗洪工作。8月8日，中央军委发出《关于进一步做好抗洪抢险救灾工作的紧急指示》。8月11日，国家防汛抗旱总指挥部同时发出《关于加强东北地区防汛抗洪工作的通知》，部署嫩江、松花江防汛工作。8月14日，国家防汛抗旱总指挥部向东北三省区发出

《关于抗御松花江大洪水的紧急通知》,要求防汛部门及时转移危险区域内的群众,确保人民群众的生命安全;采取有力措施加强重点工程的防守。8月16日至18日,为迎战长江第六次洪峰,副总理温家宝第五次到长江流域湖北抗洪前线指挥抗洪抢险。8月16日下午,长江第六次洪峰进入荆江河段,总书记江泽民向参加抗洪抢险的一线解放军指战员发布命令,要求沿江部队全部上堤,死保死守,夺取抗洪抢险的最后胜利。8月19日至20日,副总理温家宝到黑龙江、吉林、内蒙古指挥抗洪抢险。8月25日晚上,长江抗洪一线部队17.8万人全部上堤防守。8月27日,全军部队和武警投入抗洪的兵力达到日最高峰,共27.85万人,其中长江中下游各省17.8万人,嫩江、松花江地区10.05万人。8月31日,温家宝副总理主持召开国家防汛抗旱总指挥部第四次全体会议。会后,国家防汛抗旱总指挥部发出了《关于做好决战阶段抗洪抢险工作的通知》,对迎战长江第八次洪峰作出部署,同时要求做好救灾工作、修复水毁工程的准备工作。

9月7日,长江干流石首至武汉河段恢复通航,至此长江干流全线恢复通航,最长封航时间43天。9月22日,参加抗洪抢险的解放军和武警部队官兵全部撤离抗洪第一线。9月25日,长江中下游水位全线回落至警戒水位以下。9月28日,全国抗洪抢险总结表彰大会在京隆重举行。总书记江泽民发表重要讲话,宣布抗洪抢险斗争已经取得全面胜利。

在党和政府的领导下,广大军民奋勇抗洪,新中国成立以来建设的水利工程发挥了巨大作用,大大减少了灾害造成的损失。据有关统计,全国参加抗洪的干部群众800多万人;人民解放军和武警部队先后调动66个师、旅和武警总队共27万多兵力。截至8月23日,解放军、武警部队已投入兵力433.22万人次,组织民兵预备役部队500多万人,动用车辆23.68万台次、舟艇3.75万艘次、飞机和直升机1289架次。

在同洪水的搏斗中,中华民族和中国人民展现了万众一心、众志成城、不怕困难、顽强拼搏,坚韧不拔、敢于胜利的伟大抗洪精神。经过这次抗洪斗争,我国政府高度重视生态破坏严重、江湖淤积、水利设施薄弱等存在的问题,认真总结经验教训,切实加以改进,对进一步做好生态保护和水利建设进行部署、推动切实改善生态环境、治理江河湖泊、加强防洪设施和水利设施建设、进一步提高我国防洪抗灾的能力具有重要作用。

22.中华人民共和国气象法

为了发展气象事业,规范气象工作,准确、及时地发布气象预报,防御气象灾害,合理开发利用和保护气候资源,为经济建设、国防建设、社会发展和人民生活提供气象服务,1999年10月31日,九届全国人大常委会第十二次会议通过《中华人民共和国气象法》(以下简称《气象法》),自2000年1月1日起施行。

《气象法》共有8章45条，适用于在中华人民共和国领域和中华人民共和国管辖的其他海域从事气象探测、预报、服务和气象灾害防御、气候资源利用、气象科学技术研究等活动。《气象法》主要内容如下：县级以上人民政府应当加强对气象工作的领导和协调，将气象事业纳入中央和地方同级国民经济和社会发展计划及财政预算，以保障其充分发挥为社会公众、政府决策和经济发展服务的功能。国务院气象主管机构负责全国的气象工作。地方各级气象主管机构在上级气象主管机构和本级人民政府的领导下，负责本行政区域内的气象工作。国务院气象主管机构应当组织有关部门编制气象探测设施、气象信息专用传输设施、大型气象专用技术装备等重要气象设施的建设规划，报国务院批准后实施。各级气象主管机构所属的气象台站，应当按照国务院气象主管机构的规定，进行气象探测并向有关气象主管机构汇交气象探测资料。国家对公众气象预报和灾害性天气警报实行统一发布制度。县级以上人民政府应当加强气象灾害监测、预警系统建设，组织有关部门编制气象灾害防御规划，并采取有效措施，提高防御气象灾害的能力。有关组织和个人应当服从人民政府的指挥和安排，做好气象灾害防御工作。国务院气象主管机构负责全国气候资源的综合调查、区划工作，组织进行气候监测、分析、评价，并对可能引起气候恶化的大气成分进行监测，定期发布全国气候状况公报。

《气象法》是我国第一部规范气象活动的法律，它高度概括了党和国家发展气象事业的一系列方针、政策和我国气象事业取得的一系列成功经验。它的发布实施，标志着我国气象事业从此进入了一个依法发展的新的历史阶段，为促进气象事业的持续、快速、健康发展提供了重要的法律依据和有力的法律保障。

23. 人工影响天气管理条例

人工影响天气，是指为避免或者减轻气象灾害，合理利用气候资源，在适当条件下通过科技手段对局部大气的物理、化学过程进行人工影响，实现增雨雪、防雹、消雨、消雾、防霜等目的的活动。为了加强对人工影响天气工作的管理，防御和减轻气象灾害，2002年3月13日，国务院发布《人工影响天气管理条例》（以下简称《条例》），自2002年5月1日起施行。

我国是一个农业大国，农业生产一直受到干旱、冰雹、霜冻等气象灾害的威胁。新中国成立以来，我国的人工影响天气事业从无到有，从小到大，从科学试验到在全国范围内展开并形成业务服务能力，取得了较明显的社会经济效益。截止到2001年底，全国已有30个省、自治区、直辖市的1625个县开展了经常性的人工影响天气工作，从事人工影响天气作业的人员2.9万多人。"九五"期间，实施人工增雨作业的飞机共2123架次，投入防雹和增雨的高炮6790余门、新型火箭发射架590个,取得了较好的增雨、防雹效果。

《条例》共22条,其主要内容是:明确了人工影响天气工作的管理主体和经费保障渠道,规定人工影响天气工作按照作业规模和影响范围,在作业地县级以上地方人民政府的领导和协调下,由气象主管机构组织实施和指导管理,开展人工影响天气工作,应当制定人工影响天气工作计划;按照有关人民政府批准的人工影响天气工作计划开展的人工影响天气工作属于公益性事业,所需经费列入该级人民政府财政预算。该条例明确了各部门在实施人工影响天气工作中的责任和义务,规定作业地气象台站应当及时无偿提供实施人工影响天气作业所需的气象探测资料、情报、预报;农业、水利、林业等有关部门应当及时无偿提供实施人工影响天气作业所需的灾情、水文、火情等资料;实施人工影响天气作业,所需飞机由军队或者民航部门按照供需双方协商确定的方式提供。该条例要求对从事人工影响天气作业的单位、人员实行资质资格管理,规定了从事人工影响天气作业的单位,应当符合省、自治区、直辖市气象主管机构规定的条件。该条例对人工影响天气作业装备及物资生产、储运、管理作了严格规定,规范了作业装备及物资的生产和储运,规定作业装备实行年检制度。同时,该条例对违反本《条例》的有关行为设定了法律责任,对违反人工影响天气作业规范或者操作规程作业、未按照批准的空域和作业时限实施人工影响天气作业、非法转让人工影响天气作业设备等行为设定了处罚。

《条例》是我国制定的第一部与《中华人民共和国气象法》相配套的国务院行政法规。《条例》的颁布实施,为加强人工影响天气工作的管理提供了重要的法律依据和有力的法律保障,标志着我国人工影响天气工作从此进入了一个依法发展的新阶段。

24.建立突发公共事件应急预案工作小组

为贯彻落实中国共产党第十六届中央委员会第三次全体会议精神,在2003年下半年,国务委员兼国务院秘书长华建敏两次主持召开秘书长办公会议,专题研究突发事件应急预案、信息处理和新闻发布等工作。2003年12月,国务院办公厅成立突发公共事件应急预案工作小组,国务院将应急预案的编制工作列为国务院2004年工作重点任务之一。

2004年1月15日,华建敏主持召开了建立健全突发公共事件应急预案工作会议,3月25日又主持召开了部分省(区、市)及大城市制订完善应急预案工作座谈会。会后国办先后印发了《国务院有关部门和单位制定和修订突发公共事件应急预案框架指南》和《省(区、市)人民政府突发公共事件总体应急预案框架指南》。在国务院领导同志的直接领导下,在各地、各部门的共同努力和大力支持下,应急预案的编制工作紧张有序地进行。

应急预案工作小组聘请了几十名专家作为专家组成员,各地、各部门也聘请了2000多名专家广泛参加了各专项预案、部门预案和省级预案的制定,华建敏两次专门召开专家座谈会,认真听取专家们的意见。《国家突发公共事件总体应急预案》和25件专项预案都多次征求各地、各有关部门和专家意见,国务院每一位领导同志都亲自主审了自己牵头负责的专项预案。预案的编制过程始终是充分发扬民主,集思广益的过程。2005年1月,总理温家宝主持国务院常务会议讨论并原则通过《国家突发公共事件总体应急预案》;2005年2月,总书记胡锦涛主持中央政治局常委会,听取并原则同意国务院关于国家突发公共事件应急预案编制工作的报告;2005年2月底,国务院向全国人民代表大会常务委员会报告突发公共事件应急预案编制工作情况;2005年4月,国务院正式作出关于实施《国家突发公共事件总体应急预案》的决定,随后,国务院印发25件专项预案,80件部门预案和省级预案也相继发布。

25.地质灾害防治条例

为了防治地质灾害,避免和减轻地质灾害造成的损失,维护人民生命和财产安全,促进经济和社会的可持续发展,2003年11月,国务院发布实施《地质灾害防治条例》(以下简称《条例》)。

中国是世界上地质灾害最为严重的国家之一,每年地质灾害造成近1000人死亡,直接经济损失高达几十亿元。在实际工作中,我国的地质灾害防治存在着不少问题。一是地质灾害防治工作缺乏统一的国家规划,各自为政、工作交叉,在低水平重复工作的同时留下大量空白区,造成人力、财力的严重浪费;二是不少部门、单位及个人,不能正确处理长远利益和眼前利益、自身利益和社会公众利益的关系,在生产活动、工程建设时不采取地质灾害预防措施,造成了人员伤亡、经济损失的严重后果;三是政府及其有关部门在地质灾害防治方面的职责分工、企事业单位及公民在地质灾害防治中的权利与义务均不够明确;四是地质灾害防治资金投入不够,导致监测预警、工程治理、搬迁避让、应急抢险等防灾措施不能落到实处。

《条例》共7章49条,分别对地质灾害防治原则、地质灾害防治规划制定与实施、地质灾害预报及监测网络和预警系统建设、地质灾害应急抢险与治理、引发地质灾害法律责任认定与处置等方面作了明确详细的规定。地质灾害防治工作应当坚持预防为主、避让与治理相结合和全面规划、突出重点的原则。国家实行地质灾害调查制度。国务院国土资源主管部门会同国务院建设、水利、铁路、交通等部门结合地质环境状况组织开展全国的地质灾害调查。国务院国土资源主管部门会同国务院建设、水利、铁路、交通等部门,依据全国地质灾害调查结果,编制全国地质灾害防治规划。国家建立地质灾害监测网络和预警信息系统。县级以上人民政府国土资源主管部门应当会同建设、水利、交通等部门加强对地质灾害险情的动态监测。国家实行地质灾害预报制度。预报内容主要包括地质灾害可能发生的时间、地点、成灾范围和影响程度等。国务院国土资源主管部门会同国务院建设、水利、铁路、交通等部门拟订全国突发性地质灾害应急预案，报国务院批准后公布。县级以上地方人民政府国土资源主管部门会同同级建设、水利、交通等部门拟订本行政区域的突发性地质灾害应急预案，报本级人民政府批准后公布。因自然因素造成的特大型地质灾害，确需治理的，由国务院国土资源主管部门会同灾害发生地的省、自治区、直辖市人民政府组织治理。

《条例》是我国第一部有关地质灾害防治的行政法规，它的颁布实施，标志着我国地质灾害防治工作正式步入了法制轨道，有助于进一步规范我国的各项地质灾害防治工作，提高我国地质灾害防治水平，减轻地质灾害对我国国民经济和社会发展带来的危害，有利于更好地保护人民群众的生命财产安全。

26.淮河和渭河流域发生洪涝灾害

2003年，淮河发生了新中国成立以来仅次于1954年的流域性大洪水。在党中央、国务院的领导下，国家防汛抗旱总指挥部果断决策、正确指挥，沿淮各级政府和防汛抗旱指挥部精心组织、科学调度，广大军民团结奋战、顽强拼搏，确保了沿淮城市和交通干线的安全。淮河干支流堤防无一溃决、水库无一垮坝，最大限度地减轻了洪涝灾害损失，夺取了淮河防汛抗洪救灾的重大胜利。

2003年夏季西北太平洋副热带高压异常偏强，并持续控制江南、华南的大部分地区。与此同时，西南暖湿气流强盛，冷暖空气在江淮和黄淮地区交汇，淮河流域出现了1954年以来的最大降雨。2003年6月20日至7月22日，淮河流域总降水量普遍有400—600毫米，比常年同期偏多1—2倍，部分站点为历史同期的最大值或次大值。淮河干支流水位暴涨，普遍超过警戒水位，干流王家坝、正阳关等站水位长时间处于保证水位线以上，其中7月12日19时正阳关水位达到26.08米，超过1954年的历史最高水位。

由于外洪内涝，"腹背受敌"，险情不断发生，不得不先后紧急动用9个行蓄洪区分洪，以致沿淮地区发生特大洪涝灾害。据不完全统计，安徽、江苏、河南三省共有5800多万人受灾，紧急转移200多万人，受灾面积520多万公顷，倒塌房屋39万间，损坏房屋85万间，直接经济损失350多亿元。这次洪涝灾害有以下三个特点：一是灾害损失相对较轻。二是灾情主要分布在淮河滩区、行蓄洪区、淮北各支流中下游地区、淮南部分支流中下游地区和里下河地区。三是灾害主要为内涝。淮河流域受灾面积5770万亩，其中受涝面积占90%以上。安徽省主动分蓄洪水淹没耕地不足80万亩，三省部分生产圩垸和沿淮滩地受淹316万亩，其余受灾面积全部为内涝。由于充分发挥了现有防洪工程的作用，科学调度洪水，有效地减轻了灾害损失。

2003年夏秋季，陕西出现了全省性的异常多雨天气，降水范围、持续时间、强度、造成的损失均为历史同期罕见，特别是黄河的最大支流——渭河流域，从8月下旬至10月中旬，出现了长时间的强降水，形成了五次洪峰，给陕西省渭南市造成了百年不遇的特大洪涝灾害，在渭南的历史上留下了沉重的一页。

2003年渭河洪水给陕西的咸阳、西安、渭南3市12个县（区、市）带来了十分严重的灾害。这次洪水是渭河下游新中国成立以来最严重的一次灾害。渭河12条南山支流全部倒灌，5条决口，洪水造成56万人受灾，30万灾民被迫离开家园，4.9万名学生不能上学，交通中断，电力通信设施被毁，渭河大堤成了"孤岛"。据不完全统计和估算，直接经济损失高达40多亿元，相当于渭南市两年半的财政收入。成灾原因主要是三门峡库区淤泥淤积加剧，渭河及南山支流洪水倒灌严重；渭河洪水水位高，持续时间长，支流堤防标准低；渭河全流域降水时间长达40多天，下游降水总量大，是历史同期降水量的2—3倍。

27.中华人民共和国传染病防治法

为了预防、控制和消除传染病的发生与流行，保障人体健康和公共卫生，1989年2月21日，七届全国人大常委会第六次会议通过《中华人民共和国传染病防治法》（以下简称《防治法》）。2004年8月28日，十届全国人大常委会第十一次会议对《防治法》进行了修订。

《防治法》首次将我国传染病防治工作纳入了法制化管理的轨道，对于预防、控制和消除传染病的发生与流行，保障人民群众的身体健康，特别是对夺取抗击传染性非典型肺炎（SARS）的胜利发挥了重要作用，但也暴露了一些问题。例如，国家对传染病暴发流行的监测、预警能力较弱；疫情消息报告、通报渠道不畅；医疗机构对传染病患者的救治能力、医院内感染的控制能力薄弱；传染病暴发时采取紧急控制措施的制度不够完善，疾病防控的财政保障不足等。要解决这些问题，需要有完善的法制保障。而原《防治法》已明显不能满足传染病防治工作的实际需要。对原《防治法》进行修改势在必行。

新《防治法》共9章80条，主要内容如下：国家对传染病防治实行预防为主的方针，防治结合、分类管理、依靠科学、依靠群众。各级人民政府领导传染病防治工作。各级疾病预防控制机构承担传染病监测、预测、流行病学调查、疫情报告以及其他预防、控制工作。各级人民政府组织开展群众性卫生活动，进行预防传染病的健康教育，倡导文明健康的生活方式，提高公众对传染病的防治意识和应对能力，加强环境卫生建设，消除鼠害和蚊、蝇等病媒生物的危害。国家实行有计划的预防接种制度。国家建立传染病监测与预警制度。县级以上地方人民政府应当制定传染病预防、控制预案，报上一级人民政府备案。国家建立传染病疫情信息公布制度。医疗机构发现甲类传染病时，应当采取对病人、病原携带者予以隔离治疗等措施，隔离期限根据医学检查结果确定。县级以上人民政府应当加强和完善传染病医疗救治服务网络的建设，指定具备传染病救治条件和能力的医疗机构承担传染病救治任务，或者根据传染病救治需要设置传染病医院。

新《防治法》是根据我国经济社会发展的新要求，在认真总结传染病防治实践尤其是抗击SARS经验与教训的基础上，经过广泛调研和反复修改后完成的，对于做好传染病工作是非常及时和必要的。新《防治法》作为公共卫生的基本法律，为传染病防治工作长期稳定发展提供了法律保障。新《防治法》适应了我国传染病防治形势的要求，把传染病防治工作放在了经济社会发展中的重要位置，从战略高度确立了传染病防治工作的发展道路，建立了以各级人民政府领导、各部门参加、传染病防治机构为主力军的传染病防治新格局。

28.国务院办公厅《应急管理科普宣教工作总体实施方案》

2005年10月21日，国务院办公厅就印发《应急管理科普宣教工作总体实施方案》（以下简称《实施方案》）发出通知，旨在贯彻落实国务院《关于实施国家突发公共事件总体应急预案的决定》和全国应急管理工作会议精神，深入开展面向全社会的宣传教育，做好应急预案的宣传和解读，预防、避险、自救、互救、减灾等应急防护知识的普及，增强公众的公共安全意识和社会责任意识，提高公众应对突发公共事件的综合素质。

《实施方案》共分指导思想、主要内容、组织实施、工作要求四大部分和两个附件。方案指出，要以国家总体预案为核心，做好预案的宣传和解读工作。深入分析我国公共安全形势，宣传做好应急管理工作的重要意义。宣传在党中央、国务院领导下，各地区、各部门围绕预案编制，建立健全突发公共事件应急机制、体制和法制（以下简称"一案三制"）所做的大量卓有成效的工作。宣传抓好国家总体预案的落实要坚持防患于未然，加强预案的培训和演练，不断完善各类应急预案，特别要抓好基层，包括社区、农村、重点企事业单位应急预案的编制工作。宣传加强预防与应急相结合、常态与非常态相结合，积极做好应对突发公共事件的各项准备工作。方案提出，要以应急知识普及为重点，提高公众的预防、避险、自救、互救和减灾等能力。按照灾前、灾中、灾后的不同情况，分类宣传普及应急知识。灾前教育以了解突发公共事件的种类、特点和危害为重点,掌握预防、避险的基本技能;灾中教育以自救、互救知识为重点,普及基本逃生手段和防护措施,告知公众在事发后第一时间如何迅速作出反应,如何开展自救、互救;灾后教育以经历过突发公共事件的公众为重点,抚平心理创伤,恢复正常社会生产生活秩序。以典型案例为抓手,增强公众的公共安全意识和法制意识。通过介绍国内外应对突发公共事件的正反两方面案例,剖析公众在遭遇突发公共事件时,临危不乱、灵活运用自救互救知识配合政府救援、减少人员伤亡的正确做法,增强公众"思危有备,有备无患"的忧患意识和法制意识,提高公众应对突发公共事件的综合素质。同时,通过总结分析案例中使用的处置手段、采用的应对措施等,进一步提高应对和处置突发公共事件的能力和水平。

做好应急管理科普宣教工作,对于增强公众的公共安全意识、社会责任意识和自救、互救能力,提高各级组织的应急管理水平,最大限度地预防和减少突发公共事件及其造成的损害,具有十分重要的意义。

29.重大动物疫情应急条例

为了迅速控制、扑灭重大动物疫情,保障养殖业生产安全,保护公众身体健康与生命安全,维护正常的社会秩序,根据《中华人民共和国动物防疫法》,2005年11月16日,国务院发布实施《重大动物疫情应急条例》(以下简称《条例》)。

《条例》分总则、应急准备、监测、报告和公布、应急处理和法律责任5章,共49条。《条例》确立了重大动物疫情应急处置的基本原则,明确了政府、社会和公民在应急处置工作中的职责,建立了应急处置工作的制度和程序,加大了对应急防控违法行为的惩处力度。《条例》坚持以人为本和保护人民群众利益的指导思想,遵循加强领导、密切配合、依靠科学、依法防治,群防群控、果断处置,及时发现,快速反应,严格处理,减少损失的原则,在重大动物疫情的应急准备、重大动物疫情的监测、报告和公布以及重大动物疫情的应急处理等方面确立了一系列制度。

按照《条例》规定,要建立3项应急准备制度。一是建立应急预案制定制度。《条例》规定,县级以上人民政府应当制定重大动物疫情应急预案;县级以上人民政府兽医主管部门应当制定应急预案的实施方案。二是建立物资储备制度。根据高致病性禽流感等重大动物疫情防治工作的实践经验,《条例》规定,国务院有关部门和县级以上地方人民政府及其有关部门,应当按照应急预案的要求,做好疫苗、药品、设施设备和防护用品等物资储备。三是建立应急预备队制度。应急预备队是控制和扑灭重大动物疫情的重要力量,《条例》对应急预备队的建立、任务、人员组成等作了明确规定。

第八章 公共安全与应急管理

按照《条例》规定，要制定 5 项重大动物疫情的监测、报告和公布制度。一是监测网络和预防控制体系制度。《条例》规定，县级以上地方人民政府应当建立和完善重大动物疫情监测网络和预防控制体系，特别强调要加强动物防疫基础设施和乡镇动物防疫组织建设，并保证其正常运行，提高对重大动物疫情的应急处理能力。二是重大动物疫情监测制度。《条例》规定，动物防疫监督机构负责重大动物疫情的监测，饲养、经营动物和生产、经营动物产品的单位和个人应当配合，不得拒绝和阻碍。三是重大动物疫情报告制度。《条例》规定，有关单位和个人发现动物出现群体发病或者死亡的，应当立即向所在地的县（市）动物防疫监督机构报告。同时对各级动物防疫监督机构、兽医主管部门向本级人民政府和上级主管部门报告重大动物疫情的内容、程序和时限作了明确规定。四是重大动物疫情的确认程序、权限和公布制度。《条例》规定，重大动物疫情由省级人民政府兽医主管部门认定；必要时，由国务院兽医主管部门认定。重大动物疫情由国务院兽医主管部门按照国家规定的程序，及时准确公布；其他任何单位和个人不得公布。这样规定，从程序上保证了疫情公布的及时性和准确性。五是重大动物疫情通报制度。《条例》规定，国务院兽医主管部门应当向国务院有关部门和军队有关部门以及省、自治区、直辖市人民政府兽医主管部门通报重大动物疫情的发生和处理情况；尤其是发生重大动物疫情可能感染人群时，卫生主管部门和兽医主管部门应当及时相互通报情况。同时规定，疫情发生地人民政府与毗邻地区的人民政府要通力合作，相互配合。

按照《条例》规定，要建立 4 项重大动物疫情的应急处理制度。一是建立应急指挥系统制度。突发重大动物疫情应急工作是一项系统工程，必须在各级政府的统一领导、指挥下才能顺利完成。因此，《条例》规定，重大动物疫情发生后，国务院和有关地方人民政府应当建立应急指挥系统。二是建立应急预案的启动制度。《条例》规定，重大动物疫情发生后，由兽医主管部门提出建议，本级人民政府决定启动应急预案。《条例》同时明确规定了疫点、疫区、受威胁区应当分别采取的应急处理措施。三是建立基层组织的群防群控制度。重大动物疫情的控制和扑灭离不开基层政府和群众性自治组织的协助和配合。《条例》规定，乡镇人民政府、村民委员会、居民委员会应当组织力量，向村民、居民宣传动物疫病防治的相关知识，协助做好疫情信息的收集、报告和各项应急处理措施的落实工作。四是建立有关单位和个人的配合制度。对重大动物疫情采取控制和扑灭措施，既需要政府的全力投入，统一指挥，也需要有关单位和个人的积极配合。因此，《条例》规定，重大动物疫情应急处理中采取的隔离、扑杀、销毁、消毒、紧急免疫接种等控制、扑灭措施，有关单位和个人必须服从；拒不服从的，由公安机关协助执行。

《条例》对瞒报谎报迟报重大动物疫情等 6 类行为作出明确规定，并公布了这些行为将承担的法律责任。《条例》还明确规定，拒绝、阻碍动物防疫监督机构进行重大动物疫情监测,或者发现动物出现群体发病或者死亡,不向当地动物防疫监督机构报告的,由动物防疫监督机构给予警告,并处 2000 元以上 5000 元以下的罚款;构成犯罪的,依法追究刑事责任。

《条例》的颁布实施,是依法防控动物疫情重大的措施,体现了依法防控的指导方针,标志着我国预防、控制、扑灭高致病性禽流感等重大动物疫情工作进入了一个新的阶段。《条例》是在新的动物疫情形势和新的防疫指导思想下制定的,既是对《中华人民共和国动物防疫法》的补充和完善,也为动物防疫工作提供了法律依据,构架起我国应对重大动物疫情的快速反应机制,有利于建立和完善重大动物疫情应急处理机制、有效应对可能发生的重大动物疫情、促进养殖业健康稳定发展、保障公众身体健康与生命安全、维护正常的社会秩序。

30.亚洲减灾大会在北京召开

2005 年 9 月 27 日至 29 日,亚洲减灾大会在北京召开。会议目标是交流亚洲各国灾害管理经验,确定减灾行动优先领域,促进区域减灾合作。会议通过了《亚洲减少灾害风险北京行动计划》。

会议由中国国家减灾委员会、民政部、外交部和北京市人民政府承办,联合国开发计划署(UNDP)、联合国国际减灾战略署(ISDR)、联合国亚太经社理事会(UNESCAP)、亚洲备灾中心(ADPC)和世界气象组织(WMO)协办。来自亚洲和南太平洋地区的 42 个国家代表团以及 13 个联合国机构及国际组织的 450 多名代表参加了会议。

此次大会是国务院总理温家宝 2005 年 1 月在印度洋海啸特别峰会上代表中国政府提议并承诺召开的,也是第一次亚洲区域减灾部长级会议。会议旨在展示亚洲国家和地区在减灾领域所取得的成就,交流亚洲国家在自然灾害预警与信息、灾害预防和灾害综合管理等方面的经验,落实《加强国家和社区的抗灾能力:2005—2015 年兵库行动纲领》,促进亚洲减灾区域合作。

大会由政策会议、专题会议和公共展览三部分组成,围绕将减灾纳入国家政策和发展规划、将减少灾害风险纳入到海啸和其他灾害的灾后恢复重建、社区灾害管理、区域减灾合作机制等问题,深入交流各国的经验和做法。来自各国和有关国际组织的多名专家学者,将围绕灾害预警与信息系统、灾害预防与减灾,以及灾害综合管理三个专题进行研讨。各国政府代表团和国际组织代表还实地参观了北京市规划展览馆,以及"中国减灾成就展"、"北京安全奥运"、"北京城市综合减灾"三项专题展览。会议期间,温家宝接见了各国代表团团长和国际组织负责人,国务委员兼国务院秘书长华建敏出席了开幕式和闭幕式并作重要讲话。

这次亚洲减灾大会具有重要意义。一是促进了区域各国减灾经验的交流。大会为亚太区域在防灾、减灾、救灾领域提供了交流平台，与会代表通过充分沟通，达到了分享经验、互相借鉴、共同促进的目标。二是达成了区域各国开展减灾工作优先领域的共识。进一步明确了各国落实《兵库行动纲领》的优先领域，要把减少灾害风险、加强早期预警、构建减灾文化、强化备灾工作、减少潜在风险因素、健全减灾工作机构和体系作为今后的工作重点。三是加强了减灾领域的国际和区域合作。与会代表承诺将推动政策协调和对话沟通，积极调动和整合政府、企业、民间和国际组织的资源，加大合作力度，丰富合作内涵，创新合作方式，加强灾害监测预警、减灾信息交流和减灾能力建设，进一步促进减灾领域的国际和区域合作。

31.国务院《国家突发公共事件总体应急预案》

2005年4月17日，国务院发布实施《国家突发公共事件总体应急预案》（以下简称《国家总体应急预案》）。

2003年10月，党的十六届三中全会明确要求"建立健全各种预警和应急机制，提高政府应对突发事件和风险的能力"。2004年9月，党的十六届四中全会明确提出，要建立健全社会预警体系，形成统一指挥、功能齐全、反应灵敏、运转高效的应急机制，提高保障公共安全和处置突发事件的能力。按照党中央、国务院的决策部署，全国突发公共事件应急预案编制工作有条不紊地展开。2003年5月7日，国务院第7次常务会议审议通过了《突发公共卫生事件应急条例》。同年12月，国务院办公厅成立应急预案工作小组，将应急预案的编制工作列为国务院2004年工作重点任务之一。2004年1月，召开了国务院各部门、各单位制定和完善突发公共事件应急预案工作会议。2004年3月25日召开部分省（直辖市、自治区）及大城市制订完善应急预案工作座谈会，并先后印发了《国务院有关部门和单位制定和修订突发公共事件应急预案框架指南》和《省（区、市）人民政府突发公共事件总体应急预案框架指南》。2005年1月，国务院总理温家宝主持国务院常务会议讨论并原则通过《国家突发公共事件总体应急预案》。2005年2月，中共中央政治局常务会听取并原则同意国务院关于国家突发公共事件应急预案编制工作的报告。2005年2月底，国务院向全国人大常委会报告突发公共事件应急预案编制工作情况。2005年5月至6月，国务院印发四大类25件专项应急预案，80件部门预案和省级总体应急预案也相继发布。

《国家总体应急预案》及其各专项预案、部门预案主要是明确、规范预防和应对突发公共事件的职责、程序和运行机制的规范性文件。《国家总体应急预案》共分为六大部分。编制目的是提高政府保障公共安全和处置突发事件的能力，最大限度地预防和减少突发事件及其造成的损害，保障公众的生命财产安全，维护国家安全和社会稳定，促进经济社会全面、协调、可持续发展。总体预案是全国应急预案体系的总纲，明确了各类突发事件分级分类和预案框架体系，规定了国务院应对特别重大突发事件的组织体系、工作机制等内容，是指导预防和处置各类突发事件的规范性文件。总体预案所称的突发公共事件，是指突然发生，造成或者可能造成重大人员伤亡、财产损失、生态环境破坏和严重社会危害，危及公共安全的紧急事件。

《国家总体应急预案》将突发事件主要分成四类：自然灾害，主要包括水旱灾害、气象灾害、地震灾害、地质灾害、海洋灾害、生物灾害和森林草原火灾等；事故灾难，主要包括工矿商贸等企业的各类安全事故、交通运输事故、公共设施和设备事故、环境污染和生态破坏事件等；公共卫生事件，主要包括传染病疫情、群体性不明原因疾病、食品安全和职业危害、动物疫情以及其他严重影响公众健康和生命安全的事件；社会安全事件，主要包括恐怖袭击事件、经济安全事件、涉外突发事件等。按照各类突发公共事件的性质、严重程度、可控性和影响范围等因素，总体预案将突发公共事件分为4级，即Ⅰ级（特别重大）、Ⅱ级（重大）、Ⅲ级（较大）和Ⅳ级（一般）。

国务院是突发公共事件应急管理工作的最高行政领导机构，在国务院总理领导下，由国务院常务会议和国家相关突发公共事件应急指挥机构负责突发公共事件的应急管理工作；必要时，派出国务院工作组指导有关工作。国务院办公厅设国务院应急管理办公室，履行值守应急、信息汇总和综合协调职责，发挥运转枢纽作用；国务院有关部门依据有关法律、行政法规和各自职责，负责相关类别突发公共事件的应急管理工作；地方各级人民政府是本行政区域突发公共事件应急管理工作的行政领导机构。同时，根据实际需要聘请有关专家组成专家组，为应急管理提供决策建议。总体预案明确，突发事件的信息发布应当及时、准确、客观、全面。要在事件发生的第一时间向社会发布简要信息，随后发布初步核实情况、政府应对措施和公众防范措施等，并根据事件处置情况做好后续发布工作。信息发布形式主要包括授权发布、散发新闻稿、组织报道、接受记者采访、举行新闻发布会等。这意味着社会公众有了获得权威信息的渠道。

国家突发事件应急预案体系包括国家突发事件总体应急预案，国家突发事件专项应急预案，国家突发事件部门应急预案，地方突发事件应急预案，企事业单位根据有关法律、法规和单位实际情况制定的应急预案，举办大型会议、展览和文化体育等重大活动主办单位制定的应急预案。

经过一年多时间的努力，国家突发公共事件总体应急预案、105个专项和部门预案、以及绝大部分省级应急预案编制基本完成，全国应急预案框架体系初步建立。《国家总体应急预案》是全国应急预案体系的总纲。实施《国家总体应急预案》，建立健全应急机制、体制和法制，对于全面履行政府职责，切实提高保障公共安全和处置突发事件的能力，预防和减少自然灾害、事故灾难、公共卫生和社会安全事件及其造成的损失，保障公众生命财产安全和维护社会稳定，具有重要意义。

32.国务院应急管理办公室成立

为进一步加强应急管理工作，全面履行政府职能，根据国务院《关于实施国家突发公共事件总体应急预案的决定》和中央机构编制委员会办公室《关于增设国务院办公厅国务院应急管理办公室的批复》，2006年4月10日，国务院办公厅下发《关于设置国务院应急管理办公室（国务院总值班室）的通知》，决定设立国务院应急管理办公室（国务院总值班室）。国务院办公厅设置国务院应急管理办公室（国务院总值班室），承担国务院应急管理的日常工作和国务院总值班工作，履行值守应急、信息汇总和综合协调职能，发挥运转枢纽作用。

在国家应急管理工作组织体系中，国务院是突发公共事件应急管理工作的最高行政领导机构。在国务院总理领导下，通过国务院常务会议和国家相关突发公共事件应急指挥机构，负责突发公共事件的应急管理工作；必要时，派出国务院工作组指导有关工作。作为国务院办事机构，国务院应急管理办公室履行值守应急、信息汇总和综合协调职责，发挥运转枢纽作用。

国务院应急管理办公室（国务院总值班室）的主要职责如下：一是承担国务院总值班工作，及时掌握和报告国内外相关重大情况和动态，办理向国务院报送的紧急重要事项，保证国务院与各省（区、市）人民政府、国务院各部门联络畅通，指导全国政府系统值班工作；二是办理国务院有关决定事项，督促落实国务院领导批示、指示，承办国务院应急管理的专题会议、活动和文电等工作；三是负责协调和督促检查各省（区、市）人民政府、国务院各部门应急管理工作，协调、组织有关方面研究提出国家应急管理的政策、法规和规划建议；四是负责组织编制国家突发公共事件总体应急预案和审核专项应急预案，协调指导应急预案体系和应急体制、机制、法制建设，指导各省（区、市）人民政府、国务院有关部门应急体系、应急信息平台建设等工作；五是协助国务院领导处置特别重大突发公共事件，协调指导特别重大和重大突发公共事件的预防预警、应急演练、应急处置、调查评估、信息发布、应急保障和国际救援等工作；六是组织开展信息调研和宣传培训工作，协调应急管理方面的国际交流与合作；七是承办国务院领导交办的其他事项。

国务院应急管理办公室（国务院总值班室）主要办理各地区、各部门报送国务院涉及下列业务的文电和有关会务、督查工作等。一是涉及防汛抗旱、减灾救济、抗震救灾，以及重大地质灾害、重大森林草原火灾及病虫害、沙尘暴、重大生态灾害事件的处置及相关防范业务，重要天气形势和灾害性天气的预警预报等业务。二是涉及安全生产、交通安全、环境安全、消防安全及人员密集场所事故处置和预防等业务。三是涉及重大突发疫情、病情处置，重大动物疫情处置，重大食品药品安全事故处置及相关防范等业务。四是涉及社会治安、反恐怖、群体性事件等重大突发公共事件应急处置和防范业务，涉外重大突发事件的处置等业务。

目前，国务院应急管理办公室下设6个处，2008年成立专家组，为应急管理提供决策建议，必要时参加突发公共事件的应急处置工作。

33.国务院《关于全面加强应急管理工作的意见》

2006年7月6日，国务院发布《关于全面加强应急管理工作的意见》（以下简称《意见》）。

党中央、国务院高度重视应急管理工作，总书记胡锦涛、总理温家宝等中央领导对特大事件都及时作出重要批示和指示，国务院领导多次召开会议或亲自赶赴应急处置一线，指导协调有关应对工作。2005年国务院颁布实施的《国家突发公共事件总体应急预案》（以下简称《总体预案》）和召开的全国应急管理工作会议，有力地推动了应急管理工作的深入开展。各地区、各部门按照党中央、国务院的部署，把应急管理工作摆到重要位置，切实加强应急预案和应急管理体制、机制、法制这"一案三制"的建设，建立健全应急管理机构，加强应急管理宣传教育，大力提高对各类突发公共事件的预防和处置能力，取得了很大成绩。但总体上看，我国应急管理工作基础仍然比较薄弱，各地进展还不平衡，应急管理工作体制、机制、法制尚不完善。面对严峻的公共安全形势，以及应急管理工作中存在的突出问题和薄弱环节，各地区、各部门普遍感到，为进一步落实《总体预案》，国务院办公厅制订相关的政策措施，有必要对加强应急管理的目标、任务和重点工作作出部署。

《意见》共6部分24条明确了应急管理工作的指导思想和工作目标，明确提出在"十一五"期间，建成覆盖各地区、各行业、各单位的应急预案体系；健全分类管理、分级负责、条块结合、属地为主的应急管理体制，落实党委领导下的行政领导责任制，加强应急管理机构和应急救援队伍建设；构建统一指挥、反应灵敏、协调有序、运转高效的应急管理机制；完善应急管理法律法规，建设突发公共事件预警预报信息系统和专业化、社会化相结合的应急管理保障体系，形成政府主导、部门协调、军地结合、全社会共同参与的应急管理工作格局。

《意见》要求加强应急管理规划和制度建设，要求尽快编制并实施《"十一五"国家突发公共事件应急体系建设规划》，健全应急管理法律法规，加强应急预案体系建设和管理。同时，要求继续加强应急管理体制机制建设。《意见》要求地方各级人民政府根据《总体预案》的规定和应对各类突发事件的需要，结合实际，建立相应的应急管理指挥机构、办事机构。研究建立保险、社会捐赠等方面参与、支持应急管理工作的机制。加强应急管理法律法规建设，尽快形成完善的法律体系。

《意见》就做好突发公共事件防范工作作出具体规定。对各类风险隐患普查作出了具体的规定，要求各地区、各部门全面掌握本行政区域、本行业和领域各类风险隐患情况，实行动态管理和监控。《意见》提出要加强对重点行业和领域公共安全的监督检查，促进各行业和领域安全防范措施的落实，并加强突发公共事件的信息报告和预警工作。《意见》还要求积极开展应急管理培训。

《意见》要求加强应对突发公共事件的能力建设，要求推进国家应急平台体系建设、提高基层应急管理能力、加强应急救援队伍建设、加强应急资源管理、做好应急处置和善后工作等。《意见》要求加强领导和协调配合，提出构建全社会共同参与应急管理工作格局。

《意见》是继2005年4月国务院颁布实施《总体预案》后，国务院下发的又一个重要指导文件，是落实《总体预案》的具体政策和措施。《意见》的实施，对全面加强应急管理工作，提高预防和处置突发公共事件能力，具有重要的指导意义。

34.中共中央、国务院关于进一步加强新时期信访工作的意见

2007年3月10日，中共中央、国务院颁布《关于进一步加强新时期信访工作的意见》（以下简称《意见》）。

党的十六届六中全会对信访工作提出了新的更高要求，强调要拓宽社情民意表达渠道，健全信访工作责任制，建立全国信访信息系统，搭建多种形式的沟通平台，把群众利益诉求纳入制度化、规范化、法制化的轨道。《意见》是信访工作贯彻党的十六届六中全会精神的总体部署。

《意见》指出，信访工作是党和政府的一项重要工作，是构建社会主义和谐社会的基础性工作，是党的群众工作的重要组成部分。新时期信访工作的目标任务是以切实维护群众合法权益、及时反映社情民意、着力促进社会和谐为目标，构建统一领导、部门协调、统筹兼顾、标本兼治，各负其责、齐抓共管的信访工作新格局，建立畅通、有序、务实、高效的信访工作新秩序，形成与构建社会主义和谐社会目标任务相适应的信访工作新机

制，推进信访工作的制度化、规范化和法制化。坚持依法按政策解决问题是做好信访工作的核心，进一步畅通信访渠道、依法规范信访秩序是做好信访工作的关键环节。

《意见》强调，要教育引导群众正确履行公民权利和义务，以理性合法的形式表达利益诉求，自觉维护社会安定团结；对信访活动中少数人违反有关法律规定，损害国家、社会、集体利益和其他公民合法权益的行为，要依法严肃处理。建立健全长效机制是做好信访工作的基础，是提高信访工作质量和效率的关键。要建立和完善信访督查专员制度。加强基层基础工作是做好信访工作的前提。加强对信访工作的领导是做好信访工作的根本保证。

《意见》明确了新时期信访工作在党和国家工作中的地位和作用，进一步明确了新时期信访工作的指导思想、总体要求、目标任务、工作重点和组织领导等，实现了在更高层面上对信访工作的全面指导，成为进一步加强新时期信访工作的纲领性文件，与《信访条例》一起共同构成了规范指导新时期信访工作的基本制度框架，标志着信访工作跃上了一个新的平台。

35."十一五"期间国家突发公共事件应急体系建设规划

2007年6月11日，由国务院办公厅印发实施《"十一五"期间国家突发公共事件应急体系建设规划》（以下简称《规划》）。

《规划》是国务院应急管理办公室和国家发展和改革委员会会同有关部门和单位组织编制的。《规划》是全面落实和细化《中华人民共和国国民经济和社会发展第十一个五年规划纲要》有关应急体系建设的部署，依据《国家突发公共事件总体应急预案》和《国务院关于全面加强应急管理工作的意见》制定的。

《规划》共6章，包括应急体系现状与面临的形势、指导思想、建设原则和建设目标、总体布局与主要任务、重点建设项目、相关政策措施。《规划》针对《国家突发公共事件总体应急预案》，把我国突发公共事件划分为自然灾害、事故灾难、公共卫生事件和社会安全事件四类突发公共事件，按照预防与应急准备、监测预警、应急处置和恢复重建及应急保障等应急管理工作主要环节的不同要求，统一规划"十一五"期间全国应急体系建设的总体布局、主要任务和重点项目。《规划》建设任务和项目为实施各级、各类应急预案提供支撑基础，保障应急预案的执行。《规划》明确了"十一五"期间国家突发公共事件应急体系指导思想，提出了国家突发公共事件应急体系建设原则，突出体现了"用好存量、资源共享、任务明确、分工负责"的总体要求。《规划》确立了"十一五"期间国家突发公共事件应急体系建设的总体目标：到2010年，形成统一指挥、结构合理、反应灵敏、运转高效、保障有力的国家突发公共事件应急体系，突发公共事件预防与应急准备、监测预警、应急处置和恢复重建及应急保障等能力明显增强，应急管理综合能力显著提高，有效减少重大、特别重大突发公共事件及其造成的生命财产损失。《规划》还对2020年应急体系建设的远景目标作了展望：到2020年，建成完备的国家突发公共事件应急体系，应急管理综合能力全面提高，与国家经济社会发展水平相适应，公众生命财产安全得到更加充分的保障。《规划》着重从监测预警、信息与指挥、应急队伍、物资保障、紧急运输、通信保障、恢复重建、科技支撑、培训与演练、应急管理示范等十个方面，统筹了"十一五"期间应急体系的总体布局和建设任务。

《规划》是我国应急管理工作的第一个全方位、综合性的专项规划，是我国第一个对突发公共事件应急体系建设工作进行全面部署的国家级专项规划，是指导"十一五"期间我国应急体系建设工作的纲领性文件。实施《规划》，是落实《中华人民共和国国民经济和社会发展第十一个五年规划纲要》的具体措施，对于促进应急资源有机整合与优化配置、减少重复建设，全面提高我国应对各种风险和突发公共事件能力具有重要意义。

36.国家安全生产监督管理总局等《关于加强企业应急管理工作的意见》

为深入贯彻落实《国家突发公共事件总体应急预案》和《国务院关于全面加强应急管理工作的意见》，2007年2月28日，国务院办公厅转发国家安全生产监督管理总局等部门《关于加强企业应急管理工作的意见》（以下简称《意见》）。

2004年国务院下发《关于进一步加强安全生产工作的决定》，2005年4月，国务院下发《国家突发公共事件总体应急预案》，2005年5月，《国家安全生产事故灾难应急预案》发布，2006年下发《国务院关于全面加强应急管理工作的意见》，2006年9月，中央企业应急管理和预案编制工作现场会召开，肯定企业应急管理工作取得了一定成绩，企业应对突发公共事件的综合能力有明显增强，但还存在诸多薄弱环节，安全生产事故频发，自然灾害、公共卫生事件、社会安全事件等也给企业安全造成多方面影响。为此，国务院办公厅转发了《意见》。

《意见》共分4部分13条，主要内容如下：一是明确企业应急管理的工作目标，要求企业在2007年底前全面完成应急预案编制工作；建立健全企业应急管理组织体系，把应急管理纳入企业管理的各个环节；形成上下贯通、多方联动、协调有序、运转高效的企业应急管理机制；建立起训练有素、反应快速、装备齐全、保障有力的企业应急队伍；加强企业危险源监控，实现预防与处置的有机结合。二是健全组织体系和工作机制。大型企业要设置或明确应急管理领导机构和办事机构，形成企业主要领导全面负责、分管领导具体负责、有关部门分工负责、群团组织协助配合、相关人员全部参与的应急管理组织体系；

高危行业企业要设置或指定应急管理办事机构,配备应急管理人员。完善企业应急联动机制。县级人民政府要加强与企业联系,组织建立政府与企业、企业与企业、企业与关联单位之间的应急联动机制。中央企业要加强与其所在地县级人民政府有关部门的沟通衔接,主动接受安全生产监管,发生突发公共事件后要及时报告有关情况,发布预警信息。三是推进预案体系建设和管理,编制完善企业预案。各企业要针对本企业的风险隐患特点,以编制事故灾难应急预案为重点,并根据实际需要编制其他方面的应急预案。地方政府和有关部门要重点加强指导,明确预案编制要求,制订编制指南或预案范本。加强企业预案管理并开展演练。建立企业预案的评估管理、动态管理和备案管理制度。企业应急预案按照"分类管理、分级负责"的原则报当地政府主管部门和上级单位备案,并告知相关单位。四是加强企业应急队伍和基地建设。加强企业专兼职队伍和职工队伍建设。加强企业应急救援基地建设。五是做好隐患排查监管和应急处置工作。开展企业隐患排查监管。各企业重点针对企业生产场所、危险建(构)筑物以及企业周边环境等认真开展隐患排查,对查出的隐患及时治理整改。突发公共事件发生后,企业应开展先期处置,并迅速向地方政府及有关部门报告。六是强化企业应急管理职责分工和相关政策措施,明确和落实企业应急管理责任。企业对自身应急管理工作负责,在政府的领导下和有关部门的监督指导下开展应急管理工作。安全生产监管部门和其他负有安全生产监管职责的部门加强监管工作。国有资产监督管理机构负责督促监管。各级政府应急管理办事机构负责综合指导、协调企业应急管理工作。企业要加大投入力度。

《意见》的出台是国务院加强企业应急管理工作的一个重大举措,充分体现了党中央、国务院对企业的高度重视。《意见》进一步明确了企业应急管理工作的要求和目标任务,提出加强企业应急管理工作的一系列措施,在指导全国企业开展应急管理工作中发挥着重要作用。

37.中华人民共和国水文条例

2007年4月25日,国务院发布《中华人民共和国水文条例》(以下简称《水文条例》),自2007年6月1日起施行。2013年7月18日,根据《国务院关于废止和修改部分行政法规的决定》,对《水文条例》进行了修订。

新中国成立以来,水文工作的管理体制经历三次下放和上收,从水文工作由原水电部直接管理,直至将水文测站下放到县,甚至原人民公社管理。管理体制的频繁变动,削弱了对水文工作的管理,造成工作职能脱节,水文队伍不稳,导致水文资料缺失、系列中断,严重影响了水文资料的质量成果,给水文事业的稳定发展带来很多困难,也给国家造成很大损失。

通过总结几十年来水文管理体制的教训，目前水文工作实行中央和省级两级管理、流域管理和区域管理相结合的体制。同时，为了解决市（地）、县水文机构与当地政府管理相脱节、既制约水文事业发展又影响水文为当地经济社会发展提供及时的服务、难以满足当地发展需求的问题，实行省级水行政主管部门与市（地）、县人民政府的双重领导，使水文工作也纳入到当地政府工作中。实践证明，这样的管理体制是成功的，符合水文工作的特点，有利于促进水文事业健康稳定发展。为此，《水文条例》对水文管理体制作出了规定，为进一步加强水文管理，促进水文事业的健康稳定发展，更好地为经济发展服务，提供了组织和制度上的保障。

《水文条例》分总则、规划与建设、监测与预报、资料的汇交保管与使用、设施与监测环境保护、法律责任和附则，共7章47条。《水文条例》确立了水文管理体制，建立了规划、站网管理、情报预报统一发布、从业单位资质认证、监测资料汇交共享、监测资料使用审查、设施和监测环境保护等一系列重要制度。

一是明确了水文事业作为国民经济和社会发展基础性公益事业的法律地位，规定了保障水文事业发展的基本措施，要求县级以上人民政府应当将水文事业纳入本级国民经济和社会发展规划，所需经费纳入本级财政预算。二是规定了水文规划制度，经批准的水文发展规划是开展水文工作的依据。规定了水文站网建设的统一规划与管理制度，设立和调整水文测站应当按照规定报经批准，专用水文测站和水文活动应当接受水文机构的行业管理。三是规定了水文监测与预报制度。从事水文监测活动应当遵守国家技术标准、规范和规程，使用符合要求的技术装备和经检定合格的计量器具。有关水文测站应当及时、准确报告水文情报预报，水文情报预报应当按照权限统一发布。四是规定了水文监测资料的汇交、保管、公开、保密和使用制度。从事水文监测的单位应当向水文机构汇交监测资料。水文机构应当妥善存储、保管并加工整理监测资料。基本水文监测资料应当依法公开。水文资料属于国家秘密的，对其密级的确定、变更、解密等依照国家有关规定执行。重要规划编制、重点项目建设、水资源管理等使用的监测资料应当经水文机构审查。五是规定了水文设施与监测环境保护的制度。

《水文条例》明确了水文工作在国民经济建设中的地位和作用，对水文工作的性质和管理体制、水文规划与建设、水文情报预报和监测、水文资料管理、水文监测环境和设施保护等方面作出了明确规定。这对水文更好的为水利以及为经济社会发展服务，对于发挥水文站网的整体功能，确保水文资料地完整性、可靠性、一致性，加强水文设施的保护，起到很大的促进和保障作用。

《水文条例》的颁布实施，填补了我国水文立法的空白，标志着我国水文事业进入有法可依、规范化管理的新阶段,是中国水文发展史上的重要里程碑。《水文条例》的颁布实施,也将对规范水文工作,促进水文事业健康发展,充分发挥水文工作在国民经济和社会发展中的重要作用产生深远的影响。

38.国家综合减灾"十一五"规划

2007年8月5日,国务院办公厅发布实施《国家综合减灾"十一五"规划》(以下简称《"十一五"规划》)。《"十一五"规划》是在对《中华人民共和国减灾规划(1998—2010年)》实施情况进行总结评估的基础上,依据《中华人民共和国国民经济和社会发展第十一个五年规划纲要》以及有关法律法规制定的。

《"十一五"规划》强调综合减灾,着眼全面提高国家综合减灾能力和风险管理水平。针对灾害监测预警预报、灾害应急救助指挥、体制机制法制建设、灾害风险管理、城乡社区减灾、减灾科技支撑和科普宣传教育等方面,提出了"十一五"期间的规划目标、主要任务、重点项目和保障措施。《规划》主要内容如下:一是明确了国家综合减灾工作的指导思想和基本原则,提出了"十一五"期间的发展目标。二是确立减灾工作基本原则:政府主导、分级管理、社会参与;以防为主,防抗救相结合;各负其责,区域和部门协作减灾;减轻灾害风险与经济社会可持续发展相协调。三是强调综合统筹,着力全面推进国家减灾各环节的相关工作。四是强调能力建设,明确了提高国家综合减灾能力的8项建设任务:加强自然灾害风险隐患和信息管理能力建设,加强自然灾害监测预警预报能力建设,加强自然灾害综合防范防御能力建设,加强国家自然灾害应急救援能力建设,巨灾综合应对能力建设,城乡社区减灾能力建设,减灾科技支撑能力建设和加强减灾科普宣传教育能力建设。《"十一五"规划》的防灾减灾工作取得了显著成效,但"十二五"时期,在全球气候变化背景下,自然灾害风险进一步加大,防灾减灾工作形势严峻。干旱、洪涝、台风、低温、冰雪、高温热浪、沙尘暴、病虫害等灾害风险增加,崩塌、滑坡、泥石流、山洪等灾害仍呈高发态势。自然灾害时空分布、损失程度和影响深度广度出现新变化,各类灾害的突发性、异常性、难以预见性日显突出。"十二五"时期防灾减灾工作面临诸多挑战:一是自然灾害监测站网密度、预警预报精度以及信息传播水平和时效性需进一步提高。二是部分城乡基础设施设防标准偏低,避难场所建设滞后,防灾减灾能力仍相对薄弱。三是应急救灾物资储备种类、数量难以满足救灾需要,救灾应急装备、技术手段、通信和应急广播设施等比较落后,防灾减灾科技支撑能力有待进一步提高。四是防灾减灾人才队伍建设滞后,部门之间、区域之间协作机制尚需进一步完善,防灾减灾宣传教育和培训体系亟待完善,公众防灾减灾意识和能力需进一步提高。国务院办公厅又于2011年11

月 26 日发布《国家综合防灾减灾规划》（以下简称《"十二五"规划》），该规划结合社会网络化、信息化发展的趋势，强化建立信息化建设内容。《"十二五"规划》突出信息化建设，从信息员队伍建设、信息发布（传播）、信息平台、信息服务、信息共享和信息基础设施建设等方面展开。其 10 项主要任务中，涉及信息化的占了 8 项，分别为：（一）加强自然灾害监测预警能力建设。（二）加强防灾减灾信息管理与服务能力建设。（三）加强自然灾害风险管理能力建设。（五）加强区域和城乡基层防灾减灾能力建设，加强预警信息发布能力建设。（六）加强自然灾害应急处置与恢复重建能力建设。（七）加强防灾减灾科技支撑能力建设。（八）加强防灾减灾社会动员能力建设。（九）加强防灾减灾人才和专业队伍建设。8 个重大项目中有 5 个与信息化建设相关：（一）全国自然灾害综合风险调查工程。（二）国家综合减灾与风险管理信息化建设工程。（三）国家自然灾害应急救助指挥系统建设工程。（四）国家救灾物资储备工程。（五）环境减灾卫星星座建设工程。

两个《规划》都是在国家全面加强应急体系建设和各项减灾工作巨大压力的背景下出台的。两个《规划》的编制实施，是全面加强综合减灾能力建设、提高国家和全社会抗风险能力的迫切需要，对保障公众生命财产安全，促进社会全面协调可持续发展和社会主义和谐社会建设具有重要意义。

39.外交部等《中国公民出境游突发事件应急预案》

2007 年 9 月 18 日，外交部和国家旅游局共同发布《中国公民出境旅游突发事件应急预案》（以下简称《预案》）。

中国公民出境旅游已成为快速发展的新领域。2005 年，中国入出境人数 3102 万人次，居亚洲第一。2006 年春节期间，香港同胞在境外遭遇重大旅游安全事故，引起党中央、国务院高度重视，要求有关部门抓紧制定和完善"出境旅游的安全预案和工作机制"，建立为中国出游者服务的"旅游安全信息发布劝诫制度"。2006 年 6 月，外交部和国家旅游局制定《中国公民出境旅游突发事件应急预案》。

《预案》是根据《中国公民出国旅游管理办法》等国家有关法律法规、《国家突发公共事件总体应急预案》和《国家涉外突发事件应急预案》以及《旅游突发公共事件应急预案》等有关部门应急预案编制而成，适用于中国公民出境旅游过程中生命财产受到损害或严重威胁的重大和较大突发事件的应急处置工作。《预案》建立了由国务院统一领导、境内外协调和部门协调的出境旅游突发事件应急处置机制，对中国公民出境旅游突发事件的组织指挥体系、预警机制、应急响应机制、信息报告和发布机制以及应急保障和培训演练机制等 5 部分作出具体规定。《预案》首次建立起包括预警信息收集、评估和发布等内容的旅游安全预警机制。中国公民出境旅游突发事件分四级响应。根据事发地点、性质、规模和影响，将中国公民出境旅游突发事件分为特别重大（Ⅰ级）、重大（Ⅱ级）、较大（Ⅲ级）和一般（Ⅳ级）四级响应，积极施救。《预案》确立第一时间报告和及时向社会发布原则。《预案》要求当事人在事发后第一时间向我驻外和国内有关部门报告，接报部门在2小时内应向上级部门报告，同时通报有关单位和地区。突发事件发生后，应及时准确向公众发布事件信息。《预案》体现了国务院关于应急工作的基本原则，按照"以人为本，救助第一；迅速反应，减少损失；依法规范，协调配合；顾全大局，服从指挥"的要求，建立了由国务院统一领导、境内外协调和部门协调的出境旅游突发事件应急处置机制，提出了在境外进行应急处置工作的具体要求，设定了应急程序和措施。

《预案》的制定和实施，表明我国首次建立公民出境旅游安全预警机制。《预案》对预防和减少出境旅游风险及损失，增强应对各种境外突发事件的能力，保障中国公民出境旅游的安全将发挥积极作用。

40. "一案三制"应急管理体系基本形成

2003年以来，我国全面加强应急管理体系建设。截至2007年，我国已基本形成以"一案三制"为核心的应急管理体系，其中"一案"是指编制修订应急预案，"三制"是指建立健全应急管理的体制、机制和法制。

2003年6月17日，在抗击"非典"取得决定性胜利之际，国务院总理温家宝主持召开专家座谈会，研究加强公共卫生建设、促进经济与社会协调发展问题，强调要善于总结经验和教训，更加重视提高应对突发事件的能力，更加重视对社会的管理，更加重视经济社会的协调发展。抗击"非典"后，中国全面加强应急管理体系建设的工作也随之起步，其核心内容被简要地概括为"一案三制"。

应急预案是应急管理的重要基础，是中国应急管理体系建设的首要任务。2003年11月，国务院办公厅成立应急预案工作小组。2004年1月，国务院召开制定和完善突发公共事件应急预案工作会议。2005年1月26日，国务院召开常务会议，审议并原则通过了《国家突发公共事件总体应急预案》。4月17日，国务院印发《国家突发公共事件总体应急预案》。5月至6月，应对自然灾害、事故灾难、公共卫生事件和社会安全事件四大类25件专项应急预案、80件部门预案也陆续发布。截至2006年底，全国共制定各级各类应急预案130多万件，基本覆盖了各类突发事件。所有的省级政府、97.9%的市级政府、92.8%的县级政府都编制了总体应急预案。同时，还因地制宜地编制了大量专项及部门预案。社区、乡村和各类企事业单位的预案编制工作也深入推进。按照不同的责任主体，我国的应急预案体系设计为国家总体预案、专项预案、部门预案、地方预案、企事业单位预案以及大型集会活动预案等 6 个层次。

国家建立应急管理体制、机制与法制统一领导、综合协调、分类管理、分级负责、属地管理为主的应急管理体制。2006 年 6 月国务院发布的《关于全面加强应急管理工作的意见》提出，要"健全分类管理、分级负责、条块结合、属地为主的应急管理体制"。2007 年 11 月 1 日起开始施行的《中华人民共和国突发事件应对法》明确规定，"国家建立统一领导、综合协调、分类管理、分级负责、属地管理为主的应急管理体制"。2006 年 4 月，设置国务院应急管理办公室（国务院总值班室），承担国务院应急管理的日常工作和国务院总值班工作，履行值守应急、信息汇总和综合协调职能，发挥运转枢纽作用。各部门、各地方纷纷设立专门的应急管理机构。据有关部门统计，截止到 2007 年底，所有的省级政府和市级政府、92% 的县级政府成立或明确了应急管理领导机构；所有的省级政府和 96% 的市级政府、81% 的县级政府成立或明确了应急管理办事机构。

应急管理机制是指突发事件全过程中各种制度化、程序化的应急管理方法与措施，涵盖了突发事件事前、事发、事中和事后全过程。2006 年 7 月，《国务院关于全面加强应急管理工作的意见》指出，要"构建统一指挥、反应灵敏、协调有序、运转高效的应急管理机制"。2007 年 8 月 30 日，十届全国人大常委会第二十九次会议审议通过《突发事件应对法》，这是新中国第一部应对各类突发事件的综合性法律，标志着我国规范应对各类突发事件共同行为的基本法律制度已确立，为有效实施应急管理提供了更加完备的法律依据和法制保障。据有关资料显示统计，党的十六大以来的 5 年间，国务院制定了《突发公共卫生事件应急条例》、《重大动物疫情应急条例》等应对突发事件的单行法律和行政法规 60 多部，全国人民代表大会常务委员会分别组织修订了《传染病防治法》、《动物防疫法》等法律；北京等地也出台了相关的地方应急管理法规和规章。

"一案三制"是中国应急管理的核心内容，是中国政府全面加强应急管理工作的重要抓手。"一案三制"是基于四个维度的一个综合体系：体制是基础，机制是关键，法制是保障，预案是前提，是应急管理体系不可分割的核心要素。

41.铁路交通事故应急救援和调查处理条例

2007 年 7 月 11 日，国务院发布实施《铁路交通事故应急救援和调查处理条例》（以下简称《条例》）。2012 年 11 月，国务院对《条例》进行了修订。

《条例》颁布前，处理铁路事故的依据主要是《铁路法》和《火车与其他车辆碰撞和铁路路外人员伤亡事故处理暂行办法》、《铁路行车事故处理规则》、《铁路企业伤亡事故处理规则》等，这些已不能适应铁路生产安全事故应急救援和调查处理的现实需要，特别是铁路经过6次大面积提速对铁路交通事故应急救援和调查处理提出了更高的要求。为了及时有效地开展有关应急救援工作，准确地调查铁路交通事故原因和处理铁路交通事故，促进铁路交通事业更好、更快的发展，迫切需要在总结铁路交通事故应急救援和调查处理的实践经验基础上，对暂行规定作出全面的修改。

《条例》分总则、事故等级、事故报告、事故应急救援、事故调查处理、事故赔偿、法律责任、附则8章40条。《条例》适用于两类事故的调查处理：一类是铁路机车车辆与行人、机动车、非机动车、牲畜及其他障碍物相撞导致的事故；另一类是铁路机车车辆发生冲突、脱轨、火灾、爆炸等影响铁路正常行车的事故。暂行规定只对前一类事故的调查处理作了规定。

《条例》主要内容如下：一是明确了铁路交通事故等级标准，铁路交通事故等级根据事故造成的人员伤亡、直接经济损失、列车脱轨辆数、中断铁路行车时间等情形分为特别重大事故、重大事故、较大事故和一般事故。二是对铁路交通事故的报告制度作了具体规定，明确了事故报告的程序和时限，规范了事故报告的内容，建立了值班和举报制度。三是对铁路交通事故应急救援作出规定，规定了列车司机或者运转车长的应急处置职责、铁路运输企业的抢修职责、启动事故应急预案和成立现场应急救援机构的程序，以及现场应急救援机构的有关权限。要求有关单位和个人对事故应急救援予以支持、配合。四是对铁路交通事故调查处理作出了规定，明确了组织事故调查组的主体和参加部门，规范了事故调查的期限，规定了事故认定书的制作期限和效力，强化了对事故防范和整改措施的监督落实要求，确立了事故处理情况的公布制度。此外，对铁路交通事故引起的赔偿责任和加大对违法行为的惩处力度方面都作了规定。

《条例》是一部系统、全面规范铁路生产安全事故应急救援和调查处理的行政法规，适应铁路运输发展的客观需要。《条例》明确了铁路运输安全监管主体，它的颁布实施，是坚持以人为本、建设和谐铁路的法制保障。

42.病险水库除险加固工程

2007年，水利部编制实施《全国病险水库除险加固专项规划》（以下简称《专项规划》）。2008年1月，国务院明确提出，用3年时间全面完成《专项规划》确定的病险水库除险加固任务。

根据水利部全国病险水库普查，截至2006年底，我国已建成各类水库87085座，水利系统共管理84171座，其中约有3.7万座病险水库。水库大部分建于20世纪50—70

年代，为保证水库正常运行，从 1976 年开始，国家陆续开展了病险水库除险加固工作。1998 年洪灾后，国家加大了投资力度，1999 年和 2001 年，水利部确定一、二批中央补助项目共 3458 座；截至 2006 年底，国家累计下达投资计划 462 亿元，已安排中央补助资金 244 亿元用于全国 2002 座病险水库（水闸）除险加固工程建设。另外，各地自筹资金也加固了一批病险水库。2006 年中央提出用两到三年时间基本完成全国大中型和重点小型病险水库除险加固任务。2007 年水利部编制形成《全国病险水库除险加固专项规划》（以下简称《专项规划》）。《专项规划》确定实施年限 3 年；实施项目 6240 座，其中一、二批中央补助未实施项目 1759 座，增补项目 4481 座；总投资 510 亿元，其中大中型投资 285 亿元，小型投资 226 亿元。2008 年中央农村工作会议明确要求在 3 年内完成全国大中型和重点小型病险水库的除险加固任务。

《专项规划》共纳入病险水库 6240 座，累计下达投资计划 657.2 亿元，其中中央补助资金 391.1 亿元。经过 3 年的努力，在党中央、国务院的领导下，水利部、国家发展和改革委员会、财政部等有关部门密切合作、精心指导、强化监管，地方各级政府采取有力措施、明确工作责任、细化工作方案、积极筹措资金、狠抓建设管理、精心组织实施，按时圆满完成了专项规划确定的目标任务。经国务院同意，从 2009 年 7 月开始，又安排了中央财政专项资金 20 亿元，全面完成了《东部地区重点小型病险水库除险加固规划》中 1116 座重点小型水库的除险加固。至此，3 年共完成大中型和重点小型病险水库除险加固 7356 座。

2011 年 2 月 25 日，国务院总理温家宝主持召开国务院常务会议，在听取全国病险水库除险加固任务完成情况的汇报后，会议决定在继续巩固大中型和重点小型病险水库除险加固成果的基础上，加快其余小型病险水库除险加固步伐，全面消除水库安全隐患。2012 年底前，完成 5400 座小（1）型水库除险加固。每座平均投资约 450 万元，总投资约 244 亿元，其中中央财政补助投资 168 亿元。2013 年底前，完成坝高 10 米以上、库容 20 万立方米以上的 1.59 万座重点小（2）型水库除险加固。每座平均投资约 240 万元，总投资 381.38 亿元，全部由中央财政安排。2015 年底前，完成其余 2.5 万座小（2）型水库除险加固，所需资金由地方安排。对新出现的大中型病险水库，加快推进除险加固工作，力争 2013 年底前完成。

病险水库除险加固工程的实施，一是解除了水库自身的安全隐患，完善了江河防洪体系，增强了江河防洪的综合能力。二是提高了水资源调控能力。通过除险加固，不但恢复了水库的原有设计功能，提高了对水资源的调控能力，保证了供水安全，而且水库本身也取得了显著的经济效益。三是发挥了显著的环境效益。

43. 2008年南方低温雨雪冰冻灾害

从2008年1月10日至2月初，我国南方地区出现5次大范围低温雨雪冰冻天气，严重影响湖南、湖北、贵州、广西、江西、安徽等20个省（区），波及1亿多人，造成129人死亡，4人失踪，因灾直接经济损失1500多亿元，京广铁路和京珠线等交通大动脉中断数日，湖南、贵州出现历史上最严重的大面积电力中断，一些城市断水连续10多天，大量旅客滞留机场、火车站、公交车站、中途，许多民航机场被迫关闭，一些城市的供水管线被冻裂，通信不畅。

这次大范围的雨雪过程与拉尼娜现象导致的大气环流异常有关：环流自1月起长期经向分布使冷空气活动频繁，同时副热带高压偏强、南支槽活跃，源自南方的暖湿空气与北方的冷空气在长江中下游地区交汇，形成强烈降水。大气环流的稳定使雨雪天气持续，最终酿成这次灾害。专家指出，处于中高纬度的欧亚地区，高空近几个月来形成了一个阻塞高气压，大气环流停留不动，导致北方冷空气连续不断入侵中国。在冷空气来袭的同时，来自南亚、东南亚的暖湿空气又源源不断向华南地区输送，冷暖气流在华南、江南一带交汇，导致罕见的长时间、大范围低温雨雪。

1月29日，中共中央总书记、国家主席、中央军委主席胡锦涛主持召开政治局会议，听取雨、雪、冰灾的灾情。1月29日，国务院总理温家宝探望滞留于长沙火车站的旅客，次日到广州火车站探望数以十万计被滞留的旅客。2月1日，国务院成立煤电油运和抢险救灾应急指挥中心。民政部和财政部累计拨款1.26亿元人民币到灾区应急。全军和武警部队出动官兵64.3万人次，民兵预备役人员186.7万人次投入抗灾救灾。广州在火车站周边广交会流花、琶州展馆、剧院、学校设置临时安置点，给滞留旅客在室内候车。2月13日，国务院召开常务会，研究部署灾后重建工作。

44. 国务院应急管理办公室发布《突发事件应急演练指南》

为贯彻落实《中华人民共和国突发事件应对法》和《国家突发公共事件总体应急预案》，加强对应急演练工作的指导，促进应急演练规范、安全、节约、有序地开展，增强应对突发事件的能力，2009年9月25日，国务院应急管理办公室印发《突发事件应急演练指南》（以下简称《指南》）。《指南》是国内专门用于规范全国各领域应急演练活动的指导性文件。

《指南》分为总则、应急演练组织机构、应急演练准备、应急演练实施、应急演练评估与总结以及附则 6 个部分，从应急演练定义入手，明确了演练目的、原则，明确了演练准备的内容和实施的各阶段，强调了演练评估与总结，其主要内容如下：一、明确了演练的定义。应急演练是指各级人民政府及其部门、企事业单位、社会团体等（以下统称演练组织单位）组织相关单位及人员，依据有关应急预案，模拟应对突发事件的活动。二、对应急演练进行分类。按组织形式划分，应急演练可分为桌面演练和实战演练；按内容划分，应急演练可分为单项演练和综合演练；按目的与作用划分，应急演练可分为检验性演练、示范性演练和研究性演练。三、突出应急演练评估与总结。

45.中华人民共和国抗旱条例

2009 年 2 月 11 日，国务院发布实施《中华人民共和国抗旱条例》（以下简称《条例》）。《条例》颁布的背景一是旱灾是我国的主要自然灾害之一，对农业生产、第二和第三产业的用水以及生态环境用水造成影响，并波及生活用水，对经济、社会发展造成严重危害。随着气候变化、经济发展和用水需求的增长，中国干旱缺水问题日益突出，旱灾发生频率越来越高，影响区域越来越广，因旱灾而造成的经济损失也越来越大，需要采取综合措施，全社会共同应对。二是抗旱工作涉及政府与公民、企业等利益主体之间的关系，尤其是在旱情紧急情况下采取的一些强制措施，如限制甚至停止用水、实行用水配额制等涉及公民和单位的权益，需要依法予以规范。三是旱灾预防、抗旱减灾到灾后恢复是一项系统工程，需要依法建立一套完善的政府领导下全社会共同抗旱的体制和机制。四是对我国多年来的抗旱经验也需要进行总结并根据抗旱工作面临的新形势，研究制定出更具有针对性的制度和措施。因此，有必要从旱灾预防、农田水利基础设施建设、抗旱减灾和灾后恢复等方面，依法规定各级人民政府、有关部门和单位的职责，明确不同等级旱灾发生时的抗旱措施。

该《条例》出台前，我国还没有专门的法律和行政法规，《水法》等法律法规个别条款涉及抗旱应急水量调度预案的批准等，比较原则。地方上只有安徽、重庆、浙江、云南和天津等少数省（直辖市）出台了抗旱条例或管理办法，抗旱工作缺乏强有力的法律保障。

《条例》分总则、旱灾预防、抗旱减灾、灾后恢复、法律责任、附则，共 6 章 65 条。主要内容如下：一、明确了各级人民政府、有关部门和单位在抗旱工作中的职责，明确提出"抗旱工作实行各级人民政府行政首长负责制，统一指挥、部门协作、分级负责"，同时还在相关条款中对各级人民政府、各级防汛抗旱指挥机构成员单位、防汛抗旱指挥机构的办事机构职责提出了具体明确的要求。二、建立了一系列重要抗旱制度，主要有六个方面：抗旱规划制度、抗旱预案制度、抗旱水量统一管理调度制度、紧急抗旱器抗旱物资设备征用制度、抗旱信息报送制度、抗旱信息统一发布制度。三、明确完善抗旱保障制度，抗旱保障体系包括抗旱资金投入机制、抗旱物资储备管理、抗旱基础设施建设与管理、抗旱服务组织建设与管理以及干旱保险和社会救助机制建设等。要求县级以上人民政府将抗旱工作纳入本级国民经济和社会发展规划，所需经费纳入本级财政预算，健全抗旱资金投入机制。四、明确规定，虚报、瞒报旱情、灾情等行为，将对直接负责的主管人员和其他直接责任人员依法给予处分，构成犯罪的，依法追究刑事责任。《条例》首次细化不同等级干旱灾害发生时的抗旱措施。

《条例》是我国第一部规范抗旱工作的法规，填补了我国抗旱立法的空白，标志着我国抗旱工作进入有法可依的新阶段，这是我国法制建设的一件大事，是抗旱工作的一个里程碑。

46."5·12"全国防灾减灾日

2009年3月2日，国家减灾委员会、民政部发布消息，经国务院批准，自2009年起，每年5月12日为全国"防灾减灾日"。

2008年5月12日，四川汶川发生里氏8.0级特大地震。这场新中国成立以来破坏性最强的大地震，仅四川全省就有68712人遇难、17912人失踪。大地震给全国人民带来了巨大的心理压力和难以愈合的心灵创伤，堪称国家和民族史上的重大灾难。灾害发生后，全国人民在党中央、国务院的领导下众志成城、抗震救灾，表现出了前所未有的团结与坚强。2008年6月，山西省太原市有政协委员提议，为表达对灾害遇难者的追思，增强全民忧患意识，提高防灾减灾能力，有必要设立"防灾减灾日"或"中国赈灾日"，借此表达对地震遇难者的纪念，弘扬团结抗灾的精神。

1989年，联合国经济及社会理事会将每年10月的第二个星期三确定为"国际减灾日"，旨在唤起国际社会对防灾减灾工作的重视，敦促各国政府把减轻自然灾害列入经济社会发展规划。

在设立"国际减灾日"的同时，世界上许多国家也都设立本国的防灾减灾主题日，有针对性地推进本国的防灾减灾宣传教育工作。如日本将每年的9月1日定为"防灾日"，8月30日到9月5日定为"防灾周"；韩国政府自1994年起将每年的5月25日定为"防灾日"；印度洋海啸以后，泰国和马来西亚将每年的12月26日确定为"国家防灾日"；2005年10月8日，巴基斯坦发生7.6级地震后，巴基斯坦政府将每年10月8日定为"地震纪念日"等。

全国防灾减灾日的图标以彩虹、伞、人为基本构图元素。其中，彩虹蕴意着美好、未来和希望；伞的弧形形象代表着保护、呵护之意；两个人代表着一男一女、一老一少……大家携手，共同防灾减灾。整个标识体现出积极向上的思想和保障人民群众生命财产安全之意。

2009年5月12日是国家首个"防灾减灾日"。国家减灾委员会对组织开展首个国家"防灾减灾日"进行了研究，对各地、各部门开展"防灾减灾日"活动提出了要求，主要围绕开展中小学防灾减灾专题活动、开展各类防灾减灾教育活动、开展形式多样的防灾减灾演练和开展"防灾减灾日"集中宣传活动四个方面开展。

通过设立"防灾减灾日"，定期举办全国性的防灾减灾宣传教育活动，顺应社会各界对中国防灾减灾关注的诉求，提醒国民前事不忘、后事之师，更加重视防灾减灾，努力减少灾害损失，有利于进一步唤起社会各界对防灾减灾工作的高度关注，增强全社会防灾减灾意识，普及推广全民防灾减灾知识和避灾自救技能，提高各级综合减灾能力，最大限度地减轻自然灾害的损失。

47.2009年"莫拉克"台风

2009年第8号热带风暴"莫拉克"英文名Morakot，来源于泰国，原意为绿宝石。"莫拉克"是2009年以来登陆我国热带气旋中影响范围最广、造成损失最大的台风。

2009年第8号台风"莫拉克"8月4日凌晨生成，5日加强为台风，7日23时45分在台湾花莲登陆，9日16时20分在福建霞浦再次登陆，9日晚上在福建省境内减弱为强热带风暴，10日凌晨减弱为热带风暴，12日2时停止编号。从生成到结束9天里给我国多省市带来严重创伤，其中台湾受创最严重。

"莫拉克"强度强，登陆台湾时近中心最大风力达13级（40米/秒），最低气压955百帕；再次登陆福建霞浦时中心附近最大风力仍达12级（33米/秒），最低气压970百帕。登陆台湾后，仍维持台风强度达42小时，属历史少见。"莫拉克"影响范围大，最大7级风圈半径达500公里，涉及台湾、福建、浙江、江西、安徽、上海、江苏、山东等8省（直辖市、自治区）。"莫拉克"持续时间长，8月4日凌晨生成，12日2时停止编号，整整经历了9天。"莫拉克"路径复杂，在移动过程中与台风"天鹅"和东侧热带低压相互影响、相互牵制，导致路径复杂，移向多次发生转折。"莫拉克"移速不稳定，在台湾东部近海和台湾海峡滞留时间之长为历史少有。"莫拉克"移速慢，停滞少动时次多，结构不对称。"莫拉克"登陆前主要降水带分布在其东侧和南侧，登陆后，结构出现显著变化，主要降雨带分布在其北侧，空心结构明显。

"莫拉克"给我国多省市带来狂风暴雨，台、闽、浙、赣等地受灾严重。"莫拉克"共造成福建、浙江、江西、安徽、江苏、上海等省（直辖市、自治区）177个县（市）1940个乡（镇）1152万人受灾，农作物受灾面积655.75千公顷，其中成灾290.00千公顷，因灾死亡12人，倒塌房屋1.03万余间，直接经济总损失128.23亿元。

此外，受"莫拉克"带来的强降雨影响，浙江、福建、安徽等地20余条河流发生超警以上洪水，东南沿海20余个潮位站超警。太湖及周边河网地区、浙江部分河流以及长江下游支流水阳江水位超警，其中安徽水阳江发生超过保证水位的洪水，浙江鳌江、曹娥江等部分中小河流发生超历史纪录洪水。据台湾灾害应变中心统计，截至8月25日18时，台风"莫拉克"造成全台湾461人死亡、192人失踪、46人受伤。其中，死亡人数最多的是高雄县392人，该县甲仙乡小林村死亡人数达318人，六龟乡新开部落死亡26人，那玛夏乡死亡20人。"莫拉克"还造成台湾农林渔牧损失逾新台币145亿元，其中农作物损失达44亿余元。

48.华北、东北、南方部分地区发生干旱灾害

2009年，全国有29个省（直辖市、自治区）发生了干旱灾害，农作物因旱受灾面积29258.80千公顷，其中成灾13197.10千公顷，有1750.60万农村人口、1099.40万头大牲畜因旱发生饮水困难，89座城市先后出现供水困难，1669.98万城市居民用水受到影响，干旱灾害直接经济总损失1206.59亿元。

一是2009年华北地区干旱。首先是冬麦主产区冬春连旱。2008年11月至2009年2月上旬，我国大部分地区雨雪明显偏少，黄淮海冬麦主产地区累计降水量不足10毫米，北京、天津、河北大部、山西、山东、河南、安徽北部、江苏北部、湖北东北部、陕西北部、宁夏、甘肃东部等北方冬麦区降水量较常年同期偏少5—8成。2008年12月中旬黄淮海冬麦区旱情开始露头并发展，受旱严重地区连续无雨日数达80—110天。持续高温少雨导致旱区水利工程蓄水严重不足，部分地区人畜饮水受到很大影响。旱情高峰期，河南、河北、山西、山东、安徽、江苏、陕西、甘肃8省作物受旱面积10200千公顷（占全国作物受旱面积的95.03%），有274万人、104万头大牲畜因旱发生饮水困难。2009年2月中旬之后，冬麦区旱情逐渐缓解。其次是华北部分地区夏伏旱。2008年7月下旬至8月下旬，由于降水偏少，温度偏高，华北部分地区旱情发展，河北北部、山西北部和南部出现严重旱情。与多年同期平均值相比，河北张家口、承德等地降水偏少5成以上，山西北部和南部地区降水偏少3—5成。2009年2月4日，国家防汛抗旱总指挥部启动Ⅱ级抗旱应急响应，5日召开全国冬麦主产区8省抗旱异地会商会议，并启动Ⅰ级抗旱应急响应，这

是中国历史上首次启动Ⅰ级抗旱应急措施。

二是东北地区干旱。首先是东北西部地区春旱。2009年4月1日至5月29日，黑龙江及内蒙古东北部降水量较常年同期偏少5—8成，其中内蒙古东北部偏少8成以上。高温少雨导致黑龙江大部出现中到重旱，内蒙古东北部达特旱。黑龙江省境内主要江河水位普遍较历史同期平均值偏低0.44—1.83米，一些中等河流下游出现断流，34座水库因来水少和灌溉用水量增加接近死库容，地下水也较多年同期平均水位下降0.71米。6月初，东北大部地区多次出现降水过程，有效地缓解了旱情。其次是东北西部地区夏伏旱。7月下旬至8月中旬，东北大部降水较多年同期平均值普遍偏少5—9成，部分地区基本无有效降水过程，加上高温天气多，土壤失墒快，导致辽宁西部、吉林中西部、内蒙古东四盟中南部、黑龙江西南部等地区旱情露头并迅速蔓延发展。8月中旬，辽宁、吉林、内蒙古、黑龙江等4省（自治区）作物受旱面积9600千公顷，约占全国同期受旱面积的75.31%，严重旱情导致大片作物干枯绝收，损失惨重。4省（自治区）因旱饮水困难人口266万人、饮水困难大牲畜374万头，分别占到全国同期的63.03%和84.05%。

三是江南大部伏秋旱。7月下旬至9月中旬，江南大部地区持续晴热少雨，降水量较多年同期偏少3—8成，气温偏高1℃—4℃。江河来水严重不足，水利工程蓄水锐减。同时，主要江河湖泊水位也持续下降，其中湘江、赣江出现历史最低水位，洞庭湖、鄱阳湖出现历史同期低水位。9月中旬旱情高峰期，湖南、江西两省作物受旱面积745千公顷，其中重旱241千公顷，干枯61千公顷。两省共有134万人因旱发生饮水困难。9月中旬后期，南方出现大范围降水，旱情得到有效缓解。

旱情发生后，全国各级防汛抗旱指挥部全面加强农村、农业、城市、生态抗旱工作，强化对抗旱水源的统一调度管理。国家防汛抗旱总指挥部、长江防汛抗旱总指挥部紧急调度三峡水库，并首次对长江上游大型水利水电工程实施了枯水期水量统一调度。湖南、江西两省分别实施湘江、赣江抗旱应急水量调度，确保沿江城乡供水安全。夏伏旱期间，河北、山西等9省（区）水利工程累计供水530多亿立方米，完成灌溉面积2.5亿亩；伏秋旱期间，广西、湖南、重庆等7省（区、市）累计完成抗旱浇灌面积3200多万亩。

49.国务院办公厅《关于加强基层应急队伍建设的意见》

2009年10月18日，国务院办公厅发布《关于加强基层应急队伍建设的意见》（以下简称《意见》）。

基层应急队伍是我国应急体系的重要组成部分，是防范和应对突发事件的重要力量。多年来，我国基层应急队伍不断发展，在应急工作中发挥着越来越重要的作用。但是，各地基层应急队伍建设中还存在着组织管理不规范、任务不明确、进展不平衡等问题。《意见》规范了基层应急队伍发展方向，对加强基层应急队伍建设具有指导作用。

《意见》分为4部分共16条，明确了基层应急队伍建设的基本原则和建设目标，要求加强基层综合性应急救援队伍建设、完善基层专业应急救援队伍体系、完善基层应急队伍管理体制机制和保障制度。

《意见》主要内容如下：一、确立基层应急队伍建设的基本原则和建设目标。基本原则是坚持专业化与社会化相结合，着力提高基层应急队伍的应急能力和社会参与程度；坚持立足实际、按需发展，兼顾县乡级政府财力和人力，充分依托现有资源，避免重复建设；坚持统筹规划、突出重点，逐步加强和完善基层应急队伍建设，形成规模适度、管理规范的基层应急队伍体系。建设目标是通过三年左右的努力，县级综合性应急救援队伍基本建成，重点领域专业应急救援队伍得到全面加强；乡镇、街道、企业等基层组织和单位应急救援队伍普遍建立，应急志愿服务进一步规范，基本形成统一领导、协调有序、专兼并存、优势互补、保障有力的基层应急队伍体系，应急救援能力基本满足本区域和重点领域突发事件应对工作需要。二、提出加强基层综合性应急救援队伍建设，全面建设县级综合性应急救援队伍，推进街道、乡镇综合性应急救援队伍建设。三、完善基层专业应急救援队伍体系。重点加强基层防汛抗旱队伍组建工作，森林草原消防队伍建设，加强气象灾害、地质灾害应急队伍建设，加强矿山、危险化学品应急救援队伍建设，推进公用事业保障应急队伍建设，强化卫生应急队伍建设，加强重大动物疫情应急队伍建设。四、完善基层应急队伍管理体制机制和保障制度，进一步明确组织领导责任，完善基层应急队伍运行机制，动员社会力量参与应急工作，加大基层应急队伍经费保障力度，完善基层应急队伍建设相关政策。

50.青海玉树"4·14"大地震

2010年4月14日7时49分，在青海省玉树藏族自治州玉树县（北纬33.1度，东经96.7度）发生7.1级地震，震源深度33公里；9时25分在该县（北纬33.2度，东经96.6度）又发生6.3级余震，震源深度30公里。7.1级地震震中位于玉树县境内海拔4300余米的山区，距玉树县城约30公里。2次地震共造成2698人遇难，270人失踪，经济损失超过610亿元。

此次地震有4个显著特点。一是人员伤亡惨重。二是财产损失重大。受灾最重的结古镇土木土坯房全部倒塌，砖混结构房80%以上倒塌，框架结构房屋20%倒塌，没有倒的全部都有裂缝，成为危房。三是基础设施遭到严重破坏。重灾区干线公路875公里路面多处裂缝，路基沉陷、防护设备严重损毁，几乎所有桥涵受到不同程度损坏，通讯、电力、供水等设施严重受损，基本瘫痪；党政机关、医院、学校等公共设备遭到严重破坏。四是抢险救灾难度大。玉树平均海拔4000米以上，高寒缺氧，夜间温度零下7至8摄氏度，重灾地区地带狭窄，给抢险救援、群众安置和恢复重建带来严峻挑战。

地震发生后，党中央、国务院果断决策，迅速对抗震救灾工作作出全面部署，国家减灾委员会、民政部紧急启动国家四级救灾应急响应，并根据灾情发展将响应等级提升至一级。中国地震局将应急响应级别升级为Ⅰ级。青海省委、省政府启动应急一级响应，成立抗震救灾领导小组和指挥部，迅速组织力量开展救助。

2010年5月27日，国务院印发《关于支持玉树地震灾后恢复重建政策措施的意见》，要求用3年时间基本完成恢复重建主要任务，使灾区基本生产生活条件和经济社会发展全面恢复并超过灾前水平。2014年1月10日，玉树地震灾后恢复重建总结表彰大会在西宁召开，标志着玉树灾后恢复重建全面收官。

51.甘肃舟曲"8·8"特大泥石流

2010年8月8日，甘肃省舟曲县因强降雨引发滑坡泥石流，堵塞嘉陵江上游支流白龙江，形成堰塞湖，造成重大人员伤亡，电力、交通、通讯中断，导致1510人死亡，255人失踪，4.7万人受灾，6万多间房屋损毁，是新中国成立以来甘肃乃至全中国最为严重的山洪泥石流灾害。

造成灾害发生主要有以下五个方面的原因。一是地质地貌原因。舟曲是全国滑坡、泥石流、地震三大地质灾害多发区。舟曲一带是秦岭西部的褶皱带，山体分化、破碎严重，大部分属于炭灰夹杂的土质，非常容易形成地质灾害。二是"5·12"地震震松了山体。舟曲是"5·12"地震的重灾区之一，地震导致舟曲的山体松动，极易垮塌，而山体要恢复到震前水平至少需要35年时间。三是气象原因。国内大部分地方遭遇严重干旱，这使岩体、土体疏缩，裂缝暴露出来，遇到强降雨，雨水容易进入山体缝隙，形成地质灾害。四是瞬时的暴雨和强降雨。由于岩体产生裂缝，瞬时的暴雨和强降雨深入岩体深部，导致岩体崩塌、滑坡，形成泥石流。五是地质灾害自有的特征。地质灾害隐蔽性、突发性、破坏性强，难以排查出来。

灾害发生后，甘肃迅速启动一级防汛抗洪应急响应和自然灾害救助二级响应，各类救灾物资迅速运往灾区，舟曲周边地区的紧急救援也同时展开。国务院有关部门迅速行动应对，国土资源部启动地质灾害应急一级响应，国家防汛抗旱总指挥部紧急启动防汛二级应急响应，国家减灾委员会、民政部启动国家三级救灾应急响应。国家防汛抗旱总指挥部9

月2日10时起终止针对甘肃舟曲的国家防汛抗旱总指挥部防汛二级应急响应。武警部队紧急启动应急响应机制，迅速调集武警甘肃总队和驻甘肃、四川森林、水电、交通部队共2100余名官兵，109台（套）工程机械、13艘冲锋舟赶赴灾区进行救援。

国务院紧急成立舟曲县灾后重建前方协调指导小组，2010年11月4日，国务院印发《舟曲灾后恢复重建总体规划》。11月，舟曲县灾后重建正式启动，确定了三个群众重点安置区域。重建采取中央投资、甘肃省代建及舟曲自建相结合的方式，经过建设者近900个日夜的艰苦奋战，于2013年8月8日三周年之际，舟曲县灾后重建任务已经全部完成。

52.2010年海南特大暴雨

2010年10月初，海南省出现了60年一遇的持续性特大暴雨。大暴雨（日降雨量≥100毫米）持续9天，范围波及15个市县，全省平均过程降水量达648.3毫米，为1951年海南省有气象记录以来，60年中最严重的一次大暴雨过程。暴雨过程适逢国庆长假，使海南"黄金周"旅游受损巨大。

近20年来，地球平均温度逐年升高，大气的环流、水流循环等受到影响，造成雨水在局部、短时期的变化增大。城市化影响很大，碳排放增加、热岛效应明显，局部温度急剧变化，易造成冰雹、暴雨等极端天气。

9月30日20时至10月10日8时，海南省琼海、文昌、万宁、陵水、海口、定安、琼中、保亭和屯昌9个市县共122个乡镇累计降雨超过800毫米，其中定安、文昌、海口、陵水、琼海、琼中和万宁累计降雨超过1000毫米，文昌文城镇达到1754.3毫米。海南全省平均过程降水量达648.3毫米，是常年同期（93.1毫米）的6倍，为历史同期最多值，也突破历史以来大暴雨过程平均雨量最高纪录。截至10月8日，强降雨使海南海口、文昌、万宁、琼海、三亚、洋浦等16个市县受灾，全省1160多个村庄受淹，房屋倒塌580间，受灾农作物94.34千公顷，160余万群众受灾，损失超过数十亿元。灾区群众财产损失极其严重，灾区部分的群众生活面临困难。海南省受灾学校达1187所，倒塌校舍92间，2267间校舍成为危房。另据海南省"三防"办统计，全省倒塌房屋1755间。

由于部分市县点降雨量很大，造成严重的内涝及洪灾，并且造成部分水库一度出现险情，全省共有5个水库出现险情，包括保亭的共村水库，万宁的打片水库、打秀滩水库，农垦的石龙水库、红星水库。10月2日，海南省陵水县吊罗山突发山体滑坡，造成138人滞留，2人失踪。此外，海南省共有2条高速3处位置损毁，国道2条6处损毁，省道8条27处损毁，县道6条44处损毁。

洪灾发生后，驻琼子弟兵近2万人冲锋奋战在防汛抗洪、抢险救灾的第一线。海南省军区紧急启动抢险救灾应急预案，组织部队24批次奔赴10余个重灾区奋力抢险。至8日，海南省军区累计出动现役官兵2000余人次，民兵和预备役官兵7800余人次，车辆280余台次，冲锋舟120余艘，共转移受困群众13800余名，抢运物资1540余吨。省军区党委常委分赴海口、琼海、五指山等地抗洪一线组织指挥。由解放军第187医院27名医护人员组成的省级应急医疗防疫救援队，深入到海口市龙泉镇西江村送医送药。

武警官兵战斗在海口市、琼海市、文昌市的10多个抗洪抢险一线。武警海南总队共出动兵力1500余人次、冲锋舟45艘、车辆52台，转移群众3800余人。武警海南总队完成保亭县水库筑堤固坝、万宁市高速公路抢通攻坚战，成功转移琼海市嘉积、中原、博鳌、塔洋4城镇被困群众。

53.国家减灾委员会《关于加强城乡社区综合减灾工作的指导意见》

2011年6月15日，国家减灾委员会印发《关于加强城乡社区综合减灾工作的指导意见》（以下简称《指导意见》）。

《指导意见》主要内容如下：一是明确了总体要求和主要目标，提出经过5年左右的努力，使我国城乡社区综合减灾能力得到全面提升。社区灾害预警预报和信息上报能力大幅提升，每个社区至少有1名灾害信息员；社区综合减灾预案编制率达100%，社区居民防灾避灾、自救互救知识普及率达80%以上；社区综合减灾设施、装备基本具备，社区避难场所布局合理，基本满足应急避险需要；社区自治组织、志愿者队伍和其他社区组织共同参与减灾工作的机制比较完善，能够第一时间组织应急避险救援、临时安置等行动；全国范围内建成5000个以上的"全国综合减灾示范社区"，其中农村社区不少于1500个。二是明确了社区综合减灾的主要任务：开展社区灾害隐患排查和治理，加强灾害监测和信息报告，编制社区综合减灾预案，加强社区综合减灾队伍建设，开展防灾减灾培训演练，加强社区灾害应急避难场所建设，做好社区减灾装备配备和应急救灾物资储备，强化防灾减灾知识宣传普及。

《指导意见》是深入落实党中央、国务院关于加强基层应急管理、强化基层应急队伍建设等决策部署，进一步做好城乡社区综合减灾工作的纲领性指导意见。实施《指导意见》，切实加强城乡社区综合减灾工作，使我国城乡社区综合减灾能力得到全面提升，对强化基层应急管理，建设安全和谐社区，具有重要意义。

54.国家综合防灾减灾规划（2011—2015年）

2011年11月26日，国务院办公厅颁布实施《国家综合防灾减灾规划（2011—2015年）》（以下简称《规划》）。

《规划》强调防灾减灾要坚持"政府主导，社会参与；以人为本，依靠科学；预防为主，综合减灾；统筹谋划，突出重点"的原则，明确提出了"十二五"期间的发展目标：一是基本摸清全国重点区域自然灾害风险情况，基本建成国家综合减灾与风险管理信息平台，自然灾害监测预警、统计核查和信息服务能力进一步提高；二是自然灾害造成的死亡人数在同等致灾强度下较"十一五"时期明显下降，年均因灾直接经济损失占国内生产总值的比例控制在1.5%以内；三是防灾减灾工作纳入各级国民经济和社会发展规划，并在土地利用、资源管理、能源供应、城乡建设和扶贫开发等规划体现防灾减灾的要求；四是自然灾害发生12小时之内，受灾群众基本生活得到初步救助。自然灾害保险赔款占自然灾害直接经济损失的比例明显提高。灾后重建基础设施和民房普遍达到规定的设防标准；五是全民防灾减灾意识明显增强，防灾减灾知识在大中小学生及公众中普及率明显提高；六是全国防灾减灾人才队伍规模不断扩大，人才结构更加合理，人才资源总量达到275万人左右；七是创建5000个"全国综合减灾示范社区"，每个城乡基层社区至少有1名灾害信息员；八是防灾减灾体制机制进一步完善，各省、自治区、直辖市以及多灾易灾的市（地）、县（市、区）建立防灾减灾综合协调机制。

为了实现预期目标，《规划》提出要着力加强自然灾害监测预警能力建设、加强防灾减灾信息管理与服务能力建设、加强自然灾害风险管理能力建设、加强自然灾害工程防御能力建设、加强区域和城乡基层防灾减灾能力建设、加强自然灾害应急处置与恢复重建能力建设、加强防灾减灾科技支撑能力建设、加强防灾减灾社会动员能力建设，以及加强防灾减灾人才和专业队伍建设、防灾减灾文化建设等10项主要任务。

为确保国家综合防灾减灾能力形成，兼顾与国家有关专项规划和部门规划的相互衔接，《规划》还有针对性地提出了8项重大工程建设项目，即全国自然灾害综合风险调查工程、国家综合减灾与风险管理信息化建设工程、国家自然灾害应急救助指挥系统建设工程、国家救灾物资储备工程、环境减灾卫星星座建设工程、国家重特大自然灾害防范仿真系统建设工程、综合减灾示范社区和避难场所建设工程、防灾减灾宣传教育和科普工程。

《规划》在总结"十一五"防灾减灾工作取得成就的基础上，深刻分析了我国防灾减灾工作面临的严峻形势、重大挑战和发展机遇，提出"十二五"时期防灾减灾工作需要立足国民经济和社会发展全局，统筹规划综合防灾减灾事业发展，加速推进各项能力建设，不断完善综合防灾减灾体系，切实保障人民群众生命和财产安全，保障经济社会全面协调可持续发展。《规划》为贯彻落实党中央、国务院关于加强防灾减灾工作部署、推进综合防灾减灾事业发展、构建综合防灾减灾体系、全面增强综合防灾减灾能力指明了方向，提供了保证。

55.南方五省（市）遭受寒潮冰雪灾害

2011年1月1日开始，江西、湖南、重庆、四川、贵州5省（市）自北向南出现持续雨雪天气，大部分地区气温骤降，部分县市遭受寒潮冰雪灾害。截至1月4日17时统计，灾害共造成江西、湖南、重庆、四川、贵州5省（市）383.3万人受灾，因灾死亡1人，紧急转移安置5.8万人；农作物受灾面积142.4千公顷，其中绝收面积11.8千公顷；倒塌房屋1200余间，损坏房屋6600余间；直接经济损失13.5亿元。

各地各有关部门积极应对寒潮冰雪灾害。进入2011年以来，湖南全省出现了大范围的雨雪降温天气，全省普降小到中雪，湘中以南局部地区出现了大到暴雪。湖南省气象台发布道路结冰橙色预警，提醒各地注意防范道路结冰天气对交通产生的影响。江西气象部门发布寒潮预报，建议公路、铁路、民航等运输部门做好防范低温雨雪、道路结冰等灾害天气的相关工作，及时清除路面积雪、结冰，确保交通运输安全和畅通。电力、供水、通信部门加强电网、供水管网、通信线路巡查和维护，并做好调度和供应保障工作。贵州各部门抓住有利时机，抢运生猪、蔬菜等生活物资，全力保障市场供应。国家电网四川省电力公司紧急启动有序用电预案，有序控制部分工业负荷，做好应对大面积停电事故的防范措施，力保城乡居民生活、重要负荷用电需求。四川省电力公司启动自然灾害二级响应，加强对重点线路、重点区域的巡视和监测力度；各单位人员随时待命，做好救灾应急物资的储备，备齐棉衣、防滑车辆、通讯工具等抢险物资，发现故障迅速组织抢险修，将灾害造成的影响及损失降到最低；加强应急值班工作，实行主管领导带班制度，严格执行应急信息报送制度。

56.北京"7·21"特大暴雨

2012年7月21日，北京遭遇61年来最强暴雨，并引发房山等地区山洪和泥石流等灾害，导致79人死亡，10660间房屋倒塌，160.2万人受灾，经济损失达116.4亿元。

此次降雨过程致北京受灾面积16000平方公里，成灾面积14000平方公里，其中房山区80万人受灾。全市道路、桥梁、水利工程多处受损，全市民房多处倒塌，几百辆汽车损失严重。暴雨对基础设施造成重大影响。全市主要积水道路63处，积水30厘米以上路段30处；路面塌方31处；3处在建地铁基坑进水；轨道7号线明挖基坑雨水流入；5条运行地铁线路的12个站口因漏雨或进水临时封闭，机场线东直门至T3航站楼段停运；1条110千伏站淹水停运，25条10千伏架空线路发生永久性故障；降雨造成京原等铁路线路临时停运8条。暴雨对居民正常生活造成重大影响。全市共转移群众56933人，其中房山区转移20990人。

此次暴雨导致北京交通瘫痪。城区95处道路因积水断路。莲花桥下积水齐胸；二环路复兴门桥双方向发生积水断路；二环路东直门桥区，南北双向主路因为积水无法通行，南向北方向车辆发生较长排队等候现象；三环路安华桥、十里河桥、方庄桥、北太平庄桥、玉泉营桥、丽泽桥、六里桥等发生积水，导致主路断路。四环路岳各庄桥、五路桥等发生积水断路情况。航班大面积延误近8万乘客滞留在首都机场。部分地铁停运，部分旅客列车晚点。

灾害发生后，北京市启动应急响应，全力应对，全市16万余人投入应对。其中解放军出动兵力2300人，武警部队出动兵力890人；市重大办共出动巡查人数2100人；市住建委共出动2740人，检查平房6818间，楼房2127栋；市交通委出动2万余人，抢险车辆2000余台；市交管局出动警力4068人；城市排水集团、自来水集团等城区各应急排水队伍共出动抢险人员1.2万余人，出动道路巡查车辆610套，累计排水近140万立方米；市电力公司共出动抢险队伍4300余人，对189个防汛重点设施的供电线路进行看护。市属河道管理单位出动抢险巡查人员5200人。

7月26日，受国务院领导委托，民政部有关领导率国务院应急管理办公室、国家发展和改革委员会、教育部、民政部、财政部、国土资源部、住房和城乡建设部、交通运输部、水利部、农业部、卫生部和气象局等12部门组成的国务院救灾工作组，赶到北京市房山区周口店镇和城关镇洪涝灾区，实地查看受灾情况，慰问受灾群众，研究进一步加大救灾工作支持力度的措施。

"7·21"特大暴雨暴露了北京的城市规划建设、基础设施、应急管理等许多问题，给北京的教训异常深刻，引发提升大城市防灾减灾能力的思考。

57.四川芦山"4·20"强烈地震

2013年4月20日8时2分，四川省雅安市芦山县（北纬30.3度，东经103.0度）发生7.0级地震，震源深度13公里，震中距成都约100公里。截至2013年4月24日10时，共发生余震4045次，3级以上余震103次，最大余震5.7级。截至5月23日，地震共计造成196人死亡，2人失踪，11470人受伤。地震波及四川雅安、成都、乐山、眉山、甘孜、凉山、德阳等市州的32个县（市、区），受灾人口约218.4万人。大量老旧住房倒塌，未倒塌住房结构受损严重，学校、医院等公共服务设施和供水、排水、供气等市政设施受到不同程度损坏，主要公路多处塌方、受损，山体滑坡、崩塌、泥石流等次生灾害严重，生态环境受到严重威胁，余震多、震级高，持续影响大。

这次地震灾害有5个特点：一是震级高。震级里氏7.0级、烈度9度，属于强烈地震。二是波及面广。地震波及造成雅安等10多个市州、100余个县受灾。三是余震多。四是救援难。震中区域的几个县和地震重灾的乡镇都处于山区，震后主要道路中断，之后多次滑坡，救灾工作的难度加大。五是地震灾害隐患形势非常严峻。地震灾区本来就是地质灾害多发地区，加之地震造成了山体破裂，地质灾害防治任务非常繁重。

地震发生后，中共中央总书记、国家主席、中央军委主席习近平指示，国务院总理李克强批示要把抢救生命作为首要任务，最大限度减少伤亡。当日，中央政治局常委李克强与国务院副总理汪洋、国务院秘书长杨晶等前往灾区指挥救灾工作。四川省政府启动I级救灾响应，中国地震局启动地震应急I级响应，国家减灾委员会、民政部紧急启动国家Ⅲ级救灾应急响应。中国红十字总会也启动应急响应，从中国红十字会成都救灾备灾中心调拨500顶帐篷到受灾地区。公安部启动应急机制，并派出前方工作组赶赴现场。国家卫生和计划生育委员会紧急部署四川雅安地震医学救援工作，组建派出国家卫生应急队，180多名医务人员及车载移动医院赶赴灾区。国务院国有资产监督管理委员会印发紧急通知，要求中央企业迅速做好灾情调查、救灾应急等各项工作。4月21日，国务院办公厅下发通知，要求各地区、各有关部门、各单位和社会团体，如果未经批准，原则上暂不自行安排人员或团体前往灾区；建议社会各界有捐赠意愿者以资金捐助为主，物资和设备的捐助则由民政部门协调运往灾区；建议非紧急救援人员、志愿者、游客等尽量不要自行前往灾区；四川省抗震救灾指挥部加强各方面救援力量的统筹协调。

四川省把抗震救灾作为压倒一切的中心工作，坚持以人为本，科学有序组织救灾。一是第一时间启动I级地震应急预案和地震应急响应机制。成立了以省委书记任指挥长、省长任副指挥长的抗震救灾指挥部，实现了省、市、县指挥机构三级呼应。二是迅速组织救援力量赶赴灾区。震后1小时内，国内专业救援力量都相继出动，驻川部队也紧急出动，以最快速度赶到重灾县和重灾乡镇，全力投入抢险救援。三是争分夺秒开展搜救。坚持把救人放在第一位，争分夺秒搜救和转移群众。四是千方百计抓好医疗救治。以最快速度组织医疗救援队与搜救队伍同步进入灾区，尽可能地把重伤人员转移到省市医院。全省累计出动医护卫生人员12000多人，救治伤员24147人次，累计住院治疗6200多人，转到省市医院救治790多人。五是全力以赴抢通保通。迅速调集专业设备和队伍，组织攻坚打通灾区生命通道。地震后4小时，打通雅安到芦山的公路，地震后30个小时，除少部分乡镇外，重灾区的主要交通干道都抢通。同时抢修供电、供水、供气、通信、广播电视等基础设施。六是紧急妥善安置受灾群众。抓紧向灾区组织调运帐篷、棉被、食品、饮用水等急需救灾物资，努力实现受灾群众有饭吃、有衣穿、有安全住处、有干净水喝、有医疗服务。对震后因交通中断的重灾乡镇组织直升机空运物资，满足受灾群众应急需要。七是高度重视灾区卫生防疫工作。安排专门卫生防疫力量，及时对灾区水源进行监督消毒，加强食品和饮用水卫生监督，妥善处理遇难者遗体，做好死亡动物、医疗废弃物、生活垃圾等消毒和无害化处理，确保大灾之后无大疫。八是科学严密防范地质灾害。省指挥部已决定在省、市、县三级启动地质灾害防治的应急预案，重灾地雅安市全市范围启动地质灾害防治预案一级响应。灾区把防范次生灾害作为重大而紧迫的任务，组织17个专业地勘单位400多名专业技术人员，开展对地震灾区次生灾害隐患点的排查或灾害评估工作，对已发现的隐患点落实专人24小时监测。强化落实受灾群众安置点、集镇、学校等众多地区的主动避让措施，避免因次生地质灾害导致灾区群众二次受灾。九是尽快恢复灾区正常秩序。在房屋安全鉴定完成前，对学校、医院等组织修建板房进行过渡。组织学生及时复课，当地没有条件的异地复课。

在地震发生后，中央军委主席习近平指示中国人民解放军和武装警察部队做好地震救灾工作。成都军区第13集团军立即启动救灾预案。4月20日8时20分，220名抢险救灾指战员带领救护车、挖掘机、装载机共173台以及4架直升机紧急出动，奔赴灾区展开救援。截至2013年4月22日，武警部队救灾一线兵力增至5800名，大型工程机械164台，全面展开搜救人员、转移群众、救治伤员等任务。共从废墟中成功救出被困群众103人，救治伤员1660人，医疗巡诊650人，抢通道路18公里，抢运物资215吨。

4月22日，俄罗斯派出198名救援人员参与地震救援。

7月6日，国务院印发《芦山地震灾后恢复重建总体规划》，规划中明确指出规划范围，分析了灾区特点及重建条件；明确了重建的指导思想、原则、目标；介绍了重建分区、城乡布局、土地利用等问题。同时还涉及了重建中有关居民住房和城乡建设、公共服务、基础设施、特色产业、生态家园、政策措施等方面的内容。规划用860亿元、三年时间，完成芦山地震重建工作。这标志着芦山地震转入灾后恢复重建阶段。

58.松花江流域发生洪涝灾害

2013年7至8月，松花江、黑龙江发生流域性大洪水，辽河流域浑河上游发生超50年一遇特大洪水，东北地区出现1998年以来最严重洪涝灾害。其中，松花江发生1998

以来最大流域性洪水，嫩江上游发生超 50 年一遇特大洪水；黑龙江发生 1984 年以来最大的流域性洪水，其中下游发生超 100 年一遇的特大洪水，抚远站洪峰水位超过保证水位 1.88 米，超历史最高洪水位历时长达 30 天。

据国家防汛抗旱总指挥部发布的数据显示，受北方冷空气影响，5 月 26 日以来，松花江流域持续出现阴雨天气。5 月 26 日至 8 月 1 日，松花江流域累积面平均降雨量 325 毫米，较历史同期多 4 成，为 1961 年以来最多。8 月 2 日 8 时，嫩江上游尼尔基水库水位 214.64 米，超过汛限水位 1.27 米。嫩江干流同盟站水位 169.64 米，超过警戒水位 0.04 米；江桥站水位 139.71 米，超过警戒水位 0.01 米。松花江干流肇源站水位 127.75 米，超过警戒水位 0.15 米。嫩江、松花江、黑龙江干流堤防先后发生险情 9154 处。黑龙江干流有 3 处堤防发生决口。

截至 9 月 13 日，东北三省区有 829 万人受灾，受灾农作物 3445.49 千公顷，倒塌房屋 3.75 万间，直接经济损失 330.27 亿元人民币，其中水利设施直接经济损失 49.34 亿元。

黑龙江、吉林和内蒙古三省区分别启动了防汛Ⅰ级、Ⅱ级和Ⅱ级应急响应。累计投入抢险人员 284 万人次，消耗编织袋、砂石料、救生衣等防汛物资价值 10.91 亿元，投入运输设备 42 万班次、机械设备 14.77 万台班，投入资金共计 25.65 亿元（其中黑龙江 17.13 亿元、吉林 7.02 亿元、内蒙古 1.50 亿元）。

7 月 28 日，黑龙江省政府召开全省防汛工作紧急电视电话会议，对全省防汛工作进行动员、部署、督促。8 月 7 日，国家防汛抗旱总指挥部召开松花江防汛异地会商会，与松花江防汛抗旱总指挥部视频连线，分析研判雨水情、汛情和防洪工程运行情况，研究部署当前松花江流域防汛抗洪工作。8 月 7 日 16 时，国家防汛抗旱总指挥部启动防汛Ⅳ级应急响应，并下发《关于进一步加强松花江流域防汛抗洪工作的通知》和《关于国家防总启动Ⅳ级防汛应急响应的通知》，对松花江流域防汛抗洪进行了全面部署。11 日，应急响应级别提升至Ⅲ级。8 月 11 日，松花江防汛抗旱总指挥部将防汛应急响应级别由Ⅲ级提升为Ⅱ级。8 月 12 日 8 时 30 分，中国气象局启动重大气象灾害（暴雨）Ⅳ级应急响应命令以应对东北和内蒙古出现的暴雨汛情。8 月 16 日 16 时，国家减灾委员会、民政部启动国家Ⅳ级救灾应急响应，派出工作组赶赴灾区协助开展工作，同时紧急调拨中央救灾储备物资，帮助黑龙江省做好受灾群众生活救助工作。国家防汛抗旱总指挥部、松花江防汛抗旱总指挥部和有关省防汛抗旱指挥部科学调度尼尔基、丰满、白山、察尔森、大伙房等大型水库拦蓄洪水，将嫩江上游超过 50 年一遇洪水削减为不足 20 年一遇，将松花江上游超 20 年一遇洪水削减为一般洪水。8 月 16 日 18 时，二九〇农场黑龙江堤防三号边防站至蜿蜒河河口段发生溃堤。8 月 20 日，国务院总理李克强在国务院应急指挥中心召开视频会议，听取辽宁、黑龙江、广东三省和国务院赴辽宁工作组关于汛情灾情和救灾情况汇报，进一步部署下一阶段抗洪抢险和防灾救灾工作。8月22日凌晨1时30分,黑龙江萝北县段堤防因为长时间高水位浸泡,堤身土体软化,局部渗漏破坏形成管涌,导致肇兴镇柴宝屯段溃口。8月23日8时20分许,八岔乡堤段溃口。8月26日,国务院总理李克强同俄罗斯总理梅德韦杰夫通电话,再次就黑龙江流域抗洪救灾工作进行协调。8月27日,松花江干流洪峰顺利通过哈尔滨市。

从9月12日12时起,黑龙江省防汛抗旱指挥部将防汛应急响应从Ⅰ级调整为Ⅱ级,从9月18日起解除全省防汛Ⅱ级应急响应。9月20日5时,黑龙江下游干流抚远站水位退至87.49米,低于警戒水位0.01米。至此,嫩江、松花江、黑龙江干流均全线退至警戒水位以下,国家防汛抗旱总指挥部于9月20日8时终止防汛Ⅲ级应急响应。黑龙江抚远站水位退至警戒水位以下,标志着嫩江、松花江、黑龙江抗洪抢险取得全面胜利。

59.国务院办公厅《突发事件应急预案管理办法》

2013年10月25日,国务院办公厅发布实施《突发事件应急预案管理办法》(以下简称《办法》)。

《办法》分总则,分类和内容,预案编制,审批、备案和公布,应急演练,评估和修订,培训和宣传教育,组织保障,附则9章34条,主要内容如下:一、规范了应急预案的分类和内容。《办法》依据突发事件应对法关于"国家建立统一领导、综合协调、分类管理、分级负责、属地管理为主的应急管理体制"的原则,按照制定主体将应急预案划分为政府及其部门应急预案、单位和基层组织应急预案两大类,将政府及其部门应急预案分为总体应急预案、专项应急预案、部门应急预案3类,并从三个方面细化了预案内容界定:一是根据预案的不同种类界定应急预案的具体内容。对政府总体预案、专项和部门预案,以及单位和基层组织应急预案各自应规范的内容,《办法》都作出了详细规定。二是根据预案的不同层级界定专项和部门预案的具体内容。三是根据预案的不同任务界定有关应急预案的具体内容。二、规范了应急预案的编制程序。《办法》在总结近年来应急预案体系建设实践经验、吸收最新理论成果、借鉴国际经验基础上,规范了应急预案的编制、审批、备案、公布和修订程序,对保障应急预案质量,提高应急预案的针对性、实用性和可操作性有重要意义。《办法》要求在编制前开展风险评估和应急资源调查,为编制应急预案提供依据,又能确保应急响应时资源调度有效有序。《办法》明确"自然灾害、事故灾难、公共卫生类政府及其部门应急预案,应向社会公布";"对需要公众广泛参与的非涉密的应急预案,编制单位应当充分利用互联网、广播、电视、报刊等多种媒体广泛宣传,制作通俗易懂、好记管用的宣传普及材料,向公众免费发放"。这对于进一步加强政府信息公开工作，保障公众的知情权、参与权、监督权，动员公众积极参与突发事件的应对工作有重要意义。三、建立了应急预案的持续改进机制，要求不断更新和改进预案。《办法》对此提出了明确要求，从多个角度推动建立应急预案的持续改进机制。一是明确了应急预案应当及时修订的7种情形。包括有关法律、法规、规章、标准、上位预案发生变化的；应急指挥机构及其职责发生调整的；面临的风险或其他重要环境因素发生变化的；重要应急资源发生重大变化的；预案中的其他重要信息发生变化的；在突发事件实际应对和应急演练中发现需要作出重大调整的；应急预案制定单位认为应当修订的其他情况。二是要求通过应急演练修订应急预案。实践证明，演练对检验预案、完善准备、锻炼队伍、磨合机制有重要作用。三是要求通过建立定期评估制度和广纳意见修订应急预案。实践是检验应急预案是否有用、管用、实用的最好办法。此外，《办法》还规定各级政府及部门、企事业单位、社会团体、公民等，均可以向有关预案编制单位提出修订建议，有利于促进应急预案的及时修订。四、强化了应急预案管理的组织保障。《办法》要求各级政府及其有关部门要对本行政区域、本行业（领域）应急预案管理工作加强指导和监督。《办法》同时提出，各级政府及其有关部门、各有关单位要指定专门机构和人员负责相关具体工作，将应急预案规划、编制、审批、发布、演练、修订、培训、宣传教育等工作所需经费纳入预算统筹安排。

《办法》是贯彻实施《中华人民共和国突发事件应对法》、加强应急管理工作、深入推进应急预案体系建设的重要举措。《办法》首次从国家层面明确了应急预案的概念，强调应急预案是各级人民政府及其部门、基层组织、企事业单位、社会团体等为了依法、迅速、科学、有序应对突发事件而预先制定的工作方案。《办法》明确了应急预案管理要遵循统一规划、分类指导、分级负责、动态管理的原则，这也是首次在国家层面对应急预案的管理原则提出要求。

60.中东部地区严重雾霾事件

2013年初和年底，我国中东部地区接连出现严重雾霾天气，引起全社会的广泛关注。

2012年2月，中国颁布新的空气质量新标准《环境空气质量标准》，首次将PM2.5纳入标准，但此标准与WHO推荐的健康标准仍有差距。截至2013年10月1日，中国大陆共有114个城市668个点位依据新空气质量标准开展监测。2012年，依据旧的环境空气质量标准，达标城市比例为91.4%，依据新标准，达标城市比例仅为40.9%；113个环境保护重点城市环境空气质量依据旧标准达标城市比例为88.5%，按新标准评价，达标城市比例仅为23.9%。有报告显示，中国最大的500个城市中，只有不到1%的城市达到世界卫生组织推荐的空气质量标准，与此同时，世界上污染最严重的10个城市有7个在中国。

2013年9月12日，国务院公布《大气污染防治行动计划》，首次将细颗粒物纳入约束性指标，并将环境质量是否改善纳入官员考核体系之中。

2013年11月4日，中国社会科学院、中国气象局联合发布的《气候变化绿皮书：应对气候变化报告（2013）》指出，近50年来中国雾霾天气总体呈增加趋势，珠三角地区和长三角地区雾霾日数增加最快，社会化石能源消费增多造成的大气污染物排放逐年增加是中国大陆地区近年雾霾天气增多的最主要原因。为了有效解决该问题，必须实施区域联防联控。

2013年1月，中国大陆发生了持续大规模的雾霾天气，中东部大部地区出现4次较大范围雾、霾天气过程，其中雾平均日数为2.4天，霾平均日数为3.2天，雾霾覆盖范围涉及了17个省（直辖市、自治区）1/4的国土面积，影响人口约6亿。1月7—13日，中东部大部地区雾、霾天气过程持续时间最长、影响范围最广、强度最强，部分地区能见度不足100米。

起始于2013年12月2日至12月14日的中东部地区重度雾霾天气，是我国2013年入冬后最大范围的雾霾污染，几乎涉及中东部所有地区。天津、河北、山东、江苏、安徽、河南、浙江、上海等多地空气质量指数达到六级严重污染级别，使得京津冀与长三角雾霾连成片。首要污染物PM2.5浓度日度平均值超过150微克/立方米，部分地区达到300至500微克/立方米，其中上海市在12月6日污染达到600微克/立方米以上，局部至700微克/立方米以上。此次重霾污染最为严重的区域位于江苏中南部，南京市空气质量连续5天严重污染、持续9天重度污染，12月3日11时的PM2.5瞬时浓度达到943微克/立方米。

党中央和国务院对不时出现严重雾霾的问题高度重视，一再强调，要像对贫困宣战一样，坚决向污染宣战；要加大环境治理和环保执法力度，下更大的决心、以更大的作为，铁腕治霾。2013年9月，国务院发布《大气污染防治行动计划》10条措施。同年9月13日，为贯彻《中华人民共和国环境保护法》，防治环境污染，改善空气质量，保障人体健康和生态安全，促进技术进步，环境保护部发布了《环境空气细颗粒物污染综合防治技术政策》。2014年2月12日，李克强总理主持国务院常务会议，研究部署进一步加强雾霾等大气污染治理工作。会议原则通过了落实《大气污染防治行动计划》22条配套政策措施。李克强要求，相关部委会后要积极行动起来，紧密合作，真抓实干。他说："民之所望，施政所向。我们就是要从人民群众最希望改进的地方改起，要在这些问题上出真招、见实效，切实消除人民群众的'心肺之患'。"李克强总理提出："要打一场治理雾霾的攻坚战、持久战。"

近年来，各省（区、市）为贯彻落实国务院《大气污染防治行动计划》10条措施，相继制定了本地的落实方案。2015 年 11 月，针对反复出现的严重雾霾天气，京津冀三地环保部门已经确定了今冬明春的重点安排，北京将实施大气污染防治执法季专项行动，天津市将突出大气污染防治百日行动专项执法检查，河北将集中开展秸秆禁烧专项检查。同时，三地将联动打击涉气排污单位污染治理设施不正常运行、超标排放、自动监控数据造假等环境违法问题。

面对 2015 年 12 月上旬出现的重污染天气，环境保护部紧急召开专题会，要求采取有效措施，积极应对重污染天气。一是密切跟踪重污染天气发展趋势，加强监测预报工作，指导各地做好监测预报和应急响应工作。二是启动京津冀区域应急联动措施，督促各地根据污染变化情况及时调整应急工作重点，及时启动相应等级预警方案。三是增加督察力量。环境保护部先后派出 12 个工作组进驻北京、天津、河北、山东、河南等地，重点督察重污染天气应急预案启动和应对措施落实情况。四是做好信息公开，特别要求各级地方政府和环保部门通过媒体及时告知应急措施的细化措施、实施方式和实施范围，并及时向媒体通报工作进展情况。面对这次重污染天气，各地迅速反应。北京市首次启动红色预警，同时进一步加大督察力度，确保按照预案落实各项预警减排措施。天津市发布黄色预警，采取限产限排、停止土石方作业等强制性减排措施。河北省加强跨部门跨区域会商，督促各市及时启动应急响应。山东省继续加大对相关市检查督导频次和力度。河南省 18 个省辖市、10 省直管县（市）全部启动了重污染天气应急减排措施。

61.民政部《关于加快推进灾害社会工作服务的指导意见》

为了加强灾害社会工作服务及其人才队伍建设，积极发挥社会工作在灾前预防、灾中应急与灾后重建中的专业作用，2013 年 12 月 26 日，民政部下发《关于加快推进灾害社会工作服务的指导意见》（以下简称《意见》）。

2008 年以来，经过汶川特大地震、玉树强烈地震、舟曲特大山洪泥石流、芦山地震等重大自然灾害，我国灾害社会工作服务有了快速发展，灾害社会工作服务队伍逐步壮大，灾害社会工作服务机构初具规模，灾害社会工作研究日益深入，灾害社会工作实践不断深入探索，社会工作在满足受灾群众需求、创新灾区社会管理、加强灾区社会建设、促进灾区社会发展方面的作用得到初步显现。同时，我国灾害社会工作服务基础薄弱、服务范围有限，政策制度不健全、专业人才不充足、专业服务推进不深入等，与防灾减灾工作需要和广大人民群众现实需求还存在较大差距，迫切要求提升灾害社会工作服务水平。

《意见》提出推进灾害社会工作服务的基本要求：坚持政府与社会协作、应急和常态结合、预防和重建并重、城市和农村统筹、治标和治本兼顾的原则，以完善政策制度和体制机制为重点，建立符合中国国情、体现专业要求、反映时代特色的灾害社会工作服务政策制度与标准规范，建构统一指挥、反应灵敏、协调有序、运转高效的灾害社会工作服务机制；以提升灾害社会工作服务能力为核心，建设专兼结合、多学科结合的灾害社会工作服务队伍，建成覆盖广泛、布局合理、功能完善的灾害社会工作服务网络，培育针对性强、惠及面广、成效显著的灾害社会工作服务项目，建立政府主导、部门联动、校地结合、社会协同的灾害社会工作服务格局，建构适应中国国情的灾害社会工作服务体系。

《意见》明确了推进灾害社会工作服务的主要任务：一是发展灾害社会工作服务队伍。二是建构灾害社会工作服务平台。三是健全灾害社会工作服务政策。四是增强灾害社会工作服务成效。

《意见》明确了推进灾害社会工作服务的运行机制：一是建立健全灾害社会工作服务动员与资源整合机制。二是建立健全灾害社会工作服务投入机制。三是建立健全灾害社会工作服务交流合作机制。

《意见》出台对灾害社会工作人才队伍建设的发展，对推动政府购买服务，对构建中国灾害社会工作服务体系，对提升灾害社会工作服务水平指明了方向。

62.云南鲁甸"8·3"地震

2014年8月3日16时30分云南省昭通市鲁甸县发生6.5级地震，造成617人死亡，112人失踪，3143人受伤，22.97万人紧急转移安置，8.09万间房屋倒塌，解放军和武警部队投入近万兵力参加抗震救灾。

鲁甸地震震源深度12千米，余震1335次，灾区最高烈度为Ⅸ度，等震线长轴总体呈北北西走向，Ⅵ度区及以上总面积为10350平方千米，共造成云南省、四川省、贵州省10个县（区）受灾。地震基本特点是震级大、震源浅、灾区人口密集和灾区房屋抗震性能差等。此次地震是云南省姚安2000年1月15日6.5级地震后第一次6.5级以上地震，地震震源深度只有12千米，属浅源地震，同时灾区人口密集，达265人每平方千米。

8月3日17时，云南省地震局立即启动Ⅰ级响应，云南省减灾委、民政厅启动Ⅱ级救灾应急响应。18时，中国地震局立即启动地震灾害应急Ⅱ级响应，云南电网昭通供电局立即启动了破坏性地震Ⅲ级应急响应。19时，昭通军分区200名官兵和民兵以及陆军第14集团军某炮兵团1000名官兵赶赴震中地区，云南省省长李纪恒、云南省军区司令员张肖南、云南省公安消防总队总队长田国勇等领导，以及军地联合指挥部的相关人员赶赴鲁甸。19时30分武警8750部队出动第一梯队300余名官兵，22时50分派出第二梯队1200名官兵，火速奔赴地震灾区。20时42分，因地震以及暴雨导致塌方中断的巧家至鲁甸公路抢通。

8月4日上午，中共中央政治局常委、国务院总理李克强率有关方面负责人赶赴云南鲁甸地震灾区察看灾情，指导抗震救灾工作。9时35分，中国国家地震灾害紧急救援队100人，从北京南苑机场起飞赶往灾区。11时，国家减灾委员会将国家救灾应急响应等级提升至Ⅰ级。14时，中国气象局将地震灾害气象服务应急响应由Ⅳ级升级为Ⅲ级。

8月5日1时，来自成都军区、北京军区、空军、二炮和武警部队的近万名官兵已全部到达3个重灾县13个重灾乡镇，全力展开生命搜救和转移伤员。

8月6日，在部署完灾区救灾各项工作后，国务院总理李克强离开云南鲁甸地震灾区。抗震救灾工作由云南省统一指挥，各部门和有关方面大力支持。

截至2014年8月7日11时，云南省共接收地震捐款3.017596亿元（人民币）。

8月10日上午10点起，云南省在各条战线上工作的人员与公共场所人员就地驻足默哀3分钟，全省防空警报鸣响，汽车、火车、船舶鸣笛志哀3分钟。

63.加快应急产业发展

应急产业是为突发事件预防与应急准备、监测与预警、处置与救援提供专用产品和服务的产业。虽然我国应急产业快速兴起并不断发展，在各类突发事件应对中发挥了重要作用，但还存在产业体系不健全、市场需求培育不足、关键技术装备发展缓慢等问题。为加快我国应急产业发展，2014年12月24日，国务院发布《关于加快应急产业发展的意见》（以下简称《意见》）。

《意见》明确提出，到2020年加快应急产业发展的目标是：应急产业规模显著扩大，应急产业体系基本形成；自主创新能力进一步增强，一批关键技术和装备的研发制造能力达到国际先进水平，一批自主研发的重大应急装备投入使用；形成若干具有国际竞争力的大型企业，发展一批应急特色明显的中小微企业；发展环境进一步优化，形成有利于产业发展的创新机制，为防范和处置突发事件提供有力支撑，并成为推动经济社会发展的重要动力。

《意见》明确了加快应急产业发展的4个重点方向：一是监测预警，围绕提高各类突发事件监测预警的及时性和准确性，重点发展监测预警类应急产品，发展突发事件预警发布系统、应急广播系统及设备等；二是预防防护，围绕提高个体和重要设施保护的安全性和可靠性，重点发展预防防护类应急产品；三是处置救援，围绕提高突发事件处置的高效性和专业性，重点发展处置救援类应急产品；四是应急服务，围绕提高突发事件防范处置的社会化服务水平，创新应急服务业态。

《意见》提出了加快应急产业发展的6个主要任务：一是加快关键技术和装备研发，全面强化应急技术装备的核心竞争力；二是优化产业结构，加快形成合理完善的应急产业体系；三是推动产业集聚发展，适应现代产业发展规律，加强规划布局、指导和服务，鼓励有条件地区发展各具特色的应急产业集聚区，打造区域性创新中心和成果转化中心；四是支持企业发展，推动有实力的企业做大做强，培育形成一批技术水平高、服务能力强、拥有自主知识产权和品牌优势、具有国际竞争力的大型企业集团；五是推广应急产品和应急服务，健全应急产品实物储备、社会储备和生产能力储备管理制度，建设应急产品和生产能力储备综合信息平台，带动应急产品应用；六是加强国际交流合作，支持企业参与全球市场竞争，鼓励企业以高端应急产品、技术和服务开拓国际市场。

为保障应急产业的健康发展，《意见》提出了5点具体的政策措施：一是完善标准体系，充分发挥标准对产业发展的规范和促进作用，提升自主技术标准的国际话语权；二是加大财政税收政策支持力度，落实和完善适用于应急产业的税收政策，建立健全应急救援补偿制度；三是完善投融资政策，加大对技术先进、优势明显、带动和支撑作用强的应急产业重大项目的信贷支持力度；四是加强人才队伍建设，着力培养高层次、创新型、复合型的核心技术研发人才和科研团队，支持有条件的高等学校开设应急产业相关专业，积极开展应急专业技术人才继续教育；五是优化发展环境，完善相关法律法规，支持应急产业发展。

《意见》的出台为应急产业的发展创造了一个良好的政策环境，将促进我国应急产业健康发展，引导更多社会资源进入应急产业领域，对全面提升我国应急预警能力起到重要的促进作用。

64.水污染防治行动计划

为解决我国一些地区水环境质量差、水生态受损重、水资源日趋紧缺等突出问题，切实保护广大人民群众健康，推动经济社会可持续发展，加大水污染防治力度，2015年4月16日，国务院印发《水污染防治行动计划》（以下简称《计划》）。

《计划》明确提出了工作目标：到2020年，全国水环境质量得到阶段性改善，污染严重水体较大幅度减少，饮用水安全保障水平持续提升，地下水超采得到严格控制，地下水污染加剧趋势得到初步遏制，近岸海域环境质量稳中趋好，京津冀、长三角、珠三角等区域水生态环境状况有所好转；到2030年，力争全国水环境质量总体改善，水生态系统功能初步恢复；到21世纪中叶，生态环境质量全面改善，生态系统实现良性循环。

为了实现工作目标，《计划》提出了十大主要措施：一、全面控制污染物排放，狠抓工业污染防治，强化城镇生活污染治理，推进农业农村污染防治，加强船舶港口污染控制；二、推动经济结构转型升级，调整产业结构，优化空间布局，推进循环发展；三、着力节约保护水资源，控制用水总量，提高用水效率，科学保护水资源；四、强化科技支撑，推广示范适用技术，攻关研发前瞻技术，大力发展环保产业；五、充分发挥市场机制作用，理顺价格税费，促进多元融资，建立激励机制；六、严格环境执法监管，完善法规标准，加大执法力度，提升监管水平；七、切实加强水环境管理，强化环境质量目标管理，深化污染物排放总量控制，严格环境风险控制，全面推行排污许可；八、全力保障水生态环境安全，保障饮用水水源安全，深化重点流域污染防治，加强近岸海域环境保护，整治城市黑臭水体，保护水和湿地生态系统；九、明确和落实各方责任，强化地方政府水环境保护责任，加强部门协调联动，落实排污单位主体责任，严格目标任务考核；十、强化公众参与和社会监督，依法公开环境信息，加强社会监督，构建全民行动格局。

《计划》提出流域管理、水路统筹、系统治理、协力治污和突出执法监督等"全链条"治水的措施，对改善水环境质量，大力推进生态文明建设，实现环境效益、经济效益与社会效益多赢，建设"蓝天常在、青山常在、绿水常在"的美丽中国有重要意义。

65. "东方之星"客轮长江翻沉事件

2015年6月1日约21时，重庆东方轮船公司所属"东方之星"号客轮由南京开往重庆，当航行至湖北省荆州市监利县长江大马洲水道（长江中游航道里程300.8千米处）时翻沉，造成442人死亡。事发时，船上共载有454人，经各方全力搜救，12人生还，442具遇难者遗体全部找到。

事件发生后，党中央、国务院高度重视。中共中央总书记、国家主席、中央军委主席习近平立即作出重要指示，要求国务院立即派工作组赶赴现场指导搜救工作，湖北省、重庆市及有关方面组织足够力量全力开展搜救，并妥善做好相关善后工作。同时，要深刻吸取教训，强化维护公共安全的措施，确保人民生命安全。中共中央政治局常委、国务院总理李克强立即批示，要求交通运输部等有关方面迅速调集一切可以调集的力量，争分夺秒抓紧搜救人员，把伤亡人数降到最低，及时救治获救人员。次日早上，国务院总理李克强率相关部门负责人赶赴现场指挥救援和应急处置工作。

12月30日，国务院调查组发布调查报告认定，"东方之星"号客轮翻沉事件是一起由突发罕见的强对流天气——飑线伴有下击暴流——带来的强风暴雨袭击导致的特别重大灾难性事件；"东方之星"号客轮抗风压倾覆能力虽符合规范要求，但不足以抵抗所遭遇的极端恶劣天气；船长及当班大副对极端恶劣天气及其风险认知不足，在紧急状态下应对不力。因此，调查组建议对船长张顺文给予吊销船长适任证书、解除劳动合同处分，由司法机关对其是否涉嫌犯罪进一步调查；同时，建议对负有日常管理和监督检查责任的43名有关人员给予党纪、政纪处分，其中副省级干部1人、厅局级干部8人、县处级干部14人，并责成重庆市政府按照有关规定对重庆东方轮船公司进行停业整顿。

66.中华人民共和国大气污染防治法

为防治大气污染，保护和改善生活环境和生态环境，保障人体健康，促进社会主义现代化建设发展，1987年9月5日，六届全国人大常委会第二十二次会议通过并颁布《中华人民共和国大气污染防治法》。该法主要对大气污染防治的监督管理，烟尘污染防治，废气、粉尘和恶臭污染防治等提出了明确规定。经过十多年的实践，1995年8月29日，八届全国人大常委会第十五次会议对该法进行修正。2000年4月29日，九届全国人大常委会第十五次会议对该法进行了第一次修订。2015年8月29日，十二届全国人大常委会第十六次会议对该法进行了第二次修订，于2016年1月1日起施行。新修订的《中华人民共和国大气污染防治法》（以下简称"新《防治法》"）从修订前的7章66条，扩展到现在的8章129条，法律条文增加了近一倍，原法律条文几乎都经过了修改。新《防治法》除总则、法律责任和附则外，分别对大气污染防治标准和限期达标规划、大气污染防治的监督管理、大气污染防治措施、重点区域大气污染联合防治、重污染天气应对等内容作了规定。新《防治法》的突出亮点，就是将近年来联防联控、源头治理、科技治霾、重典治霾等大气污染治理经验法制化。

新《防治法》按照中央加快推进生态文明建设的精神，主要从以下几个方面进行了修改完善：

一、以改善大气环境质量为目标，强化地方政府责任，加强考核和监督。规定了地方政府对辖区大气环境质量负责、环境保护部对省级政府实行考核、未达标城市政府应当编制限期达标规划、上级环保部门对未完成任务的下级政府负责人实行约谈和区域限批等一系列制度措施。

二、坚持源头治理，推动转变经济发展方式，优化产业结构和布局，调整能源结构，提高相关产品质量标准。新《防治法》明确，制定燃煤、石焦油、生物质燃料、涂料等含挥发性有机物的产品、烟花爆竹及过滤等产品的质量标准，应当明确大气环境保护要求。目前，机动车尾气污染和散煤燃烧污染是我国大气污染的重要来源。但是长期以来，由于机动车尾气污染治理成效不明显，煤炭消费量居高不下，致使大气污染治理困局难解。燃油品质直接关系到机动车尾气排放，为在源头解决机动车大气污染问题，新《防治法》增加规定：一是制定燃油质量标准，应当符合国家大气污染物控制要求；二是石油炼制企业应当按照燃油质量标准生产燃油。为了加强对行驶中的机动车尾气排放监管，新《防治法》还规定，在不影响正常通行的情况下，可以通过遥感监测等技术手段对行驶的机动车的排放状况进行监督抽测，公安机关交通管理部门予以配合。为了控制煤炭消费总量，减少燃煤大气污染，新《防治法》提出，国务院有关部门和地方各级政府应当采取措施，推广清洁能源的生产和使用，逐步降低煤炭在一次能源消费中的比重，同时要求地方各级政府加强民用散煤的管理，禁止销售不符合民用散煤质量标准的煤炭。

三、从实际出发，根据我国经济社会发展的实际情况，制定大气污染防治标准，完善相关制度。新增"大气污染防治标准和限期达标规划"章节并前置，规范大气污染质量标准、污染物排放标准制定行为，以及标准运用和落实。新《防治法》规定大气污染防治标准应当以保障公众健康和保护生态环境为宗旨，与经济社会发展相适应，大气污染物排放标准的执行情况应当定期进行评估，根据评估结果对标准适时进行修订，编制城市大气环境质量限期达标规划，并向社会公开。

四、坚持问题导向，抓住主要矛盾，着力解决燃煤、机动车船等大气污染问题。实现了从单一污染物控制向多污染协同控制，从末端治理向全过程控制、精细化管理的转变。在第四章"大气污染物防治措施"中，对加强燃煤、工业、机动车船、扬尘、农业等大气污染的综合防治作出具体规定。例如在加强燃煤污染防治方面，一是明确要求优化煤炭使用方式，推广煤炭清洁高效利用，逐步降低煤炭在一次能源消费中的比重。二是明确国家推行煤炭洗选加工，降低煤炭的硫分和灰分，限制高硫量、高灰分煤炭的开采。三是明确国家禁止进口、销售和燃用不符合质量标准的煤炭，鼓励燃用优质燃煤。四是加强民用散煤的管理。五是加强对燃煤供热锅炉的管理。六是对工业锅炉进行规范。七是对燃煤电厂和其他燃煤单位提出排放控制要求。

五、加强重点区域大气污染联合防治，完善重污染天气应对措施。一是推行区域大气污染联合防治，要求对颗粒物、二氧化硫、氮氧化物、挥发性有机物、氨等大气污染物和温室气体实施协同控制。二是增设专章规定了重污染天气应对。明确建立重污染天气监测预警体系，制定重污染天气应急预案，并发布重污染天气预报等。原《防治法》缺乏大气污染防治的区域协作机制，只提到城市空气污染的防治，未涉及如何解决区域性大气污染问题，导致行政辖区"各自为战"，难以形成治污合力。如今，京津冀、长三角、珠三角等区域大气污染不再局限于单个城市内，城市之间大气污染变化过程呈现明显的同步性，区域性污染特征十分显著。例如，2014年2月19日至26日，我国发生大范围持续严重空气污染，持续时间长达7天，涉及北京、天津、河北等15个省区市。新《防治法》明确规定，由国家建立重点区域大气污染联防联控机制，统筹协调区域内大气污染防治工作，对大气污染防治工作实施统一规划、统一标准，协同控制目标。

六、让科技在治霾中发挥更大作用。创新驱动是解决环保制约瓶颈和污染问题的重要手段，同时也是强化环境管理的重要支撑。虽然我国有很多科研机构及高校开展雾霾研究，但数据共享难、科研遭条块化和体制性割裂，研究重复多、科技成果转化难等问题比较突出，治霾技术研究进展缓慢。应加快建立大气科研数据共享平台，打破雾霾研究机构间的壁垒，推动各地科技治霾水平尽快提高。目前我国科技成果转化率仅约10%。新《防治法》提出，国家鼓励和支持大气污染防治的科学技术研究，推广先进适用的大气污染防治技术和装备，促进科技成果转化，发挥科学技术在大气污染防治中的支撑作用；鼓励和支持开发、利用清洁能源。这表明，国家已下定决心，要打破治理雾霾的科技藩篱，促进信息共享和成果转化，让科技在治霾中发挥更大、更好的作用。

七、加大对大气环境违法行为的处罚力度。一是除倡导性的规定外，有违法行为就有处罚。新《防治法》共有129条，其中法律责任条款就有30条，规定了大量的具体的有针对性的措施，并有相应的处罚责任。具体的处罚行为和种类接近90种，提高了这部新法的可操作性和针对性。二是提高了罚款的上限，如超标、超总量指标排放大气污染物得，责令改正或限制生产、停产整治，并处10万元以上100万元以下的罚款，情节严重的，报经有批准权的人民政府批准，责令停业、关闭。三是规定了按日计罚。在新修订的环境保护法规定的基础上，细化并增加了按日计罚的行为。四是丰富了处罚种类。如行政处罚中有责令停业、关闭，责令停产整治，责令停工整治、没收，取消检验资格，治安处罚等。新《防治法》取消了现行法律中对造成大气污染事故企业事业单位罚款"最高不超过50万元"的封顶限额。环保罚款取消50万元封顶，变为按倍数计罚，是重典治霾的具体体现，必将对污染企业产生极大的震慑作用。

八、坚持立法为民，积极回应社会关切。一是删去了修订草案关于机动车限行的规定。二是完善环境信息公开制度，引导公众有序参与监督。秉承新《环保法》强化信息公开和公众参与的立法思路，增加信息公开的规定，新《防治法》要求信息公开的表述有11处规定。新增公众参与的规定2项。

新《防治法》对于保护和改善环境，防治大气污染，保障公众健康，推进生态文明建设，建立健全大气污染综合防治新体系，促进经济和社会的可持续发展，具有重要意义。

本章撰写负责人：龚维斌

成员：董泽宇、张滨熠、陆柏、陈英、潘俊杰